섹션 SECTION
별깨기

종합편

LEVEL 3

책임 집필·검토진

유동훈, 양다원, 고하은, 이선민, 김완주, 심수연

섹션뽀개기 종합편

LEVEL 3

지 은 이 | IAP BOOKS
기　　획 | 유동훈 양다원
개　　발 | 고하은 김정진 이선민 김완주
디 자 인 | 정은아 정수진 최미나 오예인
조　　판 | 정수진 최미나
영　　업 | 한기영 이경구 박인규 정철교 김남준 이우현
마 케 팅 | 박혜선 남경진 이지원 김여진

섹션 SECTION

벼개기

종합편

LEVEL 3

Smart Learning Solution
SLS v3

상쾌한 **향상**을 경험하다

국어 문제의 해결사 SLS

학습자 맞춤형 문제은행 출제 마법사
Smart Learning Solution

학생들에게 1:1 과외의 효과를!

초등 4학년부터 고등 3학년까지!
개별 학생에게 맞춘 유연한 문제은행 출제 마법사
시스템이기에 더욱 빠르고 학습진단 및 분석,
그리고, 이에 맞춘 처방까지!
학생들의 성적이 달라집니다!!

온라인 교재 학습

▸ 온라인 제공 문제 서비스
▸ 출판사, 난이도별 문제

차별화된 인강시스템

▸ 모든 문항별 강의 동영상
▸ 강좌별 영상 강의

SMART LEARNING SOLUTION

유사 문제 자동 추천

▸ 오답 문제와 유사한 문제 제공
▸ 오답 문제 완전 정복

130만 국어 문항 DB

▸ 국내 최대 DB
▸ 수능, 내신 모든 문항의 DB

한번에 수능까지 완성하는 중학 국어

화법 / 작문 / 언어 / 매체, 독서, 문학 1(현대시 / 고전운문), 문학 2(현대소설 / 고전산문)까지 예비 고등국어 전 갈래를 학습할 수 있도록 구성되어 있습니다. 각 갈래별로 지문과 대표 문항, 고난도 문항을 단계별로 제공하여 스스로 문제를 풀고 해결해 나갈 수 있도록 편집되었습니다.

섹션뽀개기

현대시, 현대소설, 고전운문, 고전산문, 극수필, 독서, 화법과 작문, 문법 총 8권으로 구성되어 있습니다. 실전에 들어가기 전 꼭 알아야 할 기본 개념을 체크하고, 각 갈래별로 유형과 개념이 잘 나타난 대표 유제를 통해 문제 접근법과 풀이 방법을 익힐 수 있습니다. 또한 수능 및 전국연합 기출 문제를 선별하여 앞에서 학습한 개념과 관련된 문제를 통해 실제 문제에 대한 해결력을 기르고 수능 감각을 익힐 수 있도록 하였습니다. 자기 주도학습을 할 수 있도록 인강을 제공하고, SLS 시스템을 통해 취약 영역도 보완하도록 지원하고 있습니다.

섹션뽀개기 실전편

문학, 독서, 화법과 작문, 언어와 매체 총 4권으로 구성되어 있습니다. 각 항목별로 개념과 대표 유제, 실전 문제를 단계별로 제공하여 스스로 문제를 풀고 해결해 나갈 수 있도록 편집되었습니다. 자기 주도학습을 할 수 있도록 인강을 제공하고, SLS 시스템을 통해 취약 영역도 보완하도록 지원하고 있습니다.

기승전결 모의고사

LEVEL 1(I·II·III·IV), LEVEL 2(I·II·III·IV), LEVEL 3(I·II·III·IV), LEVEL 4(I·II·III·IV)등 총 16권으로 구성되어 있습니다. 권당 실전 모의고사 9회가 수록되어 있고, 주차별로 1회씩 학습하도록 구성했습니다. 수능, 평가원, 교육청에서 출제되었던 실전 모의고사와 자체적으로 만들고 리믹스한 모의고사로 편성되어 있습니다. 자기 주도 학습을 할 수 있도록 인강을 제공하고, SLS 시스템을 통해 취약 영역도 보완하도록 지원하고 있습니다.

리딩플러스 국어

총 8단계로 구성되어 아이들이 다양한 갈래의 책을 읽고, 책에 관련된 문제를 풀어보며 글쓰기 실력을 향상시킬 수 있는 독서논술 교재입니다. 책을 읽으면서 궁금해할 만한 것이나 중요한 개념을 안내하는 배경 지식, 책에 등장한 어휘 관련 문제, 책에서 발췌한 제시문에 대한 독해력·사고력 문제를 통해 아이들이 흥미롭게 독서 활동을 할 수 있도록 하고, 책을 읽은 후 느낀 점 등을 독후활동지로 정리할 수 있도록 구성되어 있으며, SLS 시스템을 통해 온라인으로도 학습할 수 있도록 지원하고 있습니다.

어휘어법

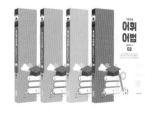

LEVEL 1(I·II), LEVEL 2(I·II), LEVEL 3(I·II), LEVEL 4(I·II) 등 총 8권으로 구성되어 있습니다. 학기별로 학습할 수 있도록 권당 18~26강으로 편성되어 있고, 모듈 프로세스를 통해서 영역별 학습이 가능하게 만들어져 있습니다. 사자성어·속담·한자어·관용어·혼동어휘 등을 교재별로 모듈화하여 단계별로 학습하고 주차별로 테스트를 하도록 구성되어 있습니다.

구성과 특징

실전문제

1. 수능, 모평, 학평 및 전국연합 기출 문제를 선별하여 다양한 영역 및 주제의 문제들을 통해 실전 감각을 익힐 수 있도록 구성하였습니다.

2. 지문별 핵심 정리, 문제풀이 맥을 제시하여 지문에 대한 이해도를 높이고 학습 효과를 올릴 수 있습니다.

핵심정리
지문과 연관된 필수 개념과 중심 내용을 정리하여 그 내용을 쉽게 이해할 수 있도록 구성하였습니다.

QR코드
QR코드를 활용하여 최적화된 온라인 학습을 구현할 예정입니다.

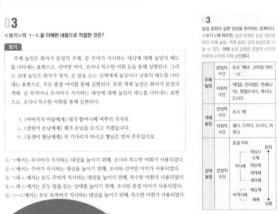

문제풀이 맥
문제별 문제풀이 맥을 제시하여 문제의 접근 방법을 확인하고, 쉽게 문제를 풀 수 있도록 구성하였습니다.

스스로 점검하기
유형별 체점표를 통해 스스로 부족한 유형을 점검할 수 있도록 구성하였습니다.

정답 및 해설

1. 지문별로 해설과 문제 유형을 제시하여 문제에 대한 이해의 폭을 넓히고, 전략적으로 공부할 수 있도록 하였습니다.

2. 차별화된 IAP BOOKS만의 꼼꼼한 선지 분석을 통해 정답이 정답인 이유, 오답이 오답인 이유를 명확하게 구분할 수 있습니다.

지문 분석

본문에 나온 지문별 상세한 해설에 주석을 첨부하여 혼자서도 깊이있는 이해를 할 수 있도록 구성하였습니다.

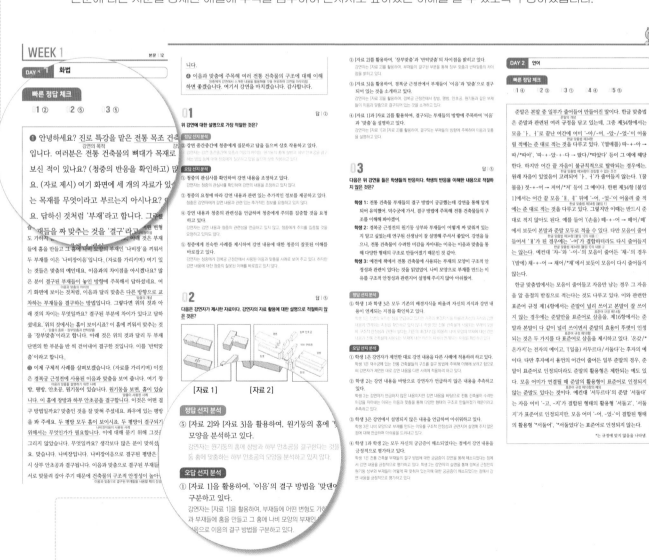

정·오답 선지 분석

수록된 모든 문제의 정답 및 오답을 꼼꼼히 분석하여 정답이 정답인 이유, **오답**이 오답인 이유를 명확히 구분할 수 있도록 하였습니다.

목차

WEEK 5

WEEK 6

WEEK 7

WEEK 8

핵심정리

갈래

강연

제재

결구 방법

화제

전통 건축물에 사용된 결구 방법

문단 중심 내용

❶ 강연의 주제 소개
❷ 이음과 맞춤의 결구 방법
❸ 경복궁 근정전에 사용된 이음과 맞춤
❹ 이음과 맞춤의 결구 방법을 사용할 때의 장점

결구 방법

	개념	같은 방향으로 부재들을 길게 결구
이음	종류	• 맞댄이음 – 부재들에 어떤 변형도 가하지 않고 두 부재를 이은 것 • 나비장이음 – 부재들에 홈을 만들고 그 홈에 나비 모양의 부재인 '나비장'을 끼워서 두 부재를 이은 것
맞춤	개념	다른 방향으로 교차하는 부재들을 결구
	종류	• 장부맞춤 – 홈에 끼워서 맞추는 것 • 반턱맞춤 – 두 부재 단면의 한 부분을 반 씩 걷어내어 결구한 것

경복궁 근정전에 사용된 이음과 맞춤

이음	두 평방을 결구(나비장이음 활용)
맞춤	원기둥의 홈에 창방과 하부 안초공을 결구

※ 다음은 학생 대상의 강연이다. 물음에 답하시오.

❶ 안녕하세요? 진로 특강을 맡은 전통 목조 건축 연구원 ○○○입니다. 여러분은 전통 건축물의 뼈대가 목재로 짜여 있는 것을 보신 적이 있나요? (청중의 반응을 확인하고) 많은 분이 보셨군요. (자료 제시) 여기 화면에 세 개의 자료가 있습니다. 여기 보이는 목재를 무엇이라고 부르는지 아시나요? 아시는 분들이 있군요. 답하신 것처럼 '부재'라고 합니다. 그리고 화면의 자료들처럼 부재들을 짜 맞추는 것을 '결구'라고 합니다. 저는 오늘 여러분께 결구 방법에 대해 소개하고자 합니다.

❷ 결구 방법은 크게 '이음'과 '맞춤'으로 구분됩니다. (자료를 가리키며) 여기 있는 것들은 같은 방향으로 부재들을 길게 결구했습니다. 이를 이음이라고 합니다. 위의 것은 부재들에 어떤 변형도 가하지 않고 두 부재를 이은 '맞댄이음'이고, 아래 것은 부재들에 홈을 만들고 그 홈에 나비 모양의 부재인 '나비장'을 끼워서 두 부재를 이은 '나비장이음'입니다. (자료를 가리키며) 여기 있는 것들은 맞춤의 예인데요, 이음과의 차이점을 아시겠나요? 많은 분이 결구된 부재들이 놓인 방향에 주목해서 답하셨네요. 여기 화면에 보이는 것처럼, 이음과 달리 맞춤은 다른 방향으로 교차하는 부재들을 결구하는 방법입니다. 그렇다면 위의 것과 아래 것의 차이는 무엇일까요? 결구된 부분에 차이가 있다고 답하셨네요. 위의 것에서는 홈이 보이시죠? 이 홈에 끼워서 맞추는 것을 '장부맞춤'이라고 합니다. 아래 것은 위의 것과 달리 두 부재 단면의 한 부분을 반 씩 걷어내어 결구한 것입니다. 이를 '반턱맞춤'이라고 합니다.

❸ 이제 구체적 사례를 살펴보겠습니다. (자료를 가리키며) 이것은 경복궁 근정전에 사용된 이음과 맞춤을 보여 줍니다. 여기 창방, 평방, 안초공, 원기둥이 있습니다. 원기둥을 보면, 홈이 있습니다. 이 홈에 창방과 하부 안초공을 결구합니다. 이것은 어떤 결구 방법일까요? 맞춤인 것을 잘 맞혀 주셨네요. 좌우에 있는 평방을 봐 주세요. 두 평방 모두 홈이 보이시죠. 두 평방이 결구되기 위해서는 무엇인가가 필요합니다. 이에 대해 묻기 위해 그것을 그리지 않았습니다. 무엇일까요? 생각보다 많은 분이 맞히셨네요. 맞습니다. 나비장입니다. 나비장이음으로 결구된 평방은 다시 상부 안초공과 결구됩니다.

❹ 이음과 맞춤으로 결구된 부재들은 서로 맞물려 잡아 주기 때문에 건축물의 구조적 안정성이 높아집니다. 이음과 맞춤에 주목해 여러 전통 건축물의 구조에 대해 이해하면 좋겠습니다. 여기서 강연을 마치겠습니다. 감사합니다.

01

위 강연에 대한 설명으로 가장 적절한 것은?

① 청중의 관심사를 확인하여 강연 내용을 조정하고 있다.

② 강연 중간중간에 청중에게 질문하고 답을 들으며 상호 작용하고 있다.

③ 청중의 요청에 따라 강연 내용과 관련 있는 추가적인 정보를 제공하고 있다.

④ 강연 내용과 청중의 관련성을 언급하며 청중에게 주의를 집중할 것을 요청하고 있다.

⑤ 청중에게 친숙한 사례를 제시하여 강연 내용에 대한 청중의 잘못된 이해를 바로잡고 있다.

01

강연자의 말하기 방식을 파악하는 문제이다. 위 강연자는 청중에게 질문을 던지며 청중의 경험을 환기하고, 배경지식을 확인하고 있다. 또한 시각 자료와 구체적인 사례를 활용하여 대상을 설명하고 있다.

02

다음은 강연자가 제시한 자료이다. 강연자의 자료 활용에 대한 설명으로 적절하지 <u>않은</u> 것은?

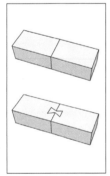

[자료 1]

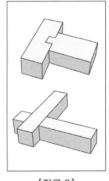

[자료 2]

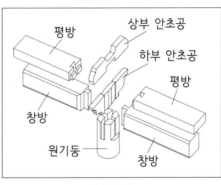

[자료 3]

① [자료 1]을 활용하여, '이음'의 결구 방법을 '맞댄이음'과 '나비장이음'으로 구분하고 있다.

② [자료 2]를 활용하여, '장부맞춤'과 '반턱맞춤'의 차이점을 밝히고 있다.

③ [자료 3]을 활용하여, 경복궁 근정전에서 부재들이 '이음'과 '맞춤'으로 결구되어 있는 것을 소개하고 있다.

④ [자료 1]과 [자료 2]를 활용하여, 결구되는 부재들의 방향에 주목하여 '이음'과 '맞춤'을 설명하고 있다.

⑤ [자료 2]와 [자료 3]을 활용하여, 원기둥의 홈에 '맞춤'하는 하부 안초공의 모양을 분석하고 있다.

02

자료의 활용 방안을 파악하는 문제이다. 자료를 활용한 문제는 그 자료에 대한 정확한 해석이 필요하다. 지문에서 자료는 보통 괄호로 표현되어 제시되기 때문에 어떤 자료인지 단번에 파악하기 어렵다. 그러므로 발표자가 자료를 제시한 후 언급한 내용을 토대로 어떤 자료인지 추론해야 문제를 해결할 수 있다.

03

듣기 전략을 파악하는 문제이다. 강연 내용에 대한 청중의 반응을 확인하는 문제의 경우, 강연의 내용을 전체적으로 이해하는 것이 중요하다. 또한 청중이 어떠한 반응을 보였는지를 파악하여 선택지에 대입해야 한다.

학생 1	새로 알게 된 내용에 대해 긍정적으로 평가하며, 강연 내용과 관련하여 추가적인 활동을 계획하고 있다.
학생 2	강연자의 강연 내용을 긍정적으로 평가하며 강연자가 강연에서 다루지 않은 내용을 추측하고 있다.
학생 3	강연 내용과 관련된 자신의 배경지식을 상기하며, 강연의 아쉬운 점을 밝히고 있다.

03

다음은 위 강연을 들은 학생들의 반응이다. 학생의 반응을 이해한 내용으로 적절하지 않은 것은?

- 학생 1: 전통 건축물 부재들의 결구 방법이 궁금했는데 강연을 통해 알게 되어 유익했어. 덕수궁에 가서, 결구 방법에 주목해 전통 건축물들의 구조를 이해해 봐야겠어.
- 학생 2: 경복궁 근정전의 원기둥 상부와 부재들이 어떻게 짜 맞춰져 있는지 알고 싶었는데 연구원 선생님이 잘 설명해 주셔서 좋았어. 강연을 들으니, 전통 건축물이 수려한 미감을 자아내는 이유는 이음과 맞춤을 통해 다양한 형태의 구조로 만들어졌기 때문인 것 같아.
- 학생 3: 예전에 책에서 전통 건축물에 사용되는 부재의 모양이 구조적 안정성과 관련이 있다는 것을 읽었었어. 나비 모양으로 부재를 만드는 이유를 구조적 안정성과 관련지어 설명해 주시지 않아 아쉬웠어.

① 학생 1은 강연자가 제언한 대로 강연 내용을 다른 사례에 적용하려 하고 있다.
② 학생 2는 강연 내용을 바탕으로 강연자가 언급하지 않은 내용을 추측하고 있다.
③ 학생 3은 강연에서 설명되지 않은 내용을 언급하며 아쉬워하고 있다.
④ 학생 1과 학생 2는 모두 자신의 궁금증이 해소되었다는 점에서 강연 내용을 긍정적으로 평가하고 있다.
⑤ 학생 1과 학생 3은 모두 기존의 배경지식을 떠올려 자신의 지식과 강연 내용이 연계되는 지점을 확인하고 있다.

2 Day

언어와 매체 고3 2023년 3월

언어

WEEK 1

※ [01~02] 다음 글을 읽고 물음에 답하시오.

준말은 본말 중 일부가 줄어들어 만들어진 말이다. 한글 맞춤법은 준말과 관련된 여러 규정을 담고 있는데, 그중 제34항에서는 모음 'ㅏ, ㅓ'로 끝난 어간에 어미 '-아/-어, -았-/-었-'이 어울릴 적에는 준 대로 적는 것을 다루고 있다. '(열매를) 따-+-아 → 따/*따아', '따-+-았-+-다 → 땄다/*따았다' 등이 그 예에 해당한다. 하지만 어간 끝 자음이 불규칙적으로 탈락되는 경우에는, 원래 자음이 있었음이 고려되어 'ㅏ, ㅓ'가 줄어들지 않는다. '(꿀물을) 젓-+-어 → 저어/*저' 등이 그 예이다. 한편 제34항 [붙임 1]에서는 어간 끝 모음 'ㅐ, ㅔ' 뒤에 '-어, -었-'이 어울려 줄 적에는 준 대로 적는 것을 다루고 있다. 그렇지만 이때는 반드시 준 대로 적지 않아도 된다. 예를 들어 '(손을) 떼-+-어 → 떼어/떼'에서 보듯이 본말과 준말 모두로 적을 수 있다. 다만 모음이 줄어들어서 'ㅐ'가 된 경우에는 '-어'가 결합하더라도 다시 줄어들지는 않는다. 예컨대 '차-'와 '-이-'의 모음이 줄어든 '채-'의 경우 '(발에) 채-+-어 → 채어/*채'에서 보듯이 모음이 다시 줄어들지 않는다.

한글 맞춤법에서는 모음이 줄어들고 자음만 남는 경우 그 자음을 앞 음절의 받침으로 적는다는 것도 다루고 있다. 이와 관련한 표준어 규정 제14항에서는 준말이 널리 쓰이고 본말이 잘 쓰이지 않는 경우에는 준말만을 표준어로 삼음을, 제16항에서는 준말과 본말이 다 같이 널리 쓰이면서 준말의 효용이 뚜렷이 인정되는 것은 두 가지를 다 표준어로 삼음을 제시하고 있다. '온갖/*온가지'는 전자의 예이고, '(일을) 서두르다/서둘다'는 후자의 예이다. 다만 후자에서 용언의 어간이 줄어든 일부 준말의 경우, 준말이 표준어로 인정되더라도 준말의 활용형은 제한되는 예도 있다. 모음 어미가 연결될 때 준말의 활용형이 표준어로 인정되지 않는 준말도 있다는 것이다. 예컨대 '서두르다'의 준말 '서둘다'는 자음 어미 '-고, -지'가 결합된 형태의 활용형 '서둘고', '서둘지'가 표준어로 인정되지만, 모음 어미 '-어, -었-'이 결합된 형태의 활용형 '*서둘어', '*서둘었다'는 표순어로 인성뇌시 않는다.

*는 규정에 맞지 않음을 나타냄.

🔊 **핵심정리**

준말과 관련된 한글 맞춤법 규정

• **한글 맞춤법 제34항**
: 모음 'ㅏ, ㅓ'로 끝난 어간에 '-아/-어, -았-/-었-'이 어울릴 적에는 준 대로 적는다.

(본말)	(준말)	(본말)	(준말)
가아	가	가았다	갔다
나아	나	나았다	났다

• **한글 맞춤법 제34항 [붙임 1]**
: 어간 끝 모음 'ㅐ, ㅔ' 뒤에 '-어, -었-'이 어울려 줄 적에는 준 대로 적는다.

(본말)	(준말)	(본말)	(준말)
개어	개	개었다	갰다
내어	내	내었다	냈다

준말과 관련된 표준어 규정

• **표준어 규정 제14항**
: 준말이 널리 쓰이고 본말이 잘 쓰이지 않는 경우에는, 준말만을 표준어로 삼는다.
(ㄱ을 표준어로 삼고, ㄴ을 버림.)

ㄱ	ㄴ
똬리	또아리
무	무우

• **표준어 규정 제16항**
: 준말과 본말이 다 같이 널리 쓰이면서 준말의 효용이 뚜렷이 인정되는 것은, 두 가지를 다 표준어로 삼는다.

ㄱ	ㄴ
노을	놀
막대기	막대
서두르다	서둘다

('서두르다/서둘다', '머무르다/머물다', '서투르다/서툴다'의 경우 모음 어미가 연결될 때에는 준말의 활용형을 인정하지 않는다.)

01

한글 맞춤법 규정을 이해하는 문제이다. 한글 맞춤법 제34항에서는 모음 'ㅏ, ㅓ'로 끝난 어간에 '-아/-어, -았-/-었-'이 어울렸을 경우 준 대로 적을 것을 규정하고 있다. 이때 어간 끝 모음 'ㅐ, ㅔ' 뒤에 '-어, -었-'이 어울려 줄 적에도 준 대로 적지만, 반드시 줄어든 대로만 쓰거나 발음하는 것은 아니며, 어간 끝 자음이 불규칙적으로 탈락되는 경우에는 'ㅏ, ㅓ'가 줄어들지 않는다.

한글 맞춤법 제34항 본 항 '어울릴 적에는 준 대로'
어울린다면 '반드시' 줄여서 사용해야 한다.

한글 맞춤법 제34항 [붙임 1] '어울려 줄 적에는 준 대로'
어울려서 줄어들 수 있다면 줄여 사용할 수도 있다.

02

표준어 규정을 적용하는 문제이다. 표준어 규정 제14항과 제16항에서는 준말과 관련된 내용을 규정하고 있다.

표준어 규정 제14항
준말이 널리 쓰이고 본말이 잘 쓰이지 않는 경우에는 준말만을 표준어로 삼는다.

표준어 규정 제16항
• 준말과 본말이 다 같이 널리 쓰이면서 준말의 효용이 뚜렷이 인정되는 것은 두 가지를 다 표준어로 삼는다. • 다만 용언의 어간이 줄어든 일부 준말의 경우, 준말이 표준어로 인정되더라도 준말의 활용형이 제한되는 경우도 있다. ⑩ '서둘다' (← 서두르다) 　'서둘고', '서둘지' (○) 　'서둘어' (×) 　→ 모음으로 시작하는 어미가 결합할 수 없다.

01

윗글을 이해한 내용으로 적절하지 않은 것은?

① '(밭을) 매다'의 어간에 '-어'가 결합된 형태인 '매어'의 경우, 준말인 '매'로 적어도 한글 맞춤법에 어긋나지 않는다.

② '(병이) 낫-+-아'의 경우, 'ㅅ'이 불규칙적으로 탈락되므로 '나아'로만 적고, '나'로 적으면 한글 맞춤법에 어긋난다.

③ '(땅이) 패다'의 어간에 '-어'가 결합될 경우, '패다'의 'ㅐ'가 모음이 줄어든 형태이므로 '패'로 적으면 한글 맞춤법에 어긋난다.

④ '(잡초를) 베-+-었-+-다'와 '(베개를) 베-+-었-+-다'의 경우, 준말의 형태인 '벴다'로 적으면 한글 맞춤법에 어긋난다.

⑤ '(강을) 건너-+-어'와 '(줄을) 서-+-어'의 경우, 'ㅓ'로 끝난 어간에 '-어'가 어울리므로 본말로 적으면 한글 맞춤법에 어긋난다.

02

윗글을 바탕으로 ㉠~㉣을 '탐구 과정'에 따라 분류할 때, [A]에 들어갈 예만을 있는 대로 고른 것은?

[탐구 과정]

• 답지를 ㉠ 걷다 (← 거두다)　　• 가사를 ㉡ 외다 (← 외우다)
• 일에 ㉢ 서툴다 (← 서투르다)　• 집에 ㉣ 머물다 (← 머무르다)

↓

모음이 줄어들고 남은 자음을 앞 음절의 받침으로 적은 준말입니까?	아니요 → ☐

↓ 예

모음 어미 '-어, -었-'이 결합된 형태의 활용형이 표준어로 인정되지 않는 준말입니까?	아니요 → ☐

↓ 예

[A]

① ㉠, ㉢　　　　　　② ㉡, ㉣　　　　　　③ ㉢, ㉣
④ ㉠, ㉡, ㉢　　　　⑤ ㉠, ㉡, ㉣

03

<보기>의 ㄱ~ㄷ을 이해한 내용으로 적절한 것은?

보기

주체 높임은 화자가 문장의 주체, 곧 주어가 지시하는 대상에 대해 높임의 태도를 나타내는 표현으로, 선어말 어미, 조사나 특수한 어휘 등을 통해 실현된다. 그리고 상대 높임은 화자가 청자, 곧 말을 듣는 상대에게 높임이나 낮춤의 태도를 나타내는 표현으로, 주로 종결 어미를 통해 실현된다. 또한 객체 높임은 화자가 문장의 객체, 곧 목적어나 부사어가 지시하는 대상에 대해 높임의 태도를 나타내는 표현으로, 조사나 특수한 어휘를 통해 실현된다.

　ㄱ. (아버지가 아들에게) 네가 할머니께 여쭈러 가거라.
　ㄴ. (점원이 손님에게) 제가 손님을 모시고 가겠습니다.
　ㄷ. (동생이 형님에게) 저 기다리지 마시고 형님은 먼저 주무십시오.

① ㄱ에서는 부사어가 지시하는 대상을 높이기 위해, 조사와 특수한 어휘가 사용되었다.
② ㄷ에서는 주어가 지시하는 대상을 높이기 위해, 조사와 선어말 어미가 사용되었다.
③ ㄱ과 ㄴ에서는 모두 주어가 지시하는 대상을 높이기 위해, 특수한 어휘가 사용되었다.
④ ㄴ과 ㄷ에서는 모두 말을 듣는 상대를 높이기 위해, 조사와 종결 어미가 사용되었다.
⑤ ㄱ~ㄷ에서는 모두 목적어가 지시하는 대상을 높이기 위해, 특수한 어휘가 사용되었다.

03

높임 표현의 실현 양상을 파악하는 문제이다. <보기>에 따르면, 높임 표현은 높임 대상에 따라 주체 높임, 객체 높임, 상대 높임으로 나눌 수 있다. 이때 높임 표현은 문법적 수단과 어휘적 수단에 의해 실현된다.

주체 높임	문법적 수단	• 조사 '께서' • 선어말 어미 '-시-'
	어휘적 수단	댁(집), 진지(밥), 연세(나이), 편찮으시다(아프다), 계시다(있다), 드시다(먹다)
객체 높임	문법적 수단	조사 '께'
	어휘적 수단	뵙다, 드리다, 모시다, 여쭈다
상대 높임	문법적 수단	종결 어미

04

<보기>에 제시된 ⓐ~ⓔ의 발음에 대한 탐구 내용으로 적절하지 <u>않은</u> 것은?

보기

ⓐ 옷고름[온꼬름]	ⓑ 색연필[생년필]	ⓒ 꽃망울[꼰망울]
ⓓ 벽난로[병날로]	ⓔ 벼훑이[벼훌치]	

① ⓐ: 음운의 개수가 변하지 않는 음운 변동이 첫째 음절의 종성 위치와 둘째 음절의 초성 위치에서 각각 한 번씩 일어난다.
② ⓑ: 첨가된 자음으로 인해 조음 방법이 변하는 음운 변동이 일어난다.
③ ⓒ: 첫째 음절의 종성 위치에서 두 번의 음운 변동이 순차적으로 일어난다.
④ ⓓ: 둘째 음절의 초성 위치에서 음운 변동이 일어난 후 둘째 음절의 종성 위치에서 음운 변동이 일어난다.
⑤ ⓔ: 조음 위치와 조음 방법이 모두 변하는 음운 변동이 일어난다.

04

단어의 발음 사례를 탐구하는 문제이다. 단어를 보다 쉽게 발음하기 위해 음운은 일정한 환경에서 다르게 발음되는데, 이를 음운의 변동이라 한다. 따라서 정확한 단어의 발음을 파악하기 위해서는 단어 안에서 발생하는 음운의 변동을 이해해야 한다. 이때 음운의 변동은 한 단어에 한 번만 일어나는 것이 아니라, 여러 차례에 걸쳐 일어날 수 있다.

중세 국어의 격 조사를 이해하는 문제이다. 현대 국어와 중세 국어는 문법적으로 많은 차이가 있는데, 격 조사의 차이가 그중 하나이다. 현대 국어에서는 주격 조사로 '이/가'를, 목적격 조사로 '을/를'을, 관형격 조사로 '의'를, 부사격 조사로 '에, 에게, 와/과' 등을 사용하고 있지만, 중세 국어에서는 음운 환경에 따라 주격 조사, 목적격 조사, 관형격 조사, 부사격 조사가 오늘날보다 다양하게 사용되었다.

주격 조사	이/ㅣ/∅
목적격 조사	을/올, 를/를
관형격 조사	이/의/ㅣ, ㅅ
부사격 조사	애/에/예, 이/의

05

<학습 활동>을 수행한 결과로 적절한 것은?

학습 활동

㉠~㉤을 통해 중세 국어의 격 조사가 실현된 양상을 탐구해 보자.

㉠ 太子ㅅ(태자+ㅅ) 버들 사ᄆᆞ샤 時常 겨틔(곁+의) 이셔
현대어 풀이 : 태자의 벗을 삼으시어 늘 곁에 있어

㉡ 衆生이(중생+이) ᄆᆞᅀᆞᆷ을(ᄆᆞᅀᆞᆷ+올) 조차
현대어 풀이 : 중생의 마음을 따라

㉢ 니르고져 훓 배(바+ㅣ) 이셔도 ᄆᆞᄎᆞᆷ내 제 ᄠᅳ들(ᄠᅳᆮ+을)
현대어 풀이 : 이르고자 하는 바가 있어도 마침내 제 뜻을

㉣ 바ᄅᆞ래(바ᄅᆞᆯ+애) ᄇᆞᄅᆞ미(ᄇᆞᄅᆞᆷ+이) 자고
현대어 풀이 : 바다에 바람이 자고

㉤ 그르세(그릇+에) 담고 버믜 고기란 도기(독+이) 다마
현대어 풀이 : 그릇에 담고 범의 고기는 독에 담아

	비교 자료	탐구 결과
①	㉠의 '太子ㅅ' ㉡의 '衆生이'	체언이 무정 명사이냐 유정 명사이냐에 따라 관형격 조사의 형태가 다르게 나타난다고 볼 수 있겠군.
②	㉠의 '겨틔' ㉤의 '도기'	체언 끝이 자음이냐 모음이냐에 따라 부사격 조사의 형태가 다르게 나타난다고 볼 수 있겠군.
③	㉡의 'ᄆᆞᅀᆞᆷ을' ㉢의 'ᄠᅳ들'	체언 끝이 자음이냐 모음이냐에 따라 목적격 조사의 형태가 다르게 나타난다고 볼 수 있겠군.
④	㉢의 '배' ㉣의 'ᄇᆞᄅᆞ미'	체언의 모음이 양성 모음이냐 음성 모음이냐에 따라 주격 조사의 형태가 다르게 나타난다고 볼 수 있겠군.
⑤	㉣의 '바ᄅᆞ래' ㉤의 '그르세'	체언의 모음이 양성 모음이냐 음성 모음이냐에 따라 부사격 조사의 형태가 다르게 나타난다고 볼 수 있겠군.

3 Day

독서(독서이론) 고3 2023년 6월

독서 동기의 두 유형

WEEK 1

※ 다음 글을 읽고 물음에 답하시오.

❶ 선생님의 권유나 친구의 추천, 자기 계발 등 우리가 독서를 하게 되는 동기는 다양하다. 독서 동기는 '독서를 이끌어 내고, 지속하는 힘'으로 정의되는데, 이 정의에는 독서의 시작과 지속이라는 두 측면이 포함되어 있다. 이러한 독서 동기는 슈츠가 제시한 '때문에 동기'와 '위하여 동기'라는 두 유형을 적용하여 설명할 수 있다.

[A]
❷ 독서의 '때문에 동기'는 독서 행위를 하게 만든 이유를 의미한다. 이는 독서 행위를 유발한 계기가 되므로 독서 이전 시점에 이미 발생한 사건이나 경험에 해당한다. 독서의 '위하여 동기'는 독서 행위를 통해 달성하고자 하는 목적을 의미한다. 그 목적은 독서 행위의 결과로 달성되므로 독서 이후 시점의 상태에 대한 기대나 예측이라는 성격을 가지며, 달성하지 못할 가능성을 내포한다. 예를 들어, 친구에게 책을 선물로 받아서 읽게 되었다고 할 때, 선물로 책을 받은 것은 이 독서 행위의 '때문에 동기'이다. 그리고 책을 읽고 친구와 책에 대해 대화를 나누는 것을 목적으로 설정했다면 이는 '위하여 동기'가 된다. 또한 독서 행위를 통해 성취감이나 감동을 느끼는 것, 선물로 받은 책을 읽어서 친구를 실망시키지 않는 것 등도 이 독서 행위의 결과로 기대할 수 있는 것이므로 역시 '위하여 동기'가 된다고 할 수 있다.

❸ 이러한 동기 개념은 독서 습관의 형성 과정을 설명하는 데 도움이 된다. 성공적인 독서 경험의 핵심은 독서 행위를 통해 즐거움과 유익함을 경험하는 것인데, 이러한 경험을 하게 되면 다른 책을 더 읽고 싶다는 마음이 들고 그러한 마음은 새로운 독서 행위로 연결된다. 독서의 즐거움과 유익함은 새로운 독서 행위의 이유가 된다는 점에서 '때문에 동기'가 된다. 동시에, 새로운 독서 행위를 통해 다시 경험하고 싶어지는 '위하여 동기'가 되기도 한다. 이러한 선순환을 통해 독서 경험이 반복되고 심화되면서 독서 습관이 자연스럽게 형성된다. 따라서 독서 습관을 형성하려면 '때문에 동기'와 '위하여 동기'를 바탕으로 우선 독서 행위를 시작하는 것과, 성공적인 독서 경험을 통해 독서 행위를 지속하는 것이 중요하다.

핵심정리

문단 중심 내용

❶ 독서 동기의 개념과 슈츠가 제시한 동기의 유형
❷ '때문에 동기'와 '위하여 동기'의 의미와 예
❸ 독서 동기 개념을 바탕으로 한 독서 습관 형성 과정

독서 동기

개념	독서를 이끌어 내고, 지속하는 힘
유형	'때문에 동기' / '위하여 동기'

'때문에 동기'와 '위하여 동기'

'때문에 동기'	독서 행위를 하게 만든 이유 → 독서 이전 시점에 이미 발생한 사건이나 경험
'위하여 동기'	독서 행위를 통해 달성하고자 하는 목적 → 독서 이후 시점의 상태에 대한 기대나 예측

동기의 예시

친구에게 책을 선물로 받아서 읽게 됨.	
'때문에 동기'	선물로 책을 받은 것
'위하여 동기'	• 책을 읽고 친구와 책에 대해 대화를 나누는 것 • 독서 행위를 통해 성취감이나 감동을 느끼는 것 • 선물로 받은 책을 읽어서 친구를 실망시키지 않는 것

독서 습관 형성 과정

독서 행위를 통해 즐거움과 유익함을 경험함.	

↓

'때문에 동기'	'위하여 동기'
독서의 즐거움과 유익함	독서의 즐거움과 유익함 재경험

↓

독서 경험이 반복되고 심화됨.

01

세부 내용을 파악하는 문제이다. 두 가지 유형의 독서 동기를 바탕으로 지문을 이해하고, 선택지와 대조하여 틀린 내용을 찾아야 한다.

02

구체적 사례에 적용하는 문제이다. 학생은 학교 과제를 수행하기 위해 책을 선택했으며, 책을 다 읽고 난 뒤 기대되는 점을 제시하고 있다. ㉮~㉰가 '때문에 동기'와 '위하여 동기' 중 어느 것에 해당하는지 파악하고, 그 이유도 함께 알아야 한다.

03

내용 해석의 적절성을 평가하는 문제이다. <보기>는 독서 습관을 형성할 때의 선순환을 그림으로 나타낸 것으로, 3문단에서 독서 동기 개념을 바탕으로 한 독서 습관 형성 과정을 설명하고 있다. 3문단을 바탕으로 ㉠~㉢의 관계를 파악해야 한다.

01

윗글의 내용에 대한 이해로 적절하지 않은 것은?

① 타인의 권유나 추천이 독서를 하는 이유가 될 수 있다.
② 슈츠는 동기의 두 측면을 합쳐 하나의 유형으로 제시했다.
③ 독서 습관을 형성하기 위해서는 독서 행위를 시작하는 것이 필요하다.
④ 독서 동기의 정의는 독서를 시작하게 하는 힘과 계속하게 하는 힘을 포함한다.
⑤ 독서의 '때문에 동기'와 '위하여 동기'는 독서 습관의 형성 과정을 설명하는 데 유용하다.

02

다음은 학생의 메모이다. [A]를 참고할 때, ㉮~㉰에 대한 설명으로 가장 적절한 것은?

> 나는 ㉮ 학교에서 '한 학기에 책 한 권 읽기' 과제를 받았다. 그래서 이번 학기에 읽을 책으로 철학 분야의 책을 선택했다. 책을 다 읽고 나면 ㉯ 철학에 대해 많이 알게 되겠지. 그리고 ㉰ 어려운 책을 읽어 냈다는 뿌듯함도 느낄 수 있을 거야.

① ㉮는 독서를 통해 달성하고자 하는 목적이므로 '위하여 동기'라고 할 수 있다.
② ㉯는 독서를 하도록 만든 사건에 해당하므로 '때문에 동기'라고 할 수 있다.
③ ㉮와 ㉯는 이미 발생하여 독서의 계기가 되었으므로 '때문에 동기'라고 할 수 있다.
④ ㉮와 ㉰는 독서 이전 시점에 경험한 일에 해당하므로 '때문에 동기'라고 할 수 있다.
⑤ ㉯와 ㉰는 독서의 결과로 얻게 될 기대에 해당하므로 '위하여 동기'라고 할 수 있다.

03

윗글을 바탕으로 할 때, <보기>를 설명한 내용으로 적절하지 않은 것은?

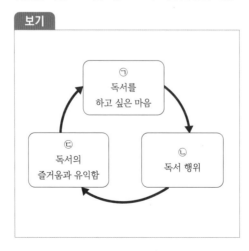

보기

① ㉠으로 시작해 ㉢을 경험하면 ㉠은 자연스럽게 사라진다.
② ㉡으로 ㉢을 얻는 것이 성공적 독서 경험의 핵심이다.
③ ㉢의 경험을 통하여 ㉠이 생기면 ㉡으로 이어질 수 있다.
④ ㉢은 ㉡의 결과인 동시에 새로운 ㉡의 목적이 될 수 있다.
⑤ ㉠, ㉡, ㉢의 선순환을 통해 독서 경험이 반복되고 심화된다.

4 Day　독서(인문)　고3 2023년 3월
다윈의 식탁 / 미생물이 플라톤을 만났을 때

※ 다음 글을 읽고 물음에 답하시오.

가

[A] ❶ 모방이란 새로운 행동이나 선천적이지 않은 행동을 관찰하여 행동 그 자체를 복제한다는 의미인데, 관찰과 학습을 필수적으로 포함한다. 이러한 모방의 개념은 인간과 고등 지능 동물의 행동 차이를 살펴봄으로써 좀 더 분명히 이해할 수 있다.

❷ 어린 침팬지들과 아이들을 대상으로 시범자의 행동을 관찰하여 이를 따라 하게 한 실험이 있다. 동일한 구조의 플라스틱 먹이 상자 2개를 이용하는데, 2개의 상자 차이는 내부가 투명하게 보이느냐 여부뿐이다. 각 상자의 위와 아래는 칸막이로 막혀 있다. 각 상자의 아래 칸에는 먹이와 먹이를 빼낼 수 있는 문이 있고, 위 칸에는 구멍만 뚫려 있다. 어린 침팬지들과 아이들은 상자의 위를 막대로 툭툭 친 뒤 구멍에 막대를 한 번 집어넣는 시범자를 관찰한다. 이어서 아래 칸의 문을 열고 막대기를 ⓐ 이용해서 먹이를 빼내는 시범자의 행동을 관찰한다. 어린 침팬지들은 불투명 상자의 경우 시범을 잘 따라 한 반면 투명 상자의 경우 그렇지 않았다. 먹이를 얻으려면 아래 칸만 필요하다는 것을 아는 듯이 불필요한 행동을 알아서 제거한 뒤 먹이를 ⓑ 획득했다. 그런데 아이들은 상자가 불투명하든 투명하든 시범자의 행동을 따라 했다.

❸ 어린 침팬지들과 아이들의 이러한 차이를 신경 과학 차원의 거울 뉴런을 통해 설명할 수 있다. 거울 뉴런은 신경 세포의 일종으로 다른 행위자의 행동을 관찰하기만 해도 자신이 그 행동을 직접 할 때와 동일한 활성화를 보인다. 실험에 따르면 '행동에 대한 관찰', '관찰을 포함하지 않은 행동의 실행' 그리고 '모방'에서 거울 뉴런의 활성화 정도가 ⓒ 상이하다. 거울 뉴런은 '행동에 대한 관찰'보다 '관찰을 포함하지 않은 행동의 실행'에서 더 많은 활성화가 일어났고, '모방'에서 가장 높은 활성화를 보였다. 그리고 상대방의 행동 목표가 분명하다고 판단될 때는 거울 뉴런의 활성화가 영장류 모두에게서 일어난다. 반면 목표 관찰이 어려운 상황에서는 인간을 제외한 영장류의 거울 뉴런은 거의 활성화되지 않는다. 즉 투명 상자의 위 칸과 관련된 행동의 목표를 관찰하지 못하여 해당 행동을 따라 하지 않는다고 설명할 수 있다. 인간의 거울 뉴런은 행동 목표 외에도 행동이 실행되는 방식이나 의도 모두에서 정교하게 활성화될 수 있다.

❹ 인간의 거울 뉴런은 뇌의 다른 부분과 함께 작용하여 모방의 수준을 높인다. ㉠ 거울 뉴런이 인간의 모방 과정에 관여한다고 보면, 인간은 있는 그대로를 따라 하는 모방 메커니즘을 통해 비효율적인 것처럼 보이는 행동까지도 정확히 모방할 수 있게 되었다고 생각할 수 있다. 인간과 고등 지능 동물의 이러한 차이는 모방의 진정한 의미를 시사한다.

🔊 **핵심정리**

가

문단 중심 내용

❶ 모방의 개념
❷ 어린 침팬지들과 아이들을 대상으로 한 모방 실험
❸ 거울 뉴런을 활용한 실험 결과
❹ 거울 뉴런을 통한 인간 모방의 의미

모방

개념	새로운 행동이나 선천적이지 않은 행동을 관찰하여 행동 그 자체를 복제하는 것
특징	관찰과 학습을 필수적으로 포함함.

모방 실험

투명한 상자와 투명하지 않은 상자를 두고 시범자가 시범을 보임.

↓

어린 침팬지들	아이들
불투명한 상자는 시범자를 따라 했지만, 투명한 상자는 불필요한 행동을 제거함.	불투명한 상자와 투명한 상자 모두 시범자를 따라 함.

거울 뉴런

개념	다른 행위자의 행동을 관찰하기만 해도 자신이 그 행동을 직접 할 때와 동일한 활성화를 보이는 신경 세포
활성화 정도	모방 > 관찰을 포함하지 않은 행동의 실행 > 행동에 대한 관찰
행동 목표	• 분명할 때: 영장류 모두에게서 일어남. • 목표 관찰이 어려울 때: 인간을 제외한 영장류에게서는 거의 활성화되지 않음.
기능	인간의 거울 뉴런은 뇌의 다른 부분과 함께 작용하여 모방의 수준을 높임.

❶ 문화 복제에 대한 도킨스의 입장
❷ 기생 – 숙주 모델로 설명한 밈의 확산
❸ 모방과 구별되는 세 가지 개념
❹ 신경 과학적 관점을 통한 밈의 해석과 의의

밈

개념	유전과는 구별되는, 문화와 관련된 복제의 기본 단위
사례	사후 세계와 같은 관념, 패션 등

기생 – 숙주 모델

	기생 – 숙주 모델	밈
기생 주체	바이러스	밈
숙주	숙주	인간
기생 이유	자기 복제 반복	복제 전략
결과	자기 존재 확장, 인근 숙주 전염	밈의 확산

모방과 구별되는 개념

전염	배우지 않더라도 수행할 수 있는 선천적 행동 → 학습을 포함하지 않음.
개인적 학습	개체가 환경과의 상호 작용을 통해 특정 반응이나 행동을 하는 것 → 관찰을 포함하지 않음.
비모방적인 사회적 학습	주어진 자극에 따른 반응이 적절한 보상이 되어 그 자극이 강화되는 것 → 학습의 대상이 행동 자체가 아님.

밈 이론에 대한 의견

회의적인 입장
밈은 물리적 실체가 아니므로 구체적 단위를 설정하기 어렵고, 복제 원리가 불명확함.

↕

밈 이론을 지지하는 입장
밈은 모방에 의해 뇌에서 뇌로 전달되므로 인간 뇌의 특정 신경 세포 다발이 연결되어 밈을 구성함.

❶ 도킨스는 인간 개체의 경쟁이나 협동, 희생이 자신의 복사본을 더 많이 퍼뜨리기 위한 유전자의 전략이라고 설명하며 인간은 유전자의 운반체에 ⓓ 불과하다고 주장한다. 나아가 유전자 전달과 마찬가지로 문화도 특정 정보 단위로 복제된다고 하면서 그러한 것을 밈이라고 부를 것을 제안했다.

❷ 도킨스에 의하면 밈이란 유전과는 구별되는, 문화와 관련된 복제의 기본 단위이다. 사후 세계와 같은 관념, 패션 등은 한 인간에서 다른 인간에게로 복제되는 밈의 사례이다. 유전자가 정자나 난자를 통해 하나의 신체에서 다른 하나의 신체로 퍼뜨려지는 것과 유사하게, 밈도 모방의 과정을 통해 한 사람의 뇌에서 다른 사람의 뇌로 퍼뜨려진다. 블랙모어는 이것을 기생-숙주 모델로 설명한다. 바이러스가 숙주에 기생해 복제를 ⓔ 반복하여 자기 존재를 확장하고 인근의 숙주들을 전염시키듯이 밈에게는 밈을 더 많이 퍼뜨리는 복제 전략을 위해 숙주인 인간이 필요하다는 것이다. 이렇게 본다면 자기 자신의 복사본을 더 많이 퍼뜨리려는 행동적 측면을 고려할 때 유전자와 밈이 복제자이자 행위자로 기능한다고 할 수 있다. 이는 인간 개체가 행위자가 아니라고 보는 입장이다.

[B]

❸ 밈의 전달이 모방을 통해 일어난다고 할 때, 블랙모어는 모방을 '전염', '개인적 학습', '비모방적인 사회적 학습'과 구별한다. 하품하는 사람을 보면 덩달아 하품할 때가 있다. 이러한 전염은 배우지 않더라도 수행할 수 있는 선천적 행동이기 때문에 남을 따라 하긴 하지만 모방이 아니다. 개인적 학습은 개체가 환경과의 상호 작용을 통해 특정 반응이나 행동을 하는 것인데, 관찰이 포함되어 있지 않으므로 모방이 아니다. 비모방적인 사회적 학습은 주어진 자극에 따른 반응이 적절한 보상이 되어 그 자극이 강화되는 것이다. 비모방적인 사회적 학습에서는 다른 개체에 대한 관찰을 통해 특정 행동을 학습하지만 학습의 대상이 행동 자체가 아니다. 자극에 따른 반응이 적절한 보상을 받는 환경에 대해 학습이 이루어진 것이므로 모방이 아니다.

❹ 밈은 물리적 실체가 아니므로 구체적 단위를 설정하기 어렵고, 복제 원리가 불명확하다는 점을 지적하면서 ⓛ 밈의 존재나 기능에 대해 회의적인 입장을 보이는 사람도 있다. ⓒ 밈 이론 지지자들은 이를 반박하기 위해 신경 과학 관점에서 밈을 설명하려 한다. 밈은 모방에 의해 뇌에서 뇌로 전달되므로 인간 뇌의 특정 신경 세포 다발이 연결되어 밈을 구성한다는 것이다. 이런 관점에서라면 모방 능력이 밈을 촉발시켰고 그 밈은 다시 모방 능력을 발달시키는 역할을 했다고 할 수 있을 것이다. 밈의 관점에서 문화 전달을 설명하려는 밈 이론은 사상과 문화 등이 전파되고 확산되는 방법을 설명하는 유용한 도구라고 할 수 있다.

01

(가), (나)에 대한 설명으로 가장 적절한 것은?

① (가)는 거울 뉴런에 초점을 맞춰 뉴런의 기원을, (나)는 문화에 초점을 맞춰 밈의 기원을 규명하였다.

② (가)는 모방의 과정을 바탕으로 거울 뉴런의 기능을, (나)는 유전자 전달을 중심으로 유전의 특징을 소개하였다.

③ (가)는 사례의 일반화를 통해 모방의 분류 기준을, (나)는 사례의 유형화를 통해 밈이 확산되는 과정을 제시하였다.

④ (가)는 실험 결과를 바탕으로 인간 모방의 특징을, (나)는 학자들의 견해를 토대로 밈의 특징과 유용성을 서술하였다.

⑤ (가)는 인간과 동물의 차이를 통해 모방의 특성을, (나)는 밈과 유전의 차이를 통해 유전자 복제의 특성을 분석하였다.

■ 문제풀이 맥 ■

01

글의 핵심 내용을 이해하는 문제이다. (가)와 (나) 각각의 주제를 이해해야 한다. 지문에서 중심적으로 설명하는 대상이 글의 제재이므로, 제재를 먼저 파악한 뒤 제재의 어떤 점을 어떻게 설명하고 있는지 추가로 파악하면 된다.

02

(가), (나)에 대한 이해로 적절하지 않은 것은?

① (가): 실험에서 어린 침팬지가 행동 목표를 관찰하지 못하면 불필요한 행동을 하지 않을 것이다.

② (가): 아이들의 거울 뉴런은 어린 침팬지들의 거울 뉴런과 달리 행동이 실행되는 방식을 모방할 수 없을 것이다.

③ (가): 거울 뉴런의 활성화가 모방에서 가장 높은 이유는 행동에 대한 관찰과 행동의 실행이 모두 충족되기 때문이다.

④ (나): 도킨스는 비유전적 방식으로 전개되는 문화의 전승을 밈으로 설명한다.

⑤ (나): 블랙모어의 기생-숙주 모델에서는 밈이 전달될 때 인간은 밈의 숙주라고 본다.

02

글의 세부 정보를 이해하는 문제이다. 선택지 중 (가)에 연관된 것은 모방의 개념을 설명하기 위한 실험과 거울 뉴런을, (나)에 연관된 것은 도킨스와 블랙모어의 밈 이론을 이해해야 풀 수 있다. 지문에서 해당 내용이 설명된 부분을 읽고, 선택지의 내용과 대조해야 한다.

03

핵심 정보를 구체적 상황에 적용하는 문제이다. <보기>의 원숭이들은 처음에는 흙과 모래가 묻은 고구마를 그냥 먹었지만, 미미가 고구마를 물에 씻어 먹는 것을 보고는 점차 이를 따라 하게 되어 두 세대 뒤에는 그 지역 대부분의 원숭이들이 고구마를 씻어 먹게 되었다. 미미와 다른 원숭이들의 행동이 모방, 전염, 개인적 학습, 비모방적인 사회적 학습 중 어느 것에 해당하는지 파악해야 한다.

03

[A]와 [B]를 연결 지어 <보기>에 대해 추론한 내용으로 적절하지 <u>않은</u> 것은?

> **보기**
>
> 어느 지역 사육사들이 원숭이들에게 밭에서 캔 고구마를 모래밭에 매일 던져 주었고, 흙과 모래가 묻은 고구마를 원숭이들은 그냥 먹었다. 어느 날 '미미'라 불리는 젊은 원숭이가 그런 고구마를 물가로 가져가 씻어 먹기 시작했다. 흥미로운 점은 이런 행동을 미미의 친척 원숭이들이 따라 하기 시작하더니 두 세대 만에 그 지역 대부분의 원숭이들이 고구마 씻는 행동을 할 수 있게 되었다는 것이다. 미미가 고구마를 물로 씻어 먹는 것을 관찰한 다른 원숭이들이 자신에게도 고구마가 주어졌을 때 물가에 가서 씻어 먹은 것은 비모방적인 사회적 학습의 사례라고 할 수 있다.

① 원숭이가 고구마를 물로 씻는 행동을 선천적으로 할 줄 안다면 새로운 행동을 배운 것은 아니겠군.

② 미미가 혼자서 고구마를 물가에서 씻어 먹는 것을 즐겼다면 주어진 환경에 적응하여 특정 행동을 학습한 것이겠군.

③ 관찰을 통해 적절한 보상을 받는 환경에 대한 학습이 이루어져 미미의 친척 원숭이들이 미미를 따라 행동하게 되었겠군.

④ 물로 씻어 먹기 좋게 된 고구마가 보상으로 작용해 두 세대 만에 그 지역 대부분의 원숭이들이 고구마 씻는 행동을 할 수 있게 되었겠군.

⑤ 미미를 관찰하여 흙과 모래가 묻은 고구마가 있으면 물로 씻어 먹는다는 것을 학습하게 된 원숭이는 미미를 모방하여 고구마를 물로 씻는 행동 자체를 배운 것이겠군.

04

핵심 정보를 구체적 상황에 적용하는 문제이다. <보기>는 독신주의 밈을 수용하는 사람들은 자손을 통해 유전자를 전달하지 않는다고 하였다. <보기>의 상황에서 행위자와 매개체를 파악하고, 밈의 복제와 유전자 전달을 비교하여 이해해야 한다.

04

(나)의 밈 이론을 바탕으로 <보기>를 이해한 내용으로 가장 적절한 것은?

> **보기**
>
> 자손 갖기를 거부하는 독신주의는 현대 사회에서 하나의 밈으로 번지고 있다. 이 밈을 적극적으로 수용하는 사람들은 자손을 통해 유전자를 전달하지 않는다.

① 독신주의 밈을 적극적으로 수용한 사람은 밈의 복제자이자 행위자이다.

② 밈은 자손 갖기를 거부하는 독신주의를 사람들에게 전달하는 매개체이다.

③ 밈은 유전자 전달과 마찬가지로 복제될 수 있으므로 독신주의 밈이 자손에게 유전된다.

④ 자손을 통해 유전자를 전달하려는 유전자의 전략과 자손 갖기를 거부하는 독신주의 밈의 전략은 충돌할 수 있다.

⑤ 현대 사회에서 독신주의 밈이 널리 퍼지는 이유는 밈을 적극적으로 수용할수록 유전자 전달이 유리해지기 때문이다.

05

㉠에 근거하여 ㉢이 ㉡을 반박할 수 있는 말로 가장 적절한 것은?

① 밈은 거울 뉴런 활성화를 통해 설명될 수 있으므로 물리적 실체가 분명하다고 할 수 있다.

② 거울 뉴런이 인간의 주체적 의지로 활성화되므로 밈은 문화 전달의 기능을 수행할 수 있다.

③ 모방에 의해 전파되는 밈의 복제 원리가 불명확하더라도 밈은 문화 확산을 설명하는 도구라고 할 수 있다.

④ 거울 뉴런의 활성화가 영장류에서 폭넓게 관찰되기 때문에 밈은 인간 외 영장류에서도 그 존재를 확인할 수 있다.

⑤ 거울 뉴런은 관찰 없이 활성화되므로 인간 뇌에서 뇌로 건너 다닐 수 있다는 것을 밈의 복제 원리로 제시할 수 있다.

05

글의 세부 내용을 이해하는 문제이다. ㉠은 거울 뉴런이 인간의 모방 과정에 관여한다는 사실이고, ㉡은 밈의 존재나 기능에 대해 회의적인 입장을 보이는 사람, ㉢은 밈 이론 지지자들을 가리킨다. ㉡은 밈은 구체적 단위를 설정하기 어렵고, 복제 원리가 불명확하다는 점을 지적한다는 것을 기억해야 한다. 그리고 ㉠을 근거로 이용하여 ㉢의 입장에서 반박할 말을 찾아야 한다.

06

문맥상 ⓐ~ⓔ와 바꾸어 쓰기에 적절하지 <u>않은</u> 것은?

① ⓐ: 써서

② ⓑ: 얻었다

③ ⓒ: 서로 다르다

④ ⓓ: 이르지 못한다고

⑤ ⓔ: 거듭하여

06

어휘의 사전적 의미를 이해하는 문제이다. ⓐ~ⓔ의 위치에 선택지에서 제시된 어휘를 넣어 보고 문맥상 자연스럽게 읽히는지 파악해야 한다.

핵심정리

가 조지훈, 〈맹세〉

갈래
자유시, 서정시

성격
서정적, 애상적

제재
임에 대한 사랑

주제
임에 대한 영원한 사랑의 맹세

특징
① 불가능한 상황을 설정하여 임에 대한 화자의 사랑을 강조함.
② 화자를 시간의 흐름에 따라 변화하는 특성을 지닌 대상에 비유함.
③ 설의법을 통해 임에 대한 사랑이 오랫동안 지속되었음을 드러냄.

해제
이 작품은 임에 대한 영원한 사랑의 맹세를 노래하고 있다. '거룩한 일월'로 표현되는 임은 절대적 사랑의 대상으로, 그 앞에서 우는 행위는 임에 대한 간절한 마음을 표현한 것으로 볼 수 있다. 화자는 '만년을 싸늘한 바위를 안고', '그 뼈가 부활하여 다시 죽을 날까지'와 같은 불가능한 상황을 통해 임에 대한 간절한 그리움과 영원한 사랑을 형상화하고 있다. 또한 색채 이미지의 대비, 유사한 구문의 반복을 활용해 주제를 강조하고 있다.

구성

1연	임에 대한 뜨거운 열정
2~3연	임을 향한 절실한 마음
4~5연	임에 대한 영원한 사랑
6연	마음이 가난한 '나'
7~8연	임에 대한 지조와 절개
9~10연	임에 대한 간절한 그리움

※ 다음 글을 읽고 물음에 답하시오.

가

만년(萬年)을 싸늘한 바위를 안고도
뜨거운 가슴을 어찌하리야

어둠에 창백한 꽃송이마다
깨물어 피터진 입을 맞추어

마지막 한방울 피마저 불어 넣고
해돋는 아침에 죽어가리야

사랑하는 것 사랑하는 모든 것 다 잃고라도
흰뼈가 되는 먼 훗날까지
그 뼈가 부활하여 다시 죽을 날까지

거룩한 일월(日月)의 눈부신 모습
임의 손길 앞에 나는 울어라.

마음 가난하거니 임을 위해서
내 무슨 자랑과 선물을 지니랴

의로운 사람들이 피흘린 곳에
솟아 오른 대나무로 만든 피리뿐

흐느끼는 이 피리의 아픈 가락이
구천(九天)에 사모침을 임은 듣는가.

미워하는 것 미워하는 모든 것 다 잊고라도
붉은 마음이 숯이 되는 날까지
그 숯이 되살아 다시 재 될 때까지

못 잊힐 모습을 어이 하리야
거룩한 이름 부르며 나는 울어라.

- 조지훈, 〈맹세〉 -

나

저기 저 담벽, 저기 저 라일락, 저기 저 별, 그리고 저기 저 우리 집 개의 똥 하나, 그래 모두 이리 와 ㉠ 내 언어 속에 서라. 담벽은 내 언어의 담벽이 되고, 라일락은 내 언어의 꽃이 되고, 별은 반짝이고, 개똥은 내 언어의 뜰에서 굴러라. ㉡ 내가 내 언어에게 자유를 주었으니 너희들도 자유롭게 서고, 앉고, 반짝이고, 굴러라. 그래 봄이다.

봄은 자유다. 자 봐라, 꽃피고 싶은 놈 꽃피고, 잎 달고 싶은 놈 잎 달고, 반짝이고 싶은 놈은 반짝이고, 아지랑이고 싶은 놈은 아지랑이가 되었다. ㉢ 봄이 자유가 아니라면 꽃피는 지옥이라고 하자. 그래 봄은 지옥이다. ㉣ 이름이 지옥이라고 해서 필 꽃이 안 피고, 반짝일 게 안 반짝이던가. 내 말이 옳으면 자, ㉤ 자유다 마음대로 뛰어라.

- 오규원, 〈봄〉 -

나 오규원, 〈봄〉

갈래
자유시, 서정시

성격
관념적, 상징적

제재
봄과 언어

주제
새로운 언어 사용의 가능성에 대한 탐구

특징
① 일상적 시어를 활용하여 언어의 한계와 가능성을 표현함.
② 반복법, 열거법을 통해 대상을 드러내고 시적 긴장감을 높임.

01

(가), (나)에 대한 설명으로 적절하지 않은 것은?

① (가)는 1연과 6연에서 물음의 형식을 활용하여 화자의 상황 인식을 보여 준다.
② (가)는 4연과 9연에서 상황을 가정하는 표현을 활용하여 화자의 의지를 강조한다.
③ (나)는 반복적인 표현을 제시하면서 쉼표를 사용하여 리듬감을 형성한다.
④ (가)는 대비되는 시어를 활용하여 대상의 양면성을 드러내고, (나)는 반복되는 행위를 제시하여 대상의 효용성을 드러낸다.
⑤ (가)는 같은 시구를 5연, 10연의 마지막에서 반복하여 화자의 정서를 강조하고, (나)는 1연 끝 문장의 시어를 2연 첫 문장으로 연결하며 그 의미를 드러내고 있다.

02

아픈 가락에 대한 이해로 가장 적절한 것은?

① 임에게 자랑스레 내보일 화자의 자부심을 포함한다.
② 의로운 사람들이 보여 준 희생과 설움을 담고 있다.
③ 대나무에 서린 임의 뜻을 잊으려는 화자를 질책한다.
④ 피리의 흐느낌에 호응하여 화자의 억울함을 해소한다.
⑤ 구천에 사무친 원망을 살아남은 사람들에게 전달한다.

📖 문제풀이 맥 📖

01

표현상의 특징을 파악하는 문제이다. (가)와 (나)에 선택지에서 언급한 표현법이 사용되었는지를 확인하고, 그 표현법이 어떤 효과를 미치는지 파악해야 한다. 이 문제의 경우 표현법에 관한 전문적인 용어를 숙지하지 않아도 되므로 선택지에 제시된 표현 방법이 (가), (나)에 적용되었는지만 파악하면 된다.

02

시어, 시구의 의미와 기능을 파악하는 문제이다. 이러한 유형의 문제는 해당 시구, 시어만을 살펴보는 것이 아니라 전체적인 맥락을 먼저 이해해야 한다. 즉, 시적 상황과 화자의 태도를 복합적으로 이해하고 이러한 맥락 속에서 시구와 시어의 의미와 기능을 파악해야 한다.

시적 상황	마음이 가난한 '나'가 임을 위해 대나무로 만든 피리를 연주함.
화자의 태도	임을 위해 할 수 있는 일이 별로 없다는 한탄과 동시에, 지조와 절개를 상징하는 대나무로 만든 피리의 연주 소리를 임이 들어주기를 바람.

03

외적 준거에 따라 작품을 감상하는 문제이다. 선생님의 해석에 의지하여 각 선택지에서 제시하고 있는 내용을 작품 내에서 찾아 연결해 가며 풀어야 한다. (가)와 (나)는 모두 화자가 원하는 것에 대한 바람을 드러내는 작품으로, (가)는 대상에게 의미를 부여하는 화자의 시선을, (나)는 화자가 주목하는 대상들의 모습을 중점적으로 제시한다는 점에서 차이가 있다. 이를 참고하여 두 작품 간의 특징을 비교해야 한다.

03

다음에 따라 (가), (나)를 감상한 내용으로 적절하지 않은 것은?

> 선생님: (가)는 부재하는 임을 기다리며 더 나은 세상에 대한 바람을 드러내고, (나)는 봄과 같은 세계에서, 대상들과 함께 자유를 누리려는 바람을 드러냅니다. 그러나 (가)는 대상에게 의미를 부여하는 화자의 시선이 두드러짐에 비해, (나)는 화자가 주목하는 대상들의 모습이 두드러진다는 차이를 보여요. 이 차이가 주변 존재들을 대하는 태도나 바람을 실현하는 방식에 반영되기도 해요.

① (가)의 화자가 바라는 세상은 '해 돋는 아침'과 같이 '어둠'을 벗어나 밝음을 회복한 세상일 거야.

② (나)의 화자가 지향하는 세계에서 대상들은 '자유롭게 서고, 앉고, 반짝이고,' 구를 거야.

③ (가)의 화자는 '꽃송이'를 '창백한' 대상으로 바라보고, (나)의 화자는 대상들 각각의 모습에 주목하여 그 개별성을 드러내고 있어.

④ (가)의 화자는 '피마저 불어 넣'는 희생적 태도를 보이고, (나)의 화자는 대상들이 원하는 바를 실현하게 하여 '자유'를 함께 누리려는 태도를 보이고 있어.

⑤ (가)의 화자는 '붉은 마음'을 바쳐 부재하는 '임'을 기다리고, (나)의 화자는 '담벽' 안에서 '봄'과 같은 세계를 대상들과 공유하려 하고 있어.

04

외적 준거에 따라 새로운 가치를 발견하는 문제이다. <보기>에 따르면 윗글의 화자는 언어와 대상이 관습에서 벗어나 자유를 얻고자 하는 시도와 그 가능성을 모색한다. 이에 따라 ㉠~㉢이 가리키는 시구의 의미를 파악하고, 파악한 의미를 바탕으로 선택지에 제시된 내용의 적절성을 평가해야 한다.

04

<보기>를 참고하여 ㉠~㉢의 의미를 설명한 것으로 가장 적절한 것은?

보기

> (나)는 언어의 한계와 가능성에 대한 시인의 탐구를 보여 준다. 언어를 사용함으로써 대상을 파악할 수 있지만 그 결과는 다시 언어에 구속된다는 필연적 한계를 갖는다. 그래서 시인은 기존의 언어 사용 방식을 벗어나려는 시도를 한다. 이를 통해 언어와 대상이 기존의 관습에서 벗어나 자유를 향해 나아갈 수 있는 가능성을 모색한다.

① ㉠은 자신의 언어 속에서도 기존의 언어 사용 방식이 유지된다는 생각을 의미한다.

② ㉡은 대상을 파악하는 행위까지 포기하면서 자유를 얻고자 하는 의도를 나타낸다.

③ ㉢은 새로운 표현을 시도하여 언어와 대상이 자유를 얻을 가능성을 모색하는 과정을 나타낸다.

④ ㉣은 대상들을 구속에서 벗어나게 하기 위해 외부 상황에 변화를 주었음을 의미한다.

⑤ ㉤은 언어의 새로운 가능성을 실현하여 자신이 제한한 의미에 따라 대상들이 움직임을 의미한다.

WEEK 1

※ 다음 글을 읽고 물음에 답하시오.

십여 일이 지날 무렵 노비 막동이 눈물을 흘리며 물었다.

"낭군께선 늘 언행이 호방하시고 재주가 무리 중에 탁월해 거침없으시더니, 요즘에는 울적해 하시니 말 못할 근심이 있는 듯하옵니다. 사모하는 이라도 있으신지요?"

김생이 슬퍼하며 느낀 바를 사실대로 말하니 막동이 한참 생각하고 말했다.

"소인이 낭군을 위해 마륵의 ㉠계책을 올릴 테니, 낭군께선 애태울 일이 없으십니다."

"그게 무엇이더냐?"

"낭군께선 급히 주효(酒肴)를 성대히 마련하시고 바로 미인이 머문 집으로 가서 손님을 전별(餞別)하려는 듯 하십시오. 방 하나를 빌려 잔치를 벌이시고 이놈을 불러 손님을 모셔 오라 하시면, 제가 명을 받들어 나갔다가 한 식경 후에 돌아와 '손님이 오십니다.'라 하지요. 낭군께서 다시 명하시면 제가 또 명을 받고 날이 저물 때쯤 돌아와, '손님께서 오늘은 송별객이 많아 심히 취해 갈 수 없으니 내일 꼭 가겠노라 하셨습니다.'라 하지요. 이때 낭군께선 주인을 불러 앉으라 하시고 그 주효를 먹게 하고, 기색을 드러내지 말고 물러나십시오. 다음 날도 그렇게 하고 그다음 날도 그렇게 하시면, 처음엔 고맙게 여길 것이요, 두 번째는 은혜에 감격할 것이며, 세 번째는 필히 의문을 품을 것입니다. 은혜를 느끼면 보답을 생각할 것이고, 은혜에 감격하면 죽음으로써 보답하고자 생각할 것이며, 의문이 생기면 하시고 싶은 바를 물어볼 것입니다. 이때 흉금을 털고 말하신다면 일은 거의 다 된 것입지요."

생은 진정 그럴듯하다 여기고 기뻐하며 말했다.

"내 일이 잘 되겠구나!"

생은 그 계책에 따라 즉시 주효를 갖추어서 곧바로 그 집에 가 전별 자리를 마련하였다.

(중략)

생이 사모하는 이가 필시 이곳에 없는 줄 알고 낯빛을 바꾸며 말했다.

"이 몸이 할멈에게 후의(厚意)를 입었으니 어찌 사실대로 말하지 않겠나? 과연 모월 모일 모처에서 오다가 길에서 마침 한 낭자를 보았다네. 나이는 대략 십오륙 세에 푸른 적삼에 붉은 치마를 입었고, 백릉버선에 자색 신을 신었지. 진주 비녀를 꽂고 새하얀 옥 반지를 끼고, 홍화문 앞길을 지나가고 있었다네. 내 마음이 화사해지고 춘정을 이기지 못해 뒤따랐는데, 마지막에 이른 곳이 곧 할멈의 집이었네. 그날 이후로 마음이 혼미하여 만사가 흐릿하며, 오로지 그 낭자만 생각했다네. 맑은 눈동자와 하얀 이가 자나 깨나 잊히지 않아 상심하며 애태우길 하루 이틀이 아니었네. 할멈이 나를 보고 낯빛이 파리하다 했는데 왜 그랬겠나? 그래서 손님을 전별한다며 할멈을 번거롭게 한 것이네."

어 일어나지 못하던 김생은 상사동 노파의 주선으로 영영을 만나게 되고, 회산군의 집에 들어가 정을 나누게 된다. 그러나 신분상의 제약으로 인해 둘은 헤어지게 되고, 이에 김생과 영영은 이별을 앞두고 시를 주고받으며 슬퍼한다. 김생은 영영을 더 이상 만날 길이 없자 절망에 빠져 세월을 보내다 마음을 바로잡고, 과거에 응시하여 장원 급제한다. 유가를 나왔다가 회산군의 집 앞을 지나게 된 김생은, 꾀를 써서 거짓으로 혼절한 체하여 회산군의 집에 들어가게 된다. 그곳에서 영영을 만났으나 주변 사람들의 시선이 두려워 마음을 표현하지 못하다 영영의 편지를 전해 받고 돌아와 그리움으로 앓아눕게 된다. 이에 김생의 친구이자 회산군 부인의 조카인 이정자가 나서서 도움을 주어 김생은 영영과 인연을 맺고 함께 여생을 보내게 된다.

보조적 인물의 개입

막동	계책을 통해 영영에 대한 김생의 마음을 노파에게 드러낼 수 있게 함.
노파	• 김생에게 영영에 대한 정보를 제공함. • 김생과 영영이 만날 수 있도록 도움.

마록의 계책

여러 날에 걸쳐 손님을 위한 술상을 차려 노파에게 자신의 얼굴을 익게 함.

손님을 위한 술상을 차린 뒤 손님이 오지 않아도 상을 치우지 않고 노파에게 먹게 함으로써 노파의 호감을 얻음.

노파에게 김생이 원하고자 하는 바 (영영과의 만남)를 말함.

노파가 이 말을 듣고 몹시 애처로워 했으나 생이 마음에 둔 사람이 누군지 몰랐다. 한동안 깊이 생각하다가 문득 깨닫고서 말했다.

"그런 애가 있습죠. 바로 죽은 제 언니의 딸이에요. 이름은 영영이고 자(字)는 난향이죠. 만약에 정말 그렇다면 참으로 어려운 일입니다. 참 어려운 일이에요!"

"왜 그러한가?"

"이 애는 회산군 댁 시비예요. 궁에서 나고 자라 문 앞길도 밟지 못한지 오래랍니다. 자색(姿色)이 고운 것은 낭군께서 이미 보셨으니 굳이 말할 것 없지만 고운 마음이며 얌전한 몸가짐은 양반집 규수와 다를 게 없지요. 게다가 음률과 문장을 알아 나리께서 어여삐 여기시고 장차 소실(小室)로 맞으려 하셨지만, 부인의 시샘이 하동의 사자후보다 심하여 그렇게 못 하고 있을 뿐이옵니다. 지난번 그 애가 올 수 있었던 것은 한식 때를 맞아 그 애가 어미의 제사를 이곳에서 지내려고 부인께 말미를 얻었기 때문이지요. 그리고 때마침 나리께서 외출하신 터에 올 수 있었지 그렇지 않았던들 낭군께서 어찌 얼굴을 볼 수 있었겠습니까? 아이고! 낭군께서 다시 만나시기는 참으로 어렵습죠. 참으로 어려워요!"

생이 하늘을 우러러 탄식하며 말했다.

"아, 끝난 것이로구나! 나는 필시 죽겠구나!"

노파가 안타까워 멍하니 서 있다가 다시 말했다.

"딱 한 가지 ⓛ 방법이 있습죠. 단오가 꼭 한 달 남았습니다. 그때 이 몸이 죽은 언니를 위해 제사상을 차리고 부인께 영영에게 반나절의 말미를 주도록 청한다면, 만에 하나 낭군의 뜻을 이룰 수 있을 것입니다. 낭군께선 돌아가시어 때를 기다렸다가 오시지요."

생이 기뻐하며 말했다.

"할멈 말대로 된다면야 인간의 5월 5일이 천상의 7월 7일이 되겠소!"

생과 노파는 각각 만복을 기원하며 헤어졌다.

– 작자 미상, 〈상사동기〉 –

■ 문제풀이 맥 ■

01

대화의 특징을 파악하는 문제이다. 대화의 맥락을 파악하고 인물들의 말하기 방식을 파악해야 한다. 윗글에서 등장하는 인물은 김생, 막동, 노파이며, 대화 상황은 김생과 막동, 김생과 노파 사이에서만 이루어진다.

01

윗글의 대화에 대한 설명으로 가장 적절한 것은?

① 시간 표지를 활용하여 사건의 추이를 드러낸다.
② 앞날의 일을 가정하여 인물 간 갈등의 심화를 암시한다.
③ 인물에 대한 논평을 활용하여 갈등의 해소 방안을 제시한다.
④ 인물의 내력을 요약적으로 제시하여 성격의 변화를 보여 준다.
⑤ 인물의 성격을 고사에 빗대어 사건을 새로운 국면으로 전환한다.

02

윗글의 내용에 대한 이해로 적절하지 <u>않은</u> 것은?

① 막동은 생의 근심이 사모하는 마음 때문일 것이라 추측했다.
② 생이 노파의 집에서 손님을 전별하는 일을 벌인 데 대해 노파는 번거로움을 호소하였다.
③ 노파는 생이 찾는 자색이 고운 여인이 죽은 언니의 딸인 것을 깨달았다.
④ 노파는 생의 사연을 애처롭게 여기고 자신이 영영에 대해 아는 바를 알려 주었다.
⑤ 생은 천상의 일에 빗대어 영영을 만나는 일의 기쁨을 표현하였다.

02
작품의 내용을 이해하는 문제이다. 인물을 중심으로 사건의 전개 방향을 파악하고, 인물과 대사를 적절하게 연결지을 수 있어야 한다. 윗글에서 막동과 노파는 김생의 조력자로 등장하며, 막동은 계책을 통해 김생과 노파를 만나게 하고 있다.

03

㉠과 ㉡에 대한 설명으로 가장 적절한 것은?

① ㉠과 ㉡은 모두 생에게 실현 가능성에 의구심을 갖게 한다.
② ㉠과 ㉡은 모두 생의 의도를 숨기기 위해 상황의 급박함을 부각하는 방식을 취한다.
③ ㉠은 막동의 제안을 생이 실행함으로써 이루어지고, ㉡은 생의 제안을 노파가 실행함으로써 이루어질 수 있다.
④ ㉠이 이루어지면 생은 노파에게 속내를 드러낼 기회를 얻게 되고, ㉡이 이루어지면 생이 영영과 만날 기회를 얻게 된다.
⑤ ㉠에서 생은 노파에게 접근하기 위해 가상의 존재를 내세우고, ㉡에서 생은 영영과의 만남을 위해 권력자의 위세를 내세운다.

03
소재의 기능을 파악하는 문제이다. 이러한 유형의 문제를 풀기 위해서는 인물의 상황, 태도 등 작품의 전체적인 내용을 이해하고 있어야 한다. ㉠은 막동이 김생과 노파를, ㉡은 노파가 김생과 영영을 만나게 하는 소재로 기능한다.

04

<보기>를 참고하여 윗글을 감상한 내용으로 적절하지 <u>않은</u> 것은?

> **보기**
>
> 〈상사동기〉는 남녀가 결연의 어려움을 극복하고 애정을 추구하는 서사라는 점에서, 애정 전기 소설의 전통을 따르면서도 전대 소설보다 현실성이 강화되었다. 감정에 충실하여 애정을 우선시하는 주인공의 성격, 서사 진행에 적극 개입하는 보조적 인물의 등장, 환상성을 벗어나 일상에 밀착된 배경의 설정 등에서 이를 확인할 수 있다. 또한 신분적 한계를 지닌 여성과의 결연 과정에서 애정 성취를 가로막는 사회적 관습으로 인한 갈등이 드러난다는 점에서 소설사적 의의가 있다.

① 생이 첫눈에 반한 영영과의 애정 추구에 적극적으로 나서는 점에서, 감정에 충실한 인물의 성격을 확인할 수 있군.
② 막동과 노파가 생의 애정 성취를 돕기 위해 나서는 점에서, 사건에 적극 개입하는 보조적 인물의 등장을 확인할 수 있군.
③ 생이 길을 가다 우연히 영영을 마주치고 노파의 집까지 뒤따르는 것에서, 사건 전개가 일상적 공간 속에서 이루어짐을 확인할 수 있군.
④ 영영이 회산군 댁 시비인 까닭에 두 인물의 만남이 어려운 점에서, 여성 주인공의 신분적 한계로 인해 애정 성취에 곤란을 겪는 것을 확인할 수 있군.
⑤ 회산군 부인의 허락을 구하려는 노파에게 생이 동조하는 것에서, 사회적 관습 안에서 현실적인 애정 성취 방법을 찾는 인물의 내적 갈등을 확인할 수 있군.

04
외적 준거에 따라 작품을 감상하는 문제이다. <보기>에 제시된 설명에 따라 작품을 이해하는 것이 중요하다. <보기>에 따르면, 윗글은 주인공의 성격, 보조적 인물, 배경 등을 통해 현실성이 강화되며, 갈등의 원인이 신분이라는 사회적 관습과 관련된다. 이러한 <보기>의 내용을 바탕으로, 제시된 인물의 행동과 서술이 지닌 의미가 선택지에 제시된 내용과 적절하게 대응하는지 파악하는 것이 중요하다.

섹션 SECTION
뽀개기
종합편

스스로 점검하기

6일간 학습

Day	공부 시작 시간	공부 종료 시간	틀린 문항 수	틀린 유형
Day 1	시 분 초	시 분 초		
Day 2	시 분 초	시 분 초		
Day 3	시 분 초	시 분 초		
Day 4	시 분 초	시 분 초		
Day 5	시 분 초	시 분 초		
Day 6	시 분 초	시 분 초		

1 일별로 계획에 맞춰 공부하기
하루에 기출 하나씩 매일 꾸준히 공부하는 것이 최선의 방법이다.

2 시작 시간과 종료 시간 체크하기
스스로 시간 제한을 두고 문제를 푸는 것이 실전 대비에 효과적이다.

3 틀린 문항과 유형 분석하기
틀린 문제는 또 틀릴 수 있다. 특정 문항과 유형에서 많이 틀렸다면, 그 이유를 분석해야 한다.

4 보충 학습하기
스스로 점검하기를 통해 자신의 취약한 유형을 확인하고, SLS를 통해 부족한 부분을 보충 학습한다.

번호		Day 1						Day 2						Day 3					나의 예상 등급은?
번호	1	2	3	4	5	6	1	2	3	4	5	6	1	2	3	4	5	6	등급
정답률	93%	68%	86%				68%	70%	64%	83%	68%		94%	93%	96%				
채점																			

번호		Day 4						Day 5						Day 6					
번호	1	2	3	4	5	6	1	2	3	4	5	6	1	2	3	4	5	6	**1등급** 23~25개
정답률	70%	75%	57%	52%	34%	85%	79%	75%	40%	64%			54%	88%	74%	82%			**2등급** 21~22개
채점																			**3등급** 19~20개

결과	틀린 문항에는 ✕표시, 찍어서 막혔거나 헷갈렸던 문항에는 △표시, 맞춘 문항에는 ○표시 채점 결과: 맞은 문항 수 25개중 ☐개

핵심정리

가

갈래
소감문

제재
치유 농업 여행

주제
치유 농업 여행에 참가한 소감

문단 중심 내용

❶ 치유 농업 여행 소개 및 참여 경위
❷ 각 프로그램과 그에 대한 소감
❸ 프로그램에 참가한 소감 및 향후 계획

치유 농업 여행 프로그램

프로그램	감상
농장 주변 산책	맑은 공기를 마시며 상쾌한 기분을 느낄 수 있음.
농장에서 키운 채소들을 수확해 보는 체험	잡념이 사라지고 활기가 생김.
농장 마당에 모여 앉아 별 보기	지쳐 있는 글쓴이의 마음을 위로해 줌.
농장을 둘러싼 나무들을 바라보며 명상하는 시간	학업에 지친 마음을 회복하는 데 도움이 됨.
농장의 동물들에게 먹이를 주는 체험	동물들과 마음을 나누며 즐거움을 느낄 수 있음.

치유 농업 여행의 개선점

① 산책에 주어진 시간 부족
② 비가 올 때를 대비한 프로그램의 부재
③ 여행에 함께했던 다른 학생들과 소감을 나눌 수 있는 장의 부재

※ (가)는 학생회 게시판에 올라온 학생 소감문이고, (나)는 이를 읽은 학생회 학생들이 나눈 대화이다. 물음에 답하시오.

가

❶ 우리 학교에서는 학생이 주도하는 교육 여행을 권장하고 있는데, 그 일환으로 학생회에서 치유 농업을 주제로 하는 여행을 진행하였다. 이 '치유 농업 여행'은 농장 체험을 통해 학업에 지친 학생들의 마음을 치유하기 위해 마련되었다. 치유 농업에 대한 안내가 부족하여 참가를 망설이는 학생들이 있었지만 나는 '건강하고 행복한 삶을 위한 치유 농업 여행에 함께해요'라는 홍보 문구를 보고 호기심이 생겼다. 그래서 지난달에 1박 2일 동안 진행된 치유 농업 여행에 참가하게 되었다.

❷ 토요일 오전, 참가자 20여 명이 버스를 타고 학교에서 1시간 정도 떨어진 농장으로 향했다. 농장 입구에 들어서니 농장을 운영하시는 분이 우리를 반갑게 맞아 주셨다. 첫 번째 프로그램은 농장 주변을 산책하는 것이었다. 농장 주변에는 큰 나무들이 많아서 맑은 공기를 마시며 상쾌한 기분을 느낄 수 있었는데, 산책에 주어진 시간이 너무 짧아 아쉬움이 컸다. 그다음에는 농장에서 키운 채소들을 우리 손으로 수확해 보는 체험을 했다. 몸을 쓰는 농장 일에 집중하다 보니 잡념이 사라지고 활기가 생겼다. 저녁을 먹은 후에는 농장 마당에 모여 앉아 별을 보았다. 밤하늘의 별빛들이 토닥토닥, 지쳐 있는 내 마음을 위로해 주었다. 비가 올 때를 대비한 프로그램이 준비되어 있지 않아 비가 오면 시간을 허비할 수도 있었는데, 날씨가 좋아 별을 볼 수 있어서 다행이었다. 다음날 아침에는 농장을 둘러싼 나무들을 바라보며 명상하는 시간을 가졌는데, 학업에 지친 마음을 회복하는 데 도움이 되었다. 마지막 프로그램은 농장의 동물들에게 먹이를 주는 체험이었다. 동물들과 마음을 나누며 즐거움을 느낄 수 있었다. 마지막 프로그램을 마치며 다른 친구들을 보니 모두들 행복한 표정이었다. 이 여행에 함께했던 다른 학생들과 소감을 나눌 수 있는 장이 마련되면 좋겠다는 생각을 했다.

❸ 짧은 시간이었지만 치유 농업 여행은 나에게 유익한 체험이었다. 학생회가 준비해 준 이번 여행 덕분에 힘든 학업으로 답답했던 마음이 시원하게 뚫린 기분이었다. 좋은 프로그램을 준비해 줘서 고마웠다. 이번 교육 여행을 계기로 치유 농업에 관한 자료를 찾아보고 더 깊이 이해해 봐야겠다는 계획을 세웠는데 꼭 실천해야겠다.

나

학생 1: 두 번째 치유 농업 여행을 홍보하는 글을 쓰기로 했는데, 어떻게 쓰면 좋을지 이야기해 보자.

학생 2: 지난번 여행을 홍보하는 글에서는 프로그램을 소개하는 데 주안점을 두
었잖아. 이번에는 치유 농업 여행을 통해 얻을 수 있는 효과를 강조해서 더 많
은 학생들이 참가할 수 있도록 하면 좋지 않을까?

학생 3: 그래, 맞아. 학생회 게시판에 올라온 소감문 읽어 봤지? 그 소감문에는
치유 농업 여행이 준 만족감이 잘 표현되어 있잖아. 그 내용이 좋아 보이더라.

학생 1: 여행을 통해 학업에 지친 마음을 치유할 수 있었다고 한 내용을 홍보하
는 글에 포함하자는 말이지?

학생 3: 맞아. 그 내용이 들어가게 하자. 그리고 우리 학생회가 여행을 준비하는
데 많은 노력을 기울였다는 점과 여행이 끝나고 실시한 설문 조사에서도 만족
도가 높게 나온 점을 모두 언급해 주면 좋겠어.   [A]

학생 2: 우리가 노력한 것은 맞지만 그 내용을 홍보하는 글에까지 넣을 필요는
없을 것 같아. 그렇지만 설문 조사의 문항과 결과를 수치로 보여 주는 건 여행
에 대한 관심도를 높일 수 있다는 면에서 좋네.

학생 1: 설문 조사의 문항과 결과를 수치로 보여 주는 것은 우리가 쓰려는 글의
성격에 맞지 않아. 만족도가 높았다는 내용만 간단히 언급하는 게 좋지 않을까?

학생 2: 그렇게 하자. 그리고 지난번에는 학생들이 홍보하는 글을 읽고 나서 학
생회로 문의를 많이 했잖아. 이번에는 그런 점도 고려할 필요가 있어.

학생 1: 좀 더 자세한 여행 관련 정보를 안내받을 수 있는 별도의 방법을 홍보하
는 글에 제시해 주자는 거구나. 그렇지?

학생 2: 맞아. 그리고 지난번 여행에서 동물들 먹이 주기 체험에 대한 호응이 진
짜 좋았잖아? 이에 대해 꼭 언급하자.   [B]

학생 3: 좋아. 그리고 지난번 여행에서 학생들이 즐거워하는 모습을 찍은 사진들
이 많이 있잖아. 그 사진 중 하나를 제시하면 어때?

학생 1: 나는 소감문에서 밤하늘의 별을 보고 얻은 위로를 '토닥토닥'이라고 한
표현이 인상적이었는데, 그것과 관련된 사진을 넣고 그 사진을 설명하는 데 이
표현을 사용하자.

학생 3: 그래, 좋아. 나도 그 표현이 참 좋더라.

학생 2: 내가 너희들의 의견을 반영해서 초고를 작성해 볼게.

학생 1: 응, 고마워. 그리고 지난번 여행에서 부족한 점이나 다시 생각해 봐야 할 점
도 있었잖아. 다음번 모임에서는 그 부분에 대해 이야기해 보자.

학생 3: 우리가 앞에서 살펴봤던 소감문에도 그런 내용이 있었잖아. 내가 그 내용을
정리해서 우리가 논의해야 할 사항을 메모해 올게.

학생 1, 2: 그래, 좋아.

나

갈래
대화

제재
치유 농업 여행의 홍보문

화제
치유 농업 여행을 홍보하는 글 작성

대화 중심 내용

홍보글의 방향
치유 농업 여행을 통해 얻을 수 있는 효과를 강조

↓

	의견
학생 3	• 치유 농업 여행이 준 만족감을 잘 표현한 소감문 활용 • 학생회가 여행을 준비하는 데 많은 노력을 기울였다는 점을 언급 • 여행이 끝나고 실시한 설문 조사에서 만족도가 높게 나온 점을 언급 • 여행에서 학생들이 즐거워하는 모습을 찍은 사진 제시
학생 2	• 학생회의 노력은 홍보글에 불필요 (학생 3의 의견 반대) • 설문 조사의 문항과 결과를 수치로 제시 (학생 3의 의견 찬성) • 여행 관련 정보를 안내받을 수 있는 방법을 제시 • 동물들 먹이 주기 체험에 대한 학생들의 호응 언급
학생 1	• 설문 조사의 만족도가 높았다는 내용만 언급 (학생 2의 의견 반대) • 소감문 속 '토닥토닥'이라는 표현을 활용하여 사진 설명

WEEK 2

01

글쓴이의 글쓰기 방법을 파악하는 문제이다. (가)는 시간의 흐름에 따라 내용을 전개하며, 프로그램에 참가한 소감과 함께 자신의 의견을 제시하고 있다.

01

(가)의 학생이 사용한 글쓰기 방법에 대한 설명으로 가장 적절한 것은?

① 치유 농업 여행에 참가하면서 겪은 어려움을 사례를 들어 제시한다.
② 치유 농업 여행에 참가한 경험을 다른 참가자의 경험과 비교하여 설명한다.
③ 치유 농업 여행의 세부 프로그램 내용과 소감을 시간적 순서에 따라 제시한다.
④ 치유 농업에 대한 전문가의 견해를 직접 인용하여 치유 농업 여행의 목적을 설명한다.
⑤ 치유 농업 여행의 프로그램이 지닌 장점을 다른 교육 여행 프로그램과 대조하여 제시한다.

02

검토 의견을 반영해 글을 고쳐 쓰는 문제이다. 이러한 유형의 문제는 고쳐 쓰기 이전의 글과 고쳐 쓴 이후의 글을 비교하여 어떤 부분이 달라졌는지를 파악하여 적절한 조언을 추론해야 한다.

02

<보기>는 (가)의 마지막 문단 초고이다. <보기>를 고쳐 쓰기 위한 친구들의 조언 중 반영되지 _않은_ 것은?

> **보기**
>
> 짧은 시간이었지만 치유 농업 여행은 나에게 도움이 되는 유익한 체험이었다. 학생회가 준비해 준 이번 여행 탓에 힘든 학업으로 답답했던 마음이 시원하게 뚫린 기분이었다. 학업에 집중하기 위해서는 공부하는 환경이 중요하다는 생각이 들었다. 좋은 프로그램을 준비해 준 학생회 학생들이 고맙다는 말을 전하고 싶다. 이번 교육 여행을 계기로 생긴 앞으로의 계획도 잘 실천해 봐야겠다.

① 첫 번째 문장에서 의미가 중복된 표현은 수정하는 게 어때?
② 두 번째 문장에서 부적절하게 사용된 어휘는 바꾸는 게 어때?
③ 세 번째 문장은 글의 통일성을 고려하여 삭제하는 게 어때?
④ 네 번째 문장은 행위가 미치는 대상인 객체를 분명하게 표현하는 게 어때?
⑤ 다섯 번째 문장의 내용은 더 구체적으로 제시해 주는 게 어때?

03

발화의 의미와 기능을 이해하는 문제이다. [A]와 [B]라는 특정 부분만 문제로 사용되었기 때문에 해당 부분의 대화 맥락을 더욱 꼼꼼히 파악해야 한다. [A]와 [B]에서는 홍보글의 작문 방향에 대해 이야기하고 있다.

03

[A], [B]에 대한 이해로 가장 적절한 것은?

① [A]에서 학생 3은 첫 번째 발화에서 학생 2의 의견 중 자신의 의견과 부합하는 부분과 그렇지 않은 부분을 구별하고 있다.
② [A]에서 학생 1은 두 번째 발화에서 학생 2와 학생 3의 발화 내용의 일부를 재진술하면서 그 발화 내용을 뒷받침할 근거 자료를 요청하고 있다.
③ [B]에서 학생 3은 첫 번째 발화에서 학생 2의 제안에 대한 공감을 표현한 후 두 번째 발화에서 그 제안과 학생 1의 제안을 절충하고 있다.
④ [A]와 [B] 모두에서 학생 1은 첫 번째 발화에서 상대의 발화 의도를 파악하여 자신이 이해한 내용이 맞는지 확인하고 있다.
⑤ [A]와 [B] 모두에서 학생 2는 두 번째 발화에서 상대의 발화 내용이 대화 맥락에 어긋나 있음을 고려하여 대화의 흐름을 조정하고 있다.

04

(가)와 (나)를 고려할 때, '학생 3'이 작성한 [메모]의 내용으로 적절하지 <u>않은</u> 것은?

[우리가 논의해야 할 사항]

• 참가자 안전 교육의 효율적인 진행을 위해 필요한 사항 검토 ·················· ①

• 여행 참가자들 사이에 소감을 공유할 수 있는 구체적인 방안 검토 ············· ②

• 일부 프로그램에 배정된 활동 시간을 조정할 필요성에 대한 검토 ············· ③

• 우천 시 진행하기 어려운 프로그램을 대체할 수 있는 프로그램 검토 ·········· ④

• 참가자 모집 과정에서 부족했던 치유 농업에 대한 안내를 보완할 수 있는 방안
  검토 ·· ⑤

04

대화 맥락에 맞게 내용을 정리하는 문제이다. (가)를 읽은 학생회 학생들이 나눈 대화인 (나)를 바탕으로 한 메모이다. 따라서 (가)에 대한 (나)의 의견과, 선택지의 내용이 일치하는지를 비교해야 한다.

05

다음은 '학생 2'가 작성한 초고이다. 이에 대한 반응으로 적절하지 <u>않은</u> 것은?

건강하고 행복한 삶을 위한 치유 농업 여행에 함께해요

학생회에서 두 번째 치유 농업 여행에 참가할 학생을 모집합니다. 첫 번째 치유 농업 여행에 참가했던 학생들의 반응이 얼마나 좋았는지 아시나요? 치유 농업 여행을 통해 학업으로 지친 마음을 치유할 수 있어서 좋았다는 학생의 반응이 있었어요. 여행 후 진행된 설문 조사 결과에서도 만족도가 매우 높게 나왔답니다. 그리

고 이번에는 특별히 주목할 만한 프로그램이 하나 더 생겼어요. 지난번 여행에서 동물들 먹이 주기 체험에 대한 호응이 매우 좋았는데, 이번에는 소 껴안기 프로그램을 추가하여 지난번보다 동물들과 더 가깝게 교감할 수 있도록 했어요. 치유 농업 여행에 참가를 원하는 학생들은 학생회 게시판을 통해 구체적인 프로그램 일정과 내용, 신청 방법 등을 확인해 주세요.

<사진: 토닥토닥 위로해 준 별빛들>

---

① 새로 추가된 프로그램의 내용과 효과를 부각하자는 의견이 반영되었군.

② 치유 농업 여행이 준 만족감에 대한 소감문의 내용을 포함하자는 의견이 반영되었군.

③ 치유 농업 여행 후 진행된 설문 조사의 만족도 결과를 간단하게 언급하자는 의견이
   반영되었군.

④ 치유 농업 여행에 관한 추가 정보를 얻을 수 있는 별도의 방법을 안내하자는 의견이
   반영되었군.

⑤ 학생들의 활동 모습이 담긴 사진과 소감문에서 인상적이었던 표현을 함께 제시하자
   는 의견이 반영되었군.

05

대화 내용이 글쓰기에 반영된 양상을 이해하는 문제이다. (가)의 소감문의 내용과 (나)의 대화를 초고에서 어떻게 활용했는지를 파악해야 한다. 따라서 (가)와 (나)의 내용을 모두 이해하고 있어야 하고, (가)의 문단 중심 내용, 핵심 내용과 (나)의 발화의 의미와 기능을 잘 이해하고 있어야 한다.

2 Day 매체

언어와 매체 고3 2023년 3월

시작시간 시 분 초 / 종료시간 시 분 초   온라인 문제풀이

핵심정리

갈래
인터넷 방송

화제
쇼트폼의 개념과 특징

쇼트폼

개념	짧게는 15초에서 60초, 길어도 최대 10분을 넘지 않는 짧은 영상 콘텐츠
특징	• 짧고 재미있고 부담이 없음. → 콘텐츠를 효율적으로 소비하려는 현대인의 성향에 잘 부합 • 요리, 패션, 경제, 과학 등 각종 분야의 정보를 얻을 수 있음. • 사람들의 참여를 자연스럽게 유도할 수 있음. • 비교적 적은 비용이 들면서도 파급력이 있고 소비자의 반응을 빠르게 확인할 수 있음.
시청할 때 유의할 점	• 자극적인 장면이나 과장된 정보가 포함된 경우가 많음. → 섣불리 따라하거나 정보를 맹목적으로 수용하기보다 비판적인 시각으로 판단하려는 태도를 가져야 함.

인터넷 방송 매체의 특징

• 텔레비전 방송과 유사한 방식으로 의미를 전달하지만, 쌍방향적인 특성이 결합하여 시청자가 채팅 등으로 방송에 참여할 수 있음.
• 인터넷이 연결된 곳이라면 시청자가 시간과 장소에 구애받지 않고 다양하고 전문화된 프로그램을 선택해서 볼 수 있음.
• 문자, 음성, 이미지, 동영상 등이 통합되어 나타남.

※ 다음은 실시간 인터넷 방송의 일부이다. 물음에 답하시오.

진행자: 계속해서 전문가와 함께 다음 화제인 쇼트폼(short-form)에 대해 이야기를 나눠 보겠습니다. 필요하신 분은 자막 기능을 켜 주세요. 쇼트폼은 무엇인가요?

전문가: 쇼트폼은 짧게는 15초에서 60초, ⓐ 길어도 최대 10분을 넘지 않는 짧은 영상 콘텐츠를 말합니다. 쇼트폼을 하나 준비했는데, 함께 보시죠.

진행자: (시청 후) 현재 기준으로 무려 조회 수가 100만 회 가까이 되는데, ⓑ 지금도 조회 수가 올라가고 있군요. 이렇게 쇼트폼이 인기인 이유가 무엇일까요?

전문가: ⓒ 쇼트폼은 짧고 재미있고 부담이 없습니다. 그게 이유지요. 이는 콘텐츠를 효율적으로 소비하려는 현대인의 성향에 잘 부합한다고 생각합니다.

진행자: '실시간 채팅'에 '샛별' 님이 '1분짜리 요리 과정 영상을 자주 보는데, 이것도 쇼트폼인가요?'라는 질문을 방금 올려 주셨네요.

전문가: 예, 쇼트폼입니다. 쇼트폼을 통해 요리뿐 아니라 패션, 경제, 과학 등 각종 분야의 정보를 얻을 수 있죠. 기존 미디어를 대신하는 경우도 있는데, 한 설문에서 쇼트폼을 통해 뉴스를 시청한다고 28%나 응답했습니다.

진행자: 최근 기업들이 쇼트폼을 마케팅 수단으로 적극 활용하고 있다고 들었습니다. 이에 대해 설명해 주시겠어요?

전문가: 쇼트폼을 활용하면 사람들의 참여를 자연스럽게 유도할 수도 있습니다. 그래서 비교적 비용이 적게 들면서도 파급력이 있고 소비자 반응을 빠르게 확인할 수 있어 기업들이 쇼트폼을 마케팅에 적극적으로 이용하는 것이지요. 제 블로그에 쇼트폼 마케팅 사례를 정리한 글이 있습니다. 화면 아래의 '더 보기'를 클릭하면 블로그에 접속할 수 있는 링크가 보일 테니 필요하시면 참고해 주세요.

진행자: ⓓ 쇼트폼을 시청할 때 유의할 점은 무엇인가요?

전문가: 아무래도 짧은 시간 내 사람들의 이목을 끌어 조회 수를 높이려다 보니, 쇼트폼에는 자극적인 장면이나 과장된 정보가 포함된 경우가 많습니다. 이런 점에서 쇼트폼의 장면을 섣불리 따라하거나 정보를 맹목적으로 수용하기보다 비판적 시각으로 판단하려는 태도를 가져야 합니다. '실시간 채팅' 아래에 관련 영상이 있는

데, 필요하신 분은 시청해 보셔도 좋겠네요.

진행자: 말씀 감사합니다. 오늘 영상은 누구나 시청하실 수 있도록 공개해 두겠습니다. 혹시 의견이 있으신 분은 ⓔ 영상 게시물에 댓글을 남겨 주시면 답변을 드리겠습니다.

01

㉠~㉤에 대한 이해로 적절하지 <u>않은</u> 것은?

① ㉠: 글자의 크기와 글꼴을 달리하여 방송에서 다루는 중심 화제를 부각하고 있군.

② ㉡: 전문가의 발언에 비판적 의문을 제기하는 시청자의 의견을 실시간으로 보여 주고 있군.

③ ㉢: 방송에서 다룬 내용과 관련 있는 영상을 제시하고 있군.

④ ㉣: 방송 중 언급된 블로그에 필요에 따라 선택적으로 접근할 수 있도록 하고 있군.

⑤ ㉤: 방송에서 송출되는 음성 언어를 문자 언어로 보여 주는 기능을 제공하고 있군.

02

ⓐ~ⓔ에 대한 설명으로 적절하지 <u>않은</u> 것은?

① ⓐ: 부정 표현을 활용해 쇼트폼의 재생 시간의 특징을 언급하고 있다.

② ⓑ: 진행상을 활용해 현재 쇼트폼의 조회 수가 계속해서 증가하는 중임을 드러내고 있다.

③ ⓒ: 대등적 연결 어미를 연속적으로 활용해 쇼트폼이 인기인 이유를 설명하고 있다.

④ ⓓ: 설명 의문문을 활용해 쇼트폼 시청 시 유의할 점에 대한 정보를 요구하고 있다.

⑤ ⓔ: 간접 인용을 나타내는 조사를 활용해 쇼트폼에 대한 의견을 제시하는 방법을 안내하고 있다.

■ 문제풀이 맥 ■

01

매체의 특성을 이해하는 문제이다. 제시된 매체는 인터넷 방송으로, 해당 매체가 어떠한 방식을 사용하여 정보를 제공하고, 정보 수용자와 소통하는지를 파악해야 한다.

02

매체 언어의 특성을 파악하는 문제이다. 선택지에 제시된 표현 방법을 파악하고 이러한 표현 방법이 지문에 나타났는지 확인해야 한다.

부정 표현	'안'이나 '못'이 결합되어 문장의 내용, 의미를 부정하는 문법 기능
진행상	• 동작이 진행되고 있음을 나타내는 시간 표현 • '-고 있다.', '-아/어 가다.' 등을 통해 실현
대등적 연결 어미	• 의미적으로 대등한 두 절을 이어 주는 연결 어미 • '-고', '-(으)며', '-(으)나' 등을 통해 실현
설명 의문문	• 상대에게 구체적인 설명을 요구하는 의문문 • '어디', '언제', '누구', '무엇', '어떻게', '왜' 등의 의문사를 쓴 문장
간접 인용	원문의 뜻을 살리면서 화자의 문장으로 표현하는 인용

매체 수용자의 태도에 대해 이해하는 문제이다. 시청자들이 방송의 내용을 듣고 어떤 반응을 보였는지를 파악해야 한다. 방송 내용에 긍정적인 반응을 보이는지, 부정적인 반응을 보이는지를 파악한 뒤에 방송의 어떠한 내용을 근거로 그러한 반응을 보이는지를 이해해야 한다. 또한 시청자들이 방송을 자신에게 어떻게 적용하는지를 이해해야 하는데, 크게 자신의 문제 상황에 적용하고 있는지, 방송 내용과 관련된 또 다른 내용을 궁금해하지 않는지를 확인해야 한다.

03

다음은 시청자들이 올린 댓글의 일부이다. 시청자의 수용 태도에 대한 설명으로 가장 적절한 것은?

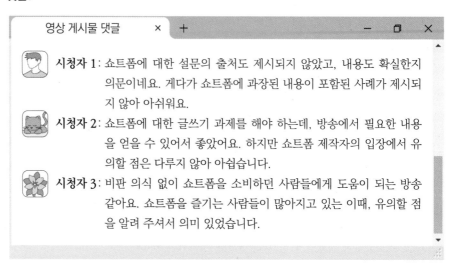

① 시청자 1과 시청자 2는 모두 방송에 제시된 정보의 정확성에 대해 긍정적으로 판단하였다.

② 시청자 1과 시청자 3은 모두 방송에 제시된 정보의 신뢰성에 대해 부정적으로 판단하였다.

③ 시청자 1과 달리, 시청자 2는 방송에 제시된 정보의 충분성에 대해 부정적으로 판단하였다.

④ 시청자 1과 달리, 시청자 3은 방송에 제시된 정보의 유용성에 대해 긍정적으로 판단하였다.

⑤ 시청자 2와 달리, 시청자 3은 방송에 제시된 정보의 시의성에 대해 부정적으로 판단하였다.

WEEK 2

※ 다음 글을 읽고 물음에 답하시오.

❶ 사유 재산 제도하에서는 누구나 자신의 재산을 자유롭게 처분할 수 있다. 그러나 기부와 같이 어떤 재산이 대가 없이 넘어가는 무상 처분 행위가 행해졌을 때는 그 당사자인 무상 처분자와 무상 취득자의 의사와 무관하게 그 결과가 번복될 수 있다. 무상 처분자가 사망하면 상속이 개시되고, 그의 상속인들이 유류분을 반환받을 수 있는 권리인 유류분권을 행사할 수 있기 때문이다. 이때 무상 처분자는 피상속인이 되고 그의 권리와 의무는 상속인에게 이전된다.

❷ 유류분은 피상속인의 무상 처분 행위가 없었다고 가정할 때 상속인들이 상속받을 수 있었을 이익 중 법으로 보장된 부분이다. 만약 상속인이 피상속인의 자녀 한 명뿐이면, 상속받을 수 있었을 이익의 $\frac{1}{2}$만 보장된다. 상속인들이 상속받을 수 있었을 이익은 상속 개시 당시에 피상속인이 가졌던 재산의 가치에 이미 무상 취득자에게 넘어간 재산의 가치를 더하여 산정한다. 유류분은 상속인들이 기대했던 이익을 보호하기 위한 것이기 때문이다.

❸ 피상속인이 상속 개시 당시에 가졌던 재산으로부터 상속받은 이익이 있는 상속인은 유류분에 해당하는 이익의 일부만 반환받을 수 있다. 유류분에 해당하는 이익에서 이미 상속받은 이익을 뺀 값인 유류분 부족액만 반환받을 수 있기 때문이다. 유류분 부족액의 가치는 금액으로 계산되지만 항상 돈으로 반환되는 것은 아니다. 만약 무상 처분된 재산이 돈이 아니라 물건이나 주식처럼 돈 이외의 재산이라면, 처분된 재산 자체가 반환 대상이 되는 것이 원칙이다. 다만 그 재산 자체를 반환하는 것이 불가능한 때에는 무상 취득자는 돈으로 반환해야 한다. 또한 재산 자체의 반환이 가능해도 유류분권자와 무상 취득자의 합의에 의해 돈으로 반환될 수도 있다.

❹ 무상 처분된 재산이 물건이라면 유류분 반환은 어떤 형태로 이루어질까? 무상 취득자가 반환해야 할 유류분 부족액이 무상 처분된 물건의 가치보다 적다면 유류분권자는 그 물건의 가치에 상당하는 금액에서 유류분 부족액이 차지하는 비율만큼 무상 취득자로부터 반환받을 수 있다. 이로 인해 하나의 물건에 대한 소유권이 여러 명에게 나눠지는데, 이때 각자의 몫을 지분이라고 한다.

❺ 무상 처분된 물건의 시가가 변동하면 유류분 부족액을 계산할 때는 언제의 시가를 기준으로 삼아야 할까? ㉠ 유류분의 취지에 비추어 상속 개시 당시의 시가를 기준으로 해야 한다. 다만 그 물건의 시가 상승이 무상 취득자의 노력에서 비롯되었으면 이때는 무상 취득 당시의 시가를 기준으로 계산해야 한다. 이렇게 정해진 유류분 부족액을 근거로 반환 대상인 지분을 계산할 때는, 시가 상승의 원인이 무엇이든 상속 개시 당시의 시가를 기준으로 해야 한다.

핵심정리

문단 중심 내용

- ❶ 무상 처분 행위가 일어났을 때의 유류분권 행사
- ❷ 무상 처분된 재산까지 포함하는 유류분
- ❸ 유류분 부족액의 개념과 무상 처분된 재산의 반환 형태
- ❹ 무상 처분된 재산이 물건일 때 유류분 반환 형태
- ❺ 유류분 부족액을 계산할 때의 기준

유류분

개념	피상속인의 무상 처분 행위가 없었다고 가정할 때 상속인들이 상속받을 수 있었을 이익 중 법으로 보장된 부분
상속받을 수 있었던 이익	상속 개시 당시에 피상속인이 가졌던 재산의 가치+무상 취득자에게 넘어간 재산의 가치

유류분 부족액

개념	유류분에서 이미 상속받은 이익을 뺀 값
특징	무상 처분된 재산이 돈 이외의 재산일 때는 처분된 재산 자체가 반환되는 것이 원칙

유류분 부족액의 계산

무상 취득자가 반환해야 할 유류분 부족액이 무상 처분된 물건의 가치보다 적을 경우

↓

유류분권자는 그 물건의 가치에 상당하는 금액에서 유류분 부족액이 차지하는 비율만큼 무상 취득자로부터 반환받을 수 있음.

↓

무상 처분된 물건의 시가가 변동했을 경우

↓

① 상속 개시 당시의 시가를 기준으로 함.
② 시가 상승이 무상 취득자의 노력에서 비롯되었을 경우에는 무상 취득 당시의 시가를 기준으로 함.

↓

지분 계산 시 무조건 상속 개시 당시의 시가가 기준

01

세부 내용을 파악하는 문제이다. 유류분권의 범위, 행사 방법, 대상 등을 파악해야 한다. 이 내용은 지문의 1~3문단에 대부분 설명되어 있다.

01

윗글의 내용과 일치하지 않는 것은?

① 유류분권은 상속인이 아닌 사람에게는 인정되지 않는다.

② 유류분권이 보장되는 범위는 유류분 부족액의 일부에 한정된다.

③ 상속인은 상속 개시 전에는 무상 취득자에게 유류분권을 행사할 수 없다.

④ 피상속인이 생전에 다른 사람에게 판 재산은 유류분권의 대상이 될 수 없다.

⑤ 무상으로 취득한 재산에 대한 권리는 무상 취득자 자신의 의사에 반하여 제한될 수 있다.

02

생략된 내용을 추론하는 문제이다. 선택지는 '~면 ~다.', '~는 경우 ~다.' 등의 형식으로 상황을 가정하고 있다. 가정된 상황이 지문에 직접적으로 제시된 경우도 있고, 선택지와 반대의 상황이 제시된 경우도 있으므로 지문을 읽고 선후 관계를 정확히 파악해야 한다.

02

윗글에 대한 이해로 가장 적절한 것은?

① 무상 처분된 재산이 물건 한 개이면 유류분권자는 그 물건 전부를 반환받는다.

② 무상 처분된 물건이 반환되는 경우 유류분 부족액이 클수록 무상 취득자의 지분이 더 커진다.

③ 무상 취득자가 무상 취득한 물건을 반환할 수 없게 되면 유류분 부족액을 지분으로 반환해야 한다.

④ 유류분권자가 유류분 부족액을 물건 대신 돈으로 반환하라고 요구하더라도 무상 취득자는 무상 취득한 물건으로 반환할 수 있다.

⑤ 무상 처분된 물건의 일부가 반환되면 무상 취득자는 그 물건의 소유권을 가지고 유류분권자는 유류분 부족액만큼의 돈을 반환받게 된다.

03

윗글을 통해 알 수 있는 ㉠의 이유로 가장 적절한 것은?

① 유류분은 피상속인이 자유롭게 처분한 재산의 일부이어야 하기 때문이다.

② 유류분은 피상속인이 재산을 무상 처분하지 않은 것으로 가정하여 산정되기 때문이다.

③ 유류분은 재산의 가치를 증가시킨 무상 취득자의 노력에 대한 보상으로 인정되는 것이기 때문이다.

④ 유류분은 피상속인의 재산에 대해 소유권을 나눠 가진 사람들 각자의 몫을 반영해야 하기 때문이다.

⑤ 유류분에 해당하는 이익의 가치가 상속 개시 전후에 걸쳐 변동되는 것을 반영해야 하기 때문이다.

내용의 인과 관계를 파악하는 문제이다. ㉠은 유류분의 취지에 비추어 상속 개시 당시의 시가를 기준으로 해야 한다는 것이다. 따라서 유류분의 취지를 파악하고, 이를 유류분 부족액을 계산할 때 상속 개시 당시의 시가를 기준으로 한다는 것과 연관 지어 이해해야 한다.

04

윗글을 바탕으로 <보기>를 이해한 내용으로 적절하지 <u>않은</u> 것은?

> **보기**
>
> 갑의 재산으로는 A 물건과 B 물건이 있었으며 그 외의 재산이나 채무는 없었다. 갑은 을에게 A 물건을 무상으로 넘겨주었고 그로부터 6개월 후 사망했다. 갑의 상속인으로는 갑의 자녀인 병만 있다. A 물건의 시가는 을이 A 물건을 소유하게 되었을 때는 300, 갑이 사망했을 때는 700이었다. 병은 갑이 사망한 날로부터 3개월 후에 을에게 유류분권을 행사했다. B 물건의 시가는 병이 상속받았을 때부터 병이 을에게 유류분 반환을 요구했을 때까지 100으로 동일하다.
>
> (단, 세금, 이자 및 기타 비용은 고려하지 않음.)

① A 물건의 시가 상승이 을의 노력과 무관한 경우 유류분 부족액은 300이다.

② A 물건의 시가 상승이 을의 노력과 무관한 경우 유류분 반환의 대상은 A 물건의 $\frac{3}{7}$ 지분이다.

③ A 물건의 시가가 을의 노력으로 상승한 경우 유류분 부족액은 100이다.

④ A 물건의 시가가 을의 노력으로 상승한 경우 유류분 반환의 대상은 A 물건의 $\frac{1}{3}$ 지분이다.

⑤ A 물건의 시가가 을의 노력으로 상승한 경우와 을의 노력과 무관하게 상승한 경우 모두, 갑이 상속 개시 당시 소유했던 재산으로부터 병이 취득할 수 있는 이익은 동일하다.

구체적 사례에 적용하는 문제이다. <보기>에서 갑은 을에게 A 물건을 무상 처분한 뒤 사망했고, 병은 갑이 사망하고 3개월 뒤 유류분권을 행사했다. <보기>에 A 물건의 무상 취득 당시의 시가와 상속 개시 당시의 시가, B 물건의 시가가 제시되어 있으므로 유류분 부족액을 계산할 수 있어야 한다. 이때, A 물건의 시가 상승이 을의 노력과 무관한 경우와 유관한 경우로 나누어 계산해야 한다.

4 Day

독서(기술)　고3 2022년 10월

데이터 통신과 네트워킹

핵심정리

문단 중심 내용

❶ 거리의 개념과 계산 방법
❷ 디지털 데이터의 거리를 표현하는 해밍 거리
❸ 오류를 검출하거나 수정할 수 없는 경우
❹ 해밍 거리를 멀게 하여 오류를 검출하고 수정하는 방법
❺ 전송 부호의 길이가 길 때의 장·단점

해밍 거리

개념	부호의 관점에서 부호들 간의 거리를 표현하는 방법
표현 방법	길이가 같은 두 부호를 비교하였을 때 두 부호의 같은 자리에 있는 서로 다른 문자의 개수
예시	부호 00, 01, 11 → 최소 해밍 거리 1, 최대 해밍 거리 2

오류를 검출하거나 수정할 수 없는 경우의 예시

1비트의 원시 부호 0과 1
수신자는 0이나 1 중 하나를 받음.

↓

송신자가 어떤 데이터를 보냈는지 알 수 없음.

↓

오류가 발생하더라도 알아차릴 수 없음.
최소 해밍 거리=1

2비트의 전송 부호 00, 11 (xp) (규칙: 확인 부호는 원시 부호에 대한 1의 개수가 짝수가 되도록 함.)
수신자가 01이나 10 중 하나를 받음.

↓

전송 부호에 오류가 있음을 알 수 있음.

↓

어느 자리에서 오류가 났는지 알 수 없음.

↓

오류를 수정할 수 없음.

※ 다음 글을 읽고 물음에 답하시오.

❶ 일반적으로 거리는 두 개의 지점이 공간적으로 ⓐ 떨어진 정도를 나타내는 물리적 개념이다. 2차원 평면에 두 지점이 (0, 0)과 (1, 1)에 있다면 두 지점 사이의 최단 거리는 두 점을 잇는 직선의 길이 $\sqrt{2}$ 가 된다. 한편 거리는 추상적인 성질이나 가치에 대한 차이를 나타내는 척도로도 사용될 수 있다. 이럴 경우 떨어진 정도를 나타내는 기능은 유지되지만, 기준이나 관점에 따라 거리를 계산하는 방법이 달라진다.

❷ 거리의 개념은 디지털 데이터에도 적용될 수 있다. 데이터 간의 거리는 추상적 거리의 개념으로, 데이터가 표현하려는 정보에 따라 측정 방법이 다르다. 00, 11과 같은 2비트의 데이터가 2진수로 표현된 수치를 가리킨다면 00과 11의 거리는 두 수치의 차인 $|(0\times2^1+0\times2^0)-(1\times2^1+1\times2^0)|=3$이 된다. 그런데 2비트의 데이터 00이나 11이 어떤 상태를 나타내는 부호라면 거리는 두 부호가 구별되는 정도라 할 수 있다. 해밍 거리는 부호의 관점에서 부호들 간의 거리를 표현하는 방법 중 하나이다. 해밍 거리는 길이가 같은 두 부호를 비교하였을 때 두 부호의 같은 자리에 있는 서로 다른 문자의 개수로 나타낸다. 예를 들어 세 개의 부호 00, 01, 11이 있다면 00과 01의 해밍 거리는 1이고, 00과 11의 해밍 거리는 2이다. 이때 부호들 간의 최소 해밍 거리는 1이고, 최대 해밍 거리는 2이다.

❸ 부호들 간의 최소 해밍 거리를 충분히 멀게 한다면 통신이나 저장 과정에서 발생하는 오류를 검출하여 수정할 수 있다. 예를 들어 전송하려는 1비트의 원시 부호 0과 1이 있고 부호 단위로 송수신한다고 가정해 보자. 송신자가 1을 보낸다면 수신자는 0이나 1 중 하나를 받게 될 것이고, 송신자가 어떤 데이터를 보냈는지 알 수 없기 때문에 오류가 발생하더라도 오류가 있는지 알 수 없다. 이 경우 부호들 간의 최소 해밍 거리는 1이다. 0이나 1을 송수신하는 대신 원시 부호(x) 뒤에 확인 부호(p)를 덧붙여 xp에 해당하는 2비트 단위의 전송 부호를 만들어 보자. ㉠ 전송 부호는 고정된 원시 부호에 확인 부호를 덧붙이고, 확인 부호는 원시 부호에 대한 1의 개수가 짝수가 되도록 만든다는 규칙을 정한다면 전송 부호는 00과 11이 된다. 만일 수신자가 01이나 10 중 하나를 받은 경우 전송 부호에 오류가 있음을 알 수 있다. 하지만 어느 자리에서 오류가 났는지 알 수 없기 때문에 오류를 수정할 수는 없다.

❹ 00이나 11을 송수신하는 대신 p와 동일한 규칙의 확인 부호(q)를 한 번 더 덧붙여 xpq에 해당하는 3비트 단위의 전송 부호 000과 111 중 하나를 송수신한다고 가정해 보자. 한 자리의 오류만 있다고 가정하면 수신자가 001, 010, 100, 011, 101, 110 중 하나를 받은 경우 오류 발생 자리를 검출하여 수정할 수 있다. 예를 들어 110의 경우 x인 1에 대해 p와 q는 각각 1이 되어야 1의 개수가 짝수가 되지만 q가 0이므로 1의 개수가 홀수이다. 따라서 오류 발생 자리를 검

[A]

출하여 110을 111로 수정할 수 있다. 이 경우 전송 부호 간의 최소 해밍 거리가 3이어서 한 자리의 오류를 검출하여 수정할 수 있는 것이다.

❺ 원시 부호에 확인 부호를 충분히 덧붙이면 전송 부호의 길이는 길어지지만 전송 부호들 간의 최소 해밍 거리도 함께 멀어져 오류가 많이 발생하더라도 오류를 검출하여 수정하는 것이 가능하다. 하지만 동일한 정보를 보낼 때 덧붙이는 확인 부호의 개수가 늘어나면 보내야 하는 데이터의 양이 늘어나 전송 효율이 낮아진다.

해밍 거리를 활용한 예시

3비트의 전송 부호 000, 111 (xpq)
수신자가 110을 받음.

↓

x인 1에 대해 p, q는 각각 1이 되어야 함.

↓

q가 0이므로 1의 개수가 홀수임.

↓

110을 111로 수정할 수 있음.
최소 해밍 거리=3

01

윗글을 통해 알 수 있는 내용으로 적절하지 않은 것은?

① 2진수로 표현된 수치를 가리키는 데이터들 간의 거리는 수치 간의 차로 표현될 수 있다.
② 추상적인 성질이나 가치의 차이를 나타내는 척도로 거리의 개념이 사용될 수 있다.
③ 물리적 개념에서의 거리는 두 지점이 공간적으로 떨어져 있는 정도를 나타낸다.
④ 00과 11의 2진수 수치의 차이와 해밍 거리는 같은 값으로 측정된다.
⑤ 데이터가 표현하려는 정보에 따라 거리를 측정하는 방법이 다르다.

■ 문제풀이 맥 ■

01

글의 세부 정보를 이해하는 문제이다. 1~2문단을 통해 알 수 있는 내용이므로 먼저 지문을 읽고, 선택지와 대조하여 틀린 것을 찾아야 한다.

02

㉠에 대한 이해로 가장 적절한 것은?

① 전송 부호들 간의 최소 해밍 거리를 멀게 하면 전송하는 데이터의 양은 늘어난다.
② 전송 부호들 간의 최소 해밍 거리가 1이면 전송 과정에서의 오류 검출이 가능하다.
③ 두 전송 부호의 같은 자리에 같은 문자의 개수가 많을수록 해밍 거리는 멀어진다.
④ 덧붙이는 확인 부호가 많아지면 전송 부호들 간의 최대 해밍 거리는 가까워진다.
⑤ 전송 부호들 간의 최소 해밍 거리가 가까워질수록 전송 효율은 낮아진다.

02

핵심 정보를 구체적으로 이해하는 문제이다. ㉠은 전송 부호는 고정된 원시 부호에 확인 부호를 덧붙인다는 것을 의미한다. 확인 부호를 덧붙였을 때 예상되는 결과를 해밍 거리의 특징과 연관 지어 이해해야 한다.

03

핵심 정보를 구체적 상황에 적용하는 문제이다. <보기>에는 확인 부호가 오류 발생 자리에 대한 정보가 되도록 규칙을 정하여 xpq에 해당하는 3비트 단위의 전송 부호를 만들고, 이를 전송한 예시가 제시되어 있다. 송신자가 송신한 부호가 000일 때, 수신자가 수신한 부호를 확인하고 어떠한 오류가 있는지 파악해야 한다.

03

[A]와 <보기>를 이해한 내용으로 적절하지 않은 것은?

> **보기**
>
> 확인 부호가 오류 발생 자리에 대한 정보가 되도록 규칙을 정하면 전송 부호에서 한 자리 오류가 발생했을 때 수정이 가능하다. 확인 부호를 검사하여 p에 오류가 있으면 [p자리]를 1로, 오류가 없으면 0으로 표현한다. 같은 방식으로 q에 오류가 있으면 [q자리]를 1로, 오류가 없으면 0으로 표현한다. 0과 1로 표현된 [p자리] [q자리]를 계산하면 한 자리의 오류가 발생했을 때 그 자리를 알아낼 수 있다.

송신	수신	규칙			오류 발생 자리
		오류		계산	
		p자리	q자리		
000	000	0	0	$0 \times 2^1 + 0 \times 2^0$	□□□
	010		0	$1 \times 2^1 + 0 \times 2^0$	□☑□
	110	0	1	$0 \times 2^1 + 1 \times 2^0$	
	011	1	1	$1 \times 2^1 + 1 \times 2^0$	
⋮	⋮	⋮	⋮	⋮	⋮

① 송신자는 전송 부호 간의 해밍 거리가 3이 될 수 있도록 0은 000으로, 1은 111로 보내는 것이겠군.

② 수신자가 010을 받았다면 [p자리]의 오류를 1로 표현하여 000으로 판단하겠군.

③ 수신자가 110이나 101을 받았다면 수신한 부호에 있는 0을 1로 수정하여 모두 111로 판단하겠군.

④ 수신자가 011을 받았다면 [p자리]와 [q자리] 모두에 오류가 있는 경우이므로 두 자리의 오류를 수정하겠군.

⑤ 수신자가 111을 받았다면 [p자리]와 [q자리]의 오류를 모두 0으로 표현하여 오류가 없는 것으로 판단하겠군.

04

어휘의 문맥적 의미를 파악하는 문제이다. 지문에서 어휘가 어떠한 의미로 사용되었는지 앞뒤 맥락과 조사 등을 통해 파악하고, 선택지에서 이와 동일한 의미로 사용된 경우를 찾아야 한다.

04

@의 문맥적 의미와 가장 유사한 것은?

① 식당은 본관과 조금 떨어져 있는 별관이다.

② 해가 떨어지자 새는 보금자리로 돌아갔다.

③ 그들의 실력은 평균보다 떨어지는 편이다.

④ 상처가 나서 생긴 딱지가 아물어 떨어졌다.

⑤ 물건을 팔면 본전을 빼고 만 원이 떨어진다.

시작시간 시 분 초 / 종료시간 시 분 초

5 Day

문학 (고전시가 + 고전수필) 고3 2022년 7월

성산별곡 _ 정철 / 병산육곡 _ 권구 / 율정설 _ 백문보

WEEK 2

※ 다음 글을 읽고 물음에 답하시오.

가

청강(淸江) 녹초변(綠草邊)의 소 먹이는 아이들이

석양에 흥이 겨워 피리를 비껴 부니

물 아래 잠긴 용이 잠을 깨어 일어날 듯 ⎤ [A]

안개 기운에 나온 학이 제 집을 버리고

반공(半空)에 솟아 뜰 듯

소선(蘇仙) 적벽(赤壁)*은 가을 칠월(秋七月)이 좋다 하되 ⎤

팔월 보름달을 모두 어찌 칭찬하는고

고운 구름 흩어지고 물결이 잔잔할 때 [B]

하늘에 돋은 달이 솔 위에 걸렸거든

달을 잡으려다 물에 빠진 적이 있는 적선(謫仙)이 야단스럽구나

공산(空山)에 쌓인 잎을 삭풍(朔風)이 거둬 불어 ⎤

떼구름 거느리고 눈조차 몰아오니

천공(天空)이 호사로워 옥으로 꽃을 지어 [C]

만수(萬樹) 천림(千林)을 꾸며 내는구나

앞 여울 가려 얼어 독목교(獨木橋) 비꼈는데 ⎤

막대 멘 늙은 중이 어느 절로 가는 건가

산옹(山翁)의 이 ⊙ 부귀(富貴)를 남에게 전하지 마오 [D]

경요굴(瓊瑤窟) 은세계(隱世界)를 찾을 이 있을세라

산중에 벗이 없어 한기(漢紀)*를 쌓아 두고 ⎤

만고 인물을 거슬러 헤아리니

성현도 많거니와 호걸도 많고 많다

하늘 삼기실 제 곧 무심할까마는 [E]

어찌하여 시운(時運)이 일락배락* 하였는가

모를 일도 많거니와 애달픔도 그지없다

기산(箕山)의 **늙은 고불** 귀는 어찌 씻었던가*

박 소리 핑계하고* **조장(操狀)***이 가장 높다

인심이 낯 같아서 볼수록 새롭거늘

세사(世事)는 **구름**이라 험하기도 험하구나

엊그제 빚은 **술**이 얼마큼 익었나니

잡거니 밀거니 실컷 기울이니

마음에 맺힌 **시름** 적게나 하리로다

　　　　　　　　　　　　　　　　－ 정철, 〈성산별곡(星山別曲)〉 －

핵심정리

가 정철, 〈성산별곡〉

갈래

가사

성격

자연 친화적, 풍류적

제재

성산의 경치

주제

성산에 묻혀 사는 삶의 흥취

특징

① 대구법을 통해 화자의 생각을 효과적으로 나타냄.

② 4음보의 규칙적인 음보율을 통해 정형적 운율감이 드러남.

③ 감각적 이미지를 활용하여 화자가 감상하는 대상을 구체화함.

해제

이 작품은 정철이 벼슬길에 나서기 전 전라남도 담양의 성산에 있는 서하당과 식영정 주변의 자연 경관과 더불어 그 주인인 김성원 등의 은거와 풍류 생활을 예찬한 가사 작품이다. 작가 자신으로 추정되는 손님과 김성원으로 추정되는 주인의 문답 형식을 빌려 성산의 외적인 생활 환경과 내적인 정신세계를 그려냈다.

구성

서사	서하당과 식영정의 자연 경관 예찬
본사 1	춘사 – 식영정 주변의 아름다운 경치 예찬
본사 2	하사 – 성산의 여름 풍경과 한가로운 삶
본사 3 (1~9행)	추사 – 성산의 아름다운 가을 풍경
본사 4 (10~17행)	동사 – 눈이 온 성산의 아름다운 풍경
결사 (18~39행)	호걸의 흥망에서 오는 비회와 신선 같은 삶에 대한 예찬

나 권구, 〈병산육곡〉

갈래
평시조, 연시조

성격
자연 친화적, 예찬적

제재
자연 속에서의 삶

주제
자연 속에 사는 삶에 대한 만족감

특징
① 자연물에 상징적 의미를 부여함.
② 대구법과 설의법 등 다양한 표현법을 활용함.
③ 속세와 자연을 대비하여 작가의 주제의식을 드러냄.

해제
이 작품은 평생 벼슬에 뜻을 두지 않고 자연과 더불어 살며 학문을 닦았던 작가의 유유자적하는 삶의 태도가 잘 드러나 있는 총 6수의 연시조이다. 정치적으로 어지러운 현실에 대한 안타까움과 함께 자연과 일체감을 느끼며 지내는 소박한 삶에 대한 만족감이 생생하게 그려져 있다.

다 백문보, 〈율정설〉

갈래
고전 수필

성격
성찰적

제재
밤나무

주제
목표를 바라보며 정진하는 성실한 삶의 태도

특징
① 자연과 인간을 대응시켜 주제를 형상화함.
② 밤나무를 통해 바람직한 삶의 태도에 대한 교훈을 전달함.

해제
이 작품에서 서술자는 밤나무의 속성에 빗대어 윤상군의 삶의 태도를 이야기하고, 그것을 통해 스스로를 조심하고 살피며 살 줄 알아야 한다는 교훈을 전달하고 있다.

＊ 소선 적벽: 송나라 문인 소동파가 지은 적벽부.
＊ 한기: 책.
＊ 일락배락: 흥했다가 망했다가.
＊ 기산의~씻었던가: 기산에 숨어 살던 허유가 임금의 자리를 제안받았을 때, 이를 거절하면서 그 말을 들은 자신의 귀를 씻었다는 고사.
＊ 박 소리 핑계하고: 표주박 하나도 귀찮다면서 허유가 핑계하고.
＊ 조장: 기개 있는 품행.

나

ⓛ 부귀(富貴)라 구(求)치 말고 빈천(貧賤)이라 염(厭)치 마라
인생 백 년(百年)이 한가(閑暇)할사 이내 것이
백구(白鷗)야 날지 마라 너와 **망기(忘機)**＊하오리라

<제1곡>

서산(西山)에 해 져 간다 고깃배 떴단 말가
죽간(竹竿)을 둘러메고 십 리 장사(十里長沙) 내려가니
연화(煙花) 수삼(數三) **어촌(漁村)**이 **무릉(武陵)**인가 하노라

<제6곡>
- 권구, 〈병산육곡(屏山六曲)〉 -

＊ 망기: 속세의 일이나 욕심을 잊음.

다

윤상군이 처음에 곤강 남쪽에 집터를 마련했다. 집터 동편과 서편에 밤나무 숲이 울창하였으므로 거기에다가 정자를 짓고 **율정(栗亭)**이라고 이름했다. 그 후에 또 조금 서편으로 가서 새로 집을 샀는데 밤나무 숲이 더욱 무성했다. 성안에 있는 집에서는 밤나무를 심는 사람이 적은데, 윤공은 집을 구할 때마다 밤나무 있는 곳을 선택했다.

그는 일찍이 나에게 말했다.

"봄에는 잎이 무성하지 않아 가지 사이가 성글어서 그 사이로 꽃이 서로 비치고, 여름이면 잎이 우거져서 그늘에서 놀수가 있으며, 가을에는 밤이 먹을 만하며, 겨울이면 밤송이를 모아 아궁이에 불을 땔 수가 있다. 그래서 나는 밤나무를 좋아한다."

나는 말한다. 불이 마른 것에 잘 붙고 물이 축축한 곳으로 흐르는 것은, 성질이 같은 것끼리 서로 찾아가는 것이니 이치에 있어서 반드시 그러한 것이다. 대개 그 숭상하는 것이 같으면 물건이나 내가 다를 것이 없는 것은 어쩔 수 없는 일이다. 왜 그런가 하면 하늘과 땅 사이에 나는 풀이나 나무가 모두 한 기운이기 때문이다. 그러나 그 뿌리와 싹과 꽃과 열매가 어려운 것, 쉬운 것, 일찍 되는 것, 늦게 되는 것 등 가지각색인데, 오직 이 밤나무는 모든 나무 가운데서 가장 늦게 나며, 재배하기도 어렵고 기르는 데 시간도 오래 걸린다.

그러나 자라기만 하면 쉽게 튼튼해지며, 잎이 매우 늦게 돋지만, 돋기만 하면 곧 그늘을 쉽게 만들어 준다. 꽃이 매우 늦게 피지만 피기만 하면 곧 흐드러지며, 열매가 매우 늦게 맺히지만 맺히기만 하면 곧 수확할 수 있다. 그러니 이 밤나무는 모든 사물에 공통되는 차고 이지러지고 줄어들고 보태는 이치를 함께 가지고 있는 것이다.

윤공은 나와 같은 해에 과거에 합격했는데 그때의 나이가 30여 세였다. 그러다가 나이가 40세가 넘어서야 비로소 처음으로 벼슬에 나아갔으므로 사람들은 모두가 늦었다고 하였으나, 공은 직무에 더욱 조심하며 충실히 했다. 그러다가 임금의 인정을 받아 등용되었는데, 하루 동안에 아홉 번 자리를 옮겨 대신의 지위에 이르게 되었으니, 이것은 별로 손질을 하지 않았는데도 무성하게 뻗어 나간 밤나무와 같다. 그 기틀을 세우는 것이 처음에는 어려웠으나 그 성취하는 것이 뒤에는 쉬웠으니, 이것은 밤나무의 꽃과 열매의 성질과 같은 바가 있다.

나는 그것을 이치로 설명하려 한다. 대개 식물의 씨앗이 흙에서 싹틀 때 깊으면 싹이 더디 터진다. 꼬투리가 터지면 곧 눈이 트고, 눈이 트면 가지가 생겨서 반드시 줄기를 이룬다. 샘물이 웅덩이에 차게 되면 그것이 조금씩 흘러나오게 된다. 그 흐르는 것이 멈추게 되면 물이 고이고, 고이면 못이 되었다가 반드시 바다에까지 도달한다. 그러므로 그 느린 것은 장차 빨리 되려는 것이요, 멈추는 것은 장차 끝까지 도달하려는 것이니, 곧 모자란 것은 채울 수 있으며 부족한 것은 보탤 수 있는 것과 무엇이 다르겠는가. 한 가지 사물에 대해서도 이것을 실증할 수 있는 것이다.

또한 여기에서 사람이 숭상하는 바를 관찰하건대, 곧 불을 숭상하면 불을 닮고 물을 숭상하면 물을 닮으니 나와 숭상하는 사물과 차이가 없다. 따라서 그대가 출세하여 영화롭게 된 것은 밤나무의 생장함과 같으며, 밤을 수확하여 간직함은 그대의 은퇴하는 것과 같다. 그 생장함에는 세상을 유익하게 하는 바가 있으며, 그 간직함에는 자신의 양생의 작용이 있다. 이에 나는 이 정자에 대하여 그 이치를 들어 글을 짓는다.

- 백문보, 〈율정설(栗亭說)〉 -

구성

처음	밤나무를 좋아하는 윤상군
중간	밤나무의 속성과 미덕
끝	밤나무를 닮은 윤상군의 삶

계절에 따른 밤나무의 이점

봄	성근 가지 사이로 꽃이 서로 비침.
여름	잎이 우거져 그늘에서 놀 수 있음.
가을	밤을 수확할 수 있음.
겨울	밤송이를 모아 아궁이에 불을 땔 수 있음.

소재의 의미

밤나무
• 모든 나무 가운데서 가장 늦게 남.
• 재배하고 기르는 데 시간이 오래 걸림.
• 자라기만 하면 쉽게 튼튼해짐.
• 잎이 돋으면 그늘을 쉽게 만들어 줌.
• 꽃이 피기만 하면 곧 흐드러짐.
• 열매가 맺히면 곧 수확할 수 있음.

↓

모든 사물에 공통되는 차고 이지러지고 줄어들고 보태는 이치를 지님.

불	물
마른 것에 잘 붙음.	축축한 곳으로 흐름.

↓

성질이 같은 것끼리 서로 찾아가는 이치를 지님.

01

(가)~(다)에 대한 설명으로 가장 적절한 것은?

① (가)와 (나)는 시간적 배경이 드러나는 표현을 사용하여 시적 분위기를 형성하고 있다.
② (가)와 (다)는 반어적 표현을 통해 현실에 대응하는 태도를 드러내고 있다.
③ (나)와 (다)는 근경에서 원경으로 시선을 이동하며 대상의 특성을 포착하고 있다.
④ (가), (나), (다) 모두 색채어를 활용하여 대상을 생동감 있게 묘사하고 있다.
⑤ (가), (나), (다) 모두 공간의 이동을 통해 대상이 변화하는 모습을 나타내고 있다.

■ 문제풀이 맥 ■

01

표현상의 특징을 파악하는 문제이다. 이러한 유형의 문제는 (가)~(다)에 드러난 표현상의 특징을 파악하고, 작품 간 공통점과 차이점을 찾아내야 한다. 따라서 선택지에 제시된 '시간적 배경', '반어적 표현', '공간의 이동' 등의 표현 방식이 작품 속에서 어떻게 형상화되는지 파악해야 한다.

02

작품의 내용을 파악하는 문제이다. [A]~[E] 모두 (가)와 관련되어 있으므로, (가)를 통해 알 수 있는 시적 상황과 화자의 태도를 파악해야 한다.

화자의 상황과 태도

상황	보름달이 뜬 강변의 모습을 바라보고, 눈 내린 숲의 경치를 감상하며 서책을 읽고 있음.
태도	자연의 아름다움을 예찬하면서 인간사에 대한 비판적 인식을 지님.

03

작품의 내용을 파악하는 문제이다. 이러한 유형의 문제는 <보기>의 내용을 이해하고 이를 바탕으로 작품을 파악해야 한다. <보기>의 '나'가 말한 내용과 작품의 중심 소재인 '밤나무'의 특성을 적절하게 연결지어야 한다.

02

[A]~[E]에 대한 이해로 적절하지 않은 것은?

① [A]: '소 먹이는 아이들'의 피리 소리를 듣고 '용'과 '학'을 떠올리며 강변에서의 흥취를 노래하고 있다.

② [B]: '팔월 보름달'을 '소선 적벽'의 내용과 비교하며 달과 소나무가 어우러진 풍경에서 느끼는 감흥을 드러내고 있다.

③ [C]: '천공'이 '옥'으로 꽃을 만들어 '만수 천림'을 꾸민 것 같다고 표현하며 눈 내린 산의 아름다움을 예찬하고 있다.

④ [D]: '늙은 중'이 가 버린 것에 아쉬워하며 '은세계'를 찾는 사람들이 많아지기를 바라고 있다.

⑤ [E]: '성현'과 '호걸'을 생각하며 '시운'이 '일락배락'하는 것에 대해 안타까움을 느끼고 있다.

03

다음은 (다)에 대한 <학습 활동>이다. ⓐ~ⓔ에 들어갈 내용으로 적절하지 않은 것은?

> **학습 활동**
>
> **[활동 과제]**
>
> '나'가 말한 내용이 윤상군의 삶과 어떻게 연관될 수 있는지 생각해 봅시다.
>
> | '나'가 말한 내용 | | 활동 결과 |
> |---|---|---|
> | 불이 마른 것에 잘 붙고 물이 축축한 곳으로 흐르는 것. | ➡ | ⓐ |
> | 밤나무는 늦게 나고, 기르는 데도 시간이 오래 걸리는 것. | ➡ | ⓑ |
> | 잎이 매우 늦게 돋지만, 돋기만 하면 그늘을 쉽게 만들어 주는 것. | ➡ | ⓒ |
> | 별로 손질을 하지 않았는데도 무성하게 뻗어 나가는 것. | ➡ | ⓓ |
> | 밤나무의 생장함과 밤을 수확하여 간직하는 것. | ➡ | ⓔ |

① ⓐ: 윤상군이 집을 구할 때마다 밤나무가 있는 곳을 선택한 것과 연관 지어 볼 수 있겠군.

② ⓑ: 윤상군이 나이가 40세가 넘어서야 처음으로 벼슬에 나아간 것과 연관 지어 볼 수 있겠군.

③ ⓒ: 늦게 벼슬에 오르기까지 윤상군이 직무에 더욱 조심하며 충실히 임했다는 것에 연관 지어 볼 수 있겠군.

④ ⓓ: 등용된 윤상군이 하루 동안에 아홉 번 자리를 옮겨 대신의 지위에 이르게 되었다는 것과 연관 지어 볼 수 있겠군.

⑤ ⓔ: 윤상군이 출세하여 영화롭게 된 것과 은퇴하는 것에 연관 지어 볼 수 있겠군.

04

㉠과 ㉡에 대한 설명으로 가장 적절한 것은?

① ㉠은 ㉡과 달리 과거를 극복하게 하는 대상이다.
② ㉡은 ㉠과 달리 화자가 추구하는 가치와 거리가 먼 대상이다.
③ ㉠은 갈등을 해소하는 계기가, ㉡은 갈등을 심화하는 계기가 되는 대상이다.
④ ㉠은 화자의 체념적 태도를, ㉡은 화자의 달관적 태도를 드러내는 대상이다.
⑤ ㉠과 ㉡은 모두 화자에게 인생의 무상함을 느끼게 하는 대상이다.

04
소재의 공통점과 차이점을 파악하는 문제이다. 이러한 유형의 문제는 작품 속에서 소재가 어떤 의미를 담고 있는지, 화자에게 어떤 영향을 끼치는지 분석해야 한다. ㉠, ㉡ 모두 '부귀'로, 시어는 같으나 작품 속에서 의미하는 바가 다르다. 이와 더불어 (가)와 (나)의 주제를 참고하여 적절한 설명을 찾아야 한다.

05

<보기>를 참고하여 (가)~(다)를 감상한 내용으로 적절하지 <u>않은</u> 것은?

> 보기
>
> 작가는 화자나 인물을 통해 인간과 세계를 바라보는 자신의 생각을 언어로 형상화하여 표현하기 때문에 문학 작품을 읽는 것은 곧 작가의 생각을 이해하는 것이라고도 할 수 있다. 따라서 작가가 화자나 인물을 어떻게 그리고 있는지 파악하는 것은 문학 작품 속에 담겨 있는 작가의 생각을 이해하는 방법이 된다.

① (가)에서 고사를 인용하며 '늙은 고불'을 '조장'이 높은 인물로 보고 있는 화자를 통해 바람직한 삶의 자세에 대한 인식을 드러내고 있군.
② (가)에서 세상의 일이 '구름'처럼 험하다면서 '술'로 '시름'을 잊겠다고 말하는 화자를 통해 속세를 부정적 대상으로 인식하고 있음을 드러내고 있군.
③ (나)에서 '백구'에게 날지 말라고 말하며 함께 '망기'하고 싶다는 화자를 통해 자연물을 물아일체의 대상으로 인식하고 있음을 드러내고 있군.
④ (나)에서 삶의 터전인 '어촌'을 '무릉'에 비유하며 생활에 대한 만족감을 느끼고 있는 화자를 통해 일상의 공간에 대한 긍정적인 인식을 드러내고 있군.
⑤ (다)에서 정자의 이름을 '율정'이라 짓고 늘 자신의 행동을 경계하였음에도 등용이 늦었던 인물을 통해 당시의 현실에 대한 비판적 인식을 드러내고 있군.

05
외적 준거에 따라 작품을 감상하는 문제이다. 이러한 유형의 문제는 <보기>의 내용을 이해하고 이를 바탕으로 작품을 파악해야 한다. <보기>에 따르면 작가는 작품을 통해 자신의 생각을 드러낸다. (가)~(나)는 자연과 자연물을 소재로 한다는 점을, (다)는 자연물과 인물의 특성을 비교하고 있다는 점을 고려하여 선택지에 제시된 내용이 적절한지 파악해야 한다.

핵심정리

갈래

연작소설

배경

• 시간적 배경 – 1980년대
• 공간적 배경 – 부천시 원미동

시점

1인칭 관찰자 시점

제재

몽달 씨의 삶

주제

소시민적 근성에 대한 비판과 인간다운 삶에 대한 향수

특징

① 시간의 흐름에 따라 사건이 서술됨.
② 구체적 지명을 사용하여 사실성을 부각함.
③ 서술자를 순수한 어린아이로 설정하여 주제 의식을 강조함.

해제

이 작품은 작가의 《원미동 사람들》 연작 중 하나로, 일상인들의 소시민적 근성과 세태를 고발하는 동시에 그들을 향한 작가의 연민과 애정의 시선을 보여 주고 있는 단편 소설이다. 사건의 핵심 인물은 두 사람인데, '김 반장'은 소시민적 근성을 보여 주는 전형적 인물로 자신의 이익과 안위를 위해서는 친구도 외면할 수 있는 이기적인 존재로 그려진다. 다른 한 사람은 동네에서 바보 취급을 받는 '원미동 시인' 몽달 씨로 그런 사람을 미워하지 않고 보듬어 주는 존재이다. 한편 이 작품은 '나'라는 어린아이 서술자를 설정함으로써 어린아이의 순수한 시선을 통해 어른들의 부정적 세계를 효과적으로 형상화하고 있다.

등장인물

'나'	올해 7살의 어린 소녀로, 김 반장과 몽달 씨와 나이와 상관없이 친구로 지내며 동네 사람들의 삶을 날카로운 시선으로 관찰함.
몽달 씨	원미동 시인으로 불리는 스물일곱 살의 청년으로, 데모를 하다 군대에 끌려가 정신이 이상해진 이후 동네 사람들이 그를 무시하고 함부로 대함.

※ 다음 글을 읽고 물음에 답하시오.

몽달 씨 나이가 스물일곱이라니까 나보다 스무 살이나 많지만 우리는 엄연히 친구다. 믿지 않겠지만 내게는 스물일곱짜리 남자 친구가 또 하나 있다. 우리 집 옆, 형제슈퍼의 김 반장이 바로 또 하나의 내 친구인데 그는 원미동 23통 5반의 반장으로 누구보다도 씩씩하고 재미있는 사람이었다. 나는 **매일같이** 슈퍼 앞의 비치파라솔 의자에 앉아 그와 함께 낄낄거리는 재미로 하루를 보내다시피 하였는데 **요즘**은 내가 의자에 앉아 있어도 전처럼 웃기는 소리를 해 주거나 쭈쭈바 따위를 건네주는 법 없이 다소 퉁명스러워졌다. ㉠ 그 까닭도 나는 환히 알고 있지만 모르는 척하는 수밖에. 우리 집 셋째 딸 선옥이 언니가 지난달에 서울 이모 집으로 훌쩍 떠나 버렸기 때문인 것이다. 김 반장이 선옥이 언니랑 좋아지내는 것은 온 동네가 다 아는 일이지만 선옥이 언니 마음이 요새 좀 싱숭생숭하더니 기어이는 이모네가 하는 옷 가게를 도와준다고 서울로 가 버렸다. 선옥이 언니는 얼굴이 아주 예뻤다. 남들 말대로 개천에서 용이 났다고 해도 과언이 아닐 만큼 지지리 궁상인 우리 집에 두고 보기로는 아까운 편인데, 그 지지리 궁상이 지겨워 맨날 뚱하던 언니였다.

(중략)

집으로 가다 말고 문득 형제슈퍼 쪽을 돌아보니 음료수 박스들을 차곡차곡 쟁여 놓는 일에 땀을 뻘뻘 흘리고 있는 몽달 씨가 보였다. ㉡ 실컷 두들겨 맞고 열흘간이나 누워 있었던 사람이라 안색이 차마 마주보기 어려울 만큼 핼쑥했다. 그런데도 뭔가 좋은지 **히죽히죽** 웃어 가면서 열심히 박스들을 나르고 있는 게 아닌가. 그것도 김 반장네 가게에서. 아무리 눈을 크게 뜨고 보아도 몽달 씨가 분명했다. 저럴 수가. ㉢ 어쨌든 제정신이 아닌 작자임이 틀림없었다. 아무리 정신이 좀 헷갈린 사람이래도 그렇지, 그날 밤의 김 반장 행동을 깡그리 잊어버리지 않고서야 저럴 수가 없다는 게 내 생각이었다.

잊었을까. 그날 밤 머리의 어딘가를 세게 다쳐서 김 반장이 자기를 내쫓은 부분만큼만 감쪽같이 지워진 것은 아닐까. 전혀 엉뚱한 이야기만도 아니었다. 텔레비전에서도 보면 기억 상실증인가 뭔가로 자기 아들도 못 알아보는 연속극이 있었다. 그런 쪽의 상상이라면 나를 따라올 만한 아이가 없는 형편이었다. 내 머릿속은 기기괴괴한 온갖 상상들로 늘 모래주머니처럼 **빽빽**했으니까. 나는 청소부 아버지의 딸이 아니라 사실은 어느 부잣집의 버려진 딸이다, 라는 식의 유치한 상상은 작년도 못 되어 이미 졸업했었다. 요즘의 내 상상이란 외계인 아버지와 지구인 엄마와의 사랑, 뭐 그런 쪽의 의젓한 것이었다. ㉣ 아무튼 나의 기막힌 상상력으로 인해 몽달 씨는 부분적인 기억 상실증 환자로 결정되었다. 그렇다면 이제는 확인할 일만 남은 셈이었다. 오래 기다릴 필요도 없었다. 나는 김 반장네 가게 일을 거들어 주고 난 뒤 비치파라솔 밑의 **의자**에 앉아 **뭔가**를 읽고 있는 몽달 씨에게로 갔다. 보나 마나 주머니 속에 잔뜩 들어 있는 종잇조각 중의 하나일 것이었다. ⓜ 멀쩡한 정신도 아닌 주제에 이번엔 기억 상실증이란 병까지 얻어 놓고도 여태 시 따위나 읽고 있는 몽달 씨 꼴이 한심했다.

"ⓐ 이거, 또 시예요?"

"ⓑ 그래. 슬픈 시야. 아주 슬픈⋯⋯."

몽달 씨가 핼쑥한 얼굴을 쳐들며 행복하게 웃었다. 슬픈 시라고 해 놓고선 웃다니. 나는 이맛살을 찡그리며 몽달 씨 옆에 앉았다. 그리고 아주 낮은 목소리로 물었다.

"ⓒ 이제 다 나았어요?"

"ⓓ 응. 시를 읽으면서 누워 있었더니 금방 나았지."

금방은 무슨 금방. 열흘이나 되었는데. 또 한 번 나는 몽달 씨의 형편없는 정신 상태에 실망했다.

"**그날** 밤에 난 **여기**에 앉아서 다 봤어요."

"무얼?"

"ⓔ 김 반장이 아저씨를 쫓아내는 것⋯⋯."

순간 몽달 씨가 정색을 하고 내 얼굴을 쳐다보았다. 예전의 그 풀려 있던 눈동자가 아니었다. 까맣고 반짝이는 눈이었다. 그러나 잠깐이었다. 다시는 내 얼굴을 보지 않을 작정인지 괜스레 팔뚝에 엉겨 붙은 상처 딱지를 떼어 내려고 애쓰는 척했다. 나는 더욱 바싹 다가앉았다.

"ⓕ 김 반장은 나쁜 사람이야. 그렇지요?"

몽달 씨가 팔뚝을 탁 치면서 "아니야"라고 응수했는데도 나는 계속 다그쳤다.

"ⓖ 그렇지요? 맞죠?"

그래도 몽달 씨는 못 들은 척 팔뚝만 문지르고 있었다. 바보같이. 기억 상실도 아니면서⋯⋯. 나는 자꾸만 약이 올라 견딜 수 없는데도 몽달 씨는 마냥 딴전만 피우고 있었다.

– 양귀자, 〈원미동 시인〉 –

전체 줄거리

올해로 일곱 살인 '나'는 집안 사정과 동네 사정을 훤히 알고 있는 조숙한 아이다. '나'는, 선옥이 언니를 흠모하여 '나'에게 잘 대해 주는 형제슈퍼 주인인 김 반장과 동네에서 모자란 사람 취급받는 몽달 씨와 친구로 지내고 있다. 어느 날 '나'는 부모님의 부부 싸움을 피해 형제슈퍼 앞에 앉아 있다가 불량배들에게 쫓겨 김 반장의 슈퍼에 들어온 몽달 씨를 보게 된다. 몽달 씨는 김 반장에게 도움을 요청하지만 외면당한다. 불량배들에게 폭행을 당한 몽달 씨는 지물포 주씨 아저씨의 도움을 받는다. 불량배가 도망간 뒤에야 몽달 씨를 부축하며 불량배들을 성토한 김 반장이 싫어진 '나'는, 이후 아무렇지도 않게 가게에 나와 김 반장을 돕는 몽달 씨를 바보 같다고 생각한다.

사건 전후 '나'의 인식 변화

몽달 씨	김 반장
스무 살이나 많지만 친구라고 여길 정도로 친근한 존재	기회주의적이지만 씩씩하고 재미있는 사람

↓

'그날 밤'의 사건	

↓

몽달 씨	김 반장
자신을 외면한 김 반장을 따르는 한심하고 안타까운 사람	주변에서 도움을 요청할 때는 외면해버리는 나쁜 사람

몽달 씨의 행동과 태도

- 자신을 외면한 김 반장의 형제슈퍼에서 여전히 일하고 있음.
- 김 반장이 나쁜 사람이라는 '나'의 말에도 불구하고 김 반장의 잘못을 감싸 줌.

↓

자신을 외면한 사람을 탓하지 않고 홀로 고통을 감내하는 순교자적인 면모를 지님.

01

작품의 내용을 이해하는 문제이다. 인물 간의 관계를 중심으로 사건의 전개 과정을 이해하는 것이 중요하다. 윗글에 직접적으로 등장하는 인물은 몽달 씨와 '나'이며, '나'의 서술을 통해 김 반장과 선옥이 간접적으로 등장한다. 따라서 '나'와 몽달 씨의 행동뿐만 아니라 서술자인 '나'의 관점에서 바라본 김 반장과 선옥의 행동에 유의하며 선택지의 내용이 적절한지 파악해야 한다.

01

윗글에 대한 이해로 가장 적절한 것은?

① 몽달 씨는 김 반장이 자기를 매정하게 대했으나, 김 반장네 가게 일을 해 주고 있다.

② 김 반장은 선옥을 좋아했으나, 선옥이 서울로 가자 '나'를 통해 선옥과의 관계를 회복해 나갔다.

③ '나'는 김 반장을 좋은 친구라고 생각했으나, 김 반장이 빈둥거리며 실없는 행동을 해서 당황했다.

④ 선옥은 자신의 집안 형편에 대해 부정적으로 생각하고 있지만, '나'는 집안 형편을 그렇게 생각하지 않는다.

⑤ '나'는 몽달 씨를 친구라 여겼으나, 몽달 씨가 김 반장 가게에 다시 나온 것을 보고 그렇게 생각한 것을 후회했다.

02

구절의 의미를 이해하는 문제이다. ⓐ~ⓖ는 '나'와 몽달 씨의 발화로, 구절의 의미를 파악하기 위해서는 앞선 사건에 대한 선행적인 이해가 필요하다. ⓐ, ⓒ, ⓔ, ⓕ, ⓖ는 작품의 서술자인 '나'의 발화이며, ⓑ, ⓓ는 몽달 씨의 발화이다.

02

ⓐ~ⓖ에 대한 이해로 적절하지 않은 것은?

① ⓐ는 상대를 못마땅해하는 발언이지만, ⓒ를 고려하면 상대의 상태에 대한 관심에서 비롯된 것이라고 할 수 있다.

② ⓑ와 ⓓ의 시에 대한 인물의 태도를 고려하면, 인물이 시를 통해 위안을 얻었음을 알 수 있다.

③ ⓔ는 ⓓ를 듣고 실망하여, 상대의 새로운 반응을 기대하며 한 발언이라고 할 수 있다.

④ ⓕ는 ⓔ에 대한 상대의 반응이 예상을 벗어났지만, 상대가 보여 준 판단을 수용하기 위한 질문이라고 할 수 있다.

⑤ ⓖ는 ⓕ의 주장을 확인하는 질문으로, 상대의 태도를 탐탁지 않게 여기는 마음이 반영된 발언이라고 할 수 있다.

03

형제슈퍼를 중심으로 확인할 수 있는 인물의 행위에 대한 설명으로 가장 적절한 것은?

① '나'가 '매일같이' 김 반장과 재미있게 낄낄거렸던 행위는 '그날'보다 앞선 시간대에 이루어지며, '그날'의 일을 지켜보기만 한 '나'의 부정적 자기 인식으로 이어지고 있다.

② 김 반장이 '나'를 퉁명스럽게 대하는 행위는 '요즘'보다 앞선 시간대에 이루어지며, '나'에게 반성을 유도하고 있다.

③ 몽달 씨가 '히죽히죽' 웃는 행위는 현재 '여기'에서 '나'에게 속내를 감추는 행위보다 앞선 시간대에 이루어지며, '나'에게 진심을 드러내어 보여 주고 있다.

④ '의자'에서 '뭔가'를 읽는 몽달 씨의 행위는 '여기'에서 환기된 '그날'의 경험보다 앞선 시간대에 이루어지며, '나'가 '그날' 느꼈을 긴박감과 대비되는 이완된 상황을 보여 주고 있다.

⑤ '여기'에서 목격된 '그날' 김 반장의 행위는 '요즘'보다 이후의 시간대에 이루어지며, '나'가 김 반장을 이전과 다르게 평가하는 원인으로 기능하고 있다.

03

인물의 심리와 태도를 파악하는 문제이다. 문제에서는 장소에 따른 인물의 행위를, 선택지에서는 동일한 장소를 바탕으로 시간 변화에 따른 인물의 심리와 행동 전개 양상을 묻고 있으므로 이를 고려하여 문제를 해결해야 한다.

04

<보기>를 바탕으로 ㉠~㉤을 이해한 내용으로 적절하지 **않은** 것은?

> **보기**
>
> 미성숙한 어린아이 서술자라도 합리적 정보를 제공하면 독자는 서술자를 신뢰하게 된다. 그러나 작가는 때로 합리성이 부족한 어린아이의 특성을 강화하여 독자가 서술자를 의심하게 한다. 이때 독자는 서술자가 제공하는 정보가 틀릴 수 있다고 생각하면서 서술자와 다른 각도에서 작품이 전하려는 의미를 탐색하게 된다. 이 경우에도 독자는 서술자가 제공하는 제한된 정보에 의존할 수밖에 없으므로, 서술적 상황과 작품이 전하려는 의미가 서로 달라져 작품을 더욱 집중해서 읽게 된다.

① ㉠: 문제적 상황의 원인을 파악하여 이에 대응하고, 인물의 태도 변화를 설명할 수 있는 정보를 제시한다는 점에서 독자가 서술자를 신뢰하도록 유도하고 있군.

② ㉡: 인물이 처한 부정적 상황을 보여 주고, 인물의 안색과 그 이유에 대해 여러 정보를 제공한다는 점에서 독자가 서술자를 신뢰하도록 유도하고 있군.

③ ㉢: 논리적 연관을 무시하고, 추측에 근거하여 인물의 의식 상태를 단정하는 모습을 통해 독자가 작품에 더욱 집중하면서, 서술자와 다른 각도로 생각하도록 유도하고 있군.

④ ㉣: 인물에 대해 적극적으로 탐색하고, 인물의 상태를 스스로 진단하여 그 정보를 제공하는 모습을 통해 독자가 서술자를 신뢰하도록 유도하고 있군.

⑤ ㉤: 시에 대한 이해가 부족하고, 합당한 이유 없이 인물의 취향을 비난하는 모습을 통해 독자가 작품에 더욱 집중하면서, 서술자와 다른 각도로 생각하도록 유도하고 있군.

04

서술자의 태도를 파악하는 문제이다. ㉠~㉤은 어린아이 서술자인 '나'가 작품 속 인물에 대해 서술하고 있는 부분으로, <보기>에서 서술자를 어린아이로 설정했을 때의 효과를 설명하고 있으므로 이를 고려하여 구절을 파악하는 것이 중요하다.

섹션 SECTION
벌개기
종합편

스스로 점검하기

6일간 학습

Day	공부 시작 시간	공부 종료 시간	틀린 문항 수	틀린 유형
Day 1	시 분 초	시 분 초		
Day 2	시 분 초	시 분 초		
Day 3	시 분 초	시 분 초		
Day 4	시 분 초	시 분 초		
Day 5	시 분 초	시 분 초		
Day 6	시 분 초	시 분 초		

1 일별로 계획에 맞춰 공부하기

하루에 기출 하나씩 매일 꾸준히 공부하는 것이 최선의 방법이다.

2 시작 시간과 종료 시간 체크하기

스스로 시간 제한을 두고 문제를 푸는 것이 실전 대비에 효과적이다.

3 틀린 문항과 유형 분석하기

틀린 문제는 또 틀릴 수 있다. 특정 문항과 유형에서 많이 틀렸다면, 그 이유를 분석해야 한다.

4 보충 학습하기

스스로 점검하기를 통해 자신의 취약한 유형을 확인하고, SLS를 통해 부족한 부분을 보충 학습한다.

	Day 1						Day 2						Day 3					
번호	1	2	3	4	5	6	1	2	3	4	5	6	1	2	3	4	5	6
정답률	93%	77%	82%	72%	54%		93%	92%	92%					49%	50%	46%	34%	
채점																		

	Day 4						Day 5						Day 6					
번호	1	2	3	4	5	6	1	2	3	4	5	6	1	2	3	4	5	6
정답률	69%	36%	37%	93%			67%	83%	59%	64%	78%		87%	74%	62%	72%		
채점																		

결과	틀린 문항에는 ✕ 표시, 찍어서 막혔거나 헷갈렸던 문항에는 △표시, 맞춘 문항에는 ○표시
	채점 결과 : 맞은 문항 수 25개중 ☐ 개

나의 예상 등급은?

등급

1등급
22~25개

2등급
20~21개

3등급
18~19개

3

WEEK

1 Day 작문

화법과 작문 · 고3 2023년 3월

핵심정리

갈래
발표

제재
캠핑장에서의 안전사고

주제
캠핑장에서의 사고를 예방하기 위한 안전수칙

문단 중심 내용

❶ 작문 배경
❷ 캠핑 중 화재 발생 원인
❸ 캠핑 중 일산화 탄소 중독 발생 원인
❹ 캠핑장 안전사고 예방법

캠핑장에서의 안전사고

화재	
발생 원인	• 캠핑장 이용객들이 캠핑 용품을 올바르게 사용하지 않아 발생 • 캠핑장 사업자가 소방 시설을 제대로 갖추지 않거나 관계 당국이 소방 시설에 대한 관리 감독을 소홀히 하여 발생

일산화 탄소 중독 사고	
발생 원인	밀폐된 텐트에서 부주의하게 난방 기기를 사용하다가 주로 발생

캠핑장 안전사고 예방법

이용객	안전 수칙에 따라 캠핑 용품을 사용하고 난방 기기 사용시에는 환기구 확보
사업자	소방 시설과 일산화 탄소 경보기 등의 안전 용품 등 구비
관계 당국	캠핑장에 대한 철저한 관리·감독

※ 다음은 작문 상황과 이를 바탕으로 학생이 작성한 초고이다. 물음에 답하시오.

[작문 상황]

○○ 지역 신문의 독자 기고란에 캠핑장에서의 안전사고에 관한 글을 쓰려 함.

[초고]

❶ 여가 활동으로 캠핑을 즐기는 사람들이 늘어나면서 캠핑장에서의 안전사고도 증가하고 있다. 캠핑장에서의 안전사고 중 가장 많이 발생하는 사고는 미끄러짐, 넘어짐, 부딪힘 등 물리적 충격으로 발생하는 사고이지만, 생명에 미치는 위해의 심각성은 물리적 충격으로 발생하는 사고보다 화재와 일산화 탄소 중독 사고가 더 크다. 이에 따라 안전한 캠핑을 위해 캠핑장에서 일어나는 화재와 일산화 탄소 중독 사고에 유의하는 것이 중요하다.

❷ 캠핑 중 화재는 주로 캠핑장 이용객들이 캠핑 용품을 올바르게 사용하지 않아 발생한다. 캠핑장 이용객들이 가스버너나 가스난로의 사용 방법을 지키지 않거나 모닥불을 부주의하게 관리하여 화재가 발생하는 경우가 많다. 그로 인해 캠핑 용품 관련 안전사고에서 화재 관련 사고가 차지하는 비율이 가장 높다. 또한 캠핑 중 화재는 캠핑장 사업자가 소방 시설을 제대로 갖추지 않거나 관계 당국이 소방 시설에 대한 관리 감독을 소홀히 하여 발생하기도 한다. 소방 시설의 미비와 관리 감독의 소홀은 화재의 조기 진화를 어렵게 하여 인명 피해를 키운다.

❸ 캠핑 중 일산화 탄소 중독 사고는 이용객들이 밀폐된 텐트에서 부주의하게 난방 기기를 사용하다가 주로 발생한다. 일산화 탄소는 무색, 무취여서 중독되기 전까지는 누출 여부를 알 수가 없기 때문에 더 위험하다. 일산화 탄소에 중독되면 구토, 어지럼증 외에 심정지까지 발생할 수 있다. 일산화 탄소 중독 사고는 인명 피해율이 높아서 각별한 주의가 필요함에도 불구하고 캠핑 중 일산화 탄소 중독 사고는 줄지 않고 있다.

❹ 캠핑장에서의 화재와 일산화 탄소 중독 사고를 예방하기 위해 캠핑장 이용객들은 안전 수칙에 따라 캠핑 용품을 사용하고 난방 기기 사용 시에는 환기구를 확보해야 한다. 이와 함께, 캠핑장 사업자들은 소방 시설과 일산화 탄소 경보기 등의 안전 용품 등을 구비해야 하며, 관계 당국은 이에 대한 관리와 감독을 철저하게 해야 한다. 다시 말해, _____[A]_____

01

'초고'에 대한 설명으로 가장 적절한 것은?

① 문제의 심각성을 제기하고 문제의 원인을 밝혔다.

② 특정 주장을 소개하고 예상되는 반론을 반박하였다.

③ 다양한 문제 해결 방안을 설명하고 그 장단점을 비교하였다.

④ 일반적 통념을 제시하고 그 통념이 지닌 모순을 지적하였다.

⑤ 문제 상황을 분석하고 그에 대한 대책 마련의 어려움을 제시했다.

01

글쓰기 전략을 파악하는 문제이다. 이러한 유형은 선택지와 지문의 내용을 비교하는 문제이므로 먼저 선택지의 핵심을 파악하여 해당하는 부분을 지문에서 찾는다면 문제를 푸는 시간을 단축할 수 있다. 초고에서는 작문 상황에 맞게 작문 배경과 문제점, 해결 방안을 제시하고 있다.

02

선생님의 조언을 반영하여 [A]를 작성한 내용으로 가장 적절한 것은?

> 선생님: 글을 마무리할 때, 핵심 내용을 문제 해결의 모든 주체와 관련지어 요약하고 예상되는 효과를 언급하자.

① 안전한 캠핑은 캠핑장의 안전시설을 확인하는 것부터 시작된다. 캠핑장 사업자와 관계 당국은 캠핑장 이용객이 안전시설을 수월하게 확인할 수 있는 환경을 조성해 주어야 한다.

② 캠핑장 화재와 일산화 탄소 중독 사고를 예방하기 위해 이용객, 사업자, 관계 당국 모두가 주의와 노력을 기울여야 한다. 이를 통해 사고 없는 안전한 캠핑이 이루어질 수 있다.

③ 빈틈없는 안전시설 관리를 위해 캠핑장 사업자의 노력이 가장 중요하다. 캠핑장 화재와 일산화 탄소 중독 사고를 예방할 때 이용객들은 즐거운 캠핑을 할 수 있다.

④ 여가 활동으로 캠핑을 즐기는 사람들이 늘어나고 있다. 반면에 안전시설을 규정에 맞게 모두 갖춘 캠핑장은 늘지 않고 있어 이에 대한 대책이 필요하다.

⑤ 캠핑을 하면 자연과 함께하는 휴식을 통해 몸과 마음을 건강하게 만들 수 있다. 안전한 환경을 조성하여 캠핑을 즐기는 사람들이 늘어나게 해야 한다.

02

조건에 맞는 글을 쓰는 문제이다. 선생님의 조언은 곧 조건이 되고, 조언에는 여러 개의 조건이 있을 수 있다. 따라서 조건이 무엇인지 파악하는 것이 우선이다. 선생님은 핵심 내용을 문제 해결의 모든 주체와 관련지어 요약해야 하고(조건 ①), 이때 예상되는 효과를 언급해야 한다(조건 ②)는 내용을 조언하고 있다.

자료 활용 방안에 대해 파악하는 문제이다. 자료가 제시되는 문제의 경우 우선 그 자료를 해석하는 능력이 중요하다.

(가)	캠핑장 안전사고 현황과 캠핑 용품 관련 안전사고 현황에 대한 통계 자료이다. 캠핑장에서 발생하는 안전사고 중 물리적 충격으로 발생하는 사고가 가장 비율이 높으며, 캠핑 용품 관련 안전사고 중에서는 화재와 관련된 사고의 비율이 가장 높음을 알 수 있다.
(나)	일산화 탄소 중독 사고와 화재 사고 비율이 높아졌음과 소방 시설의 미비와 관리 소홀로 인하여 다수의 사상자가 발생한 캠핑장 사고의 사례를 보여 주는 신문 기사이다.
(다)	일산화 탄소 중독 사고의 경우 다른 사고보다 인명 피해율이 높다는 내용의 전문가의 인터뷰이다.

03

<보기>는 '초고'를 보완하기 위해 추가로 수집한 자료이다. 자료 활용 방안으로 적절하지 <u>않은</u> 것은?

보기

(가) △△ 연구소 통계 자료

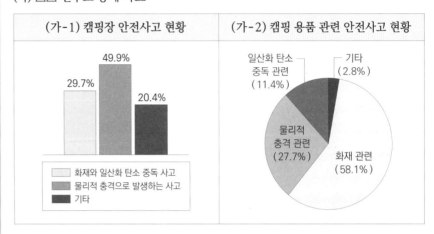

(나) 신문 기사

◇◇ 자료에 따르면, 최근 연평균 캠핑장 안전사고가 두 배 가까이 증가했다. 더욱이 생명에 미치는 위해의 심각성이 큰 사고의 발생 비율도 높아졌다. 일산화 탄소 중독 사고의 경우 캠핑 중 발생하는 사고가 예년보다 증가해 전체 사고에서 캠핑 중 발생한 비율이 26%에 이르렀다. 화재 사고의 경우 다수의 사상자가 발생한 □□ 캠핑장 사고가 그 피해의 심각성을 보여 준다. 이 사고는 소방 시설의 미비와 관계 당국의 관리 소홀로 조기 진화에 실패해 일어난 참사였다.

(다) 전문가 인터뷰

일산화 탄소 중독 사고는 생명에 미치는 위해가 매우 심각합니다. 이는 사고 발생 건수 대비 사상자 수의 비율인 인명 피해율을 통해 알 수 있습니다. 일반적으로 재난 사고의 인명 피해율은 1을 넘지 않습니다. 그러나 일산화 탄소 중독 사고의 인명 피해율은 2.65로 매우 높습니다.

① (가-1)을 활용하여, 물리적 충격으로 발생하는 사고가 캠핑장에서의 안전사고 중 발생 빈도가 가장 높다는 1문단의 내용을 뒷받침한다.

② (가-2)를 활용하여, 캠핑 용품 관련 안전사고 중 화재 관련 사고의 발생 비율이 가장 높다는 2문단의 내용에 구체적인 수치를 추가한다.

③ (나)를 활용하여, 소방 시설의 미비와 관리 감독의 소홀은 화재의 조기 진화를 어렵게 하여 인명 피해를 키운다는 2문단의 내용에 사례를 추가한다.

④ (가-2)와 (나)를 활용하여, 일산화 탄소 중독 사고와 화재 사고가 물리적 충격으로 발생하는 사고보다 많다는 1문단의 내용을 구체화한다.

⑤ (나)와 (다)를 활용하여, 일산화 탄소 중독 사고는 인명 피해율이 높아서 주의가 필요함에도 캠핑 중 일산화 탄소 중독 사고는 줄지 않고 있다는 3문단의 내용을 구체화한다.

2 Day 언어와 매체 고3 2023년 3월

매체

※ (가)는 학생회 누리 소통망[SNS]의 게시물이고, (나)는 학생회 학생들의 온라인 화상 회의 이다. 물음에 답하시오.

핵심정리

가

가

갈래
학생회 누리 소통망(SNS) 게시물

주제
친환경 정원 조성 관련 체험 행사 개최 안내

위에 있는 사진과 같이 우리 학교에 친환경 정원이 조성되었습니다! 정원의 벤치, 테이블, 화단 틀 등을 보셨나요? 그것들은 모두 폐현수막과 폐의류를 재활용한 자재로 만들어졌습니다. 학생회에서는 친환경 정원 조성의 취지를 알리고 친환경 의식을 높이기 위한 체험 행사를 개최합니다. 친환경의 의미를 담은 시화 관람, 물품 나눔, 친환경 생활을 위한 한 줄 다짐 쓰기, 재활용품으로 물품 만들기 등 다채로운 활동이 준비되어 있으니 많이 참여해 주세요. 자세한 내용은 링크를 눌러 확인해 주세요!

☞ https://○○○.hs.kr/66193/subMenu.do

★ 참여 신청 및 문의 사항은 학생회 계정으로 메시지를 보내 주세요.

👍 좋아요   💬 댓글 읽기   ✉ 메시지 보내기

□□art 님 외 67명이 좋아합니다

17시간 전

☺ 댓글 달기...   게시

누리 소통망[SNS]의 특징

- 인터넷을 기반으로 하는 디지털 매체
- 온라인상에서 쉽고 편리하게 관계를 형성할 수 있음.
- 문자뿐만 아니라 이미지, 동영상 등을 함께 활용할 수 있음.
- 시공간의 제약을 넘어 정보가 전달되고 정보의 양이 크게 확장됨.
- 좋아요, 추천, 공유하기 등의 기능을 통해 다양한 의사 표현이 가능함.

WEEK 3

나

보민: 지난 회의에서 친환경 체험 행사의 다양한 활동을 학생들에게 효과적으로 홍보하기 위해 행사 안내도를 만들기로 했잖아. 회의를 시작해 볼까?

아준: 정원의 조감도를 이용해 안내도 초안을 만들면서 활동에 따라 공간을 구획해 봤어. 화면을 봐 줘.

채팅	아준 님이 화면 공유를 시작합니다.

나

갈래
온라인 화상 회의

안건
친환경 체험 행사의 다양한 활동 홍보를 위한 행사 안내도 제작

행사 공간 구획에 관한 의견	
윤아	체험 순서를 정하면 학생들의 활동 참여에 제약이 발생
민재	'관람', '나눔', '제작'에서의 활동은 학생들이 자유롭게 참여하고, '다짐'은 최대한 많은 학생들이 참여할 수 있게 안내

행사 안내도 초안에 관한 의견	
민재	체험 순서와 출입 방향을 나타내는 화살표 삭제
보민	학생들의 많은 참여를 위해 '제작'과 '다짐'의 활동 공간 배치 변경
윤아	'제작'을 '재생'으로 이름 변경

안내도 구성에 관한 의견	
민재	조감도 글자가 많아 복잡해 보이므로 글자 수 조정
아준	• 범례를 따로 둘 것 • 행사 일시와 장소 추가
윤아	안내도 상단에 행사명 제시 및 하단에 행사 일시와 장소 안내

온라인 화상 회의 특징

- 인터넷만 준비되어 있다면 바로 회의를 진행할 수 있어 대면 회의보다 비용이 적게 듦.
- 공간에 상관없이 회의를 진행할 수 있기 때문에 의사소통에 걸리는 시간이 짧아져 생산성과 효율성이 높아짐.
- 회의를 쉽게 기록으로 남길 수 있음.
- 회의 중 필요한 정보를 공유할 때 영상이나 텍스트의 제약이 없음.

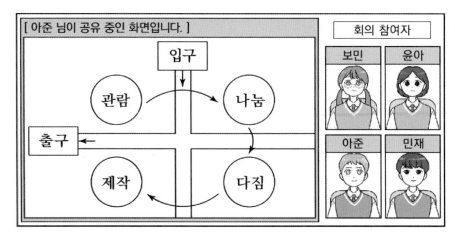

[아준 님이 공유 중인 화면입니다.]

회의 참여자
보민 윤아 아준 민재

윤아: 화면에서는 시화 관람, 물품 나눔, 한 줄 다짐 쓰기, 재활용품으로 물품 만들기 순으로 체험 순서를 제시했는데, 체험 순서를 정하면 학생들의 활동 참여에 제약이 있겠어.

민재: '관람', '나눔', '제작'에서의 활동은 학생들이 자유롭게 참여하게 하고, '다짐'은 최대한 많은 학생들이 참여할 수 있게 안내하면 좋겠어. 아준이가 안내도 초안을 만들기로 했잖아. 그걸 보면서 얘기해 볼까?

아준: 모두 첨부 파일을 확인해 줘.

채팅	아준 님이 파일을 전송했습니다. 파일명: ㉠ 학교 체험 행사 안내도.pdf

민재: 안내도 초안에도 화살표가 있네. 체험 순서와 출입 방향을 나타내는 화살표는 모두 지우면 좋겠어.

보민: 한 줄 다짐 쓰기에 학생들이 많이 참여하도록 하려면 '제작'과 '다짐'의 활동 공간을 서로 바꾸면 좋겠어. 이에 대한 의견 줘.

아준: '다짐'의 활동 공간을 출구 가까이에 배치해 학생들이 그 활동에 참여한 후 나가도록 하기 위한 것이구나.

윤아: 나도 그게 좋아. 그런데 '제작'이 활동의 의미를 제대로 드러내지 못하는 것 같아. '재생'으로 바꾸면 어떨까? 동의하는 사람들은 손을 들어 줘.

보민: 모두 동의하는구나. 그럼 이제는 환경 단체에서 주최한 체험 행사 안내도를 참고해서 안내도의 구성에 대해서 이야기해 보자. 파일을 전송할게.

채팅	보민 님이 파일을 전송했습니다. 파일명: ㉡ 환경 단체 체험 행사 안내도.pdf

민재: 환경 단체의 안내도에서는 조감도에 각 공간의 이름을 번호와 함께 표시하고 그에 대한 범례를 따로 두어 활동을 안내했네. 이에 비해 우리 초안은 조감도에 글자가 많아 복잡해 보이는 것 같아.

아준: 우리도 범례를 환경 단체의 안내도처럼 따로 두는 것이 좋겠어. 그리고 행사 일시와 장소도 추가하는 것이 어때?

윤아: 행사명도 추가하는 것이 좋겠어. 행사명을 안내도 상단에 제시하고 그 아래 행사 일시와 장소를 안내하자.

보민: 좋은 의견들을 줘서 고마워. 오늘 회의 내용을 모두 반영하여 함께 안내도를 완성해 보자.

01

(가), (나)에 대한 이해로 가장 적절한 것은?

① (가)는 수용자의 반응을 숫자로 제시하여 매체 자료에 대한 수용자의 선호 정도를 드러내고 있다.

② (나)는 정보의 생산자와 수용자가 분리되어 정보 전달이 한 방향으로 이루어지고 있다.

③ (가)와 달리, (나)는 하이퍼링크 기능을 통해 추가적인 정보를 제공하고 있다.

④ (나)와 달리, (가)는 정보를 전달할 수 있는 시간의 제약을 고려하여 정보의 양을 조절하고 있다.

⑤ (가)와 (나)는 모두 음성 언어와 시각 자료를 결합한 복합 양식을 활용하여 정보를 생산하고 있다.

02

㉠, ㉡과 관련하여 (나)에 대해 설명한 내용으로 가장 적절한 것은?

① ㉠의 안내 효과를 바탕으로 ㉡의 장점을 극대화하기 위한 방법을 모색했다.

② ㉡의 구성 방식을 참고하여 ㉠을 개선하기 위한 방안을 마련했다.

③ ㉡의 구성 요소를 고려하여 ㉠의 불필요한 구성 요소를 삭제했다.

④ ㉠과 ㉡의 차이점을 근거로 ㉡의 구성상의 문제점을 비판했다.

⑤ ㉠과 ㉡을 비교하여 안내 효과 측면에서 각각의 장단점을 분석했다.

WEEK 3

문제풀이 맥

01

매체의 의사소통 방식을 이해하는 문제이다. 이러한 유형의 문제를 해결하기 위해서는 우선 각 매체가 지닌 특성을 파악해야 한다. (가)는 온라인 누리 소통망으로, 자세한 내용을 안내받을 수 있는 하이퍼링크를 제시하였고, 좋아요와 댓글 기능을 통해 독자의 반응을 확인하고 있다. (나)는 온라인 화상 회의로 회의 참여자들이 실시간으로 화면을 공유하며 회의에 참여하고 있고, 회의 중 필요한 정보를 제약 없이 공유하고 있다.

02

매체 수용자의 태도에 대해 이해하는 문제이다. ㉠은 아준이 전송한 학교 체험 행사 안내도이고, ㉡은 보민이 전송한 환경 단체 체험 행사 안내도이다. 해당 첨부 파일에 대해 회의 참여자들이 보인 반응을 살펴보고, 첨부 파일을 전송하기 전의 발화에 주목해야 한다.

매체 자료를 생산하는 문제이다. (나)의 회의에 참여했던 학생들이 '안내도'를 만들기 위해 각각 어떠한 의견을 제시했는지를 파악해야 한다.

윤아	• 체험 순서를 제시하지 말 것 • '제작'을 '재생'으로 바꿀 것 • 행사명을 안내도 상단에 제시하고 그 아래 행사 일시와 장소를 안내할 것
민재	• '다짐'은 최대한 많은 학생들이 참여할 수 있도록 안내할 것 • 안내도 초안에 있는 화살표를 모두 지울 것 • 조감도의 글자 수를 줄일 것
보민	'제작'과 '다짐'의 활동 공간을 서로 바꿀 것
아준	• 범례를 따로 둘 것 • 행사 일시와 장소를 추가할 것

03

(나)를 바탕으로 다음과 같은 '안내도'를 만들었다고 할 때, 이에 대해 이해한 내용으로 적절하지 않은 것은?

<범례>
1 관람 : 친환경의 의미를 담은 시화 관람하기
2 나눔 : 물품 서로 나누기
3 재생 : 재활용품으로 물품 만들기
4 다짐 : 친환경 생활을 위한 한 줄 다짐 쓰기

① 윤아의 의견을 바탕으로, 안내도 상단에 행사명을 제시했다.
② 보민의 의견을 바탕으로, '다짐'의 활동 공간을 출구 가까이 배치했다.
③ 민재의 의견을 바탕으로, 입구와 출구에 출입 방향을 화살표로 표시했다.
④ 아준의 의견을 바탕으로, 각 공간에서 이루어지는 활동 내용을 범례로 안내했다.
⑤ 윤아의 의견을 바탕으로, 재활용품으로 물품을 만드는 활동 공간의 이름을 '재생'으로 정했다.

3 Day

독서(인문)　고3 2023년 4월

공손룡과 후기 묵가의 정명론 비교 연구

※ 다음 글을 읽고 물음에 답하시오.

❶ 명(名)과 실(實), 즉 이름과 실재의 상관관계를 다루는 명실(名實)의 문제는 정치, 윤리적인 차원에서만 다루어지다가 전국 시대 중엽 이후에 하나의 독립적인 영역을 가진 철학적 주제로 정립되었다. 이 시기에 이렇게 명실 문제를 전문적으로 다룬 대표적인 사상가와 학파가 공손룡과 후기 묵가(墨家)로, 이들 사이에서는 철학적 논쟁의 국면이 펼쳐졌다.

❷ 명가(名家) 사상가인 공손룡은 '실'이 '물(物)'로부터 파생된 것이라고 하였다. 이때 '물'은 아직 분화되지 않은 상태의 천지 만물을 뜻한다. '실'은 '물'에서 분화된 각각의 개체이고, 이를 지시하는 역할을 하는 것이 '명'이다. 인간이 붙이는 '명'은, 인간과 무관하게 분화되어 있는 '실'들 사이의 다름을 인간의 입장에서 구별하여 확정하고, 인간이 사상과 감정을 주고받게 하는 역할을 한다. 그는 어떤 '실'은 그것을 가리키는 어떤 '명'에 의해서만 유일하게 지시되어야 한다는 것과, 어떤 명은 유일하게 어떤 실만을 지시하여야 한다는 것을 주장하였다. 공손룡에 따르면 서로 다른 실인 이것[此]과 저것[彼]이 똑같이 '이것'이라는 명으로 지시된다면 서로 구별되지 않게 되고, 그 결과 어떤 사람은 '이것'이라는 명으로 이것이라는 실을, 다른 사람은 '이것'이라는 명으로 저것이라는 실을 지시하는 혼란이 나타나게 된다. 그는 명과 실의 엄격한 일대일 대응 관계를 통해, 명이 그 역할을 할 때 오해나 문제가 생기지 않게 하려 하였다.

❸ 그는 '흰 말[白馬]은 말[馬]이 아니다.'라는 일반인의 상식으로는 이해하기 어려운 주장을 앞세워 논의를 폈다. 그런 주장의 근거로, 우선 그는 '말[馬]'은 형체를 부르는 데 쓰는 단어이고 '희다[白]'는 색을 부르는 데 쓰는 단어인데, 흰 말은 말에 '희다'라는 속성이 함께하는 것이므로 말과 다르다고 하였다. 또한 그는 말을 구할 때는 노란 말이든 검은 말이든 데리고 올 수 있지만 흰 말을 구할 때는 노란 말이나 검은 말을 데리고 올 수 없으니, 이를 통해 말과 흰 말이 다름을 알 수 있다고 하였다. 이렇게 일상에서 흰 말이 있을 때 '말이 있다.'라고 하며 특정 속성이 지정되지 않은 '말'이라는 단어로 흰 말처럼 특정 속성을 가진 말[馬]을 지시하는 것에 대해, 공손룡은 '말'이라는 명과 '흰 말'이라는 명은 지시하는 실이 다르므로 그 용법을 구분해야 한다고 하였다.

❹ 반면 후기 묵가는 '흰 말은 말이다. 흰 말을 타는 것은 말을 타는 것이다.'라고 하면서, '흰 말은 말이 아니다.'라는 주장에 반대하였다. 후기 묵가는 어떤 실은 '이것'이라는 명에 의해 지시되면서 동시에 '저것'이라는 명에 의해서도 지시될 수 있다고 보았다. 흰 말은 흰 말이고 검은 말은 검은 말이지만 흰 말도 말이고 검은 말도 말이므로, 흰 말은 흰 말이면서 말이고 검은 말은 검은 말이면서 말이라는 것이다. 즉,

---

핵심정리

문단 중심 내용

- ❶ 명실 문제에 대한 공손룡과 후기 묵가의 철학적 논쟁
- ❷ 명과 실이 엄격한 일대일 대응 관계를 맺어야 한다는 공손룡의 주장
- ❸ '말'과 '흰 말'을 구분해야 한다는 공손룡의 주장
- ❹ 명과 실의 엄격한 일대일 대응 관계를 부정하는 후기 묵가의 주장
- ❺ 후기 묵가가 구분한 세 가지 '명'

명실 문제에 대한 공손룡의 입장

'물'	아직 분화되지 않은 상태의 천지 만물
'실'	'물'에서 분화된 각각의 개체
'명'	• '실'을 지시하는 역할을 하는 것 • 인간과 무관하게 분화되어 있는 '실'들 사이의 다름을 인간의 입장에서 구별하여 확정 • 인간이 사상과 감정을 주고받게 하는 역할
일대일 대응	• 어떤 '실'은 그것을 가리키는 어떤 '명'에 의해서만 유일하게 지시되어야 함. • 어떤 '명'은 유일하게 어떤 '실'만을 지시하여야 함. → '명'이 그 역할을 할 때 오해나 문제가 생기지 않게 하려 함.

공손룡의 '말'과 '흰 말' 구분

'흰 말'은 '말'이 아니다.	
'말'	'희다'
형체를 부르는 데 쓰는 단어	색을 부르는 데 쓰는 단어

↓

'흰 말'
말에 '희다'라는 속성이 함께하는 것 ≠ 말

↓

'말'이라는 명과 '흰 말'이라는 명은 지시하는 실이 다르므로 그 용법을 구분해야 함.

WEEK 3

하나의 '실'이 하나의 '명'으로만 지시되어야 한다는 주장에 반대
↓
'흰 말은 말이 아니다.'라는 주장에 반대
↓
흰 말은 흰 말이라는 명과 말이라는 명으로 지시됨.
하나의 '명'이 지시하는 '실'은 오직 하나뿐이라는 주장에 반대
하나의 명이 서로 다른 사물을 지시할 수 있음.

후기 묵가가 구분한 세 가지 '명'

달명	천지 만물을 총괄하여 지시하는 것
유명	수많은 사물 가운데 어느 하나의 속성을 공유하는 것들을 지시하는 이름
사명	가리키는 대상이 오직 하나인 명

흰 말은 흰 말이라는 명과 말이라는 명으로, 검은 말은 검은 말이라는 명과 말이라는 명으로 지시될 수 있다. 또한 후기 묵가는 하나의 명이 지시하는 실은 오직 하나뿐이라는 주장에도 반대하였다. 하나의 명이 서로 다른 사물을 지시할 수 있다고 하면서, ㉠ 이것과 저것, 두 마리의 새가 모두 학이라면 이것과 저것을 모두 '학'이라고 부를 수 있다는 예시를 들었다.

❺ 후기 묵가가 명과 실의 엄격한 일대일 관계를 이렇게 부정한 것은 그들의 명에 대한 논의와도 관계가 있다. 후기 묵가는 명을 그것이 지시하는 실에 따라 달명(達名), 유명(類名), 사명(私名)으로 나누었는데, 이 세 가지 명은 외연의 크기가 서로 다르다. 달명은 천지 만물을 총괄하여 지시하는 것으로, 공손룡이 말하는 '물(物)'에 해당하는 대상을 가리키는 이름이다. 유명은 수많은 사물 가운데 어느 하나의 속성을 공유하는 것들을 지시하는 이름으로, 후기 묵가는 그 예로 '말[馬]'이라는 명을 제시했다. 사명은 가리키는 대상이 오직 하나인 명을 말한다. 사명에는 두 가지가 있는데, 그중 하나는 고유명사이다. 다른 하나는 '새[鳥]'라는 유명을 어떤 한 마리의 특정한 새를 가리킬 때 사용하는 경우처럼 유명을 단 하나의 개체에만 대응하게 함으로써 만들어지는 명이다. 결국 '새[鳥]'라는 명이 유명인가 사명인가 하는 것은 그것에 대응하는 대상이 하나인가 둘 이상인가에 의해 상황에 따라 정해지는 것이다.

■ 문제풀이 맥 ■

01

세부 내용을 이해하는 문제이다. 공손룡과 후기 묵가의 명실의 문제에 대한 주장을 이해해야 한다. 특히, 공손룡과 후기 묵가가 정의한 '명'과 '실'의 개념에 대해 파악해 두면 도움이 된다.

01

윗글에 대한 이해로 적절하지 않은 것은?

① 후기 묵가는 고유명사가 사명에 속한다고 보았다.
② 후기 묵가는 천지 만물 전체를 가리키는 이름을 달명이라고 하였다.
③ 공손룡은 분화되지 않은 천지 만물이 각각의 개체로 분화된 것을 실이라고 하였다.
④ 공손룡과 후기 묵가는 전국시대 중엽 이후에 명실 문제를 전문적으로 논의하였다.
⑤ 공손룡과 후기 묵가는 수많은 사물 가운데 오직 하나만 있는 대상에는 이름을 붙일 수 없다고 하였다.

02

㉠에 대한 '공손룡'의 견해와 부합하는 내용으로 가장 적절한 것은?

① 학 두 마리를 모두 학이라는 명으로 부르면, 명이 제 역할을 하여 혼란이 나타나지 않게 될 것이다.

② 학이라는 명은 형체를 가리키는 단어가 아니므로, 그 명으로는 이것과 저것이라는 실을 부를 수 없다.

③ 학을 각각 '이것'과 '저것'이라는 명으로 부른다면 그 두 학은 동일한 실이 서로 다른 명으로 불린 것이다.

④ 학이라는 하나의 명으로 이것과 저것을 모두 지시한다면 이것과 저것이라는 실이 서로 구별되지 않을 것이다.

⑤ 학이라는 실을, 색을 부르는 데 쓰는 단어 없이 학이라는 명으로 부르는 것은 말[馬]이라는 실을 '흰 말'이라는 명으로 부르는 것과 같은 올바른 용법이다.

02
내용을 추론하는 문제이다. ㉠은 이것과 저것, 두 마리의 새가 모두 학이라면 이것과 저것을 모두 '학'이라고 부를 수 있다는 것으로, 후기 묵가가 하나의 명이 서로 다른 사물을 지시할 수 있다는 주장을 뒷받침하기 위해 든 예시이다. 명실의 문제에 대한 공손룡의 주장을 먼저 파악하고, '하나의 명이 서로 다른 사물을 지시할 수 있다'라는 주장에 대해 공손룡이 어떠한 입장을 보일지 추론해야 한다.

03

윗글을 읽은 학생이 <보기>의 대화에 보인 반응으로 적절하지 <u>않은</u> 것은?

> **보기**
>
> 갑: (옷을 하나 들고 옷장을 보면서 한숨을 쉬고) ⓐ 옷이 없어.
>
> 을: 지금 네가 들고 있는 ⓑ 옷은 뭐니? 옷장 안에 옷이 이렇게 많은데 무슨 ⓒ 옷이 없어?
>
> 갑: 내 말은 ⓓ 옷이 정말 없다는 게 아니라, ⓔ 빨간 옷이 필요한데 없다는 말이었어.
>
> 을: 아, 그런 뜻이었구나.

① ⓐ라는 명으로 지시한 실과 ⓑ라는 명으로 지시한 실이 서로 다르므로 공손룡은 명과 실의 일대일 대응 관계가 지켜지지 않고 있다고 보겠군.

② ⓐ라는 명과 ⓓ라는 명이 서로 다른 대상을 지시하고 있는 것을, 후기 묵가는 하나의 명이 두 가지 이상의 서로 다른 실을 지시할 수도 있다는 자신들의 주장을 뒷받침하는 예로 보겠군.

③ 후기 묵가는 ⓑ라는 명은 유명을 하나의 개체에만 대응하여 사명으로 사용한 것으로 보겠군.

④ ⓓ라는 명과 ⓔ라는 명이 같은 대상을 지시하고 있으므로, 공손룡은 특정 속성이 지정되지 않은 단어로 특정 속성을 가진 대상을 지시하는 문제가 나타나고 있다고 보겠군.

⑤ 공손룡은 ⓔ는 ⓒ에 또 다른 속성이 함께하는 것이므로 ⓔ를 ⓒ라는 명으로 불러서는 안 된다고 보겠군.

03
사례에 적용하는 문제이다. <보기>의 ⓐ~ⓔ는 모두 '명'에 해당하지만, '실'은 서로 다를 수 있다. ⓐ~ⓔ가 지시하는 대상을 파악하고, 공손룡과 후기 묵가의 관점에서 <보기>의 대화를 이해해야 한다. '갑'과 '을'은 '옷'이라는 '명'으로 지시하는 대상이 다르기 때문에 소통에 혼란이 있었다.

핵심 내용을 이해하는 문제이다. <보기>에
는 '기표'와 '기의'의 개념이 제시되어 있다.
이를 '명'과 '실'의 개념에 대응하여 이해하고,
공손룡과 후기 묵가의 관점을 파악해야 한다.

04

<보기>는 윗글을 읽은 학생이 수행한 학습지의 일부이다. ㉮와 ㉯에 들어갈 말로 가장 적절한
것은?

보기

[학습 과제]
 다음에서 설명하는 주요 개념을 활용하여 윗글의 내용을 이해해 보자.

　언어 기호가 기표와 기의의 결합체라고 할 때, 기표는 소리를 뜻하고 기의는
언어 기호에 의해 의미되는 개념을 뜻한다. 즉 기표는 언어 기호의 형태이고
기의는 언어 기호가 지시하는 내용이라고 할 수 있다.

[수행 결과]
 공손룡의 입장에서는 (　㉮　)고 볼 것이고, 후기 묵가의 입장에
서는 (　㉯　)고 볼 것이다.

① ┌ ㉮: 기의가 서로 같으면 기표도 같아야 한다
　└ ㉯: 기표가 서로 같으면 기의도 같아야 한다

② ┌ ㉮: 기표가 서로 달라도 기의는 같을 수 있다
　└ ㉯: 기의가 서로 달라도 기표는 같을 수 있다

③ ┌ ㉮: 기표가 서로 달라도 기의는 같을 수 있다
　└ ㉯: 기표가 서로 다르면서 기의가 같을 수는 없다

④ ┌ ㉮: 기표가 서로 다르면서 기의가 같을 수는 없다
　└ ㉯: 기표가 서로 달라도 기의는 같을 수 있다

⑤ ┌ ㉮: 기표가 서로 다르면서 기의가 같을 수는 없다
　└ ㉯: 기의가 서로 다르면서 기표가 같을 수는 없다

4 Day

독서(과학) 고3 2023년 4월

센서공학

WEEK 3

※ 다음 글을 읽고 물음에 답하시오.

❶ 전기화학식 가스 센서 는 화학 반응을 통해 발생하는 전류를 이용해 특정 가스를 검지*하기 위한 장치이다. 이 센서는 ⓐ 유입된 가스가 센서의 전극들과 작용하여 산화 환원 반응을 하는 과정에서 생성되는 전류의 양을 측정하여 가스 누출을 검지하고 농도를 측정한다.

❷ 전기화학식 가스 센서는 일반적으로 유입부, 감지부, 후방부로 구성된다. 먼저, 유입부는 가스가 센서로 들어오면 검지하고자 하는 가스 이외의 불순물을 걸러주는 기능을 담당하며 먼지 필터, 간섭 가스 필터, 분리막으로 구성되어 있다. 공기 중에 가스가 누출되어 센서의 유입부로 들어오면, 우선 먼지나 물 등 기체가 아닌 불순물들은 먼지 필터에 의해 걸러지고, 기체 상태인 가스만 간섭 가스 필터로 보내진다. 이후 간섭 가스 필터에서는 특정 가스를 검지하는 데 방해가 되는 가스들은 필터에 흡착시키고, 검지하려는 가스만 통과시켜 분리막으로 보내게 된다. 분리막은 유입부와 감지부를 분리하는 장치로, 간섭 가스 필터로부터 보내진 가스는 정확한 측정을 위해 분리막을 통해 감지부로 유입된다.

❸ 감지부는 가스가 유입되면 산화 환원 반응을 통해 전류를 생성하는 기능을 담당하며 작용 전극, 대응 전극, 기준 전극으로 구성되어 있다. 감지부는 평상시에도 기준 전극에서 생성되는 전류가 일정하게 흐르고 있고, 감지부의 전극들은 전해질이 녹아 있는 물속에 담겨 있다. 전해질은 물에 녹였을 때 전자의 이동을 가능하게 하여 전류를 생성하는 매개체의 역할을 한다. 분리막을 통과하여 감지부에 ⓑ 도달한 가스는 먼저 작용 전극에서 물과 반응하여 수소 이온과 전자를 생성하는 산화 반응을 한다. 이러한 산화 반응을 활발히 ⓒ 유도하기 위해 작용 전극은 여러 개의 구멍으로 이루어진 다공성 막의 형태를 띠고 있으며, 산화 반응의 속도를 증가시키기 위해 백금과 같은 촉매로 코팅되어 있다. 산화 반응을 거쳐 발생한 수소 이온과 전자는 전해질을 매개체로 하여 대응 전극으로 이동하고, 대응 전극에서는 수소 이온과 전자가 후방부의 산소 유입구에서 공급된 산소와 결합하여 물이 되는 환원 반응이 일어나게 된다. 이 과정에서 작용 전극과 대응 전극 사이의 전자의 이동량만큼 전류가 발생하고, 발생하는 전류의 양은 유입된 가스의 농도에 비례한다.

❹ 마지막으로 후방부는 감지부에서 발생한 전류를 통해 가스 누출 여부를 확인하고 누출된 가스의 농도를 측정하는 기능을 주로 담당하며 집전장치와 센서 핀, 산소 유입구로 구성되어 있다. 감지부에서 새롭게 ⓓ 생성된 전류는 집전장치를 통해 한 곳으로 모아져 센서 핀으로 이동된다. 센서 핀에서는 새롭게 생성된 전류의 양과 평상시 흐르는 전류의 양을 비교하여 새롭게 생성된 전류의 양이 더 많다면 가스 누출을 검지하고 가스의 농도를 측정하게 된다.

🗨 **핵심정리**

문단 중심 내용

- ❶ 전기화학식 가스 센서의 개념과 작동원리
- ❷ 유입부의 구성과 작동 과정
- ❸ 감지부의 구성과 작동 과정
- ❹ 후방부의 구성과 작동 과정
- ❺ 즉시 경보형과 지연 경보형의 경보 방식

전기화학식 가스 센서의 유입부

기능	가스가 센서로 들어오면 검지하고자 하는 가스 이외의 불순물을 걸러주는 기능
작동 과정	공기 중에 가스가 누출됨. → 센서의 유입부로 들어옴. → 기체가 아닌 불순물은 먼지 필터에 의해 걸러짐. → 간섭 가스 필터에서 특정 가스를 검지하는 데 방해가 되는 가스들은 필터에 흡착시킴. → 검지하려는 가스는 정확한 측정을 위해 분리막을 통해 감지부로 유입됨.

전기화학식 가스 센서의 감지부

기능	가스가 유입되면 산화 환원 반응을 통해 전류를 생성하는 기능
작동 과정	가스가 작용 전극에서 물과 반응하여 산화 작용을 함. → 수소 이온과 전자가 전해질을 매개체로 대응 전극으로 이동함. → 수소 이온과 전자가 후방부의 산소 유입구에서 공급된 산소와 결합하여 물이 되는 환원 반응이 일어남. → 이때 발생하는 전류의 양은 유입된 가스의 농도에 비례함.

전기화학식 가스 센서의 후방부

기능	가스 누출 여부를 확인하고 누출된 가스의 농도를 측정하는 기능
작동 과정	생성된 전류가 집전장치를 통해 모아져 센서 핀으로 이동함. → 새롭게 생성된 전류의 양과 평상시 흐르는 전류의 양을 비교함. → 새롭게 생성된 전류의 양이 더 많다면 가스 누출을 검지하고 가스의 농도를 측정함.

가스가 기준 농도 이상일 때의 경보 방식

즉시 경보형	가스 농도가 센서에 설정된 경보설정치 이상이 되면 바로 경보를 내는 방식 예 독성 가스와 같이 가스의 발생 자체가 위험한 경우
지연 경보형	검지된 가스의 농도가 경보설정치를 넘었더라도 바로 경보를 내지 않고, 일정한 시간으로 설정된 지연 시간 동안 가스의 농도가 경보설정치 이상으로 유지될 경우에 경보하는 방식

❺ 한편 가스 센서를 통해 검지된 가스가 기준 농도 이상일 때 센서와 연결된 경보기에서는 이를 알리기 위한 경보를 내게 된다. 경보를 내는 방식으로는 ㉠ 즉시 경보형과 ㉡ 지연 경보형 등이 있다. 즉시 경보형은 가스 농도가 센서에 ⓒ 설정된 경보설정치 이상이 되면 바로 경보를 내는 방식이다. 이 방식은 독성 가스와 같이 가스의 발생 자체가 위험한 경우에 주로 사용된다. 지연 경보형은 검지된 가스의 농도가 경보설정치를 넘었더라도 바로 경보를 내지 않고, 일정한 시간으로 설정된 지연 시간 동안 가스의 농도가 경보설정치 이상으로 유지될 경우에 경보하는 방식이다. 이는 가스레인지 점화 오작동처럼 순간적으로 높은 농도의 가스가 검지되었을 경우와 같이 일시적인 가스 누출 상황에서는 경보를 내지 않는 특징이 있다.

＊ 검지: 검사하여 알아냄.

■ 문제풀이 맥 ■

01

세부 내용을 이해하는 문제이다. 지문에 짧게 언급된 내용 중 정답이 있을 수도 있으므로 지문을 꼼꼼하게 읽어야 한다. 유입부, 감지부, 후방부의 작동 과정과 즉시 경보형, 지연 경보형의 특징을 알아 두도록 한다.

01

윗글의 내용과 일치하지 <u>않는</u> 것은?

① 백금을 촉매로 사용하면 산화 반응의 속도는 증가한다.
② 센서 핀을 통해 한곳으로 모아진 전류는 집전장치로 이동한다.
③ 센서의 감지부에는 가스가 유입되기 전에도 일정량의 전류가 흐르고 있다.
④ 전자와 수소 이온은 전해질을 매개로 작용 전극에서 대응 전극으로 이동한다.
⑤ 즉시 경보형은 독성 가스와 같이 가스 발생 자체가 위험한 경우에 주로 사용된다.

02

<보기>는 전기화학식 가스 센서의 주요 장치를 도식화한 것이다. 윗글을 바탕으로 <보기>에 대해 보인 학생의 반응으로 적절하지 <u>않은</u> 것은?

보기

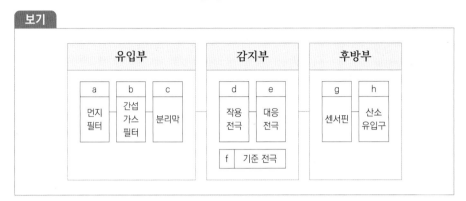

① a에서는 기체는 모두 통과되고, b에서는 기체가 흡착되거나 통과되겠군.
② b에서 c로 보내진 가스의 양이 증가한다면 d에서 e로 이동하는 수소 이온과 전자의 양이 증가하겠군.
③ d가 다공성 막의 형태를 띠고 있는 이유는 c로부터 유입되는 가스의 양을 조절하기 위해서겠군.
④ g에서 가스 누출이 검지되었다면 d와 e 사이에서 생성된 전류의 양이 f에서 생성된 전류의 양보다 많겠군.
⑤ e에서 수소 이온과 전자가, 물이 되는 반응을 위해 필요한 산소는 h를 통해 공급되겠군.

02
핵심 내용을 이해하는 문제이다. 2~4문단에서 각각 유입부, 감지부, 후방부의 작동 과정을 설명하고 있으므로 이를 단계별로 이해해야 한다. 유입부는 검지하고자 하는 가스 이외의 불순물을 걸러주는 기능을, 감지부는 산화 환원 반응을 통해 전류를 생성하는 기능을, 후방부는 가스 누출 여부를 확인하고 누출된 가스의 농도를 측정하는 기능을 담당한다.

WEEK 3

핵심 내용을 이해하는 문제이다. 즉시 경보형과 지연 경보형의 경보 방식을 이해하고 그래프에 적용해야 한다. 즉시 경보형은 가스 농도가 센서에 설정된 경보설정치 이상이 되면 바로 경보를 내는 방식이고, 지연 경보형은 일정한 시간으로 설정된 지연 시간 동안 가스의 농도가 경보설정치 이상으로 유지될 경우에 경보하는 방식이다.

03

<보기>는 시간의 경과에 따른 검지된 가스 농도의 변화를 나타낸 그래프이다. 이를 참고하여 ㉠, ㉡에 대해 이해한 내용으로 적절하지 않은 것은?

보기

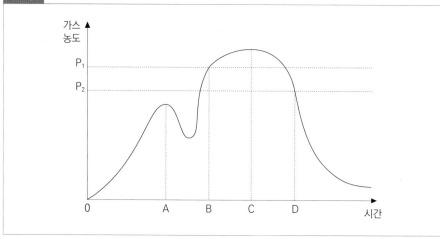

① 경보설정치가 P_1으로 설정되어 있다면, A에서 ㉠과 ㉡ 중 어떤 것도 경보를 내지 않겠군.

② 경보설정치가 P_1으로 설정되어 있다면, B에서 ㉠은 경보를 내지만 ㉡은 경보를 내지 않겠군.

③ 경보설정치를 P_1에서 P_2로 변경하면, ㉠은 경보를 내는 시점이 더 빨라지겠군.

④ 경보설정치가 P_1으로 설정되어 있고, ㉡이 C에서 경보를 냈다면, 경보 지연 시간은 D만큼 설정되어 있겠군.

⑤ 경보설정치가 P_2로 설정되어 있고 ㉡이 경보를 냈다면, 경보 지연 시간 동안은 가스 농도가 P_2 이상이었겠군.

04

어휘의 사전적 의미를 파악하는 문제이다. 지문의 ⓐ~ⓔ에 선택지에서 제시된 의미를 넣어 보고, 문맥상 자연스럽게 읽히는지 확인해야 한다.

04

ⓐ~ⓔ의 사전적 의미로 적절하지 않은 것은?

① ⓐ: 액체나 기체, 열 따위가 어떤 곳으로 흘러듦.

② ⓑ: 어떤 곳이나 때를 거쳐서 지나감.

③ ⓒ: 사물이나 물건을 목적한 장소나 방향으로 이끎.

④ ⓓ: 사물이 생겨남. 또는 사물이 생겨 이루어지게 함.

⑤ ⓔ: 새로 만들어 정해 둠.

5 Day 문학(현대시) 고3 2023학년도 대수능

채전 _ 유치환 / **음지의 꽃** _ 나희덕

※ 다음 글을 읽고 물음에 답하시오.

가

한여름 채전으로 ⊙ 가 보아라

수염을 드리운 몇 그루 옥수수에 가지, 고추, 오이, 토란, 그리고 **울타리**엔 덤불을 이룬 **넌출** 사이로 반질반질 윤기 도는 크고 작은 박이며 호박들!

이 ⓛ 지극히 범속한 것들은 제각기 타고난 바탕과 생김새로 주어서 아낌없고 받아서 아쉼 없는 황금의 햇빛 속에 일심으로 자라고 영글기에 숨소리도 들릴세라 적적히 여념 없나니

ⓒ 과분하지 말라 의혹하지 말라 주어진 대로를 정성껏 충만시킴으로써 스스로를 족할 줄을 알라 오직 여기에 목숨의 유열과 천지와의 화합에 있거니

한여름 채전으로 가 보아라

나비가 심방 오고 풍뎅이가 찾아오고 잠자리가 왔다 가고 바람결에 스쳐 가고 **그늘**이 지나가고 **비**가 내리고 햇볕이 다시 나고 …… 이같이 ② 많은 손님들의 극진한 축복과 은혜 속에

이 지극히 범속한 것들의 지극히 충족한 ⓜ 빛나는 생명의 양상을 한여름 채전으로 와서 보아라

– 유치환, 〈채전(菜田)〉 –

나

우리는 썩어 가는 참나무 떼,
벌목의 슬픔으로 서 있는 이 땅 　　　[A]
패역의 **골짜기**에서
서로에게 기댄 채 **겨울**을 난다
함께 썩어 갈수록 　　　[B]
바람은 더 높은 곳에서 우리를 흔들고
이윽고 잠자던 **홀씨**들 일어나 　　　[C]
우리 몸에 뚫렸던 상처마다 버섯이 피어난다
황홀한 음지의 꽃이여
우리는 서서히 썩어 가지만
너는 **소나기**처럼 후드득 피어나 　　　[D]
그 고통을 순간에 멈추게 하는구나
오, 버섯이여

핵심정리

가 유치환, 〈채전〉

갈래
자유시, 서정시

성격
자연 친화적, 예찬적

제재
채전을 구성하는 채소와 곤충, 자연물

주제
생명체의 조화로운 성장과 자족하는 태도

특징
① 동일한 문장과 명령형 어미를 반복하여 운율을 형성함.
② 채소와 곤충의 이름을 열거하여 생명력과 조화를 표현함.

해제
이 작품에서 화자는 생명체들이 조화를 이루며 영글어 가는 한여름의 채전을 감각적으로 그림으로써, 만물의 조화로운 성장과 충만한 생명력에 대한 예찬적 태도를 드러내고 있다. 이를 통해 주어진 대로 살아가는 자족적 태도를 이끌어 내고, 이러한 채전을 직접 보고 경험해 볼 것을 권장하는 목소리를 내고 있다.

나 나희덕, 〈음지의 꽃〉

갈래
자유시, 서정시

성격
영탄적, 역설적

제재
썩은 참나무에 피어난 버섯

주제
인간에 의한 자연의 황폐화와 자연의 강인한 생명력

특징
① 영탄적 표현의 반복을 통해 생명의 경이로움을 강조함.
② 유사한 통사 구조의 반복을 통해 운율을 형성하고 의미를 강조함.

산비탈에 구르는 낙엽으로도   [E]

골짜기를 떠도는 바람으로도

덮을 길 없는 우리의 몸을   [F]

뿌리 없는 너의 독기로 채우는구나

– 나희덕, 〈음지의 꽃〉 –

■ 문제풀이 맥 ■

01

작품 간의 공통점과 차이점을 파악하는 문제이다. 이 문제에서는 표현상의 특징보다는 내용의 전개 중심으로 두 작품을 비교할 것을 요구하고 있다. 따라서 작품의 내용을 토대로 파악할 수 있는 화자의 관점이 (가)와 (나)에 모두 나타나는지를 찾으면 된다.

01

(가)와 (나)의 공통점으로 가장 적절한 것은?

① 사물의 모습에 대한 긍정적 인식을 바탕으로 중심 제재에 대한 예찬적 태도를 드러내고 있다.

② 주어진 현실에 순응하는 모습을 통해 중심 제재를 바라보는 비관적 태도를 암시하고 있다.

③ 풍경을 관조적으로 응시하는 시선으로 중심 제재의 외적 아름다움을 표현하고 있다.

④ 인간의 행위에 대한 우호적 관점을 토대로 중심 제재의 심미적 속성을 강조하고 있다.

⑤ 장소에 대한 부정적 인식을 심화하여 중심 제재와의 정서적 거리를 부각하고 있다.

02

표현상의 특징을 파악하는 문제이다. 운문 갈래에서 작품을 파악할 때는 화자가 처한 상황과, 이에 대한 화자의 태도, 정서 등을 중점적으로 이해해야 한다. (가)의 화자는 한여름의 채전에서 발견할 수 있는 자연물의 생명력과 화합을 예찬하고 있다. 이에 따라 ㉠~㉤이 가리키는 시어의 의미를 파악하면서 문제를 해결해야 한다.

02

㉠~㉤의 시적 기능에 대한 설명으로 적절하지 않은 것은?

① ㉠을 반복하고 변주하여 '채전'에서 겪을 수 있는 경험의 소중함을 느끼게 하려는 화자의 의도를 드러내고 있다.

② ㉡을 수식어로 반복하여 '범속한 것들'로부터 '충족한' 느낌을 받는 화자의 정서를 강조하고 있다.

③ ㉢에서 부정 명령형을 사용하여 '주어진 대로' '족할 줄을 알'아야 한다는 화자의 인식을 제시하고 있다.

④ ㉣에서 사물을 인격화하여 '극진한 축복과 은혜'와 대비되는 화자의 시선을 반영하고 있다.

⑤ ㉤에서 관념을 시각화하여 '목숨의 유열과 천지와의 화합'이 이루어진 대상에 대한 화자의 생각을 표현하고 있다.

03

[A]~[F]에 대한 이해로 가장 적절한 것은?

① [A]에서 참나무가 벌목으로 썩어 가는 모습은, [B]에서 바람에 흔들리는 나무의 모습과 순환적 관계를 형성한다.

② [B]에서 참나무의 상태에 변화를 가져온 움직임은, [C]에서 버섯이 피어나는 상황과 순차적 관계를 형성한다.

③ [C]에서 참나무의 상처에 생명이 생성되는 순간은, [D]에서 나무의 고통이 멈추는 과정과 대립적 관계를 형성한다.

④ [D]에서 참나무의 모습에 일어난 변화는, [E]에서 낙엽이나 바람이 처한 상황과 인과적 관계를 형성한다.

⑤ [E]에서 참나무의 주변에 존재하는 사물들은, [F]에서 나무를 채워 주는 존재로 제시된 대상과 동질적 관계를 형성한다.

03
시구를 비교 및 대조하는 문제이다. 제시된 [A]~[F] 모두 (나)에 해당하는 내용이며, 특히 한 시구에 등장한 내용이 다음 시구와 어떠한 관련성을 지니는지 순차적으로 파악해야 한다.

04

<보기>를 바탕으로 (가)와 (나)를 감상한 내용으로 적절하지 않은 것은?

> **보기**
>
> 　생명 현상을 제재로 삼은 시는 대체로, 생명체들의 풍요로움을 감각적으로 형상화하거나, 생명 파괴의 현실을 극복하는 모습을 형상화한다. (가)는 만물의 조화로운 성장과 충만한 생명력에 자족하는 태도를, (나)는 인간의 욕망에 의한 상처와 고통으로 황폐화된 현실을 강인한 생명력이 피어나는 공간으로 변화시키는 모습을 드러낸다. 이러한 두 양상은 표면적으로 드러난 생명의 모습에서는 차이를 보이지만, 생명체들이 어우러져 살아가는 모습을 보여 준다는 점에서는 동일한 지향성을 지닌다고 할 수 있다.

① (가)의 '한여름'은 생명체들의 풍요로움을 감각적으로 드러내는, (나)의 '겨울'은 생명 파괴의 현실을 이겨 내는 시간적 배경으로 설정되어 있군.

② (가)의 '울타리'는 만물이 함께 살아가는 공간을 드러내는 경계로, (나)의 '골짜기'는 인간의 욕망이 투영된 장소로 제시되어 있군.

③ (가)의 '넌출'은 어우러진 생명체들이 현실의 삶에 자족하게 되는, (나)의 '홀씨'는 공존하던 생명체들이 흩어지게 되는 계기를 드러내고 있군.

④ (가)의 '그늘'은 만물이 성장을 이루어 가는 배경으로서의, (나)의 '음지'는 현실의 고통을 극복하는 장소로서의 의미를 함축하고 있군.

⑤ (가)의 '비'는 생명의 충만함과 조화로움을 갖게 하는, (나)의 '소나기'는 황폐화된 현실에 생명력을 환기하는 대상으로 표상되어 있군.

04
외적 준거를 활용하여 작품을 감상하는 문제이다. 외적 준거로 제시된 <보기>에서는 (가)와 (나)에 담긴, 생명의 풍요로움과 생명 파괴의 극복을 회복하는 과정을 설명하고 있다. 제시된 선택지의 내용이 (가)와 (나) 모두 적절하지 않아야 하므로 두 작품의 올바른 이해가 요구된다.

핵심정리

갈래

군담소설, 영웅소설

배경

• 시간적 배경 – 명나라 성화 연간
• 공간적 배경 – 운곡, 반운산

시점

전지적 작가 시점

제재

남녀 주인공의 영웅적 활약

주제

나라를 위기에서 구하고 결연을 이룬 남녀 주인공의 활약상

특징

① 권선징악의 줄거리를 흥미롭게 풀어냄.
② 남녀 주인공의 결연과 헤어짐의 반복으로 구성됨.
③ 남성 중심의 군담 소설과 달리 여성 영웅의 활약이 두드러짐.

해제

이 작품은 제목이 남자 주인공의 이름으로 되어 있으나, 남자 주인공인 이대봉의 활약 외에도 여자 주인공인 장애황의 활약이 구체적으로 그려져 있다. 장애황은 남복을 입고 과거에 급제하여 벼슬을 하고, 전쟁에 나가서 싸워 큰 공을 세운다. 이와 같은 장애황의 이야기는 당대의 여성 독자층 증가, 시대에 따른 여성 의식의 성장과 관련이 있다.

등장인물

장 원수 (장애황)	본래 여자이나, 남장을 하고 과거에 급제하고, 전쟁에 나가 큰 공을 세움. 이대봉과 혼인을 약속한 사이임.
이대봉	뛰어난 능력을 발휘하여 국가를 위기에서 구해냄.

전체 줄거리

중국 명나라 때, 슬하에 자식이 없던 이부시랑 이익은 신이한 태몽을 꾼 뒤 아들 대봉을 낳고, 같은 날 출생한 장 한림의 딸 애황과 혼인을 약속한다. 이때 조정에서는 간신 왕희

※ 다음 글을 읽고 물음에 답하시오.

장 원수가 본진에서 군사를 쉬게 하더니, 이윽고 ㉠ 일색이 저물께 이르러 원수가 장대에서 몽사(夢事)를 생각하고 군사를 지휘하더니, 과연 **세찬 물결**이 진중으로 달려들거늘, 촉날의 흉계인 줄 알고 물을 피하여 동으로 가는 체하다가 가만히 ⓐ 운곡에 들어가 군사를 쉬게 하고 동정을 살피니, 촉날이 과연 기병을 거느려 원수의 뒤를 따라 운곡을 지나거늘, 원수가 재촉하여 촉날의 추격 병을 급습해 죽이고 급히 ⓑ 반운산에 들어가 매복하니라.

이때 촉날이 원수를 따라 동편에 이르니, 굴막대의 복병이 일시에 일어나 고각 함성이 진동하며 화살이 비 오듯 하니, 촉날의 군사가 복병인 줄 알고 접전치 아니하고 스스로 요란하여 죽는 자가 태반이요, 촉날도 또한 가슴을 맞고 외쳐 왈,

[A] "굴막대는 나를 모르난다?"

하되, 함성 소리에 듣지 못하고 급습해 죽이니, 촉날의 군사가 십분 위태한지라. 촉날이 견디지 못하여 황망히 남은 군사를 거느려 평구로 달아나다가 석용달의 복병을 만나 남은 군사를 다 죽이고 겨우 십여 명 군사를 데리고 돌아가려 하다가, 운곡에 장 원수의 군사가 매복하였다 하여 협로로 들어 반운산 좌편으로 향하여 가더니, 원수의 복병이 내달아 적장 촉날을 에워싸고 원수가 참사검을 들고 대호 왈,

"촉날 적자(賊子)*야! 간계로 나를 해하려다가 네 꾀에 너의 군사가 패몰하였으니, 무삼 면목으로 너의 왕을 보려 하난다? 차라리 이곳에서 죽어 네 죄를 속(贖)하라."

말이 끝남에 참사검을 들어 버히려 하니, 촉날이 급히 철궁을 들어 칼을 막다가 오른팔이 맞아 철궁과 함께 떨어지거늘, 다시 칼을 들어 **촉날의 머리를 버혀** 들고 말을 몰아 적진에 돌입하여 좌우충돌하여 적진 장졸을 풀 버히듯 하니, 선우의 군중(軍中)이 대란하여 항오를 차리지 못하고 사방으로 흩어져 달아나거늘, 원수가 **크게 외쳐** 왈,

"촉날이 이미 죽었으니, 반적 선우는 빨리 나와 나의 칼을 받으라."

하고 사면으로 짓치다가 ㉡ 날이 밝기에 본진으로 돌아오니라.

이때 선우가 장대에 올라 바라보니, 촉날 명장(明將)을 따라가다가 진중이 대란하며 명진 장졸에게 대패하여 촉날이 명 원수의 손에 죽고 남은 장졸은 흩어져 달아나거늘, **대경실색하여** 성주 남문을 열고 군사를 거느려 달아나거늘, 원수가 선우의 달아남을 보고 기병을 거느려 따를새 선우가 밤낮으로 쉬지 않고 가서 남해에 다다라 배를 타고 **교지국**으로 달아나거늘, 원수가 제장과 의논 왈,

"이제 선우가 교지로 달아나니 만일 죽이지 않으면 후환이 되리라."

하고 승첩한 사연을 천자께 아뢰고, 남해 태수에게 전령하여 선척을 준비하여 타고 선우를 쫓아가니라.

[중략 부분의 줄거리] 장 원수가 남쪽의 선우와 싸우는 틈을 타 북쪽의 흉노가 중원을 침범해 천자가 금릉으로 피한다. 이때 이대봉이 백운암에서의 수련을 마치고 금릉으로 와 참전한다.

흉노왕이 장대에 높이 앉아 황제의 항복하러 나옴을 보고 대희하여 진을 군게 하지 아니하였더니, 뜻밖에 진중이 대란하며 일원 소년 대장이 번개같이 달려들며 한 칼로 묵특남을 베어 들고 진중에 횡행함을 보고 대경하여 중군장 동돌수로 접전하라 하니, 동돌수가 그에 응하여 말을 타고 나갈새 좌수에 패룡검을 들고 우수에 철퇴를 쥐고 능운마를 채쳐 진중에 달려드니, 사납게 흘겨보고 머리카락이 위로 뻗쳐 소리를 벽력같이 질러 왈,

"네 천하 장군 동돌수를 모르난다? 하늘이 나 같은 영웅을 내심은 너를 사로잡아 우리 황제가 통일지공을 이루게 하심이거늘, 너는 무삼 재주 있관대 천의를 거슬러 혼자 말을 타고 진중에 들어와 감히 충돌하난다? 너의 머리를 버혀 우리 선봉의 원수를 갚으리니 빨리 나와 나의 칼을 받으라."

말이 마치지 못하여서 대봉이 청룡도를 들어 동돌수의 패룡검을 두 조각에 내어 진 밖에 던지니, 동돌수가 더욱 분노하여 철퇴를 들어 대봉을 바라고 던지니, 대봉의 눈이 밝은지라 몸을 기울여 피하고 다시 싸워 십여 합에 승부를 결치 못하더니, 동돌수가 군사를 재촉하여 깃발을 두루니, 진이 홀연 변하여 팔문금사진이 되니, 대봉이 **진중에 싸**여 벗어나지 못할지라. 대봉이 냉소하고 진언을 염하여 후토신장과 기백뇌공*을 부르니, 문득 ⓒ <u>음산한 구름이 자욱하며 천지 어둡고 캄캄하고 대풍이 일어나며</u>, 급한 비 크게 오며 뇌성이 진동하여 산천이 무너지는 듯하니, 적진 장졸이 황겁하여 능히 항오를 차리지 못하고 정신을 진정치 못하여 금사진이 변하여 추풍낙엽같이 사방으로 흩어지거늘, 대봉이 정신을 가다듬어 오추마를 채를 치며 청룡도를 높이 들고 남으로 향하여 주작장군을 파하고, 말을 돌리어 북으로 향하여 현무장군을 버히니, 앞의 군사는 뒤의 군사 죽는 줄 모르고, 서편 장수는 동편 장수 죽는 줄 모르더라. 대봉의 칼이 번듯하며 **동돌수의 머리를 버**혀 칼끝에 꿰어 들고 장대에 달아 **크게 위쳐 왈**,

"반적 흉노왕은 빨리 나와 항복하라. 만일 더디면 동돌수와 같이 머리를 버히리라."
하고 진문 밖에 나와 의기양양하더라.

ⓔ <u>이윽고 운무가 흩어지며 천지 명랑하거늘</u>, 흉노왕이 군사를 살펴보니 백만지중에 주검이 산처럼 쌓여 있어서 남은 군사가 불과 오 천여 명이라 사방으로 다 도망하는지라. 흉노왕이 **대겁하여** 달아나거늘, 대봉 공자 말을 채쳐 흉노왕을 따라 **영무주**에 다다르니 ⑰ <u>중천에 있던 해가 거의 서산에 걸리더라.</u>

— 작자 미상, 〈이대봉전〉 —

* 적자: 불충한 사람.
* 후토신장과 기백뇌공: 토지, 바람, 천둥, 번개 등을 관장하는 신들.

가 국권을 마음대로 휘두르고 있었는데, 이익은 이를 비판하는 상소를 올렸다가 귀양을 가게 된다. 왕희는 이익 부자를 죽이려 하였으나 용왕의 도움으로 이익은 외딴섬에 머무르게 되고, 대봉은 천축국 금화산 백운암으로 가서 도승에게 술법을 배우게 된다. 한편, 장 한림은 이익 일가의 참변을 듣고 탄식하다가 병을 얻어 부부가 함께 죽고, 애황만 살아남는다. 왕희는 애황의 미모가 출중하다는 말을 듣고 며느리로 맞이하고자 구혼하였으나 거절당하자 납치하려 한다. 이를 미리 짐작한 애황은 남복을 하고 도주한 뒤 호씨라는 과부집에 의지해 지내면서 무예를 공부하고, 장원급제하여 한림학사가 된다. 선우족이 명나라를 침공하자 애황은 자원하여 출전하고, 선우의 대군을 격파하지만 북흉노의 침공으로 위급한 지경에 이른다. 이때 산사에서 수학하고 있던 대봉이 도승의 지시에 따라 도성으로 달려와 흉노군을 격파하고 적군의 항복을 받는다. 대봉은 돌아오는 길에 해상에서 폭풍을 만나 무인도에 표류하게 되었는데, 그곳에서 아버지 이익과 상봉한다. 한편, 애황은 선우를 추격하여 항복을 받은 다음 천자에게 자신이 여자라는 사실과 장 한림의 딸이라는 것을 밝히고, 왕희를 직접 처단할 것을 요구한다. 대봉 또한 왕희를 직접 처단할 것을 요구하여 왕희의 처형 터에서 애황과 대봉이 상봉하게 된다. 전란을 평정하고 부모의 원수를 갚은 대봉은 애황과 혼인하고 초왕이 되어 부귀영화로 일생을 마친다.

장 원수의 이동 경로

운곡
• 동쪽으로 가는 체하여 촉날의 군사들이 장 원수의 군대가 동으로 갔다고 여기게 함. • 촉날의 군사를 죽여 장 원수의 군대가 반운산에 매복한지 모르게 함.

반운산 좌편
적장 촉날을 죽이고 적진으로 쳐들어가 적군을 달아나게 함.

남해
선우를 죽이기 위해 남해 태수에게 전령하여 선척을 준비하고 남해로 향함.

01

인물에 대해 이해하는 문제다. 윗글에 등장하는 인물들의 행동과 심리를 파악하는 것이 중요하다. 두 주인공을 중심으로, 장 원수와 관련된 인물은 선우와 촉날이고, 대봉과 관련된 인물은 흉노왕과 동돌수이다.

01

윗글의 인물에 대한 이해로 적절하지 <u>않은</u> 것은?

① 선우는 촉날이 대패하고 죽자 장 원수와 계속 싸워 이길 수 없다고 판단했군.

② 장 원수는 선우가 달아나게 되면 뒷날의 근심거리가 될 수 있다고 보았군.

③ 흉노왕은 황제가 항복하려 할 때 대봉이 공격할 것을 미리 짐작했군.

④ 동돌수는 자신의 진중으로 혼자 공격하러 들어온 대봉에 대해 분개했군.

⑤ 대봉은 자신의 위용을 드러내며 흉노왕에게 항복하라고 말했군.

02

배경의 기능을 이해하는 문제이다. ㉠~㉤은 시간의 흐름을 가리키는 문장이므로 시간적 배경을 중심으로 사건의 전개 방향을 파악하고, 그 기능을 파악할 수 있어야 한다.

㉠	장 원수가 반운산에 매복하여 촉날과 그 군사들을 죽임.
㉡	장 원수가 선우를 죽이기 위해 남해로 향함.
㉢	대봉의 신이한 능력을 통해 적장 동돌수를 죽임.
㉣	자신의 군대가 전멸한 것을 알게 된 흉노왕이 기겁하여 달아남.
㉤	대봉이 흉노를 쫓아 앵무주에 도착함.

02

㉠~㉤에 대한 설명으로 가장 적절한 것은?

① ㉠에서 ㉡에 이르기까지의 시간은 인물들 간의 관계를 개선하는 계기로 작용하고 있다.

② ㉠과 ㉢에서 배경이 어두워지는 것은 각각 내적 갈등의 시작과 종결을 의미한다는 점에서 대립적 성격을 나타내고 있다.

③ ㉡과 ㉣에서 하늘이 밝아지는 것은 사건의 반전을 예고하고 있다.

④ ㉢으로 드러난 인물의 역량이 전투에서 발휘된 결과가 ㉣ 이후에 확인되고 있다.

⑤ ㉣의 변화가 인물에 의해 인위적으로 일어난 것임이 ㉤에서 해의 위치가 바뀐 것을 통해 드러나고 있다.

03

ⓐ, ⓑ에 주목하여 [A]를 이해한 내용으로 가장 적절한 것은?

① 장 원수는 ⓐ에 이르러서야 촉날의 간계를 간파했지만 ⓑ에서 촉날과 싸워 우월한 지위를 점했다.

② 장 원수의 군사들이 ⓐ에 있다가 ⓑ로 간 것을 촉날이 모름으로써 전황이 장 원수에게 유리하게 되었다.

③ 장 원수는 ⓐ에서 촉날의 기병들이 자신을 공격한 행동들을 ⓑ에서 촉날의 잘못을 꾸짖는 근거로 언급했다.

④ 장 원수는 ⓐ로 촉날의 군사들을 유인하여 ⓑ로 촉날의 군사들이 가지 못하게 함으로써 전쟁의 승기를 잡았다.

⑤ 장 원수의 군사들을 촉날의 군사들이 ⓐ에서 ⓑ로 뒤쫓아옴으로써 촉날의 군사들이 굴막대의 복병을 만나게 되었다.

서사의 전개 양상을 이해하는 문제이다. [A]는 장 원수의 영웅적 면모가 드러나는 장면이며 ⓐ는 운곡, ⓑ는 반운산으로 장 원수가 촉날과 촉날의 군대를 격파하는 과정에 등장한 장소이다. 이를 참고하여 장소의 이동에 따른 사건의 전개 과정을 파악해야 한다.

04

<보기>를 참고하여 윗글을 감상한 내용으로 적절하지 않은 것은?

> **보기**
>
> 〈이대봉전〉에는 여자 주인공인 장애황과 남자 주인공인 이대봉의 서사가 각각 전개되는 부분이 있다. 두 서사는 유사한 구조를 띠고 있는데, 세부 요소의 측면에서 보면 서로 구별되는 요소를 지니고 있기도 하다. 이러한 특징은 장애황이 선우의 군사들을 물리치는 군담과 이대봉이 흉노왕의 군사들을 물리치는 군담을 통해 잘 드러난다. 두 군담의 서사는 별개의 공간에서 전개되면서 남녀 주인공의 특성을 나타내어 두 주인공의 대등한 면모를 유추할 수 있게 하고 있다.

① 장 원수는 '세찬 물결'로, 대봉은 '진중에 싸'여 위기에 처한 것은 인물을 위기 상황에 처하게 한 세부 요소의 측면에서 두 군담에 서로 구별되는 요소가 있음을 나타낸다고 할 수 있어.

② 장 원수가 '촉날의 머리를 버'히는 것과 대봉이 '동돌수의 머리를 버'히는 것은 무용을 떨치는 측면에서 두 인물이 대등한 면모를 지니고 있음을 나타낸다고 할 수 있어.

③ 장 원수가 선우에게 '크게 외쳐' 한 말과 대봉이 흉노왕에게 '크게 외쳐' 한 말은 각각 장 원수가 예지 능력을 지니고 있고 대봉이 술법에 능한 인물임을 나타낸다고 할 수 있어.

④ 장 원수에게 패하여 선우가 '대경실색하여' 도망치는 것과 대봉에게 패하여 흉노왕이 '대겁하여' 도망치는 것은 두 군담의 서사 구조가 유사함을 나타낸다고 할 수 있어.

⑤ 장 원수는 선우와 싸우다가 '교지국'으로, 대봉은 흉노왕과 싸우다가 '앵무주'로 이동하는 것은 두 군담이 별개의 공간을 배경으로 펼쳐지고 있음을 나타낸다고 할 수 있어.

외적 준거에 따라 작품을 감상하는 문제이다. <보기>에 제시된 설명에 따라 작품을 이해하는 것이 중요하다. <보기>에 따르면 윗글은 남녀 주인공의 유사한 서사적 구조를 중심으로 세부 요소를 달리 하여 구별함으로써 두 주인공의 대등한 면모를 나타내고 있다. 이러한 <보기>의 내용을 바탕으로, 제시된 인물의 행동과 서술이 지닌 의미가 선택지에 제시된 내용과 적절하게 대응하는지 파악하는 것이 중요하다.

6일간 학습

Day	공부 시작 시간	공부 종료 시간	틀린 문항 수	틀린 유형
Day 1	시 분 초	시 분 초		
Day 2	시 분 초	시 분 초		
Day 3	시 분 초	시 분 초		
Day 4	시 분 초	시 분 초		
Day 5	시 분 초	시 분 초		
Day 6	시 분 초	시 분 초		

WEEK 3

1 일별로 계획에 맞춰 공부하기
하루에 기출 하나씩 매일 꾸준히 공부하는 것이 최선의 방법이다.

2 시작 시간과 종료 시간 체크하기
스스로 시간 제한을 두고 문제를 푸는 것이 실전 대비에 효과적이다.

3 틀린 문항과 유형 분석하기
틀린 문제는 또 틀릴 수 있다. 특정 문항과 유형에서 많이 틀렸다면, 그 이유를 분석해야 한다.

4 보충 학습하기
스스로 점검하기를 통해 자신의 취약한 유형을 확인하고, SLS를 통해 부족한 부분을 보충 학습한다.

	Day 1						Day 2						Day 3					
번호	1	2	3	4	5	6	1	2	3	4	5	6	1	2	3	4	5	6
정답률	88%	86%	68%				87%	84%	88%				76%	66%	58%	72%		
채점																		

	Day 4						Day 5						Day 6					
번호	1	2	3	4	5	6	1	2	3	4	5	6	1	2	3	4	5	6
정답률	71%	67%	60%	82%			81%	89%	75%	81%			75%	63%	43%	70%		
채점																		

결과	틀린 문항에는 ✕ 표시, 찍어서 막혔거나 헷갈렸던 문항에는 △ 표시, 맞춘 문항에는 ○ 표시 채점 결과 : 맞은 문항 수 22개중 ☐ 개

나의 예상 등급은?

등급

CHECK

1등급
21~22개

2등급
19~20개

3등급
17~18개

4

WEEK

핵심정리

갈래

발표

제재

공작 깃털의 색

화제

실제 공작 깃털의 색이 우리 눈에 보이는 색과 다른 이유

문단 중심 내용

❶ 발표 주제 소개
❷ 공작 깃털의 멜라닌 색소와 화학색
❸ 공작 깃털의 구조색과 그 원리
❹ 질의응답 및 발표 마무리

실제 공작 깃털의 색이 우리 눈에 보이는 색과 다른 이유

멜라닌 색소의 양에 따라 공작 깃털의 색이 붉은 갈색이나 검은색 등으로 결정됨.

↓

공작 깃털의 오팔 구조로 인해 빛의 파장이 짧아져 파란색 계열로 보이게 됨.

화학색과 구조색

화학색	화학 물질인 색소에 의해 나타나는 색 예) 척추동물이 멜라닌 색소의 양에 따라 피부, 머리카락, 깃털 등이 붉은 갈색이나 검은색 등으로 결정되는 것
구조색	색소의 영향이 아닌 물리적 구조의 영향으로 인해 나타나는 색 예) 오팔 구조인 공작새의 깃털이 빛을 받아 파란색 계열로 보이는 것

※ 다음은 학생의 발표이다. 물음에 답하시오.

❶ 안녕하세요, 발표를 맡은 ○○○입니다. ㉠ 여러분, 지난주 현장 체험 학습 때 공작을 보셨나요? 제가 그때 직접 촬영한 영상을 보여 드리겠습니다. (동영상 제시) 이 새는 인도공작 수컷인데요, 여기 공작 꼬리가 무슨 색으로 보이시나요? (청중의 대답을 듣고) 많은 분들이 파란색과 녹색으로 보인다고 하시네요. 그런데 사실 공작은 파란색이나 녹색 깃털이 없다고 합니다. 신기하시죠? 오늘 발표에서는 실제 공작 깃털의 색이 우리 눈에 보이는 색과 다른 이유에 대해 알려드리겠습니다.

❷ ㉡ 과학 시간에 멜라닌 색소에 대해 배운 내용이 기억나시나요? (자신의 머리카락을 가리키며) 이 머리카락이 검은색인 것은 멜라닌 색소 때문입니다. 사람이나 공작처럼 대부분의 척추동물은 멜라닌 색소를 가지고 있는데요. 이 색소의 양에 따라 피부나 머리카락, 깃털 등의 색깔이 붉은 갈색이나 검은색 등으로 결정됩니다. 이처럼 화학 물질인 색소에 의해 나타나는 색을 화학색이라고 부르는데요. 그런데 공작 깃털에는 멜라닌 색소는 있지만 파란색이나 녹색의 색소는 없습니다.

❸ ㉢ 그렇다면 공작의 깃털이 파란색과 녹색으로 보이는 이유는 무엇일까요? (사진 제시) 공작의 깃털을 전자현미경으로 촬영한 사진을 보면서 말씀드리겠습니다. 그 비밀은 구조색에 있습니다. 구조색이란 색소의 영향이 아닌 물리적 구조의 영향으로 인해 나타나는 색을 말하는데요. ㉣ 뒤에 앉으신 분들도 잘 보이시나요? (사진을 확대하며) 잘 안 보이시는 것 같으니 확대해 드리겠습니다. 보시는 것처럼 공작의 깃털은 아주 작은 구슬 모양의 결정들이 뭉쳐져 만들어진 오팔 구조로 되어 있습니다. ㉤ 오팔 구조가 무엇인지 이해하기 어려우시죠? (그림 제시) 이해가 어려우신 분들을 위해 오팔 구조를 도식화한 그림을 보여 드리겠습니다. 그림에서 보시는 것처럼, 오팔 구조는 구슬과 구슬 사이에 빈 공간이 있습니다. 오팔 구조를 갖는 물체에 빛이 들어오게 되면 빛은 구슬과 빈 공간을 통과하며 파장이 변합니다. 물체는 빛의 파장의 길이에 따라 다양한 색을 내는데요, 공작의 깃털은 오팔 구조에 의해 빛의 파장이 짧아져 파란색 계열로 우리 눈에 보이게 됩니다.

❹ 지금부터는 주제와 관련해서 여러분의 질문을 받겠습니다. (청중의 질문을 듣고) 네, 공작 이외에도 카멜레온, 모르포나비와 같은 동물들에도 나타납니다. 또한 실생활에서도 이러한 구조색의 원리를 활용한 기술이 많이 개발되고 있는데요, 위조지폐 방지 기술에도 활용되고 있습니다. 오늘 제가 준비한 내용은 여기까지입니다. 감사합니다.

01

위 발표에 대한 설명으로 가장 적절한 것은?

① 통계 자료를 사용하여 구체적인 수치를 밝히고 있다.

② 발표할 내용의 순서를 안내하며 발표를 시작하고 있다.

③ 발표 제재의 역사적 유래와 변천 과정을 제시하고 있다.

④ 발표 내용과 관련하여 전문가의 말을 직접 인용하고 있다.

⑤ 정의의 방식을 사용하여 핵심 개념에 대해 설명하고 있다.

01

말하기 방식을 파악하는 문제이다. 이러한 유형의 문제를 해결하기 위해서는 발표자가 발표 내용을 전달하기 위해 어떠한 방법을 썼는지를 파악하는 것이 중요하다. 위 발표에서 발표자는 발표 내용과 관련된 질문을 하며 청중의 반응을 이끌어 내고 있다. 또한 청중의 이해를 돕기 위해 시각 자료를 활용하거나 주제와 관련된 개념을 설명하고 있다.

02

다음은 발표자가 위 발표를 준비하면서 작성한 메모이다. 이를 바탕으로 발표자가 발표에서 사용한 전략으로 적절하지 <u>않은</u> 것은?

> [청중 분석]
> ∘ 발표자와 청중이 공유하는 경험이 있음. ······························· ⓐ
> ∘ 청중이 이해하기에 발표 내용이 어려울 수 있음. ···················· ⓑ
> ∘ 발표 내용에 대한 청중의 배경지식을 활성화할 필요가 있음. ·········· ⓒ
> ∘ 발표를 통해 실생활에 필요한 지식을 얻고자 하는 청중이 있음. ········· ⓓ
> ∘ 공간의 특성상 발표 자료가 잘 보이지 않는 청중이 있을 수 있음. ········· ⓔ

① ⓐ를 고려하여, ㉠의 질문과 함께 동영상 자료를 제시해야겠어.

② ⓑ를 고려하여, ㉢의 질문과 함께 그림 자료를 제시해야겠어.

③ ⓒ를 고려하여, ㉡의 질문과 함께 관련된 예시를 비언어적 표현을 사용하여 제시해야겠어.

④ ⓓ를 고려하여, ㉣의 질문과 함께 사진 자료를 제시해야겠어.

⑤ ⓔ를 고려하여, ㉤의 질문과 함께 자료를 확대하여 제시해야겠어.

02

발표 전략을 파악하는 문제이다. 이러한 유형의 문제를 해결하기 위해서는 주어진 메모, <보기> 등을 적절히 활용해야 한다. 청중 분석은 발표 전 청중들을 파악한 내용으로, 이에 따라 발표에서 사용된 전략을 파악해야 한다.

청중 반응의 적절성을 파악하는 문제이다. 발표가 끝난 뒤 발표 내용에 대한 청중의 반응을 확인하는 문제의 경우, 발표의 내용을 전체적으로 이해하는 것이 중요하다. 또한 청중이 어떠한 반응을 보였는지를 파악하여 선택지에 대입해야 한다.

학생 1	• 새로 알게 된 내용에 대해 긍정적으로 평가하고 있다. • 발표 내용을 근거로 다른 새의 깃털 색에 대해 추측하고 있다.
학생 2	발표 내용과 관련하여 아쉬운 점을 드러내며, 추가 자료를 찾아보겠다는 의지를 드러내고 있다.
학생 3	발표의 내용에 대해서는 긍정적으로 평가하고 있으나, 발표자의 말하기 방식에 대해 아쉬움을 드러내고 있다.

03

<보기>는 위 발표를 들은 학생들의 반응이다. 학생의 반응을 이해한 내용으로 적절하지 <u>않은</u> 것은?

보기

> ◦ 학생 1: 평소에 공작의 깃털에 대해 궁금한 점이 많았는데, 유익한 정보를 많이 얻을 수 있었어. 그리고 보니까 다른 새들의 화려한 깃털 색도 공작처럼 구조색일 수 있겠구나.
> ◦ 학생 2: 구조색을 만들어 내는 다양한 구조가 있다고 들은 적이 있는데, 오팔 구조에 의한 구조색만 이야기해 주어서 아쉬웠어. 구조색을 만들어 내는 다양한 구조의 종류와 사례에 대해 조사해 봐야겠어.
> ◦ 학생 3: 구조색의 원리를 활용한 기술이 실생활에서도 쓰이고 있다는 사실이 흥미로웠어. 다만, 구조색의 원리를 설명할 때 조금 천천히 설명했으면 더 좋았을 것 같아. 말이 빨라서 발표 내용을 메모하기가 어려웠어.

① 학생 1은 발표에서 직접 언급하지 않은 내용을 추론하고 있군.
② 학생 2는 발표 내용을 바탕으로 추가적인 활동을 계획하고 있군.
③ 학생 3은 발표 내용에 대한 자신의 듣기 태도를 반성하고 있군.
④ 학생 1과 학생 3은 모두 발표를 통해 얻은 정보를 긍정적으로 받아들이고 있군.
⑤ 학생 2와 학생 3은 모두 발표에서 만족스럽지 않은 부분을 언급하며 아쉬움을 드러내고 있군.

시작시간　시　분　초 / 종료시간　시　분　초

온라인 문제풀이

2
Day　언어

언어와 매체　고3 2023년 4월

※ [01~02] 다음 글을 읽고 물음에 답하시오.

　소리는 같으나 의미에 연관성이 없는 단어의 관계를 동음이의 관계라 하고, 이러한 관계를 가진 단어를 동음이의어라고 부른다. 동음이의어는 소리와 표기가 모두 같은 것이 일반적이지만 소리는 같고 표기가 다른 것도 있다. 전자를 동형 동음이의어, 후자를 이형 동음이의어라고 한다. 예를 들어 '신을 벗다.'의 '신'과 '신이 나다.'의 '신'은 동형 동음이의어이고 '걸음'과 '거름'은 이형 동음이의어이다.

　한편, 동음이의어를 절대 동음이의어와 부분 동음이의어로 구분하기도 한다. 절대 동음이의어는 품사 등의 문법적 성질이 동일하면서 단어의 형태가 언제나 동일한 것이다. 이때 형태가 언제나 동일하다는 것은 동음이의어가 형태 변화가 없는 불변어이거나 활용하는 양상이 서로 동일한 용언에 해당한다는 의미이다. '모자를 쓰다.'의 '쓰다'와 '편지를 쓰다.'의 '쓰다'는 품사가 동사로 동일하고, '쓰고, 써, 쓰니' 등과 같이 활용하는 양상이 언제나 서로 동일하므로 절대 동음이의어이다.

　부분 동음이의어는 문법적 성질이 동일한가, 형태가 언제나 동일한가의 두 가지 기준을 하나라도 만족하지 못하는 것이다. 가령 '날아가는 새'의 '새'와 '새 신발'의 '새'는 형태가 언제나 동일하지만 각각 명사와 관형사로, 문법적 성질은 동일하지 않다. 그리고 '김칫독을 땅에 묻다.'의 '묻다'와 '길을 묻다.'의 '묻다'는 둘 다 동사이지만 각각 '묻고, 묻어, 묻으니', '묻고, 물어, 물으니'와 같이 활용하는 양상이 언제나 동일하지는 않다. 앞에서 말한 ㉠ 두 가지 기준을 모두 만족하지 못하는 부분 동음이의어도 존재하는데, 이는 동음이의어가 각각 동사와 형용사이면서 활용하는 양상이 언제나 동일하지는 않은 경우이다.

01

윗글을 바탕으로 추론한 내용으로 적절하지 않은 것은?

① '반드시 약속을 지켜라.'의 '반드시'와 '반듯이 앉아 있다.'의 '반듯이'는 소리는 같고 표기가 다르므로 이형 동음이의어에 해당하겠군.

② '그 책을 줘.'의 '그'와 '그는 여기 있다.'의 '그'는 모두 대명사이고 형태 변화가 없는 불변어이므로 절대 동음이의어에 해당하겠군.

③ '전등을 갈다.'의 '갈다'와 '칼을 갈다.'의 '갈다'는 모두 동사이고 활용하는 양상이 언제나 동일하므로 절대 동음이의어에 해당하겠군.

④ '커튼을 걷다.'의 '걷다'와 '비를 맞으며 걷다.'의 '걷다'는 활용하는 양상이 언제나 동일하지는 않으므로 부분 동음이의어에 해당하겠군.

⑤ '한 사람이 왔다.'의 '한'과 '힘이 닿는 한 돕겠다.'의 '한'은 각각 관형사와 명사로 품사가 동일하지 않으므로 부분 동음이의어에 해당하겠군.

02

용언의 활용과 품사를 이해하는 문제이다. ㉠은 문법적 성질이 동일하지 않고 형태도 언제나 동일하지 않은 부분 동음이의어를 의미한다. 이 문제를 해결하기 위해서는 제시된 단어의 품사와 '르'로 끝나는 어간 뒤에 모음으로 시작하는 어미를 결합했을 때의 변화에 집중해야 한다.

02

<보기>에서 ㉠에 해당하는 예로 옳게 짝지은 것은?

> **보기**
>
> | | | |
> |---|---|---|
> | 누르다 | 1 | 우리 팀이 상대 팀을 <u>누르고</u> 우승했다. |
> | | 2 | 먼 산에 <u>누르고</u> 붉게 든 단풍이 아름답다. |
> | 이르다 | 1 | 약속 장소에 <u>이르니</u> 그의 모습이 보였다. |
> | | 2 | 아직 포기하기엔 <u>이르니</u> 다시 도전하자. |
> | | 3 | 그에게 조심하라고 <u>이르니</u> 고개를 끄덕였다. |
> | 바르다 | 1 | 생선 가시를 <u>바르고</u> 살을 아이에게 주었다. |
> | | 2 | 방에 벽지를 <u>바르고</u> 마를 때까지 기다렸다. |

① 누르다 1과 2, 이르다 1과 2
② 누르다 1과 2, 이르다 1과 3
③ 누르다 1과 2, 바르다 1과 2
④ 이르다 1과 2, 바르다 1과 2
⑤ 이르다 1과 3, 바르다 1과 2

03

음운 변동 현상을 이해하는 문제이다. 음운 변동이란 어떤 음운이 발음될 때 인접한 다른 음운의 영향 혹은 음운이 놓이는 환경에 따라 다른 음운으로 바뀌는 현상을 의미한다. 이러한 음운 변동은 교체, 축약, 탈락, 첨가로 구분할 수 있다.

교체	어떤 음운이 다른 음운으로 바뀌는 현상
축약	두 음운이 하나의 음운으로 줄어드는 현상
탈락	두 음운 중에서 하나가 없어지는 현상
첨가	없던 음운이 새롭게 추가되는 현상

제시된 단어들의 음운 변동은 다음과 같다.

국화꽃	[국화꼳 → 구콰꼳]
옆집	[엽집 → 엽찝]
칡넝쿨	[칙넝쿨 → 칭넝쿨]
삯일	[삭일 → 삭닐 → 상닐]
호박엿	[호:박엳 → 호:박녇 → 호:방녇]

03

다음은 음운의 변동과 관련된 활동에 대한 설명이다. 이를 적용한 내용으로 적절한 것은?

> **〈음운의 변동 이해하기 활동〉**
> - 카드에는 한 개의 단어와 그 단어의 표준 발음이 적혀 있다.
> - 카드에 적힌 단어에서 일어나는 음운 변동의 유형과 유형별 횟수가 같은 카드끼리는 짝을 이룬다.
> - 단, 음운 변동 유형은 교체, 축약, 탈락, 첨가로만 구분하고, 음운 변동의 순서는 고려하지 않는다. 예를 들어, '흙빛[흑삗]'이 적힌 카드는 교체가 두 번, 탈락이 한 번 일어나는 단어가 적힌 카드와 짝을 이룬다.
>
> | 국화꽃 [구콰꼳] | 옆집 [엽찝] | 칡넝쿨 [칭넝쿨] | 삯일 [상닐] | 호박엿 [호:방녇] |
> |---|---|---|---|---|
> | ⓐ | ⓑ | ⓒ | ⓓ | ⓔ |

① '백합화[배카퐈]'가 적힌 카드는 축약이 두 번 일어나는 단어가 적힌 ⓐ와 짝을 이룬다.
② '샅샅이[산싸치]'가 적힌 카드는 교체가 두 번 일어나는 단어가 적힌 ⓑ와 짝을 이룬다.
③ '값없이[가법씨]'가 적힌 카드는 교체와 탈락이 한 번씩 일어나는 단어가 적힌 ⓒ와 짝을 이룬다.
④ '몫몫이[몽목씨]'가 적힌 카드는 교체가 두 번, 탈락이 한 번 일어나는 단어가 적힌 ⓓ와 짝을 이룬다.
⑤ '백분율[백뿐뉼]'이 적힌 카드는 교체가 두 번, 첨가가 한 번 일어나는 단어가 적힌 ⓔ와 짝을 이룬다.

04

<보기>의 ㉠이 사용된 문장으로 적절한 것은?

보기

주어와 서술어를 갖추었으나 독립하여 쓰이지 못하고 다른 문장의 성분으로 쓰이는 의미 단위를 절이라 한다. 문장에서 부속 성분으로 쓰인 절은 수식의 기능을 하여 생략될 수 있지만, ㉠ 부속 성분이면서도 서술어가 필수적으로 요구하는 성분으로 쓰여 생략될 수 없는 절도 있다.

① 우리는 밤이 새도록 토론을 하였다.
② 나는 그가 있는 가게로 저녁에 갔다.
③ 그는 어느 날 갑자기 말도 없이 떠나 버렸다.
④ 부지런한 동생은 나와는 달리 일찍 일어난다.
⑤ 저기 서 있는 아이가 특히 재주가 있게 생겼다.

05

<보기>의 자료에 나타나는 중세 국어의 특징을 탐구한 내용으로 적절하지 않은 것은?

보기

[중세 국어] **부텻** 뎡바깃뼈 **노프샤** 쫀머리 **ᄀᆞ튼실씨**
[현대어 풀이] 부처님의 정수리뼈가 높으시어 튼 머리 같으시므로

[중세 국어] 大臣이 이 藥 밍ᄀᆞ라 大王씌 **받ᄌᆞᄫᆞᆫ대** 王이 **좌시고**
[현대어 풀이] 대신이 이 약을 만들어 대왕께 바치니 왕이 드시고

① '부텻'을 보니, 높임의 대상에 관형격 조사 'ㅅ'이 결합하였음을 알 수 있군.
② '노프샤'를 보니, 대상의 신체 일부를 높이는 간접 높임이 실현되었음을 알 수 있군.
③ 'ᄀᆞ튼실씨'를 보니, 현대 국어와 같은 형태의 주체 높임 선어말 어미가 쓰였음을 알 수 있군.
④ '받ᄌᆞᄫᆞᆫ대'를 보니, 목적어가 지시하는 대상을 높이기 위한 객체 높임 선어말 어미가 쓰였음을 알 수 있군.
⑤ '좌시고'를 보니, 높임의 의미를 갖는 특수 어휘를 통해 주체를 높이고 있음을 알 수 있군.

04

문장의 짜임을 이해하는 문제이다. 이 문제는 안긴문장의 개념과 서술어의 자릿수 개념을 모두 파악하고 있어야 문제를 해결할 수 있다. 안긴문장은 주어와 서술어를 갖추고 있는 절로, 다른 문장 속에 들어가 하나의 문장 성분으로 기능하는 문장을 말한다. 이때 안긴문장은 문장 내에서의 기능에 따라 생략할 수도 있지만 서술어가 필수적으로 요구하는 부사절일 경우, 생략이 불가능하다.

05

중세 국어의 특징을 이해하는 문제이다. 중세 국어에서 사용되던 높임 표현과 현대 국어에서 사용되는 높임 표현의 차이를 이해해야 한다. 중세 국어에서는 주체 높임을 실현할 때는 주로 선어말 어미 '-시-'와 '-샤-'를 사용하였고, 객체 높임을 실현할 때는 주로 '-ᄉᆞᆸ/ᄉᆞᆸ-', '-ᄌᆞᆸ/ᄌᆞᆸ-', '-ᄉᆞᆸ/ᅀᆞᆸ-'을 사용하였다. 이때 중세 국어는 이어적기를 표준 원칙으로 하기 때문에 'ㅸ'이 받침으로 올 경우, 뒤에 오는 모음과 연결하여 표기하였다. 한편 중세 국어에서는 앞에 오는 명사가 사람이면서 높임의 대상일 때 관형격 조사 'ㅅ'을 사용하기도 하였다.

3 Day

독서(독서이론)　고3 2023년 3월

독서 교육론

핵심정리

문단 중심 내용

❶ 인지 조정 중 하나인 독해 과정 조정
❷ 성공적인 독서를 위한 독해 과정 조정 작용
❸ 독서 목적을 고려한 독서의 중요성

개념

상위 인지
어떤 과업의 성취를 보장하는 자기 규제 기제를 이용할 수 있는 능력을 포함함.

자기 규제 기제를 이용한다는 것
문제 해결에 대해 스스로 점검하는 것, 자신이 시도한 행위에 대해 스스로 평가하는 것

독해 조정 작용

독서 목적에 따른 독서 행위의 조정
목적에 따라 독서 속도를 적절하게 조절하는 등 독서 목적에 적합한 독서 행동 채택

배경지식의 활성화
의미 구성체인 텍스트의 내용을 독자 자신의 배경지식과 결부

문맥 정보와 논리적 구조의 활용
독서 과정에서 문맥 정보를 이용하여 단어나 문장의 의미를 추론, 텍스트의 논리적 구조를 바탕으로 내용을 심층적으로 이해

이해의 정확성 점검
독서 목적에 따라 점검 기준을 달리 적용

이해 실패에 대한 대처
문제 해결을 위해 다른 적절한 전략을 사용

※ 다음 글을 읽고 물음에 답하시오.

❶ 상위 인지는 어떤 과업의 성취를 보장하는 자기 규제 기제를 이용할 수 있는 능력을 포함한다. 자기 규제 기제를 이용한다는 것은 문제 해결에 대해 스스로 점검한다든지, 자신이 시도한 행위에 대해 스스로 평가하는 것 등을 의미한다. 이러한 자기 규제 기제를 이용하는 지적 행위로 상위 인지 중 하나인 인지 조정이 있다. 독해 과정 조정은 인지 조정의 일종으로 독해 과정 조정을 잘하는 사람은 독서 능력이 우수한 독자이다.

❷ 성공적인 독서를 위한 ㉮독해 과정 조정 작용으로 독서 목적에 따른 독서 행위의 조정, 배경지식의 활성화, 문맥 정보와 논리적 구조의 활용, 이해의 정확성 점검과 이해 실패에 대한 대처 등이 있다. 우수한 독자는 목적에 따라 독서 속도를 적절하게 조절하는 등 독서 목적에 적합한 독서 행동을 취한다. 우수한 독자는 독서 능력이 부족한 독자와 동일한 수준의 배경지식을 가졌다 하더라도 그것을 독서 과정에 활용하는 능력이 다르다. 의미 구성체인 텍스트의 내용을 독자 자신의 배경지식과 결부하지 않으면 정교한 이해를 기대하기는 어렵다. 문맥 정보와 논리적 구조의 활용도 텍스트의 내용 이해에 영향을 미친다. 우수한 독자는 독서 과정에서 문맥 정보를 이용하여 단어나 문장의 의미를 추론하고 텍스트의 논리적 구조를 바탕으로 내용을 심층적으로 이해한다. 우수한 독자는 자신의 내용 이해 정도를 점검할 때도 독서 목적에 따라 점검 기준을 달리 적용한다. 점검 결과 내용 이해에 실패했다고 판단한 경우 우수한 독자는 문제 해결을 위해 다른 적절한 전략을 사용한다.

[A]
┌ ❸ 독서의 목적이 텍스트 전체에 관한 의미를 구성하는 것이라면 이에 따라 독서가 이루어져야 한다. 그런데 독서 능력이 부족한 독자는 독서를 문자 해독의 과정으로 인식하여 문자 해독에 집중하는 등 독서 목적과 상관없는 독서를 행하며, 그에 따라 독서 과정에서 인지 조정을 제대로 수행하지 못한다. 독서 목적에 맞는 독서 전략을 선택한다는 것은 상위 인지를 활용한 독서 능력이 뛰어나다는 것을 의미한다. 따라서 독서 목적을 고려하여 독해 과정을 조정해 나가는 경험을 많이 쌓는다면 상위 인지를 활용한 독서 능력을 기를 수 있을 것이다.
└

01

윗글의 내용과 일치하지 않는 것은?

① 자기 규제 기제를 이용할 수 있는 능력은 상위 인지에 해당한다.

② 자신이 시도한 행위를 스스로 평가하는 것은 자기 규제 기제를 이용한 것이다.

③ 자기 규제 기제를 이용하는 인지 조정은 독해 과정 조정에 포함되는 개념이다.

④ 우수한 독자가 되기 위해서는 내용 이해 정도를 점검할 때 독서 목적에 따라 점검 기준이 달라져야 한다.

⑤ 독서 능력이 우수한 독자와 부족한 독자는 독서 과정에서 동일한 수준의 배경지식을 활용하는 양상이 서로 다를 수 있다.

01

글의 세부 내용을 이해하는 문제이다. 지문은 상위 인지와 인지 조정, 독해 조정 과정의 개념을 먼저 설명하고 성공적인 독서를 위한 독해 과정 조정 작용을 제시하고 있다. 관련 개념과 독해 과정 조정 작용을 이해해야 한다.

02

다음은 학생이 자신의 읽기 과정을 기록한 글이다. 윗글의 ㉮를 참고하여 다음 ⓐ~ⓔ에 대해 이해한 내용으로 적절하지 않은 것은?

> 진로 독서 활동으로 임상 심리사에 대해 설명하는 책을 선정해서 읽기 시작했다. ⓐ 임상 심리사 수련 과정에서 '수련'이라는 말의 의미를 몰랐는데, 관련 부분을 읽으면서 그 의미를 유추할 수 있었다. 이 책에서는 임상 심리사가 되기 위해 공부해야 하는 심리학 내용도 소개하고 있는데, ⓑ 진로 시간에 배웠던 것이 이 내용을 이해하는데 많은 도움이 되었다. 대학원에서 공부하는 것들을 설명하는 부분을 읽을 때는 전문 용어가 많아 이해하지 못한 내용들도 있었다. 그래서 ⓒ 이에 해당하는 부분들을 표시해 놓고 관련 자료를 찾아 이해했다. ⓓ 이 책을 읽은 중요한 목적이 임상 심리사의 실무를 구체적으로 알기 위한 것이었기 때문에 해당 부분을 읽을 때는 다른 부분보다 시간을 많이 들여 꼼꼼히 읽었다. 이 책은 임상 심리사가 되기 위해 알아야 할 것들을 잘 설명하고 있지만 ⓔ 임상 심리사의 직업 전망은 다루지 않아 아쉬웠다.

① ⓐ는 문맥 정보를 활용해 단어의 의미를 추론했음을 보여 주는군.

② ⓑ는 책의 내용을 자신의 배경지식과 관련지어 이해했음을 보여 주는군.

③ ⓒ는 내용 이해에 실패한 문제를 해결하기 위한 전략을 사용했음을 보여 주는군.

④ ⓓ는 독서 목적을 고려해 독서 행위를 조정했음을 보여 주는군.

⑤ ⓔ는 글의 논리적 구조를 바탕으로 세부 내용을 심층적으로 이해했음을 보여 주는군.

02

핵심 정보를 구체적 상황에 적용하는 문제이다. ㉮는 독해 과정 조정 작용으로, 정보와 논리적 구조의 활용, 이해의 정확성 점검과 이해 실패에 대한 대처 등이 있다고 하였다. ⓐ~ⓔ가 이 중 어느 것에 해당하는지, 각 작용에서 우수한 독자의 행위는 무엇인지 파악해야 한다.

03

글의 정보를 이용해 추론하는 문제이다. [A]에
는 독서 목적에 맞는 독서 전략을 선택한 독자
와, 독서 능력이 부족한 독자의 특징이 제시되
어 있다. 갑과 을 중 독서 목적에 맞은 독서 전
략을 선택한 독자가 누구인지 파악하고, [A]의
내용과 연관 지어 이해해야 한다.

03

[A]에 근거하여 <보기>를 이해한 내용으로 가장 적절한 것은?

보기

특정 역사적 사건의 다양한 의미를 다룬 글을 학생 갑, 을에게 제시하고 글의 주
제를 파악하라고 하였다. 그리고 갑, 을에게 이 글을 어떻게 읽을 것인지 물어보았
다. 갑은 사전을 참고해 낯선 용어의 뜻을 알아가는 데 주목하면서 읽겠다고 답하였
고, 을은 관점별로 사건의 의미를 정리하여 비교하면서 읽겠다고 답하였다. 그 후
학생의 실제 독서 결과, 갑은 주제 파악에 실패했지만 을은 주제 파악을 쉽게 했다.

① 갑과 달리, 을은 독서를 문자 해독의 과정으로 인식하는 경향을 보여 준다고 할 수 있
겠군.

② 을과 달리, 갑은 텍스트 전체에 관한 의미 구성이라는 독서 목적을 고려하여 독해 과
정을 조정하는 능력이 있겠군.

③ 글의 주제에 관한 의미를 구성하는 인지 조정을 갑이 을보다 더 수월하게 수행하는
능력이 있겠군.

④ 글의 주제에 관한 의미 구성과 관련해 상위 인지를 활용한 독서 능력은 을이 갑보다
우수하다고 할 수 있겠군.

⑤ 독서 전략을 비교해 볼 때 갑이 을에 비해 독해 과정을 조정해 나가는 경험을 더 많이
쌓아 왔다고 할 수 있겠군.

4 Day

독서(사회) 고3 2022년 10월

범죄 및 형사정책에 대한 법경제학적 접근 / 법경제학 입문

시작시간 시 분 초 / 종료시간 시 분 초

온라인 문제풀이

정답 및 해설 | 47

※ 다음 글을 읽고 물음에 답하시오.

가

❶ 어떠한 법 제도가 사회적으로 바람직한지에 대해 ⓐ 논의하기 위해서는 먼저 바람직함의 판단 기준이 필요하다. 법경제학은 효율을 그 잣대로 사용한다. 효율이란 사회 전체 후생의 크기가 증가하느냐의 여부인데, 후생은 어떤 행동의 결과로 얻는 주관적인 기쁨이나 만족감을 의미한다.

❷ 효율은 사후적 효율과 사전적 효율로 나눌 수 있다. 사후적 효율은 현재 주어진 상황에서 최소 비용으로 최대 산출을 얻는다는 의미이고, 사전적 효율은 당사자의 사전적 유인책까지 고려한 개념이다. 절도를 예로 들어 보자. 갑과 을로만 이루어진 사회에서 갑의 물건을 을이 아무 허락도 받지 않고 훔쳐서 사용했다. 물건은 갑으로부터 을로 이전되어, 사회 전체 후생의 크기가 달라지지 않았다고 생각할 수 있겠지만 사실은 그렇지 않다. 해당 물건에 대한 갑과 을의 후생이 서로 다를 수 있기 때문이다. 갑의 후생이 100원이고 을의 후생이 80원이라면 사회 전체적으로는 20원의 후생 감소가 생긴다. 이것이 바로 사후적 효율 측면에서 법이 절도를 금지하는 이유이다. 절도의 문제점은 사전적 효율 측면에서도 설명할 수 있다. 법적으로 절도가 허용된다면 다음과 같은 점들이 예측된다. 먼저 을의 근로 의욕이 떨어질 것이다. 일을 하지 않더라도 필요한 물건을 구할 수 있기 때문이다. 갑의 입장에서는 절도 방지 비용을 지출할 것이다. 이러한 근로 의욕의 저하와 절도 방지 비용 지출은 사회적 후생 증가에 ⓑ 기여하지 못한다. 즉 사전적 효율 관점에서 볼 때, 절도가 허용되면 사회적 후생을 감소시키는 유인책이 생긴다.

❸ 사후적 효율의 관점에서 법 제도가 형성된 대표적인 사례로 도산법이 있다. 채무자의 재산이 부채를 변제하기에 부족하여 도산 절차가 시작되면 개별적 채권 추심*은 모두 금지되고 채권자는 오직 도산 절차 내에서만 변제를 받을 수 있다. 개별적 채권 추심이 허용된다면 누구나 먼저 채권 추심을 하려 할 것이다. 이 과정에서 채무자의 재산이 손상되거나 헐값에 매각되는 등 사회 전체 후생의 감소가 발생한다. 법 제도가 사전적 효율의 관점에 기초하여 성립된 경우도 있다. 지식 재산권 관련 법에 의하면 소설이나 노래를 표절하거나 무단으로 이용하는 것은 금지된다. 그런데 복제하더라도 원본이 없어지는 것은 아니며 복제 비용이 매우 저렴하다면 복제를 할수록 사회적으로는 후생이 증가한다고 볼 수도 있다. 하지만 창작과 관련하여 지식 재산권을 인정하지 않는다면 당사자의 창작 유인책이 ⓒ 저하되어 애초에 창작이 일어나지 않을 수 있다. 따라서 지식 재산권 관련 법은 사전적 효율의 증진을 위해 창작자에게 독점적 권리를 부여한다.

* 채권 추심: 채권자를 대신하여 채무자에게서 빚을 받아 내는 일.

핵심정리

가

문단 중심 내용

❶ 법경제학에서의 효율과 후생의 개념
❷ 사후적 효율과 사전적 효율
❸ 사후적 효율과 사전적 효율의 관점에 기초한 법 제도

효율과 후생의 개념

효율	사회 전체 후생의 크기가 증가하느냐의 여부
후생	어떤 행동의 결과로 얻는 주관적인 기쁨이나 만족감

사후적 효율과 사전적 효율

사후적 효율	현재 주어진 상황에서 최소 비용으로 최대 산출을 얻음.
사전적 효율	당사자의 사전적 유인책까지 고려함.

법이 절도를 금지하는 이유

갑의 물건을 을이 훔쳐서 사용했을 경우

사후적 효율 측면
물건에 대한 갑의 후생이 을의 후생보다 클 경우 → 사회 전체적으로 후생 감소

사전적 효율 측면
을의 근로 의욕 저하, 갑의 절도 방지 비용 지출 → 사회적 후생을 감소시키는 유인책

사후적 효율과 사전적 효율의 관점에 기초한 법 제도

사후적 효율의 관점 – 도산법
도산 절차가 시작되면 개별적 채권 추심은 금지됨.

개별적 채권 추심이 허용된다면 누구나 먼저 채권 추심을 하려 함.

↓

채무자의 재산이 손상되거나 헐값에 매각될 수 있음.

↓

사회 전체 후생의 감소가 발생함.

창작물을 표절하거나 무단으로
이용하는 것은 금지됨.

지식 재산권을 인정하지 않는다면
당사자의 창작 유인책이 저하됨.

↓

창작이 일어나지 않을 수 있음.

↓

사전적 효율의 증진을 위해 창작자에게
독점적 권리를 부여함.

나

문단 중심 내용

❶ 통계학의 제1종 오류와 제2종 오류의 개념
❷ 법원의 오류 확률과 주의 수준에 따른 가해자의 기대 손실 비용
❸ 법이 유인책을 고려하여 설계되어야 하는 이유

제1종 오류와 제2종 오류

제1종 오류	올바른 가설이 기각되는 것
제2종 오류	잘못된 가설이 받아들여지는 것

주의 수준에 따른 가해자의 총 기대 손실 비용

• 법원의 오류 확률이 모두 20%일 때

	기대 사고 비용	← 부담 확률	총 기대 손실 비용
0수준	60원	80%	48원
1수준	20원	20%	34원
2수준	10원	20%	62원

↓

가해자로서는 1수준의 주의가 가장 효율적

• 법원의 오류 확률이 모두 40%일 때

	기대 사고 비용	← 부담 확률	총 기대 손실 비용
0수준	60원	60%	36원
1수준	20원	40%	38원
2수준	10원	40%	64원

↓

가해자로서는 0수준의 주의가 가장 효율적

나

❶ 통계학에서 제1종 오류란 올바른 가설이 기각되는 것이고, 제2종 오류란 잘못된 가설이 받아들여지는 것을 말한다. 불법 행위와 관련하여 법원이 심리하는 가설이 '가해자가 법이 정한 기준을 준수하지 않았다.'라고 한다면 법원의 과실 판단에 오류가 있는 경우 가해자의 유인책에 영향을 끼친다. 예를 들어 사고 발생으로 인한 손해액이 1,000원이고 각 사고 방지 주의 수준에 따른 주의 비용, 사고 확률 등이 다음과 같이 주어졌다고 하자. 여기서 총 사고 비용은 주의 비용과 기대 사고 비용을 더한 값이다.

사고 방지 주의 (수준)	주의 비용 (원)	사고 확률 (%)	기대 사고 비용 (원)	총 사고 비용 (원)
0	0	6	60	60
1	30	2	20	50
2	60	1	10	70

❷ 법은 사고 방지를 위한 적정 주의를 1수준으로 정하고 있으며 법원은 제1종 오류와 제2종 오류를 각각 20%의 확률로 범할 수 있는데, 이러한 것을 가해자도 알고 있다고 하자. 이 경우 가해자는 어느 수준의 주의를 선택할까? 가해자가 0수준의 주의를 선택하면 가해자는 80% 확률로 기대 사고 비용 60원을 부담하게 되므로 총 기대 손실 비용은 이 둘을 곱한 값인 48원이다. 가해자가 주의를 1수준으로 높이면, 추가적으로 주의 비용 30원이 들지만, 기대 사고 비용 20원을 부담할 확률이 20%에 불과하므로 4원만 부담하면 된다. 그러므로 총 기대 손실 비용은 34원이다. 2수준의 주의의 경우, 주의 비용 60원에 20% 확률로 기대 사고 비용 10원을 부담하게 되므로 총 기대 손실 비용은 62원이다. 결국 법원의 오류 가능성에도 불구하고 가해자는 효율적인 1수준의 주의를 한다. 그러나 이러한 결과가 항상 ㉣ 성립하는 것은 아니다. 예를 들어 제1종 오류와 제2종 오류의 확률이 모두 40%라고 한다면, 이 경우에 가해자로서는 0수준의 주의를 선택하는 것이 이익이다.

❸ 위 사례에서 ㉤ 주목할 점은 가해자에게 사고 방지 주의 수준에 관한 적정한 유인책을 제공하기 위해서는 제1종 오류를 줄이는 것이 더 중요한가 아니면 제2종 오류를 줄이는 것이 더 중요한가 하는 점이다. ⓐ 위 계산 과정을 따르면, 제1종 오류와 제2종 오류의 확률을 줄이는 비용이 동일할 경우 제1종 오류의 확률을 줄이는 것이 법경제학의 측면에서는 더 효과적이다. 따라서 법은 사람들에게 미치는 유인책을 고려하여 설계될 필요가 있다.

01

(가), (나)에 대한 설명으로 가장 적절한 것은?

① (가)는 법 제도가 불법 행위를 방조하는 실태를, (나)는 불법 행위를 엄단하기 위한 방법을 설명하고 있다.

② (가)는 법 제도가 바람직하게 제정되지 못하는 이유를, (나)는 법원의 과실 판단에 오류가 있는 이유를 설명하고 있다.

③ (가), (나) 모두 경제학적 측면에서 법이 사람들에게 미칠 수 있는 효과를 설명하고 있다.

④ (가), (나) 모두 사회 전체의 후생을 고르게 배분하기 위한 경제학적 대책을 설명하고 있다.

⑤ (가), (나) 모두 바람직한 법 제도가 실제 현실에서 효과적으로 작동되지 않는 이유를 설명하고 있다.

01

글의 핵심 내용을 이해하는 문제이다. (가)의 핵심 내용과 (나)의 핵심 내용을 파악하고, 공통적인 내용이 있는지 확인해야 한다. (가)는 법 제도의 바람직함을 판단하기 위한 효율의 유형을, (나)는 법원의 오류에 따른 가해자의 주의 수준을 주로 다루고 있다.

02

(가), (나)에 대한 이해로 가장 적절한 것은?

① (가): 도산법에서 개별적 채권 추심을 인정하면 채무자의 재산 가치가 증가하게 된다.

② (가): 물건을 훔친 을이 갑보다 높은 후생을 누린다는 보장이 없다는 점은 법이 절도를 금하는 이유에 해당한다.

③ (가): 법이 표절을 금지하는 이유는 창작자의 지식 재산권을 인정하지 않으면 사회 전체의 후생이 증가하기 때문이다.

④ (나): 법원의 과실 판단 오류는 가해자의 사고 방지 주의 수준을 적정하게 유도하기 위한 장치이다.

⑤ (나): 법원이 심리하는 가설이 맞음에도 불구하고 이를 기각하여 과실 없음을 판결하는 것은 제2종 오류이다.

02

글의 세부 정보를 이해하는 문제이다. 선택지에 (가)와 (나)가 나누어 제시되어 있으므로 (가)와 (나) 각각의 세부 정보를 파악해야 한다. 선택지에서 핵심어를 찾고 그 핵심어에 대해 설명하고 있는 부분을 지문에서 찾으면 된다.

핵심 정보를 구체적 상황에 적용하는 문제이다. <보기>에는 A가 B와 체결한 계약을 지키지 않아 B가 100원의 손해를 입은 상황을 제시하고 있다. 계약법에서 A가 B에게 손해 배상 책임을 지게 할 때와 그렇지 않을 때로 나누어 예상되는 결과를 파악해야 한다. 선택지를 보고 사회 전체의 손실과 사회 전체의 후생을 계산하기도 해야 한다.

03

(가)를 바탕으로 할 때, <보기>에 대한 반응으로 적절하지 않은 것은?

보기

A와 B로만 이루어진 사회가 있다. A가 B와 체결한 계약을 지키지 않았다. 그 결과 A는 0원의 이익을 얻었고, B는 100원의 손해를 입었다. 계약법은 A가 B에게 손해 배상 책임을 지게 할 수도 있고 그렇게 하지 않을 수도 있다. 전자의 경우 100원의 손해는 A가 부담하고, 후자의 경우에는 B가 부담한다. 만약 A가 손해의 일부만 배상한다면 100원의 손해를 서로 나누어 부담한다. 단, A와 B는 동일한 금액에 대해 동일한 후생을 갖는다.

① 100원의 손해를 A가 일부라도 부담하도록 계약법이 정해지면 사후적 효율 측면에서 계약 불이행으로 인한 사회 전체의 손실은 100원보다 적어지겠군.

② 100원의 손해를 A가 전적으로 부담하도록 계약법이 정해지면 사전적 효율 측면에서 A에게는 계약을 덜 파기하려는 유인책이 생기겠군.

③ 계약법이 어떻게 정해지든 A가 계약을 지키지 않은 사건이 발생한다면 사회 전체의 후생은 계약법의 영향을 받지 않겠군.

④ 계약법이 A의 의사 결정에 영향을 끼쳐 계약이 이행됐다면 계약법은 사회 전체의 후생 감소를 막는 방법이 될 수 있겠군.

⑤ 계약법이 A의 의사 결정에 영향을 끼치지 못한다면 계약법은 계약 미이행 사건 자체를 방지하지 못하는군.

글의 세부 내용을 이해하는 문제이다. (나)의 2문단에서는 법원이 제1종 오류와 제2종 오류를 각각 20%의 확률로 범할 수 있을 때, 가해자가 선택하는 주의 수준에 따른 총 기대 손실 비용을 설명하고 있다. 표와 함께 지문의 내용을 이해하고, 법원의 오류 확률이 변동될 때의 결과도 예측할 수 있어야 한다.

04

(가)의 '사전적 효율' 측면에서 (나)를 이해한 내용으로 적절하지 않은 것은?

① 법원의 과실 판단에 오류가 있더라도 가해자에게 적정한 사고 방지 주의 수준에 관한 유인책이 발생할 수 있다.

② 법원의 제1종 오류, 제2종 오류 확률이 모두 20%라면 가해자에게는 주의 비용 30원을 부담하려는 유인책이 발생한다.

③ 법원의 제1종 오류, 제2종 오류 확률이 모두 20% 미만이라면 가해자에게는 주의 비용 60원을 부담하려는 유인책이 발생할 수 있다.

④ 법원의 제1종 오류, 제2종 오류 확률이 모두 40%라면 가해자에게는 주의 비용을 들여서 사고 확률을 낮추려는 유인책이 발생하지 않는다.

⑤ 법원의 제1종 오류, 제2종 오류 확률이 모두 20%에서 40%로 높아지게 된다면 가해자에게는 법원이 정한 적정 주의 수준에 따라 행동할 유인책이 발생하지 않는다.

05

ⓐ를 <보기>처럼 설명할 때, <보기>의 ㉮~㉰에 들어갈 말을 바르게 짝지은 것은?

보기

가해자의 사고 방지 주의 수준을 [㉮]으로 유도하기 위해서는 0수준의 기대 사고 비용인 60원에 곱해지는 확률을 높이든가 1수준의 기대 사고 비용인 20원에 곱해지는 확률을 낮추면 된다. 60원에 곱해지는 확률은 [㉯]를 범하지 않을 확률이고, 20원에 곱해지는 확률은 [㉰]를 범할 확률이다. 당연히 큰 금액에 곱해지는 확률의 영향이 더 크므로 오류 확률 감소 비용이 동일하다면 제1종 오류 확률을 줄이는 것이 효율적이다.

	㉮	㉯	㉰
①	1수준	제1종 오류	제1종 오류
②	1수준	제1종 오류	제2종 오류
③	1수준	제2종 오류	제1종 오류
④	2수준	제1종 오류	제2종 오류
⑤	2수준	제2종 오류	제1종 오류

05
핵심 정보를 구체적 상황에 적용하는 문제이다. ⓐ는 제1종 오류와 제2종 오류의 확률을 줄이는 비용이 동일할 경우 제1종 오류의 확률을 줄이는 것이 법경제학의 측면에서는 더 효과적이라는 내용이다. <보기>에 제시된 상황을 이해하고 ㉮~㉰에 들어갈 말을 파악해야 한다.

WEEK 4

06

㉠~㉤의 사전적 의미로 적절하지 <u>않은</u> 것은?

① ㉠: 여러 사람이 마음을 한데 합함.
② ㉡: 도움이 되도록 이바지함.
③ ㉢: 정도, 수준, 능률 따위가 떨어져 낮아짐.
④ ㉣: 일이나 관계 따위가 제대로 이루어짐.
⑤ ㉤: 관심을 가지고 주의 깊게 살핌. 또는 그 시선.

06
어휘의 사전적 의미를 이해하는 문제이다. 지문에서 ⓐ~ⓔ에 해당하는 어휘가 어떠한 의미로 사용되었는지 파악해야 한다.

핵심정리

가 최현, 〈명월음〉

갈래

연군 가사

성격

우국적, 서정적, 애상적

제재

달(명월)

주제

나라에 대한 걱정과 임금에 대한 충심

특징

① 상징적 소재를 통해 화자의 심정을 효과적으로 나타냄.
② '과거-현재-미래'의 시간적 흐름에 따라 시상을 전개함.
③ 부정적 상황에도 굴하지 않는 화자의 긍정적 인식을 드러냄.

해제

이 작품은 임진왜란 때 최현이 지은 연군 가사이다. 이 작품에서 작가는 전란의 경험을 구체적으로 상술하기보다 전란으로 인한 비극적 심정을 문학적으로 형상화하였다. 화자는 뜬구름과 떼구름으로 인해 희미한 한줄기 달빛마저 아득해진 상황에서도 단심을 지켜 밝은 달을 볼 수 있는 날을 기다리겠다는 염원을 토로하고 있다. 여기서 뜬구름과 떼구름은 명월을 가로막는 것으로, 전란의 현실과 관련된 부정적 세력을 의미한다. 작가는 화자의 목소리를 통해 자신의 우국과 연주의 심정을 서정적으로 드러내고 있다.

구성

서사	온 세상을 밝게 비추는 달에 대한 예찬
본사 1	거문고를 타며 밝은 달빛의 은혜에 감사해함.
본사 2	구름이 몰려와 달을 가림을 근심함.
본사 3	구름을 걷어 내고 싶은 마음이 간절함.
결사	단심을 지켜 다시 명월을 볼 날을 기다림.

※ 다음 글을 읽고 물음에 답하시오.

가

하룻밤 ⓐ 찬바람에 눈이 왔나 서리 왔나
어찌하여 온 세상이 백옥경이 되었는가
동창이 다 밝거늘 수정렴을 걷어 놓고
거문고 비껴 안아 ⓑ 봉황곡을 연주하니
소리마다 그윽히 맑아 태공에 들어가니
파사 ⓒ 계수나무 아래 옥토끼도 돌아본다
유리 호박주를 가득 부어 권하니
유정한 항아도 잔 밑에 비치었다
청광을 머금으니 폐부에 흘러들어
호호한 흉중이 아니 비친 데가 없다
옷가슴 헤쳐 내어 광한전에 돌아앉아
마음에 먹은 뜻을 다 아뢰려 하였더니
심술궂은 뜬구름이 어디서 와 **가리**는가
천지가 깜깜하여 백물을 다 못 보니
상하 사방에 갈 길을 모르겠네
먼 봉우리 반쪽 끝에 옛 빛이 비치는 듯
구름 사이로 나왔더니 **떼구름 미쳐** 나니
희미한 한 빛이 점점 아득하여 온다
중문을 닫아 놓고 뜰가에 따로 서서
매화 한 가지 계수나무 그림자인가 돌아보니
처량한 암향이 나를 좇아 시름한다
성긴 발을 드리우고 동방에 혼자 앉아
ⓓ 금작경* 닦아 내어 벽 위에 걸어 두니
제 몸만 밝히고 남 비출 줄 모르도다
비단 부채로 **긴 바람 부쳐 내어 이 구름 다 걷고자**
푸른 대나무로 천 길의 비를 매어 저 구름 다 쓸고자
ⓔ 장공은 만 리요 이 몸은 진토니
쓸쓸한 이내 뜻이 생각하니 허사로다
가뜩이나 **시름 많은데 긴 밤**은 어떠한가
전전반측하여 다시금 생각하니
영허 소장*이 천지에 무궁하니

풍운이 변화한들 ㉠ 본색이 어디 가리

우리도 단심(丹心)을 지키어 명월 볼 날 기다리노라

- 최현, 〈명월음〉 -

* 금작경: 황금 까치를 조각한 거울.
* 영허 소장: 달이 찼다가 기울고, 없어졌다가 다시 생김.

화자의 상황과 태도

상황	구름이 달빛을 가리고 있어, 과거와 달리 달빛이 비친 아름다운 경치 속에서 풍류를 즐길 수 없음.
태도	달빛을 볼 수 없음에 시름하지만, 달빛의 속성을 복기하며 명월을 다시 볼 날을 기다림.

나

무정히 서 있는 바위 유정하여 보이는구나

최령한 오인도 직립 불의* 어렵거늘

만고에 곧게 선 저 얼굴이 고칠 적이 없구나

<제1수>

강가에 우뚝 서니 쳐다볼수록 더욱 높다

바람 서리에 불변하니 뚫을수록 더욱 굳다

사람도 이 바위 같으면 대장부인가 하노라

<제2수>

한마디 말도 없는 바위 사귈 일도 없지마는

고모 진태*를 벗 삼아 앉았으니

세상에 이익되는 세 벗을 사귈 줄 모르노라

<제3수>

먹줄 없이 생긴 바위 어느 법도를 알랴마는

높고도 곧으니 귀하게 보이는구나

애닯다 가히 사람이면서 이 돌만도 못하랴

<제4수>

탁연 직립*하니 본받음 직하다마는

구름 깊은 골짜기에 알 사람 있어 찾아오랴

힘을 다해 오르면 기이한 구경거리 많으니라

<제5수>

- 박인로, 〈입암이십구곡〉 -

* 최령한 오인도 직립 불의: 가장 신령스런 우리도 의지하지 않고 꼿꼿이 서기.
* 고모 진태: 옛 그대로의 모습.
* 탁연 직립: 높이 곧게 섬.

나 박인로, 〈입암이십구곡〉

갈래

평시조, 연시조

성격

자연 친화적, 예찬적

제재

바위(입암)

주제

시련에도 변하지 않는 바위에 대한 예찬

특징

① 바위를 의인화하여 표현함.
② 바위와 작가의 문답 형식으로 구성됨.
③ 세태에 대한 작가의 부정적 인식이 반영됨.

해제

이 작품은 박인로의 연시조이다. 박인로는 17세기를 대표하는 뛰어난 문인이면서 임진왜란에 참전하여 나라를 위해 공을 세운 인물이기도 하다. 그의 작품에는 전란의 경험과 시대적 상황이 반영되어 있는데, 전쟁의 상황을 묘사하고 있는 작품도 있고 전란 이후의 혼란한 현실을 보여 주고 있는 작품도 있다. 이 작품은 전란 이후에 작가가 자연 속에서 지내면서 창작한 것으로, 바위의 곧고 높은 모습 등을 예찬하면서 바위만도 못한 사람들에 대한 안타까움을 표현하고 있다. 다양한 표현 기법을 동원하여 바람직한 가치의 회복을 희구하는 작가의 마음을 효과적으로 드러내고 있는 작품이라고 할 수 있다.

구성

제1수	항상 곧게 서 있는 바위
제2수	시련에도 변하지 않는 바위
제3수	옛 모습 그대로의 자태를 지닌 바위
제4수	사람이 바위보다 절개없음을 안타까워함.
제5수	바위의 훌륭한 품성을 본받기를 바람.

WEEK 4

갈래

현대 수필

성격

관찰적, 경험적, 사색적

제재

어린 염소

주제

주어진 운명에 대한 순응과 수용

특징

① 대상의 모습과 행동을 묘사하여 구체화함.
② 일상적 경험을 통해 철학적 가치를 이끌어냄.
③ 주인과 염소를 대비하여 염소의 상황을 강조함.

해제

이 작품은 윤오영의 작품 가운데 수작으로 꼽힌다. 이 작품에서 작가는 어린 염소와 그 염소의 주인과 이를 관찰하는 작가 자신을 차례로 조명하고 있다. 처음에는 염소에 대한 회화적 묘사를 통해 염소에 대한 작가의 연민을 드러내고 있다. 다음으로는 염소에게 일어날 앞으로의 일을 상상하고 염소를 팔러 다니는 주인에 대해 떠올린 작가의 생각을 서술하고 있다. 마지막으로는 어린 염소와 그 주인에 대한 작가의 생각을 자신과 연결하고 있다. 이를 통해 작가는 작가 자신의 운명, 염소를 팔러 다니는 주인의 운명, 염소의 운명이 다르지 않다는 생각을 강조하고 있다. 작가는 염소의 모습에서 출발하여 존재의 운명론에 대한 철학적 깨달음을 전달하고 있는 것이다. 이러한 구성은 작품의 문학적 예술성을 배가하고 주제 의식을 효과적으로 구현하는 요소로 작용하고 있다.

구성

처음	주인을 따라 걸어가는 어린 염소 세 마리
중간	염소에게 일어날, 앞으로의 일에 대한 상상과 염소를 팔러 다리는 주인에 대한 감상
끝	어린 염소와 그 주인에 대한 생각에서 비롯된, 작가와 염소 주인, 염소의 운명이 다르지 않다는 깨달음

다

어린 염소 세 마리가 달달거리며 보도 위로 주인을 따라간다.

염소는 다리가 짧다. 주인이 느릿느릿 놀 양으로 쇠 걸음을 걸으면 염소는 **종종걸음**으로 빨리 따라가야 한다. 두 마리는 긴 줄로 목을 매어 주인의 뒷짐 진 손에 쥐여 가고 한 마리는 목도 안 매고 따로 떨어져 있건만 서로 떨어질세라 열심히 따라간다. 마치 어린애들이 엄마를 놓칠까 봐, 혹은 길을 잃을까 봐 부지런히 따라가듯.

(중략)

주인의 뒤를 따라 석양에 보도 위를 걸어가는 어린 염소의 검은 모습은 슬프다. 짧은 다리에 뒤뚝거리는, 굽이 높아 전족한 청녀*의 쫓기는 종종걸음이다. 조그만 몸집이 달달거려 추위 타는 어린애 모습이다. 이상스럽게도 위로 들린 짧은 꼬리 밑에 감추지 못한 연하고 검푸른 항문이 가엾다. 수염이라기에는 너무나 앙징한 **턱 밑의 귀여운 수염**, 그리고 게다가 이따금씩 어린애 목소리로 우는 **그 울음**, 조물주는 동물을 점지할 때, 이런 슬픈 우형도 만들어 놓았던 것이다.

페이터는 일찍이 사람들에게 "무한한 물상 가운데 네가 향수한 부분이 어떻게 작고, 무한한 시간 가운데 네게 허여된 시간이 어떻게 짧고, **운명** 앞에 네 존재가 어떻게 미소(微小)한 것인가를 생각하라. 그리고 기꺼이 운명의 직녀, 클로우도우의 베틀에 몸을 맡기고, 여신이 너를 실 삼아 어떤 베를 짜든 마음을 쓰지 말라." 했다. 이 염소는 충실한 페이터의 사도다. 그리고 그는 또 "네 **생명이 속절없**고, 너의 **직무**, 너의 **경영**이 허무하다 할지라도, 적어도 **치열한** 불길이 열과 빛으로 변화시키듯 하찮것없는 속사(俗事)나마 그것을 네 ⓒ **본성**에 맞도록 동화시키기까지는 머물러 있으라." 했다. **염소가 그 주인의 뒤를 총총히 따르듯**, 그리고 주인이 저를 흥정하고 있는 동안은 주인 옆에 온순하게 충실히 기다리고 서 있듯, 그리고 **길가**에 버려 있는 무청 시래기 옆에 세워 두면 **다투어 푸른 잎을 뜯어 먹듯**, 그리고 다시 끌고 가면 먹던 것을 놓고 총총히 따라가듯.

이 세 마리의 어린 염소는 오늘 저녁에 다 같이 돌아가다가, **내일 아침**에 다시 나오게 될 것인가, 혹은 그중의 한 마리는 솥 속으로 들어가고, 두 마리만이 가게 될 것인가, 또는 어느 것이 팔려 가다가 팔려서 껍질을 벗기고, 어느 것이 남아서 외롭게 황혼의 거리를 타달거리고 갈 것인가, 그것은 아무도 모른다. 염소 자신도, 끌고 가는 주인도, 아무도 모른다. 염소를 끌고 팔러 다니는 **저 주인**은 또 지금 자기가 **걸어가는 그 길**은 알고 있는 것인가. **나**는 이런 생각을 하며 **염소가 지나간 그 보도 위로 걸어**오는 것이다.

– 윤오영, 〈염소〉 –

* **전족한 청녀**: 발을 작게 하려고 발가락을 감은 청나라 여인.

01

(가)와 (나)의 공통점으로 가장 적절한 것은?

① 역설과 반어를 활용하여 주제 의식을 나타내고 있다.
② 동일한 색채어를 반복하여 대상의 특성을 구체적으로 드러내고 있다.
③ 의문의 형식을 활용하여 대상에 대한 화자의 인식을 부각하고 있다.
④ 명령형 문장을 사용하여 대상에 대한 화자의 거리감을 강조하고 있다.
⑤ 계절의 변화를 제시하여 대상의 순차적인 변모 양상을 보여 주고 있다.

02

㉠, ㉡을 중심으로 (가), (다)에 대해 이해한 내용으로 가장 적절한 것은?

① (가)에서는 ㉠을 화자의 정서와 연결하여 '시름 많'음을 드러내고 있고, (다)에서는 ㉡을 글쓴이의 정서와 연결하여 '생명이 속절없'음을 드러내고 있다.
② (가)에서는 ㉠을 자연물과 연결하여 '풍운'의 영속적 속성을 드러내고 있고, (다)에서는 ㉡을 자연 현상과 연결하여 '치열한' 삶의 태도를 강조하고 있다.
③ (가)에서는 ㉠을 화자의 태도와 연결하여 '단심'을 지킬 것을 강조하고 있고, (다)에서는 ㉡을 '염소'의 태도와 연결하여 '운명'을 따를 것을 강조하고 있다.
④ (가)에서는 ㉠을 시간적 배경과 연결하여 '긴 밤'의 절망감을 드러내고 있고, (다)에서는 ㉡을 공간적 배경과 연결하여 '길가'에서의 외로움을 드러내고 있다.
⑤ (가)에서는 ㉠을 화자의 상황과 연결하여 '영허 소장'의 한계를 강조하고 있고, (다)에서는 ㉡을 '염소'의 상황과 연결하여 '직무'와 '경영'에 대한 거부감을 강조하고 있다.

■ 문제풀이 맥 ■

01

글의 공통점을 파악하는 문제이다. 이 문제는 내용적 측면이 아닌, 표현적 측면을 중심으로 선택지를 구성하고 있다. 이러한 유형의 문제는 일반적으로 표현 방식이나 시상 전개 방식과 그 효과를 엮어서 구성하고 있으므로 선택지에 제시된 표현 방식이나 시상 전개 방식이 작품에서 사용되었는지를 확인한 후, 시의 내용과 형식 측면에서 그 효과를 따져 봐야 한다. (가), (나) 모두 고전시가 갈래이므로, 갈래 특성 또한 유의해야 한다.

02

구절의 의미를 이해하는 문제이다. 내용 속에 담겨 있는 숨은 의도를 묻고 있으므로, 이러한 유형의 문제에 쉽게 접근하기 위해서는 먼저 앞뒤 맥락을 고려하여 내용을 정확하게 파악해야 한다. 내용이 전개되는 과정 속에서 문맥을 탐색해 보면 수월하게 해결할 수 있다.

WEEK 4

03

시어의 의미를 파악하는 문제이다. 먼저 시어의 앞뒤 맥락을 고려하여 화자와의 관계를 파악하는 것이 중요하다. 시상의 흐름 속에서 시적 대상이 화자에게 어떤 의미를 갖는지 탐색해 보면 비교적 쉽게 정답에 접근할 수 있다. ⓐ~ⓔ 모두 (가)와 관련된 시어이므로, (가)의 주제 또한 고려하여 이해해야 한다.

03

(가)의 ⓐ~ⓔ에 대해 이해한 내용으로 가장 적절한 것은?

① ⓐ는 화자가 자연을 완상하는 것을 가로막는 대상이다.

② ⓑ는 화자가 자신의 과오를 인정하도록 이끄는 기능을 한다.

③ ⓒ는 화자가 처해 있는 비참한 모습을 나타낸다.

④ ⓓ는 화자가 비판적으로 인식하고 있는 대상이다.

⑤ ⓔ는 화자가 동병상련의 심정을 나눌 수 있는 대상이다.

04

시상 전개에 대해 파악하는 문제이다. 이러한 유형의 문제는 시상 전개의 효과를 묻는 것이 아닌, 구조에 따른 내용 변화를 적절하게 이해하고 있는지를 묻는 것이므로 구절의 의미에 따른 화자의 심상을 파악한다면 수월하게 해결할 수 있다.

04

(나)에 대한 설명으로 가장 적절한 것은?

① <제1수> : 초장에 드러난 화자의 감흥은 중장의 화자의 만족감으로 심화된다.

② <제2수> : 초장에 드러난 화자의 깨달음은 중장의 화자의 결심을 강화한다.

③ <제3수> : 중장에 드러난 화자의 행위는 종장의 화자의 태도로 이어진다.

④ <제4수> : 초장에 드러난 화자의 의문은 중장의 화자의 회의감을 유발한다.

⑤ <제5수> : 중장에 드러난 화자의 판단은 종장의 화자의 자기반성의 계기로 작용한다.

05

<보기>를 바탕으로 (가), (나)를 감상한 내용으로 적절하지 <u>않은</u> 것은?

> **보기**
>
> 전란의 경험이 바탕이 된 (가)와 (나)는 부정적 현실에 대한 안타까움이 형상화된 작품이다. (가)는 임금이 피란길에 오른 참담한 현실을 달이 구름에 가려진 상황에 비유하여 임금에 대한 그리움과 선정에 대한 소망을 드러내고 있다. 그리고 (나)는 인간이 본받을 만한 속성을 지닌 대상으로 바위를 인격화함으로써 바람직한 가치 회복을 희구하는 마음을 드러내고 있다.

① (가)의 '긴 바람 부쳐 내어 이 구름 다 걷고자' 한다고 한 것을 통해 전란으로 인한 현실을 극복할 수 있기를 바라는 마음을 드러냈다고 볼 수 있겠군.

② (가)의 '명월 볼 날 기다리노라'라고 한 것을 통해 임금에 대한 그리움과 임금이 선정을 베풀 수 있기를 바라는 마음을 드러냈다고 볼 수 있겠군.

③ (나)의 '곧게 선 저 얼굴이 고칠 적이 없'고 '탁연 직립하'다고 한 것을 통해 인간이 본받아야 할 바람직한 품성을 드러냈다고 볼 수 있겠군.

④ (가)의 '심술궂은 뜬구름'이 '가리'고 '떼구름 미쳐' 난다고 한 것과 (나)의 '구름 깊은 골짜기'에 '구경거리 많'다고 한 것을 통해 전란으로 인한 참담한 현실을 드러냈다고 볼 수 있겠군.

⑤ (가)의 '희미한 한 빛이 점점 아득하여 온다'라고 한 것과 (나)의 '사람이면서 이 돌만도 못하랴'라고 한 것을 통해 부정적 현실 상황에 대한 안타까움을 드러냈다고 볼 수 있겠군.

05

외적 준거에 따라 작품을 감상하는 문제이다. 이러한 유형의 문제에서 활용되는 <보기>에는 주로 작품을 감상하는 데 도움이 되는 문학 이론이나 작품과 관련된 내재적·외재적 정보 등이 제시된다. <보기>에서 (가)와 (나) 모두 부정적 현실에 대한 안타까움을 형상화한 작품이라고 하였으므로 작품에서 파악할 수 있는 부정적 상황과, 이에 따른 화자의 심리를 파악해야 한다.

06

<보기>의 ㉮~㉰와 관련하여 (다)를 이해한 내용으로 적절하지 <u>않은</u> 것은?

> **보기**
>
> 선생님: 이 작품에서 작가는 ㉮ 염소의 모습을 묘사하며 염소에 대한 연민을 드러냈고, ㉯ 그 염소에게 일어날 일을 상상하며 염소의 주인에 대해 떠올린 생각을 서술하였습니다. 그리고 ㉰ 염소와 그 주인에 대해 사색한 내용을 자신과 결부시켰습니다. 이와 같은 순차적 구성은 작가가 사색의 결과를 어떻게 글로 구조화할 것인지 계획한 결과입니다.

① ㉮: 염소의 '종종걸음', '턱 밑의 귀여운 수염', '그 울음' 등을 서술한 것에서 작가가 염소의 모습을 묘사하였음을 알 수 있다.

② ㉮: 염소가 '다투어 푸른 잎을 뜯어 먹듯' 한다고 표현한 것에서 작가가 염소와 자신을 동일시하여 존재에 대한 연민을 드러냈음을 알 수 있다.

③ ㉯: 염소의 '내일 아침'에 대해 서술한 것에서 작가가 염소에게 일어날 일에 대해 상상하였음을 알 수 있다.

④ ㉯: '저 주인'의 '걸어가는 그 길'에 대해 언급한 것에서 작가가 염소 주인의 운명도 염소의 운명처럼 알 수 없는 것이라고 생각하였음을 알 수 있다.

⑤ ㉰: '나'가 '염소가 지나간 그 보도 위로 걸어'온다고 한 것에서 작가가 염소와 그 주인에 대해 사색한 내용을 자신과 결부시켰음을 알 수 있다.

06

작품의 구성을 고려해 작품의 내용을 파악하는 문제이다. <보기>에서 제시한 기준에 따라 작품의 내용을 이해하는 것이 중요하다. 먼저 작품의 전체적인 구조와 내용의 흐름을 파악하고, 선택지에 제시된 서술 방식과 작가의 의도를 추론할 수 있어야 한다.

WEEK 4

b Day   문학(현대소설) 고3 2023학년도 대수능

쓰러지는 빛 _ 최명희

핵심정리

갈래
단편소설

성격
• 시간적 배경 – 밤
• 공간적 배경 – 천변의 냇가

시점
1인칭 주인공 시점

제재
집

주제
가족의 추억이 서려 있는 집에 대한 회고

특징
① 작품 속의 서술자가 자신의 내면을 표현함.
② 두 공간에 대한 서술자의 상반된 태도가 드러남.
③ 비유적 표현, 청각적 이미지를 통해 공간에 대한 부정적 인식을 드러냄.

해제
이 작품은 거주의 공간으로 '집'이 가진 의미를 깊이 있게 고찰하고 있다. 서술자인 '나'는 아버지와 어머니가 결혼을 한 후 터를 잡고 살던, 그래서 '나'의 유년 시절과 현재 시점까지의 삶이 오롯이 녹아 있는 천변의 집을 떠나 새로 이사를 가야하는 상황에 놓여 있다. 천변의 집은 주위에 산과 시냇물이 있으며 앞마당에는 커다란 오동나무가 자라고 있는 곳, 그리고 이웃들과 따뜻한 정을 나누는 곳으로 묘사되고 있는 반면, 새로 이사를 갈 집은 번화한 도로변에 있어 도시의 온갖 소음이 들려오는 곳으로 묘사되고 있다. 이를 통해 안주의 공간, 공동체적 삶의 공간으로서 집의 의미를 복원하고자 하는 바람을 드러내고 있다.

등장인물

나	태어나 20여 년간 살아온 집에서 떠나 다른 집으로 이사 가야 하는 상황에 처함. 자신이 살아온 동네인 '천변'을 긍정적으로 인식하면서, 새로 이사 가게 된 집에 대해서는 부정적으로 인식함.

※ 다음 글을 읽고 물음에 답하시오.

밤이 깊어지면, **시장 안의 가게들**은 하나씩 문을 닫고, 길가에 리어카를 놓고 팔던 상인들은 제각기 과일이나 생선, 채소들을 끌고 다리 위로 올라오는 것이었다.

[A] ┌ 그 모양을 이만큼에 서서 흔들리는 버드나무 가지 사이로 바라보면, 리어카마다 켜져 있는 카바이드 불빛이, 마치 난간에 무슨 꽃 등불을 달아 놓은 것처럼 요요하였다.

돈이 없어도 염려가 안 되는 곳.

그 사람들은 대부분 어머니를 알았다.

모르는 사람들도 곧 알게 되었다.

[B] ┌ 벽오동집 아주머니.
    └ 오동나무 아주머니.

그렇게 어머니를 불렀다.

어느새 나무는 그렇게도 하늘 높이 자라서 저기만큼 걸린 매곡교 다릿목에서도 그 무성한 가지와 잎사귀를 올려다볼 만큼 되었던 것이다.

[C] ┌ 거기다가, 우리 집에서 날아간 오동나무 씨앗이 앞뒷집에 떨어져 싹이 나고, 어느 해 바람에 불려 갔는지 그보다 더 먼 건넛집에도, 심지 않은 오동나무가 저절로 자라나게 되었다.
    │ 그래서 나는 속으로 우리 동네를 벽오동촌이라고 별명 지었다.
    └ 그것은 어쩌면 이 가난한 동네의 한 호사였는지도 모른다.

아버지가 어머니와 혼인하시고, 작천의 친정 어머니를 남겨 두신 채, 신행 후에 전주로 돌아와 맨 처음 터를 잡은 곳이 바로 이 **천변**이었다.

[D] ┌ 동네 뒤쪽으로는 산줄기가 병풍처럼 둘러쳐져 있고, 앞쪽으로는 흰모래 둥근 자갈밭을 데불은 시냇물이 흐르며 거기다 시장까지 가까운 이곳은, 삼십 년 전 그때만 하여도, 부성 밖의 한적하고 빈한한 동네였을 것이다.

물론 우리도 중간에 **집을 고치**고, 이어 내고, 울타리를 바꾸었으나, 그저 움막처럼 나뭇가지를 얼기설기 얽은 뒤, 풍우나 피하자는 시늉으로 지은 집들도 많았을 것이다.

이 울타리 안에서 해마다 더욱더 무성하게 자라는 오동나무는 유월이면, 아련한 유백색의 비단 무늬 같은 꽃을 피웠다. 그윽한 꽃이었다.

그 나무는 나보다 더 나이가 많았다.

나를 낳으시던 해, 지팡이만 한 나무를 구해다가 앞마당에 심으시며

"기념."

이라고 웃으셨다는 아버지.

"처음에는 저게 자랄까 싶었단다. 그러던 게 이듬해는 키를 넘드라."

해마다 이른 봄이면, 어린아이 손바닥만 하던 잎사귀가 어느 결에 손수건만 해지고, 그러다가 초여름에는 부채처럼 나부낀다.

그리고 가을에는 종이우산만큼이나 넓어지는 것 같았다.

하늘을 덮는 잎사귀, 그 무성한 잎사귀들…….

그 잎사귀 **서걱거리는 소리**가 골목 어귀 천변에까지 들리는 성싶었다.

어머니는 물끄러미 냇물만 바라보고 계시더니, 문득 고개를 돌려,

"영익이 언제 다녀갔지?"

하고 물으셨다.

┌ "사흘 됐나? 그저께 아니었어요?"
[E] 어머니는 어둠 속에서 고개를 끄덕이셨다.
└ 어머니의 고개는 무거워 보였다.

"참, 어머니 지금 저기, 불빛 뵈는 저 산마루에 절, 저기가 영익이 있는 데예요?"

나는 동편 산마루의 깜박이는 불빛을 가리키며 무심한 듯 물었다.

"아니다. 그건 승암사라구 중바위산 아니냐. 그 애 공부하는 덴 이 오른쪽이지……
기린봉 중턱에 있는 절이야. 여기서는 잘 뵈지도 않는구나."

그러면서 어머니는 눈을 들어, 어두운 밤하늘에 뚜렷한 금을 긋고 있는 산줄기를 바라보셨다. 산은 검고 깊었다.

동생 영익이는 벌써 이 년째 그 산속의 절에서 사법 고시 준비를 하고 있었다.

그는 말이 없고 우울한 때가 많았다.

그리고 그저께 집에 내려와, 이사 날짜가 결정되었다는 말을 듣고는 아무 말도 없이 고개를 떨어뜨리더니

"내가……."

하고 무슨 말을 이으려다 말고 그냥 산으로 올라갔었다.

그때 영익이의 말끝에 맺힌 숨소리는 '흡' 하고 내 가슴에 얹혀 아직도 내려가지 않은 것만 같았다.

우리가 이사하기로 된 집의 **구조**는 지극히 **천박**하였다.

우선 대문이 번화한 도로변으로 나 있는 데다가 오래되고 낡아서 녹이 슨 철제였다. 그것은 잘 닫히지도 않아 비긋하니 틀어진 채 열려 있었다.

그리고 마당은 거의 없다는 편이 옳았다. 그나마 손바닥만 한 것을 시멘트로 빈틈없이 발라 놓았고, 방들은 오밀조밀 붙어 있어 개수만 여럿일 뿐, 좁고 어두웠다.

그중에 한 방은 아예 전혀 **채광 통풍조차**도 되지 않았다.

그것도 원래는 **창문**이었는데, 아마 바로 옆에 가게를 이어내느라고 **막아 버린** 모양이었다. 그 가게란 양품점으로, 레이스가 많이 달린 네글리제와 여자용 속옷, 스타킹 따위를 고무 인형에 입혀 세워 놓은 곳이었다.

뿐만 아니라 그 가게를 중심으로 앞뒤에 같은 양품점들이 늘어서 있고 그 옆에는

전체 줄거리

아버지가 돌아가신 뒤 형편이 어려워진 '나'의 가족은 '나'가 태어나 20년 간 살아왔던 집을 팔게 된다. '나'의 집에 새로 이사 온 사람들은 계약 날짜보다 앞당겨서 들어와 '나'의 집을 점령하고, '나'와 어머니는 짐을 꾸리고 방을 치우며 집과 이별할 준비를 한다. '나'와 어머니는 아버지의 서재를 치우며 떠오른 아버지와의 기억에 마음이 심란해져 냇가로 향한다. '나'는 냇가에서 동네 천변의 풍경을 바라보고, 천변에 대한 추억을 회상하고, 집 울타리에 심긴 오동나무를 떠올린다. 아버지는 내가 태어날 때 집 울타리 안에 오동나무를 심었는데, 그 나무가 자라 어느새 하늘 높이 자라 땅에서 올려다 볼 만큼 자란 것이다. 냇물을 바라보던 어머니는 이 년째 산 속의 절에서 사법고시 준비를 하고 있는 동생 '영익'에 대해 묻는다. 그후 '나'는 우리가 이사하기로 된 집의 구조를 떠올리며, 부정적인 인식을 드러낸다. 집에 새로 이사온 사람들은 아버지의 문패를 치우고, 울타리에 심겨진 오동나무를 잘라내려 하고, '나'는 그 광경을 바라보며 빛이 쓰러지는 소리를 듣는다.

오동나무 잎의 변화

이른 봄
잎사귀가 손수건만 해짐.

↓

초여름
부채처럼 나부낌.

↓

가을
종이우산만큼 넓어짐.

↓

계절, 시간의 흐름에 따른 오동나무의 변화를 드러냄.

영익의 행동과 태도

행동	• 말이 없고 우울한 때가 많음. • 이사 날짜가 결정되었다는 말에, 무슨 말을 이으려다 말고 그냥 산으로 올라감.

↓

자신의 생각을 드러내지 않는 내성적인 성격임.

대문	• 번화한 도로변으로 나 있으며, 오 래되고 낡아서 녹이 슨 철제 • 잘 닫히지 않아 틀어진 채 열려 있음.
마당	손바닥만 한 것을 시멘트로 빈틈없이 발라 놓음.
방	• 오밀조밀 붙어 있으며, 좁고 어두움. • 채광 통풍조차 되지 않음.

↓

'나'는 이사 갈 집의 구조에 대해
부정적으로 인식함.

양장점, 제과소, 음식점, 식료품 잡화상들이 있었다.

여기저기서 들려오는 **불규칙한 마찰음**, 무엇이 부딪쳐 떨어지는 소리, 어느 악기점에선가 쿵, 쿵, 울려 오는 스피커 소리…… 끼익, 하며 숨넘어가는 자동차 소리.

한마디로 그 집은, 아스팔트의 바둑판, 환락과 유행과 흥정의 경박한 거리에 금방이라도 쓸려 버릴 것처럼 위태해 보였다.

그리고 우리가 이제 이사 올 집이라고, 그 집 문간에 웅숭그리고 서서 철제 대문 사이로 안을 기웃거리며 들여다보는 **우리들**은 어쩐지 **잘못 날아든 참새들** 같기만 하였다.

– 최명희, 〈쓰러지는 빛〉 –

■ 문제풀이 맥 ■

01

작품의 내용을 이해하는 문제이다. 소설 속에 등장하는 인물을 통해, 작품의 전반적인 내용을 이해하는 것이 중요하다. 인물의 심리나 의도 등을 파악하기 위해서는 사건의 전개 과정뿐 아니라 인물들의 발화나 행동에 담긴 의미를 정확하게 파악해야 한다. 따라서 인물의 갈등을 중심으로 사건의 흐름을 파악한 후, 이를 바탕으로 인물이 특정한 발화나 행위를 한 이유가 무엇인지를 살피며 작품을 감상하도록 한다.

01

윗글에 대한 이해로 가장 적절한 것은?

① '영익'은 가족의 상황을 알고서도 제 생각을 분명히 드러내지 않는다.

② '어머니'는 아들이 출가하여 소식이 끊긴 뒤 그의 근황을 궁금해 한다.

③ '나'는 동생의 말을 듣고서 그가 현재 어디에 머무르고 있는지 알게 된다.

④ '시장 안의 가게들'은 밤늦게 물건을 사기 위해 사람들이 모여드는 곳이다.

⑤ '천변'은 아버지와 어머니가 결혼할 때부터 사람들이 북적였던 번화한 동네이다.

02

서술상의 특징을 파악하는 문제이다. 소설의 서술상의 특징은 시점, 구성, 문체, 서술 방법 등 다양하며, 이에 따라 다양한 효과를 얻을 수 있다. 이러한 유형의 문제는 선택지에서 설명하고 있는 서술상의 특징들을 정확하게 이해한 후 작품 속에서 그 서술상의 특징이 어떻게 적용되어 있는지를 찾고 그에 따른 효과가 선택지와 일치하는지를 파악해야 한다.

02

[A]~[E]의 서술 방식에 대한 설명으로 적절하지 않은 것은?

① [A]: '이만큼에 서서'와 '바라보면'을 보면, 서술자가 대상을 지각할 수 있는 위치에서 서술하고 있음을 알 수 있다.

② [B]: 호명하는 말을 각각 하나의 문단에 서술하여, 그 호칭이 두드러져 보이는 효과가 나타난다.

③ [C]: '나'와 '우리' 같은 표현을 사용하여, 서술자가 자기 경험을 바탕으로 하는 이야기를 서술하면서 자신의 내면을 드러낸다.

④ [D]: '동네였을 것이다'를 보면, 서술자가 과거 상황에 대해 확정적으로 진술하지 않고 추측의 의미를 담아 서술하고 있음을 알 수 있다.

⑤ [E]: 누가 한 말인지 명시하지 않은 것을 보면, 대화 상황에서 말하는 이와 서술자가 다르다는 사실을 알 수 있다.

03

윗글의 '오동나무'에 대한 이해로 가장 적절한 것은?

① '나'가 계절의 자연스러운 변화와 세월의 흐름을 느끼게 되는 경험적 대상이다.

② 가난한 마을이지만 사람들로 하여금 호사를 누릴 수 있게 하는 경제적 기반이다.

③ '어머니'가 결혼 후에 심고 정성을 다해 키워 내어 무성해진 애착의 결실이다.

④ 동네 사람들이 마을의 특징에 부합한 별명을 자기 마을에 붙일 때 적용한 단서이다.

⑤ '아버지'가 자식을 얻은 기쁨을 이웃과 나눌 생각에 마을 곳곳에 심은 상징적 기념물이다.

03

소재의 기능을 파악하는 문제이다. 소설 속에 등장하는 소재가 내용의 맥락을 고려했을 때 어떤 기능을 하는지를 확인해야 한다. 소설에서는 내용을 효과적으로 전달하기 위해 다양한 소재가 사용되므로, 전체적인 맥락 속에서 소재의 기능 및 효과를 파악하는 것이 필요하다.

WEEK 4

04

<보기>를 바탕으로 윗글을 감상한 내용으로 적절하지 않은 것은?

보기

집에 대한 정서적 반응은 집의 구조, 주변 환경, 거주 기간 등의 요인에 따라 다를 수 있다. 자신이 거주하는 집의 내·외부와 관계를 맺으며 충분한 시간 동안 쌓은 경험들은 현재 살고 있는 집에 대한 정서를 형성하는 데 영향을 주며, 다른 낯선 공간에 대한 정서적 반응에 영향을 주기도 한다. 〈쓰러지는 빛〉은 이사할 처지에 놓인 한 가족의 이야기를 통해 집에 대한 '나'의 정서적 반응을 보여 준다.

① '나'가 '천변' 집에 살면서 추억을 형성해 온 시간들은, 이사할 처지에 놓인 현재의 상황을 불편하게 여기는 요인이 될 수 있겠군.

② '집을 고치'던 경험을 바탕으로 '구조'가 '천박'한 집의 여건을 살펴보는 것에서, 거주 환경의 변화에 적응하여 낯선 공간에 친숙해지고자 하는 '나'의 생각을 확인할 수 있겠군.

③ '서걱거리는 소리'와 '불규칙한 마찰음'에서 드러나는 집 주변 환경의 차이는, 두 집에 대해 '나'가 느끼는 친밀감의 차이를 유발할 수 있음을 예상할 수 있겠군.

④ '창문'을 '막아 버린' 방은 '채광 통풍조차' 되지 않는 속성으로 인해, 지금 살고 있는 집에 대한 '나'의 정서적 반응과는 다른 정서적 반응을 일으키는 요인이 될 수 있겠군.

⑤ '우리들'의 상황이 '잘못 날아든 참새들 같'다고 한 것은, 변화될 거주 여건을 낯설어 하는 심리를 비유적으로 드러낸 것이라 할 수 있겠군.

04

외적 준거에 따라 작품을 감상하는 문제이다. 작품을 이해하고 감상하기 위한 준거를 제시하고, 그에 따라 작품을 이해하고 감상하도록 요구하는 문제이다. 작품 감상의 준거로는 작가의 세계관이나 경험, 작품이 창작되었던 시대적 배경, 작품의 문학사적 의의, 다양한 소설 기법에 대한 소개 등이 있다. 문제의 핵심은 주어진 준거에 근거하여 작품을 이해하고 감상해야 한다는 점이다. 그렇기 때문에 이를 벗어나서 이해하고 감상한 내용의 선택지는 적설하시 않은 것이 된다.

세션 SECTION
뽀개기
종합편

스스로 점검하기

6일간 학습

Day	공부 시작 시간	공부 종료 시간	틀린 문항 수	틀린 유형
Day 1	시 분 초	시 분 초		
Day 2	시 분 초	시 분 초		
Day 3	시 분 초	시 분 초		
Day 4	시 분 초	시 분 초		
Day 5	시 분 초	시 분 초		
Day 6	시 분 초	시 분 초		

1 일별로 계획에 맞춰 공부하기

하루에 기출 하나씩 매일 꾸준히 공부하는 것이 최선의 방법이다.

2 시작 시간과 종료 시간 체크하기

스스로 시간 제한을 두고 문제를 푸는 것이 실전 대비에 효과적이다.

3 틀린 문항과 유형 분석하기

틀린 문제는 또 틀릴 수 있다. 특정 문항과 유형에서 많이 틀렸다면, 그 이유를 분석해야 한다.

4 보충 학습하기

스스로 점검하기를 통해 자신의 취약한 유형을 확인하고, SLS를 통해 부족한 부분을 보충 학습한다.

	Day 1						Day 2						Day 3					
번호	1	2	3	4	5	6	1	2	3	4	5	6	1	2	3	4	5	6
정답률	93%	92%	96%				70%	77%	67%	64%	62%		83%	93%	92%			
채점																		

	Day 4						Day 5						Day 6					
번호	1	2	3	4	5	6	1	2	3	4	5	6	1	2	3	4	5	6
정답률	69%	44%	26%	44%	50%	90%	80%	76%	75%	64%	81%	80%	83%	89%	81%	87%		
채점																		

결과	틀린 문항에는 ✕ 표시, 찍어서 막혔거나 헷갈렸던 문항에는 △ 표시, 맞춘 문항에는 ○ 표시 **채점 결과**: 맞은 문항 수 27개중 ☐ 개

나의 예상 등급은?

등급

1등급
24~27개

2등급
21~23개

3등급
19~20개

5

WEEK

핵심정리

가

갈래

대화

제재

공중전화

화제

공중전화 폐지에 대한 논의

공중전화 폐지에 관한 대화 중심 내용

학생 2	• 통신 복지 차원에서 공중전화는 유지되어야 한다고 생각 ↓ • 공중전화는 보편적 서비스에 해당하므로 공중전화를 폐지한다면 공중전화에 의존해 통신 서비스를 이용하던 사람들이 불편을 겪게 됨.
학생 3	• 공중전화를 지금처럼 계속 유지하는 건 경제적인 측면에서 비효율적이라고 생각 ↓ • 공중전화를 유지하는 데 1년에 100억 원 이상의 손실이 발생하기 때문 • 공중전화에 의존해 통신 서비스를 이용하던 사람들에게는 통신비 지원 및 통신 기기를 대여해 줌으로써 불편 해소

휴대전화가 있는 사람에게도 공중전화가 필요한지 여부에 관한 대화 중심 내용

학생 3	휴대전화가 있다면 공중전화를 쓸 일이 없음.
학생 2	개인이나 사회의 안전을 위해서 공중전화가 필요함. • 휴대전화 배터리가 없거나 휴대전화를 분실했을 때 위급한 일이 생길 경우 • 재난 등의 비상 상황이 발생해 무선 통신망이 마비될 경우

※ (가)는 교지에 실을 비평문을 쓰기 위해 학생들이 나눈 대화이고, (나)는 이를 바탕으로 작성한 초고이다. 물음에 답하시오.

가

학생 1: 지난 시간에 '기술 발전으로 사라지는 것들' 중 공중전화에 대해 비평하는 글을 작성하기로 정했잖아. 먼저 각자 조사한 내용을 공유해 보자. 공중전화 현황에 대해 누가 찾아보기로 했지?

학생 2: 내가 찾아봤는데 현재 공중전화는 전국에 2만 8천여 대가 있대. 1999년까지만 해도 15만 3천여 대 정도 있었다고 하니 그동안 정말 많이 줄었지?

학생 1: 생각했던 것보다 많이 줄었네. 그 이유가 뭘까?

학생 3: 통신 환경이 달라져서 그럴 수밖에 없었다고 생각해. 내가 찾아본 자료에 따르면 현재 국내 휴대전화 보급률이 99%에 달한대. 그렇다 보니 공중전화의 하루 이용 횟수가 전화기 한 대당 평균 4건도 안 되더라고.

학생 2: 나도 기사에서 봤는데 다른 나라도 우리와 상황이 비슷해. 그래서 공중전화를 폐지하거나 그 수를 줄여 나가는 경우가 많대. 우리나라에서도 공중전화를 폐지해야 한다는 목소리가 나오고 있어.

학생 1: 그렇구나. 정리해 보면 휴대전화 보급이 확대되면서 공중전화 이용이 많이 줄어 공중전화 폐지 여부가 현안이 되고 있다는 거네. 그럼 너희는 공중전화 폐지에 대해 어떤 입장이야?

학생 3: 나는 공중전화를 지금처럼 계속 유지하는 건 경제적인 측면에서 비효율적이라고 생각해. 요즘에는 공중전화를 유지하는 데 1년에 100억 원 이상의 손실이 생기고 있다고 해. 앞으로 손실이 계속 생길 텐데 유지할 필요가 없지. ⌉[A]

학생 2: 경제적인 관점에서만 본다면 그런 주장을 할 수 있겠지만, 통신 복지 차원에서 본다면 공중전화는 유지되어야 한다고 생각해. 공중전화는 보편적 서비스거든. ⌋

학생 1: 공중전화가 보편적 서비스라는 것이 무슨 뜻이야? 자세히 설명해 줄래?

학생 2: 보편적 서비스는 취약 계층을 포함하여 누구에게나 평등하게 제공되는 서비스를 말하는데 공중전화도 여기에 해당해. 만약 공중전화가 없어진다면 공중전화에 의존해 통신 서비스를 이용하던 사람들은 불편을 겪지 않을까? ⌉[B]

학생 3: 공중전화가 없어지면 불편을 겪는 사람들이 생길 수는 있겠지. 하지만 그런 사람들의 경우에는 통신비를 지원하거나 통신 기기를 대신 대여해 주면 된다고 생각해. ⌋

학생 2: 물론 그런 방법도 가능하겠지. 하지만 공중전화를 폐지하고 다른 방법으로 서비스를 제공하더라도 이러한 결정을 할 때는 사회 구성원들의 충분한 논의가 먼저 이루어져야 한다고 생각해.

학생 1: 지금까지는 공중전화가 없어지면 불편한 사람들에 대한 이야기를 한 것 같으니, 지금부터는 휴대전화가 있는 사람들에게도 공중전화가 필요한 이유가 있는지에 대해 말해 볼까?

학생 3: 휴대전화가 있으면 공중전화를 쓸 일이 없는 것 아닐까?

학생 2: 그렇지 않아. 개인이나 사회의 안전을 위해서도 공중전화는 필요해. 휴대전화 배터리가 없거나 휴대전화를 분실했을 때 위급한 일이 생기면 공중전화가 큰 도움이 될 수 있어. 그리고 더 중요하게는 재난 등의 비상 상황이 발생해 무선 통신망이 마비될 경우에도 공중전화는 꼭 필요해.

학생 3: 그렇구나. 비상 상황에도 이용할 수 있겠구나. 지금까지 몰랐는데 공중전화는 유지할 만한 가치가 있네.

학생 1: 그럼 결론적으로 공중전화는 유지되어야 한다는 것이지? 내가 오늘 나온 이야기들을 바탕으로 초고를 써 볼게. 나중에 같이 검토해 보자.

나

❶ 기술이 발전하면서 우리가 꼭 필요하다고 생각했던 것들이 주변에서 하나둘 사라지고 있다. 공중전화도 그런 것들 중 하나이다. 휴대전화 보급의 확대로 공중전화 이용량이 급감하면서 최근에는 공중전화를 폐지해야 한다는 목소리가 나오고 있다. 하지만 공중전화는 여전히 중요한 가치를 지니고 있으므로 앞으로도 유지되어야 한다.

❷ 우선 공중전화는 개인이나 사회의 안전을 위해서 필요하다. 휴대전화 사용이 어려운 상황에서 위급한 일이 발생할 때는 물론, 재난 등으로 무선망이 마비된 비상 상황에서도 공중전화를 이용해 도움을 받을 수 있다. 또한 공중전화는 국민 복지의 차원에서 가치가 있다. 휴대전화를 구입하지 않은 이들이나 휴대전화 사용이 어려운 취약 계층에게 공중전화는 유용한 통신 수단이다. 전기 통신 사업법에서는 누구나 기본적인 전기 통신 서비스를 언제 어디서든 적절한 요금으로 제공받을 수 있도록 제도로 규정하고 있다. 여기에는 장애인·저소득층 등에 대한 요금 감면 서비스, 긴급 통신 서비스, 섬 지역 통신 등과 함께 공중전화도 포함되어 있다.

❸ 경제적인 관점으로 접근하는 사람들은 공중전화 유지에 따른 손실 등을 이유로 공중전화 폐지를 주장한다. 이들 중에는 공중전화 폐지로 불편을 겪을 사람들에게는 휴대전화를 대여해 주거나 통신비를 지원해 주면 된다고 말하는 이들도 있다. 그러나 국민 복지의 문제를 경제 논리로만 접근해서는 안 되며, 공중전화 대신 다른 방법으로 통신 서비스를 제공할지를 결정할 때에는 사회 구성원들의 충분한 논의가 선행되어야 할 것이다. 그렇지 않으면 사회적 혼란이 야기될 수 있다. 이를 보여 주는 사례로 간이역을 들 수 있다. 경제적 효율성이 떨어진다는 이유로 간이역 대부분이 없어졌는데, 이로 인해 교통 서비스를 이용하기 어려워진 이들이 생겨났고, 어떤

나 비평문

갈래

비평문

제재

공중전화의 가치

주제

공중전화는 여전히 중요한 가치를 지니고 있으므로 앞으로도 유지해야 한다.

문단 중심 내용

❶ 공중전화 폐지 논의의 등장 배경
❷ 공중전화의 필요성과 가치
❸ 공중전화를 폐지해야 한다는 입장에 대한 반박
❹ 공중전화의 가치에 대한 재인식 요구

공중전화 폐지에 대한 논의

> 휴대전화 보급의 확대로 공중전화 이용량이 급감
> +
> 경제적이 관점에서 공중전화 유지에 따른 손실 우려

↓

> **공중전화 폐지 주장**

↕

> **공중전화 유지 주장**

↑

> 개인이나 사회의 안전을 위해서 필요
> +
> 국민 복지 차원에서 가치를 지님.
> +
> 폐지를 위해서는 사회 구성원들의 충분한 논의가 선행되어야 함.

WEEK 5

지자체에서는 없어진 간이역을 되살리기 위해 주민들이 힘을 모으기도 했다.

❹ 이처럼 경제적인 효율성이 우선시되어 이루어지는 변화는 사회에서 불편을 일으킬 수도 있다는 것을 염두에 두고, 기술 발전으로 인해 사라지는 것들에 대해 다시 한번 생각해 볼 필요가 있다. 공중전화가 폐지되어야 한다고 주장하는 사람들도 공중전화의 가치에 대해 새롭게 인식해야 한다.

■ 문제풀이 맥 ■

01

대화 참여자의 역할을 이해하는 문제이다. 이러한 유형의 문제를 해결하기 위해서는 선택지를 먼저 읽고 지문을 읽는 것이 효과적이다. '학생 1'은 대화를 진행하며 토의에서 사회자와 같은 역할을 하고 있다. 선택지에 제시된 내용이 '학생 1'의 발화에 나타나는지를 확인하며 문제를 해결해야 한다.

01

(가)의 '학생 1'의 역할에 대한 설명으로 적절하지 않은 것은?

① 대화의 흐름을 전환하며 논의를 이끌어 나가고 있다.
② 대화 참여자들이 제시한 근거의 출처를 요구하고 있다.
③ 지난 시간에 논의한 사항을 환기하며 대화를 시작하고 있다.
④ 주제와 관련하여 대화 참여자들의 입장이 무엇인지 묻고 있다.
⑤ 대화 참여자들의 발언과 관련하여 추가 설명을 요청하고 있다.

02

말하기 방식을 파악하는 문제이다. [A]에서는 '학생 2'와 '학생 3'이 대립되는 의견을 가지고 대화하는 상황이 제시되어 있다. [B]에서는 '학생 3'이 '학생 2'가 제시한 문제점에 대해 대안을 제시하고 있다. 서로 다른 입장을 가진 두 사람이 자신의 의견을 어떤 방법으로 전달하고 있는지를 파악해야 한다. 특히 말하기 방식을 통해 얻을 수 있는 효과를 정확하게 인지하고 있어야 한다.

02

[A]와 [B]에 대한 설명으로 가장 적절한 것은?

① [A]에서 '학생 2'는 '학생 3'의 의견을 인정하면서 자신의 의견과 절충할 수 있는 방안을 밝히고 있다.
② [A]에서 '학생 2'는 '학생 3'의 발화 중 일부를 재진술하며 자신이 이해한 내용이 정확한지 확인하고 있다.
③ [A]에서 '학생 2'는 '학생 3'의 의견을 뒷받침할 수 있는 근거를 덧붙이며 상대의 의견에 공감을 드러내고 있다.
④ [B]에서 '학생 3'은 '학생 2'의 질문에 대답하며 상대의 질문에 논리적 오류가 있음을 지적하고 있다.
⑤ [B]에서 '학생 3'은 '학생 2'가 예측한 문제 상황을 인정하며 이를 해결하기 위한 방안을 제시하고 있다.

03

(가)를 바탕으로 (나)를 설명한 내용으로 적절하지 않은 것은?

① 1문단에서는 (가)에서 언급된 공중전화 이용량에 대한 내용을 공중전화 폐지라는 현안의 배경으로 제시하고 있다.

② 2문단에서는 (가)에서 언급된 공중전화가 비상 상황에서 활용될 수 있다는 내용을 공중전화가 개인이나 사회의 안전을 위해 유지되어야 하는 이유로 제시하고 있다.

③ 2문단에서는 (가)에서 언급되지 않았던 법 규정을 공중전화가 국민 복지 차원에서 가치가 있음을 드러내는 근거로 제시하고 있다.

④ 3문단에서는 (가)에서 언급되지 않았던 사례를 공중전화 유지 여부를 경제적인 관점에서만 판단해서는 안 된다는 내용의 근거로 제시하고 있다.

⑤ 4문단에서는 (가)에서 언급된 공중전화의 가치를 새롭게 인식하게 되었다는 내용을 사라지는 것들의 경제적 효율성을 강조하는 이유로 제시하고 있다.

대화 내용이 글쓰기에 반영된 양상을 파악하는 문제이다. (가)의 내용을 (나)에서 어떻게 활용했는지를 파악해야 한다. 따라서 (가)와 (나)의 내용을 모두 이해하고 있어야 하고, (가)의 발화 의미와 기능, (나)의 문단 중심 내용, 핵심 내용을 이해하고 있어야 한다.

04

(나)를 쓰기 위해 세운 글쓰기 계획 중 글에 반영되지 않은 것은?

① 글의 도입부에 화제에 대한 나의 입장을 분명히 밝혀야겠어.

② 화제에 대해 나의 입장이 변한 이유와 과정을 함께 밝혀야겠어.

③ 핵심 쟁점에 대해 내세울 의견과 대립하는 주장의 내용도 구체적으로 밝혀야겠어.

④ 전문적 지식의 내용을 제시하며 그 내용에 포함되는 대상을 구체적으로 열거해야겠어.

⑤ 화제에 대한 인식 변화를 촉구하며 글을 마무리해야겠어.

글쓰기 계획의 반영 여부를 파악하는 문제이다. 계획의 반영 여부를 확인하는 문제는 내용의 일치 문제와 같이 지문과 선택지를 비교해야 한다. 이러한 유형에서 적절하지 않은 것을 고르는 경우 선택지에 제시된 계획 중에 지문에 반영된 계획을 소거해가며 풀면 문제를 푸는 시간을 단축할 수 있다.

05

<보기>에 제시된 학생들의 조언에 따라 (나)의 제목을 작성한 것으로 가장 적절한 것은?

> **보기**
>
> 학생 2: 핵심 단어인 공중전화를 포함해서 글의 주제가 드러나게 제목을 붙여보자.
> 학생 3: 비유적인 표현을 사용하면 더 좋을 것 같아.

① 급격한 경제 성장의 역습, 공중전화의 한계

② 공중전화를 떠나보내며 기술 혁신의 바다로

③ 공중전화의 가치를 인식할 때 안전과 복지도 유지된다

④ 안전과 복지를 지키는 우산과 같은 공중전화, 계속 우리와 함께

⑤ 사라져 가는 것의 가치를 찾는 보물찾기, 통신 수단의 새로운 세계가 열리다

조건에 따른 글쓰기 문제이다. 제시된 조건이 무엇인지를 파악하는 것이 가장 중요하며, 조건이 두 가지 이상일 때는 모든 조건이 부합하는지도 확인해야 한다.

비유적 표현
어떤 사물이나 현상을 보다 효과적으로 나타내기 위하여 그것과 비슷한 다른 사물에 빗대어 표현하는 방법

핵심정리

가

갈래

○○군 공식 블로그 게시물

주제

치유농업 홍보 영상 공모전 개최 안내

문단 중심 내용

❶ 치유농업의 개념과 장점
❷ ○○군에서 운영하는 치유농업 프로그램에 참여한 시민의 인터뷰
❸ 치유농업 프로그램 홍보를 위한 공모전 개최 안내

블로그 매체의 특징

• 여러 사람이 동시적 또는 비동시적으로 의사소통할 수 있게 함.
• 문자와 이미지, 동영상 등 다양한 콘텐츠를 포괄적으로 게시할 수 있음.
• 최신 정보를 추가로 덧붙이거나, 오류가 있는 부분을 정정하는 등 내용 수정이 가능함.
• 시간이나 장소에 구애받지 않고 디지털화한 콘텐츠를 빠른 시간에 대량으로 만들어 유통할 수 있음.

※ (가)는 ○○군 공식 블로그이고, (나)는 영상 제작을 위해 휴대 전화 메신저로 나눈 대화이다. 물음에 답하시오.

가

○○군 공식 블로그 ✕ +

← → ↻ Q https://blog.○○.go.kr/12345 ☆ ≡

○○군 홍보 연재 3탄! 〈치유농업을 아시나요?〉

❶ ㉠오늘은 일상에 지친 여러분께 도움을 드리려고 치유농업에 대한 정보를 준비했어요. 치유농업은 농촌의 자원을 활용해 사람들의 건강 증진을 도모하는 활동이나 산업을 의미합니다. ㉡농업 활동은 참여자들의 자존감을 향상시켜 주면서 운동 능력을 강화해 줄 수 있어요. 더 나아가 치유농업이 활성화되면 농촌에 많은 사람들이 유입되어서 지역이 개발되고 일자리가 창출되어 지역 경제가 활성화될 수 있습니다.

❷ 우리 지역에서도 다양한 치유농업 프로그램을 운영하고 있어요. ㉢그중 원예 체험 행사는 지역 초등학교에서 열리고 있습니다. ㉣이 행사에 참여한 A씨는 "가족들과 더 가까워져서 만족스러워요. 딸도 좋아하는 모습을 보니 뿌듯했어요."라고 소감을 밝혔습니다.

❸ 한편, ㉤많은 사람들이 치유농업에 대해 잘 몰라서 프로그램에 참여하지 못하는데요, 우리 군에서는 치유농업에 대한 관심을 높이기 위해 '치유농업 홍보 영상 공모전'을 개최합니다. 자세한 내용은 다음 첨부 파일을 참고하세요.

첨부 파일 : 치유농업 홍보 영상 공모전 안내.hwp

👤 댓글

ㄴ 서연 : 치유농업에 대해 처음 접하게 되어 흥미롭게 읽었습니다. 저는 영상 제작 동아리에서 활동 중인 고등학생인데, 팀으로 영상 공모전에 참가할 수 있나요?

ㄴ 블로그 관리자 : 네, 팀별 참가도 가능합니다. 영상 공모전에 관심 가져 주셔서 감사해요.^^

댓글 등록

나

― 2023년 4월 ○○일 수요일 ―

> 학교에서 말한 영상 공모전에 대해 회의하려고 우리 모둠 대화방 열었어. 우선 내가 본 ○○군 블로그 글 공유할게.
> https://blog.○○.go.kr/12345 ― 서연

수진 ―
> 서연이 이야기를 듣고 나도 치유농업을 다룬 뉴스를 찾아 봤어. 이 영상 한번 봐 봐. 치유농업이 인지적 기능까지도 향상시켜 준다고 하더라고.

> https://△△△news.com/7890
>
>
> NEWS
> " '치유농업' 효과 탁월 "

태준 ―
> 추가적인 것까지 알 수 있어서 참 좋은 자료네. 👍👍

> 다들 이제 치유농업이 뭔지, 어떤 효과가 있는지 알게 됐을 것 같아. 그럼 영상 제작 계획에 대해 이야기해 보자. ― 서연

> 내가 미리 간단한 영상 제작 계획서를 작성해 봤어.

> 파일 전송: 치유농업 홍보 영상 제작 계획서.hwp(7.0MB)

> 이 계획서를 바탕으로 의견을 제시해 줘.

지훈 ―
> 서연에게 답장
> 내가 미리 간단한 영상 제작 계획서를 작성해 봤어.
> ┄┄┄┄┄┄┄┄┄┄┄┄┄┄┄┄┄┄┄┄
> 언제 이런 걸 다 만들었어? 대단하다!
> 역시 철저한 준비성!

태준 ―
> '치유농업의 개념 - 개인에게 미치는 효과 - 지역 사회에 미치는 효과' 세 부분으로 나누었네. 다들 어떻게 생각해?

수진 ―
> 좋아. 그런데 참여를 권유하는 내용까지 포함되면 더 좋을 것 같아.

나

갈래

휴대 전화 메신저 대화

화제

치유농업 홍보 영상 공모전 참가를 위한 영상 제작 계획

대화 중심 내용

영상 제작 계획	
수진	참여를 권유하는 내용을 포함할 것
태준	개인과 지역 사회에 미치는 효과를 한 장면에 배치

영상 전달 효과를 높일 수 있는 방법	
지훈	• 높은 곳에서 멀리 내려다보는 각도로 마을을 촬영해서 고즈넉한 농촌 풍경을 강조 • 농촌 풍경과 어울리는 배경 음악 삽입 • 열매가 하나씩 나올 때마다 효과음을 제시 • 치유농업을 통해 결실을 얻는다는 의미 강조를 위해 열매 수확 모습 제시
수진	• 치유농업의 개념을 자막으로 요약하여 함께 제시 • 다양한 사람들이 참여를 권유하는 말을 외치게 하여 참여 대상에 제한이 없음을 강조
태준	두 종류의 열매 이미지 안에 치유농업이 개인과 지역 사회에 미치는 효과를 각각 넣어서 제시

WEEK 5

서연
• 하이퍼링크를 사용하여 블로그 내용 전달 • 영상 제작 계획서를 파일로 전달

수진
• 하이퍼링크를 사용하여 치유농업과 관련된 뉴스를 전달 • 투표 기능 사용

태준
이모티콘을 활용하여 감정 표현

지훈
답글 기능 사용

태준 : 그럼 개인과 지역 사회에 미치는 효과를 한 장면에 배치하고 마지막 장면에 참여를 권유하는 내용을 제시하자.

서연 : 좋은 생각이야. 그럼 영상 전달 효과를 높일 수 있는 방법을 생각해 보자. 첫 장면은 농촌 풍경을 보여 주면서 치유농업의 개념을 내레이션으로 처리했는데 어때?

지훈 : 높은 곳에서 멀리 내려다보는 각도로 마을을 촬영해서 고즈넉한 농촌 풍경을 담아냈으면 좋겠어. 그리고 이런 풍경과 어울리는 배경 음악도 삽입하자.

수진 : 그런데 개념을 내레이션으로만 제시하기보다 자막으로 요약해서 함께 제시해 주면 더 좋을 것 같아.

태준 : 찬성. 그다음 장면으로 두 종류의 열매 이미지 안에 치유농업이 개인과 지역 사회에 미치는 효과를 각각 넣어서 제시하면 시각적인 전달력이 높아질 거야.

지훈 : 그래. 열매가 하나씩 나올 때마다 효과음을 함께 제시하자. 그다음에 열매를 수확하는 모습을 보여 주면 치유농업을 통해 결실을 얻는다는 의미도 살릴 수 있어.

수진 : 마지막 장면은 참여를 권유하는 말을 다양한 사람들이 외치게 하여 참여 대상에 제한이 없음을 드러내자.

서연 : 의견 제시해 줘서 고마워. 너희 의견 반영해서 영상 제작 계획서 수정해 볼게.

태준 : 그럼, 촬영 날짜는 언제가 좋을까?

수진 : 투표로 결정하자. 참여할 수 있는 시간에 투표해 줘.

🗳 투표하러 가기	>

지훈 : 응. 알았어.

01

(가)와 (나)에 드러나는 매체의 특성을 이해한 것으로 적절한 것은?

① (가)에서는 (나)와 달리 정보 생산자와 정보 수용자가 실시간으로 상호작용하고 있다.
② (가)에서는 (나)와 달리 정보 생산자가 불특정한 다수의 정보 수용자를 대상으로 정보를 제공하고 있다.
③ (나)에서는 (가)와 달리 정보 생산자와 정보 수용자가 물리적으로 떨어진 공간에서 소통하고 있다.
④ (가)와 (나)에서는 모두 정보 생산자가 생산한 정보의 내용을 정보 수용자가 직접 수정하고 있다.
⑤ (가)와 (나)에서는 모두 정보 생산자가 문자 언어와 음성 언어를 결합한 형태로 정보 수용자에게 정보를 전달하고 있다.

02

(나)의 대화에 대한 설명으로 적절하지 않은 것은?

① '서연'은 문서 파일을 공유하며 대화 참여자들에게 논의의 방향을 제시하고 있다.
② '수진'은 동영상 링크를 공유하며 상대방이 제시한 정보에 대한 이의를 제기하고 있다.
③ '지훈'은 답장 기능을 활용하여 상대방의 자료 준비 태도에 대한 평가를 드러내고 있다.
④ '태준'은 이모티콘을 활용하여 상대방이 준비한 새로운 정보에 대한 반응을 드러내고 있다.
⑤ '수진'은 의견을 취합할 수 있는 기능을 활용하여 대화 참여자들에게 의사 결정에 참여할 것을 요청하고 있다.

03

㉠~㉤에 대한 설명으로 적절하지 않은 것은?

① ㉠: 연결 어미 '-려고'를 사용하여 치유농업에 대한 정보를 준비한 의도를 드러내고 있다.
② ㉡: 연결 어미 '-면서'를 사용하여 운동 능력 강화의 조건을 드러내고 있다.
③ ㉢: 격 조사 '에서'를 사용하여 원예 체험 행사가 열리는 장소를 드러내고 있다.
④ ㉣: 격 조사 '라고'를 사용하여 행사 참여자의 말을 직접적으로 인용하고 있다.
⑤ ㉤: 연결 어미 '-아서'를 사용하여 많은 사람들이 프로그램에 참여하지 못하는 이유를 드러내고 있다.

매체 자료 내용을 분석하는 문제이다. (나)는 ○○군에서 진행하는 '치유농업 홍보 영상 공모전'에 참가를 위한 영상 제작 계획에 대해 나눈 대화로, 해당 대화에서 언급된 수정 사항이 제대로 반영이 되었는지 확인하고, 반영이 되지 않은 선택지를 찾아야 한다.

04

(나)의 대화 내용을 바탕으로 '서연'이 수정한 '영상 제작 계획'으로 적절하지 <u>않은</u> 것은?

영상 제작 계획	
장면 구상	장면 스케치
① 산 위에서 촬영한 마을의 정경과 잔잔한 배경 음악을 함께 제시하여 평화로운 농촌의 분위기가 느껴지도록 연출해야겠어.	
② 치유농업의 개념을 구체적으로 설명하는 내레이션과 함께 핵심 내용으로 구성된 자막을 제시하여 전달 효과를 높여야겠어.	
③ 사과와 포도 모양의 이미지 안에 개인과 지역 사회에 미치는 효과를 각각 기록하여 치유농업의 효과를 한눈에 구별할 수 있도록 연출해야겠어.	
④ 농부가 열매를 하나씩 수확할 때마다 효과음을 삽입하여 치유농업을 통해 얻는 결실의 의미를 시각뿐 아니라 청각적으로도 강조해야겠어.	
⑤ '치유농업 함께해요'를 외치는 인물들의 성별과 연령을 다양하게 구성하여 치유농업에 누구나 참여할 수 있다는 것을 강조하도록 연출해야겠어.	

※ 다음 글을 읽고 물음에 답하시오.

❶ 논리 실증주의에서는 어떠한 언명이 기존 이론의 영향을 받지 않고 오로지 객관적 관찰을 통해 참과 거짓으로 확실히 결정될 수 있으면 과학적으로 유의미하다고 보았다. 그리고 보편 언명이 단칭 언명의 누적을 통해 성립된다고 주장했다. 단칭 언명은 ⓐ 특정 시공간에서 발생한 특정 사건을 언급한 것이고, 보편 언명은 단칭 언명들을 일반화한 것으로 과학 이론으로 성립될 수 있는 것을 말한다. 예컨대 '이 리트머스 시험지가 산에 담기면 붉어진다.'라는 단칭 언명이 예외 없이 관찰된다면 '모든 리트머스 시험지는 산에 담기면 붉어진다.'라는 보편 언명이 과학 이론으로 성립될 수 있다고 보았다.

❷ 그런데 ⓑ 이러한 생각은 어떤 과학 이론이 지금까지 누적된 단칭 언명들을 통해 참으로 보장될지라도, 앞으로 보편 언명으로서 확실히 참이 될 수는 없다는 비판에 직면했다. 예컨대 지금까지 리트머스 시험지가 산에 담겼을 때 항상 붉어졌다는 관찰이, 앞으로 어떤 리트머스 시험지가 산에 담기면 붉어질 것임을 보장하지 않기 때문이다. 이 난점을 극복하기 위해 일부의 논리 실증주의자들은 단칭 언명이 누적될수록 과학 이론이 참으로 결정될 가능성이 점차 증가할 것이라는 ⓒ 완화된 입장으로 바뀌었다. 하지만 지금까지의 단칭 언명들로 일반화된 언명이 ⓓ 계속 참으로 남을 것인지는 알 수 없다는 문제를 해결할 수 없었다.

❸ 비판적 합리주의는 논리 실증주의와 달리 단칭 언명이 기존 과학 이론과의 연관 속에서 형성된다고 보고, 현상을 있는 그대로 관찰하는 것은 거의 불가능하다고 주장했다. 그리고 참인 단칭 언명을 통해 가설이나 과학 이론이 참임을 확실히 알 수는 없지만 참인 단칭 언명을 통해 그것이 거짓임을 밝히는 것은 가능하다고 했다. 예컨대 '어떤 리트머스 시험지가 산에 담기면 그 시험지가 붉어지지 않는다.'라는 단칭 언명으로부터 '모든 리트머스 시험지는 산에 담기면 붉어진다.'라는 보편 언명이 거짓임을 확실히 알 수 있다. 이를 바탕으로 비판적 합리주의에서는 과학과 과학이 아닌 것을 구분하는 기준으로 반증 가능성을 제시하고, 관찰에 의해 반증될 수 있는 언명만을 과학적으로 의미 있는 언명으로 인정해야 한다고 보았다.

❹ 비판적 합리주의는 기존 과학 이론으로 설명할 수 없는 사실의 관찰로부터 새로운 과학 이론이 비롯된다고 보았다. 이때 기존 과학 이론은 즉시 버려지고 기존 과학 이론을 수정하여 쓸 수는 없다. 과학자들은 기존 과학 이론으로 설명할 수 없는 사실이 발견된 문제 상황을 해결하기 위한 가설을 새로 수립하고, 가설을 ⓔ 시험할 수 있는 사례를 떠올린다. 만약 그러한 사례가 관찰되지 않는다면 그 가설은 잠정적 과학 이론의 지위를 부여받는다. 비판적 합리주의는 과학이 참된 진리에 도달할 수는 없으나 점진적으로 다가갈 수 있다고 주장했다. 모든 과학 이론은 잠정적이라는

🗨 **핵심정리**

문단 중심 내용

❶ 논리 실증주의에서 과학 이론이 성립되는 방법
❷ 논리 실증주의의 한계
❸ 비판적 합리주의에서 과학 이론이 성립되는 방법
❹ 비판적 합리주의의 한계

논리 실증주의

단칭 언명	특정 시공간에서 발생한 특정 사건을 언급한 것
보편 언명	단칭 언명들을 일반화한 것으로 과학 이론으로 성립될 수 있는 것 → 단칭 언명의 누적을 통해 성립됨.
문제점	어떤 과학 이론이 지금까지 누적된 단칭 언명들을 통해 참으로 보장될지라도, 앞으로 보편 언명으로서 확실히 참이 될 수는 없음.
보완	단칭 언명이 누적될수록 과학 이론이 참으로 결정될 가능성이 점차 증가할 것이라는 완화된 입장으로 바뀜.
한계	지금까지의 단칭 언명들로 일반화된 언명이 계속 참으로 남을 것인지는 알 수 없음.

비판적 합리주의

단칭 언명	기존 과학 이론과의 연관 속에서 형성되는 것
반증 가능성	과학과 과학이 아닌 것을 구분하는 기준 → 관찰에 의해 반증될 수 있는 언명만이 과학적으로 의미 있는 언명임.
새로운 과학 이론	기존 과학 이론으로 설명할 수 없는 사실의 관찰로부터 비롯됨. → 기존 과학 이론을 수정하여 쓸 수는 없음.
한계	실제 과학 현실에서는 기존 과학 이론이 폐기되어야 함에도 이를 보완하려는 시도가 빈번함. → 실제 과학 현실을 정확하게 설명하고 있지 못함.

것이다. 과학 이론은 거듭된 반증의 시도로부터 꾸준히 살아남을 수 있으나 언제라도 반증될 수 있기 때문이다. 하지만 실제 과학 현실에서는 그러한 사례가 발견되어 기존 과학 이론이 폐기되어야 함에도 기존 과학 이론을 폐기하지 않고 보완하려는 시도가 빈번하다는 점에서, ㉠ 비판적 합리주의는 실제 과학 현실을 정확하게 설명하고 있지 못하다는 문제가 있다.

■ 문제풀이 맥 ■

01
글의 세부 정보를 이해하는 문제이다. 선택지에서 묻고 있는 내용을 파악하고, 그 내용을 지문에서 찾을 수 있는지 확인해야 한다. 지문은 논리 실증주의와 비판적 합리주의의 입장을 설명하고 있으므로 주로 이와 관련된 선택지가 나올 것이다.

02
핵심 정보를 구체적 상황에 적용하는 문제이다. <보기>에는 기존의 과학 이론으로 설명할 수 없는 현상을 설명하기 위해 새로운 가설을 세운 아인슈타인과, 직접 찍은 사진을 분석하여 가설을 세운 에딩턴의 사례가 제시되어 있다. 기존 과학 이론으로 설명할 수 없는 사실의 관찰로부터 새로운 과학 이론이 비롯된다고 본 비판적 합리주의의 입장에서 아인슈타인과 에딩턴의 사례를 이해해야 한다.

01

윗글을 통해 해결할 수 있는 의문이 아닌 것은?

① 비판적 합리주의에서는 과학과 과학이 아닌 것을 구분하는 기준을 무엇으로 보았는가?
② 논리 실증주의에서는 비판적 합리주의가 가지고 있는 문제점을 무엇으로 보았는가?
③ 비판적 합리주의에서는 과학이 어떻게 참된 진리에 다가갈 수 있다고 보았는가?
④ 비판적 합리주의에서는 새로운 과학 이론이 무엇으로부터 출발한다고 보았는가?
⑤ 논리 실증주의에서는 과학적으로 유의미한 언명의 조건을 무엇으로 보았는가?

02

윗글의 비판적 합리주의의 입장에서 <보기>를 이해한 내용으로 가장 적절한 것은?

> **보기**
>
> 물질의 존재와 무관하게 공간은 항상 같은 상태라는 과학 이론이 그 지위를 확고히 하고 있던 시기에 아인슈타인은 이 과학 이론으로 설명할 수 없는 현상을 새로운 가설로 설명하고자 했다. 그래서 아인슈타인은 태양처럼 질량이 큰 물체는 주변의 공간을 왜곡한다는 가설을 세웠다. 이후 에딩턴은 일식이 진행되는 동안 어떤 별의 사진을 찍었다. 이 사진들을 분석한 결과, 일식 때의 별빛 위치가 일식이 아닐 때의 별빛 위치와 다르다는 것을 알게 되었다. 이를 토대로 에딩턴은 이 별빛은 태양에 의해 왜곡된 공간을 따라 휘며 진행한 것이라고 보았다.

① 아인슈타인의 가설은 거듭된 반증의 시도로부터 꾸준히 살아남는다면 참된 진리에 도달하겠군.
② 태양처럼 질량이 큰 물체에 의해 공간이 왜곡된다는 아인슈타인의 가설이 제시되자마자 기존 과학 이론은 즉시 버려졌겠군.
③ 일식 때 별빛이 휘지 않고 진행함을 보여 주는 현상이 또 발견되어야 아인슈타인의 가설은 잠정적 과학 이론의 지위를 부여받겠군.
④ 물질의 존재와 무관하게 공간은 항상 같은 상태라는 과학 이론은 에딩턴에 의해 확실히 반증되었기에 과학적으로 유의미한 이론이라고 할 수 없겠군.
⑤ 에딩턴의 사진 분석은 아인슈타인의 가설이 참된 진리에 도달했음을 알게 할 수는 없지만 기존 과학 이론이 성립하지 않는다는 것을 확실히 알 수 있게 하겠군.

03

ⓐ~ⓔ에 대한 설명으로 적절하지 <u>않은</u> 것은?

① ⓐ: 객관적 관찰을 통해 참과 거짓을 결정할 수 있는 사건을 언급한 것이다.

② ⓑ: 단칭 언명들을 일반화한 보편 언명이 과학 이론으로 성립될 수 있다는 생각이다.

③ ⓒ: 참인 단칭 언명이 누적될수록 보편 언명이 참이 될 확률이 커진다는 입장이다.

④ ⓓ: 지금의 과학 이론이 미래의 관찰에도 그대로 적용될 수 있을지는 알 수 없다는 문제이다.

⑤ ⓔ: 문제 상황을 해결하기 위해 세운 가설을 지지하는 사례이다.

03

핵심 정보를 구체적으로 이해하는 문제이다. ⓐ~ⓔ가 가리키는 구체적인 내용이 무엇인지 이해해야 한다. 이때는 앞뒤 내용을 살피고, 문맥을 통해 추론해야 한다.

04

㉠에 대한 이해로 가장 적절한 것은?

① 과학자들은 정확한 관찰이 선행되지 않더라도 새로운 가설을 과학 이론으로 인정하려 한다.

② 과학자들은 어떤 가설이 새로운 과학 이론으로 제시되면 해당 가설의 옳고 그름을 하나하나 점검하려 한다.

③ 과학자들은 기존 과학 이론에 기대어 가설을 세우기보다는 직접 관찰한 사실을 바탕으로 가설을 세우려 한다.

④ 과학자들은 기존 과학 이론으로 풀이될 수 없는 현상이 관찰되더라도 기존 이론을 폐기하지 않고 수정하려 한다.

⑤ 과학자들은 어떤 가설이 새로운 과학 이론의 지위를 부여받았을지라도 그것은 잠정적인 것이기 때문에 언제든 대체될 수 있다고 본다.

04

핵심 정보를 이용해 추론하는 문제이다. ㉠은 비판적 합리주의는 실제 과학 현실을 정확하게 설명하고 있지 못하다는 문제가 있다는 내용이다. ㉠의 앞에 실제 과학 현실에서의 상황을 제시하고 있으므로 이를 이용하여 ㉠의 의미를 추론해야 한다.

WEEK 5

4 Day

독서(사회) 고3 2023년 10월

현대법철학

시작시간 시 분 초 / 종료시간 시 분 초

온라인 문제풀이

핵심정리

문단 중심 내용

❶ 법 해석에 있어 문제가 되는 경우
❷ 법의 개방적 구조와 이에 대한 하트의 생각
❸ 법 해석에 대한 하트의 주장
❹ 하트의 법 해석에 대한 풀러의 비판

법의 개방적 구조

의미	법 규칙이 명하게 적용되는 핵심적인 사례에 있어서는 언어의 의미가 확정되어 있지만, 그렇지 않은 경계에 있는 사례에서는 언어의 의미가 불확정적이라는 것
이유	• 언어의 본성은 개방적임. • 미래에 일어날 수 있는 가능한 모든 사태를 알 수 없음. → 규칙의 적용 여부가 미리 완벽하게 확정될 수 없음.

법 해석에 대한 하트의 주장과 풀러의 비판

하트의 주장

• 법 규칙의 의미가 확정적일 때 다른 요소를 특별히 고려할 필요가 없음.
• 법 규칙은 대부분 확정적인 의미의 규칙임.
• 법 규칙이 명백하게 적용되지 않는 사례가 발생했을 경우, 판사는 법 외적인 요소를 고려한 재량을 행사하여 판결할 수 있음.
• 판사는 경계에 있는 사례에 대해서 의미를 확정하는 선례를 남기기 때문에 규칙을 제정하는 기능을 수행함.

↕

풀러의 비판

• 하트의 법 해석에 대한 접근은 개별 단어들에 지나치게 집중함.
• 법을 해석할 때는 기본적으로 법 규칙의 맥락과 법 규칙으로 실현하고자 하는 목적이 중요함.

개방적인 법 규칙의 예시

'공원에 탈 것의 출입 금지'

• 장난감 자동차가 거기에 포함되는지는 미리 구상하기 어려움.
• 규칙만으로는 장난감 자동차가 허용되는지를 판단하기 어려움.

※ 다음 글을 읽고 물음에 답하시오.

❶ 법 해석은 법 규칙의 내용을 분명히 파악하고 그 적용 범위를 확정하는 것을 의미한다. 그런데 많은 사례에 법 규칙이 문제없이 작용한다고 할지라도, 일부 사례에서는 적용 가능 여부가 분명하지 않아서 문제가 될 수 있다. 이에 주목하여 법 해석에 대해 논의한 인물이 법학자 ㉠하트이다.

❷ 하트의 주장을 이해하기 위해서는 우선 법의 개방적 구조를 알 필요가 있다. 개방적 구조란 법 규칙이 명백하게 적용되는 핵심적인 사례에 있어서는 언어의 의미가 확정되어 있지만, 그렇지 않은 경계에 있는 사례에서는 언어의 의미가 불확정적이라는 것을 의미한다. 하트는 법 규칙처럼 언어로 만들어진 규칙이라면 대부분 이러한 개방적 구조를 가질 수밖에 없다고 보았다. 언어의 본성이 개방적이며, 미래에 일어날 수 있는 가능한 모든 사태를 알 수 없어서 규칙의 적용 여부가 미리 완벽하게 확정될 수 없기 때문이다. 예를 들어, 공원 안의 조용함과 평화를 위해 '공원에 탈 것의 출입 금지'라는 규칙을 만든다고 할 때, 이 맥락에서 사용되는 언어는 그 규칙이 적용되는 범위에 어떤 사례가 ⓐ들어가기 위해 충족해야 할 조건을 결정한다. 이때 작성자의 머릿속에는 그 범위 내에 있는 자동차나 버스와 같은 명백한 사례가 떠오를 것이다. 그러나 장난감 자동차가 거기에 포함되는지는 미리 구상하기 어려울 것이다. 그래서 공원의 조용함과 평화가 장난감 자동차를 사용하여 즐거워하는 아이들과의 관계에서 우선시해야 하는가에 대한 문제 역시 예견하지 못했을 수 있기 때문에 앞의 규칙만으로는 그것이 허용되는지를 판단하기 어렵다.

❸ 하트는 법 규칙의 의미가 확정적일 때 다른 요소를 특별히 고려할 필요가 없다고 생각했다. 그리고 법 규칙은 대부분 확정적인 의미의 규칙이라고 보았다. 하지만 법 규칙이 명백하게 적용되지 않는 사례가 발생했을 경우, 판사는 법에 근거한 논리적인 판단으로 문제를 해결할 수 없고 사회적 목적, 정책 등과 같은 법 외적인 요소를 고려한 재량을 행사하여 판결할 수 있다고 주장하였다. 그리고 판사는 경계에 있는 사례에 대해서 의미를 확정하는 선례를 남기기 때문에 규칙을 제정하는 기능을 수행하고 있다고 보았다.

❹ ㉡풀러는 하트의 법 해석에 대한 접근이 개별 단어들에 지나치게 집중한다고 비판하면서 법을 해석할 때는 기본적으로 법 규칙의 맥락과 법 규칙으로 실현하고자 하는 목적이 중요하다고 주장하였다. 즉 판사는 탈 것을 금지하는 규칙의 맥락과 목적을 해석 과정 전반에서 고려하여 판결해야 하는 것이지 탈 것의 의미가 불확정적일 때만 비로소 목적을 고려하는 것이 아니라는 의미이다. 풀러는 아이들에게 놀이를 가르치라고 어떤 사람이 다른 사람에게 말했는데, 아이들에게 돈을 걸고 내기를 하는 주사위 노름을 가르친 상황을 예로 들어 이를 설명한다. 아이들에게 놀이를 가

르치라는 발화자의 당초 목적이 구체적으로 확정되지 않더라도, 놀이가 가리키는 대상에 주사위 노름이 포함되지 않는다고 해석할 수 있는 것은 인류가 가진 보편적인 목적들을 구현하는 방향으로 해석해야 하기 때문이라는 것이다. 한편 풀러는 하트가 법 규칙의 언어를 중시하여 법을 해석해야 한다는 이론을 제시한 것은 법 규칙의 목적을 중시하는 해석을 과도하게 하면 생길 수 있는 위험을 경계한 것이라고 이해하였다. 법으로 금지되고 허용되는 행위를 미리 분명하게 확정할 수 없다면 법치주의가 불가능하기 때문이다.

하트의 입장
판사가 사회적 목적, 정책 등과 같은 법 외적인 요소를 고려한 재량을 행사하여 판결해야 함.

↕

풀러의 입장
판사는 탈 것을 금지하는 규칙의 맥락과 목적을 해석 과정 전반에서 고려하여 판결해야 함.

01

윗글의 내용과 일치하지 <u>않는</u> 것은?

① 법을 해석할 때 법 규칙의 적용 가능 여부가 분명하지 않아 문제가 되는 사례가 발생할 수 있다.
② 풀러는 하트의 법 해석에 대한 접근이 개별 단어들에 지나치게 집중한다고 보았다.
③ 하트는 판사가 판결을 통해 법 규칙의 의미를 확정하는 기능도 수행한다고 보았다.
④ 법 해석은 법 규칙의 내용을 파악하고 그 적용 범위를 확정하는 행위이다.
⑤ 하트는 법 규칙의 맥락과 목적이 법 해석에서 언제나 고려된다고 보았다.

02

개방적 구조에 대한 이해로 가장 적절한 것은?

① 법 규칙은 언어의 의미가 확정적일 때 개방적 구조를 가진다.
② 대부분의 법 규칙은 언어로 구성되므로 개방적 구조를 가진다.
③ 개방적 구조는 법에 근거한 논리적 판단으로 모든 문제를 해결할 수 있게 한다.
④ 개방적 구조는 미래에 일어날 수 있는 모든 사태를 미리 구상할 수 있게 한다.
⑤ 법 규칙은 핵심적인 사례에서 언어의 의미가 불확정적이어서 개방적 구조를 가진다.

■ 문제풀이 맥 ■

01

글의 세부 정보를 이해하는 문제이다. 법 해석에 대한 하트의 주장과, 이에 대한 풀러의 비판을 이해해야 한다. 지문의 1문단에서는 법 해석에 있어 문제가 되는 경우를, 2~3문단에서는 하트의 입장을, 4문단에서는 풀러의 비판을 설명하고 있다.

02

핵심 정보를 구체적으로 이해하는 문제이다. 2문단을 통해 개방적 구조의 의미와, 법이 개방적 구조를 가질 수밖에 없는 이유를 알 수 있다. 법의 개방적 구조를 법 규칙의 특징과 연관 지어 이해해야 한다.

WEEK 5

03

핵심 정보를 구체적 상황에 적용하는 문제이다. ㉠은 하트, ㉡은 풀러이다. <보기>에는 "박물관에서 먹을 것 섭취를 금지한다."라는 규칙에서의 '먹을 것'의 적용 범위로 인한 문제가 제시되어 있으므로, '먹을 것'의 해석 방식에 대한 하트와 풀러의 관점을 파악해야 한다.

03

㉠, ㉡이 <보기>에 대해 보인 반응으로 적절하지 <u>않은</u> 것은?

보기

> K국에는 "박물관에서 먹을 것 섭취를 금지한다."라는 규칙이 있다. 어느 날 A는 박물관에서 약을 먹다가 적발되자, 약은 금지되는 먹을 것이 아니라고 판사에게 주장하였다.

① ㉠은 규칙으로 금지되는 '먹을 것'에 해당하는 사례가 있다고 볼 수 있겠군.

② ㉠은 약이 금지되는 '먹을 것'으로 규칙에 명백하게 적용되지 않는다면 경계에 있는 사례가 발생했다고 볼 수 있겠군.

③ ㉡은 약이 금지되는 '먹을 것'에 해당하는 사례라고 하더라도 판사는 규칙의 맥락과 목적을 고려해야 한다고 볼 수 있겠군.

④ ㉠은 규칙을 만들 때 약의 섭취 문제를 예견하지 못했기 때문에 판사가 재량을 행사할 수 있다고 볼 수 있겠고, ㉡은 금지되는 '먹을 것'에 약이 포함되는지를 그 규칙의 목적을 고려해서 판단해야 한다고 볼 수 있겠군.

⑤ ㉠은 규칙에 의해 약이 금지되는 '먹을 것'에 해당되는지를 우선 살펴야 한다고 볼 수 있겠고, ㉡은 약이 금지되는 '먹을 것'에 해당되는지를 판사가 규칙의 언어에 근거하여 확정했다면 목적을 중시하는 해석을 과도하게 한다고 볼 수 있겠군.

04

어휘의 문맥적 의미를 이해하는 문제이다. 선택지 중에서 ⓐ의 '들어가다'와 유사한 의미로 사용된 어휘를 찾아야 한다. ⓐ의 문맥상 의미와, 함께 사용된 조사를 파악하면 쉽게 풀 수 있다.

04

ⓐ의 문맥적 의미와 가장 유사한 것은?

① 고생을 많이 했는지 눈이 쑥 <u>들어갔다</u>.

② 수업 종이 울려서 교실에 <u>들어갔다</u>.

③ 오래된 신발이 안 <u>들어간다</u>.

④ 내일부터 방학에 <u>들어간다</u>.

⑤ 고래는 포유류에 <u>들어간다</u>.

※ 다음 글을 읽고 물음에 답하시오.

가

목숨이란 마치 **깨어진 배 조각**

여기저기 흩어져 마을이 구죽죽한 어촌보담 어설프고

삶의 티끌만 오래 묵은 포범(布帆)처럼 달아 매었다

남들은 기뻤다는 젊은 날이었건만

밤마다 **내 꿈**은 서해를 **밀항하는 쩡크***와 같아

소금에 절고 조수(潮水)에 부풀어 올랐다

항상 흐릿한 밤 **암초를 벗어나면 태풍과 싸워** 가고

전설에 읽어 본 **산호도(珊瑚島)는 구경도 못 하는**

그곳은 남십자성이 비쳐 주도 않았다

쫓기는 마음 지친 몸이길래

그리운 지평선을 한숨에 기오르면

시궁치*는 열대 식물처럼 **발목을 오여**쌌다

새벽 밀물에 밀려온 거미이냐

다 **삭아 빠진 소라 껍질**에 |나|는 붙어 왔다

먼 항구의 노정(路程)*에 흘러간 생활을 들여다보며

                          - 이육사, 〈노정기〉 -

* 쩡크: 정크(Junk). 중국 연해나 하천에서 사람과 짐을 실어 나르는 배.
* 시궁치: 더러운 물이 잘 빠지지 않고 썩어서 질척질척하게 된 도랑의 근처.
* 노정: 거쳐 지나가는 길이나 과정.

나

[A]
부패해가는 **마음 안의 거대한 저수지를**

나는 발효시키려 한다

[B]
나는 충분히 썩으면서 살아왔다

묵은 관료들은 숙변을 내게 들이부었고

나는 낮은 자로서

치욕을 나의 것으로 받아들였다

성격

성찰적, 자기반성적, 현실 비판적

제재

내면 성찰

주제

암울한 시대를 지나며 더럽혀진 자신의 내면에 대한 성찰

특징

① 자신의 내면을 저수지에 비유함.
② 대립적 시어를 통해 주제를 형상화함.
③ 자연물을 활용하여 활기차고 생동감 넘치는 공간을 나타냄.

해제

이 작품의 화자는 자신의 내면을 커다란 저수지에 비유하고 있다. 그리고 그 저수지가 암울한 현실로 말미암아 온갖 오물들로 썩어가고 있으며, 그러한 현실을 침묵으로 받아들일 수밖에 없었다고 토로하고 있다. 이러한 반성을 통해 화자는 마음속에 쌓인 온갖 오물들이 발효되어 깨끗해지기를 소망하고 있다. 즉, 자신의 마음속 저수지에도 '물의 법', '물왕의 도'가 살아 있어 스스로 정화되기를 바라고 있는 것이다.

구성

1연	부패해 가는 마음을 발효시키고자 함.
2연 (1~12행)	부정적 현실을 감내하며 살아온 지난 삶
2연 (13~15행)	부정적 현실의 재인식
2연 (16~28행)	부패한 마음이 발효되어 정화되기를 소망함.

다 김진규, 〈몰인설〉

갈래

설(한문 수필)

성격

교훈적, 경세적

제재

잠수부의 이야기

주제

위태로운 벼슬길에 대한 경계

이 땅에서 냄새나지 않는 자가 누구인가

[C]
　수렁 바닥에서 멍든 얼굴이 썩고 있을 때나
　흐린 물 위로 떠오를 때에도
　나는 **침묵**했고
　그 **슬픔**을 나의 것으로 받아들였다

[D]
　나는 한때 이미 죽었거나
　독약 먹이는 세월에 쓸개가 **병든 자**로서
　울부짖음 대신 쓴 거품을 내뿜었을 뿐이다

문제는 스스로 **마음**에 뚜껑을 덮고 오물을 거부할수록

오물들이 더 불어났다는 사실이다

뒤늦게 나는 그 **뚜껑이 성긴 그물이었음**을 깨닫는다

[E]
　물왕저수지라는 팻말이 내 마음의 한 변두리에 꽂혀 있다
　나는 그 저수지를 본 적이 없다
　긴 가문 날 흙먼지투성이 버스 유리창을 통해
　물왕저수지로 가는 길가의 팻말을 얼핏 보았을 뿐이다

그 저수지에

물의 법이 물왕의 도가

아직도 순환하고 있기를 바란다

그 저수지에 왕골을 헤치며 다니는 **물뱀들**이

춤처럼 살아있기를 바란다

그리고 **물과 진흙의 거대한 반죽**에서 흰 **갈대꽃**이 피고

[F]
　잉어들은 쩝쩝거리고 물오리떼는 날아올라
　발효하는 숨결이 힘차게 움직이고 있음을
　내 마음에도 전해주기 바란다

– 최승호, 〈발효〉 –

다

포구의 사람 중에 전복을 팔려고 오는 사람이 있어 내가 묻기를,

"당신이 하는 일의 이득은 과연 어느 정도냐?"

하고 물었더니, 말하기를,

"이것은 천한 일이온데, 어찌 물을 일입니까? 대저 바다는 죽음의 땅이고 전복은 반드시 바다 깊은 곳에 있습니다. 또 그물이 아닌 갈고리를 들어야 잡을 수 있으며, 반드시 바다에까지 잠겨야 하며, 숨을 멈추고 잠깐 동안 머무르면서 찾기를 다하여야 얻을 수 있습니다. 또 반드시 작살로 빠르게 찔러야 이내 잡을 수 있습니다. 만약 잠깐이라도 느리게 하면 전복이 칼날을 물어 비록 힘을 다하더라도 칼을

뺄 수도 없으며, 전복은 꿈쩍도 하지 않아 서로 버티다가 시간이 늦으면 물에서 빠져나오지 못하는 사람도 있습니다. 또 바다에는 사람을 잘 무는 **나쁜 고기들**도 많으며, **바다 밑**은 또 매우 차가워 비록 무더위에 잠수하는 사람들도 항상 추워서 오들오들 떠니 잠수하기가 어렵습니다. 그러므로 자기 나이 십여 세가 넘으면서 얕은 데서 익히다가 조금씩 익혀 깊은 데로 갑니다. 이십 세에 이르러서야 전복 잡이는 가능하며, 사십이 넘으면 그만둡니다. 또 잠수하는 사람은 항상 바다에 있으니 머리털이 타고 마르며, 그 살갗은 거칠고 얼룩얼룩하며, 일어나고 기거하는 모습도 일반인과 다릅니다. 그러므로 사람은 편안하지도 다치지도 않아야 하는데, 이 일의 괴롭고 천함이 이와 같으며, **관청**에 **바치는** 것도 그 **양을 다 채우지** 못하는데 어찌 이득이 있겠습니까?”

라고 하였다. 내가 말하기를,

“그러면 병이라도 들지 않겠는가. 어찌 이 일을 버리고 다른 일에 힘쓰지 못하는 것인가?”

하니, 그 잠수부가 입을 딱 벌리고 웃으면서 말하기를,

“무슨 일이 잠수부에게 편한 것이 있겠습니까? 소인이 할 수 있는 일은 농사와 상업뿐입니다. 농부도 가뭄이나 장마에 굶주리고, 상인도 남과 북으로 뛰어다녀 그 괴로움이 나와 더불어 같을 것입니다. 만약 군자의 일인 벼슬을 할 것 같으면 편히 앉아서 녹을 먹고, 수레에 올라앉으면 따르는 무리가 있고, 금빛 붉은 빛에 아름답게 꾸민 관이 우뚝 높고, 조정에 들어가면 부(府)나 성(省)을 받들고 지방으로 나아가도 주(州)나 부(部)에 임하니, 이것은 지극한 즐거움과 영화라 이를 만합니다. 그러나 또한 일찍이 들으니, 아침이면 국록을 먹으나 저녁이면 책망을 당하니, 어제는 한양 땅 부성(府省)에 있으나 지금은 좌천되어 영해(領海)에 있습니다.

(중략)

저 농사와 장사도 어려우니, 참으로 반드시 이 일을 버리고 힘쓰지 않을 수 없으며, 지극한 즐거움과 영화로움에 나아감에 견주어 보면, 사람들이 먹여 주는 것을 먹는 것과 내 힘으로 먹는 것 중 어느 것이 더 나으며, 사람을 다스리는 것과 또 내 일을 다스리는 것 중 어느 것이 더 나으며, **부귀영화를 귀하게 여기는 것**과 나의 **천한 일 중에 욕됨이 없는 것** 중 어느 것이 더 낫습니까? 하물며 안으로 막히고 밖으로 죄에 걸려 죽어 가는 것과 때를 기다려 서로 힘을 합하여 물에 빠지는 위태로움에서 벗어나 수면에 나타나니 어느 것이 더 낫습니까? 내가 또 무엇을 미워하겠습니까? 비록 내가 고을에서 보건데, 우리 무리들은 그 즐거움에 항상 편안하며, 벼슬하는 사람들이 꾸짖으며 와서 몸을 묶더라도 그 사람 또한 그 하나일 뿐이니, 일에 있어 어느 것이 위태롭고 어느 것이 편안하겠습니까? 당신은 이미 구별을 했을 것이니 어찌 그대의 일을 후회하지 않으면서 이에 나보고 도리어 이 일을 버리라고 깨우쳐 주니, 슬픕니다. 이제 그만둡시다.”

특징

① 설의적 표현으로 말하고자 하는 바를 강조함.
② 잠수와 벼슬을 비교 및 대조하여 벼슬의 위태로움을 표현함.
③ 잠수부와 글쓴이의 문답을 통해 글쓴이가 깨달은 바를 드러냄.

해제

이 작품은 거제에서 전복을 따는 잠수부의 입을 통해 자신을 되돌아보게 되는 내용이다. 잠수부와 작가는 대조적인 모습을 보인다. 긍지에 찬 잠수부와 그렇지 못한 작자의 모습은 자존감의 유무에 원인이 있는 것이다. 즉, 자신의 직업에 대해 긍지를 갖는 것은 스스로에 대한 긍지로 이어진다. 자긍심을 갖고 자신의 일에 몰두하면 당당하고 힘찬 모습을 갖게 되는 것이다. 결국 이 이야기는 표면적으로 벼슬길의 어려움을 깨닫는 내용이지만, 이면적으로는 자신의 일에 긍지를 가질 것을 권하는 것이다.

구성

처음	글쓴이는 포구에서 잠수부를 만나 일의 어려움을 묻고, 부조리하고 힘든 잠수 일을 버리고 다른 일에 힘쓸 것을 권함.
중간	잠수부는 일의 어려움은 농부나 상인도 다르지 않다고 대답하며, 일에 있어 위태로움과 편안함을 구별하지 않아야 한다고 대답함.
끝	글쓴이는 잠수부의 말을 듣고 자신을 뉘우치며 훗날 벼슬길에 오르기를 탐하는 사람들에게 이를 알려 경계하고자 함.

벼슬아치의 일과 잠수부의 일

벼슬아치의 일	잠수부의 일
사람들이 먹여 주는 것을 먹는 것	내 힘으로 먹는 것
사람을 다스리는 것	내 일을 다스리는 것
부귀영화를 귀하게 여기는 것	나의 천한 일 중에 욕됨이 없는 것
안으로 막히고 밖으로 죄에 걸려 죽어 가는 것	서로 힘을 합하여 물에 빠지는 위태로움에서 벗어나는 것

WEEK 5

라고 하였다. 내가 그 소리를 듣고 부끄러워 땀에 젖고 놀라서 입이 벌어져 오랫동안 대답할 수 없었다.

오호라, **옛사람**이 **벼슬길**을 바다에 비유했으나 나는 믿지 않았더니, 지금 잠수부의 말로써 시험하니 벼슬길의 위태로움이 바다보다도 심하구나. 그러므로 **그 말을 기록하여** 일을 택함의 **잘못된 것을 슬퍼**하고, 이로 인하여 훗날 **벼슬길에 오르기를 탐하는 사람들에게 경계하고자** 한다.

- 김진규, 〈몰인설(沒人說)〉 -

문답의 형식

"당신이 하는 일의 이득은 과연 어느 정도냐?"
↓
힘들게 일을 함에도 이득이 없음.
"어찌 이 일을 버리고 다른 일에 힘쓰지 못하는 것인가?"
↓
농사와 장사도 잠수 못지않게 힘들고, 벼슬 살이보다는 잠수가 덜 위태롭고 더 편안함.

▣ 문제풀이 맥 ▣

01

표현상의 특징을 파악하는 문제이다. 표현 방식은 의인법, 반어법 등의 표현법만을 가리키지 않고, 심상이나 어조 등 시적 효과를 드러내기 위해 사용한 방식을 모두 가리킨다. 일반적으로 이러한 유형의 문제는 선택지에 표현 방식이나 시상 전개 방식과 그 효과를 엮어서 구성하므로 이를 명확히 파악하는 것이 좋다.

01

(가)~(다)에 대한 설명으로 가장 적절한 것은?

① (가)와 (나) 모두 청유형 어미를 활용하여 친근감을 드러내고 있다.

② (가)와 (다) 모두 반어적 표현을 활용하여 현실을 비판하고 있다.

③ (나)와 (다) 모두 설의적 표현을 활용하여 의미를 부각하고 있다.

④ (가)~(다) 모두 색채의 대비를 활용하여 분위기를 형성하고 있다.

⑤ (가)~(다) 모두 청각의 시각화를 활용하여 생동감을 자아내고 있다.

02

<보기>를 참고하여 (가)와 (나)를 감상한 내용으로 적절하지 않은 것은?

> **보기**
>
> 시에서는 물의 이미지를 활용하여 다양한 방식으로 화자의 삶이 형상화되는 경우가 있다. (가)는 물의 흐름에 따라 흘러가는 배의 이미지를 통해 안식을 소망했던 고달픈 삶을 형상화하며 비극적 운명에 대한 화자의 인식을 드러낸다. (나)는 부정적 상황을 인식하고 순환하는 물의 이미지를 통해 생명력 있는 삶을 지향하는 화자의 태도를 드러낸다.

① (가)에서 '암초를 벗어나면 태풍과 싸'우고 '산호도는 구경도 못 하는' 것은 화자의 고달픈 삶을 나타낸 것이겠군.

② (가)에서 '목숨'이 '깨어진 배 조각'처럼 흩어지고 '내 꿈'이 '밀항하는 쩡크와 같'다는 것은 흘러가는 배의 노정에 화자의 삶을 관련지어 나타낸 것이겠군.

③ (나)에서 '마음'에 덮은 '뚜껑이 성긴 그물이었음'을 깨닫는 것은 부정적 상황에 대한 화자의 인식을 나타낸 것이겠군.

④ (가)에서 '발목을 오여'싼 '시궁치'는 화자가 꿈꾸던 안식의 공간을, (나)에서 '물뱀들'이 살아있길 바라는 '그 저수지'는 화자가 물이 순환하기를 기대하는 공간을 나타낸 것이겠군.

⑤ (가)에서 '삭아 빠진 소라 껍질'에 붙어 왔다는 것은 비극적 운명에 대한 화자의 인식을, (나)에서 '물과 진흙의 거대한 반죽'에서 '갈대꽃'이 피길 바라는 것은 생명력 있는 삶에 대한 화자의 지향을 나타낸 것이겠군.

02

외적 준거에 따라 작품을 감상하는 문제이다. 문제에 제시된 <보기>는 주로 작품을 감상하는 데 도움이 되는 문학 이론이나, 작품과 관련된 내재적, 외재적 정보들을 담고 있다. 이러한 유형의 문제를 풀기 위해서는 먼저 <보기>에 제시된 핵심 내용이 무엇인지 파악하고, 그 핵심 내용을 바탕으로 작품을 감상한 뒤 선택지에 제시된 내용이 <보기>를 바탕으로 한 작품 감상에 부합하는지를 판단해야 한다.

03

(가)의 나와 (다)의 잠수부에 대한 설명으로 가장 적절한 것은?

① (가)의 '나'와 (다)의 '잠수부'는 모두 타인과는 다른 처지에 대한 주관적 인식을 드러내고 있다.

② (가)의 '나'와 (다)의 '잠수부'는 모두 이전과 달라진 타인의 마음에 대한 정서를 드러내고 있다.

③ (가)의 '나'와 (다)의 '잠수부'는 모두 시간의 흐름에 따라 변화하는 타인의 외양에 대한 객관적 평가를 드러내고 있다.

④ (가)의 '나'는 타인이 겪을 일에 대한, (다)의 '잠수부'는 자신이 겪을 일에 대한 추측을 드러내고 있다.

⑤ (가)의 '나'는 타인에게 받은 상처에 대한, (다)의 '잠수부'는 타인이 자신에게 하는 행동에 대한 부정적 반응을 드러내고 있다.

03

작품을 비교하여 이해하는 문제이다. 이러한 유형의 문제에 접근하기 위해서는 먼저 작품의 전후 맥락을 바탕으로 특정 소재와 시적 대상 간의 관계를 파악해야 한다. 이 문제에서는 특정 소재가 아닌 인물에 대한 설명을 묻고 있으며, (가)의 갈래는 시이고, (다)의 갈래는 수필이므로 이를 참고하여 선택지의 적절성을 판단해야 한다.

04

작품의 맥락을 이해하는 문제이다. 이러한 유형의 문제를 해결하기 위해서는 무엇보다도 지문의 세부 정보와 특정 어구의 의미를 함께 고려하여 읽어내는 독해 능력이 필요하다. 다양하게 제시된 선택지의 내용을 먼저 파악하고, 시상이 전개되면서 특정 구절이 함축하고 있는 내용이 다음 구절과 어떤 연관이 있는지 파악해야 한다.

04

[A]~[F]에 대한 이해로 적절하지 않은 것은?

① [A]에서 '마음 안의 거대한 저수지'가 부패해 가는 이유를 [B]에서 찾을 수 있다.

② [B]에서 '치욕을 나의 것으로 받아들'인 상황은 [C]에서 지속되고 있다.

③ [C]에서 '침묵'하고 '슬픔'을 받아들인 행위는 [D]에서 나타난 문제로 이어지고 있다.

④ [D]에서 '독약 먹이는 세월'에 '병든 자'로 살아온 원인은 [E]에서 확인할 수 있다.

⑤ [E]에서 '본 적이 없다'는 '물왕저수지'에 대한 상상은 [F]에서 구체화되고 있다.

05

외적 준거에 따라 작품을 감상하는 문제이다. 이러한 유형의 문제를 해결하기 위해서는 먼저 지문의 세부 맥락과 전체 맥락을 함께 고려하여 읽어내야 한다. 이후 선택지의 내용을 지문의 맥락과 비교하여 적절성 여부를 판단해야 한다.

05

<보기>를 참고하여 (다)를 감상한 내용으로 적절하지 않은 것은?

> **보기**
>
> 설(說)의 표현 방법 중에는 글쓴이가 하고자 하는 말을 다른 인물과의 대화를 통해 간접적으로 드러내는 방법이 있다. 〈몰인설〉의 글쓴이는 대화 상대가 갖고 있는 직업적 고충과 제도 내에서의 어려움을 파악하게 되고, 대화 상대의 가치관이나 소신을 알게 된다. 이를 통해 글쓴이는 자신의 상황에 대해 깨달음을 얻게 되고 이를 다른 사람들에게 알리려는 목적을 드러낸다.

① '나쁜 고기들'이 많고 '바다 밑'이 매우 차갑다는 것을 통해 잠수부라는 직업의 고충을 확인할 수 있군.

② '관청'에 전복을 '바치는' '양을 다 채우지' 못한다는 것을 통해 잠수부가 겪는 제도 내에서의 어려움을 확인할 수 있군.

③ '부귀영화를 귀하게 여기는 것'보다 '천한 일 중에 욕됨이 없는 것'이 낫다는 것에서 잠수부가 지닌 가치관을 확인할 수 있군.

④ '벼슬길'에 대한 '옛사람'의 말이 '잘못된 것을 슬퍼'하는 것에서 글쓴이가 자신의 상황에 대해 깨달았음을 확인할 수 있군.

⑤ '그 말을 기록하여' '벼슬길에 오르기를 탐하는 사람들에게 경계하고자' 하는 것을 통해 다른 사람들에게 깨달음을 알리려는 글쓴이의 목적을 확인할 수 있군.

b Day 문학(고전소설) 고3 2023년 7월

조웅전 _ 작자 미상

※ 다음 글을 읽고 물음에 답하시오.

이때는 ㉠ 정묘년 정월 십오 일이라. 온 조정의 신하들이 다 하례할 때에 황제께서 말씀하시기를,

"연전(年前)에 짐이 조웅을 보니 인재가 거룩하고 충효가 거룩하매 본보기가 될 만하니 태자를 위하여 데려다가 짐의 곁에 두고 서동(書童)을 삼아 국사를 익히게 하고자 하나니 경들의 소견은 어떠한가?"

여러 신하가 다 묵묵하되 이두병이 아뢰기를,

"나라의 법이 각별히 엄하오니 벼슬 없는 여염집 아이를 이유 없이 조정에 둠은 잘못된 줄로 아옵니다."

황제께서 말씀하시기를,

"충효의 인재를 취함이라. 어찌 아무런 이유 없이 취하려 하겠는가."

두병이 다시 아뢰기를,

"인재를 보려 하시면 장안을 두고 이르더라도 조웅보다 열 배나 더한 충효의 인재가 백여 인이요, 조웅 같은 이는 수레에 싣고 말[斗]로 그 양을 헤아릴 정도로 많습니다."

황제께서 윤허하지 않으시고 다시는 회답이 없는지라. 승상이 시종대(侍從臺)에 나와 관원들과 의논하여 말하기를,

"이후에 만일 **조웅을 위하여 천거하는 자**가 있으면 **죄를 받**으리라."

하니, 백관이 누군들 겁내지 아니하리오.

이즈음에 왕 부인과 조웅이 이 말을 듣고 부인은 못내 두려워하고 웅은 분기등등하더라.

천운이 불행하여 황제께서 우연히 건강이 편하지 않으시더니 ㉡ 열흘이 지나도 조금도 차도가 없고 점점 병이 깊어지니, 나라의 백성들이 다 하늘에 빌어 병이 나아 건강이 회복되기를 바랐지만 소인배들의 조정이라 회복을 어찌 기대하리오.

㉢ 정묘년 삼월 삼 일에 황제께서 붕어(崩御)하시니 태자의 애통하심과 만인의 곡성이 천지에 사무치고 왕 부인 모자는 더욱 망극하더라. 어느 사이에 국법과 권세가 이두병의 말대로 돌아가니, 백성이 망국의 행동을 일삼고 산중으로 피란하더라.

이때에 관원들이 엄히 예의를 갖추어 ㉣ 사월 사 일에 황제를 서릉(西陵)에 안장하였다.

하루는 관원들이 노소 없이 시종대에 모여 국사를 의논할 때 이두병이 **역모에 뜻을 두고 옥새를 도모코자** 하니 조정 백관 중에 그 말을 좇지 아니할 사람이 없는지라. ㉤ 시월 십삼 일은 황제의 생일이라. 모든 관원이 종일토록 국사를 의논할 때 이두병이 물어 말하기를,

🐢 핵심정리

갈래
군담소설, 영웅소설

배경
• 시간적 배경 – 송나라 시대
• 공간적 배경 – 송나라와 주변 대륙

시점
전지적 작가 시점

제재
조웅의 영웅적 활약

주제
나라에 충성하는 마음과 자유연애 사상

특징
① 서술자의 개입이 제시되어 인물의 심리가 드러남.
② 시간의 흐름에 따라 사건이 전개되는 구성 방식을 취함.
③ 시간을 기준으로 사실을 서술하는 편년체 서술 방식을 통해 사건을 전개함.

해제
이 작품은 조선 후기부터 근대 초기까지 크게 유행했던 소설로, 주인공 조웅의 일대기를 그리고 있는 작품이다. 조웅이라는 영웅적인 일대기를 그렸으므로 영웅소설이며, 조웅이 적대자 두병과의 전쟁에서 활약하는 모습을 그렸으므로 군담소설이기도 하다. 또한 조웅과 장 소저의 결연과 사랑의 장애를 곡진하게 묘사하였으므로 애정 소설로서의 성격도 지니고 있다. 이처럼 조선 후기 독자들이 가장 좋아할 만한 요소들을 집약하고 있으면서도 이러한 요소들을 서로 이질적이지 않게 녹여내어 높은 문학적 성취를 이루었고, 독자들에게 널리 향유되었다. 이 작품은 기본적으로는 영웅의 일대기 구조를 취하고 있는데, 일반적인 영웅소설에서 나타나는 비정상적인 잉태나 천신 하강 모티프는 나타나 있지 않다. 이는 조웅을 신성성이 있는 영웅이 아닌 평범함에 기반을 둔 영웅으로 그리고자 한 의도로 볼 수 있다. 타고난 비범함은 없으나 수련을 하여 능력을 쌓아 가고, 그 능력으로 자신과 부모의 원수이자 황위를 찬탈한 두병을 물리치는 조웅의 모습은 당대의 독자들에게 매력적으로 느껴졌을 것이다.

WEEK 5

조웅	좌승상 조정인의 아들로, 아버지의 죽음 이후 여러 고난을 극복하고 태자를 복위시켜 서번왕의 자리에 오름.
이두병	송나라의 우승상으로, 조정인을 참소하여 죽게 하고, 태자를 유배 보내 스스로 왕위에 오름.

전체 줄거리

중국 송나라 때 공신 조정인이 간신 이두병의 참소로 음독자살을 하자, 황제는 조정인의 아들 조웅을 연민한다. 이에 이두병은 조웅을 죽이려 하지만, 조웅은 가까스로 목숨을 구해 어머니와 함께 피신한다. 황제가 세상을 떠나자 이두병은 태자를 계량도로 유배 보내고 스스로 천자가 된다. 조웅 모자는 유랑 중 월경 대사를 만나 강선암으로 들어가 술법과 글을 배운다. 조웅은 15세에 강선암을 떠나 강호의 화산 도사로부터 조웅검을 얻고, 철관 도사에게서 병법과 무술을 전수받은 뒤 용마를 얻어 강선암으로 돌아가던 도중 장 진사의 집에서 머물다가 그의 딸 장 소저와 혼인을 약속한다. 이때 서번이 위국을 침공하자 조웅은 위국으로 가서 위왕을 도와 서번 군을 격파하고 이두병의 협박에 시달리던 태자를 구출한다. 중국으로 돌아온 조웅은 이두병 일파를 처단하고, 위왕과 연합하여 수십만 대군으로 황성을 쳐서 이두병의 목을 베고, 태자를 천자의 자리에 등극시킨다. 이에 황실은 다시 회복되고 조웅은 서번왕의 자리에 오른다.

전체 구성

발단	이두병의 참소로 조웅의 아버지 조정인이 음독자살하고, 조웅 모자는 핍박을 피해 도망함.
전개	이두병이 태자를 귀양 보낸 뒤 스스로 천자의 자리에 오르고, 조웅은 도사를 만나 무술을 익히고 장 소저와 혼인함.
위기	조웅이 서번을 격파하고 태자를 구출함.
절정	조웅이 이두병의 군대를 물리치고, 이두병을 죽임.
결말	조웅이 태자를 복위시키고 제후의 자리에 오름.

"이제 태자의 나이는 팔 세라. 국사는 매우 중요한데, 팔 세 태자의 즉위는 일이 매우 위태한지라. 법령이 점점 쇠하고 나라가 위태할 지경이면 그대들은 어찌하려 하느뇨?"

여러 신하가 일시에 대답하여 말하기를,

[A]
"천하는 누구 한 사람의 천하가 아니며, 조정은 십대(十代)의 조정이 아니라. 이제 어찌 팔 세 태자에게 제위를 전하리오. 또한 황제 붕어하실 때 승상과 협정하라 하신 유언이 있었지만 나라에는 두 임금이 없고 백성에게는 두 하늘이 없다 하였으니 어찌 또 다른 왕을 두리이까?"

여러 신하의 말이 모두 한 입에서 나온 듯하더라.

"이제 국사를 폐한 지가 여러 날이라. 엎드려 빌건대 승상은 전일의 과업을 전수하여 옥새를 받으시고 제위를 이으셔서, 조정과 민간의 모든 사람이 실망하며 탄식하는 일이 없게 하옵소서."

하며, 모든 대소 관원이 일시에 당 아래 땅에 엎드려 사배하니 그 위엄이 서릿발 같은지라.

[중략 부분의 줄거리] 조웅은 송나라를 떠난 후 여러 도사를 만나 무예를 닦고 힘을 기른다. 이후, 조웅은 의병 대원수가 되어 이두병의 군사를 무찌르고, 이두병에게 항복하라는 격서를 보낸 뒤 그를 찾아간다.

이때에 황성 백성들이 조 원수가 온단 말을 듣고 즐겨하여 마중 나오니 그 수를 가히 세지 못할지라. 또 이두병을 잡아 온다는 말을 듣고 장안의 백성들이 노소 없이 다 즐겨 말하기를,

"극악한 이두병이 형세만 믿고 자칭 천자라 하여 천지가 무궁하기를 바라더니 일시를 보존하지 못하고 어이 그리 단명하는고? 하늘이 통찰하여 네 죄를 아시고, 무지한 백성들도 네 육신을 원하거니 착하고 빛나도다. 일월 같은 조 원수를 보니 도탄 중에 든 백성들이 단비를 만나도다. 사방으로 흩어진 충신들도 소식을 알았던가. 백발 노소 장안 백성들아, 구경 가자스라!"

하고 무수한 백성들이 다투어 구경하더라.

원수가 팔십만 대병을 몰아 황성을 짓쳐 들어오니 황성 백성들이 **남녀노소 없이 길을 막고 나와 원수께 치하**하며 말하기를,

"장하고 장하도다. 어디를 가셨다가 이제야 오십니까? 천우신조로 대송이 회복되도다."

하고 무수히 하례하거늘 원수가 위로하기를,

"살아서 너희를 다시 보니 반갑기 헤아릴 수 없도다."

하시며 행군을 재촉하여 수일 만에 황자강에 이르니 강산 풍경이 예와 같은지라. 문득 옛일을 생각하니 슬픈 생각을 금하지 못하고 사공을 재촉하여 강을 건넜더니 황

성관 어귀에 조정 백관이 **이두병과 이관 등을 수레 위에 높이 싣고** 원수의 군행을 기다리다가 원수가 오심을 보고 나아 와 땅에 엎드려 말하기를,

[B]
"소인 등은 임금을 속였음이라. 죽어 마땅하나 그때를 당하여서 도망치지 못하였고 또 두병의 형세를 당하지 못하여 참여했으나 매일 송 태자를 생각하오니 가슴 속이 막혀 한순간인들 온전하리오. 천행으로 원수가 이리 오신다 하옴에 범죄 불고하고 두병의 부자를 결박하여 바치니 엎드려 바라건대 원수께서는 불쌍히 여기셔서 널리 용서해 주소서. 소인들의 잔명을 보전하여 주옵심을 바라나이다."

하며 애걸하거늘 원수가 이두병을 보니 분기충천한지라. 진을 머무르게 하고 군사를 호령하여 두병을 붙잡아 오라 하시니, 군사가 일시에 달려들어 두병을 포승으로 묶어 진중에 꿇리니 원수가 호령하여 말하기를,

"두병아, 네 낯을 들어 나를 보라. 네 죄를 생각하니 죽여도 아깝지 않음이라. **태자를 귀양살이 보**내고 사약을 내리니 그 죄가 어떠하며, 또 나를 잡으려고 장졸을 보내어 시절을 요란케 하니 무슨 일이뇨? 사실대로 똑바로 아뢰어라."

하시니 좌우의 무사가 달려들어 창검으로 찌르며 바삐 아뢰라 하는 소리 천지를 진동하는지라.

이두병이 겨우 진정하여 아뢰되,

"나의 조정의 신하들은 성품이 비길 바 없이 음험하고 흉악한 신하들이라. 죄를 알고 나의 부자를 잡아 이 지경이 되었으니 이제 무슨 말을 하리오. 원수의 처분대로 하라."

하니 원수가 더욱 크게 성내어 무사를 호령하여 문초하라 하니 무사들이 일시에 소리하고 달려들어 창검으로 찌르니 두병이 견디지 못하더라.

- 작자 미상, 〈조웅전(趙雄傳)〉-

작품의 구조와 주제 의식

고행담
조웅과 그의 어머니가 이두병에 의해 고난을 겪음.

+

무용담
대원수가 된 조웅이 이두병의 군대를 물리치고 이두병을 잡아 죽임.

주제 의식
• 이두병을 제거하여 태자의 원한을 해소함-충 • 아버지를 참소하여 죽게 만든 이두병에게 보복함-효

영웅소설의 작자 의식

주인공의 특징
• 상층의 귀족 신분이었으나, 당쟁에 의해 세력을 잃게 됨. • 주인공이 여러 고난을 극복하고 정적을 물리침으로써 과거의 지위와 권력을 회복함.

몰락 양반들의 실세 회복 의식이 반영됨.

창작 영웅소설의 작자층이 몰락 양반층이었을 가능성이 높음.

01

작품의 내용을 이해하는 문제이다. 고전소설에서는 인물의 행동을 중심으로 작품의 사건이 전개되는 것이 일반적이다. 따라서 주동 인물, 반동 인물 등 인물의 특성을 파악하고, 인물의 특성에 따른 행동을 이해해야 한다.

01

윗글에 대한 이해로 적절하지 <u>않은</u> 것은?

① 왕 부인은 황제가 죽은 후 태자를 산중으로 피신시켰다.
② 관원들은 엄중하게 예의를 갖추어 황제의 장례를 치렀다.
③ 황제는 조웅의 인물됨을 알아보고 그를 등용하고자 했다.
④ 조웅은 이두병의 죄목을 나열하며 그의 잘못을 심문했다.
⑤ 이두병은 어린 태자의 즉위에 대해 반대의 입장을 취했다.

02

구성 및 서사 구조를 이해하는 문제이다. 고전소설은 대부분 순차적인 시간의 흐름을 따라 사건이 전개되는데, 윗글의 경우 시간의 흐름, 그중에서도 구체적 날짜에 따라 사건이 전개되고 있음을 확인할 수 있다. 따라서 ㉠~㉤과 관련된 사건을 적절하게 대응하고, 구조를 이해해야 한다.

02

㉠~㉤에 대한 이해로 가장 적절한 것은?

① ㉠의 사건으로 인해 ㉡ 동안 황제의 신상에 변화가 생긴다.
② ㉠과 ㉢ 사이에 대립하던 신하들이 ㉣의 사건을 통해 화합하게 된다.
③ ㉠에 황제가 결정을 보류했던 일이 ㉤에 다수의 의견에 따라 결정된다.
④ ㉡ 동안 드러난 백성들의 소망이 ㉢의 사건으로 실현된다.
⑤ ㉢의 황제의 죽음 이후, 제위에 대한 논의가 ㉤에 마무리된다.

03

[A]와 [B]에 대한 설명으로 가장 적절한 것은?

① [A]는 상대에 대한 원망을, [B]는 상대에 대한 기대를 물음의 방식을 통해 드러내고 있다.

② [A]는 다른 이의 조언을 바탕으로, [B]는 자신의 경험을 바탕으로 상대의 의견에 반대하고 있다.

③ [A]는 현재의 상황을 명분으로 들어, [B]는 과거의 상황을 해명하며 자신의 입장을 전하고 있다.

④ [A]와 [B]는 모두 도덕적 가치를 내세워 상대의 부당한 처사를 비판하고 있다.

⑤ [A]와 [B]는 모두 고사를 인용하여 상대가 동일한 실수를 반복하지 않도록 조언하고 있다.

03
대화의 특징을 파악하는 문제이다. [A], [B] 모두 발화자가 조정 백관들이라는 점에서 공통적이나, 그 상대는 각각 다르다. 따라서 인물의 특성과 행동에 따라 발화자가 어떠한 행동을 취하는지 먼저 파악해 볼 필요가 있다.

04

<보기>를 바탕으로 윗글을 감상한 내용으로 적절하지 않은 것은?

보기

일반적으로 영웅 소설에서 악인은 주인공에게 시련을 가하고 반란을 도모해 권력을 쟁취한다. 악인에게 원한을 갖게 된 주인공은 시련을 극복하며 성장하게 되고 결국 악인의 목숨을 빼앗음으로써 복수를 완성한다. 이 과정에서 악인의 권력에 움츠려 있던 백성들 또한 주인공을 지지하며 악인에게 맞서게 되고, 주인공의 개인적 원한에 대한 복수는 집단의 고통을 해결하고 대의명분을 실현한다는 점에서 정당성을 갖게 된다.

① '조웅을 위하여 천거하는 자'는 '죄를 받'을 것이라고 위협하는 이두병은 조웅의 천거를 방해한다는 점에서 주인공에게 시련을 가하는 악인으로 볼 수 있겠군.

② '역모에 뜻을 두고 옥새를 도모코자' 하는 이두병의 모습은 황제가 되려는 야망을 드러낸다는 점에서 권력을 잡기 위해 정치적 반란을 도모하는 것으로 볼 수 있겠군.

③ '남녀노소 없이 길을 막고 나와 원수께 치하'하는 모습은 이두병의 통치에 고통을 받던 백성들이 조웅의 등장을 반긴다는 점에서 주인공의 행위를 지지하는 것으로 볼 수 있겠군.

④ '이두병과 이관 등을 수레 위에 높이 싣고' 조웅을 기다리는 신하들의 행동은 주인공을 대신해 원한을 해결한다는 점에서 악인에 대한 개인적 복수를 완성한 것으로 볼 수 있겠군.

⑤ 조웅이 '태자를 귀양살이 보'낸 이두병을 심문하는 행위는 왕권을 찬탈한 이두병을 심판한다는 점에서 대의명분을 실현하여 복수의 정당성을 획득한 것으로 볼 수 있겠군.

04
외적 준거에 따라 작품을 감상하는 문제이다. <보기>에 제시된 설명에 따라 작품을 이해하는 것이 중요하다. <보기>에 따르면, 윗글은 악인에 대한 원한을 바탕으로 시련을 극복하며 복수를 통해 서사를 마무리한다. 이러한 과정에서 주인공의 행동은 정당성을 확보하게 된다. 이러한 <보기>의 내용을 바탕으로, 제시된 인물의 행동과 서술이 지닌 의미가 선택지에 제시된 내용과 적절하게 대응하는지 파악하는 것이 중요하다.

섹션 SECTION
뽀개기
종합편

스스로 점검하기

6일간 학습

Day	공부 시작 시간	공부 종료 시간	틀린 문항 수	틀린 유형
Day 1	시 분 초	시 분 초		
Day 2	시 분 초	시 분 초		
Day 3	시 분 초	시 분 초		
Day 4	시 분 초	시 분 초		
Day 5	시 분 초	시 분 초		
Day 6	시 분 초	시 분 초		

1 일별로 계획에 맞춰 공부하기

하루에 기출 하나씩 매일 꾸준히 공부하는 것이 최선의 방법이다.

2 시작 시간과 종료 시간 체크하기

스스로 시간 제한을 두고 문제를 푸는 것이 실전 대비에 효과적이다.

3 틀린 문항과 유형 분석하기

틀린 문제는 또 틀릴 수 있다. 특정 문항과 유형에서 많이 틀렸다면, 그 이유를 분석해야 한다.

4 보충 학습하기

스스로 점검하기를 통해 자신의 취약한 유형을 확인하고, SLS를 통해 부족한 부분을 보충 학습한다.

번호	Day 1						Day 2						Day 3					
번호	1	2	3	4	5	6	1	2	3	4	5	6	1	2	3	4	5	6
정답률	95%	92%	82%	94%	95%		95%	95%	94%	72%			63%	49%	51%	74%		
채점																		

번호	Day 4						Day 5						Day 6					
번호	1	2	3	4	5	6	1	2	3	4	5	6	1	2	3	4	5	6
정답률	80%	80%	54%	94%			59%	87%	72%	82%	70%		76%	73%	88%	83%		
채점																		

결과	틀린 문항에는 ✕ 표시, 찍어서 막혔거나 헷갈렸던 문항에는 △ 표시, 맞춘 문항에는 ○ 표시
	채점 결과 : 맞은 문항 수 26개중 ☐ 개

나의 예상 등급은?

등급

CHECK

1등급
24~26개

2등급
22~23개

3등급
20~21개

1 Day

화법과 작문　고3 2023년 4월

작문

핵심정리

갈래

논설문

제재

도시 낙엽

주제

도시 낙엽으로 인해 발생하는 문제와 이에 대한 해결 방안

문단 중심 내용

❶ 여러 가지 문제를 발생시키는 도시 낙엽
❷ 도시 낙엽으로 인해 발생하는 문제들
❸ 도시 낙엽으로 인해 발생하는 문제를 해결하기 위한 방안

도시 낙엽

개념	도시 가로수들이 만들어 내는 낙엽
문제점	① 도로 위 보행자들이 미끄러지는 안전사고를 유발하거나 하수구를 막아 침수 피해가 발생 ② 수거된 도시 낙엽을 처리하는 과정에서 추가 비용과 환경 오염 문제가 발생 ③ 도시 낙엽의 경제적 가치에 대한 인식의 부족

도시 낙엽으로 인해 발생하는 문제점의 해결 방안

① 시민들의 협조가 필요 – 캠페인을 통해 시민들의 자발적 참여 유도
② 낙엽 수거 전용 봉투의 사용을 확대
③ 지자체에서 도시 낙엽을 경제적 자원으로 인식하고 재활용을 통해 가치를 창출할 수 있는 방안을 모색

※ 다음은 작문 상황과 이를 바탕으로 작성한 학생의 글이다. 물음에 답하시오.

[작문 상황]

　도시 낙엽으로 인해 발생하는 문제와 이에 대한 해결 방안을 다룬 글을 ○○시 지역 신문 독자 기고란에 실으려 함.

[학생의 글]

　❶ 가을철 낙엽은 우리에게 아름다운 정취를 느끼게 한다. 그런데 특별한 처리 과정을 거치지 않아도 자연 순환되는 숲속 낙엽과 달리 도시 가로수들이 만들어 내는 도시 낙엽은 처리 과정에서 여러 가지 문제를 발생시킨다. [A]

　❷ 먼저, 도시 낙엽이 쌓이면 도로 위 보행자들이 미끄러지는 안전사고를 유발하거나 우천 시 하수구를 막아 침수 피해를 발생시키기도 한다. 그래서 지자체에서는 사람들이 많이 다니는 장소 위주로 도시 낙엽을 치우고 있지만, 처리 인력과 시간 등이 부족하여 제때 치우지 못한 낙엽이 발생하고 있는 실정이다. 다음으로, 수거된 도시 낙엽을 소각 처리하는 과정에서 추가 비용과 환경 오염 문제가 발생한다. 수거된 도시 낙엽은 다른 일반 쓰레기와 달리 폐기할 때 대부분 소각 처리를 하기 때문에 소각 비용이 추가로 들고, 대기 오염을 유발하는 유해 물질을 발생시킨다. 마지막으로, 도시 낙엽의 경제적 가치에 대한 인식이 부족하여, 수거된 도시 낙엽을 경제적 자원으로 활용하지 못하고 있는 실정이다. 지자체들이 수거된 도시 낙엽의 가치를 인식하고 활용 방안을 마련하기보다는 주로 폐기하는 방법으로 처리하고 있어 도시 낙엽의 문제가 더욱 심각해지고 있다.

　❸ 도시 낙엽으로 인해 발생하는 문제점을 해결하기 위해서는 다음과 같은 노력이 필요하다. 첫째, 지자체의 손길이 닿지 못하는 곳에 남은 도시 낙엽을 치우기 위해 시민들의 협조가 필요하다. 지자체에서는 도시 낙엽을 치워야 하는 이유를 캠페인 활동을 통해 시민들에게 알려 자발적인 참여를 유도해야 한다. 둘째, 도시 낙엽을 소각 처리하는 과정에서 발생하는 비용과 유해 물질을 줄이기 위해 낙엽 수거 전용 봉투의 사용을 확대할 필요가 있다. 일반 쓰레기가 섞이지 않게 낙엽 수거 전용 봉투를 사용하면 낙엽을 축사 바닥 깔개나 보온재로 농가에서 사용하는 등의 다양한 용도로 재사용할 수 있어 소각되는 도시 낙엽의 양을 줄일 수 있기 때문이다. 셋째, 지자체에서는 도시 낙엽을 경제적 자원으로 인식하고 재활용을 통해 가치를 창출할 수 있는 방안을 모색해야 한다. 도시 낙엽을 퇴비로 가공한 뒤 판매하는 것은 좋은 예가 될 수 있다. 더 나아가 도시 가로수의 주된 수종과 특성을 파악하여 낙엽을 경제적 자원으로 재활용하는 적합하고 효율적인 방안에 대한 연구도 활성화되어야 할 것이다.

01

'학생의 글'에 대한 설명으로 가장 적절한 것은?

① 해결 방안에 대한 구체적 예시를 제시하고 있다.

② 자문자답의 방식으로 문제의 심각성을 드러내고 있다.

③ 글쓴이의 주장에 대해 예상되는 반론을 반박하고 있다.

④ 문제 상황의 시의성을 드러내는 속담을 사용하고 있다.

⑤ 문제 상황과 관련하여 인용한 자료의 출처를 밝히고 있다.

01

글쓰기 전략을 파악하는 문제이다. '학생의 글'은 자신의 생각을 주장하는 논설문이다. 이러한 글은 문제점, 해결 방안, 자신의 주장, 독자의 인식 및 행동 변화 촉구 등을 전략으로 사용할 수 있다. '학생의 글'에 나타난 글쓰기 전략을 파악하고, 선택지에 제시된 내용을 확인한 후에 '학생의 글'에 관련된 내용이 나타나 있는지를 파악해야 한다.

02

<보기>는 [A]의 초고이다. <보기>를 고쳐 쓰기 위해 친구들이 조언한 내용 중 [A]에 반영되지 <u>않은</u> 것은?

> 보기

> 가을철 낙엽은 우리에게 아름다운 정취를 느껴지게 한다. 특별한 처리 과정을 거치지 않아도 자연 순환되는 숲속 낙엽과 달리 도시 낙엽은 처리 과정에서 여러 가지 문제가 발생시킨다. 그래서 숲속 낙엽과 도시 낙엽을 구분하지 않고 처리해야 할 필요가 있다.

① 첫 번째 문장에서 피동 표현이 알맞지 않게 사용된 단어가 있으니 바꿔 보는 건 어때?

② 첫 번째 문장과 두 번째 문장을 긴밀하게 연결하기 위한 표현을 사용해 보는 건 어때?

③ 두 번째 문장에서 문장 성분의 호응이 맞지 않는 부분이 있으니 서술어를 다른 단어로 수정하는 건 어때?

④ 두 번째 문장에서 핵심어의 의미가 분명하지 않으니 꾸며 주는 말을 통해 구체적으로 규정해 주는 건 어때?

⑤ 세 번째 문장의 내용이 글의 흐름에서 벗어나니까 해당 문장을 삭제하는 건 어때?

02

고쳐쓰기의 적절성을 판단하는 문제이다. 초고인 <보기>와 수정된 [A]를 비교하여 어떤 점이 달라졌는지를 파악하여 적절한 조언을 추론해야 한다. 이때 문법과 어휘의 올바른 사용, 맞춤법, 글의 맥락과 통일성 등을 고려해야 한다.

WEEK 6

03

03

자료 활용 방안의 적절성을 판단하는 문제이다. <보기>의 자료가 논설문에 활용되기에 적절한지를 판단하기 위해선 먼저 <보기> 자료를 해석해야 한다. 그 후 자료를 제시할 부분의 앞뒤 맥락을 고려하여 어떠한 자료가 적절할지 추론해야 한다. [자료 1]은 ○○시의 낙엽 처리 현황을 그래프로, ○○시의 가로수 수종 현황을 도표로 제시하여 한눈에 파악할 수 있게 돕고 있다. [자료 2]는 □□시가 수거한 낙엽을 재사용하고 있음을 보여 주는 신문 기사이다. [자료 3]은 낙엽이나 장작 등을 태우면 위해성 오염 물질이 배출됨을 확인할 수 있는 전문가 인터뷰이다.

다음은 학생이 쓴 글을 보완하기 위해 수집한 자료이다. 자료의 활용 방안으로 적절하지 않은 것은?

[자료 1] 통계 자료

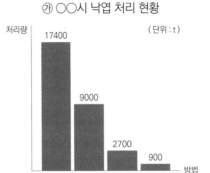

㉮ ○○시 낙엽 처리 현황

㉯ ○○시 가로수 수종 현황

가로수 수종	비율(%)
은행나무	40.3
플라타너스	25.7
느티나무	11.3
벚나무	9.2
기타	13.5

[자료 2] 신문 기사

> 지자체들이 낙엽 수거와 수거한 낙엽 활용에 적극적으로 나서고 있다. △△시는 거리의 낙엽을 빠르고 깨끗하게 수거하기 위해 시민들의 참여를 독려하는 행사를 진행하고 있다. 시민들은 낙엽 청소를 한 거리 사진을 SNS에 공유하면서 지자체의 낙엽 수거에 적극적으로 협조하고 있다. 또한 □□시는 수거한 낙엽을 관광 자원으로 재사용할 수 있도록 테마 공원에 무상 제공하고 있다. 시 관계자는 "낙엽을 공원에 제공하면서 낙엽 폐기량이 줄어 톤(t)당 20만 원의 소각 비용이 절감되었다."라고 말했다.

[자료 3] 전문가 인터뷰

낙엽이나 장작 등을 태우는 생물성 연소는 불완전 연소를 일으켜 일산화탄소, 포름알데하이드 등과 같은 위해성 오염 물질을 배출하게 됩니다. 이런 이유로 최근에는 생물적 자원을 가급적 소각하지 않고 재활용하는 방안이 주목받고 있습니다. 예를 들어 천연 살충 성분인 플라보노이드 성분이 함유된 은행나무 낙엽은 모기 퇴치제로, 플라타너스 낙엽은 황토 분말과 혼합하여 단열 효과가 있는 건축 자재로 재활용되고 있습니다.

① [자료 1-㉮]를 활용하여, 수거된 도시 낙엽이 주로 폐기되고 있다는 내용의 근거를 제시해야겠어.

② [자료 2]를 활용하여, 도시 낙엽을 재사용할 수 있는 방안을 추가로 제시해야겠어.

③ [자료 3]을 활용하여, 도시 낙엽을 수거한 뒤 소각하는 과정에서 유해 물질이 발생하는 이유를 제시해야겠어.

④ [자료 1-㉮]와 [자료 2]를 활용하여, 수거되지 못한 도시 낙엽이 일으키는 사고의 위험성을 알리기 위한 캠페인의 사례를 제시해야겠어.

⑤ [자료 1-㉯]와 [자료 3]을 활용하여, 도시 가로수의 주된 수종과 특성을 파악하여 낙엽을 경제적 자원으로 적합하게 재활용할 수 있다는 내용의 사례를 제시해야겠어.

※ 다음은 애플리케이션 화면의 일부이다. 물음에 답하시오.

🔵 **핵심정리**

[화면 1] ('□□시 청소년 정책 참여 마당' 애플리케이션 실행 화면)

[화면 2] ([화면 1]에서 87번 게시물을 클릭한 화면)

제목
청소년을 위한 □□시 문화 예술 프로그램 활성화
제안 이유

요즘 청소년의 삶에 긍정적인 영향을 주는 요인으로 문화 예술에 대한 사회적 관심이 증대되고 있습니다. □□시에서도 청소년을 위한 문화 예술 프로그램이 활성화되면 좋겠습니다.

현황 및 문제점

첫 번째, 우리 지역에서 문화 예술 프로그램을 운영하는 장소의 접근성이 떨어집니다. 이용할 수 있는 시내버스 노선도 적은 편이어서 방문이 불편하다 보니 청소년들이 참여가 어렵습니다.

두 번째, 문화 예술 프로그램이 전시나 공연 관람 위주로 구성되어 있습니다. 우리 지역 청소년을 대상으로 한 프로그램 만족도 조사에 따르면, 전체적으로 만족도가 낮게 나타났는데 그 이유로 수동적 체험 위주의 프로그램 구성을 가장 많이 꼽았습니다.

정책 제안 및 기대 효과

먼저, 스마트 기기를 활용해 비대면으로 참여할 수 있는 문화 예술 프로그램을 만들어 주세요. 그러면 특정 장소에 직접 가지 않아도 우리 지역 청소년들이 문화 예술 프로그램에 참여할 수 있을 것입니다.

다음으로, 청소년이 주체적으로 참여할 수 있는 성격의 문화 예술 프로그램을 만들어 주세요. 이를 통해 청소년들이 주체성을 기를 수 있고 프로그램에 대해 만족할 수 있을 것입니다.

갈래

애플리케이션 화면

주제

청소년을 위한 □□시 문화 예술 프로그램 활성화 방안

'□□시 청소년 정책 참여 마당' 애플리케이션의 특징

- 검색창 기능 활용
- 인기 검색어 제시
- 누리집 링크 제시
- 게시판을 분류하여 제시
- 게시글의 게시 날짜를 제시
- 해당 게시글의 조회 수 확인 가능
- 이용자가 게시물의 순서 조정 가능
- 공감, 댓글 기능을 통해 매체 수용자의 반응 확인 가능

□□시 문화 예술 프로그램의 문제점

① 문화 예술 프로그램을 운영하는 장소의 접근성이 떨어짐.
② 문화 예술 프로그램이 전시나 공연 관람 위주로 구성되어 있음.

□□시 문화 예술 프로그램 활성화 방안

① 스마트 기기를 활용해 비대면으로 참여할 수 있는 문화 예술 프로그램 제작
② 청소년이 주체적으로 참여할 수 있는 성격의 문화 예술 프로그램 제작

WEEK 6

01

매체 자료의 특성을 이해하는 문제이다. [화면 1]은 애플리케이션 화면으로, 매체 이용자들이 애플리케이션의 이용 목적에 따라 게시판을 선택할 수 있다. 검색창을 통해 찾고자 하는 내용을 쉽게 확인할 수 있으며 게시판 내의 인기 검색어를 제시하고 있다. 또한 이용자의 선택에 따라 게시물의 순서를 조정할 수 있고, 이용자들은 '공감'을 통해 선호 여부를 표시하는 것이 가능하다.

02

수용자의 수용 태도를 분석하는 문제이다. 동일한 자료라 하더라도 이를 바라보는 관점과 가치에 따라 평가와 해석이 달라질 수 있다. 따라서 매체 자료에 내포된 시각과 관점을 확인하고, '학생 1~5'의 수용 태도를 확인해야 한다.

01

[화면 1]을 이해한 내용으로 적절하지 않은 것은?

① ㉠을 보니, 이용자가 자신의 목적에 따라 이용할 수 있도록 게시판을 분류하여 제시하였군.

② ㉡을 보니, 이용자가 찾고 싶은 내용을 입력하여 정보를 검색할 수 있도록 검색창을 제시하였군.

③ ㉢을 보니, 이용자가 애플리케이션 사용 중에 지정된 누리집에 접속할 수 있도록 링크를 제시하였군.

④ ㉣을 보니, 이용자들의 관심도가 높은 화제를 알 수 있도록 인기 검색어를 열거하여 제시하였군.

⑤ ㉤을 보니, 이용자가 자신의 선택에 따라 화면에 나타나는 게시물의 개수를 조정할 수 있도록 게시물의 정렬 기준을 제시하였군.

02

다음은 [화면 2]에 대한 학생들의 댓글이다. 학생들의 수용 태도에 대한 설명으로 적절하지 않은 것은?

학생 1	최근 문화 예술 경험이 청소년의 삶에 큰 영향을 미친다는 점에 많은 공감대가 형성되어 있는 만큼 시기적절한 제안이라고 생각합니다.
학생 2	문화 예술 프로그램을 운영하는 장소까지 시내버스 말고도 셔틀버스가 운영돼서 쉽게 방문할 수 있으니 접근성이 떨어지지 않는 것 같아요.
학생 3	프로그램 만족도 조사에서 수동적인 체험 방식 때문에 만족도가 낮았다고 하셨는데, 출처가 없어서 정확한 자료라고 보기 어렵습니다.
학생 4	스마트 기기를 가지고 있는 청소년들이 많이 있으니까 비대면 프로그램을 만들면 실제로 청소년들의 문화 예술 프로그램 참여율을 높이는 데 효과가 있을 것입니다.
학생 5	청소년이 프로그램에 능동적으로 참여할 수 있다면 자기 주도적인 능력을 기르고 싶은 친구들에게 도움이 될 것 같아요.

① '학생 1'은 '제안 이유'에서 언급한 사회적 관심에 주목하여, 최근 문화 예술 경험의 영향에 대한 공감대가 형성되었다는 점에서 정책 제안의 시의성을 긍정적으로 판단하였다.

② '학생 2'는 '현황 및 문제점'에서 언급한 접근성 문제에 주목하여, 실제로는 다른 교통편이 있다는 점에서 문제 제기의 타당성을 부정적으로 판단하였다.

③ '학생 3'은 '현황 및 문제점'에서 제시한 만족도 조사 자료에 주목하여, 자료의 출처가 제시되지 않았다는 점에서 정보의 신뢰성을 부정적으로 판단하였다.

④ '학생 4'는 '정책 제안 및 기대 효과'에서 제안한 비대면 프로그램의 개설에 주목하여, 스마트 기기의 기능이 향상되었다는 점에서 정책의 실효성을 긍정적으로 판단하였다.

⑤ '학생 5'는 '정책 제안 및 기대 효과'에서 제안한 프로그램의 성격에 주목하여, 청소년의 자기 주도성 신장에 도움이 될 수 있다는 점에서 정책의 유용성을 긍정적으로 판단하였다.

3 Day

독서(사회) 고3 2023년 9월

데이터 소유권과 데이터 이동권

시작시간 시 분 초 / 종료시간 시 분 초

온라인 문제풀이

정답 및 해설 | 75

※ 다음 글을 읽고 물음에 답하시오.

❶ 교통 이용 내역과 같은 기록은 개인의 데이터이며, 그 개인이 '정보 주체'이다. 데이터는 물리적 형체가 없고, 복제와 재사용이 수월하다. 이 데이터가 대량으로 집적·처리되면 빅 데이터가 되고, 이것의 정보 처리자인 기업 등이 '빅 데이터 보유자'이다. 산업 분야의 빅 데이터는 특정한 목적으로 활용될 수 있다는 점에서 경제적 가치를 지닌다.

❷ 데이터를 재화로 보아 소유권이 누구에게 귀속되어야 하는지에 대한 논의가 있다. 소유권의 주체를 빅 데이터 보유자로 보는 견해와 정보 주체로 보는 견해가 있다. 전자는 빅 데이터 보유자에게 소유권을 부여하면 빅 데이터의 생성 및 유통이 ⓐ 쉬워져 데이터 관련 산업이 활성화된다고 주장한다. 후자는 정보 생산 주체는 개인인데, 빅 데이터 보유자에게 부가 집중되는 것은 부당하므로, 정보 주체에게도 대가가 주어져야 한다고 본다.

❸ 최근에는 논의의 중심이 데이터의 소유권 주체에서 데이터에 접근하기 위한 방안으로서의 데이터 이동권으로 바뀌고 있다. 우리나라는 데이터에 대해 소유권이 아닌 이동권을 법으로 명문화하여 정보 주체의 개인 정보 자기 결정권을 강화하였다. 데이터 이동권이란 정보 주체가 본인의 데이터를 보유한 자에게 데이터 이동을 요청하면, 그 데이터를 본인 혹은 지정한 제3자에게 무상으로 전송하게 하는 권리이다. 다만, 본인의 데이터라도 빅 데이터 보유자가 수집하여, 분석·가공하는 개발 과정을 거쳐 새로운 가치가 생성된 것은 이에 해당되지 않는다. 법제화 이전에도 은행 간에 계좌 자동 이체 항목을 이동할 수 있는 서비스는 있었다. 이는 은행 간 약정에 ⓑ 따라 부분적으로 시행한 조치였다. 데이터 이동권의 도입으로 쇼핑몰 상품 소비 이력 등 정보 주체의 행동 양상과 관련된 부분까지 정보 주체가 자율적으로 통제·관리할 수 있는 범위가 확대되었다.

[A]
❹ 데이터 이동권의 법제화로 기업은 데이터의 생성 비용과 거래 비용을 줄일 수 있다. 생성 비용은 기업 내에서 데이터를 개발할 때 발생하는 비용으로, 기업이 스스로 데이터를 수집할 때보다 전송받은 데이터를 복제 및 재사용하게 되면 절감할 수 있다. 거래 비용은 경제 주체 간 거래 시 발생하는 비용으로, 계약 체결이나 분쟁 해결 등의 과정에서 생긴다. 그런데 데이터 이동권의 법제화로, ㉮ 정보 주체가 지정하여 데이터를 전송받게 된 기업은 ㉯ 정보 주체의 데이터를 보유했던 기업으로부터 데이터를 받으면 비용을 절감할 수 있다. 이에 따라 기업 간 공유나 유통이 촉진되고, 관련 산업이 활성화된다.

❺ 한편, 정보 주체가 보안의 신뢰성이 높고 데이터 제공에 따른 혜택이 많은 기업으로 데이터를 이동하면, 데이터가 집중되어 데이터의 공유나 유통이 위축될

💭 **핵심정리**

문단 중심 내용

❶ 경제성을 지니는 산업 분야의 빅 데이터
❷ 데이터 소유권의 주체에 대한 논의
❸ 데이터 이동권에 대한 논의
❹ 데이터 이동권 법제화의 긍정적 효과
❺ 기존 기업이 데이터를 공유하지 않았을 때의 문제점

데이터와 빅 데이터

데이터의 특징	• 물리적 형체가 없음. • 복제와 재사용이 수월함.
빅 데이터	데이터가 대량으로 집적·처리된 것 – 빅 데이터 보유자: 빅 데이터의 처리자인 기업 등

데이터 소유권의 주체에 대한 논의

빅 데이터 보유자로 보는 견해
빅 데이터 보유자에게 소유권을 부여하면 빅 데이터의 생성 및 유통이 쉬워져 데이터 관련 산업이 활성화됨.

정보 주체로 보는 견해
정보 생산 주체는 개인인데, 빅 데이터 보유자에게 부가 집중되는 것은 부당하므로, 정보 주체에게도 대가가 주어져야 함.

데이터 이동권

개념	정보 주체가 본인의 데이터를 보유한 자에게 데이터 이동을 요청하면, 그 데이터를 본인 혹은 지정한 제3자에게 무상으로 전송하게 하는 권리
도입 영향	정보 주체의 행동 양상과 관련된 부분까지 정보 주체가 자율적으로 통제·관리할 수 있는 범위가 확대
긍정적 효과	• 데이터의 생성 비용과 거래 비용 절감 • 기업 간 공유나 유통 촉진 • 관련 산업 활성화

WEEK 6

우려	• 특정 기업에 데이터가 집중되어 데이터의 공유나 유통 위축 • 신규 기업의 시장 진입이 어려워져 독점화 강화

[B]
수 있다는 우려도 있다. ㉰ 데이터 보유량이 적은 신규 기업은 기존 기업과 거래를 통해 데이터를 수집하는 것이 데이터 생성 비용 절감에도 효율적이다. 그런데 ㉱ 데이터가 집중된 기존 기업이 집적·처리된 데이터를 공유하려 하지 않으면, 신규 기업의 시장 진입이 어려워져 독점화가 강화될 수 있다.

■ 문제풀이 맥 ■

01

세부 내용을 파악하는 문제이다. 데이터의 특징, 데이터 소유권의 주체와 데이터 이동권에 대한 논의, 데이터 이동권의 영향 등을 파악해야 한다.

01

윗글의 내용과 일치하지 않는 것은?

① 데이터는 재사용할 수 있으며 물리적 형체가 없다.
② 교통 이용 내역이 집적·처리되면 경제적 가치를 지닌 데이터가 될 수 있다.
③ 우리나라 현행법에는 정보 주체에게 데이터의 소유권을 인정하는 규정이 있다.
④ 정보 주체의 데이터로 발생한 이득이 빅 데이터 보유자에게 집중되는 것은 부당하다는 견해가 있다.
⑤ 데이터 이동권의 도입으로 정보 주체의 데이터 통제 범위가 본인의 행동 양상과 관련된 부분으로 확대되었다.

02

다른 견해와 비교하는 문제이다. [A]는 데이터 이동권 법제화의 긍정적 효과를 다루고 있고, [B]는 데이터 이동권이 법제화될 시 우려되는 상황을 다루고 있다. 따라서 [A]는 데이터 이동권 법제화에 긍정적인 입장, [B]는 부정적인 입장이라고 할 수 있다. [A], [B]의 입장에서 ㉮~㉱의 기업이 처한 상황, 혹은 처할 수 있는 상황을 어떻게 바라볼지 파악해야 한다.

02

[A], [B]의 입장에서 ㉮~㉱에 대해 이해한 내용으로 적절하지 않은 것은?

① [A]의 입장에서, ㉮는 데이터 이동권 도입을 통해 ㉯의 데이터를 재사용할 수 있게 되었으므로 데이터 생성 비용을 줄일 수 있다고 보겠군.
② [A]의 입장에서, 정보 주체가 데이터 이동을 요청하여 데이터를 전송받는 제3자가 ㉯라면, ㉯는 분쟁 없이 정보 주체의 데이터를 받게 되어 거래 비용을 줄일 수 있다고 보겠군.
③ [B]의 입장에서, ㉰가 ㉱와의 거래에 실패해 데이터를 수집하지 못하여 ㉰에 데이터 생성 비용이 발생하면, 데이터 관련 산업의 시장에 진입하기 어려워질 수 있다고 보겠군.
④ [A]와 달리 [B]의 입장에서, 정보 주체의 데이터가 ㉯에서 ㉱로 이동하여 집적·처리될수록 기업 간 공유나 유통이 위축될 수 있다고 보겠군.
⑤ [B]와 달리 [A]의 입장에서, ㉯는 ㉮로 데이터를 이동하여 경제적 이득을 취할 수 있으므로 데이터의 공유나 유통의 활성화에 기여할 수 있다고 보겠군.

03

윗글을 바탕으로 <보기>를 이해한 내용으로 적절하지 <u>않은</u> 것은?

보기

A 은행은 고객들의 데이터를 수집하고 이를 분석·가공하여 자산 관리 데이터 서비스인 연령별·직업군별 등 고객 맞춤형 금융 상품 추천 서비스를 제공했다. 갑은 본인의 데이터 제공에 동의하여 A 은행으로부터 소정의 포인트를 받았다. 데이터 이동권이 법제화된 이후 갑은 B 은행 체크 카드를 발급받은 뒤, A 은행에 '계좌 자동 이체 항목', '체크 카드 사용 내역', '연령별 맞춤형 금융 상품 추천 서비스 내역'을 B 은행으로 이동할 것을 요청했다.

① 갑이 본인의 데이터를 이동 요청하면 A 은행은 갑의 '체크 카드 사용 내역'을 B 은행으로 전송해야 한다.

② A 은행에 대한 갑의 데이터 이동 요청은 정보 주체의 자율적 관리이므로 강화된 개인 정보 자기 결정권의 행사이다.

③ 데이터의 소유권 주체가 정보 주체라고 본다면, 갑이 A 은행으로부터 받은 포인트는 본인의 데이터 제공에 대한 대가이다.

④ 갑이 본인의 데이터를 보유한 A 은행을 상대로 요청한 '연령별 맞춤형 금융 상품 추천 서비스 내역'은 데이터 이동권 행사의 대상이다.

⑤ 데이터 이동권의 법제화 이전에도 갑이 A 은행에서 B 은행으로 이동을 요청한 정보 중에서 '계좌 자동 이체 항목'은 이동이 가능했다.

03

구체적 사례에 적용하는 문제이다. <보기>에서 A 은행은 갑의 데이터를 수집하고 이를 분석·가공하여 고객 맞춤형 금융 상품 추천 서비스를 제공했다. 지문에서 데이터 이동권을 행사할 수 없는 대상을 언급하였는데, 이를 참고로 하여 갑이 A 은행에 데이터 이동을 요청할 수 있는 데이터와 요청할 수 없는 데이터를 구분해야 한다.

04

문맥상 ⓐ, ⓑ와 바꾸어 쓰기에 가장 적절한 것은?

	ⓐ	ⓑ
①	용이(容易)해져	근거(根據)하여
②	유력(有力)해져	근거(根據)하여
③	용이(容易)해져	의탁(依託)하여
④	원활(圓滑)해져	의탁(依託)하여
⑤	유력(有力)해져	기초(基礎)하여

04

단어의 의미를 파악하는 문제이다. ⓐ의 '쉬워지다'가 '용이해지다', '유력해지다', '원활해지다' 중 어떤 의미로 사용되었는지, ⓑ의 '따르다'가 '근거하다', '의탁하다', '기초하다' 중 어떤 의미로 사용되었는지 파악해야 한다.

WEEK 6

핵심정리

문단 중심 내용

❶ 검색된 웹 페이지가 화면에 나타나는 순서를 정하기 위한 대표적 항목
❷ 인덱스의 개념과 인덱스에 저장되는 항목
❸ 중요도의 개념 및 측정 방법
❹ 댐핑 인자를 반영한 웹 페이지의 중요도
❺ 적합도를 정하는 데 반영되는 요소

인덱스

개념	단어를 알파벳순으로 정리한 목록
저장되는 항목	• 각 단어가 등장하는 웹 페이지 • 단어의 빈도수 • 각 웹 페이지의 중요도

중요도

개념	웹 페이지의 중요성을 값으로 나타낸 것
링크 분석 기법	웹 페이지 A의 값=A를 링크한 각 웹 페이지들로부터 받는 값의 합 → A가 링크한 다른 웹 페이지들에 균등하게 나눠짐.
댐핑 인자	사용자들이 웹 페이지를 읽다가 링크를 통해 다른 웹 페이지로 이동하지 않는 비율을 반영한 값 → A에서 균등하게 나눠진 값에 곱함.

적합도

반영 요소	• 단어의 빈도 • 단어가 포함된 웹 페이지의 수 • 웹 페이지의 글자 수를 반영한 식
적합도가 높아지는 조건	• 해당 검색어가 많이 나올수록 • 그 검색어를 포함하는 다른 웹 페이지의 수가 적을수록 • 현재 웹 페이지의 글자 수가 전체 웹 페이지의 평균 글자 수에 비해 적을수록

※ 다음 글을 읽고 물음에 답하시오.

❶ 인터넷 검색 엔진은 검색어를 포함하는 웹 페이지를 찾아 화면에 보여 준다. 웹 페이지가 화면에 나타나는 순서를 정하기 위해 검색 엔진은 수백 개가 ⓐ 넘는 항목을 고려한 다양한 방식을 사용한다. 대표적인 항목으로 중요도와 적합도가 있다.

❷ 검색 엔진은 빠른 시간 내에 검색 결과를 보여 주기 위해 웹 페이지들의 데이터를 수집하여 인덱스를 미리 작성해 놓는다. 인덱스란 단어를 알파벳순으로 정리한 목록으로, 여기에는 각 단어가 등장하는 웹 페이지와 단어의 빈도수 등이 저장된다. 이때 각 웹 페이지의 중요도가 함께 기록된다.

❸ ㉠ 중요도는 웹 페이지의 중요성을 값으로 나타낸 것으로 링크 분석 기법으로 측정할 수 있다. 기본적인 링크 분석 기법에서 웹 페이지 A의 값은 A를 링크한 각 웹 페이지들로부터 받는 값의 합이다. 이렇게 받은 A의 값은 A가 링크한 다른 웹 페이지들에 균등하게 나눠진다. 즉 A의 값이 4이고 A가 두 개의 링크를 통해 다른 웹 페이지로 연결된다면, A의 값은 유지되면서 두 웹 페이지에는 각각 2가 보내진다.

❹ 하지만 두 웹 페이지가 실제로 받는 값은 2에 댐핑 인자를 곱한 값이다. 댐핑 인자는 사용자들이 웹 페이지를 읽다가 링크를 통해 다른 웹 페이지로 이동하지 않는 비율을 반영한 값으로 1 미만의 값을 가진다. 댐핑 인자는 모든 링크에 동일하게 적용된다. 가령 그 비율이 20%이면 댐핑 인자는 0.8이고 두 웹 페이지는 A로부터 각각 1.6을 받는다. 웹 페이지로 연결된 링크를 통해 받는 값을 모두 반영했을 때의 값이 각 웹 페이지의 중요도이다. 웹 페이지들을 연결하는 링크들은 변할 수 있기 때문에 검색 엔진은 주기적으로 웹 페이지의 중요도를 갱신한다.

❺ 사용자가 검색어를 입력하면 검색 엔진은 인덱스에서 검색어에 적합한 웹 페이지를 찾는다. ㉡ 적합도는 단어의 빈도, 단어가 포함된 웹 페이지의 수, 웹 페이지의 글자 수를 반영한 식을 통해 값이 정해진다. 해당 검색어가 많이 나올수록, 그 검색어를 포함하는 다른 웹 페이지의 수가 적을수록, 현재 웹 페이지의 글자 수가 전체 웹 페이지의 평균 글자 수에 비해 적을수록 적합도가 높아진다. 검색 엔진은 중요도와 적합도, 기타 항목들을 적절한 비율로 합산하여 화면에 나열되는 웹 페이지의 순서를 결정한다.

01

윗글을 통해 알 수 있는 내용으로 가장 적절한 것은?

① 인덱스는 사용자가 검색어를 입력한 직후에 작성된다.

② 사용자가 링크를 따라 다른 웹 페이지로 이동하는 비율이 높을수록 댐핑 인자가 커진다.

③ 링크 분석 기법은 웹 페이지 사이의 링크를 분석하여 웹페이지의 적합도를 값으로 나타낸다.

④ 웹 페이지의 중요도는 다른 웹 페이지에서 받는 값과 다른 웹 페이지에 나눠 주는 값의 합이다.

⑤ 사용자가 검색어를 입력하면 검색 엔진은 검색한 결과를 인덱스에 정렬된 순서대로 화면에 나타낸다.

01

세부 내용을 파악하는 문제이다. 선택지의 핵심어를 확인하고 지문을 통해 선택지의 적절성을 파악해야 한다. 이 문제에서 선택지의 핵심어로는 '인덱스', '댐핑 인자', '링크 분석 기법', '중요도'를 꼽을 수 있다.

02

㉠, ㉡을 고려하여 검색 결과에서 웹 페이지의 순위를 높이기 위한 방안으로 가장 적절한 것은?

① 화제가 되고 있는 검색어들을 웹 페이지에 최대한 많이 나열하여 ㉠을 높인다.

② 사람들이 많이 접속하는 유명 검색 사이트로 연결하는 링크를 웹 페이지에 많이 포함시켜 ㉠을 높인다.

③ 알파벳순으로 앞 순서에 있는 단어들을 웹 페이지 첫 부분에 많이 포함시켜 ㉡을 높인다.

④ 다른 많은 웹 페이지들이 링크하도록 웹 페이지에서 여러 주제를 다루고 전체 글자 수를 많게 하여 ㉡을 높인다.

⑤ 다른 웹 페이지에서 흔히 다루지 않는 주제를 간략하게 설명하되 주제와 관련된 단어를 자주 사용하여 ㉡을 높인다.

02

내용의 인과관계를 파악하는 문제이다. ㉠은 중요도, ㉡은 적합도로 검색 엔진이 웹 페이지가 화면에 나타나는 순서를 정하기 위해 고려하는 항목으로 제시되었다. 3문단을 바탕으로 중요도를 높이는 방법을, 5문단을 바탕으로 적합도를 높이는 방법을 파악해야 한다.

WEEK 6

03

구체적 사례에 적용하는 문제이다. <보기>에는 웹 페이지들의 관계와 댐핑 인자, 일부 웹 페이지의 중요도가 제시되어 있다. 3~4문단에서 웹 페이지의 중요도를 계산하는 방법을 설명하고 있으므로 이를 이해해야 한다. 웹 페이지로 연결된 링크를 통해 받는 값을 모두 반영했을 때의 값이 각 웹 페이지의 중요도라고 하였다.

03

<보기>는 웹 페이지들의 관계를 도식화한 것이다. 윗글을 바탕으로 <보기>를 이해한 내용으로 적절한 것은?

보기

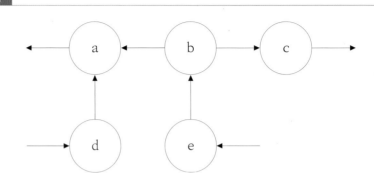

원은 웹 페이지이고, 화살표는 웹 페이지에서 링크를 통해 화살표 방향의 다른 웹 페이지로 연결됨을 뜻한다. 댐핑 인자는 0.5이고, d와 e의 중요도는 16으로 고정된 값이다.

(단, 링크와 댐핑 인자 외에 웹 페이지의 중요도에 영향을 주는 다른 요소는 고려하지 않음.)

① a의 중요도는 16이다.
② a가 b와 d로부터 각각 받는 값은 같다.
③ b에서 a로의 링크가 끊어지면 b와 c의 중요도는 같다.
④ e에서 a로의 링크가 추가되면 b의 중요도는 6이다.
⑤ e에서 c로의 링크가 추가되면 c의 중요도는 5이다.

04

단어의 의미를 파악하는 문제이다. ⓐ의 '넘다'가 문맥상 어떤 의미로 사용되었는지 파악하고, 선택지에서 동일한 의미로 사용된 경우를 찾아야 한다.

04

문맥상 ⓐ의 의미와 가장 가까운 것은?

① 공부를 하다 보니 시간은 자정이 넘었다.
② 그들은 큰 산을 넘어서 마을에 도착했다.
③ 철새들이 국경선을 넘어서 훨훨 날아갔다.
④ 선수들은 가까스로 어려운 고비를 넘었다.
⑤ 갑자기 냄비에서 물이 넘어서 좀 당황했다.

※ 다음 글을 읽고 물음에 답하시오.

🫐 **핵심정리**

가

삼 년을 임을 떠나 해도(海島)에 유배되니

㉠ 내 언제 무심하여 임에게 득죄했나

임이 언제 박정(薄情)하여 날 대접 소홀히 했나

내 **얼굴** 고왔던지 **질투하는 건 뭇 여자**로다

유한한* **이내 몸을 음란하다 이르로세**

　　　　(중략)

긴 소매 들고 앉아 **옛 잘못**을 헤아리니

우직하기 본성이오 망령됨도 내 죄로되

근본을 생각하면 임 위한 정성일세

일월 같은 우리 임이 거의 아니 굽어볼까

날 살리신 이 은혜를 결초(結草)하기 생각하나

광주리의 가을 부채 어느 날 다시 날꼬

황금을 못 얻으니 장문부*를 어이 사리

마름과 연(蓮)으로 옷을 짓고 부용(芙蓉)으로 **치마** 지어

상자 안에 두어신들 **눌 위하여 단장할꼬**

고향에 돌아갈 **꿈** 벽해(碧海)를 밟아 건너

옥루(玉樓) 높은 곳에 밤마다 임을 모셔

일당우불에 수답이 여향하니*

가까이 다가앉아 귀신을 묻던 가태부 이러한가*

멀리서 들려오는 어촌의 **닭** 울음에 긴 잠을 깨어나니

㉡ 우리 임 금옥(金玉) 같은 음성이 귓가에 의연하고

우리 임 어로향*이 옷과 소매에 품었어라

어느 날 이내 꿈을 진짜로 삼을 건가

두어라 임금께서 **행여 고치시기를 날마다 고대하노라**

　　　　　　　　　　　　　- 이진유, 〈속사미인곡〉 -

---

* 유한한: 조용하고 그윽한. 여성의 훌륭한 인품을 뜻함.
* 장문부: 한나라 진 황후가 황제의 총애를 되찾기 위해 황금 백 근을 주고 얻었다는 글.
* 일당우불에~여향하니: 한 방에서 서로 많은 이야기를 나누는 모습을 나타낸 표현.
* 가까이~이러한가: 모함을 받아 좌천되었던 가태부를 한나라 문제가 불러 밤새 가까이 마주 앉아 귀신에 대해 논했던 일을 말함.
* 어로향: 임금의 향로에서 나는 향기.

가 이진유, 〈속사미인곡〉

갈래

유배가사, 애정가사

성격

애상적

제재

유배 생활, 임에 대한 사랑

주제

임을 향한 그리움

특징

① 유배의 노정과 유배지의 삶이 사실적으로 서술됨.
② 여성 화자의 목소리를 빌려 화자의 간절함을 드러냄.
③ 전통적인 군신 관계의 도덕성에 바탕을 두면서 개인적인 감정을 직접적으로 표출함.

해제

조선 영조 때 사대부인 이진유가 유배지인 추자도에서 지은 가사이다. 이처럼 유배의 경험을 바탕으로 씌어진 가사를 일러 유배 가사라고 한다. 유배 가사는 보통 '연군의 정서'와 '유배 생활의 시련'이라는 두 가지 내용으로 작품이 구성된다. 〈속사미인곡〉은 다른 유배 가사에 비해 유배 생활의 시련이 자세하게 서술된 점에서 문학사적인 의미를 갖는 작품이다. 이 작품은 '서사-본사-결사'로 구성되어 있으며, 본사는 유배지까지의 여정, 나주에서의 유배 생활, 추자도에서의 유배 생활 등으로 이루어져 있다. 지문에는 본사의 일부와 결사가 수록되어 있는데 자신의 죄 없음과 억울함, 임을 향한 그리움, 임의 사랑을 회복하여 그와 재회하기를 바라는 마음이 여성 화자의 목소리로 표현되어 있다.

시어의 의미

옷, 치마	임에 대한 화자의 애정
꿈	화자의 소망이 일시적으로 이루어지는 공간
닭	화자와 임의 만남을 방해하는 존재

WEEK 6

갈래

연시조

성격

애상적

제재

이별한 임에 대한 그리움

주제

임을 향한 간절한 그리움

특징

① 대립적 시어를 통해 주제를 형상화함.
② 자연물을 활용하여 활기차고 생동감 넘치는 공간을 나타냄.

해제

조선 후기 사대부 이복길이 지은 연시조이다. 작가는 남성 사대부이나 내용은 이별한 임을 그리워하는 여성의 간절한 심정이다. 이러한 내용을 효과적으로 나타내기 위해 작가는 여성 화자의 목소리를 빌려 내용을 진술하는 방법을 사용하고 있다. 총 10수 중 1~5수와 6~10수가 각각의 완결성을 갖도록 구성되어 있다. 이 작품은 앞 수 종장의 마지막 구절 또는 단어를 다음 수 초장에서 이어받아 시상을 전개하는 방식인 '꼬리 따기'라는 독특한 구성을 보여 주고 있다.

구성

제1수	꿈에서 만난 임과 정담을 나눌 겨를도 없이 꾀꼬리에 의해 꿈을 깸.
제2수	임에게 진주 같은 눈물과 진주를 보내고자 함.
제3수	임이 자신의 사랑을 모른다면 진주를 보고 대소할까 염려함.
제4수	일촌간장이 썩을 정도로 임을 간절히 그리워함.
제5수	임을 향한 자신의 사랑이 죽어도 영원할 것이라고 다짐함.

다 박지원, 〈답홍덕보서 제이〉

갈래

편지글(서)

성격

비판적, 경세적

나

임 그려 생각하고 푸른 요 깊고 **꿈**을 꾸니
외로운 영혼이 임에게 가 있더니
살뜰히 원수의 **꾀꼬리**로 말 못하고 깨었네

〈제1수〉

깨어 일어나 앉아 꿈 일을 생각하니
끊임없는 눈물이 두 볼에 진주로다
이 진주 **진짜 진주**와 저 임의 집에 보내고져

〈제2수〉

보내거든 아실까 내 정성 아실까
임도 나 같으면 일정 내 뜻 아시려니
만일에 내 뜻과 다르면 분명 대소(大笑) 하리라

〈제3수〉

대소 마시고 내 정성 아소서
무슨 장부로 이리도록 이러커니
얼굴은 옛 얼굴 있어도 일촌간장은 썩은 지 오래거다

〈제4수〉

간장이 다 썩으니 목숨이 없게 되게
ⓒ 죽어 진토(塵土)가 되다 이 마음 썩을손가
두어라 정성이 감천하야* 지하에 가 보새이다

〈제5수〉
- 이복길, 〈오련가〉 -

* 감천하야: 하늘을 감동하게 하여.

다

　젊은 시절에는 과연 나도 **허황된 명성을 연모**하여, **문장을 표절하고 화려하게 꾸며서 잠시 예찬을 받은** 적이 있지요. 그렇게 해서 얻은 ⓔ 명성이란 겨우 송곳 끝만한데 쌓인 비방은 산더미 같았으니, 매양 한밤중에 스스로 반성하면 입에서 신물이 날 지경이었지요. 명성과 실정의 사이에서 스스로 깎아내리기에도 겨를이 없거늘, 더구나 감히 다시 명성을 가까이 하겠습니까. 그러니 명성을 위한 벗은 이미 나의 안중에서 떠나 버린 지 오래입니다.

　이른바 **이익과 권세**라는 것도, 일찍이 그 길에 발을 들여놓아 보았지요. 대개 사람들은 **모두 남의 것을 가져다 제 것으로 만들 생각만** 하지, 제 것을 덜어 내서 남에게 보태 주는 일은 본 적이 없습니다. 명성이란 본시 허무한 것이요 사람들이 값을 지

불하는 것도 아니어서, 혹은 쉽게 서로 주어 버리는 수도 있지요. 하지만 실질적인 이익과 실질적인 권세에 이르면 어찌 선뜻 자기 것을 양보해서 남에게 주려 하겠습니까.

그 길로 바삐 달려가는 자들은 흔히 앞으로 엎어지고 뒤로 자빠지는 꼴을 보기 마련이니, ⓛ 한갓 스스로 기름을 가까이 했다가 옷만 더럽힌 셈입니다. 이 역시 이익과 손해를 따지는 비열한 논의라 하겠지만, 실상은 분명 이와 같습니다. 또한 진작 형에게서 이런 충고를 받은 바 있어, 이익과 권세의 이 두 길을 피한 지가 벌써 십 년이나 됩니다.

내가 명성·이익·권세를 좇는 이 세 부류의 벗들을 버리고 나서, 비로소 눈을 밝게 뜨고 이른바 참다운 벗을 찾아보았더니, 대개 한 사람도 없습디다. **벗 사귀는 도리를 다하고자 하면, 벗을 사귀기란 확실히 어려운가 봅니다.**

하지만 어찌 정말 과연 한 사람도 없기야 하겠습니까. 어떤 일을 당했을 때 잘 깨우쳐 준다면 비록 돼지 치는 종놈이라도 진실로 나의 어진 벗이요, 의로운 일을 보고 충고해 준다면 비록 나무하는 아이라도 역시 나의 좋은 벗일 겁니다. 이렇게 생각하면 과연 이 세상에서 내게 벗이 부족한 것은 아니지요. 그러나 돼지 치는 벗은 경서를 논하는 자리에 함께 참여하기 어렵고, 나무하는 벗은 손님과 주인이 읍양하는* 대열에 둘 수 없습니다. 그러니 고금을 더듬어 보면서 **어찌 마음이 답답하지 않을 수가 있겠습니까.**

(중략)

혹시 우리나라 안에서 한 번 만나 보아 **서로 거리낌 없이 회포를 털어놓을 수 있는 사람이 있다면 천 리를 멀다 아니하고 찾아가**고 말겠습니다만, 형도 이런 벗을 아직 만나 본 적이 없는 게 아닌지요? 아니면 영영 이런 생각을 가슴속에서 끊어 버렸는지요? 지난날 서로 끊임없이 이야기를 나눌 때에도 그런 이야기까지는 한 적이 없었기에, 지금 마침 한 가닥 울적한 마음이 들어 우선 여쭈어 보는 것입니다.

- 박지원, 〈답홍덕보서 제이〉 -

* 읍양하는: 예를 갖추어 공손하게 인사하는.

01

글의 공통점을 파악하는 문제이다. (가)~(다)에 공통적으로 나타나는 특징을 고르는 유형이므로 선택지에 제시된 표현 방식, 시상 전개 방식과 그 효과가 (가)~(다)에 모두 해당하는지 파악해야 한다.

01

(가)~(다)의 공통점으로 가장 적절한 것은?

① 초월적 공간을 제시하여 이상적인 세계에 대한 동경을 드러내고 있다.

② 현실에 대한 인식을 바탕으로 과거로 회귀하려는 소망을 나타내고 있다.

③ 대상을 보는 여러 관점을 제시하여 대상의 특성을 입체적으로 드러내고 있다.

④ 계절감이 드러나는 소재를 제시하여 자연 풍경의 변화에 대한 감상을 드러내고 있다.

⑤ 만나고 싶은 대상을 만나기 어려운 상황을 제시하며 그에 대한 안타까움을 나타내고 있다.

02

외적 준거에 따라 작품을 감상하는 문제이다. 문제에 제시된 <보기>는 주로 작품을 감상하는 데 도움이 되는 문학 이론이나, 작품과 관련된 내재적, 외재적 정보들을 담고 있다. 이러한 유형의 문제를 풀기 위해서는 먼저 <보기>에 제시된 핵심 내용이 무엇인지 파악하고, 그 핵심 내용을 바탕으로 작품을 감상한 뒤 선택지에 제시된 내용이 <보기>를 바탕으로 한 작품 감상에 부합하는지를 판단해야 한다.

02

<보기>를 바탕으로 (가)를 감상한 내용으로 적절하지 않은 것은?

보기

〈속사미인곡〉은 사대부인 작가가 유배지인 추자도에서 쓴 작품이다. 작품에서 작가는 연군(戀君)의 정서를 바탕으로 자신이 겪는 시련과 그에 대한 생각을 서술하고 있는데, 작가의 간절함을 나타내고자 장면에 따라 여성 화자의 목소리를 빌려 표현하기도 한다. 특히 당쟁 속에서 반대파의 모함을 받아 유배된 일에 대한 억울함과 유배된 작가 자신의 상황을 변화시킬 수 있는 주체가 임금이라는 생각을 드러내고 있다.

① '뭇 여자'가 '질투하'여 '음란하다 이르'었다고 한 것은 작가가 반대파의 모함을 받아 유배되었다고 생각하고 있음을 나타낸 것이겠군.

② '이내 몸'을 '일월 같은 우리 임이 거의 아니 굽어볼까'라고 한 것은 작가가 유배지에서 생활하고 있는 자신의 일상에 관심을 보이는 임금에 대한 감사함을 드러낸 것이겠군.

③ '옛 잘못'에 대해 '근본을 생각하면 임 위한 정성일세'라고 한 것은 작가가 자신의 시련이 임금을 위한 충정에서 비롯되었다고 생각하고 있음을 나타낸 것이겠군.

④ '눌 위하여 단장할꼬'라고 한 것은 작가가 지닌 연군의 마음이 임금에게 전해지지 못하는 상황에 대한 안타까움을 여성 화자의 목소리를 빌려 드러낸 것이겠군.

⑤ '행여 고치시기를 날마다 고대하노라'라고 한 것은 유배된 작가의 상황을 바꿀 수 있는 주체가 임금이라는 작가의 생각을 나타낸 것이겠군.

03

(나)의 시상 전개에 대한 설명으로 적절하지 <u>않은</u> 것은?

① <제1수>에서는 화자에게 일어난 일이 시간의 순서에 따라 제시된다.
② <제2수>의 중장에서는 초장에 제시된 상황과 관련된 화자의 정서가 드러난다.
③ <제3수>의 초장에서는 <제2수>의 종장에 제시된 소망이 실현될 것이라는 화자의 믿음이 드러난다.
④ <제4수>의 초장에서는 <제3수>의 종장에서 가정한 상황이 발생하지 않기를 바라는 화자의 마음이 드러난다.
⑤ <제5수>의 초장에서는 <제4수>의 종장에 드러난 화자의 고통이 심화되어 나타난다.

03

시상의 흐름을 파악하는 문제이다. (나)는 총 5수로 구성되어 있으며, 시조 종장의 마지막 어휘가 다음 시조의 초장 첫 어휘나 어구로 이어지는 '꼬리 따기' 구성 방식을 취하고 있으므로, 이전 수의 내용이 긴밀하게 연결된다. 따라서 이러한 특징에 유념하여 적절하지 않은 선택지를 파악해야 한다.

04

(가)와 (나)의 시어에 대한 이해로 가장 적절한 것은?

① (가)의 '닭'은 (나)의 '꾀꼬리'와 달리 꿈속에서의 임과의 만남을 방해하는 존재이다.
② (나)의 '진짜 진주'에는 (가)의 '치마'와 달리 임에 대한 화자의 애정이 담겨 있다.
③ (가)와 (나)의 '얼굴'은 모두 화자의 처지가 시간의 흐름에 따라 변하였음을 보여 주는 소재이다.
④ (가)와 (나)의 '꿈'에는 모두 현재 상황에서 화자가 갖는 소망이 투영되어 있다.
⑤ (가)의 '옥루'와 (나)의 '지하'는 죽음 이후에 임과의 재회가 이루어질 것이라는 화자의 기대가 담겨 있는 공간이다.

04

시어의 함축적 의미를 파악하는 문제이다. (가)와 (나)에 제시된 시어가 작품에서 어떠한 기능을 하는지 파악하는 것이 중요하다. 특히 (가)와 (나) 모두 임에 대한 애정과 그리움을 드러내는 작품이므로 이를 고려했을 때 선택지에 제시된 시어에 대한 설명이 적절한지 판단해야 한다.

WEEK 6

05

표현상 특징을 파악하는 문제이다. 각 작품의 주제를 바탕으로 활용된 표현법과 그 효과가 적절한지 파악해야 한다. ㉠, ㉡는 (가), ㉢은 (나), ㉣, ㉤은 (다)의 표현상 특징을 가리키고 있으므로 이를 유의하여 문제를 풀어야 한다.

06

외적 준거에 따라 작품을 감상하는 문제이다. 이러한 유형의 문제를 해결하기 위해서는 먼저 지문의 세부 맥락과 전체 맥락을 함께 고려하여 읽어내야 한다. 이후 선택지의 내용을 지문의 맥락과 비교하여 적절성 여부를 판단해야 한다. <보기>에 따르면 (다)는 작가 박지원이 자신의 경험을 바탕으로 당대 세태에 대한 비판적 의식을 드러내고 있으므로 이를 바탕으로 하여 구절의 의미를 이해하는 것이 중요하다.

05

㉠~㉤의 표현상의 특징으로 적절하지 않은 것은?

① ㉠: 대구적 표현을 사용하여 운율감을 조성하고 있다.

② ㉡: 감각적 심상을 활용하여 화자의 그리움을 부각하고 있다.

③ ㉢: 과장법을 사용하여 임을 향한 사랑을 포기해야 하는 것에 대한 화자의 절망감을 강조하고 있다.

④ ㉣: 대조법을 사용하여 자신이 과거에 추구했던 것이 초래한 상황에 대한 글쓴이의 생각을 드러내고 있다.

⑤ ㉤: 비유적 표현을 사용하여 특정한 가치를 좇는 사람들에 대한 글쓴이의 생각을 나타내고 있다.

06

<보기>를 참고하여 (다)를 감상한 내용으로 적절하지 않은 것은?

> **보기**
>
> (다)는 박지원이 벗 사귐을 소재로 하여 홍대용에게 쓴 서간문이다. 글쓴이는 자신의 경험과 당대 세태에 대한 비판적 의식을 바탕으로 참된 벗 사귐에 대한 생각을 드러내고 있다.

① '문장을 표절하고 화려하게 꾸며서 잠시 예찬을 받은' 경험을 '허황된 명성을 연모'했기 때문이라 한 것은 '젊은 시절'에 자신이 한 행위에 대한 글쓴이의 반성을 드러낸 것이겠군.

② '모두 남의 것을 가져다 제 것으로 만들 생각만' 한다고 한 것은 '이익과 권세'를 중시하는 당대 세태에 대한 글쓴이의 비판적 의식을 드러낸 것이겠군.

③ '벗 사귀는 도리를 다하고자 하면, 벗을 사귀기란 확실히 어려운가 봅니다'라고 한 것은 글쓴이가 자신의 경험을 바탕으로 참된 벗 사귐에 관한 생각을 드러낸 것이겠군.

④ '어찌 마음이 답답하지 않을 수가 있겠습니까'라고 한 것은 신분이 낮은 이들조차 자신과 참된 벗 사귐을 하지 않으려고 하는 상황에 대한 글쓴이의 비판적 의식을 드러낸 것이겠군.

⑤ '서로 거리낌 없이 회포를 털어놓을 수 있는 사람이 있다면 천 리를 멀다 아니 하고 찾아가'겠다고 한 것은 참된 벗 사귐에 대한 글쓴이의 간절한 바람을 드러낸 것이겠군.

b Day　문학(현대소설)　고3 2023년 10월

홍소 _ 이동하

※ 다음 글을 읽고 물음에 답하시오.

[A] 　2424 혹은 5454번의 전화번호를 보디에 커다랗게 써 붙인 삼륜차 또는 픽업이 대충 비슷비슷한 내용물들을 실은 채 속속들이 닿고 있었고, 감색 유니폼의 관리인들이 요소요소마다 늘어선 채 똑같은 말들을 외쳐 대고 있었다. 일테면,
　“차는 현관 옆으로 바짝 붙여 주십시오!”
　“호실 키는 임시 관리 사무소에서 입주증과 교환해 드리고 있습니다. 관리 사무소는 217동과 219동 사이에 위치하고 있습니다…….”
　“계단이 혼잡하오니 도착순대로 짐을 올리시고, 화장실 및 주방의 부착물은 248동과 249동 간에 위치하고 있는…….”

　삼륜차 위에서 나는 한동안 멍청하게 흔들리고만 있었다. 수백 수천의 **똑같은 5층짜리 콘크리트 건물군**과 그리고 그 협곡 사이사이마다 출렁이고 있는 입주자들의 행렬……. 그것은 실로 기이한 대조였다. 나는 무거운 압박감과 마음 붙일 곳 없는 황량함을 동시에 의식하지 않을 수 없었다. **차가움, 견고함, 메마름, 쇳내 따위**를 나는 그 엄청난 규모의 기하학적 공간에서 **무겁게 의식**했고, 또 한편으로는 흡사 피난 행렬과도 같은 입주자들의 행렬에서 우리들의 저 은밀하고 곰팡내 나는 개인적 삶의 모습이 백일하에 드러나 버린 듯한 황량함을 현기증 나게 맛보아야만 했던 것이다. 냉엄한 질서와 유약한 삶—결코 동질적일 수 없는 이 양자의 만남이 무언가 엄청난 현상을 불러일으키리라는 것을 나는 무섭게 예감했다.

[B] 　나는 실없는 웃음을 비실비실 흘리기 시작했다. 입구를 들어서면서부터 내 마음속에 달라붙었던 저 여릿한 감정이 일종의 형언키 어려운 계면쩍음으로, 그것이 다시 모호한 부끄러움으로 내 전신을 휘감아 들었기 때문이다.

　그러나 아내의 즐거움은 컸다. 비록 월세를 물고 사는 임대 아파트이기는 할망정 저 일반 독립가옥에서의 셋방살이와는 사정이 한결 달랐기 때문이었다. 두 개의 방과 좁은 마루와 그리고 부엌과 다용노실과 수세식 변소 하나가 전부인 열서너 평의 공간이기는 했다. 하지만 바깥 계단 쪽의 문만 닫아걸면 실로 자유스러운 생활 공간이었던 것이다.

　“주인댁에 인사치레를 하지 않는 것만도 마음 편해 좋겠다야.”

　이삿짐을 날라 준 친구가 잘도 지적했듯이 그 열서너 평의 공간 안에서는 **그 누구의 눈치를 볼 필요가 없**었다. 이사를 들 때마다 주인에게 깍듯이 인사를 닦아야만 하던 고역으로부터 나는 풀려났고, 부잡스러운 **내 아이들**도 이제는 더 이상 **억울한 제재를 당할 위험이 없어**졌다. 그러므로 이런 이유들까지 몽땅 포함하여 아내의 즐거움은 참으로 커다란 것이었다. 옆에서 보고 있기가 민망스러울 만큼 아내는 우리가 차지한 그 열서너 평의 공간에 감격해 있었던 것이다. 나는 부풀어 오른 아내의

핵심정리

갈래

단편소설

배경

1970년대 서울

시점

1인칭 주인공 시점

제재

아파트

주제

아파트의 획일화된 생활 양식으로 붕괴된 도시인의 정체성과 윤리의식

특징

① 인물의 내면 심리를 세밀하게 묘사함.
② 당대 세태에 대한 비판적 의식이 드러남.

해제

이 작품은 1970년대에 규격화된 아파트가 등장하여 새로운 주거 문화가 형성되면서 거주민의 삶에 영향을 미치는 상황을 그리고 있다. 아파트는 거주민들에게 독립성과 편의성을 제공하였지만, 공동 주택이라는 특징에 기인하여 집단화된 생활 양식이 이루어지고, 주변 사람들의 삶에 영향을 받아 유행에 휩쓸리는 문화가 형성되기도 하였다. 거대하고 규격화된 아파트에 이사를 온 인물인 ‘나’의 시각을 통해 새로운 주거 환경에서 느끼는 인물들의 정서적 반응과 점차 변화해 가는 모습을 보여 주고 있다.

등장인물

| ‘나’ | 거대하고 규격화된 아파트에 새로 입주하면서 압박감과 황량함을 느낌. |

제목의 의미

홍소
입을 크게 벌리고 웃거나 떠들썩하게 웃음. 또는 그 웃음.

↓

| 새로운 주거 공간인 아파트의 등장으로 대두된 획일적이고 집단화된 공동생활과 유행의 휩쓸리는 문화에 대한 ‘나’의 자조적 인식을 드러냄. |

WEEK 6

'나'는 일반 독립가옥의 셋방살이를 청산하고 새로 지어진 임대 아파트에 입주한다. '나'는 화단과 공터의 조경까지도 놀랄 만큼 똑같은 꼴로 배열된, 거대하고 규격화된 아파트를 보며 기이함과 압박감 등의 부정적 감정을 느끼나, 아내는 과거 독립가옥에서의 셋방살이와는 달리 독립된 생활 공간의 즐거움을 드러낸다. 입주 첫날, 도난스(트랜스)를 교체하라며 상인이 찾아온 것을 시작으로 마루에 놓는 신발장, 부엌의 싱크대 등 생각지도 못했던 지출로 가계는 금방 엉망이 된다. 아파트의 공동생활에 익숙해지려 할 때, 아이들이 이웃 아이들과 어울리기 위해 일주일이 멀다 하고 새로운 장난감을 요구하게 되면서 '나'는 아파트에 대한 두려움을 갖기 시작한다. 한편 주부들은 가구 사들이기 게임에 빠진다. 한 현관 안의 같은 계단을 쓰는 열 집 중에서 어느 한 집이 무얼 사들이기만 하면, 그날부터 나머지 아홉 집의 주부들이 따라 사기 시작하는 것이다. 어느 날 아침 '나'는 아내의 귓불이 뚫려 있는 것을 발견하고, 출근길에 나섰을 때 아파트 단지 내의 여자들이 하나같이 귀에 귀걸이가 달려 있는 것을 발견한다. 아내는 일주일 꼴로 헤어스타일이 바뀌고, 한 달꼴로 의상이 바뀌는 등 걷잡을 수 없이 변해간다. '나'에게 춤을 추며 스트레스를 푼다는 이웃의 말을 전한 뒤에는 통금 시간에 임박하여 귀가하고 입에서 술냄새를 풍기기도 하며, 어떤 여자가 가출을 하고 누구 엄마가 이혼을 제기했다는 말을 한다. 집으로 가는 택시에서 내려 놀이터에서 시간을 보내던 '나'는 유년 시절을 떠올리다 하늘을 가린 아파트의 검은 그림자에 놀라 그곳을 떠난다. 집에 도착한 '나'는 아내가 집을 나간 것을 알게 된다.

무거운 압박감
차가움, 견고함, 메마름, 쇳내

+

마음 붙일 곳 없는 황량함
우리들의 저 은밀하고 곰팡내 나는 개인적 삶의 모습이 백일하에 드러나 버린 듯한 황량함

↓

대조적인 두 감정을 동시에 느낌.

마음을 터뜨리지 않기 위해서라도 당연히 나의 저 모호한 감정—쑥스러움이라 할지, 부끄러움이라 할지, 또 혹은 일말의 수치심이라고나 할지, 명확히 종잡을 수 없는 그 감정을 은밀히 숨겨 둘 수밖에 달리 도리가 없었다.

(중략)

그런대로 아내는 서서히 새로운 생활 환경에 적응해 가는 듯했다. 1주일에 한 번씩 물걸레로 계단을 닦고 공휴일 아침에는 화단의 휴지들을 주워 내며, 매월 1일엔 새마을 청소를 위해 같은 현관 안에 사는 열 세대의 주부들과 함께 합동 작업을 벌이곤 했다. **공동생활에 필요한 수칙들**은 이미 가가호호의 출입문 안쪽에 나붙어 있었고, 그 밖의 공지 사항들은 반상회나 대형 스피커를 통해 수시로 시달되었다. **어머니회**가 만들어지고 **어머니 배구팀**이 창단되고 **어머니 합창단**도 조직되었다. 폐쇄된 버스 정류소 부활을 위한 연판장 운동이나 불우 이웃 돕기를 위한 자선 요리 강습회 또는 쓰레기통 공동 소독을 위한 회합 등 각종 모임도 빈번해졌다. 모든 정보들—일테면 부동산 시세며, 새로운 가전제품이며, 의상과 헤어스타일, 하다못해 당일 슈퍼마켓의 찬거리 종류와 값에 이르기까지 신속하게 전달되었다. 토요일 저녁엔 꽁치 통조림이 동나고, 일요일 낮엔 돼지갈비가 불티났다. 앞의 경우는 다음날 야외로 행락 갈 사람들 탓이고, 뒤의 경우는 휴일에도 방구석에서만 죽치고 앉아 있는 사람들 때문이다. 월요일 아침은 단지가 죽은 듯 조용한 대신, **화요일 오전은 원거리 시장에 나서는 아낙네들**이 삼삼오오 떼 지어 단지를 빠져나간다. 그래서 처음 한동안 나는 실로 기이한 눈길로 그런 현상들을 지켜보았다. 그러나 내 아내 역시 예외일 수가 없어서 종당엔 그 동일한 가락 속으로 거침없이 살랑살랑 헤치고 다니는 모습을 보고는 또 한 번 **실없는 웃음을 흘리**지 않을 수가 없었다.

그런 유의 아파트촌이 지니고 있는 속성을, 내가 어느 정도 무서운 것으로 의식하기 시작한 것은 대체로 그 무렵부터였다. 이제 국민학교 1학년짜리인 첫째 녀석이 언젠가, 막 귀가한 나를 잡고 떼를 썼던 것이다.

"홈런왕 사 줘 아빠. 나두 홈런왕 사 줘."

녀석이 하두 다급하게 졸라 대는 통에 나는 어안이 벙벙해졌다. 우선 구두라도 좀 벗고 보자고 해도 영 막무가내였다. 아내는 말없이 웃고만 있는 것으로 보아 녀석과는 이미 담합이 된 모양이었다.

"도대체 그 홈런왕이라는 게 뭐 하는 거냐?"

내가 묻기가 무섭게 녀석은 밖으로 튀어 나갔다. 그리고는 금세 대여섯 명이나 되는 조무래기들을 이끌고 당당하게 나타났는데, 놀랍게도 그들의 손에는 똑같은 플라스틱 완구가 들려 있는 것이었다. 꼼짝없이 나는 항복하고 말았다.

"야, 나도 홈런왕이다!"

나로부터 천 원권 한 장을 전리품으로 얻은 녀석은 다시 떼거리들을 몰고 계단을 쿵쾅거리며 내려가 버렸다. 다음날 출퇴근길에서 나는 **한결같이 홈런왕을 휘두르며**

내닫고 있는 **아이들**의 모습을 얼마든지 구경할 수가 있었다. 말하자면 이것이 우리 아파트촌의 분위기이자 속성이었던 셈인데 그 후에도 녀석은 **1주일이 멀다 하고 매번 새로운 것을 요구**해 왔고, 나는 또 그때마다 속수무책으로 약탈을 당해야만 했다.

"아빠, 태극호 사 줘. 봐, 얘들두 다 가졌잖어? 나도 갖구 싶단 말야, 응 아빠……."

녀석의 이 당당한 요구를 거절할 만큼 나는 마음이 독하지 못하다. 거절은커녕, 때때로는 품절이 되어서 녀석이 시무룩하게 빈손으로 돌아올 때면 나는 녀석의 상심을 달래느라 전전긍긍하곤 했던 것이다. 그런 날이면 나는 영락없이 녀석의 놀이 상대가 돼야만 하는데, 왜냐하면 어느 패거리도 녀석을 끼워 주지 않기 때문이었다.

아파트가(街) 특유의 속성에 대해 내가 은연중에 ㉠ 두려움을 의식하기 시작한 것도 바로 그 점에 있는 것이었다.

– 이동하, 〈홍소〉 –

아파트의 특징

유행에 휩쓸리게 하는 획일성
• 부동산 시세, 새로운 가전제품, 의상과 헤어스타일, 당일 슈퍼마켓의 찬거리 종류와 값이 아파트 내에 신속하게 전달됨. • 토요일 저녁엔 꽁치 통조림이 동나고, 일요일 낮엔 돼지갈비가 불티남.

무리에 속하지 못하는 이들을 소외시키는 배타성
똑같은 장난감을 지니지 못한 아이들은 어느 패거리도 끼워 주지 않음.

↓

'나'는 이러한 아파트가(街) 특유의 속성에 대해 은연중에 두려움을 의식하기 시작함.

01

윗글의 내용에 대한 이해로 적절하지 않은 것은?

① '나'는 이사 오면서 생긴 모호하고 알 수 없는 감정을 아내에게 드러내지 않았다.
② '나'는 아내의 표정을 통해 아내가 첫째 녀석의 요구를 미리 알고 있었음을 짐작하였다.
③ 첫째 녀석은 아이들을 동원하여 자신의 요구가 당당하다는 것을 '나'에게 보여 주었다.
④ 아파트 사람들은 주말이 되면 특정한 식품을 소비하면서도 그런 현상을 기이하게 여겼다.
⑤ 아내는 독립가옥의 셋방살이보다 월세를 물고 사는 임대 아파트의 삶이 더 낫다고 여겼다.

■ 문제풀이 맥 ■

01

인물에 대해 이해하는 문제이다. 윗글은 1인칭 주인공 시점으로, '나'의 시선에서 사건이 전개되고 있다. 따라서 '나'의 관점에서 서술된 아내, 첫째 녀석, 아파트 사람들의 행동을 파악해야 한다.

02

서술상의 특징을 파악하는 문제이다. [A], [B] 모두 적절한 것을 묻고 있으므로 둘 중 하나만 적절한 것이라면 틀린 선지가 된다. 따라서 이를 유의하여 문제를 해결해야 한다. [A]는 '나'가 아파트에 입주하는 광경을 서술한 것이고, [B]는 아파트에 대한 '나'의 심리를 서술한 것이다.

02

[A]와 [B]의 서술상 특징으로 가장 적절한 것은?

① [A]는 장면에 대한 관찰을 중심으로, [B]는 인물의 복잡한 내면을 중심으로 서술하고 있다.

② [A]는 사건 해결의 실마리를 중심으로, [B]는 인물의 행위에 담긴 의미를 중심으로 서술하고 있다.

③ [A]는 인물들 간에 심화되는 갈등을 중심으로, [B]는 인물이 겪는 내적 갈등을 중심으로 서술하고 있다.

④ [A]는 인물들 간의 대화에 담긴 의미를 중심으로, [B]는 인물이 특정 행동을 한 의도를 중심으로 서술하고 있다.

⑤ [A]는 공간의 이동에 따른 심리 변화를 중심으로, [B]는 시간의 흐름에 따른 심리 변화를 중심으로 서술하고 있다.

03

인물의 갈등 양상을 이해하는 문제이다. 인물의 갈등 양상은 인물 간 갈등, 인물과 환경의 갈등 등의 외적 갈등과, 인물 내면의 갈등인 내적 갈등으로 나뉜다. 윗글의 ㉠은 '두려움'으로, ㉠이 언급되기 바로 전 상황에 유념하여 인물의 갈등 원인을 정확하게 파악해야 한다.

03

㉠의 이유로 가장 적절한 것은?

① 무리에 속하지 못하는 이를 소외시키는 배타적 분위기를 의식했기 때문이다.

② 패거리를 지어 다니며 타인을 따돌리는 첫째 녀석의 폭력성을 의식했기 때문이다.

③ 거절하지 못하는 사람에게 매번 새로운 것을 요구하는 이기적 분위기를 의식했기 때문이다.

④ 갖고 싶은 것을 갖지 못할 때마다 크게 상심하는 첫째 녀석의 유약함을 의식했기 때문이다.

⑤ 첫째 녀석의 무리한 요구를 물리칠 만큼 독하지 못한 자신의 우유부단함을 의식했기 때문이다.

04

04

외적 준거에 따라 작품을 감상하는 문제이다. <보기>에 따르면 윗글은 새롭게 등장한 아파트가 사람들의 삶에 미친 영향과, 낯선 주거 환경에 따른 인물들의 반응을 조명한다. 이를 바탕으로 윗글에서 강조된 구절을 이해하는 것이 중요하다.

<보기>를 바탕으로 윗글을 감상한 내용으로 적절하지 <u>않은</u> 것은?

보기

1970년대에 등장한 규격화된 아파트는 새로운 주거 문화를 형성하여 그곳에 사는 사람들의 삶에 영향을 미쳤다. 아파트는 독립성과 편의성을 주기도 하였지만, 집단화된 생활과 유행에 휩쓸리는 문화를 형성하기도 하였다. 〈홍소〉에는 이런 아파트의 속성과 낯선 주거 환경에 맞닥뜨린 인물들의 반응이 나타나 있다.

① '그 누구의 눈치를 볼 필요가 없'고 '내 아이들'이 '억울한 제재를 당할 위험이 없어'진 것에서 아내는 아파트가 주는 독립성에 흡족해하고 있음을 알 수 있겠군.

② '공동생활에 필요한 수칙들'이 집마다 붙어 있고, '어머니회', '어머니 배구팀', '어머니 합창단' 등이 만들어지는 것에서 집단화되어 가는 아파트 생활을 엿볼 수 있겠군.

③ '똑같은 5층짜리 콘크리트 건물군'을 보며 '차가움, 견고함, 메마름, 쇳내 따위'를 '무겁게 의식'하는 것에서 규격화된 아파트에 대한 '나'의 정서적 반응을 엿볼 수 있겠군.

④ '아이들'이 '한결같이 홈런왕을 휘두르'고 첫째 녀석이 '1주일이 멀다 하고 매번 새로운 것을 요구'하는 것에서 아이들조차 유행에 휩쓸리는 아파트 문화의 일면을 엿볼 수 있겠군.

⑤ 다른 '아낙네들'처럼 '화요일 오전은 원거리 시장에 나서는' 아내를 보며 '실없는 웃음을 흘리'는 것에서 '나'가 아파트의 편의성을 수용한 자신을 못마땅해하고 있음을 알 수 있겠군.

6일간 학습

Day	공부 시작 시간	공부 종료 시간	틀린 문항 수	틀린 유형
Day 1	시 분 초	시 분 초		
Day 2	시 분 초	시 분 초		
Day 3	시 분 초	시 분 초		
Day 4	시 분 초	시 분 초		
Day 5	시 분 초	시 분 초		
Day 6	시 분 초	시 분 초		

1 일별로 계획에 맞춰 공부하기
하루에 기출 하나씩 매일 꾸준히 공부하는 것이 최선의 방법이다.

2 시작 시간과 종료 시간 체크하기
스스로 시간 제한을 두고 문제를 푸는 것이 실전 대비에 효과적이다.

3 틀린 문항과 유형 분석하기
틀린 문제는 또 틀릴 수 있다. 특정 문항과 유형에서 많이 틀렸다면, 그 이유를 분석해야 한다.

4 보충 학습하기
스스로 점검하기를 통해 자신의 취약한 유형을 확인하고, SLS를 통해 부족한 부분을 보충 학습한다.

	Day 1						Day 2						Day 3					
번호	1	2	3	4	5	6	1	2	3	4	5	6	1	2	3	4	5	6
정답률	97%	86%	72%				95%	82%					82%	47%	64%	86%		
채점																		

	Day 4						Day 5						Day 6					
번호	1	2	3	4	5	6	1	2	3	4	5	6	1	2	3	4	5	6
정답률	32%	56%	33%	58%			88%	86%	81%	77%	84%	87%	80%	90%	88%	91%		
채점																		
결과	틀린 문항에는 ✕ 표시, 찍어서 막혔거나 헷갈렸던 문항에는 △표시, 맞춘 문항에는 ○표시 채점 결과 : 맞은 문항 수 23개중 ☐ 개																	

나의 예상 등급은?

등급

1등급
21~23개

2등급
19~20개

3등급
17~18개

7

WEEK

핵심정리

갈래

강연

제재

한글 대중화에 힘쓴 두 인물

화제

한글 대중화에 힘쓴 두 인물 소개

문단 중심 내용

❶ 강연 주제를 소개
❷ 한글 대중화를 위한 주시경 선생의 노력
❸ 한글 대중화를 위한 최현배 선생의 노력

주시경 선생

업적	① 국어 강습소를 개설 ② 제자들과 함께 국어 연구 학회 설립
일화	한글을 가르칠 수 있다면 어디든 마다하지 않고 책 보따리를 들고 다녔기에 '주 보따리'로 불림.
저서	〈국어 문법〉, 〈국어문전음학〉, 〈국문초학〉

최현배 선생

업적	① 한글 교육과 연구에 전념 ② 해방 후 국어 교재 집필과 교원 양성에 힘씀.
일화	조선어 학회 사건에 연루되어 옥고를 치르는 중에도 검열을 피해 솜옷 속에 쪽지를 숨겨 한글을 연구함.
저서	〈우리말본〉, 〈한글갈〉

문제풀이 맥

01

강연 내용을 생성하는 문제이다. 강연자가 강연 내용을 전달하기 위해 어떠한 말하기 방식을 사용하고 있는지를 파악해야 한다.

준언어적 표현	말을 할 때 언어적 표현에 덧붙여 의미 전달에 영향을 미치는 성량, 속도, 어조 등

※ 다음은 학생들을 대상으로 한 강연의 일부이다. 물음에 답하시오.

❶ 안녕하세요? ○○고 학생 여러분, 문화 해설사 □□□입니다. 한글 창제 이야기는 이미 잘 알고 계실 테니, 오늘은 한글 대중화에 힘쓴 두 인물에 대해 말씀드리죠. (목소리를 높여) 바로 주시경, 최현배 선생입니다. 역사적으로 암울했던 시기에 한글을 교육하고 연구하는 데 앞장선 두 분은 특별한 관계이기도 한데요. 어떤 관계일까요? 강연 내용에 힌트가 있으니 끝까지 잘 들어 주시길 바랍니다.

❷ (한 손을 올렸다 내리며) "말이 오르면 나라도 오르고, 말이 내리면 나라도 내리나니라." 나라와 민족을 지키기 위해 한글 교육과 연구에 매진했던 주시경 선생이 남긴 말씀입니다. 선생은 한글을 가르칠 수 있다면 어디든 마다하지 않고 책 보따리를 들고 다녔기에 '주 보따리'로 불렸다고 합니다. 이런 열정으로 국어 강습소를 개설했고, 여기에서 배출한 제자들과 함께 국어 연구 학회를 설립하였는데 이는 오늘날 한글 학회의 뿌리가 됩니다. 대표 저서로는 〈국어 문법〉, 〈국어문전음학〉, 〈국문초학〉 등이 있습니다. 그리고 얼마 전 주시경 선생에 대한 다큐멘터리가 방영되었는데, 이 영상을 찾아보는 것도 도움이 될 것입니다.

❸ 다음 소개할 인물은 최현배 선생입니다. 선생은 국어 강습소에 다니며 만난 어떤 인물로부터 큰 영향을 받게 됩니다. 이쯤에서 주시경 선생과의 관계를 눈치채신 분도 있을 텐데요. (청중의 반응을 살피며) 맞습니다. 두 분은 사제 간입니다. 최현배 선생은 스승의 길을 따라 한글 교육과 연구에 전념합니다. 조선어 학회 사건에 연루되어 옥고를 치르는 중에도 검열을 피해 솜옷 속에 쪽지를 숨겨 놓으며 한글을 연구했다는 이야기는 선생의 굳은 의지를 잘 보여 주죠. 대표 저서로는 〈우리말본〉과 〈한글갈〉이 있습니다. 아, '갈'이 무슨 뜻인지 잘 모르실텐데, 연구를 의미하는 우리말입니다. 선생은 해방 후에 국어 교재 집필과 교원 양성에 힘썼습니다. 최현배 선생에 대한 자료는 △△ 기념관 누리집에서 찾으실 수 있습니다.

01

위 강연자의 말하기 방식으로 가장 적절한 것은?

① 인물의 특성을 보여 주는 일화를 제시하고 있다.
② 자신의 경험을 시간 순서에 따라 전달하고 있다.
③ 대조를 통해 두 인물 간의 차이를 부각하고 있다.
④ 준언어적 표현을 조절하여 화제를 전환하고 있다.
⑤ 강연을 하게 된 소감을 밝히며 강연을 시작하고 있다.

02

다음은 강연자의 강연 계획이다. 강연에 반영되지 않은 것은?

- **화제 선정**
  - 청중의 배경지식을 고려하여 강연 내용을 한글 대중화에 힘쓴 두 인물로 선정해야겠다. ··· ①
- **청중 분석**
  - 청중이 생소하게 느낄 만한 우리말의 의미를 풀이해서 제시해야겠다. ········· ②
  - 강연 내용에 관심 있는 청중을 위해 추가 정보를 찾을 수 있도록 안내해야겠다. ··· ③
- **강연 전략**
  - 강연 내용에 집중할 수 있도록 먼저 질문을 던져 궁금증을 유발하고 나중에 답을 제시해야겠다. ··· ④
  - 강연 내용을 인상적으로 기억할 수 있도록 두 인물이 남긴 말을 각각 인용해야겠다. ·· ⑤

02

강연의 표현 전략을 사용하는 문제이다. 이러한 유형의 문제는 내용 일치 문제를 풀 때와 같은 방법으로 문제를 해결할 수 있다. 제시된 계획 중 핵심 단어나 문장을 표시해둔 뒤 지문과 비교하며 문제를 해결해야 한다.

03

강연 내용을 참고할 때, <보기>에 제시된 청중의 반응을 이해한 내용으로 가장 적절한 것은?

보기

청중 1: 한글 학회의 출발점이 국어 연구 학회였음을 알게 되었어. 국어 연구 학회는 어떤 활동을 했는지 찾아봐야겠어.

청중 2: 조선어 학회 사건에 대한 발표를 맡았는데 강연 내용이 도움이 될 것 같아. 최현배 선생이 옥중에서도 한글을 연구했다는 내용을 발표에 추가해야지.

청중 3: 주시경 선생의 저서를 별다른 설명 없이 제목만 알려 줘서 아쉬웠어. 그 저서들이 어떤 내용인지 찾아봐야겠어.

① 청중 1은 자신이 알고 있던 내용을 강연 내용과 비교하여 평가하고 있군.
② 청중 2는 강연을 통해 알게 된 정보를 유용성 측면에서 평가하고 있군.
③ 청중 3은 강연 내용을 바탕으로 강연에서 직접 언급되지 않은 내용을 추론하고 있군.
④ 청중 1과 3은 강연에서 새롭게 알게 된 사실에 대해 의구심을 드러내고 있군.
⑤ 청중 2와 3은 강연에서 언급된 내용과 관련하여 추가 정보를 탐색하려 하고 있군.

03

강연 내용을 이해, 평가하는 문제이다. 이러한 유형의 문제를 해결하기 위해서는 먼저 청중들의 반응을 확인하는 것이 좋다. 그 후 그 반응이 발표의 내용과 적합한지를 따져봐야 한다. <보기>의 청중들의 반응으로는 몰랐던 사실에 대한 긍정적 생각, 추가 활동 계획, 강연 내용의 활용 계획, 아쉬운 점 등을 드러내고 있다.

WEEK 7

핵심정리

중세 국어 관형격 조사

원칙	• 평칭의 유정 체언에는 모음 조화에 따라 '이/의'가 결합 • 무정 체언 또는 존칭의 유정 체언에는 'ㅅ'이 결합
예외	관형격 조사 '의'가 주격 조사처럼 해석되는 경우 예 聖人의(聖人 + 의) ᄀᆞᄅ치샨 法 → 존칭의 대상인 '성인' 뒤에 관형격 조사 'ㅅ'이 아닌 '의'가 사용되어, 'ᄀᆞᄅ치샨'의 주어로 사용됨.

중세 국어 부사격 조사

원칙	[시간이나 장소를 나타내는 부사격 조사의 경우] • 선행 체언의 끝음절을 기준으로, 모음 조화에 따라 '애/에' 사용 • 선행 체언의 끝음절이 모음 '이'나 반모음 'ㅣ'일 경우 '예' 사용
예외	'애/에/예'가 쓰일 위치에 부사격 조사 '이/의'가 쓰이는 경우 예 나조히(나조ㅎ + 이) → 일부 특수한 체언에 사용

관형격 조사가 부사격 조사의 구성 성분으로 분석되는 경우

이그에	관형격 조사 '이' + '그에' = 부사격 조사 '이그에' → 평칭의 유정 명사 뒤에 사용 → 현대 국어: '에서'
ㅅ긔	관형격 조사 'ㅅ' + '긔' = 부사격 조사 'ㅅ긔' → 존칭의 유정 명사 뒤에 사용 → 현대 국어: '께'

※ [01~02] 다음 글을 읽고 물음에 답하시오.

[A] '나의 살던 고향'은 '내가 살던 고향'과 같은 의미로 '나'에 관형격 조사 '의'가 결합하여 '살던'의 의미상 주어를 나타내는 특이한 구조이다. 이처럼 관형격 조사 '의'가 주격 조사처럼 해석되는 경우가 중세 국어에서도 확인된다. 예를 들어, '聖人의(聖人 + 의) ᄀᆞᄅ치샨 法[성인의 가르치신 법]'의 경우, '聖人'은 관형격 조사 '의'와 결합하고 있지만 후행하는 용언인 'ᄀᆞᄅ치샨'의 의미상 주어로 기능하고 있다. 그런데 이러한 '의'는 중세 국어 관형격 조사 결합 원칙의 예외에 해당한다. 중세 국어의 관형격 조사는 평칭의 유정 체언에는 모음 조화에 따라 '이/의'가, 무정 체언 또는 존칭의 유정 체언에는 'ㅅ'이 결합하는 원칙이 있었는데, 'ㅅ'이 쓰일 자리에 '의'가 쓰였기 때문이다.

중세 국어 격조사 결합 원칙의 또 다른 예외는 부사격 조사에서도 확인된다. 시간이나 장소를 나타내는 부사격 조사는 결합하는 선행 체언의 끝음절을 기준으로, 모음 조화에 따라 '나죵애'(나죵 + 애), '믈레'(믈 + 에)에서처럼 '애/에'가 쓰인다. 단, 끝음절이 모음 '이'나 반모음 'ㅣ'로 끝날 때에는 ㉠ '뉘예'(뉘 + 예)에서처럼 '예'가 쓰였다. 그런데 '애/에/예'가 쓰일 위치에 부사격 조사인 '이/의'가 쓰이는 경우도 있다. 이러한 예외는 '봄', '나조ㅎ'[저녁], ㉡ '우ㅎ'[위], '밑' 등의 일부 특수한 체언들에서 확인된다. 가령, '나조ㅎ'에는 '이'가 결합하여 ㉢ '나조히'(나조ㅎ + 이)로, '밑'에는 '의'가 결합하여 '미틔'(밑 + 의)로 나타났다.

중세 국어의 부사격 조사 가운데 관형격 조사가 그 구성 성분으로 분석되는 독특한 경우도 있다. 가령, '이그에'는 관형격 조사 '이'에 '그에'가 결합된 형태이고 'ㅅ긔' 역시 관형격 조사 'ㅅ'에 '긔'가 결합된 부사격 조사다. 이들은 ㉣ '노믹그에'(놈 + 이그에)나 '어마닚긔'(어마님 + ㅅ긔)와 같이 사용되었는데 평칭의 유정 명사 '놈'에는 '이그에'가, 존칭의 유정 명사 '어마님'에는 'ㅅ긔'가 쓰인다. 중세 국어의 '이그에'와 'ㅅ긔'는 각각 현대 국어의 '에게'와 ㉤ '께'로 이어진다.

01

윗글의 ㉠~㉤을 이해한 내용으로 적절하지 <u>않은</u> 것은?

① ㉠은 부사격 조사 '예'와 결합하는 선행 체언의 끝음절에서 반모음 'ㅣ'가 확인된다.

② ㉡에 시간이나 장소를 나타내는 부사격 조사가 결합하면 '우희'가 된다.

③ ㉢은 현대 국어로 '저녁의'로 해석되어 관형격 조사의 쓰임이 확인된다.

④ ㉣의 '이그에 '에서는 관형격 조사 '이'가 분석된다.

⑤ ㉤이 현대 국어에서 존칭 체언에 사용되는 것은 중세 국어 관형격 조사 'ㅅ'과 관련된다.

01

중세 국어의 문법에 관한 문제이다. 중세 국어의 시간이나 장소를 나타내는 부사격 조사는 선행 체언의 음운적 환경에 따라 달리 쓰인다. 그런데 일부 특수한 체언 앞에서는 '애/에/예'가 아닌 '이/의'가 사용된다. 또한 중세 국어의 부사격 조사 중에는 그 구성 성분 안에 관형격 조사가 포함되어 있는 독특한 경우도 있다.

02

[A]를 바탕으로 <자료>를 탐구한 내용으로 적절한 것은?

> **자료**
>
> ⓐ 수픐(수플 + ㅅ) 神靈이 길헤 나아
>   > **현대어 풀이** : 수풀의 신령이 길에 나와
>
> ⓑ 노미(놈 + 이) 말 드러사 알 씨라
>   > **현대어 풀이** : 남의 말 들어야 아는 것이다
>
> ⓒ 世界ㅅ(世界 + ㅅ) 일올 보샤
>   > **현대어 풀이** : 세계의 일을 보시어
>
> ⓓ 이 사루미(사룸 + 이) 잇눈 方面을
>   > **현대어 풀이** : 이 사람의 있는 방면을
>
> ⓔ 孔子의(孔子 + 의) 기티신 글워리라
>   > **현대어 풀이** : 공자의 남기신 글이다

① ⓐ: '神靈(신령)'이 존칭의 유정 명사이므로 '수플'에 'ㅅ'이 결합한 것이군.

② ⓑ: '놈'이 유정 명사이고 끝음절 모음이 음성 모음이므로 '이'가 결합한 것이군.

③ ⓒ: '世界(세계)ㅅ'이 '보샤'의 의미상 주어이고, 'ㅅ'은 예외적 결합이군.

④ ⓓ: '이 사루미'가 '잇눈'의 의미상 주어이고, '이'는 예외적 결합이군.

⑤ ⓔ: '孔子(공자)의'가 '기티신'의 의미상 주어이고, '의'는 예외적 결합이군.

02

중세 국어의 문법에 관한 문제이다. [A]는 중세 국어에서 관형격 조사가 쓰이는 일반적인 양상과 예외적인 양상에 대해 설명하고 있다. 중세 국어의 관형격 조사는 선행하는 체언에 따라 달리 결합한다.

선행 체언			관형격 조사
의미 특징	모음 조화		
평칭의 유정 체언	양성 모음	+	이
평칭의 유정 체언	음성 모음	+	외
존칭의 유정 체언	양성/음성 모음	+	ㅅ
무정 체언	양성/음성 모음	+	ㅅ

그런데 후행하는 용언의 의미상의 주어를 나타내어 주격 조사처럼 해석되는 '의'가 예외적으로 사용되기도 한다.

WEEK 7

문장의 짜임과 문법 요소에 관한 문제이다. <보기>의 조건이 실현된 예문을 찾는 문제이므로, <보기>에서 제시된 내용을 꼼꼼하게 살펴보아야 한다. ⓐ에서는 현재 시제만 사용할 것을 규정하고 있고, ⓑ는 서술어가 필요로 하는 필수 문장 성분의 개수가 두 개일 것을 규정하고 있다. ⓒ는 안긴문장이 부사어, 즉 부사절로 기능할 것을 조건으로 규정하고 있다.

03

<학습 활동>의 ㉠~㉢에 들어갈 예문으로 적절한 것은?

학습 활동

<보기>의 조건이 실현된 예문을 만들어 보자.

보기

ⓐ 현재 시제만 쓰일 것.
ⓑ 서술어의 자릿수가 둘일 것.
ⓒ 안긴문장이 부사어로 기능할 것.

실현 조건	예문
ⓐ, ⓑ	㉠
ⓐ, ⓒ	㉡
ⓑ, ⓒ	㉢

① ㉠: 그 집 마당에는 감나무 한 그루가 자란다.
② ㉠: 선생님께서는 여전히 학교 근처에 사시는지요?
③ ㉡: 산중에 있으므로 여기는 도시보다 조용합니다.
④ ㉡: 오늘부터 아침으로 과일만 먹기로 마음먹었니?
⑤ ㉢: 오래전 큰아버지께 받은 책에 곰팡이가 슬었어.

04

국어의 음운 변동을 이해하는 문제이다. 한 음운이 다른 음운과 만날 때 환경에 따라 다른 음운으로 바뀌어서 소리 나는 현상을 음운 변동이라고 한다. <보기>에서 제시된 음운 변동은 음절의 끝소리 규칙, 자음군 단순화, 된소리되기로, 분류 전 단어에서 제시된 음운 변동이 일어났는지를 파악해야 한다.

음절의 끝소리 규칙	음절의 끝소리가 'ㄱ, ㄴ, ㄷ, ㄹ, ㅁ, ㅂ, ㅇ' 중 하나로 변하여 발음되는 현상
자음군 단순화	음절말에 두 개의 자음이 놓일 때 둘 중 하나의 자음만 남고 나머지 자음은 탈락하는 음운 현상
된소리되기	두 개의 안울림소리가 서로 만나면 뒤의 소리가 된소리로 발음되는 현상

<보기>의 ㉮, ㉯에 들어갈 수 있는 단어로 적절한 것은?

보기

선생님: 지난 시간에 음운의 변동 가운데 ⓐ 음절의 끝소리 규칙, ⓑ 자음군 단순화, ⓒ 된소리되기를 학습했는데요. 이번 시간에는 음운 변동의 적용 유무를 기준으로 단어를 분류하는 활동을 진행해 볼게요. 그럼, 표준 발음을 고려해서 다음 단어들을 분류해 보죠.

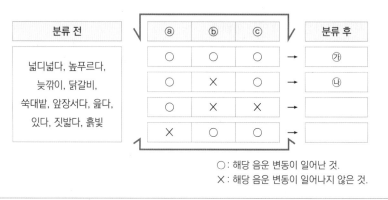

분류 전	ⓐ	ⓑ	ⓒ	분류 후
넓디넓다, 높푸르다, 늦깎이, 닭갈비, 쑥대밭, 앞장서다, 읊다, 있다, 짓밟다, 흙빛	○	○	○	→ ㉮
	○	×	○	→ ㉯
	○	×	×	→
	×	○	○	→

○ : 해당 음운 변동이 일어난 것.
× : 해당 음운 변동이 일어나지 않은 것.

	㉠	㉡		㉠	㉡		㉠	㉡
①	짓밟다	늦깎이	②	넓디넓다	있다	③	읊다	높푸르다
④	흙빛	쑥대밭	⑤	닭갈비	앞장서다			

05

<보기>의 ㉠~㉲에 대한 이해로 적절한 것은?

보기

> (희철, 민수, 기영이 ○○ 서점 근처에서 만난 상황)
>
> 희철: 얘들아, 잘 지냈어? 3일 만에 보니 반갑다.
>
> 민수: 동해안으로 체험 학습 다녀왔다며? ㉠ 내일은 도서관에 가서 발표 준비하자. 기영인 어떻게 생각해?
>
> 기영: ㉡ 네 말대로 하는 게 좋겠다. 그럼 정수도 부를까?
>
> 희철: 그러자. ㉢ 저기 저 ○○ 서점에서 오전 10시에 만나서 다 같이 도서관으로 가자. ㉣ 정수한테 전할 때 서점 위치 링크도 보내 줘. 전에도 헤맸잖아.
>
> 민수: 이제 아냐. ㉤ 어제 나랑 저기서 만났는데 잘 ㉥ 왔어.
>
> 희철: 그렇구나. 어제 잘 ㉦ 왔었구나.
>
> 민수: 아, 기영아! ㉧ 우리는 회의 가야 돼. ㉨ 네가 ㉩ 우리 셋을 대표해서 정수에게 연락을 좀 해 줘.

① ㉠은 ㉤과 달리 발화 시점과 관계없이 언제인지가 정해진다.

② ㉢은 ㉡과 달리 지시 표현이 이전 발화를 직접 가리킨다.

③ ㉣은 ㉨과 달리 담화 참여자에 따라 지시 대상이 달라진다.

④ ㉥은 ㉦과 달리 화자가 있던 장소로의 이동을 나타낸다.

⑤ ㉧은 ㉩과 달리 담화에 참여한 모든 사람들을 가리킨다.

05

담화의 특성을 파악하는 문제이다. 담화는 하나 이상의 발화나 문장이 이루어진 것으로, 담화가 내용 면에서 완결성을 갖추기 위해서는 담화를 이루는 발화나 문장들이 일관된 주제 속에서 내용상 유기적인 관계를 맺고 있어야 한다. 따라서 담화에서 나타난 지시 표현이나 대용 표현이 어떤 것을 가리키는지 담화의 앞뒤 맥락에서 파악해야 한다.

지시 표현	담화 장면을 구성하는 요소를 직접 가리키는 표현
대용 표현	담화에서 언급된 말, 혹은 뒤에서 언급된 말을 대신하는 표현

3 Day 독서(인문) 고3 2023년 7월
철학 대 철학 / 철학과 맑스주의

핵심정리

가

문단 중심 내용

❶ 노자와 달리 도(道)가 사후에 만들어진다고 주장한 장자
❷ 언어는 자의적인 것이라고 주장한 장자
❸ 자연재해는 우연히 나타나는 현상이라고 주장한 왕충
❹ 사람의 삶이 우연에 의해 결정된다고 본 왕충

도(道)에 대한 장자의 입장

노자
개체들 이전에 도(道)가 미리 존재함.

장자
개체들의 활동을 통해 사후적으로 만들어짐.

언어에 대한 장자의 입장

대상과 이름 사이의 관계는 특정 공동체의 관습적인 언어 사용에 의해 각인됨.

대상들이 실제로 구분되어 있는 것처럼 여겨짐.

이름은 본질적으로 그 대상의 속성과 필연적인 관계가 없음.

자연재해에 대한 왕충의 입장

당시 사람들
인간이 하늘의 뜻을 따르지 않으면 자연재해가 일어남.

왕충
자연이 순환하는 과정에서 우연히 나타나는 현상임.

사람의 삶에 대한 왕충의 입장

벼슬 여부는 사람의 재능에 달린 것이 아님.

사람의 삶은 우연에 의해 결정됨.

※ 다음 글을 읽고 물음에 답하시오.

가

❶ 노자는 도(道)란 개체들 사이의 조화로운 관계 맺음을 가능하게 하는 최고의 원리로, 개체들 이전에 도(道)가 미리 존재한다고 보았다. 이와 달리 장자는 《제물론》에서 도(道)는 개체들의 활동을 통해 사후적으로 만들어지는 것에 지나지 않는다고 보았다. 그는 사람들이 걷는 길이 무수히 많은 사람들이 그 길로 걸어다녔기 때문에 생겨난 것처럼, 도(道) 역시 미리 정해진 것이 아니라 개체들 사이의 관계의 흔적, 혹은 소통의 결과에 불과하다고 주장하였다.

❷ 장자는 사람들이 사용하는 언어에 대해서도 도(道)를 바라보는 것과 같은 입장을 ⓐ 지녔다. 그는 사람들이 어떤 대상에 이름을 붙이고 이를 통해 대상을 구분할 때, 대상을 구분하는 이름은 대상이 본래부터 가지고 있던 속성에 따라 명명되는 것이 아니라 자의적으로 연결된 것에 불과하다고 보았다. 즉, 대상과 이름 사이의 관계는 특정 공동체의 관습적인 언어 사용에 의해 사람들에게 각인되고, 그 결과 대상들이 마치 실제로 구분되어 있는 것처럼 ⓑ 여겨졌을 뿐이라고 본 것이다. 그런 점에서 장자는 ㉠ 우리가 어떤 대상에 대해 부여한 이름은 본질적으로 그 대상의 속성과 필연적인 관계가 없다고 주장한 것이다.

❸ 도(道)가 사후에 생성된다는 장자의 주장처럼, 왕충은 세계에 존재하는 사물의 의미 역시 사후에 결정되며 '하늘의 뜻'과 같이 자연 세계의 질서를 지배하는 원리는 따로 존재하지 않는다고 보았다. 당시 사람들은 하늘의 뜻이 미리 정해져 있기에 인간은 하늘의 뜻을 따라야 하며, 만약 그렇지 않으면 가뭄과 홍수 등의 자연재해가 일어난다는 믿음을 가지고 있었다. 그러나 왕충은 《논형》을 통해 자연재해가 인간을 비롯한 세계에 존재하는 사물에 영향을 미치는 것은 사실이지만, 자연재해는 하늘의 뜻에 따라 발생한 것이 아니라 자연이 순환하는 과정에서 우연히 나타나는 현상일 뿐이라고 주장하였다. 그런 점에서 인간이 하늘의 작용에 영향을 미치는 것은 불가능하다고 본 것이다.

❹ 왕충은 하늘의 작용이 우연히 나타나는 현상인 것처럼 사람의 삶도 우연에 의해 결정된다고 보았다. 예를 들어, 벼슬하느냐 못 하느냐는 한 사람의 재능에 ⓒ 달린 것이 아니라, 같은 수준의 재능을 가진 사람들이라도 만나는 시대에 따라 출세 여부가 달라질 수 있고, 아무리 재능이 뛰어나도 재능을 알아주는 군주를 만나지 못하면 등용될 수 없다고 생각한 것이다.

나

❶ 플라톤은 사물보다 사물의 의미가 미리 존재한다고 보았다. 그래서 그는 사물에는 그것을 만든 '제작자'가 부여한 '필연적 의미'가 있을 수밖에 없다고 보았기 때문에 우리가 사는 세계 역시 제작자가 필연적 의미에 따라 형성한 것이라고 생각했다. 그러나 루크테리우스는 세계가 원자들로 구성되어 있으며, 세계는 자발적으로 움직이던 원자들이 우연히 마주쳐 응고되면서 생성되었을 뿐이라고 주장하였다.

❷ 루크테리우스는 세계가 형성되기 전에는 무수히 많은 원자들이 원자 그 자체의 무게로 인해 서로 평행하게 떨어지는 상태에 있었다고 생각했다. 이때 수직 낙하하던 원자들 중 하나의 원자가 평행 상태가 깨져 거의 느껴지지도 않을 것 같은 미세한 편차로 기울게 되면 결국 옆의 원자와 마주치게 되는데, 이 마주침으로 인해 수많은 원자들이 연속해서 마주치게 되면서 원자들이 응고되고 그 결과 세계가 형성되었다고 본 것이다. 그는 한 원자에서 발생한 미세한 편차를 '클리나멘'이라고 명명했는데, 원자들이 마주치거나 응고하는 방식은 미리 결정되지 않았다고 주장하였다. 그런 점에서 우리가 살고 있는 세계는 우연의 산물일 뿐이라고 본 것이다. 그러나 제작자가 필연적 의미에 따라 세계를 형성한 것이라는 생각이 서양 철학의 주류를 형성하고 있었기 때문에 이러한 루크테리우스의 생각은 크게 주목받지 못했다.

❸ 한편 기계 발명 및 기술 혁신을 계기로 발생한 산업 혁명 이후 크게 발달한 자본주의는 빈부 격차 현상을 심화시켰고 이는 자본가와 노동자 간의 심각한 대립을 초래하였다. 이에 일부 철학자들은 경제적인 것이 인간 사회의 구조 및 역사 발전 방향을 결정하는 유일한 원리라고 주장하며, 자본가와 노동자의 갈등은 이미 정해진 역사 발전의 수순을 따르는 것에 불과할 뿐이고 자본주의는 곧 인류 역사에서 ⓓ 사라질 것이라고 주장하였다. 하지만 알튀세르는 복잡하고 다양한 사회 구조와 인류의 역사 발전 과정을 한 가지 원리로만 해석할 수 없다고 보았다. 또한 그는 루크테리우스의 철학에 영감을 받아 지금까지의 인류 역사의 흐름은 정해진 역사 발전의 수순을 따른 것이 아니라 단지 우연의 결과에 지나지 않을 뿐이라고 주장하였다. 그는 18세기의 이탈리아가 자본과 기술, 노동력처럼 자본주의가 발생할 수 있는 조건을 ⓔ 갖추었음에도 자본주의가 발생하지 않은 사례를 통해, 많은 요소들이 우연히 마주치고 응고되어야 자본주의가 발생하는 것이지 경제적인 것이 모든 것을 결정하는 것은 아니라고 생각했다.

❹ 만약 이 세계가 선재된 하나의 원리에 의해 만들어진 것이라면, 인간은 이미 방향이 제시된 역사의 흐름을 따르는 존재에 불과할 수 있다. 그런 점에서 세계 형성의 우연성을 주장한 루크테리우스와 알튀세르의 주장은 우리가 살고 있는 세계에 '새로운 마주침'을 시도함으로써 다른 세계로 나아갈 수 있다는 점을 시사했다는 점에서 의의가 있다.

나

문단 중심 내용

❶ 플라톤과 달리 세계가 우연히 생성되었다고 주장한 루크테리우스
❷ 세계를 우연의 산물로 본 루크테리우스
❸ 인류 역사를 우연의 결과로 본 알튀세르
❹ 루크테리우스와 알튀세르 주장의 의의

세계에 대한 루크테리우스의 입장

플라톤
제작자가 필연적 의미에 따라 형성된 것임.

루크테리우스
자발적으로 움직이던 원자들이 우연히 마주쳐 응고되면서 생성됨.

세계의 형성에 대한 루크테리우스의 입장

무수히 많은 원자들이 서로 평행하게 떨어지는 상태에 있음.

하나의 원자가 미세한 편차(클리나멘)로 기울어 옆의 원자와 마주침.

수많은 원자들이 연속해서 마주치면서 원자들이 응고됨.

세계가 형성됨.

인류 역사에 대한 알튀세르의 입장

일부 철학자들
자본가와 노동자의 갈등은 이미 정해진 역사 발전의 수순을 따르는 것임.

알튀세르
지금까지의 인류 역사의 흐름은 정해진 역사 발전의 수순을 따른 것이 아니라 단지 우연의 결과에 지나지 않음.

루크테리우스와 알튀세르 주장의 의의

세계 형성의 우연성을 주장함.

우리가 살고 있는 세계에 '새로운 마주침'을 시도함으로써 다른 세계로 나아갈 수 있다는 점을 시사함.

WEEK 7

01

글의 구조와 전개 방식을 이해하는 문제이다. (가)와 (나)는 모두 사상가의 입장을 다루고 있다. (가)와 (나)가 구체적으로 다루고 있는 제재가 무엇인지, 공통점과 차이점은 무엇인지 이해해야 한다.

01

(가), (나)에 대한 설명으로 가장 적절한 것은?

① (가)는 세계 질서를 지배하는 원리에 대한 사상가의 견해를 소개하고 그 견해가 지닌 한계와 의의를 설명하고 있다.

② (나)는 사물의 의미에 대한 대립적 견해를 제시한 후 그 견해들을 절충한 사상을 소개하고 있다.

③ (가)는 (나)와 달리 도를 바라보는 사상가들의 논쟁을 소개하며 그 결과를 분석하고 있다.

④ (가)와 (나)는 모두 세계 형성의 근원을 밝힌 사상이 출현하게 된 사회적 배경을 서술하고 있다.

⑤ (가)와 (나)는 모두 우연성을 중시하는 사상가의 입장과 그 사상을 뒷받침하기 위해 제시한 근거를 소개하고 있다.

02

세부 내용을 파악하는 문제이다. 장자, 왕충, 서양 철학, 인류 역사에서 자본주의가 사라질 것이라 주장하는 철학자, 알튀세르의 입장을 파악해야 한다. 이때, 다른 주장과 관련 지어 이해하기도 해야 한다.

02

윗글에 대한 이해로 적절하지 않은 것은?

① 왕충은 자연 세계의 질서와 인간의 삶이 분리되었다는 당시 사람들의 믿음을 비판하였다.

② 서양 철학에서는 제작자나 필연적 의미를 통해 세계의 형성을 설명하려는 사상이 존재하였다.

③ 장자는 '도'의 생성을 많은 사람들이 걸어서 길이 생기는 것에 비유하며 '도'와 개체와의 관계를 설명하였다.

④ 인류 역사에서 자본주의가 사라질 것이라 주장하는 철학자들은 역사의 발전 방향이 이미 정해져 있다고 생각하였다.

⑤ 알튀세르의 사상은 인간이 정해진 역사의 흐름에 따르는 것이 아니라 다른 세계로 나아갈 수 있는 존재임을 보여 주었다.

03

⊙을 읽은 학생이 <보기>의 내용에 대해 보일 수 있는 반응으로 가장 적절한 것은?

 뇌과학자인 라마찬드란과 후바드는 사람들에게 왼쪽 그림의 두 도형을 보여 주며, 각각 '부바'와 '키키'라는 소리와 도형을 짝짓는 실험을 진행하였다. ㉮ 실험 결과 95%의 실험 참가자들이 곡선 형태의 그림을 '부바', 삐죽삐죽한 형태의 그림을 '키키'라고 선택하였다. 추가 연구에 따르면 '부바'와 '키키'라는 소리를 만들 수 있는 모국어를 사용하며, '부바', '키키'라는 명칭이 자신의 모국어에 없는 경우에 ㉯ 성별, 나이와 상관없이 유사한 실험 결과가 나타났다. 이와 달리 실험 참가자들이 사용하는 언어에서 '부바'와 '키키'라는 소리를 만들 수 없으면 ㉰ 이러한 실험 결과가 나타나지 않는다는 점이 밝혀졌다.

① ㉮는 대상에 부여된 이름이 그 대상과 필연적인 관계라는 점에서 장자의 생각과 부합한다.

② ㉯는 대상들을 구분하는 언어가 대상이 본래부터 가지고 있는 속성과 관련된다는 점에서 장자의 생각과 부합한다.

③ ㉰는 관습적인 언어 사용에 의해 대상의 의미가 결정된다는 점에서 장자의 생각과 부합하지 않는다.

④ ㉮와 ㉯는 대상의 속성이 대상을 지칭하는 소리의 선택에 영향을 미친다는 점에서 장자의 생각과 부합하지 않는다.

⑤ ㉯와 ㉰는 실험 참가자가 사용하는 언어에 따라 대상의 형태가 달라진다는 점에서 장자의 생각과 부합하지 않는다.

04

루크테리우스의 주장을 반박하기 위해 '플라톤'이 할 수 있는 말로 가장 적절한 것은?

① 세계가 원자들로 구성되어 있다 하더라도 그 원자가 낙하하는 이유를 설명하지 않았다.

② 세계가 형성되기 전에도 원자들이 존재하려면 원자들의 존재 의미보다 원자가 먼저 형성되어야 한다.

③ 원자의 운동에 영향을 주는 존재가 없다면 평행하게 떨어지던 원자에서 클리나멘이 발생하는 것은 불가능하다.

④ 원자들이 마주치거나 응고하는 방식이 결정되지 않았다면 우리가 살고 있는 세계는 우연의 산물에 불과할 뿐이다.

⑤ 클리나멘에 의해 발생한 최초의 마주침이 다른 마주침으로 이어지려면 수많은 원자들이 이 세계에 존재해야 한다.

03

구체적 사례에 적용하는 문제이다. <보기>에서 대다수의 실험 참가자들은 도형에 동일한 소리를 짝지었으며, 모국어로 해당 소리를 만들 수 있으면 성별이나 나이와 상관없이 유사한 실험 결과가 나타났으나 모국어로 해당 소리를 만들 수 없으면 그렇지 않았다. ⊙은 우리가 어떤 대상에 대해 부여한 이름은 본질적으로 그 대상의 속성과 필연적인 관계가 없다는 장자의 주장이다. 따라서 <보기>의 실험 결과 ㉮, ㉯, ㉰가 장자의 관점에 부합하는지, 부합하지 않는지를 파악해야 한다.

04

글에 드러난 관점, 내용을 비판하는 문제이다. 플라톤과 루크테리우스의 주장의 차이점을 파악해야 한다. 플라톤은 사물보다 사물의 의미가 미리 존재한다고 보았고, 루크테리우스는 세계는 자발적으로 움직이던 원자들이 우연히 마주쳐 응고되면서 생성되었을 뿐이라고 주장하였다.

다른 견해와 비교하는 문제이다. <보기>의 ㄱ은 사물이 필연적인 원인에 의해 생성된다는 견해이고, ㄴ은 개미가 죽거나 살아남는 것은 우연에 의한 것이라는 견해이며 ㄷ은 왕이 바르지 않은 정치를 행하려고 하면 자연재해가 일어난다는 견해이다. 지문에 제시된 사상가들의 견해 중 ㄱ, ㄴ, ㄷ과 같은 견해나 반대되는 견해를 찾아야 한다. 선택지를 먼저 읽고, 선택지에서 언급된 사상가를 지문에서 찾는 것이 빠르다.

05

<보기>는 동서양 철학자들의 견해이다. 윗글을 읽은 학생이 <보기>에 대해 보인 반응으로 적절하지 않은 것은?

보기

ㄱ. 사물은 필연적으로 원인이 되는 어떤 것에 의해 생성된다. 어떤 경우에도 사물은 원인이 없이는 생성될 수 없으며, 이는 변하지 않는 사물의 생성 원리이다.

ㄴ. 사람들이 발로 개미를 밟고 지나가서 죽일 수 있다. 물론 사람들의 발에 밟히지 않은 개미는 다치지 않고 온전히 살아남는다. 하지만 이러한 결과의 차이는 단지 사람의 발과 개미가 우연히 마주쳤는지, 혹은 우연히 마주치지 않았는지에 의해 나타날 뿐이다.

ㄷ. 왕이 바르지 않은 정치를 행하려고 하면 하늘이 이상 현상을 일으켜 경고하여 다가올 위험을 알려준다. 경고를 했는데도 고칠 줄을 모르면 사변을 일으켜 사람들을 놀라게 하고 두렵게 만든다. 그럼에도 불구하고 여전히 두려워할 줄 모르면 재앙이 일어난다.

① ㄱ에 제시된 사물의 생성 원리에 대한 인식은 알튀세르가 제시한 인류 역사의 흐름에 대한 시각과 상충되겠군.

② ㄱ에 제시된 원인에 관한 시각은 노자가 제시한 '도'가 개체들보다 선재한다는 생각과 유사하다고 볼 수 있겠군.

③ ㄴ에 제시된 결과의 차이에 대한 견해는 왕충이 주장한 자연재해가 발생하는 이유와 유사하다고 볼 수 있겠군.

④ ㄴ에 제시된 사건의 발생에 대한 서술은 루크테리우스가 제시한 세계의 형성 과정과 입장이 다르다는 것을 알 수 있군.

⑤ ㄷ에 제시된 사변의 발생 원인에 대한 시각은 알튀세르가 제시한 인류의 역사 발전 과정에 대한 입장과 다르다는 것을 알 수 있군.

단어 사용의 적절성을 파악하는 문제이다. ⓐ~ⓔ의 자리에 선택지에 제시된 단어를 넣어 보고 문맥상 적절한지 파악해야 한다.

06

문맥상 ⓐ~ⓔ와 바꾸어 쓰기에 적절하지 않은 것은?

① ⓐ: 견지(堅持)했다

② ⓑ: 간주(看做)되었을

③ ⓒ: 좌우(左右)되는

④ ⓓ: 소멸(消滅)될

⑤ ⓔ: 구성(構成)했음에도

시작시간 시 분 초 / 종료시간 시 분 초

온라인 문제풀이

독서(과학) 고3 2023년 9월

4 Day

초정밀 저울의 작동 원리와 그 응용

정답 및 해설 | 92

※ 다음 글을 읽고 물음에 답하시오.

핵심정리

❶ 저울은 흔히 지렛대의 원리를 이용하거나 전기 저항 변화를 측정하여 질량을 잰다. 그렇다면 초정밀 저울은 기체 분자나 DNA와 같은 미세 물질의 질량을 어떻게 잴까? 이에 답하기 위해서는 압전 효과에 대한 이해가 필요하다.

❷ 압전 효과에는 재료에 기계적 변형이 생기면 재료에 전압이 발생하는 1차 압전 효과와, 재료에 전압을 걸면 재료에 기계적 변형이 생기는 2차 압전 효과가 있다. 두 압전 효과가 모두 생기는 재료를 압전체라 하며, 수정이 주로 쓰인다.

❸ 압전체로 사용하는 수정은 특정 방향으로 절단 및 가공하여 납작한 원판 모양으로 만든다. 이후 원판의 양면에 전극을 만든 후 (+)와 (-) 극이 교대로 바뀌는 전압을 가하면 수정이 진동한다. 이때 전압의 주파수*를 수정의 고유 주파수와 일치시켜 수정이 큰 폭으로 진동하도록 하여 진동을 측정하기 쉽게 만든 것이 ㉠ 수정 진동자이다. 고유 주파수란 어떤 물체가 갖는 고유한 진동 주파수인데, 같은 재료의 압전체라도 압전체의 모양과 크기에 따라 달라진다. 수정 진동자에 어떤 물질이 달라붙어 질량이 증가하면 고유 주파수에서 진동하던 수정 진동자의 주파수가 감소한다. 수정 진동자의 주파수는 매우 작은 질량 변화에 민감하게 변하므로 기체 분자나 DNA와 같은 미세한 물질의 질량을 측정할 수 있다. 진동자에서 질량 민감도는 주파수의 변화 정도를 측정된 질량으로 나눈 값인데, 수정 진동자의 질량 민감도는 매우 크다.

❹ 수정 진동자로 질량을 측정하는 원리를 응용하면 특정 기체의 농도를 감지할 수 있다. 수정 진동자를 특정 기체가 붙도록 처리하면, 여기에 특정 기체가 달라붙으며 질량 변화가 생겨 수정 진동자의 주파수는 감소한다. 일정 시점이 되면 수정 진동자의 주파수가 더 감소하지 않고 일정한 값을 유지한다. 이렇게 일정한 값을 유지하는 이유는 특정 기체가 일정량 이상 달라붙지 않기 때문이다. 혼합 기체에서 특정 기체의 농도가 클수록 더 작은 주파수에서 주파수가 일정하게 유지된다. 특정 기체가 얼마나 빨리 수정 진동자에 붙어서 주파수가 일정한 값이 되는가의 척도를 반응 시간이라 하는데, 반응 시간이 짧을수록 특정 기체의 농도를 더 빨리 잴 수 있다.

❺ 그런데 측정 대상이 아닌 기체가 함께 붙으면 측정하려는 대상 기체의 정확한 농도 측정이 어렵다. 또한 대상 기체만 붙더라도 그 기체의 농도를 알 수는 없다. 이 때문에 대상 기체의 농도에 따라 수정 진동자의 주파수 변화를 미리 측정해 놓아야 한다. 그 후 대상 기체의 농도를 모르는 혼합 기체에서 주파수 변화를 측정하면 대상 기체의 농도를 알 수 있다. 수정 진동자의 주파수 변화 정도를 농도로 나누면 농도에 대한 민감도를 구할 수 있다.

* 주파수: 진동이 1초 동안 반복하는 횟수 또는 전압의 (+)와 (-) 극이 1초 동안, 서로 바뀌고 다시 원래대로 되는 횟수.

문단 중심 내용

❶ 미세 물질의 질량을 측정할 수 있는 초정밀 저울
❷ 1차 압전 효과와 2차 압전 효과가 모두 생기는 압전체
❸ 수정 진동자를 활용해 미세 물질의 질량을 측정하는 원리
❹ 수정 진동자를 활용해 기체의 농도를 감지하는 원리
❺ 수정 진동자를 활용해 기체의 농도를 감지할 때의 유의점

압전 효과

1차 압전 효과	재료에 기계적 변형이 생기면 재료에 전압이 발생하는 것
2차 압전 효과	재료에 전압을 걸면 재료에 기계적 변형이 생기는 것

수정 진동자로 미세 물질의 질량을 측정하는 원리

수정 진동자에 어떤 물질이 달라붙어 질량이 증가함.
↓
고유 주파수에서 진동하던 수정 진동자의 주파수가 감소함.
↓
수정 진동자의 질량 민감도는 매우 크기 때문에 미세한 물질의 질량을 측정할 수 있음.

수정 진동자로 기체의 농도를 감지하는 원리

대상 기체의 농도에 띠리 수정 진동지의 주파수 변화를 미리 측정함.
↓
수정 진동자를 특정 기체가 붙도록 처리함.
↓
특정 기체가 달라붙으며 질량 변화가 생겨 수정 진동자의 주파수가 감소함.
↓
일정 시점이 되면 수정 진동자의 주파수가 일정한 값을 유지함.
↓
혼합 기체에서 주파수 변화를 측정함.

WEEK 7

01

01

윗글에 대한 설명으로 가장 적절한 것은?

① 압전체의 제작 방법을 소개하고 제작 시 유의점을 나열하고 있다.

② 압전 효과의 개념을 정의하고 압전체의 장단점을 분석하고 있다.

③ 압전 효과의 종류를 분류하고 그 분류에 따른 압전체의 구조를 비교하고 있다.

④ 압전체의 유형을 구분하는 기준을 제시하고 초정밀 저울의 작동 과정을 단계별로 설명하고 있다.

⑤ 압전 효과에 기반한 초정밀 저울의 작동 원리를 설명하고 이 원리가 적용된 기체 농도 측정 방법을 소개하고 있다.

02

02

윗글을 통해 알 수 있는 내용으로 적절하지 않은 것은?

① 수정 이외에도 압전 효과를 보이는 재료가 존재한다.

② 수정을 절단하고 가공하여 미세 질량 측정에 사용한다.

③ 전기 저항 변화를 이용하여 물체의 질량을 측정하는 경우가 있다.

④ 같은 방향으로 절단한 수정은 크기가 달라도 고유 주파수가 서로 같다.

⑤ 진동자의 주파수 변화 정도를 측정된 질량으로 나누면 질량에 대한 민감도를 구할 수 있다.

03

㉠에 대한 이해로 적절하지 <u>않은</u> 것은?

① ㉠에는 1차 압전 효과를 보일 수 있는 재료가 있다.

② ㉠에서는 전압에 의해 압전체의 기계적 변형이 일어난다.

③ ㉠에는 전극이 양면에 있는 원판 모양의 수정이 사용된다.

④ ㉠에서는 전극에 가하는 전압의 주파수를 수정의 고유 주파수에 맞춘다.

⑤ ㉠의 전극에 가해지는 특정 주파수의 전압은 압전체의 고유 주파수 값을 더 크게 만든다.

03

세부 내용을 추론하는 문제이다. ㉠은 수정 진동자로, 미세 물질의 질량을 측정하거나 특정 기체의 농도를 감지하는 데 활용할 수 있다.

수정 진동자를 활용한 질량 측정과 기체 농도 감지의 원리를 파악하고 이로부터 선택지의 내용을 추론할 수 있는지 판단해야 한다.

04

윗글을 바탕으로 <보기>를 탐구한 내용으로 가장 적절한 것은?

> **보기**
>
> 알코올 감지기 A와 B를 이용하여 어떤 밀폐된 공간에 있는 혼합 기체의 알코올 농도를 측정하였다. 이때 A와 B는 모두 진동자에 알코올이 달라붙을 수 있도록 처리되어 있다. A와 B 모두, 시간이 흐름에 따라 주파수가 감소하다가 더 이상 감소하지 않고 일정하게 유지되었다.
>
> (단, 측정하는 동안 밀폐된 공간의 상황은 변동 없음.)

① A의 진동자에 있는 압전체의 고유 주파수를 알코올만 있는 기체에서 미리 측정해 놓으면, 혼합 기체에서의 알코올의 농도를 알 수 있겠군.

② B에 달라붙은 알코올의 양은 변하지 않고 다른 기체가 함께 달라붙은 후 진동자의 주파수가 일정하게 유지된다면, 이때 주파수의 값은 알코올만 붙었을 때보다 더 작겠군.

③ A와 B에서 알코올이 달라붙도록 진동자를 처리한 것은 알코올이 달라붙음에 따라 진동자가 최대한 큰 폭으로 진동할 수 있게 하려는 것이겠군.

④ A가 B에 비해 동일한 양의 알코올이 달라붙은 후에 생기는 주파수 변화 정도가 크다면, A가 B보다 알코올 농도에 대한 민감도가 더 작다고 할 수 있겠군.

⑤ B가 A보다 알코올이 일정량까지 달라붙는 시간이 더 짧더라도 알코올이 달라붙은 양이 서로 같다면, A와 B의 반응 시간은 서로 같겠군.

04

구체적 사례에 적용하는 문제이다. <보기>의 A와 B는 모두 혼합 기체의 알코올 농도를 측정하기 위한 것으로, <보기>에서는 둘의 상태가 동일하게 나타난다. 선택지는 '~한다면, ~하겠군.'의 형식으로 되어 있으므로 선택지에 제시된 상황을 가정했을 때, 그 결과 또한 선택지와 동일하게 나타나는지 파악해야 한다.

핵심정리

가 김광규, 〈나무처럼 젊은이들도〉

갈래
자유시, 서정시

성격
관찰적, 교훈적

제재
봄에 자라나는 꽃과 나무

주제
젊은이들의 내적 성장에 대한 소망

특징
① 계절적 배경을 묘사하여 대상이 처한 상황을 드러냄.
② 설의적 표현을 통해 권고적이고 교훈적인 성격을 강조함.
③ 유사한 문장 구조를 반복하여 운율을 형성하고 대상의 속성을 부각함.

해제
이 작품은 추운 날씨에도 꽃을 피우며 이상적 세계를 향해 가는 나무의 생명력의 근원이 보이지 않는 땅속의 뿌리에 있음을 보여 주며, 젊은이들도 나무처럼 살아가기를 바라는 마음을 드러낸 시이다.

구성

1~4행	추운 날에도 피어나는 꽃
5~10행	시련을 극복하고 생명의 힘을 보이는 나무
11~17행	나무처럼 젊은이들이 시련을 딛고 살아가기를 소망하는 마음
18~26행	젊은이들에게 자만하지 말고 초심을 잃지 말고 살 것을 당부

시어의 의미

나무	성장과 희망, 강인한 생명력
하늘	꿈과 이상의 세계
땅	시련과 고통을 주는 공간인 동시에 생명의 터전인 양면적 공간
뿌리	강인한 생명력

※ 다음 글을 읽고 물음에 답하시오.

가

동짓달에도 날씨가 며칠 푸근하면
철없는 개나리는 **노란 얼굴** 내민다
봄이 오면 꽃샘추위 아랑곳없이
진달래는 곳곳에 소담스럽게 피어난다
피어나는 꽃의 마음을
가냘프다고
억누를 수 있느냐
어두운 땅속으로 뻗어나가는 뿌리의 힘을
보이지 않는다고
업신여길 수 있느냐
땅에 깊숙이 뿌리내리고
하늘로 피어오르는 꿈을
드높은 가지 끝에 품은
나무처럼 젊은이들도
힘차게 위로 솟아오르고
ⓐ 조용히 아래로 깊어지며
밝고 넓게 퍼져 나가기를
그러나 행여 잊지 말기를
ⓑ 아무리 높다란 나뭇가지 끝에서
저 들판 너머를 볼 수 있어도
뿌리는 언제나 땅속에 있고
지하수가 수액이 되어
남모르게 줄기 속을 흐르지 않으면
바람결에 멀리 향냄새 풍기는
아카시아도 라일락도
절대로 피어날 수 없음을

– 김광규, 〈나무처럼 젊은이들도〉 –

나

ⓒ 사당역 4호선에서 2호선으로 갈아타려고

에스컬레이터에 실려 올라가서

뒤돌아보다 마주친 저 수많은 얼굴들

모두 붉은 흙 가면 같다

얼마나 많은 불가마들이 저 얼굴들을 구워 냈을까

무표정한 저 얼굴 속 어디에

ⓓ 아침마다 두 눈을 번쩍 뜨게 하는 힘 숨어 있었을까

밖에서는 기척도 들리지 않을 이 깊은 **땅속**을

밀물쳐 가게 하는 힘 숨어 있었을까

하늘 한구석 별자리마다 쪼그리고 앉아

별들을 가마에서 구워 내는 분 계시겠지만

그분이 점지하는 운명의 별빛 지상에 내리겠지만

물이 쏟아진 듯 몰려가는

땅속은 너무나 깊어

그 별빛 여기까지 닿기나 할는지

수많은 저 사람들 몸속마다에는

밖에선 **볼 수 없는** 뜨거움이 일렁거리나 보다

저마다 진흙으로 돌아가려는 몸을 **일으켜 세우는**

불가마 하나씩 깃들어 있나 보다

ⓔ 저렇듯 십 년 이십 년 오십 년 얼굴을 구워 내고 있었으니

모든 얼굴은 뜨거운 속이 굽는 붉은 흙 가면인가 보다

- 김혜순, 〈별을 굽다〉 -

나 김혜순, 〈별을 굽다〉

갈래

자유시, 서정시

성격

상징적, 교훈적

제재

지하철에서 마주친 현대인들

주제

현대인의 몸속에 내재된 삶의 원동력

특징

① 동일한 종결 어미를 반복하여 운율을 형성함.
② 비유적 표현을 통해 대상에 대한 화자의 생각을 드러냄.
③ 지상과 지하를 대조하여 운명을 개척하는 사람들의 생명력을 나타냄.

해제

이 작품은 복잡한 도시를 살아가는 무표정한 현대인들의 모습을 관찰하고 그에 대한 인상을 드러낸 시이다. 화자는 저마다의 일상을 바쁘게 살아가는 현대인들의 개성 없는 얼굴을 '붉은 흙 가면'에 비유하며, 이들을 움직이는 삶의 원동력에 대해 상상해보고, 결국 각자에게 내재된 '불가마'와 같은 열정이 고단한 도시에서의 삶을 살아 내는 원동력이라는 인식에 도달한다. 이 시에서 '별'은 삶의 에너지이자 원동력을 나타낸다. '별을 굽다'라는 제목에는 인간이란 각자의 내부에 삶의 원동력을 지니고 스스로 힘을 내며 살아가는 능동적인 존재라는 의미가 담겨 있다.

01

표현상의 특징을 파악하는 문제이다. 운문 갈래에서 작품을 파악할 때는 화자가 처한 상황과, 이에 대한 화자의 태도, 정서 등을 중점적으로 이해해야 한다. 특히 이러한 유형의 문제의 경우 (가)와 (나)의 특징을 파악함과 동시에 공통점까지 찾아내야 하기 때문에 이를 고려하여 작품을 이해해야 한다.

01

(가)와 (나)의 공통점으로 가장 적절한 것은?

① 음성 상징어를 활용하여 대상의 역동성을 표현하고 있다.

② 계절적 배경을 묘사하여 대상이 처한 상황을 드러내고 있다.

③ 유사한 문장 구조를 반복하여 대상의 속성을 부각하고 있다.

④ 자연과 인간을 대비하여 대상이 지닌 가치를 강조하고 있다.

⑤ 공간의 이동에 따라 대상이 변화하는 모습을 나타내고 있다.

02

시어, 시구의 의미와 기능을 파악하는 문제이다. 작품의 주제를 바탕으로 시어와 시구가 어떠한 의미를 담고 있는지 파악해야 한다. ⓐ, ⓑ는 (가)의 시구를, ⓒ~ⓔ는 (나)의 시구를 가리키고 있으므로 이를 고려하여 문제를 해결해야 한다.

02

ⓐ~ⓔ에 대한 이해로 가장 적절한 것은?

① ⓐ: 현실에 대처하는 자세를 드러내어 젊은이들이 힘겨운 현실로 인해 고뇌하는 모습을 강조하고 있다.

② ⓑ: 극단적 상황임을 강조하여 현실에 순응하는 삶을 선택해야만 하는 젊은이들의 좌절감을 드러내고 있다.

③ ⓒ: 변화를 추구하는 모습을 통해 현실에서 벗어나기 위한 현대인의 노력을 그려내고 있다.

④ ⓓ: 삶이 반복되고 있음을 보여 주어 현대인을 일터로 향하게 만드는 원인에 대한 비판적 시각을 드러내고 있다.

⑤ ⓔ: 수많은 사람들의 삶을 얼굴에 빗대어 각자의 일생을 만들어 가고 있는 현대인의 모습을 보여 주고 있다.

03

<보기>를 참고하여 (가)와 (나)를 감상한 내용으로 적절하지 <u>않은</u> 것은?

> **보기**
>
> (가)는 추운 날씨에도 꽃을 피우며 이상적 세계를 향해 가는 나무의 생명력의 근원이 보이지 않는 땅속의 뿌리에 있음을 보여 주며, 젊은이들도 나무처럼 살아가기를 바라는 마음을 드러낸다. (나)는 일상에 지쳐 살아가는 삶을 극복해 낼 수 있는 현대인의 생명력의 근원이 인간 바깥의 초월적 세계가 아니라 인간의 내부에서 기원한다는 사유를 드러낸다.

① (가)의 '노란 얼굴'은 겨울임에도 꽃을 피워내는 나무의 모습을, (나) '무표정한 저 얼굴'은 화자가 지하철역에서 만난 현대인의 모습을 보여 주고 있다.

② (가)의 '보이지 않는'은 나무가 꽃을 피우게 하는 생명력이 사라진 상황을, (나)의 '볼 수 없는'은 현대인이 현실을 이겨내게 하는 생명력이 사라진 상황을 보여 주고 있다.

③ (가)의 '하늘'은 나무가 희망을 품고 향해 가는 곳임을, (나)의 '땅속'은 현대인이 반복적인 일상을 살아가는 곳임을 보여 주고 있다.

④ (가)의 '밝고 넓게 퍼져 나가기'는 젊은이들이 나무처럼 꿈을 피워내기를 바라는 마음을, (나)의 '일으켜 세우는'은 현대인이 삶의 의지를 불러일으키는 모습을 보여 주고 있다.

⑤ (가)의 '뿌리'는 나무가 아름다운 향기를 풍기게 하는 힘의 근원임을, (나)의 '불가마'는 현대인이 일상을 극복하는 힘의 근원임을 보여 주고 있다.

03

외적 준거를 활용하여 작품을 감상하는 문제이다. 외적 준거로 제시된 <보기>의 (가)에서는 나무의 생명력의 근원은 땅속의 뿌리에 있음을, (나)에서는 현대인의 생명력의 근원은 인간의 내부에 있음을 설명하고 있다. 제시된 선택지의 내용이 (가)와 (나) 모두 적절하지 않아야 하므로 두 작품의 명확한 이해를 요구한다.

핵심정리

갈래

국문소설

배경

중국 명나라 소주 지역 인근

시점

전지적 작가 시점

제재

두 여성의 우정

주제

두 여성의 고난과 우정

특징

① 여성들 간의 관계가 작품 전면에 등장함.

② 인물들이 당대 사회에서 중시한 유교적 덕목을 충실히 구현함.

해제

이 소설은 여진주, 화홍미라는 두 여성의 우정을 다룬 한글 소설이다. 여성들 간의 관계가 작품 전면에 등장하고 당대 사회의 남성들이 보여 준 우정과 동등하게 형상화되고 있다. 이 작품의 두 주인공은 숙녀로서 당대 사회에서 중시한 유교적인 덕목을 충실히 구현하는 모습을 보여 주고 있다. 효를 행실의 근본으로 삼아 인, 의를 구현하는 모습은 숙녀로서 이상화된 모습이라고 할 수 있다. 이 작품의 서사는 크게 전반부와 후반부로 나뉠 수 있다. 전반부는 여진주와 화홍미의 만남과 이별, 재회를 축으로 삼아 서사가 진행되는 부분이고, 후반부는 천자가 화홍미를 후궁으로 간택하면서 벌어지는 갈등이 형상화되어 있는 부분이다.

등장인물

여 소저	본래 항주 추관의 딸이었으나, 아버지의 죽음 이후 그 장례비용을 마련하고자 제 시랑의 집 하녀로 들어감. 산으로 약초를 캐러 갔다 화 소저를 만나 의형제가 됨.
화 소저	화 상서의 딸로, 재덕을 겸비한 일대가인임. 산으로 약초를 캐러 온 여 소저를 만나 의형제가 됨.

※ 다음 글을 읽고 물음에 답하시오.

화 상서 왈,

"내 아해는 행여 나를 속이지 말라."

화 소저 대 왈,

"소녀 어찌 아주 작은 일이라도 조금이나 속이리이까. 과연 금일에 경물을 구경하고자 누상에 올랐더니, 우연히 화산 속에 약초 캐는 두 아해를 만나매 일만 가지 기이한 일이 있사와 십여 세 된 여자 약초 캐다가 애원히 통곡하니, 듣는 자로 하여금 비감할지라. 제가 듣고 비감하와 불러와 한번 보매, 실성한 병인이로되 용모 자태와 행동거지 결코 천인이 아닌고로 소회를 여러 번 따져 물은즉, 미친 체하여 세사를 알지 못한 듯하오나 오히려 그 본정이 나타나는지라. 소녀 이에 좌우를 물리치고 잘 타일러 묻사온즉 과연 전일 항주 추관 여장의 귀중한 딸이요, 처사 관철의 외손이라. 여 공이 소년 등과하여 벼슬이 청현에 이르렀더니, 간신이 유 상서의 문생이라 하여 폄하여 항주 추관을 하였더니, 도임한 지 오래지 아니하여 참화를 만나 혈혈한 어린 여자가 부친의 시신을 고향에 안장하고자 스스로 제 시랑 집 천비가 되었더니, 용모 태도가 아주 뛰어나기로 제 시랑이 그 미색과 용모를 사랑하여 풍류를 가르쳐 기방에 보내고자 하니, 달리 벗어날 길이 없는지라. 거짓 미친 체하여 녹발을 흩어 옥 같은 얼굴을 가리고 몸소 약초 캐러 다니며 자기 신세를 생각고 통곡하니, 그 정사를 살피매 소녀가 **슬픔을 이기지 못하여 자연 근심스러운 기색이 얼굴에 나타**남이로소이다."

화 공 부부가 또한 크게 놀라 왈,

[A] "가히 기특하도다. 내 여아의 어진 마음이여 아름답다. 그 여자의 신세 가련하도다. 알지 못하겠구나. 그 위인이 어떠하더냐."

화 소저 대 왈,

"입으로 다 아뢰기 어려우나 제가 비록 지식이 없사와 일찍 눈에 찬 사람을 보지 못하였삽더니, 이 여자가 만일 예사롭고 인품이 범상하오면 어찌 가까이 지내오리까. **현철한 덕성**이 용모에 나타나고 **추상같은 기질**이 당대에 가장 빼어나며, **천고에 드문 정숙하고 유순**한 여인이라. **제가 어찌 그릇 보아 부모가 주신 몸을 가벼이 하여 지기를 맺으며**, 형제자매 되어 욕됨을 깨닫지 못하오리이까. 열 번 보고 백 번 헤아려도 이 같은 사람은 다시 못 보았고, 여자의 수행 스승에게 배우지 못하오나 어찌 이 같은 여중 군자와 규중 옥인을 만나 그 법도를 본받지 아니하오리이까. 제 나이 젊으니 즐겨 사제지의를 정치 아니하온지라 부득이 형제지의를 맺고, 소녀는 생일이 여 씨보다 수 월이 더한고로 형이 되매, 관포지교*를 겸하고 또한 천지께 고하였사오니, 소녀가 만일 여 씨를 건지지 못하오면 마침내 세상 영욕을 홀로 참예하지 아니하오려 하오니, 부디 부께서는 굽어 살펴주시옵소서."

화 공이 듣기를 마치고 크게 칭찬하여 왈,

[B] "내 아해는 진실로 사람을 잘 알아보는 능력이 범상치 아니하도다. 여 소저 규중 보옥이요, 네 또한 여중 호걸이라 이르리로다."

화 소저가 예를 갖추어 일어나며 대 왈,

"소녀가 이야기가 너무 길어서 다 아뢰지 못하나이다. 혹 모친이 도우사 반드시 후일 모일 날이 있사오리니, 부께서 친히 보시면 오늘 제 말이 헛되지 않음을 알으시리이다."

말을 끝내자 여 소저가 쓴 ㉠ 작별시를 받들어 드리며 눈물이 떨어지니, 공이 부인으로 더불어 바삐 받아 보니 필법이 정묘한지라. 광채 유동하여 비단 위에 금수를 드리운 듯하니, 크게 놀라 다시 본즉, 재기 빼어나고 의사 광활하여 글을 쓰는 재주와 학식이 자기 여아로 더불어 비김에 한층이나 더한 듯하더라.

[중략 부분의 줄거리] 훗날 여 소저는 화 공 부부의 수양딸이 된다. 여 소저와 화 소저가 상희복과 혼약한 후, 화 소저가 천자의 후궁으로 부당하게 간택된다. 이에 화 공이 상소하나 하옥되고 여 소저가 입궐해 천자에게 항변한다.

상이 또 물어 가라사대,

"네 이제 어버이 삼년상을 마쳤거늘, 오히려 상복을 벗지 않아 선왕의 예법을 어기느뇨."

여 소저 슬퍼하며 눈물을 흘리고 엎드려 주 왈,

"부모를 위하는 정성은 상하 귀천이 없나니, 신첩이 아비 참상을 만난 후 몸은 남의 집 종이 되고 장례 물품들을 다만 유모에게 떠나보내니, 한 번도 하늘을 부르며 목 놓아 울지 못하옵고 변변치 못한 제사마저 지내지 못하였사오니, 하늘에 사무치는 고통과 뼛속까지 사무치는 원한이 언제나 맺혔사오며, 하물며 같은 하늘 아래 지낼 수 없는 원수를 갚지 못하였사오니, 큰 죄가 몸에 실렸는지라. 어찌 삼년상이 지났다 하고 몸에 화려한 의복을 걸치리꼬. 또 상씨 가문에 빙례를 갖춰 행함은 사세 부득이 화 모와 부녀지의 있을 뿐 아니라 화 소저와 사생을 같이하고자 하늘에 맹세하였기 때문이오니, 지금 온갖 형벌로 죽이실지라도 **약속을 어기거나 지조를 깨뜨리는 것은 아니하오리니**, 부디 성상은 문무왕의 성덕을 본받으사 소녀가 품은 한을 돌아보옵시고, 천하 태평하고 기후가 순조로움을 상서로 아시고 **기생과 풍류를 즐기는 연회를 멀리**하시면, **사방이 생업을 즐기고 국가 반석 같아** 만세를 누리리이다."

말을 마치고 다시 엎드려 두 번 절하니, 상이 듣기를 마치고 크게 감동하시고 또한 슬퍼하사 이에 조서를 내리어 화 소저를 후궁으로 간택한 잘못을 뉘우치심을 일컬으시고, 즉시 화 공을 풀어 주시어 복직시키고, 또 전임 항주 추관 여장이 본주에서

전체 줄거리

명나라 소주에 사는 선비 여장은 과거에 장원급제하여 한림편수가 된다. 그의 부인 관씨는 딸 진주를 낳고 병으로 죽는다. 조정에서 간신이 세력을 얻음에 따라 여장은 항주 추관으로 내쫓긴다. 악당 소준이 한 과부를 겁탈하려다가 과부가 죽게 된 일로 여장은 소준을 잡아들이는데, 이때 소준이 옥중에서 자살하자, 소준의 아들이 여장을 살해한다. 여 소저(여진주)는 제 시랑에게 돈을 얻어 부친의 장례를 치르고, 유모의 딸 주영과 자매의 의를 맺고 제 시랑의 집 하녀로 들어간다. 여 소저는 주영과 함께 산으로 약초를 캐러 갔다가 화 상서의 딸 홍미를 만나 의형제를 맺는다. 한편, 제 시랑이 빈방에 출정하였다가 진 상서의 모함에 빠져 돌아오지 못하게 되자, 제 시랑의 부인은 여 소저를 진 상서에게 바쳐 남편의 위기를 해결하려고 한다. 이로 인해 여 소저는 주영과 함께 고향에 가 있는 화 소저(화홍미)에게로 달아나고, 화 상서는 딸과 의형제를 맺은 여 소저를 수양딸로 맞이한다. 이후 유람을 떠난 화 상서는 청암사에서 세 사람의 미소년을 만나 그 중 상희복을 사위로 삼는다. 한편, 화 상서의 딸에게 청혼했다가 뜻을 이루지 못한 배우정은 그 분풀이로 화 소저를 황제의 후궁으로 추천한다. 황제의 교지를 받은 화 소저는 궁궐에 들어가 죽기를 결심하고 황제에게 아뢴다. 여 소저도 상소를 올려 교지를 거둘 것을 상소한다. 상소를 본 황제가 교지를 거두어들이고, 화 소저와 여 소저는 상희복을 함께 남편으로 맞이한다.

인물의 유교적 덕목 실현

효
• "제가 어찌 그릇 보아 부모가 주신 몸을~" (화 소저) • "부모를 위하는 정성은 상하 귀천이 없나니, ~어찌 삼년상이 지났다 하고 몸에 화려한 의복을 걸치리꼬."(여 소저)
→ 부모를 섬기는 마음인 효를 행실의 근본으로 여기고 있음이 드러남.

인
"자기 신세를 생각고 통곡하니, ~소녀가 슬픔을 이기지 못하여 자연 근심스러운 기색이 얼굴에 나타남이로소이다." (화 소저)
→ 타인의 불행을 자기 일처럼 여겨 타인의 아픔에 공감하며 타인을 보살핌으로써 인의 덕목을 발휘함.

칼에 베어 죽었으니, 본도 자사로 하여금 바삐 자세히 조사하여 고하라 하시고, 또 상씨 가문에 친지를 내리셔서 두 소저와의 혼약함을 택일대로 바삐 성례하라 하시니 만조 제신과 백성이 황상의 어진 덕을 일컫고, 두 소저의 의기 충언을 탄복하니, 아름다운 소문이 원근에 자자하여 모르는 이 없더라.

- 작자 미상, 〈숙녀지기〉 -

* 관포지교: 우정이 아주 돈독한 친구 관계를 이르는 말.

01

윗글에 대한 이해로 적절하지 <u>않은</u> 것은?

① 화 소저는 여 소저의 내력을 듣고 그녀가 실성한 병에 걸려 그 병을 앓으며 지내 온 이유를 이해했군.

② 화 소저는 여 소저로부터 여자로서 수행해야 할 것들에 대해 배울 수 있다고 여겼군.

③ 여 소저는 자식으로서의 도리를 다하지 못했기에 삼년상이 지났음에도 상복을 입어야 한다고 생각했군.

④ 여 소저의 말을 듣고 천자는 화 소저를 후궁으로 간택한 일이 옳지 않다고 판단했군.

⑤ 천자가 여 소저의 원한을 풀어 주고자 여 소저 부친의 죽음에 대해 조사할 것을 명령했군.

02

[A]와 [B]에 대한 설명으로 가장 적절한 것은?

① [A]에서 대화 상대를 안타까워한 것과 관련하여, 상대의 사연을 듣고 [B]에서 그에 관한 배려심을 발휘하고 있다.

② [A]에서 대화 상대가 겪은 일을 염려한 것과 관련하여, 상대의 사연을 듣고 [B]에서 안심하는 태도를 드러내고 있다.

③ [A]에서 대화 상대에게 요청한 인물 정보와 관련하여, 상대의 답변을 듣고 [B]에서 그 인물에 관한 평을 언급하고 있다.

④ [A]에서 특정 인물을 예찬한 것과 관련하여, 대화 상대의 답변을 들은 후 [B]에서 그 인물에 대한 태도를 부정적으로 바꾸고 있다.

⑤ [A]에서 특정 인물에 대해 궁금해한 정보와 관련하여, 대화 상대의 사연을 들은 후 [B]에서 그 인물의 행동에 대해 아쉬운 마음을 나타내고 있다.

03

㉠에 대한 설명으로 가장 적절한 것은?

① 여 소저의 성격이 변화한 것에 대한 화 공의 이해를 도와주고 있다.

② 화 공이 여 소저에 대해 품었던 경계심을 완화하는 계기가 되고 있다.

③ 화 소저가 소개한 여 소저의 인물됨에 대한 화 공의 생각을 강화해 주고 있다.

④ 화 소저가 슬퍼하는 연유와 관련하여 화 공이 품었던 의혹을 해소하는 실마리를 제공하고 있다.

⑤ 화 공이 기대했던 바와 다른 여 소저의 면모를 제시해 화 공이 당혹스러움을 느끼게 하고 있다.

03

소재의 기능을 이해하는 문제이다. ㉠ 앞 뒤로 제시된 인물의 행동과 대화를 이해하여, ㉠으로 하여금 어떠한 변화가 일어났는지 파악해야 한다. ㉠은 여 소저의 작별시로, 이를 받은 화 공 부부가 어떤 인식을 갖는지 유념해야 한다.

04

<보기>를 참고하여 윗글을 감상한 내용으로 적절하지 <u>않은</u> 것은?

> **보기**
>
> 〈숙녀지기〉는 여 소저와 화 소저가 서로 상대의 가치나 속마음을 참되게 알아주는 '지기'가 되어 신의를 지키는 이야기이다. 두 주인공은 부모를 섬기는 마음인 효를 행실의 근본으로 삼고 인(仁), 의(義)를 구현하며 신의를 지키고 있다. 인은 타인의 불행을 자기 일처럼 여겨 타인의 아픔에 공감하며 타인을 보살핌으로써 구현되고, 의는 올바름에서 벗어난 것을 미워하고 올바른 것을 지향함으로써 구현된다. 두 주인공이 효를 바탕으로 인, 의의 덕목을 발휘하는 것은 유교적 덕목을 갖춘 숙녀로서의 면모를 보여 준다.

① 화 소저가 '슬픔을 이기지 못하여 자연 근심스러운 기색이 얼굴에 나타'났다고 말한 데서 그녀가 타인의 불행을 자기 일처럼 여기는 인의 덕목을 갖춘 인물임이 드러나고 있군.

② 화 소저가 여 소저의 '현철한 덕성', '추상같은 기질', '천고에 드문 정숙하고 유순'함을 말한 데서 그녀가 여 소저의 참된 가치를 알아본 지기임이 드러나고 있군.

③ 화 소저가 '제가 어찌 그릇 보아 부모가 주신 몸을 가벼이 하여 지기를 맺으며'라고 말한 데서 그녀가 효를 행실의 근본으로 여기고 있음이 드러나고 있군.

④ 여 소저가 천자에게 '기생과 풍류를 즐기는 연회를 멀리하'면 '사방이 생업을 즐기고 국가 반석 같'게 될 것이라고 충언한 데서 그녀가 의를 지향하는 인물임이 드러나고 있군.

⑤ 여 소저가 '만세'를 위해 '약속을 어기거나 지조를 깨뜨리는 것은 아니하오리니'라고 충언한 데서 그녀가 천자는 타인의 아픔에 공감하는 품성을 지녀야 함을 강조하고 있음이 드러나고 있군.

04

외적 준거를 참고하여 작품을 감상하는 문제이다. <보기>에 제시된 설명에 따라 작품을 이해하는 것이 중요하다. <보기>에 따르면, 윗글의 두 인물은 효를 행실의 근본으로, 인과 의를 구현하며 신의를 지킨다. 이러한 <보기>의 내용을 바탕으로, 제시된 인물의 행동과 서술이 지닌 의미가 선택지에 제시된 내용과 적절하게 대응하는지 파악하는 것이 중요하다.

섹션 SECTION
보개기
종합편

스스로 점검하기

6일간 학습

Day	공부 시작 시간	공부 종료 시간	틀린 문항 수	틀린 유형
Day 1	시 분 초	시 분 초		
Day 2	시 분 초	시 분 초		
Day 3	시 분 초	시 분 초		
Day 4	시 분 초	시 분 초		
Day 5	시 분 초	시 분 초		
Day 6	시 분 초	시 분 초		

1 일별로 계획에 맞춰 공부하기

하루에 기출 하나씩 매일 꾸준히 공부하는 것이 최선의 방법이다.

2 시작 시간과 종료 시간 체크하기

스스로 시간 제한을 두고 문제를 푸는 것이 실전 대비에 효과적이다.

3 틀린 문항과 유형 분석하기

틀린 문제는 또 틀릴 수 있다. 특정 문항과 유형에서 많이 틀렸다면, 그 이유를 분석해야 한다.

4 보충 학습하기

스스로 점검하기를 통해 자신의 취약한 유형을 확인하고, SLS를 통해 부족한 부분을 보충 학습한다.

번호	Day 1						Day 2						Day 3					
번호	1	2	3	4	5	6	1	2	3	4	5	6	1	2	3	4	5	6
정답률	90%	91%	85%				67%	66%	56%	73%	75%		64%	69%	66%	53%	67%	50%
채점																		

번호	Day 4						Day 5						Day 6					
번호	1	2	3	4	5	6	1	2	3	4	5	6	1	2	3	4	5	6
정답률	77%	77%	64%	41%			68%	77%	79%				39%	77%	79%	76%		
채점																		

결과	틀린 문항에는 ✕표시, 찍어서 막혔거나 헷갈렸던 문항에는 △표시, 맞춘 문항에는 ○표시
	채점 결과 : 맞은 문항 수 25개중 [ ]개

나의 예상 등급은?

등급

1등급
22~25개

2등급
20~21개

3등급
18~19개

8
WEEK

1 Day 화법과 작문

화법과 작문 | 고3 2023년 6월

핵심정리

가

갈래
토론

제재
초보 운전 표지 부착 의무화

논제
규격화된 초보 운전 표지 부착을 의무화해야 한다.

토론 중심 내용

찬성 측	
주장	국가 차원에서 예산을 들여 규격화된 표지를 제작하고 배부해 초보 운전자가 이를 의무적으로 부착하게 해야 함.
근거	• 초보 운전자는 운전이 서툴기 때문에 사고 위험이 높을 수밖에 없음. ↓ 표지를 의무화하여 초보임을 알리는 것은 초보 운전자를 보호할 뿐 아니라 모두의 안전을 위해 반드시 필요함. • 표지의 내용과 형식을 자율에 맡길 경우 문제가 발생할 수 있음. ↓ 국가 차원에서 예산을 들여 규격화된 표지를 제작하고 배부해 초보 운전자가 이를 의무적으로 부착하게 해야 함.

토론의 반대 신문과 답변

반대 측 반대 신문	찬성 측 답변
초보 운전자 사고율에 대한 통계 자료에 따르면, 사고의 주요 원인은 초보 운전자의 운전 미숙이므로 표지 부착을 의무화하더라도 사고가 감소하지 않을 것임. →	경력 운전자들이 도로 위에서 초보 운전자를 확인한다면 이들을 배려하는 태도로 운전할 것이고, 그렇게 되면 초보 운전자의 사고 위험을 감소시킬 수 있을 것임.

※ (가)는 반대 신문식 토론의 일부이고, (나)는 토론에 참여한 반대 측 학생이 작성한 소감문의 초고이다. 물음에 답하시오.

가

사회자: 오늘 토론의 논제는 '규격화된 초보 운전 표지 부착을 의무화해야 한다.'입니다. 먼저 찬성 측 입론해 주십시오.

찬성 1: 얼마 전 초보 운전자의 운전 미숙으로 인해 교통사고가 연이어 발생하면서 초보 운전 표지 의무화에 대한 논의가 본격화되고 있습니다. 현행법에서 초보 운전자는 면허 취득일을 기준으로 정의하는데 이것으로는 면허 취득자의 실제 운전 여부를 파악하기 어렵습니다. 따라서 이번 토론에서는 관련 연구들을 참고하여 초보 운전자를 '자동차 보험 가입 경력 기준 1년 미만자'로 정의하여 입론하겠습니다.

초보 운전자는 운전이 서툴기 때문에 사고 위험이 높을 수밖에 없습니다. 초보 운전자의 사고율이 전체 운전자의 평균에 비해 18%p 높다는 통계도 있습니다. 교통사고는 안전과 직결되는 문제이며 생명을 위협할 수 있으므로 일본에서는 1970년대부터 초보 운전 표지 의무 부착 제도를 시행하고 있습니다. 표지를 의무화하여 초보임을 알리는 것은 초보 운전자를 보호할 뿐 아니라 모두의 안전을 위해 반드시 필요합니다.

한편 표지의 내용과 형식을 자율에 맡겨 발생하는 문제도 있습니다. 저는 최근에 '초보인데 보태 준 거 있어?'라는 표지를 커다랗게 붙인 차를 봤습니다. 이는 다른 운전자의 불쾌감을 유발하고 또 운전자의 후방 시야를 가려 안전 운전에 방해가 되기 때문에 표현의 자유라는 이유로 정당화될 수 없습니다. 따라서 국가 차원에서 예산을 들여 규격화된 표지를 제작하고 배부해 초보 운전자가 이를 의무적으로 부착하게 해야 합니다.

사회자: 이어서 반대 측에서 반대 신문해 주십시오.

반대 2: 질문에 앞서 방금 찬성 측이 한 발언은 표지 규격화가 표현의 자유를 침해한다는 점을 인정한 것으로 보입니다. 그럼 질문을 드리겠습니다. ⓐ 초보 운전자 사고율에 대한 통계의 정확한 출처를 알 수 있을까요?

찬성 1: 2022년 국회 입법 조사처에서 발표한 자료입니다.

반대 2: ⓑ 그 자료에서처럼 초보 운전자의 운전 미숙이 사고의 주요 원인이라면 표지 부착 의무화로 사고가 감소할까요?

찬성 1: 경력 운전자들이 도로 위에서 초보 운전자를 확인하게 되면 이들을 배려하는 태도로 운전할 수 있습니다. 이를 통해 초보 운전자의 사고 위험을 감소시킬 수 있으리라 생각합니다.

반대 2: 배려하는 태도, 중요하죠. 그런데 ⓒ 일부 경력 운전자들이 표지를 부착한 초보 운전자에 대해 위협 운전을 할 수도 있지 않습니까?

찬성 1: 표지를 보고 위협 운전을 하는 것은 제도로 인한 문제가 아니라 잘못된 운전 문화로 인해 발생한 문제입니다. 그러나 잘못된 운전 문화 역시 표지 부착 의무화를 통해서 바로 잡을 수 있다고 생각합니다.

반대 2: 저희도 운전 문화 개선은 필요하다고 생각하지만 의무화로 해결될 문제는 아니라고 봅니다. 그리고 표지를 규격화해 제작하고 배부하려면 국가의 예산이 소요됩니다. ㉢ 이 제도를 도입할 경우 비용이 발생할 텐데 결국 득보다 실이 더 크지 않을까요?

찬성 1: 안전과 생명은 무엇보다 중요한 가치이기 때문에 비용의 측면으로만 따질 문제는 아니라고 생각합니다.

반대 2: ㉣ 표지 의무화는 제재를 가한다는 뜻인데, 위반자를 적발하는 등 제도를 운영하는 것이 현실적으로 가능할까요?

찬성 1: (잠시 생각한 후) 구체적인 방법은 아직 생각해 보지 못했습니다.

사회자: 이어서 반대 측 입론해 주십시오.

반대 측 반대 신문		찬성 측 답변
일부 경력 운전자들이 표지를 부착한 초보 운전자에 대해 위협 운전을 할 수 있음.	→	표지를 보고 위협 운전을 하는 것은 제도로 인한 문제가 아니라 잘못된 운전 문화로 인한 문제이며, 이 역시 표지 부착 의무화를 통해 바로잡을 수 있음.

반대 측 반대 신문		찬성 측 답변
초보 운전 표지 부착 의무화를 도입할 경우 발생하는 비용이 큼.	→	안전과 생명을 위한 제도이므로 비용의 측면으로만 따질 문제라고 볼 수 없음.

나

❶ 이번 토론의 논제를 보고 나도 내년이면 면허를 취득할 수 있는 나이가 된다는 생각에 관심이 생겨 토론에 참여하기로 했다. 나는 반대 입장을 선택한 후 친구와 한 팀이 되어 토론을 준비했다.

❷ 먼저 쟁점을 분석한 후 주장할 내용을 정리하였다. 다음 날에는 근거 자료를 마련하려고 인터넷에서 자신의 개성을 자유롭게 표현하고 있는 다양한 초보 운전 표지 사진들을 찾아 저장했다. 그리고 '초보 스티커, 되레 난폭 운전자들의 표적'이라는 제목의 표지 부착 부작용 사례를 다룬 인터넷 신문 기사를 수집했다. 이후 관련 기관에 메일로 자료를 요청하여 운전 행태, 교통안전 등을 평가해 수치화한 교통 문화 지수가 운전자의 인식 개선을 위한 다양한 활동을 통해 매년 꾸준히 상승하고 있다는 보도 자료를 받았다. 그다음 날에도 자료를 찾으러 친구와 함께 도서관에 갔다. 미국 대다수의 주에서는, 표지 부착은 의무화하지 않으면서 임시 면허 기간을 두어 초보 운전자의 운전 숙련도를 높이는 단계적 운전면허 제도를 시행하고 있다는 논문 자료를 찾았다. 그리고 초보 운전자 대부분이 표지를 부착하고 있다는 설문 결과도 찾아 스크랩했다.

❸ 막상 토론을 하려니 평소 사람들 앞에서 말할 때 긴장해서 말을 더듬는 편이라 걱정이 되었다. 이를 극복하기 위해 실전처럼 말하는 연습을 반복했고 그 덕분에 토론에서 침착하게 말할 수 있었다. 한편 토론 후 상호 평가를 해 보니, 친구는 준비한 자료를 활용해 논리적으로 답변한 반면 나는 찬성 측 반론을 미흡하게 반박한 것 같아 조금 아쉬웠다.

나

갈래

소감문

제재

초보 운전 표지 부착 의무화에 관한 토론

주제

토론에 참여한 소감

문단 중심 내용

❶ 토론에 참여하게 된 계기
❷ 토론 준비 과정 및 수집한 자료
❸ 토론 활동에 대한 평가
❹ 토론에 참여한 후의 소감

토론을 준비하며 수집한 자료

① 다양한 초보 운전 표지 사진
② 표지 부착 부작용 사례를 다룬 인터넷 신문 기사
③ 교통 문화 지수가 운전자의 인식 개선을 위한 다양한 활동을 통해 매년 꾸준히 상승하고 있음을 보여 주는 보도 자료
④ 미국에서 단계적 운전면허 제도를 시행하고 있다는 논문 자료
⑤ 초보 운전자 대부분이 표지를 부착하고 있다는 설문 결과

[A] ❹ 이번 토론을 준비하며 생각보다 많은 시간과 노력이 든다는 것을 알았다. 논제에 대한 찬성과 반대의 자료를 모두 조사해야 하기 때문이다.

문제풀이 맥

01

토론 내용을 생성하는 문제이다. 이 유형의 문제는 토론의 말하기 방식을 파악하는 문제 유형과 유사한 맥락으로 접근하는 것이 좋다. '찬성 1'은 입론에서 논의가 등장하게 된 배경을 밝히고, 초보 운전자의 정의를 한정하여 제시하고 있다. 또한 자신의 주장을 뒷받침하기 위해 구체적인 수치를 제시하고, 초보 운전 표시 의무 부착 제도를 시행하고 있는 다른 나라의 사례를 활용하고 있다.

02

토론 표현 전략을 사용하는 문제이다. ㉠~㉤은 '초보 운전 표지 부착 의무화'를 찬성하는 측의 입론에 대한 반대 측의 반대 신문이다. 반대 신문에서는 상대측이 말한 범위 내의 내용에 대해서만 질문해야 하며, 상대가 언급하지 않은 내용에 자신의 의견을 제시해서는 안 된다. 또한 상대측이 제시한 의견의 근거가 충분하고 객관적인지, 상대의 발언 내용이 이치에 맞는지, 활용한 자료에 정확한 출처가 있는지, 발언 내용이 어느 한쪽에 치우치지 않고 공평하고 정의로운지 등을 기준으로 상대측 발언의 오류와 허점을 검증할 수 있다.

03

성찰 글쓰기 내용을 점검, 조정하는 문제이다. 초고의 [A] 부분과 고쳐 쓴 이후의 글을 비교하여 어떤 점이 달라졌는지를 확인해야 한다. 그리고 어떤 이유로 해당 부분을 고쳐 쓰게 되었을지를 예측해야 한다.

01

(가)의 '찬성 1'의 입론에 대한 설명으로 가장 적절한 것은?

① 핵심 용어를 정의한 후 상대의 동의를 구하고 있다.
② 외국의 사례를 분류하여 논의의 범위를 확장하고 있다.
③ 특정 경험을 활용하여 기존 정책의 목적을 설명하고 있다.
④ 최근 발생한 사건을 언급하여 논의의 필요성을 드러내고 있다.
⑤ 정책이 변화한 과정을 중심으로 논의의 배경을 제시하고 있다.

02

반대 신문의 목적을 고려했을 때, ㉠~㉤에 대한 이해로 적절하지 않은 것은?

① ㉠은 상대가 근거로 인용한 자료가 신뢰할 만한 것인지 출처를 확인하고 있다.
② ㉡은 초보 운전 표지를 의무적으로 부착하면 사고가 감소한다는 상대의 주장이 타당하지 않음을 지적하고 있다.
③ ㉢은 상대의 주장이 경력 운전자의 입장만 반영하여 공정하지 않음을 지적하고 있다.
④ ㉣은 상대의 주장을 비용의 측면에서 보았을 때 실질적 이익이 있는지 확인하고 있다.
⑤ ㉤은 초보 운전 표지 의무화 제도를 운영하는 일이 실행 가능한지 확인하고 있다.

03

다음은 [A]를 고쳐 쓴 것이다. 그 과정에서 반영된 교사의 조언으로 가장 적절한 것은?

이번 토론을 준비하며 시간과 노력을 들여 자료 조사와 말하기 연습을 한 결과 설득력 있게 주장할 수 있다는 자신감이 생겼다. 또 토론 중 상대의 발언을 잘 들었더니 문제를 깊이 이해할 수 있었고 사회적 쟁점을 바라보는 다양한 시각의 중요성을 알았다.

① 토론의 경쟁적 속성이 지닌 장점만 다루고 있으니, 단점도 함께 제시해 보렴.
② 토론에서 배운 점만 다루고 있으니, 시행착오와 이를 보완할 계획을 모두 제시해 보렴.
③ 토론에서 자료 조사의 어려움만 다루고 있으니, 토론 중 겪은 어려움도 함께 제시해 보렴.
④ 토론 준비에 대해서만 다루고 있으니, 실제 토론을 하면서 깨달은 점도 함께 제시해 보렴.
⑤ 토론 준비 과정에서의 개인적 노력만 다루고 있으니, 협력하며 준비하는 토론의 가치도 함께 제시해 보렴.

04

(가)의 토론 내용과 (나)의 자료를 바탕으로 반대 측 입론 내용을 추론했다고 할 때, 적절하지 않은 것은?

▶ **쟁점 : 표지 부착 의무화는 교통사고 감소를 위해 필요한가?**
[자료] 표지 부착 부작용 관련 신문 기사 　└ **반대 측 입론 :** 일부 운전자가 초보 운전 표지를 붙인 차량을 위협하는 경우를 볼 때, 의무화가 오히려 교통사고를 유발할 수 있다. ……………………… ①
[자료] 단계적 운전면허 제도 관련 논문 　└ **반대 측 입론 :** 단계적 운전면허 제도를 참고하여 초보 운전자의 운전 숙련도를 높인다면, 표지 부착을 의무화하지 않고도 초보 운전자의 교통사고를 줄일 수 있다. ………………………………………………………………… ②
▶ **쟁점 : 표지 부착 의무화는 운전 문화 개선을 위해 필요한가?**
[자료] 교통 문화 지수 관련 보도 자료 　└ **반대 측 입론 :** 교통 문화 지수의 상승 추세를 볼 때, 운전 문화는 홍보나 캠페인 등을 통해 개선할 수 있으므로 표지 부착을 의무화할 필요가 없다. ………… ③
▶ **쟁점 : 국가 차원에서 표지를 규격화해야 하는가?**
[자료] 다양한 초보 운전 표지 사진 　└ **반대 측 입론 :** 국가 차원에서 표지를 규격화하면, 개성 있는 표지를 부착하고자 하는 운전자의 자기표현의 자유를 침해할 수 있어 규격화는 불필요하다. … ④
[자료] 초보 운전 표지 부착에 대한 설문 결과 　└ **반대 측 입론 :** 대부분의 초보 운전자가 표지를 부착하고 있음을 볼 때, 기존 표지를 규격화된 표지로 교체하는 비용을 초보 운전자가 부담하게 되므로 규격화는 불필요하다. …………………………………………………… ⑤

5

(나)를 작성할 때 활용한 내용 조직 방법으로 적절하지 않은 것은?

① 1문단에서는 논제에 대한 입장을 선택하게 된 계기를 원인과 결과에 따라 제시하였다.
② 2문단에서는 토론을 준비하는 과정을 시간 순서에 따라 제시하였다.
③ 2문단에서는 토론에 활용할 자료를 수집한 경로에 따라 나누어 제시하였다.
④ 3문단에서는 말하기 불안 문제를 인식하고 이를 해결하기 위한 노력을 제시하였다.
⑤ 3문단에서는 토론 활동에 대한 평가를 대비의 방식으로 제시하였다.

04

토론에서 자료, 매체를 활용하는 문제이다. (나)의 학생은 '초보 운전 표지 부착 의무화'에 반대하는 입장으로, (나)의 학생이 수집한 자료를 토론에서 어떻게 활용할지를 예측해야 한다. 따라서 각 자료가 어떤 내용을 담고 있는지, 어떤 기능을 하고 있는지를 파악해야 한다.

05

성찰 글쓰기 내용을 조직하는 문제이다. 선택지가 문단별로 나누어져 있으므로, 해당 문단이 선택지에서 제시된 조직 방법으로 구성되어 있는지를 확인해야 한다.

WEEK 8

핵심정리

가

갈래

보이는 라디오

화제

'풍요의 등대' 스탬프 여행

등대 스탬프 여행

오늘의 라디오 주제	'풍요의 등대' → 서해안에 위치한 16개 등대와 □□ 생물 자원관을 돌아보면서 풍요로운 해산물을 즐길 수 있는 여행 코스
등대 스탬프 여행의 순서	① 모바일 여권과 종이 여권 중 하나를 선택하여 참가 신청 ② 등대들을 돌아다니며 스탬프를 찍고 사진을 촬영 ③ 사진을 다 모으시면 누리집에서 완주 인증
등대 스탬프 여행 주의 사항	① 완주 인증은 날짜가 기록된 사진으로만 가능 ② 행복도 등대나 기쁨항 등대처럼 등대 주변에 스탬프가 없는 경우도 있으니 미리 확인해야 함.
'풍요의 등대' 완주 기념품	등대 오르골 → 작고 예쁜 등대가 나무 상자 안에 있고, 오른쪽에 태엽을 감는 손잡이가 있음.

※ (가)는 보이는 라디오의 본방송이고, (나)는 이 방송을 들은 학생의 메모이다. 물음에 답하시오.

가

진행자: ⓐ <u>매주 수요일, 여행 정보를 제공하는 '여행과 함께'를 시작합니다.</u> 앱이나 문자로 언제든 방송에 참여하실 수 있고요, 보이는 라디오 시청자는 실시간 댓글도 이용하실 수 있습니다. ⓑ <u>오늘도 여행가 안○○ 님을 모셨습니다.</u>

여행가: 안녕하세요. 안○○입니다.

진행자: 지난주부터 등대 스탬프 여행을 소개하고 있습니다. 저번에는 그중 '재미있는 등대'라는 주제를 소개하셨는데요, 오늘은 어떤 주제인가요?

여행가: 네, 오늘은 '풍요의 등대'입니다. 서해안에 위치한 16개 등대와 □□ 생물 자원관을 돌아보면서 풍요로운 해산물도 즐길 수 있는 여행 코스입니다.

진행자: 이제부터 '풍요의 등대'에 속한 등대들을 알아볼 텐데요, 그중에서 가장 선호하시는 곳이 있나요?

여행가: 저는 천사의 섬이라는 모티브를 살려 천사의 날개와 선박을 형상화한 △△ 등대가 가장 좋았습니다. 등대에 설치된 LED 조명이 켜지면 주변 경관과 어우러져 이국적인 경관을 연출하는 곳인데, 그 모습을 바라보면서 먹는 전복 라면은 정말 맛있죠.

진행자: 정말 맛있겠네요. 많은 분들이 실시간 문자로 지난주에 안내했던 등대 스탬프 여행의 순서를 물으시네요. 예정된 건 아니지만 다시 안내해 주시겠어요?

여행가: ⓒ <u>우선 모바일 여권과 종이 여권 중 하나를 선택하셔서 참가 신청을 해야 하는데요,</u> 모바일 여권은 앱을 이용하시면 되고, 종이 여권은 '등대와 바다' 누리집에서 신청하시면 됩니다. 그러고 나서 등대들을 돌아다니면서 스탬프를 찍고 사진을 촬영하시는 겁니다. 사진을 다 모으시면 누리집에서 완주 인증을 하시는 거죠.

진행자: ⓓ <u>실시간 댓글로 6789 님께서 스탬프 여행의 주의 사항에 대해 궁금증이 있으시답니다.</u> 함께 알아볼까요?

여행가: ⓔ <u>네, 앞에서 말씀드린 완주 인증은 날짜가 기록된 사진으로만 가능합니</u>

다. 처음엔 스탬프로 완주 인증을 했지만 지금은 그렇게 바뀐 거죠. 하지만 스탬프를 찍기 원하는 여행자들이 많아 여전히 스탬프를 유지하고 있습니다. 그런데 행복도 등대나 기쁨항 등대처럼 등대 주변에 스탬프가 없는 경우가 있으니 미리 확인하시는 것이 좋겠습니다.

진행자: 스탬프가 등대 주변이 아닌 다른 곳에 위치한 경우도 있다는 거군요. 잠시만요, 나머지 등대를 소개하기에는 시간이 부족할 것 같으니 2부에서 계속하고요, 남은 시간 동안 '풍요의 등대'의 완주 기념품에 대해 이야기해 볼까요?

여행가: (테이블에 오르골을 올리며) 바로 이 등대 오르골입니다.

진행자: 실시간 댓글 창에 오르골이 귀엽다는 반응이 많네요. 라디오로만 들으시는 분들은 실제 모양이 궁금하시죠? 작고 예쁜 등대가 나무 상자 안에 있고, 오른쪽에 태엽을 감는 손잡이가 있습니다. 아쉽지만 약속된 시간이 다 되어 1부는 여기서 마치고 2부에서 뵐게요.

나

등대 스탬프 여행을 여행 지리 수업 시간에 발표해야겠어. ⓐ 여행의 순서와 주의 사항에 대한 슬라이드는 여행가의 말을 정리하되 여행의 순서가 잘 나타날 수 있게 표현하고, 시각적 이미지를 활용해야지. ⓑ '△△ 등대'에 대한 슬라이드는 여행에 유용한 정보를 추가하고, 슬라이드의 내용을 포괄할 수 있는 제목을 넣어야지.

나

갈래
메모

주제
등대 스탬프 여행 발표 계획

01

(가)에 나타난 정보 전달 방식으로 적절하지 않은 것은?

① 수용자에게 일정한 주기로 새로운 정보가 제공되므로 지난주 방송과 현재 진행되는 방송의 연관성을 제시한다.

② 본방송을 중간부터 청취한 수용자는 흐름을 따라가지 못할 수 있으므로 앞부분의 정보를 정리해서 전달한다.

③ 수용자에게 정보를 제공할 수 있는 시간상의 제약이 있으므로 방송에서 전달하려는 정보를 선택하여 조절한다.

④ 청각적 정보만 접할 수 있는 수용자가 있으므로 방송 중에 제공한 시각적 정보를 음성 언어로 풀어서 설명한다.

⑤ 수용자들이 방송에 실시간으로 참여하는 것이 가능하므로 실시간 댓글과 문자를 바탕으로 이어질 정보를 조절한다.

문제풀이 맥

01

매체의 정보 유통 방식을 파악하는 문제이다. (가)의 매체는 보이는 라디오로, 청각적 서비스뿐만 아니라 시각적 서비스를 제공하는 것도 가능하다. 특히 (가)의 라디오 진행자의 발화에 집중하여, 진행자가 어떠한 방법을 활용하여 라디오를 진행하고 있는지, 그 방법을 활용한 이유(목적)가 무엇인지 파악해야 한다.

WEEK 8

02

매체 자료의 주체적 수용에 관한 문제이다. 이러한 유형의 문제를 해결하기 위해서는 (가)의 내용을 전반적으로 이해하고 있어야 한다. 청취자 게시판 속 '새달'은 자신이 라디오를 통해 수용한 정보를 언급하고 있고, 이에 대해 '알콩'과 '사슴'은 '새달'의 정보를 정정하고 있다.

02

다음은 (가)가 끝난 후의 청취자 게시판이다. 참여자들의 소통 양상으로 가장 적절한 것은?

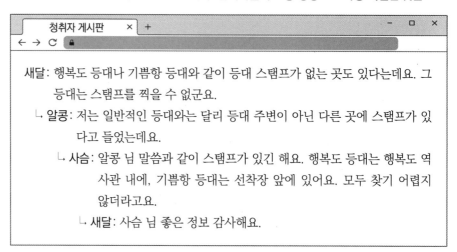

새달: 행복도 등대나 기쁨항 등대와 같이 등대 스탬프가 없는 곳도 있다는데요. 그 등대는 스탬프를 찍을 수 없군요.
    └ 알콩: 저는 일반적인 등대와는 달리 등대 주변이 아닌 다른 곳에 스탬프가 있다고 들었는데요.
        └ 사슴: 알콩 님 말씀과 같이 스탬프가 있긴 해요. 행복도 등대는 행복도 역사관 내에, 기쁨항 등대는 선착장 앞에 있어요. 모두 찾기 어렵지 않더라고요.
            └ 새달: 사슴 님 좋은 정보 감사해요.

① 방송 내용에 대한 '새달'의 잘못된 이해가 '알콩'과 '사슴'의 댓글에 의해 수정되고 있다.

② 방송 내용에 대하여 가지고 있던 '새달'과 '알콩'의 공통된 생각에 '사슴'이 동조하고 있다.

③ 방송을 듣고 '새달'이 느낀 감정을 '알콩' 및 '사슴'과 공유하여 정서적인 공감을 형성하고 있다.

④ 방송 내용에 대해 가지고 있던 '새달'과 '알콩'의 서로 다른 생각이 '사슴'에 의해 절충되고 있다.

⑤ 방송 내용에 대한 '새달'과 '알콩'의 긍정적 감정이 '사슴'의 댓글로 인해 부정적 감정으로 전환되고 있다.

03

매체 언어의 표현 방법을 이해하는 문제이다. 지문의 ⓐ~ⓔ에 사용된 표현을 확인하고 맥락을 파악하여 각 선택지에서 그 표현에 대해 맞게 설명하고 있는지를 파악해야 한다. 덧붙여 문제에서 제시하고 있는 높임 표현에 대한 개념을 알고 있어야 적절한 설명인지를 파악할 수 있으므로 해당 개념들을 숙지하고 있어야 한다.

높임 표현	
개념	말하는 이가 듣는 이나 어떤 대상에 대하여 높고 낮음에 따라 말로 구별하여 표현하는 것.
실현	• 주체 높임: 주격 조사 '께서', 선어말 어미 '-시-', 특수 어휘 사용 • 객체 높임: 부사격 조사 '께', 특수 어휘 사용 • 상대 높임: 종결 어미를 통해 실현

03

ⓐ~ⓔ의 높임 표현에 대한 설명으로 적절하지 않은 것은?

① ⓐ: 종결 어미 '-ㅂ니다'를 사용하여, 방송을 듣고 있는 불특정 다수의 청자를 높이고 있다.

② ⓑ: 특수 어휘 '모시다'를 사용하여, 객체인 여행가를 높이고 있다.

③ ⓒ: 선어말 어미 '-시-'를 사용하여, 여권 선택의 주체인 청자를 높이고 있다.

④ ⓓ: '있으시다'를 사용하여, 궁금증이 있는 주체인 '6789 님'을 간접적으로 높이고 있다.

⑤ ⓔ: '말씀'을 사용하여, 화자인 여행가의 말을 높이고 있다.

04

다음은 (나)에 따라 제작한 발표 자료이다. 제작 과정에서 고려한 내용으로 적절하지 <u>않은</u> 것은?

'풍요의 등대' 스탬프 여행의 순서 및 주의 사항

모바일 여권과 종이 여권 중 택1 하여 참가 신청하기	등대를 방문하여 스탬프 찍고 사진 촬영하기	'등대의 바다' 누리집에서 완주 인증하기
등대 스탬프 여행 모바일 여권 / 등대 여권		

- 인증은 스탬프가 아닌 날짜가 기록된 사진으로만 가능
- 사전에 스탬프 위치 확인

△△ 등대 - 천사의 날개와 선박을 형상화한 등대

- **특징**: LED 조명이 만드는 이국적인 경관
- **주소**: ▽▽도 ◇◇군 △△면
- **스탬프 위치**: 등대 앞
- **볼거리**: ◇◇ 철새 전시관, ◇◇산 전망대
- **먹을거리**: 전복 라면, 복어 튀김, 소금 사탕
- **재밌거리**: 자전거 여행, 조개 잡기 체험

---

① 여행가의 말을 정리하기로 한 ㉠은 여행가가 제시한 여행의 순서와 주의 사항을 모아 하나의 슬라이드로 구성하자.

② 여행의 순서를 나타내기로 한 ㉠에는 여행가가 제시한 여행 순서를 구분하고 차례가 드러나게 화살표를 사용하자.

③ 시각적 이미지를 활용하기로 한 ㉠에는 여행가가 소개한 여행의 순서와 관련된 주요 소재를 그림 자료로 보여 주자.

④ 여행에 유용한 정보를 추가하기로 한 ㉡에는 여행가가 언급한 먹을거리 이외에도 다양한 정보를 추가하자.

⑤ 내용을 포괄할 수 있는 제목을 넣기로 한 ㉡은 여행가의 말을 가져와 슬라이드의 내용을 요약할 수 있는 제목을 달자.

04

매체 정보의 구성 방식을 파악하는 문제이다. (나)에서는 등대 스탬프 여행을 여행 지리 수업 시간에 발표하기 위한 학생의 계획이 소개되어 있다.

여행의 순서와 주의 사항에 대한 슬라이드
• 여행의 순서가 잘 나타날 수 있게 표현 • 시각적 이미지를 활용
'△△ 등대'에 대한 슬라이드
• 여행에 유용한 정보 추가 • 슬라이드의 내용을 포괄할 수 있는 제목

발표 자료와 (나)의 계획을 비교하며 적절하지 않은 선택지를 판단해야 한다.

핵심정리

문단 중심 내용

❶ 이중 편파 레이더를 통한 기상 관측
❷ 수평 반사도를 활용한 강수 입자 분석
❸ 차등반사도를 활용한 강수 입자의 종류 구별
❹ 차등위상차를 활용한 강수 입자의 개수 파악
❺ 비차등위상차를 활용한 강수 입자의 개수 파악
❻ 교차상관계수를 활용한 강수 입자의 크기와 종류 파악

기상 관측 레이더의 원리

대기 중으로 전파를 송신함.

↓

전파가 강수 입차에 부딪혀 되돌아옴.

↓

수신된 전파를 분석함.

↓

여러 변수를 산출하여 강수 입자를 분석함.

수평 반사도

개념	지면과 수평인 방향으로 진동하는 편파의 반사도
단위	데시벨Z(dBZ)
특징	단위 부피 $1m^3$당 존재하는 강수 입자의 크기와 개수에 비례하여 커짐.
관측 결과	• ~1dBZ : 이슬비 → 강수 입자가 작고 그 수가 적음. • 20dBZ~ : 집중 호우 → 강수 입자가 크고 그 수가 많음.
한계	우박의 반사도는 집중 호우와 비슷하게 나타남.

차등반사도

개념	수평 반사도에서 수직 반사도를 뺀 값
단위	데시벨(dB)
특징	강수 입자가 수평으로 더 길면 양의 값을, 수직으로 더 길면 음의 값을 가짐.

※ 다음 글을 읽고 물음에 답하시오.

❶ 집중 호우나 우박, 폭설 등과 같은 기상 현상은 재해로 이어질 수 있어 강수량을 예측하여 피해에 대비해야 한다. 최근에는 이중 편파 레이더 관측을 통해 10분마다 강수 정보가 갱신되는 등 보다 신속하고 정확한 기상 관측이 이루어지고 있다.

❷ 그렇다면 이중 편파 레이더는 어떻게 기상 현상을 관측하는 것일까? 기본적으로 기상 관측 레이더는 대기 중으로 송신된 전파가 강수 입자에 부딪혀 되돌아오면 수신된 전파를 분석한 후 여러 변수를 산출하여 강수 입자를 분석한다. 이중 편파 레이더 역시 이 원리를 활용하는데, 먼저 송신된 전파와 수신된 전파의 강도를 비교한 값인 반사도를 통해 강수 입자의 대략적인 크기와 개수를 파악한다. 이중 편파 레이더가 송수신하는 전파는 지면과 수평인 방향으로 진동하는 수평 편파와 수직인 방향으로 진동하는 수직 편파로 이루어져 있는데, 각 편파의 반사도를 수평 반사도, 수직 반사도라고 하며 단위로는 데시벨Z(dBZ)를 사용한다. 이중 편파 레이더의 산출 변수로 사용되는 ⓐ 반사도는 수평 반사도를 의미하며, 단위 부피 $1m^3$당 존재하는 강수 입자의 크기와 개수에 비례하여 커진다. 일반적으로 강수 입자가 작고 그 수가 적은 이슬비는 1dBZ 이하의 값을, 강수 입자가 크고 그 수가 많은 집중 호우는 20dBZ 이상의 값을 갖는다. 그런데 우박의 경우 집중 호우와 강수 입자의 크기 및 개수가 달라도 반사도가 집중 호우와 비슷하게 나타날 수 있기 때문에 반사도만으로는 강수 입자의 종류를 구별하기 어려울 때가 있다. 그래서 이를 구별하기 위해서는 다른 산출 변수가 필요하다.

❸ 우선 강수 입자의 크기와 모양을 알기 위해서 ⓑ 차등반사도를 활용할 수 있다. 차등반사도란 수평 반사도에서 수직 반사도를 뺀 값으로, 강수 입자가 수평으로 더 길면 양의 값을, 수직으로 더 길면 음의 값을 가지며 단위로는 데시벨(dB)을 사용한다. 예를 들어 강수 입자가 큰 집중 호우의 경우, 빗방울이 낙하할 때 받는 공기 저항 때문에 강수 입자가 수평으로 퍼지게 되어 차등반사도가 2dB 이상으로 나타난다. 반면 우박이나 눈이 녹지 않아 순수한 얼음으로 구성된 경우라면 입자의 크기가 커도 수평으로 퍼지지 않으며, 회전 운동을 하면서 낙하하기 때문에 레이더에서는 거의 구형으로 인식되어 차등반사도 값이 0dB인 경우가 많다. 이를 이용하면 집중 호우와 우박의 반사도 값이 비슷해도 기상 현상을 구별할 수 있다. 하지만 강수 입자가 0.3mm보다 작은 이슬비도 공기 저항을 거의 받지 않아 강수 입자가 구형을 유지하기 때문에 차등반사도가 주로 0dB로 나타난다. 따라서 ㉠ 강수 입자의 종류를 구별하려면 반사도와 차등반사도를 종합적으로 고려하는 것이 필요하다.

❹ 한편 비나 우박과 같은 강수 입자의 종류와 강수 입자의 크기를 아는 것만으로는 단위 부피당 강수 입자 개수를 정확히 추정하는 데 한계가 있다. 그래서 차등위상차

와 비차등위상차라는 산출 변수를 통해 강수 입자의 개수에 대한 정보를 얻는다. 레이더 전파가 강수 입자에 부딪히면 강수 입자의 크기와 모양에 따라 수평 편파와 수직 편파의 진행 속도가 달라진다. 이에 따라 두 편파의 위상도 달라지는데, 이 위상의 차이를 누적한 값이 바로 ⓒ <u>차등위상차</u>이다. 단위로는 도(°)를 사용하며, 수평 편파 위상에서 수직 편파 위상을 빼는 방식으로 위상차를 구한다. 전파가 통과하는 강수 입자의 단면 지름이 길어질수록 위상 값이 커지기 때문에 차등반사도와 마찬가지로 강수 입자가 수평으로 더 길면 양의 값을 가지고, 수직으로 더 길면 음의 값을 가지게 된다. 차등위상차는 전파의 진행 방향을 따라 계속 누적되기 때문에 강수 입자가 존재하지 않는 곳에서도 0이 아닌 값이 산출될 수 있다는 특징이 있다.

❺ 그리고 특정 관측 범위에서 차등위상차의 변화율을 나타낸 값을 ⓓ <u>비차등위상차</u>라고 한다. 만약 레이더로부터 5km 떨어진 지점의 차등위상차가 0°이고 10km 떨어진 지점의 차등위상차가 10°라면, 이때 5~10km 구간의 비차등위상차는 차등위상차 변화량 10°를 전파의 왕복 거리 10km로 나눈 1°/km가 된다. 비차등위상차는 차등위상차와는 달리 강수 입자가 존재하는 곳에서만 0이 아닌 값으로 산출되기 때문에 관측하고자 하는 특정 구간의 강수 입자 개수를 보다 정확하게 추정할 수 있다.

❻ 그런데 눈이 녹아 눈과 비가 함께 내리는 경우처럼 두 종류 이상의 강수 입자들이 혼재되어 있으면 산출 변수 값이 실제 기상 현상보다 크거나 작게 나타나 혼란을 줄 수 있다. 이를 해결하기 위한 산출 변수가 교차상관계수이다. 교차상관계수는 수평 편파와 수직 편파 신호의 유사도를 나타내는 값으로, 강수 입자들의 크기와 종류가 유사할수록 1에 가까운 값으로 산출된다. 일반적으로 비나 눈이 내릴 때 관측 범위 내에 종류가 같고 크기가 비슷한 강수 입자들이 분포하면 교차상관계수가 0.97 이상으로 높게 나타난다. 하지만 여러 종류의 강수 입자가 혼재된 경우나, 집중 호우처럼 강수 입자의 종류가 같더라도 그 크기가 다양한 경우에는 교차상관계수가 0.97 미만으로 나타나기도 한다.

관측 결과	• 2dB~ : 집중 호우 → 빗방울이 낙하할 때 받는 공기 저항 때문에 강수 입자가 수평으로 퍼짐. • 0dB : 우박 → 입자의 크기가 커도 수평으로 퍼지지 않으며, 회전 운동을 하면서 낙하함.
한계	이슬비의 차등반사도는 우박처럼 0dB로 나타남.

차등위상차

개념	수평 편파 위상과 수직 편파 위상의 차이를 누적한 값
단위	도(°)
특징	강수 입자가 수평으로 더 길면 양의 값을, 수직으로 더 길면 음의 값을 가짐.
한계	강수 입자가 존재하지 않는 곳에서도 0이 아닌 값이 산출될 수 있음.

비차등위상차

개념	특정 관측 범위에서 차등위상차의 변화율을 나타낸 값
단위	°/km
특징	• 강수 입자가 존재하는 곳에서만 0이 아닌 값으로 산출됨. • 특정 구간의 강수 입자 개수를 보다 정확하게 측정할 수 있음.

교차상관계수

개념	수평 편파와 수직 편파 신호의 유사도를 나타내는 값
특징	강수 입자들의 크기와 종류가 유사할수록 1에 기끼운 값으로 산출됨.
관측 결과	• 0.97~ : 비나 눈 → 종류가 같고 크기가 비슷한 강수 입자들이 분포함. • ~0.97 : 여러 종류의 강수 입자 혼재 / 집중 호우 → 강수 입자의 종류는 같으나 크기는 다양함.

01

중심 내용을 파악하는 문제이다. 이중 편파 레이더의 원리와 기상 관측 시 활용되는 변수의 특징을 파악해야 한다.

01

윗글에 대한 이해로 가장 적절한 것은?

① 기상 관측 레이더는 송신된 전파와 수신된 전파의 강도를 비교하기 위해 여러 변수를 산출하는군.

② 이중 편파 레이더가 송신하는 전파의 강도는 관측 범위 내에 존재하는 강수 입자의 개수에 따라 달라지겠군.

③ 순수한 얼음으로 구성된 강수 입자는 낙하하면서 수평 방향으로 퍼지기 때문에 레이더에서 구형으로 인식하겠군.

④ 이중 편파 레이더는 모든 산출 변수를 구할 때 수직 편파를 이용하므로 보다 정확한 기상 관측이 가능한 것이겠군.

⑤ 관측 범위 내에 두 종류 이상의 강수 입자가 혼재할 경우 교차상관계수만으로는 강수 입자의 종류를 판별할 수 없겠군.

02

생략된 내용을 추론하는 문제이다. 이슬비, 우박, 집중 호우, 녹지 않은 눈의 반사도와 차등 반사도에 대해 언급된 부분을 지문에서 찾아야 한다. 만약 두 대상의 반사도가 같다면, 이들은 반사도만으로는 구별할 수 없을 것이다.

02

㉠의 이유로 가장 적절한 것은?

① 이슬비와 우박은 반사도만으로는 구별할 수 없기 때문에

② 집중 호우와 우박은 반사도만으로는 구별할 수 없기 때문에

③ 이슬비와 집중 호우는 반사도만으로는 구별할 수 없기 때문에

④ 이슬비와 집중 호우는 차등반사도만으로는 구별할 수 없기 때문에

⑤ 집중 호우와 녹지 않은 눈은 차등반사도만으로는 구별할 수 없기 때문에

03

ⓐ~ⓓ에 대한 이해로 적절하지 <u>않은</u> 것은?

① 서로 다른 기상 관측 자료에서 ⓐ의 값이 달라도 ⓑ의 값은 동일할 수 있다.

② 강수 입자 크기에 영향을 받는 ⓐ와 ⓒ는 서로 비례 관계에 있는 산출 변수이다.

③ 관측 범위 내 강수 입자들의 크기와 종류가 모두 동일한 경우에 ⓑ가 양의 값을 갖는다면 ⓒ도 양의 값을 갖는다.

④ 레이더로부터 3km, 6km 떨어진 지점에서 ⓒ의 값이 각각 0°, 12°라면 3~6km 구간에서 ⓓ의 값은 2°/km이다.

⑤ ⓓ는 ⓒ와 달리 강수 입자가 존재하는 곳에서만 0이 아닌 값으로 산출된다.

03

세부 내용을 파악하는 문제이다. ⓐ는 반사도, ⓑ는 차등반사도, ⓒ는 차등위상차, ⓓ는 비차등위상차이다. ⓐ~ⓓ의 값을 구하는 데 영향을 미치는 요소와 계산 방식 등을 파악해야 한다.

04

윗글을 바탕으로 <보기>의 '기상 관측 자료'를 이해한 내용으로 적절하지 <u>않은</u> 것은?

> **보기**
>
> ◦ 기상 관측 자료
>   다음은 비가 내리고 있는 A 지역과 기상 현상을 알지 못하는 B 지역을 이중 편파 레이더로 관측한 결과이다.
>
> | 관측 지역 | 반사도 | 차등반사도 | 교차상관계수 |
> |:---:|:---:|:---:|:---:|
> | A | 45dBZ | 2.5dB | 0.95 |
> | B | 45dBZ | 0dB | 0.98 |
>
> (단, 강수 입자 특성 외의 다른 관측 조건은 동일하다고 가정한다.)

① A 지역은 차등반사도가 양의 값을 가지므로 강수 입자의 모양이 수평으로 긴 형태일 것이다.

② A 지역은 차등반사도가 2dB보다 크고 교차상관계수가 0.97보다 작으므로 집중 호우가 내리고 있을 가능성이 높을 것이다.

③ B 지역의 기상 현상을 우박으로 판단했다면 반사도가 20dBZ 이상이면서 차등반사도가 0dB이기 때문일 것이다.

④ B 지역은 교차상관계수가 0.97보다 높게 나타나므로 종류가 같고 크기가 비슷한 강수 입자들이 분포하고 있을 것이다.

⑤ B 지역은 차등반사도가 A 지역보다 작고 반사도가 A 지역과 동일하므로 B 지역의 수직 반사도는 A 지역보다 작을 것이다.

04

구체적 사례에 적용하는 문제이다. <보기>에는 A 지역과 B 지역의 반사도와 차등반사도, 교차상관계수가 제시되어 있다. 이때, A 지역은 비가 내리고 있다고 밝혔다. <보기>에 주어진 자료를 활용하여 A 지역과 B 지역의 기상 상황을 분석해야 한다.

4 Day

독서(사회) 고3 2023년 6월

공포 소구에 대한 연구

시작시간 시 분 초 / 종료시간 시 분 초

온라인 문제풀이

정답 및 해설 | 106

 핵심정리

문단 중심 내용

❶ 공포 소구의 설득 효과에 주목한 재니스
❷ 수용자의 반응을 공포 통제 반응과 위험 통제 반응으로 구분한 레벤달
❸ 공포 소구에 대한 선행 연구들을 종합한 위티
❹ 공포 소구에 대한 결론을 도출한 위티

재니스의 연구

공포 소구	그 메시지에 담긴 권고를 따르지 않을 때의 해로운 결과를 강조하여 수용자를 설득하는 것
설득 효과	중간 수준의 공포 소구가 가장 큰 설득 효과를 보임.

레벤달의 연구

공포 통제 반응	• 감정적 반응 • 공포 소구로 인한 두려움의 감정을 통제하기 위해 공포 소구에 담긴 위험을 무시함.
위험 통제 반응	• 인지적 반응 • 공포 소구의 권고를 따름.

위티의 연구

높은 위협 수준	수용자가 공포 소구에 담긴 위험을 자신이 겪을 수 있는 것이고 그 위협의 정도가 크다고 느낌.
높은 효능감의 수준	수용자가 공포 소구에 담긴 권고를 이행하면 자신의 위험을 예방할 수 있고 자신에게 그 권고를 이행할 능력이 있다고 느낌.

위티의 결론

위협의 수준이 높음.	
효능감의 수준이 높음.	효능감의 수준이 낮음.

↓ ↓

위험 통제 반응이 작동함.	공포 통제 반응이 작동함.

위협의 수준이 낮음.
공포 소구에 대한 반응이 없음.

※ 다음 글을 읽고 물음에 답하시오.

❶ 공포 소구는 그 메시지에 담긴 권고를 따르지 않을 때의 해로운 결과를 강조하여 수용자를 설득하는 것으로, 1950년대 초부터 설득 전략 연구자들의 연구 대상이 되었다. 초기 연구를 대표하는 재니스는 기존 연구에서 다루어지지 않았던 공포 소구의 설득 효과에 주목하였다. 그는 수용자에게 공포 소구를 세 가지 수준으로 달리 제시하는 실험을 한 결과, 중간 수준의 공포 소구가 가장 큰 설득 효과를 보인다는 것을 발견하였다.

❷ 공포 소구 연구를 진척시킨 레벤달은 재니스의 연구가 인간의 감정적 측면에만 ㉠ 치우쳤다고 비판하며, 공포 소구의 효과는 수용자의 감정적 반응만이 아니라 인지적 반응과도 관련된다고 하였다. 그는 감정적 반응을 '공포 통제 반응', 인지적 반응을 '위험 통제 반응'이라 ㉡ 불렀다. 그리고 후자가 작동하면 수용자들은 공포 소구의 권고를 따르게 되지만, 전자가 작동하면 공포 소구로 인한 두려움의 감정을 통제하기 위해 오히려 공포 소구에 담긴 위험을 무시하려는 반응을 보이게 된다고 하였다.

❸ 이러한 선행 연구들을 종합한 위티는 우선 공포 소구의 설득 효과를 좌우하는 두 요인으로 '위협'과 '효능감'을 설정하였다. 수용자가 공포 소구에 담긴 위험을 자신이 ㉢ 겪을 수 있는 것이고 그 위험의 정도가 크다고 느끼면, 그 공포 소구는 위협의 수준이 높다. 그리고 공포 소구에 담긴 권고를 이행하면 자신의 위험을 예방할 수 있고 자신에게 그 권고를 이행할 능력이 있다고 느끼면, 효능감의 수준이 높다. 한 동호회에서 회원들에게 '모임에 꼭 참석해 주세요. 불참 시 회원 자격이 사라집니다.'라는 안내문을 ㉣ 보냈다고 하자. 회원 자격이 사라진다는 것은 그 동호회 활동에 강한 애착을 가지고 있는 사람에게는 높은 수준의 위협이 된다. 그리고 그가 동호회 모임에 참석하는 일이 어렵지 않다고 느낄 때, 안내문의 권고는 그에게 높은 수준의 효능감을 주게 된다.

❹ 위티는 이 두 요인을 레벤달이 말한 두 가지 통제 반응과 관련지어 다음과 같은 결론을 도출하였다. 위협과 효능감의 수준이 모두 높을 때에는 위험 통제 반응이 작동하고, 위협의 수준은 높지만 효능감의 수준이 낮을 때에는 공포 통제 반응이 작동한다. 그러나 위협의 수준이 낮으면, 수용자는 그 위험이 자신에게 아무 영향을 ㉤ 주지 않는다고 느껴 효능감의 수준에 관계없이 공포 소구에 대한 반응이 없게 된다. 이렇게 정리된 결론은 그간의 공포 소구 이론을 통합한 결과라는 점에서 후속 연구의 중요한 디딤돌이 되었다.

01

윗글의 내용 전개 방식으로 가장 적절한 것은?

① 화제에 대한 연구들이 시작된 사회적 배경을 분석하고 있다.

② 화제에 대한 연구들을 선행 연구와 연결하여 설명하고 있다.

③ 화제에 대한 연구들을 분류하는 기준의 문제점을 검토하고 있다.

④ 화제에 대한 연구들을 소개한 후 남겨진 연구 과제를 제시하고 있다.

⑤ 화제에 대한 연구들이 봉착했던 난관과 그 극복 과정을 소개하고 있다.

01

글의 구조와 전개 방식을 파악하는 문제이다. 지문에서는 공포 소구에 대한 재니스, 레벤달, 위티의 연구를 다루고 있다. 이를 어떠한 방식으로 설명하고 있는지 파악해야 한다.

02

윗글을 읽은 학생의 반응으로 적절하지 <u>않은</u> 것은?

① 재니스는 공포 소구의 효과를 연구하는 실험에서 공포 소구의 수준을 달리하며 수용자의 변화를 살펴보았겠군.

② 레벤달은 재니스의 연구 결과에 대하여 수용자의 감정적 반응과 인지적 반응을 모두 고려하여 살펴보았겠군.

③ 레벤달은 공포 소구의 설득 효과가 나타나려면 공포 통제 반응보다 위험 통제 반응이 작동해야 한다고 보았겠군.

④ 위티는 수용자가 공포 소구에 담긴 위험을 느끼지 않아야 공포 소구의 권고를 따르게 된다고 보았겠군.

⑤ 위티는 공포 소구의 위협 수준이 그 공포 소구의 효능감 수준에 따라 달라지는 것은 아니라고 보았겠군.

02

세부 내용을 파악하는 문제이다. 재니스, 레벤달, 위티의 연구 결과를 파악하고 있어야 한다. 또한 재니스와 레벤달의 연구, 레벤달과 위티의 연구를 연관지어 이해해야 한다.

03

구체적 사례에 적용하는 문제이다. <보기>의 실험에서 수용자들의 반응은 위티의 결론과 부합했다고 하였다. 위협과 효능감을 레벤달이 말한 공포 통제 반응과 위험 통제 반응과 관련지어 도출된 위티의 결론을 이해해야 한다. 이를 통해 집단 1~4의 위협의 수준과 효능감의 수준을 파악할 수 있다.

03

윗글을 참고할 때, <보기>의 실험에 대해 추론한 내용으로 적절하지 <u>않은</u> 것은?

보기

> 한 모임에서 공포 소구 실험을 진행한 결과, 수용자들의 반응은 위티의 결론과 부합하였다. 이 실험에서는 위협의 수준 (높음 / 낮음), 효능감의 수준 (높음 / 낮음)의 조합을 달리 하여 피실험자들을 네 집단으로 나누었다. 집단 1과 집단 2는 공포 소구에 대한 반응이 없었고, 집단 3은 위험 통제 반응, 집단 4는 공포 통제 반응이 작동하였다.

① 집단 1은 위협의 수준이 낮았을 것이다.
② 집단 3은 효능감의 수준이 높았을 것이다.
③ 집단 4는 위협과 효능감의 수준이 서로 달랐을 것이다.
④ 집단 2와 집단 4는 위협의 수준이 서로 달랐을 것이다.
⑤ 집단 3과 집단 4는 효능감의 수준이 서로 같았을 것이다.

04

단어 사용의 적절성을 파악하는 문제이다. ㉠~㉤의 자리에 선택지에 제시된 단어를 넣어 봄으로써 적절성을 파악할 수 있다.

04

문맥상 ㉠~㉤과 바꾸어 쓰기에 적절하지 <u>않은</u> 것은?

① ㉠: 편향(偏向)되었다고
② ㉡: 명명(命名)하였다
③ ㉢: 경험(經驗)할
④ ㉣: 발송(發送)했다고
⑤ ㉤: 기여(寄與)하지

※ 다음 글을 읽고 물음에 답하시오.

가

몰아라 어서 보자 총석정 어서 보자
총석정 좋단 말을 일찍이 들었거니
바람 불면 못 보려니 몰아라 어서 보자
벽해 위의 높은 집이 저것이 총석정인가
올라 보니 후면이라 전면으로 보오리라
배 대어라 사공들아 풍랑이 일지 않아
층파로 돌아 저어 총석 전면 보게 하라
배 띄워라 굽이마다 따라 저어 볼 양이면
영소전 태을궁*을 지으려고 경영턴가
돌기둥 천백 개를 육모로 깎아 내어
개개이 묶어 세워 몇 만 년이 되었던지
황량한 데 벌였으니 배 없어 못 실린가

(중략)

하우씨 도끼뿔이 용문을 뚫었으나
이 돌*을 만났으면 이같이 깎을세며
영장*이 신묘하여 코끝의 것 찍었으나
이 돌을 다듬는다고 이같이 곧을쏘냐
어떠한 도끼로 용이히 깎았으며
어떠한 승묵*으로 천연히 골랐는고
끈 없이 묶었으되 틈 없이 묶었으며
풀 없이 붙였으되 흔적 없이 붙였으니
공력을 이리 들여 무엇에 쓰려 하고
한 묶음씩 두 묶음씩 세운 듯 누인 듯
기괴히 꾸몄다가 세인의 노리개 되야
시 짓고 노래하여 기리기만 위한 것인가
통천의 총석정과 고성의 삼일포며
간성의 청간정과 양양의 낙산사며
강릉의 경포대와 삼척의 죽서루며
울진의 망양대와 평해의 월송정은
이 이른 관동팔경 자웅을 의논 말라
천하의 두 총석은 응당 다시 없으려니

가 구강, 〈총석곡〉

갈래
기행 가사, 국문 가사

성격
서정적, 예찬적

제재
총석정, 돌기둥

주제
총석정과 주위 돌기둥에 대한 예찬

특징
① 총석정과 돌기둥의 모습을 예찬적 어조로 노래함.
② 대구법, 설의법, 영탄법 등 다양한 표현법을 활용함.
③ 자연을 완상하면서도 목민관으로서의 다짐을 드러냄.

해제
이 작품은 회양 부사로 재직하던 작가가 관동 팔경 중 하나인 통천의 총석정 일대를 기행하고 지은 국문 가사이다. 총석정 탐승에 대한 기대, 총석정 주변 기암괴석에 대한 형용, 관동 팔경 중 총석정이 가장 뛰어나다는 찬사, 여정을 마무리하며 인재를 찾겠다는 소회 등을 진술했다. 총석정 주변에 가득 들어선 돌기둥의 뛰어난 경치를 형용하면서 이를 완상하는 감흥을 다양한 고사와 결부시켜 노래하고 있다. 사실적이면서 개성이 넘치는 묘사와 함께 기암괴석을 집중적으로 노래한 점이 돋보인다.

구성

서사	총석정에 서둘러 가고 싶은 화자
본사	총석의 기이한 돌기둥에 대한 묘사와 예찬
결사	관동 팔경에 대한 예찬과 지방관으로서의 면모

WEEK 8

갈래

연시조

성격

자연 친화적, 풍류적, 예찬적

제재

자연에서의 삶

주제

자연 친화적 삶의 태도

특징

① 설의적 표현을 통해 자연에 대한 만족감을 드러냄.
② 화자가 경계하는 대상을 드러내어 속세와의 거리감을 표현함.
③ 풍류를 즐기는 모습을 통해 화자가 추구하는 탈속적 삶의 태도를 나타냄.

해제

이 작품은 장복겸의 문집인 《옥경헌유고》에 수록된 것으로, 총 10수의 연시조이다. 청산, 녹수, 석양, 신월 등을 주요 소재로 삼아 시름을 잊고 자연과 더불어 소일하면서 한가롭게 지내는 상황이 제시되어 있다.

구성

제1수	자연 속에서 시름을 잊고자 하는 취흥
제4수	불고정에서 고결한 생활을 하며 시비를 멀리하고자 하는 마음
제6수	물, 산, 달과 함께 술을 즐기는 취흥

다 백석, 〈동해〉

갈래

경수필, 기행 수필

성격

체험적, 향토적

제재

동해

주제

아름다운 동해의 정취와 추억

물로는 동해수요 뫼로는 금강산과
폭포로는 구룡이오 돌로는 총석이라
장관을 다한 후의 다시금 혼자 말이
괴외기걸* 하온 사람 이같은 이 있다 하면
천 리를 멀다 말고 결단코 찾으리라

- 구강, 〈총석곡〉 -

* 태을궁: 옥황상제가 사는 궁궐.
* 이 돌: 총석정 주변의 기암괴석.
* 영장: 영험한 장인.
* 승묵: 먹통에 딸린 실줄.
* 괴외기걸: 빼어나게 뛰어난 인걸.

나

㉠ 청산은 에워싸고 녹수는 돌아가고
석양이 거들 때에 **신월(新月)**이 솟아난다
안전(眼前)에 일존주* 가지고 **시름 풀자 하노라**

＜제1수＞

내 말도 **남**이 마소 남의 말도 내 않겠네
고산 불고정*이 좋아 늙는 몸이로되
어디서 망령 난 손이 **검다 희다 하나니**

＜제4수＞

엊그제 빚은 **술**이 다만 세 병뿐이로다
한 병은 물에 **놀고** 또 한 병 **뫼**에 놀며
이밖에 남은 병 가지고 **달에 논들 어떠리**

＜제6수＞

- 장복겸, 〈고산별곡〉 -

* 일존주: 한 통의 술.
* 고산 불고정: 전북 임실에 있는 정자.

다

이렇게 맥고모자를 쓰고 삐루*를 마시고 친구를 생각하기는 그대 언제나 자랑하는 털게에 청포채를 무친 맛나는 안주 탓인데 나는 정말이지 그대도 잘 아는 함경도 함흥 만세교 다리 밑에 님이 오는 털게 맛에 헤가우손이를 치고 사는 사람입네. 하기야 또 내가 친하기로야 가재미가 빠질겝네. 회국수에 들어 일미이고 식해에 들어 절미지. 하기야 또 버들개통구이가 좀 좋은가. 횟대 생선 된장지짐이는 어떻고. 명태골국, 해삼탕, 도미회, 은어젓이 다 그대 자랑감이지. 그리고 한 가지 그대나 나밖

에 모를 것이지만 굉메리는 아래 주둥이가 길고 꽁치는 위 주둥이가 길지.

이것은 크게 할 말 아니지만 산틋한 청삿자리 위에서 전복회를 놓고 함소주 잔을 거듭하는 맛은 신선 아니면 모를 일이지.

이렇게 맥고모자를 쓰고 삐루를 마시고 전복에 해삼을 생각하면 또 생각나는 것이 있습네. 칠팔월이면 으레이 오는 노랑 바탕에 꺼먼 등을 단 제주 배 말입네. 제주 배만 오면 그대네 물가엔 말이 많아지지. 제주 배 아즈맹이 몸집이 절구통 같다는 둥, 제주 배 아맹인 조밥에 소금만 먹는다는 둥, 제주 배 아즈맹이 언제 어느 모롱고지 이슥한 바위 뒤에서 혼자 해삼을 따다가 무슨 일이 있었다는 둥…… 참 말이 많지. 제주 배 들면 그대네 마을이 반갑고 제주 배 나면 서운하지. ⓛ 아이들은 제주 배를 물가를 돌아 따르고 나귀는 산등성에서 눈을 들어 따르지. 이번 칠월 그대한테로 가선 제주 배에 올라 제주 색시하고 살렵네. 내가 이렇게 맥고모자를 쓰고 삐루를 마시고 제주 색시를 생각해도 미역 내음새에 내 마음이 가는 곳이 있습네. 조개껍질이 나이금*을 먹는 물살에 낱낱이 키가 자라는 **처녀 하나가 나를 무척 생각하는 일**과 그대 가까이 송진 내음새 나는 집에 아내를 잃고 슬피 사는 사람 하나가 있는 것과 그리고 **그 영어를 잘하는 총명한 사년생 금이**가 그대네 홍원군 홍원면 동상리에서 난 것도 생각하는 것입네.

– 백석, 〈동해〉 –

* 삐루: 맥주.
* 나이금: 나이를 나타내는 금.

특징

① 대상에 대한 동경과 그리움을 드러냄.
② 향토적인 어휘를 통해 토속적 분위기를 표현함.
③ 동일한 어미를 반복하여 대상에 대한 친근감을 불러일으킴.

해제

이 작품은 백석이 함흥의 영생 고등 보통학교에서 영어 교사로 근무하던 시절 발표한 네 번째 수필이다. 백석의 수필 중에서 바다를 제목으로 삼은 것은 이 수필이 유일한데, 그는 이 작품에서 함흥과 인접한 동해의 매력을 전하며 낭만과 풍류의 정서를 밀도 있게 드러내고 있다. 무더운 여름 맥고모자를 쓰고 맥주를 마시며 거리를 거니는 백석의 모습은 날아갈 듯 가볍고 흥겨운 느낌을 불러일으킨다. '–ㅂ네'라는 종결 어미로 끝나는 문장의 독특한 어조가 이러한 느낌을 고조시킨다. '이렇게 맥고모자를 쓰고 삐루를 마시고'라는 구절은 다양한 물상들을 나열하는 연상을 낳고 있다. 동해의 안주에 대한 생각은 전복과 해삼을 거쳐 제주 배에 대한 연상으로 이어지며, 제주 색시에 대한 연정은 자신과 관계있는 여러 지인들에 대한 생각으로 퍼져나가고 있다.

구성

처음	동해의 맛있는 안주에 대한 그리움
중간	제주 배에 대한 추억과 그리움
끝	지인들에 대한 추억과 그리움

01

(가)~(다)에 대한 설명으로 가장 적절한 것은?

① (가)와 (나)는 대구적 표현을 사용하여 리듬감을 부여하고 있다.
② (가)와 (다)는 직유적 표현을 사용하여 대상에 대해 성찰하고 있다.
③ (나)와 (다)는 명령적 어조를 통해 지향하는 가치를 강조하고 있다.
④ (가)~(다)는 모두 다른 사람을 부르는 방식으로 바라는 것을 전달하고 있다.
⑤ (가)~(다)는 모두 스스로 묻고 답하는 방식으로 주제 의식을 부각하고 있다.

■ **문제풀이 맥** ■

01

글의 공통점을 파악하는 문제이다. 이 문제의 경우 표현상의 특징을 중심으로 작품 간 공통점을 파악해야 하는데, 이를 위해서는 시에 활용된 문학적 수사법과 그 효과를 중심으로 표현 방법을 정리해야 한다. 그다음 각각의 표현 방법이 작품에서 어떤 효과를 나타내는지 이해하고, 선택지에 제시된 작품을 비교하여 표현상 공통점을 파악해야 한다.

02

작품과 관련한 삽화를 고려해 작품의 내용을 파악하는 문제이다. 작품과 관련한 삽화는 외적 준거에 해당하므로, <보기>가 무엇을 설명하고 있는지 먼저 이해한 뒤, 각 기호를 중심으로 선택지의 내용이 적절한지를 파악해야 한다. (가)에 총석정, 동해, 기암괴석에 대한 화자의 생각이 드러나고 있으므로 이를 유의하며 내용을 이해해야 한다.

02

<보기>를 활용하여 (가)의 화자를 이해한 내용으로 적절하지 않은 것은?

보기

① 기상 상황이 좋을 때 ⓒ를 찾아가기 위해 서두르고 있군.

② 배를 타고 ⓑ의 한 곳으로 이동해 다른 방향에서 경치를 구경하고 싶다는 심정을 드러내고 있군.

③ 천상의 인물과 지상의 인물이 협력하여 만든 결과물이 ⓐ라고 인식하고 있군.

④ 뛰어난 풍경으로 인해 세상 사람들이 ⓐ를 소재로 삼아 시를 창작한다고 생각하고 있군.

⑤ 돌 중에서는 ⓐ가, 물 중에서는 ⓑ가 가장 뛰어나다고 평가하고 있군.

03

작품과 관련한 세부 정보를 이해하는 문제이다. 전반적인 내용을 고려했을 때, 작품에 등장하는 시어가 어떤 의미를 가지고 어떤 기능을 하는지 파악해야 한다. 시어는 작품의 주제나 분위기, 화자의 정서 등을 효과적으로 전달하는 작용을 하므로, 작품의 전체적인 맥락 속에서 시어를 이해해야 한다.

03

(나)에 대한 이해로 가장 적절한 것은?

① <제1수>의 '신월'은 오래된 것보다는 새로운 것을 더 중시하는 삶의 자세를 강조하는 것으로 볼 수 있다.

② <제4수>의 '남'은 화자의 삶을 지켜보며 그에 대해 정당한 판단을 내리는 인물로 볼 수 있다.

③ <제6수>의 '술'은 자연과 어울리며 풍류를 즐기는 화자의 생활을 드러내는 것으로 볼 수 있다.

④ <제1수>의 '석양'과 <제6수>의 '뫼'는 모두 학문 수양에 힘쓰도록 깨우침을 주는 존재를 상징하는 것으로 볼 수 있다.

⑤ <제4수>의 '검다 희다 하나니'와 <제6수>의 '놀고'는 모두 미래에 대한 낙관적 전망을 보여 주는 것으로 볼 수 있다.

04

(다)에 대한 설명으로 가장 적절한 것은?

① 상황에 따라 의성어를 다채롭게 구사하여 현장감을 부각하고 있다.

② 연상을 통해 다양한 대상을 열거하며 공간에 대한 애정을 드러내고 있다.

③ 말줄임표를 통해 과거의 연인과의 재회에 대한 회의감을 표현하고 있다.

④ 다른 사람의 말을 직접 인용하여 소외된 사람들에 대한 관심을 드러내고 있다.

⑤ 지역의 독특한 조리법들을 비교하며 그중에서 가장 좋아하는 방법을 제시하고 있다.

05

㉠, ㉡에 대한 설명으로 가장 적절한 것은?

① ㉠은 화자가 위치한 공간적 배경을 제시하고 있다.

② ㉡은 세상과 거리를 두려는 글쓴이의 태도와 관련이 있다.

③ ㉡은 아이들이 파도를 피해 움직이는 모습을 나타내고 있다.

④ ㉠은 농촌 생활의 즐거움을, ㉡은 어촌 생활의 어려움을 나타내고 있다.

⑤ ㉠과 ㉡은 모두 변화하는 자연의 모습에 주목하도록 하고 있다.

06

<보기>를 참고하여 (가)~(다)를 감상한 내용으로 적절하지 <u>않은</u> 것은?

보기

> 문학 작품에서는 특정한 장소에 대한 체험을 다룰 때 주로 풍경이나 자연물과 관련한 정서적 반응을 드러내는 경우가 많다. 그리고 특정한 장소에 거주할 때 나타나는 삶의 자세나 자신이 알게 된 사람들에 대해 이야기하는 경우도 있다. (가)는 작가가 총석정 일대를 기행한 감흥을 노래하며 목민관으로서의 역할을 떠올린 것이고, (나)는 임실에 은거하던 작가가 한가롭게 지내는 생활이나 주변 자연물에 대한 친근감을 노래한 것이다. 그리고 (다)는 함흥에 체류하던 작가가 인접한 동해의 매력을 전하며 흥취를 드러낸 것이다.

① (가)에서 화자는 '천하의 두 총석은 응당 다시 없으려니'라며 자신이 기행한 총석정 일대의 경치에 대한 경탄을 드러내고 있군.

② (가)에서 화자는 '천 리를 멀다 말고 결단코 찾으리라'라며 총석정 일대의 장관과 관련지어 벼슬을 하는 사람으로서의 역할을 떠올리고 있군.

③ (나)에서 화자는 '시름 풀자 하노라', '고산 불고정이 좋아 늙는'이라며 불고정에서 주위 사람들과 어울리며 한가롭게 지내는 삶의 자세를 나타내고 있군.

④ (나)에서 화자는 '달에 논들 어떠리'라며 자신이 머무는 곳에서 바라볼 수 있는 자연물에 대한 친근감을 표현하고 있군.

⑤ (다)에서 글쓴이는 '처녀 하나가 나를 무척 생각하는 일', '그 영어를 잘하는 총명한 사년생 금이'라며 자신이 알게 된 사람들에 대해 이야기하고 있군.

핵심정리

갈래

현대 소설

배경

근대화 물결에 휩싸여 농업 단지 조성이 벌어지는 농촌

시점

전지적 작가 시점

제재

허 생원의 평지밭

주제

부당한 농촌 현실에 대한 농민들의 저항

특징

① 방언을 사용하여 작품에 사실감을 부여함.

② 인물 간의 갈등을 통해 당대 부조리한 사회상을 고발함.

③ 부당한 압력에 적극적으로 대항하는 인물로 하여금 현실에 대한 저항 의지를 드러냄.

해제

이 작품은 농업 단지 조성이라는 이름 아래 유력자들이 자행하는 횡포를 그린 소설이다. 주인공 허 생원은 비천한 자기 운명의 실체에 눌리지 않고 역사의 움직임에 스스로 투신한 사람으로서 자기들의 사회와 집단에 쏠려 오는 온갖 외적 파괴 작용에 대해 저항하는 인물이다. 그는 적나라하게 노출되어 한없는 모순을 내포하고 있는 현실이 억압과 질식을 강요하는 까닭에, 서민들과 가난한 자들의 심정에 황량함과 반항심을 불러일으키고 있는 현실을 정확히 인식하고 있는 인물이다. 이는 작품이 소외당한 민중의 삶에 초점을 두고 역사 밖으로 밀려난 토착 농민들과 그 주위 사람들을 역사 안으로 끌어들여서 그들에게 인간됨의 주권을 회복시켜 주고 있음을 보여 준다.

전체 줄거리

조상 때부터 가난을 벗어날 수 없었던 허 생원 일가는 먼 조상 때부터 강변의 모래톱과 진펄에 매달려 살아왔다. 그 강변에서 허 생원은 튀김 기름의 원료가 되는 유채꽃을 키우면서, 힘겹지만 흙을 일구는 농군으로 살아간다. 그러나 국가가 농업 근대화를 명분으로 유력자에게 강변 땅의 사유화를 용인하고, 이로 인해 허 생원 일가는 약간의 동정금을 받고 땅을 잃게 될 처

※ 다음 글을 읽고 물음에 답하시오.

술이 알맞게 되었을 때, 청년 신사는 노래를 중지시키고, 예의 청산유수식 구변을 토하기 시작했다.―농촌 경제가 어떠니, 구태의연한 영농방법을 버리고 근대화를 해야 되느니, 그러기 위해서는 먼저 국민들의 비상한 각오가 필요하느니, 또 도시에 주택단지 공업단지가 서듯이 농촌에는 식량단지, 채소단지, 심지어 돼지단지까지 있어야 하느니 등, 그야말로 먼 앞날을 내다보는 ⓐ 유익한 얘기들이 꼬리를 물 듯 계속되었다.

[A]
> 옛날에는 권업계 서기요 지금은 산업계 서기들이 하는 말을 수타 들어왔기 때문에, 허 생원도 대강 짐작은 갔지만, 결국 귀에 남는 것은 무슨 단지 단지 하는 새로운 말뿐이고, 청년이 말하는 〈먼 앞날〉보다 우선 코앞에 다가 있는 〈사는 문제〉가 더 절박했다.
>
> "허 선생님은 이 고장 출신이시고, 또 누구보다 이곳 사정을 잘 아실 뿐 아니라 이해도 깊으실 터인 만큼―."
>
> 드디어 청년 신사는 화제를 슬쩍 딴 데로 돌리려 하였다.
>
> "야?"
>
> 허 생원은 난생 처음 듣는 〈선생〉 칭호와 말공대에 잠깐 어리둥절하였지만, 경계심이 갑자기 얼굴에까지 나타났다.

"㉠ 예, 직 누구보다도 이해가 많으실 줄 알기 때문에……."

청년은 약간 의외인 듯한, 그래서 다소 거북한 듯한 표정을 지어 보였다.

"그러니 우짜란 말입니꺼?"

허 생원은 그 부리부리한 눈으로 청년 신사의 얼굴을 똑바로 쳐다보았다.

"직, 이곳 하천부지 껀인데 이번 정부 시책에 따라서……."

청년은 〈직〉이란 말을 곧잘 썼다. 〈직〉하고는,―정부의 시책에 따라 그곳에 **새로운 농업단지**를 조성키 위하여, 그 방면에 연구가 깊으신 서울 **모 유력자가 그 일대의 〈휴면법인토지〉를 도통 쓰게 되었다**는 이야기―라기보다 바로 **통고 비슷한 말**을 했다. 그리고 능글맞게 덧붙여서,―워낙 이 지방 연고자들의 사정을 잘 짐작하시는 분이 돼서, 섭섭지 않을 정도의 위자료랄까 동정금이랄까를 내게끔 돼 있다는 말까지 했다. 말하자면 안 내도 될 걸 그런 선심까지 쓴다는 말투였다.

"머 동정금을 내? 누가 그런 거 달라 캤던강? 그래 이곳 사정을 잘 안다는 양반이 **멀쩡한 남의 땅을 맘대로 뺏아?**"

허 생원은 참다못해 분통을 터뜨렸다. 말하는 턱이 덜덜 떨 정도였다.

"㉡ 글쎄요, 휴면 법인 재산이라 안캅니꺼. 그러니까 실지는 국유지였지요!"

청년은 내처 능글능글한 태도를 고치지 않았다.

"머 국유지라?"

허 생원은 한결 사납게 쏘아보더니,

"그래, **국유지면 서울 놈들만 가지라 카는 법도 있나?** 근 **삼십 년이나 논밭을 치고 갈아**온 우린 우짜고? 택도 아닌 소리! 그래, 청년은 젊은 나이에 무슨 할 일이 없어서 그따위 놈들의 비선가 먼가를 하며, 그런 백성 울리는 심부름만 하고 댕기 능가?"

"말조심 하시오!"

청년 신사도 결국 반말에 안색을 달리했다. 약간 치째진 눈초리에 숫제 경멸의 빛까지 담아 보였다.

"ⓒ 말조심─? 그기 누가 할 소린데……?"

허 생원도 데데하게 물러설 눈치는 아니었다. 마주 쏘아보았다.

[중략 부분의 줄거리]   허 생원은 청년과 대치하다가 결국 청년을 때린 일로 파출소로 잡혀 간다.

〈법률〉에 가서는 농민은 약한 것이다. 때로는 평지*의 대궁이보다 더 연약했다. 첫째는 몰라서 그랬고, 둘째는 왜놈 때부터 줄곧 당해 온 경험으로 봐서 그러했다.

붙들려만 가면 그만이었다. 고분고분히 지장을 찍지 않으면 당장 호통이고, 버티면 떡이 되게 마련이었다.

"ⓓ 괜히 잘못 건드렸지! 서울에서 왔다문 대강 알아묵우얄낀데……."

부락 사람들은 이렇게 걱정들을 했다. 그러한 부락 사람들의 말대로 허 생원은 쉬 놓여나오지를 못했다.

파출소에서도 그날 밤 일을 예사스럽게 다룰 수 없다 해서 곧 본서로 넘겼다.

허 생원은 폭행죄로 29일간의 구류를 살고 겨우 놓여나왔다. 정식 징역감이지만 서울 있는 그 유력자의 특별한 부탁으로 석방되는 것이니 그렇게 알라는 ⓑ 경찰의 훈계였다.

허 생원도 암말도 안했다. **촌사람들끼리 같으면** 그까짓 코피 정도는 **암것도 아닌** 데, **법도 사람 따라 다른가**, 그저 야속하고 억울할 따름이었다. 그렇다고 어디 가 하소연할 데도 없는 허 생원이었다.

'용이란 놈만 살아 있더라도…….'

허 생원은 아직 유골도 돌아오지 않은 용이를 또 생각하는 것이었다.

어두운 구룻간을 벗어나도 걸음은 조금도 가벼워지지를 않았다. 먼지가 푹신대는 신작로를 터벅거리면서 그는 내처 먼 월남 쪽 하늘을 넋 없이 바라보곤 하였다. 오 봉산 위에서 울어 대는 뻐꾹새 소리가 어쩜 월남이란 데서 숨진 아들의 넋같이도 생 각되었다.

'ⓔ 그러나 녀석은 애비가 이렇게 된 줄은 모를 끼라…….'

지로 내몰린다. 속수무책으로 보고만 있어야 하는 처지에 놓인 허 생원은 어느 날 땅을 불하받았다는 유력자의 비서와 갈등을 빚는다. 비서와 대치하던 중, 허 생원은 결국 비서를 때려 코피를 터트리고 폭행죄로 구류를 살게 된다. 구류를 살고 나오던 날, 그의 평지밭에 〈××특수 농작물 단지〉라는 팻말이 서 있는 것을 본 허 생원은 오랫동안 쌓였던 분노와 약자의 설움을 터 린다. 허 생원은 '무지렁이'들도 살아 있다는 것을 보여 주기 위해 평지밭의 포플라 나무에 불을 질러 저항한다.

등장인물

허 생원	부당한 압력에 적극적으로 맞서는 토착 농민. 월남전에 참전한 아들을 잃고 대대로 내려오던 땅을 경작하며 살다 정부의 시책에 의해 터전을 빼앗길 위기에 처함.
청년	허 생원이 경작하고 있던 땅을 구입한 유력자의 비서로, 허 생원에게 땅의 소유권이 이전되었다는 정보와 함께 위로금을 전달하려 함.

가치관 차이

하천부지(평지밭) 소유권	
허 생원	청년
• 근 삼십 년동안 논밭을 치고 갈아왔으므로 자신의 땅임. • 유력자는 남의 땅을 멋대로 뺏고 있음.	법률상 국유지였으므로 유력자의 소유가 되는 것은 합법임.

인물의 역할

청년
• 유력자의 말을 허 생원에게 대신 전달하는 인물로, 유력자의 동조자임. • 허생원의 비극적 상황을 잘 드러내기 위한 부수적 인물

↓

인물과 인물, 인물과 사회 간의 갈등 구조를 밖으로 드러내게 함.

허 생원의 폭력
청년과의 갈등 끝에 결국 청년에게 폭력을 행사함.

↓

- 부조리한 상황을 인내로써 감내하기에는 한계에 다다름을 드러냄.
- 피해자가 실질적인 행동을 표출하게 함으로써 문제 해결의 실마리를 제시함.

공권력의 억압
폭행죄로 29일간 구류를 살게 됨.

↓

- 법에 보호받지 못하고 오히려 피해를 보는 농민들의 현실을 제시함.
- 이중 잣대를 들이대던 공권력이 하층민의 저항이 있을 때만큼은 가혹하게 원리원칙을 적용하여 좌절시킴. → 피해자들의 저항이 미완성으로 남게 함.

허 생원의 대응
평지 밭에 심어져 있던 포플라 나무를 베고, 벤 나뭇가지에 불을 지름.

↓

불합리한 현실에 대한 분노 표출, 농민의 적극적 저항 의지

허 생원의 부리부리한 눈에 느닷없이 눈물이 고이기 시작했다. 남이 볼까 몇 번이나 손등으로 닦았다.

[A] 그의 집에는 보다 큰 불행이 그를 기다리고 있었다. 아이들의 말을 듣자, 그는 앉을 새도 없이 둑 너머로 갔다.

[B] 평지를 베어낸 자리에는 〈××특수 농작물 단지〉란 흰 팻말이 서 있었다. 하필 두엄이 쌓여 있는 그의 논 가운데.

화가 머리끝까지 치민 허 생원은 이내 집으로 돌아와서, 도끼를 찾아 들고 다시 들로 나갔다. 구룻간의 피로 따위 생각할 때가 아니었다. 단번에 팻말을 쳐 넘긴 그는, 그길로 자기 들의 포플라 밭으로 달려갔다. 닥치는 대로 마구 찍어 댔다. 용이가 그걸 하나하나 심을 때 무어라 했는지 생각할 겨를도 없었다. 그저 **누구 좋은 일 시키려고 둘 것인가 하는 생각**뿐이었다.

그 **빽빽**하게 자란 숲! 웬만한 서까래만큼씩한 이탤리 포플라들이 허 생원의 악지센 **도끼질**에 사정없이 넘어갔다.

허 생원은 지쳤다. 우선 넘어진 나무들 밑에 삭정이를 모아 놓고 **불**을 질렀다. 불은 곧 다른 나무에도 옮아 붙었다.

순식간에 강가 허 생원네 포플라 숲은 온통 불바다로 변했다. 새빨간 불기둥이 검은 연기를 뚫고 노을 진 저녁 하늘을 찔렀다.

허 생원은 미친 사람처럼 다시 도끼를 휘둘렀다. 나무를 내리치는 쩡쩡하는 소리가 불길 속에서 계속 들려왔다.

— 김정한, 〈평지〉 —

* **평지**: 십자화과의 두해살이풀. 유채.

문제풀이 맥

01

서술상의 특징을 파악하는 문제이다. 먼저 선택지에서 설명하고 있는 서술상의 특징을 이해하고, 윗글의 [A], [B]에서 선택지에서 설명한 서술상의 특징을 찾아봐야 한다. 그리고 [A], [B]의 서술상의 특징과 선택지의 내용이 일치하는지 판단한다면 문제를 수월하게 해결할 수 있다.

01

[A], [B]의 서술상 특징에 대한 설명으로 가장 적절한 것은?

① [A]는 장면을 빈번하게 전환하여 긴박한 분위기를 조성하고 있다.

② [B]는 내적 독백을 통해 사건의 흐름을 지연시키고 있다.

③ [B]는 공간의 이동에 따른 인물의 행위를 제시하고 있다.

④ [A]와 [B]는 모두 이야기 외부의 서술자가 등장인물의 내력을 소개하고 있다.

⑤ [A]와 [B]는 모두 주변 인물의 말을 통해 갈등 해결의 실마리를 제공하고 있다.

02

서사의 흐름을 고려하여 ㉠~㉤에 대해 이해한 내용으로 적절하지 않은 것은?

① ㉠: 허 생원의 반응을 뜻밖이라고 여기며 불편해 하는 청년의 태도가 나타난다.

② ㉡: 허 생원의 반박에 이전과 다른 태도를 보이며 적극적으로 대응하는 청년의 모습이 나타난다.

③ ㉢: 자신을 얕보는 청년에게 날카롭게 반응하고 있는 허 생원의 모습이 나타난다.

④ ㉣: 허 생원이 겪고 있는 상황을 염려하는 부락 사람들의 심리가 드러난다.

⑤ ㉤: 죽은 아들을 떠올리며 자신의 처지를 서러워하는 허 생원의 심리가 드러난다.

02

인물의 심리를 이해하는 문제이다. 인물의 심리를 중심으로 작품의 내용을 이해하고 기호에 제시된 문장을 파악해야 한다. 제시된 각 기호에서는 인물의 심리가 나타난 발화를 담고 있다.

03

ⓐ와 ⓑ에 대한 설명으로 가장 적절한 것은?

① ⓐ와 ⓑ는 모두 허 생원이 주변 사람들과 유대감을 형성하게 하는 내용이다.

② ⓐ와 ⓑ는 모두 허 생원이 자신에게 이미 일어난 일을 수긍하게 하는 기능을 한다.

③ ⓐ는 허 생원이 다른 인물의 의견에 동조하는 근거이고, ⓑ는 허 생원이 자신의 의견을 제시하는 것을 체념하는 근거이다.

④ ⓐ는 허 생원이 자신의 미래를 비관적으로 바라보게 하는 내용이고, ⓑ는 허 생원이 자신의 가치관에 자부심을 느끼게 하는 내용이다.

⑤ ⓐ는 허 생원이 자신에게 시급한 상황이 아니라고 생각하는 내용이고, ⓑ는 허 생원이 자신이 직면한 상황을 확인하게 하는 내용이다.

03

소재의 기능을 파악하는 문제이다. 소설 속에 등장하는 소재가 내용의 맥락을 고려했을 때 어떤 기능을 하는지를 확인해야 한다. 소설에서는 내용을 효과적으로 전달하기 위해 다양한 소재가 사용되므로, 전체적인 맥락 속에서 소재의 기능 및 효과를 파악하는 것이 필요하다. ⓐ는 청년이 허 생원에게 하는 말로, 농민들이 경작하던 하천부지가 농업단지 조성에 사용되게 되었음을 말하기 전 건넸으며, ⓑ는 청년을 때린 일로 구류를 살고 나오게 된 허 생원을 향한 경찰의 훈계이다.

04

<보기>를 바탕으로 윗글을 감상한 내용으로 적절하지 않은 것은?

> **보기**
>
> 〈평지〉는 1960년대 근대화로 인한 농민의 애환을 다루고 있다. 주인공은 정부 정책을 명분으로 삼는 자본가로부터 생활 터전을 빼앗기게 되고 이로 인해 고초를 겪는다. 이러한 과정에서 주인공은 농민이 사회 제도에서 상대적 약자이며 역사적으로 반복된 억압의 대상이었음을 깨닫고 농민의 입장이 배제된 불합리한 현실에 대해 분노를 표출한다.

① '새로운 농업단지'를 조성하기 위해 '모 유력자가 그 일대의 〈휴면법인토지〉를 도통 쓰게 되었다'는 것을 통해 정부 정책을 명분으로 삼는 자본가에게 농민이 생활의 터전을 빼앗기게 된 상황을 짐작할 수 있군.

② '통고 비슷한 말'로 '멀쩡한 남의 땅을 맘대로 뺏'는다고 여기는 것을 통해 근대화 과정에서 농민의 입장이 고려되지 않은 상황을 짐작할 수 있군.

③ '국유지면 서울 놈들만 가지라 카는 법도 있'냐며 '삼십 년이나 논밭을 치고 갈아' 왔다는 것을 통해 농민이 과거에도 억압적 상황을 겪었음을 짐작할 수 있군.

④ '촌사람들끼리 같으면' '암것도 아닌' 일에 '법도 사람 따라 다'르다며 억울해 하는 것을 통해 농민이 사회 제도에서 상대적 약자라고 인식하고 있음을 알 수 있군.

⑤ '누구 좋은 일 시키려고 둘 것인가 하는 생각'으로 '도끼질'을 하고 '불'을 지르는 것을 통해 농민이 불합리한 현실에 분노를 드러내고 있음을 알 수 있군.

04

외적 준거에 따라 작품을 감상하는 문제이다. 이러한 유형의 문제에서 <보기>에서는 1960년대 근대화에 따른 농민의 고초를 중심으로 작품을 설명하고 있다. 따라서 이를 바탕으로 소설의 인물, 사건, 배경 등을 이해하여 인물이나 사건의 의미를 파악해야 한다.

섹션 SECTION
뽀개기
종합편

Day	공부 시작 시간	공부 종료 시간	틀린 문항 수	틀린 유형
Day 1	시 분 초	시 분 초		
Day 2	시 분 초	시 분 초		
Day 3	시 분 초	시 분 초		
Day 4	시 분 초	시 분 초		
Day 5	시 분 초	시 분 초		
Day 6	시 분 초	시 분 초		

1 일별로 계획에 맞춰 공부하기

하루에 기출 하나씩 매일 꾸준히 공부하는 것이 최선의 방법이다.

2 시작 시간과 종료 시간 체크하기

스스로 시간 제한을 두고 문제를 푸는 것이 실전 대비에 효과적이다.

3 틀린 문항과 유형 분석하기

틀린 문제는 또 틀릴 수 있다. 특정 문항과 유형에서 많이 틀렸다면, 그 이유를 분석해야 한다.

4 보충 학습하기

스스로 점검하기를 통해 자신의 취약한 유형을 확인하고, SLS를 통해 부족한 부분을 보충 학습한다.

	Day 1						Day 2						Day 3					
번호	1	2	3	4	5	6	1	2	3	4	5	6	1	2	3	4	5	6
정답률	82%	90%	91%	63%	61%		86%	79%	85%	64%			26%	47%	34%	48%		
채점																		

	Day 4						Day 5						Day 6					
번호	1	2	3	4	5	6	1	2	3	4	5	6	1	2	3	4	5	6
정답률	89%	84%	83%	81%			58%	50%	83%	77%	75%	44%	81%	62%	76%	77%		
채점																		
결과	틀린 문항에는 ✕ 표시, 찍어서 막혔거나 헷갈렸던 문항에는 △ 표시, 맞춘 문항에는 ○ 표시 채점 결과: 맞은 문항 수 27개중 [ ]개																	

나의 예상 등급은?

등급

1등급
23~27개

2등급
20~22개

3등급
18~19개

섹션뽀개기 종합편
LEVEL 3

펴 낸 이	주민홍
펴 낸 곳	서울특별시 마포구 월드컵북로 396(상암동) 누리꿈스퀘어 비즈니스타워 10층
	㈜NE능률 (우편번호 03925)
펴 낸 날	2023년 12월 22일 초판 제1쇄
전 화	02 2014 7114
팩 스	02 3142 0356
홈 페 이 지	www.neungyule.com
	www.iap2000.com
등 록 번 호	제 1-68호
정 가	13,000원

 고객센터

교재 내용 문의 : https://iap2000.com/booksinquiry

제품 구매, 교환, 불량, 반품 문의 : 02-2014-7114

☎ 전화문의는 본사 업무시간 중에만 가능합니다.

섹션 SECTION
볼개기
종합편

정답 및 해설

정답 및 해설

레벨 3

Contents

DAY 1　화법

빠른 정답 체크

01 ②　　**02** ⑤　　**03** ⑤

❶ 안녕하세요? 진로 특강을 맡은 전통 목조 건축 연구원 ○○○
_{강연의 목적}　　　　　　　　　　　　　　　　　_{강연자}
입니다. 여러분은 전통 건축물의 뼈대가 목재로 짜여 있는 것을
_{질문을 통해 중심 화제와 관련된 청중의 경험을 환기함}
보신 적이 있나요? (청중의 반응을 확인하고) 많은 분이 보셨군
요. (자료 제시) 여기 화면에 세 개의 자료가 있습니다. 여기 보이
는 목재를 무엇이라고 부르는지 아시나요? 아시는 분들이 있군
_{질문을 통해 청중의 배경지식을 점검함}
요. 답하신 것처럼 '부재'라고 합니다. 그리고 화면의 자료들처럼
부재들을 짜 맞추는 것을 '결구'라고 합니다. 저는 오늘 여러분께
_{강연의 주제 소개}
결구 방법에 대해 소개하고자 합니다.

❷ 결구 방법은 크게 '이음'과 '맞춤'으로 구분됩니다. (자료를 가
_{결구 방법의 종류}
리키며) 여기 있는 것들은 같은 방향으로 부재들을 길게 결구했
_{이음의 방법}
습니다. 이를 이음이라고 합니다.「위의 것은 부재들에 어떤 변형
_{「」: 이음의 종류 – 맞댄이음과 나비장이음}
도 가하지 않고 두 부재를 이은 '맞댄이음'이고, 아래 것은 부재
들에 홈을 만들고 그 홈에 나비 모양의 부재인 '나비장'을 끼워서
두 부재를 이은 '나비장이음'입니다.」(자료를 가리키며) 여기 있
는 것들은 맞춤의 예인데요, 이음과의 차이점을 아시겠나요? 많
은 분이 결구된 부재들이 놓인 방향에 주목해서 답하셨네요. 여
_{이음과 맞춤의 차이점}
기 화면에 보이는 것처럼, 이음과 달리 맞춤은 다른 방향으로 교
_{맞춤의 방법}
차하는 부재들을 결구하는 방법입니다. 그렇다면 위의 것과 아
래 것의 차이는 무엇일까요? 결구된 부분에 차이가 있다고 답하
셨네요.「위의 것에서는 홈이 보이시죠? 이 홈에 끼워서 맞추는 것
_{「」: 맞춤의 종류 – 장부맞춤과 반턱맞춤}
을 '장부맞춤'이라고 합니다. 아래 것은 위의 것과 달리 두 부재
단면의 한 부분을 반 씩 걷어내어 결구한 것입니다. 이를 '반턱맞
춤'이라고 합니다.」

❸ 이제 구체적 사례를 살펴보겠습니다. (자료를 가리키며) 이것
은 경복궁 근정전에 사용된 이음과 맞춤을 보여 줍니다. 여기 창
_{이음과 맞춤을 설명하기 위한 사례}
방, 평방, 안초공, 원기둥이 있습니다. 원기둥을 보면, 홈이 있습
_{맞춤이 사용된 사례}
니다. 이 홈에 창방과 하부 안초공을 결구합니다. 이것은 어떤 결
구 방법일까요? 맞춤인 것을 잘 맞혀 주셨네요. 좌우에 있는 평방
을 봐 주세요. 두 평방 모두 홈이 보이시죠? 두 평방이 결구되기
_{나비장이음이 사용된 사례}
위해서는 무엇인가가 필요합니다. 이에 대해 묻기 위해 그것을
_{질문을 통해 청중이 강연의 내용을 떠올리도록 유도함}
그리지 않았습니다. 무엇일까요? 생각보다 많은 분이 맞히셨네
요. 맞습니다. 나비장입니다. 나비장이음으로 결구된 평방은 다
시 상부 안초공과 결구됩니다.

❹ 이음과 맞춤으로 결구된 부재들은 서로 맞물려 잡아 주기 때

문에 건축물의 구조적 안정성이 높아집니다. 이음과 맞춤에 주목
_{이음과 맞춤으로 결구된 부재들을 사용할 때의 장점}
해 여러 전통 건축물의 구조에 대해 이해하면 좋겠습니다. 여기
서 강연을 마치겠습니다. 감사합니다.

01

답 | ②

위 강연에 대한 설명으로 가장 적절한 것은?

정답 선지 분석

② 강연 중간중간에 청중에게 질문하고 답을 들으며 상호 작용하고 있다.

　　강연자는 강연 중간중간에 맞춤과 이음의 차이점, 원기둥의 홈에 창방과 하부 안초공을 결구
　　하는 방법 등에 대해 청중에게 질문하고 답을 들으며 상호 작용하고 있다.

오답 선지 분석

① 청중의 관심사를 확인하여 강연 내용을 조정하고 있다.

　　강연자는 질문을 통해 청중의 경험을 환기하고 있으나, 관심사를 확인하여 강연 내용을 조정
　　하고 있지 않다.

③ 청중의 요청에 따라 강연 내용과 관련 있는 추가적인 정보를 제공하고 있다.

　　청중은 강연자에게 강연 내용과 관련 있는 추가적인 정보를 요청하고 있지 않다.

④ 강연 내용과 청중의 관련성을 언급하며 청중에게 주의를 집중할 것을 요청
하고 있다.

　　강연자는 강연 내용과 청중의 관련성을 언급하고 있지 않고, 청중에게 주의를 집중할 것을
　　요청하고 있지도 않다.

⑤ 청중에게 친숙한 사례를 제시하여 강연 내용에 대한 청중의 잘못된 이해를
바로잡고 있다.

　　강연자는 청중에게 경복궁 근정전에서 사용된 이음과 맞춤을 사례로 보여 주고 있다. 하지만
　　강연 내용에 대한 청중의 잘못된 이해를 바로잡고 있지 않다.

02

답 | ⑤

**다음은 강연자가 제시한 자료이다. 강연자의 자료 활용에 대한 설명으로 적절하지
않은 것은?**

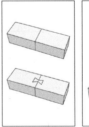

[자료 1]

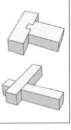

[자료 2]

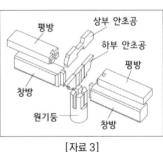

[자료 3]

정답 선지 분석

⑤ [자료 2]와 [자료 3]을 활용하여, 원기둥의 홈에 '맞춤'하는 하부 안초공의
모양을 분석하고 있다.

　　강연자는 원기둥의 홈에 창방과 하부 안초공을 결구한다는 것을 설명하고 있다. 하지만 원기
　　둥 홈에 맞춤하는 하부 안초공의 모양을 분석하고 있지 않다.

오답 선지 분석

① [자료 1]을 활용하여, '이음'의 결구 방법을 '맞댄이음'과 '나비장이음'으로
구분하고 있다.

　　강연자는 [자료 1]을 활용하여, 부재들에 어떤 변형도 가하지 않고 두 부재를 이은 맞댄 이음
　　과 부재들에 홈을 만들고 그 홈에 나비 모양의 부재인 나비장을 끼워 두 부재를 이은 나비장
　　이음으로 이음의 결구 방법을 구분하고 있다.

② [자료 2]를 활용하여, '장부맞춤'과 '반턱맞춤'의 차이점을 밝히고 있다.

강연자는 [자료 2]를 활용하여, 부재들이 결구된 부분을 통해 장부맞춤과 반턱맞춤의 차이점을 밝히고 있다.

③ [자료 3]을 활용하여, 경복궁 근정전에서 부재들이 '이음'과 '맞춤'으로 결구되어 있는 것을 소개하고 있다.

강연자는 [자료 3]을 활용하여, 경복궁 근정전에서 창방, 평방, 안초공, 원기둥과 같은 부재들이 이음과 맞춤으로 결구되어 있는 것을 소개하고 있다.

④ [자료 1]과 [자료 2]를 활용하여, 결구되는 부재들의 방향에 주목하여 '이음'과 '맞춤'을 설명하고 있다.

강연자는 [자료 1]과 [자료 2]를 활용하여, 결구되는 부재들의 방향에 주목하여 이음과 맞춤을 설명하고 있다.

03

답 | ⑤

다음은 위 강연을 들은 학생들의 반응이다. 학생의 반응을 이해한 내용으로 적절하지 않은 것은?

> - 학생 1: 전통 건축물 부재들의 결구 방법이 궁금했는데 강연을 통해 알게 되어 유익했어. 덕수궁에 가서, 결구 방법에 주목해 전통 건축물들의 구조를 이해해 봐야겠어.
> - 학생 2: 경복궁 근정전의 원기둥 상부와 부재들이 어떻게 짜 맞춰져 있는지 알고 싶었는데 연구원 선생님이 잘 설명해 주셔서 좋았어. 강연을 들으니, 전통 건축물이 수려한 미감을 자아내는 이유는 이음과 맞춤을 통해 다양한 형태의 구조로 만들어졌기 때문인 것 같아.
> - 학생 3: 예전에 책에서 전통 건축물에 사용되는 부재의 모양이 구조적 안정성과 관련이 있다는 것을 읽었었어. 나비 모양으로 부재를 만드는 이유를 구조적 안정성과 관련지어 설명해 주시지 않아 아쉬웠어.

정답 선지 분석

⑤ 학생 1과 학생 3은 모두 기존의 배경지식을 떠올려 자신의 지식과 강연 내용이 연계되는 지점을 확인하고 있다.

학생 1은 강연의 유익한 점을 언급하고 있지만 기존의 배경지식을 떠올려 자신의 지식과 강연 내용이 연계되는 지점을 확인하고 있지 않다. 학생 3은 전통 건축물에 사용되는 부재의 모양이 구조적 안정성과 관련이 있다는 기존의 배경지식을 떠올려 나비 모양의 부재에 대한 강연 내용과 전통 건축물에 사용되는 부재에 대한 자신의 지식이 연계되는 지점을 확인하고 있다.

오답 선지 분석

① 학생 1은 강연자가 제언한 대로 강연 내용을 다른 사례에 적용하려 하고 있다.

학생 1은 덕수궁에 있는 전통 건축물들의 구조를 결구 방법에 주목해 이해해 보려고 함으로써 강연자가 제언한 대로 강연 내용을 다른 사례에 적용하려 하고 있다.

② 학생 2는 강연 내용을 바탕으로 강연자가 언급하지 않은 내용을 추측하고 있다.

학생 2는 강연자가 언급하지 않은 내용이지만 강연 내용을 바탕으로 전통 건축물이 수려한 미감을 자아내는 이유는 이음과 맞춤을 통해 다양한 형태의 구조로 만들어졌기 때문이라고 추측하고 있다.

③ 학생 3은 강연에서 설명되지 않은 내용을 언급하며 아쉬워하고 있다.

학생 3은 나비 모양으로 부재를 만드는 이유를 구조적 안정성과 관련지어 설명해 주지 않은 점에 대해 언급하며 강연 내용에 대해 아쉬움을 드러내고 있다.

④ 학생 1과 학생 2는 모두 자신의 궁금증이 해소되었다는 점에서 강연 내용을 긍정적으로 평가하고 있다.

학생 1은 전통 건축물 부재들의 결구 방법에 대한 궁금증이 강연을 통해 해소되었다는 점에서 강연 내용을 긍정적으로 평가하고 있다. 학생 2는 강연자의 설명을 통해 경복궁 근정전의 원기둥 상부와 부재들이 어떻게 짜 맞춰져 있는지에 대한 궁금증이 해소되었다는 점에서 강연 내용을 긍정적으로 평가하고 있다.

DAY 2   언어

빠른 정답 체크

01 ④   02 ③   03 ①   04 ④   05 ⑤

준말은 본말 중 일부가 줄어들어 만들어진 말이다. 한글 맞춤법은 준말과 관련된 여러 규정을 담고 있는데, 그중 제34항에서는 **[준말의 개념]** 모음 'ㅏ, ㅓ'로 끝난 어간에 어미 '-아/-어, -았-/-었-'이 어울릴 적에는 준 대로 적는 것을 다루고 있다. **[한글 맞춤법 제34항]** '(열매를) 따-+-아 → 따/*따아', '따-+-았-+-다 → 땄다/*따았다' 등이 그 예에 해당한다. 하지만 어간 끝 자음이 불규칙적으로 탈락되는 경우에는, **[한글 맞춤법 제34항이 성립할 수 없는 조건]** 원래 자음이 있었음이 고려되어 'ㅏ, ㅓ'가 줄어들지 않는다. '(꿀물을) 젓-+-어 → 저어/*저' 등이 그 예이다. 한편 제34항 [붙임 1]에서는 어간 끝 모음 'ㅐ, ㅔ' 뒤에 '-어, -었-'이 어울려 줄 적 **[한글 맞춤법 제34항 [붙임 1]]** 에는 준 대로 적는 것을 다루고 있다. 그렇지만 이때는 반드시 준 대로 적지 않아도 된다. 예를 들어 '(손을) 떼-+-어 → 떼어/떼' 에서 보듯이 본말과 준말 모두로 적을 수 있다. 다만 모음이 줄어 **[한글 맞춤법 제34항 [붙임 1]의 내용 ①]** 들어서 'ㅐ'가 된 경우에는 '-어'가 결합하더라도 다시 줄어들지 **[한글 맞춤법 제34항 [붙임 1]의 내용 ②]** 는 않는다. 예컨대 '차-'와 '-이-'의 모음이 줄어든 '채-'의 경우 '(발에) 채-+-어 → 채어/*채'에서 보듯이 모음이 다시 줄어들지 않는다.

한글 맞춤법에서는 모음이 줄어들고 자음만 남는 경우 그 자음을 앞 음절의 받침으로 적는다는 것도 다루고 있다. 이와 관련한 표준어 규정 제14항에서는 준말이 널리 쓰이고 본말이 잘 쓰 **[표준어 규정 제14항]** 이지 않는 경우에는 준말만을 표준어로 삼음을, 제16항에서는 준말과 본말이 다 같이 널리 쓰이면서 준말의 효용이 뚜렷이 인 **[표준어 규정 제16항]** 정되는 것은 두 가지를 다 표준어로 삼음을 제시하고 있다. '온갖/*온가지'는 전자의 예이고, '(일을) 서두르다/서둘다'는 후자의 예이다. 다만 후자에서 용언의 어간이 줄어든 일부 준말의 경우, 준말이 표준어로 인정되더라도 준말의 활용형은 제한되는 예도 있다. 모음 어미가 연결될 때 준말의 활용형이 표준어로 인정 **[표준어 규정 제16항의 예외]** 되지 않는 준말도 있다는 것이다. 예컨대 '서두르다'의 준말 '서둘다'는 자음 어미 '-고, -지'가 결합된 형태의 활용형 '서둘고', '서둘지'가 표준어로 인정되지만, 모음 어미 '-어, -었-'이 결합된 형태의 활용형 '*서둘어', '*서둘었다'는 표준어로 인정되지 않는다.

*는 규정에 맞지 않음을 나타냄.

01

답 | ④

윗글을 이해한 내용으로 적절하지 <u>않은</u> 것은?

정답 선지 분석

④ '(잡초를) 베-+-었-+-다'와 '(베개를) 베-+-었-+-다'의 경우, 준말의 형태인 '벴다'로 적으면 한글 맞춤법에 어긋난다.

'(잡초를) 베-+-었-+-다'와 '(베개를) 베-+-었-+-다'가 어울려 줄 적에는 한글 맞춤법 제34항 [붙임 1]의 적용을 받는다. 즉 어간 끝 모음 'ㅐ, ㅔ' 뒤에 '-어, -었-'이 어울려 줄 적에는 준 대로 적을 수 있다. 그러므로 준말의 형태인 '벴다'로 적어도 한글 맞춤법에 어긋나지 않는다.

오답 선지 분석

① '(밭을) 매다'의 어간에 '-어'가 결합된 형태인 '매어'의 경우, 준말인 '매'로 적어도 한글 맞춤법에 어긋나지 않는다.

'(밭을) 매다'의 어간에 '-어'가 결합하면, 한글 맞춤법 제34항 [붙임 1]에 따라 '매어'와 '매' 둘 다 허용된다.

② '(병이) 낫-+-아'의 경우, 'ㅅ'이 불규칙적으로 탈락되므로 '나아'로만 적고, '나'로 적으면 한글 맞춤법에 어긋난다.

한글 맞춤법 제34항에 따르면 모음 'ㅏ, ㅓ'로 끝난 어간에 '-아/-어'가 어울릴 적에는 준 대로 적지만, 어간 끝 자음이 불규칙적으로 탈락되는 경우 'ㅏ, ㅓ'가 줄어들지 않는다. 따라서 '(병이) 낫-+-아'의 경우 '나아'로만 적고, '나'로 적을 수 없다.

③ '(땅이) 패다'의 어간에 '-어'가 결합될 경우, '패다'의 'ㅐ'가 모음이 줄어든 형태이므로 '패'로 적으면 한글 맞춤법에 어긋난다.

한글 맞춤법 제34항 [붙임 1]에 따르면 모음이 줄어들어서 'ㅐ'가 된 경우에는 '-어'가 결합하더라도 다시 줄어지지 않는다. '패다'는 '파-+-이-+-다'로 'ㅐ'가 모음이 줄어든 형태이므로, '(땅이) 패다'의 어간에 '-어'가 결합할 경우, '패'가 아닌 '패어'로 적어야 한다.

⑤ '(강을) 건너-+-어'와 '(줄을) 서-+-어'의 경우, 'ㅓ'로 끝난 어간에 '-어'가 어울리므로 본말로 적으면 한글 맞춤법에 어긋난다.

한글 맞춤법 제34항에 따르면 모음 'ㅏ, ㅓ'로 끝난 어간에 어미 '-아/-어, -았-/-었-'이 어울릴 적에는 준 대로 적는다. 즉 '(강을) 건너-+-어'와 '(줄을) 서-+-어'의 경우, 'ㅓ'로 끝난 어간에 '-어'가 어울리고 있으므로, 본말이 아닌 준말로 적어야 한다.

02

답 | ③

윗글을 바탕으로 ㉠~㉣을 '탐구 과정'에 따라 분류할 때, [A]에 들어갈 예만을 있는 대로 고른 것은?

[탐구 과정]

- 답지를 ㉠ <u>걷다</u>(← 거두다)   · 가사를 ㉡ <u>외다</u>(← 외우다)
- 일에 ㉢ <u>서툴다</u>(← 서투르다)   · 집에 ㉣ <u>머물다</u>(← 머무르다)

↓

| 모음이 줄어들고 남은 자음을 앞 음절의 받침으로 적은 준말입니까? | 아니요 → ☐ |

↓ 예

| 모음 어미 '-어, -었-'이 결합된 형태의 활용형이 표준어로 인정되지 않는 준말입니까? | 아니요 → ☐ |

↓ 예

[A]

정답 선지 분석

③ ㉢, ㉣

'서툴다'(←서투르다)는 모음 'ㅡ'가 줄어들고 남은 자음 'ㄹ'을 앞 음절의 받침으로 적은 준말이다. 그리고 모음 어미 '-어, -었-'이 결합된 형태의 준말의 활용형 '*서툴어, *서툴었다'는 모두 표준어로 인정되지 않는다. 또한 '머물다'(←머무르다)는 모음 'ㅡ'가 줄어들고 남은 자음 'ㄹ'을 앞 음절의 받침으로 적은 준말이다. 그리고 모음 어미 '-어, -었-'이 결합된 형태의 준말의 활용형 '*머물어, *머물었다'는 모두 표준어로 인정되지 않는다.

오답 선지 분석

㉠ '걷다(← 거두다)는 모음 'ㅜ'가 줄어들고 남은 자음 'ㄷ'을 앞 음절의 받침으로 적은 준말이다. 그러나 모음 어미 '-어, -었-'이 결합된 형태의 활용형 '거둬, 거뒀다'가 표준어로 인정된다.

㉡ '외다'(← 외우다)는 모음 'ㅜ'가 줄어든 것이지만, 남은 자음이 앞 음절의 받침으로 적은 준말이 아니다.

03

답 | ①

<보기>의 ㄱ~ㄷ을 이해한 내용으로 적절한 것은?

보기

주체 높임은 화자가 문장의 주체, 곧 주어가 지시하는 대상에 대해 높임의 태도를 나타내는 표현으로, 선어말 어미, 조사나 특수한 어휘 등을 통해 실현된다. 그리고 상대 높임은 화자가 청자, 곧 말을 듣는 상대에게 높임이나 낮춤의 태도를 나타내는 표현으로, 주로 종결 어미를 통해 실현된다. 또한 객체 높임은 화자가 문장의 객체, 곧 목적어나 부사어가 지시하는 대상에 대해 높임의 태도를 나타내는 표현으로, 조사나 특수한 어휘를 통해 실현된다.

ㄱ. (아버지가 아들에게) 네가 할머니께 여쭈러 가거라.

ㄴ. (점원이 손님에게) 제가 손님을 모시고 가겠습니다.

ㄷ. (동생이 형님에게) 저 기다리지 마시고 형님은 먼저 주무십시오.

정답 선지 분석

① ㄱ에서는 부사어가 지시하는 대상을 높이기 위해, 조사와 특수한 어휘가 사용되었다.

ㄱ에는 부사어가 지시하는 대상인 '할머니'를 높이기 위한 조사 '께'와 특수한 어휘 '여쭈러'가 사용되었다.

오답 선지 분석

② ㄷ에서는 주어가 지시하는 대상을 높이기 위해, 조사와 선어말 어미가 사용되었다.

ㄷ에는 주어가 지시하는 대상인 '형님'을 높이기 위한 선어말 어미 '-시-'와 특수한 어휘 '주무십시오'가 사용되었으나 조사가 사용되고 있지는 않다.

③ ㄱ과 ㄴ에서는 모두 주어가 지시하는 대상을 높이기 위해, 특수한 어휘가 사용되었다.

ㄱ에는 부사어가 지시하는 대상인 '할머니'를 높이기 위해 특수한 어휘 '여쭈러'가 사용되었고, ㄴ에는 목적어가 지시하는 대상인 '손님'을 높이기 위해 특수한 어휘 '모시고'가 사용되었다.

④ ㄴ과 ㄷ에서는 모두 말을 듣는 상대를 높이기 위해, 조사와 종결 어미가 사용되었다.

ㄴ에는 청자를 높이기 위해 '-습니다'를, ㄷ에는 '-십시오'를 사용하고 있으나, 조사를 사용하고 있지 않다.

⑤ ㄱ~ㄷ에서는 모두 목적어가 지시하는 대상을 높이기 위해, 특수한 어휘가 사용되었다.

목적어가 지시하는 대상을 높이기 위해, 특수한 어휘를 사용하고 있는 것은 ㄴ만 해당한다.

04

답 | ④

<보기>에 제시된 ⓐ~ⓔ의 발음에 대한 탐구 내용으로 적절하지 <u>않은</u> 것은?

보기

ⓐ 옷고름[온꼬름]	ⓑ 색연필[생년필]	ⓒ 꽃망울[꼰망울]
ⓓ 벽난로[병날로]	ⓔ 벼훑이[벼훌치]	

정답 선지 분석

④ ⓓ: 둘째 음절의 초성 위치에서 음운 변동이 일어난 후 둘째 음절의 종성 위치에서 음운 변동이 일어난다.

'벽난로'에서는 종성 위치의 'ㄱ'에서 'ㅇ'으로의 음운 변동이, 종성 위치의 'ㄴ'에서 'ㄹ'로의 음운 변동이 각각 일어난다.

오답 선지 분석

① ⓐ: 음운의 개수가 변하지 않는 음운 변동이 첫째 음절의 종성 위치와 둘째 음절의 초성 위치에서 각각 한 번씩 일어난다.

'옷고름'에서는 첫째 음절의 종성 위치에서 'ㅅ'이 'ㄷ'으로의 음운 변동이, 둘째 음절의 초성 위치에서 첫째 음절의 종성의 영향으로 'ㄱ'이 'ㄲ'으로 음운 변동이 각각 일어나며, 음운의 개수는 변하지 않는다.

② ⓑ: 첨가된 자음으로 인해 조음 방법이 변하는 음운 변동이 일어난다.

'색연필'에서는 둘째 음절의 초성에 'ㄴ'이 첨가됨에 따라 첫째 음절의 종성인 파열음 'ㄱ'에서 비음 'ㅇ'으로의 음운 변동이 일어난다. 이는 비음화의 결과로, 'ㄱ'과 'ㅇ' 모두 연구개음이므로 조음 위치는 그대로면서 조음 방법만 변하고 있다.

③ ⓒ: 첫째 음절의 종성 위치에서 두 번의 음운 변동이 순차적으로 일어난다.

'꽃망울'은 첫째 음절의 종성 위치에서 'ㅊ'이 'ㄷ'으로의 음운 변동이 일어나고, 다시 'ㄷ'이 'ㅁ'을 만나 'ㄴ'으로 음운 변동이 일어난다.

⑤ ⓔ: 조음 위치와 조음 방법이 모두 변하는 음운 변동이 일어난다.

'벼훑이'에서는 파열음이자 치조음인 'ㅌ'이 'ㅣ' 앞에서 파찰음이자 경구개음인 'ㅊ'으로의 음운 변동이 일어나고 있으므로 조음 위치와 조음 방법이 모두 변하였다.

05

답 | ⑤

<학습 활동>을 수행한 결과로 적절한 것은?

학습 활동

ㄱ~ㅁ을 통해 중세 국어의 격 조사가 실현된 양상을 탐구해 보자.

ㄱ 太子ㅅ(태자+ㅅ) 버늘 사ᄆᆞ샤 時常 겨틔(곁+의) 이셔
현대어 풀이 : 태자의 벗을 삼으시어 늘 곁에 있어

ㄴ 衆生ᄋᆡ(중생+ᄋᆡ) ᄆᆞᅀᆞᄆᆞᆯ(ᄆᆞᅀᆞᆷ+ᄋᆞᆯ) 조차
현대어 풀이 : 중생의 마음을 따라

ㄷ 니르고져 훓 배(바+ㅣ) 이셔도 ᄆᆞᆾ내 제 ᄠᅳ들(ᄠᅳᆮ+을)
현대어 풀이 : 이르고자 하는 바가 있어도 마침내 제 뜻을

ㄹ 바ᄅᆞ래(바ᄅᆞᆯ+애) ᄇᆞᄅᆞ미(ᄇᆞᄅᆞᆷ+이) 자고
현대어 풀이 : 바다에 바람이 자고

ㅁ 그르세(그릇+에) 담고 버믜 고기란 도기(독+이) 다마
현대어 풀이 : 그릇에 담고 범의 고기는 독에 담아

정답 선지 분석

	비교 자료	탐구 결과
⑤	ㄹ의 '바ᄅᆞ래' ㅁ의 '그르세'	체언의 모음이 양성 모음이냐 음성 모음이냐에 따라 부사격 조사의 형태가 다르게 나타난다고 볼 수 있겠군.

'바ᄅᆞ래'는 체언 '바ᄅᆞᆯ'의 모음이 양성 모음으로 부사격 조사 '애'가 쓰였고, '그르세'는 체언 '그릇'의 모음이 음성 모음으로 부사격 조사 '에'가 쓰였다. 즉, 체언의 모음이 양성 모음이냐 음성 모음이냐에 따라 조사의 형태가 다르게 나타난다고 볼 수 있다.

오답 선지 분석

①	ㄱ의 '太子ㅅ' ㄴ의 '衆生ᄋᆡ'	체언이 무정 명사이냐 유정 명사이냐에 따라 관형격 조사의 형태가 다르게 나타난다고 볼 수 있겠군.

'太子ㅅ'의 체언 '太子'는 유정 명사에 해당하고, '衆生ᄋᆡ'의 체언 '衆生' 역시 유정 명사에 해당한다. 따라서 관형격 조사 'ㅅ'과 'ᄋᆡ'가 선행하는 체언이 무정 명사이냐 유정 명사이냐에 따라 형태가 다르게 나타나고 있다고 볼 수 없다. 중세 국어의 관형격 조사 'ㅅ'은 앞에 오는 명사가 사람이면서 높임의 대상이거나, 사람도 아니고 동물도 아닐 때 사용하였다. 반면 'ᄋᆡ'는 앞에 오는 명사가 사람이나 동물일 때 앞말의 모음이 양성 모음이면 사용하였다. 즉, '太子ㅅ'와 '衆生ᄋᆡ'의 관형격 조사는 체언의 존칭 여부에 따라 다르게 나타나고 있는 것이다.

②	ㄱ의 '겨틔' ㅁ의 '도기'	체언 끝이 자음이냐 모음이냐에 따라 부사격 조사의 형태가 다르게 나타난다고 볼 수 있겠군.

'겨틔'는 체언 '곁'의 모음이 음성 모음으로 부사격 조사 '의'가 쓰였고, '도기'는 체언 '독'의 모음이 양성 모음으로 부사격 조사 '이'가 쓰였다. 즉, 선행하는 체언의 끝이 자음이냐 모음이냐에 따라 형태가 다르게 나타나는 것이 아니라 앞말의 모음이 양성 모음이냐 음성 모음이냐에 따라 조사의 형태가 다르게 나타나고 있는 것이다.

③	ㄴ의 'ᄆᆞᅀᆞ몰' ㄷ의 'ᄠᅳ들'	체언 끝이 자음이냐 모음이냐에 따라 목적격 조사의 형태가 다르게 나타난다고 볼 수 있겠군.

'ᄆᆞᅀᆞ몰'은 체언 'ᄆᆞᅀᆞᆷ'의 모음이 양성 모음으로 목적격 조사 'ᄋᆞᆯ'가 쓰였고, 'ᄠᅳ들'은 체언 'ᄠᅳᆮ'의 모음이 음성 모음으로 목적격 조사 '을'이 쓰였다. 즉, 선행하는 체언의 끝이 자음이냐 모음이냐에 따라 형태가 다르게 나타나는 것이 아니라 앞말의 모음이 양성 모음이나 음성 모음이냐에 따라 조사의 형태가 다르게 나타나고 있는 것이다.

④	ㄷ의 '배' ㄹ의 'ᄇᆞᄅᆞ미'	체언의 모음이 양성 모음이냐 음성 모음이냐에 따라 주격 조사의 형태가 다르게 나타난다고 볼 수 있겠군.

'배'는 체언 '바'가 모음으로 끝나고 있으므로 주격 조사 'ㅣ'가 붙여 쓰였고, 'ᄇᆞᄅᆞ미'는 체언 'ᄇᆞᄅᆞᆷ'이 자음으로 끝나고 있으므로 주격 조사 '이'가 쓰였다. 즉, 체언의 모음이 양성 모음이나 음성 모음이냐에 따라 조사의 형태가 다르게 나타나는 것이 아니라 선행하는 체언의 끝이 자음이냐 모음이냐에 따라 조사의 형태가 다르게 나타나고 있는 것이다.

DAY 3 독서 동기의 두 유형

빠른 정답 체크

01 ② **02** ⑤ **03** ①

❶ 선생님의 권유나 친구의 추천, 자기 계발 등 우리가 독서를 하
_{다양한 독서 동기}
게 되는 동기는 다양하다. 독서 동기는 '독서를 이끌어 내고, 지
_{독서 동기의 개념 정의}
속하는 힘'으로 정의되는데, 이 정의에는 독서의 시작과 지속이
_{독서 동기의 정의에 포함된 측면}
라는 두 측면이 포함되어 있다. 이러한 독서 동기는 슈츠가 제시
_{독서 동기의 두 유형}
한 '때문에 동기'와 '위하여 동기'라는 두 유형을 적용하여 설명
할 수 있다.

[A]

❷ 독서의 '때문에 동기'는 독서 행위를 하게 만든 이유를 의
_{'때문에 동기'의 개념}
미한다. 이는 독서 행위를 유발한 계기가 되므로 독서 이전
_{'때문에 동기'에 해당하는 대상}
시점에 이미 발생한 사건이나 경험에 해당한다. 독서의 '위하
여 동기'는 독서 행위를 통해 달성하고자 하는 목적을 의미한
_{'위하여 동기'의 개념}
다. 그 목적은 독서 행위의 결과로 달성되므로 독서 이후 시
_{'위하여 동기'의 특징 ①}
점의 상태에 대한 기대나 예측이라는 성격을 가지며, 달성하
_{'위하여 동기'의 특징 ②}
지 못할 가능성을 내포한다. 예를 들어, 친구에게 책을 선물
_{동기의 유형을 설명하기 위한 예시}
로 받아서 읽게 되었다고 할 때, 선물로 책을 받은 것은 이 독
서 행위의 '때문에 동기'이다. 그리고 책을 읽고 친구와 책에
_{'위하여 동기'의 예시 ①}
대해 대화를 나누는 것을 목적으로 설정했다면 이는 '위하여
동기'가 된다. 또한 독서 행위를 통해 성취감이나 감동을 느
_{'위하여 동기'의 예시 ②}
끼는 것, 선물로 받은 책을 읽어서 친구를 실망시키지 않는
_{'위하여 동기'의 예시 ③}
것 등도 이 독서 행위의 결과로 기대할 수 있는 것이므로 역
시 '위하여 동기'가 된다고 할 수 있다.

❸ 이러한 동기 개념은 독서 습관의 형성 과정을 설명하는 데 도
움이 된다. 성공적인 독서 경험의 핵심은 독서 행위를 통해 즐거
_{성공적인 독서 경험의 핵심}
움과 유익함을 경험하는 것인데, 이러한 경험을 하게 되면 다른
책을 더 읽고 싶다는 마음이 들고 그러한 마음은 새로운 독서 행
위로 연결된다. 독서의 즐거움과 유익함은 새로운 독서 행위의
_{'때문에 동기'}
이유가 된다는 점에서 '때문에 동기'가 된다. 동시에, 새로운 독
_{'위하여 동기'}
서 행위를 통해 다시 경험하고 싶어지는 '위하여 동기'가 되기도
한다. 이러한 선순환을 통해 독서 경험이 반복되고 심화되면서
독서 습관이 자연스럽게 형성된다. 따라서 독서 습관을 형성하려
면 「때문에 동기'와 '위하여 동기'를 바탕으로 우선 독서 행위를
_{「」: 독서 습관의 형성에 있어 동기 개념의 중요성}
시작하는 것과, 성공적인 독서 경험을 통해 독서 행위를 지속하
는 것이 중요하다.

01

답 | ②

윗글의 내용에 대한 이해로 적절하지 않은 것은?

정답 선지 분석

② 슈츠는 동기의 두 측면을 합쳐 하나의 유형으로 제시했다.

1문단에 따르면 슈츠가 동기를 '때문에 동기'와 '위하여 동기'의 두 유형으로 제시하였음을 알 수 있다. 따라서 슈츠가 동기의 두 측면을 합쳐 하나의 유형으로 제시했다는 것은 적절하지 않다.

오답 선지 분석

① 타인의 권유나 추천이 독서를 하는 이유가 될 수 있다.

1문단에서 선생님의 권유나 친구의 추천, 자기 계발 등 독서를 하게 되는 동기는 다양하다고 하였다.

③ 독서 습관을 형성하기 위해서는 독서 행위를 시작하는 것이 필요하다.

3문단 마지막 문장에서 독서 습관을 형성하려면 우선 독서 행위를 시작하는 것과 독서 행위를 지속하는 것이 중요하다고 하였다.

④ 독서 동기의 정의는 독서를 시작하게 하는 힘과 계속하게 하는 힘을 포함한다.

1문단에서 독서 동기는 '독서를 이끌어 내고, 지속하는 힘'으로 정의된다고 하였다. 독서를 이끌어 내는 힘이 독서를 시작하게 하는 힘에 해당하고, 독서를 지속하는 힘이 독서를 계속하게 하는 힘에 해당한다.

⑤ 독서의 '때문에 동기'와 '위하여 동기'는 독서 습관의 형성 과정을 설명하는 데 유용하다.

3문단 첫 문장에서 '이러한 동기 개념', 즉 '때문에 동기'와 '위하여 동기' 개념은 독서 습관의 형성 과정을 설명하는 데 도움이 된다고 하였다.

02

답 | ⑤

다음은 학생의 메모이다. [A]를 참고할 때, ㉮~㉰에 대한 설명으로 가장 적절한 것은?

나는 ㉮ 학교에서 '한 학기에 책 한 권 읽기' 과제를 받았다. 그래서 이번 학기에 읽을 책으로 철학 분야의 책을 선택했다. 책을 다 읽고 나면 ㉯ 철학에 대해 많이 알게 되겠지. 그리고 ㉰ 어려운 책을 읽어 냈다는 뿌듯함도 느낄 수 있을 거야.

정답 선지 분석

⑤ ㉯와 ㉰는 독서의 결과로 얻게 될 기대에 해당하므로 '위하여 동기'라고 할 수 있다.

학생의 메모에서 ㉮(학교에서 '한 학기에 책 한 권 읽기' 과제를 받았다)는 독서 행위를 하게 만든 이유로, 독서 이전에 이미 발생한 사건이나 경험과 관련되므로 독서의 '때문에 동기'에 해당한다. 그리고 ㉯(철학에 대해 많이 알게 되겠지)와 ㉰(어려운 책을 읽어 냈다는 뿌듯함도 느낄 수 있을 거야)는 독서 행위를 통해 달성하고자 하는 목적으로, 독서 이후의 상태에 대한 기대나 예측과 관련되므로 독서의 '위하여 동기'에 해당한다.

오답 선지 분석

① ㉮는 독서를 통해 달성하고자 하는 목적이므로 '위하여 동기'라고 할 수 있다.

㉮는 '위하여 동기'가 아니라 '때문에 동기'에 해당한다.

② ㉯는 독서를 하도록 만든 사건에 해당하므로 '때문에 동기'라고 할 수 있다.

㉯는 '때문에 동기'가 아니라 '위하여 동기'에 해당한다.

③ ㉮와 ㉯는 이미 발생하여 독서의 계기가 되었으므로 '때문에 동기'라고 할 수 있다.

㉮는 '때문에 동기'에 해당하지만 ㉯는 '위하여 동기'에 해당한다.

④ ㉮와 ㉰는 독서 이전 시점에 경험한 일에 해당하므로 '때문에 동기'라고 할 수 있다.

㉮는 '때문에 동기'에 해당하지만, ㉰는 '위하여 동기'에 해당한다.

03

답 | ①

윗글을 바탕으로 할 때, <보기>를 설명한 내용으로 적절하지 <u>않은</u> 것은?

보기

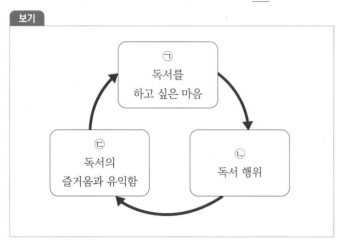

정답 선지 분석

① ㉠으로 시작해 ㉢을 경험하면 ㉠은 자연스럽게 사라진다.

3문단에서 독서 행위를 통해 즐거움과 유익함을 경험하게 되면 다른 책을 더 읽고 싶다는 마음이 들고 그러한 마음은 새로운 독서 행위로 연결된다고 하였다. 즉, ㉠(독서를 하고 싶은 마음)으로 시작해 ㉢(독서의 즐거움과 유익함)을 경험하면 새로운 독서 행위로 연결될 수 있는 ㉠이 생길 수 있는 것이지, ㉠이 자연스럽게 사라지는 게 아니다.

오답 선지 분석

② ㉡으로 ㉢을 얻는 것이 성공적 독서 경험의 핵심이다.

3문단에서 성공적인 독서 경험의 핵심은 독서 행위(㉡)를 통해 즐거움과 유익함(㉢)을 경험하는 것이라고 하였다.

③ ㉢의 경험을 통하여 ㉠이 생기면 ㉡으로 이어질 수 있다.

3문단에서 독서 행위를 통해 즐거움과 유익함(㉢)을 경험하게 되면 다른 책을 더 읽고 싶다는 마음(㉠)이 들고 그러한 마음은 새로운 독서 행위(㉡)로 연결된다고 하였다.

④ ㉢은 ㉡의 결과인 동시에 새로운 ㉡의 목적이 될 수 있다.

3문단에서 성공적인 독서 경험의 핵심은 독서 행위를 통해 즐거움과 유익함을 경험하는 것이라고 하였으므로, 독서의 즐거움과 유익함(㉢)이 독서 행위(㉡)의 결과가 될 수 있음을 알 수 있다. 또한 3문단에서 독서의 즐거움과 유익함은 새로운 독서 행위를 통해 다시 경험하고 싶어지는 '위하여 동기'가 되기도 한다고 하였고, 2문단에서 독서의 '위하여 동기'는 독서 행위를 통해 달성하고자 하는 목적을 의미한다고 하였다. 이를 통해 ㉢이 ㉡의 결과인 동시에 새로운 ㉡의 목적이 될 수 있음을 알 수 있다.

⑤ ㉠, ㉡, ㉢의 선순환을 통해 독서 경험이 반복되고 심화된다.

3문단의 '이러한 선순환'이란 ㉠, ㉡, ㉢의 선순환을 말한다. 3문단에서는 이러한 선순환을 통해 독서 경험이 반복되고 심화되면서 독서 습관이 자연스럽게 형성된다고 하였다.

DAY 4 다윈의 식탁 / 미생물이 플라톤을 만났을 때

빠른 정답 체크

01 ④ **02** ② **03** ⑤ **04** ④ **05** ① **06** ④

가

❶ 모방이란 새로운 행동이나 선천적이지 않은 행동을 관찰하여 행동 그 자체를 복제한다는 의미인데, 관찰과 학습을 필수적으로 포함한다. 이러한 모방의 개념은 인간과 고등 지능 동물의 행동 차이를 살펴봄으로써 좀 더 분명히 이해할 수 있다.

[A] 모방의 개념 / 관찰과 학습 중 하나라도 빠지면 모방이 아님

❷ 어린 침팬지들과 아이들을 대상으로 시범자의 행동을 관찰하여 이를 따라 하게 한 실험이 있다. 동일한 구조의 플라스틱 먹이 상자 2개를 이용하는데, 2개의 상자 차이는 내부가 투명하게 보이느냐 여부뿐이다. 각 상자의 위와 아래는 칸막이로 막혀 있다. 각 상자의 아래 칸에는 먹이와 먹이를 빼낼 수 있는 문이 있고, 위 칸에는 구멍만 뚫려 있다. 어린 침팬지들과 아이들은 상자의 위를 막대로 툭툭 친 뒤 구멍에 막대를 한 번 집어넣는 시범자를 관찰한다. 이어서 아래 칸의 문을 열고 막대기를 ⓐ 이용해서 먹이를 빼내는 시범자의 행동을 관찰한다. 어린 침팬지들은 불투명 상자의 경우 시범을 잘 따라 한 반면 투명 상자의 경우 그렇지 않았다. 먹이를 얻으려면 아래 칸만 필요하다는 것을 아는 듯이 불필요한 행동을 알아서 제거한 뒤 먹이를 ⓑ 획득했다. 그런데 아이들은 상자가 불투명하든 투명하든 시범자의 행동을 따라 했다.

고등 지능 동물 / 「」: 모방의 개념을 이해하기 위한 실험 / 먹이를 얻기 위해서는 아래 칸만 필요함 / 시범자의 시범 ① - 목표가 불분명한 행동 / 「」: 시범자의 시범 ② - 목표가 분명한 행동 / 투명 상자의 경우 시범자의 행동을 그대로 모방하지 않음 / 관찰한 행동 일부를 생략함 / 두 상자에서 모두 시범자를 그대로 모방함

❸ 어린 침팬지들과 아이들의 이러한 차이를 신경 과학 차원의 거울 뉴런을 통해 설명할 수 있다. 거울 뉴런은 신경 세포의 일종으로 다른 행위자의 행동을 관찰하기만 해도 자신이 그 행동을 직접 할 때와 동일한 활성화를 보인다. 실험에 따르면 '행동에 대한 관찰', '관찰을 포함하지 않은 행동의 실행' 그리고 '모방'에서 거울 뉴런의 활성화 정도가 ⓒ 상이하다. 거울 뉴런은 '행동에 대한 관찰'보다 '관찰을 포함하지 않은 행동의 실행'에서 더 많은 활성화가 일어났고, '모방'에서 가장 높은 활성화를 보였다. 그리고 상대방의 행동 목표가 분명하다고 판단될 때는 거울 뉴런의 활성화가 영장류 모두에게서 일어난다. 반면 목표 관찰이 어려운 상황에서는 인간을 제외한 영장류의 거울 뉴런은 거의 활성화되지 않는다. 즉 투명 상자의 위 칸과 관련된 행동의 목표를 관찰하지 못하여 해당 행동을 따라 하지 않는다고 설명할 수 있다. 인간의 거울 뉴런은 행동 목표 외에도 행동이 실행되는 방식이나 의도 모두에서 정교하게 활성화될 수 있다.

「」: 거울 뉴런의 특징 / 「」: 거울 뉴런의 활성화 정도 차이 / 「」: 불투명 상자에서 어린 침팬지들과 아이들은 시범자를 따라 함 / 시범자가 투명 상자의 위 칸에 한 행동 / 「」: 투명 상자에서 어린 침팬지들은 시범자를 그대로 따라 하지 않음 / 「」: 인간은 시범자의 행동 목표와 실행 방식, 의도 모두를 모방할 수 있음

❹ 인간의 거울 뉴런은 뇌의 다른 부분과 함께 작용하여 모방의 수준을 높인다. ㉠ 거울 뉴런이 인간의 모방 과정에 관여한다고

거울 뉴런의 기능

보면,「인간은 있는 그대로를 따라 하는 모방 메커니즘을 통해 비
「: 거울 뉴런과 관련된 인간의 모방 행위의 의미
효율적인 것처럼 보이는 행동까지도 정확히 모방할 수 있게 되었
다고 생각할 수 있다. 인간과 고등 지능 동물의 이러한 차이는 모
방의 진정한 의미를 시사한다.
관찰을 통해 행위 그 자체를 복제하는 것

나

❶ 도킨스는「인간 개체의 경쟁이나 협동, 희생이 자신의 복사본
「: 유전자는 인간을 숙주로 자신의 복사본을 퍼뜨림
을 더 많이 퍼뜨리기 위한 유전자의 전략」이라고 설명하며 인간은
유전자의 운반체에 ⓓ 불과하다고 주장한다. 나아가 유전자 전달
과 마찬가지로 문화도 특정 정보 단위로 복제된다고 하면서 그러
한 것을 밈이라고 부를 것을 제안했다.

❷ 도킨스에 의하면 밈이란 유전과는 구별되는, 문화와 관련된
밈의 개념
복제의 기본 단위이다. 사후 세계와 같은 관념, 패션 등은 한 인
밈의 사례
간에서 다른 인간에게로 복제되는 밈의 사례이다. 유전자가 정자
나 난자를 통해 하나의 신체에서 다른 하나의 신체로 퍼뜨려지
는 것과 유사하게, 밈도 모방의 과정을 통해 한 사람의 뇌에서 다
밈-유전자, 모방 과정-정자와 난자, 뇌-신체
른 사람의 뇌로 퍼뜨려진다. 블랙모어는 이것을 기생-숙주 모델
로 설명한다. 바이러스가 숙주에 기생해 복제를 ⓒ 반복하여 자
기 존재를 확장하고 인근의 숙주들을 전염시키듯이 밈에게는 밈
밈-바이러스, 인간-숙주
을 더 많이 퍼뜨리는 복제 전략을 위해 숙주인 인간이 필요하다
는 것이다. 이렇게 본다면 자기 자신의 복사본을 더 많이 퍼뜨리
려는 행동적 측면을 고려할 때 유전자와 밈이 복제자이자 행위자
로 기능한다고 할 수 있다. 이는 인간 개체가 행위자가 아니라고
인간은 유전자나 밈이 확산을 위해 이용하는 도구임
보는 입장이다.

❸ 밈의 전달이 모방을 통해 일어난다고 할 때, 블랙모어는
모방을 '전염', '개인적 학습', '비모방적인 사회적 학습'과 구
별한다. 하품하는 사람을 보면 덩달아 하품할 때가 있다. 이
러한 전염은 배우지 않더라도 수행할 수 있는 선천적 행동이
전염이 모방이 아닌 이유-학습이 필요하지 않음
기 때문에 남을 따라 하긴 하지만 모방이 아니다. 개인적 학
습은 개체가 환경과의 상호 작용을 통해 특정 반응이나 행동
개인적 학습의 개념
[B] 을 하는 것인데, 관찰이 포함되어 있지 않으므로 모방이 아니
개인적 학습이 모방이 아닌 이유
다. 비모방적인 사회적 학습은 주어진 자극에 따른 반응이 적
비모방적인 사회적 학습의 개념
절한 보상이 되어 그 자극이 강화되는 것이다. 비모방적인 사
회적 학습에서는 다른 개체에 대한 관찰을 통해 특정 행동을
학습하지만 학습의 대상이 행동 자체가 아니다.「자극에 따른
「: 비모방적인 사회적 학습이 모방이 아닌 이유
반응이 적절한 보상을 받는 환경에 대해 학습이 이루어진 것
이므로 모방이 아니다.

❹ 밈은 물리적 실체가 아니므로 구체적 단위를 설정하기 어렵
밈의 존재나 기능에 대해 회의적인 입장의 근거
고, 복제 원리가 불명확하다는 점을 지적하면서 ⓛ 밈의 존재나

기능에 대해 회의적인 입장을 보이는 사람도 있다. ⓒ 밈 이론 지
지자들은 이를 반박하기 위해 신경 과학 관점에서 밈을 설명하
려 한다.「밈은 모방에 의해 뇌에서 뇌로 전달되므로 인간 뇌의 특
「: 신경 과학 관점에서 설명한 밈
정 신경 세포 다발이 연결되어 밈을 구성한다는 것이다. 이런 관
점에서라면 모방 능력이 밈을 촉발시켰고 그 밈은 다시 모방 능
력을 발달시키는 역할을 했다고 할 수 있을 것이다. 밈의 관점에
서 문화 전달을 설명하려는 밈 이론은 사상과 문화 등이 전파되
밈 이론의 유용성
고 확산되는 방법을 설명하는 유용한 도구라고 할 수 있다.

01
답 | ④

(가), (나)에 대한 설명으로 가장 적절한 것은?

정답 선지 분석

④ (가)는 실험 결과를 바탕으로 인간 모방의 특징을, (나)는 학자들의 견해를
토대로 밈의 특징과 유용성을 서술하였다.
(가)는 인간과 고등 지능 동물의 행동 차이를 보여 주는 실험을 소개하고 있다. 이 실험 결과에
의하면 어린 침팬지들과 아이들은 시범자의 행동을 따라 할 때 차이점이 있다. 아이들과 달리
어린 침팬지들은 행동 목표를 관찰하기 어려울 경우 시범자의 행동을 그대로 따라 하지 않는
다. 이를 통해 비효율적인 것처럼 보이는 행동까지도 정확히 모방하는 인간의 특징을 서술하고
있다. (나)는 도킨스와 블랙모어의 견해를 바탕으로 밈의 특징과 유용성을 서술하고 있다. 모방
에 의해 문화가 복제되는 과정에서 밈은 복제자이자 행위자로 기능하는데, 밈의 관점으로 문화
전달을 설명하면 사상과 문화 등이 전파되고 확산되는 방법을 효과적으로 설명할 수 있다.

오답 선지 분석

① (가)는 거울 뉴런에 초점을 맞춰 뉴런의 기원을, (나)는 문화에 초점을 맞춰
밈의 기원을 규명하였다.
(가)는 거울 뉴런에 초점을 맞춰 뉴런의 기원을 설명하고 있지 않다. (나)는 문화에 초점을 맞
춰 밈의 기원을 설명하고 있지 않다.

② (가)는 모방의 과정을 바탕으로 거울 뉴런의 기능을, (나)는 유전자 전달을
중심으로 유전의 특징을 소개하였다.
(나)는 유전자 전달을 중심으로 유전의 특징을 설명하고 있지 않다.

③ (가)는 사례의 일반화를 통해 모방의 분류 기준을, (나)는 사례의 유형화를
통해 밈이 확산되는 과정을 제시하였다.
(가)는 모방의 분류 기준을 제시하고 있지 않다. (나)는 사례의 유형화를 통해 밈이 확산되는
과정을 제시하고 있지 않다.

⑤ (가)는 인간과 동물의 차이를 통해 모방의 특성을, (나)는 밈과 유전의 차이
를 통해 유전자 복제의 특성을 분석하였다.
(가)는 인간과 동물의 차이를 통해 모방의 특성을 설명하고 있다. 하지만 (나)는 밈과 유전의
차이를 통해 유전자 복제의 특성을 분석하고 있지 않다.

02
답 | ②

(가), (나)에 대한 이해로 적절하지 않은 것은?

정답 선지 분석

② (가): 아이들의 거울 뉴런은 어린 침팬지들의 거울 뉴런과 달리 행동이 실행
되는 방식을 모방할 수 없을 것이다.
(가)의 3문단을 보면, 목표 관찰이 어려운 상황에서 인간을 제외한 영장류의 거울 뉴런은 거
의 활성화되지 않는다. 그리고 인간의 거울 뉴런은 행동 목표 외에도 행동이 실행되는 방식
이나 의도 모두에서 정교하게 활성화될 수 있다. 따라서 아이들의 거울 뉴런은 어린 침팬지
들과 달리 목표 관찰이 어려운 상황에서도 행동이 실행되는 방식을 모방할 수 있다.

① (가): 실험에서 어린 침팬지가 행동 목표를 관찰하지 못하면 불필요한 행동을 하지 않을 것이다.

투명 상자 실험에서 어린 침팬지들은 먹이를 얻는 목표와 관련 있는 행동을 따라 하고 먹이를 얻는 데 불필요한 행동은 알아서 제거했다. 따라서 행동 목표를 관찰하지 못하면 불필요한 행동을 하지 않을 것이다.

③ (가): 거울 뉴런의 활성화가 모방에서 가장 높은 이유는 행동에 대한 관찰과 행동의 실행이 모두 충족되기 때문이다.

관찰과 행동의 실행이 모두 필요한 모방에서 거울 뉴런의 활성화가 가장 높다.

④ (나): 도킨스는 비유전적 방식으로 전개되는 문화의 전승을 밈으로 설명한다.

도킨스는 문화가 유전자 전달과 마찬가지로 특정 정보 단위로 복제된다고 하면서 그러한 것을 유전과는 구별되는, 문화와 관련된 복제의 기본 단위인 밈이라고 부를 것을 제안하였다.

⑤ (나): 블랙모어의 기생-숙주 모델에서는 밈이 전달될 때 인간은 밈의 숙주라고 본다.

블랙모어는 밈이 모방의 과정을 통해 한 사람의 뇌에서 다른 사람의 뇌로 퍼뜨려지는 것을 기생-숙주 모델로 설명하며 밈에게는 밈을 더 많이 퍼뜨리는 복제 전략을 위해 숙주인 인간이 필요하다고 하였다.

03

답 | ⑤

[A]와 [B]를 연결 지어 <보기>에 대해 추론한 내용으로 적절하지 않은 것은?

보기

어느 지역 사육사들이 원숭이들에게 밭에서 캔 고구마를 모래밭에 매일 던져 주었고, 흙과 모래가 묻은 고구마를 원숭이들은 그냥 먹었다. 어느 날 '미미'라 불리는 젊은 원숭이가 그런 고구마를 물가로 가져가 씻어 먹기 시작했다. 흥미로운 점은 이런 행동을 미미의 친척 원숭이들이 따라 하기 시작하더니 두 세대 만에 그 지역 대부분의 원숭이들이 고구마 씻는 행동을 할 수 있게 되었다는 것이다. 미미가 고구마를 물로 씻어 먹는 것을 관찰한 다른 원숭이들이 자신에게도 고구마가 주어졌을 때 물가에 가서 씻어 먹은 것은 비모방적인 사회적 학습의 사례라고 할 수 있다.

⑤ 미미를 관찰하여 흙과 모래가 묻은 고구마가 있으면 물로 씻어 먹는다는 것을 학습하게 된 원숭이는 미미를 모방하여 고구마를 물로 씻는 행동 자체를 배운 것이겠군.

[A]에서 모방의 개념을, [B]에서 전염, 개인적 학습, 비모방적인 사회적 학습의 개념을 파악할 수 있다. 미미가 고구마를 물로 씻어 먹는 것을 관찰한 다른 원숭이들이 고구마를 물로 씻어 먹는 것은 비모방적인 사회적 학습의 사례이다. 미미를 관찰하여 고구마가 있으면 물로 씻어 먹는다는 것을 학습하게 된 원숭이가 고구마를 물로 씻는 행동 자체를 배운 것이 아니라면 모방에 해당되지 않는다. [A]와 [B]를 연결 지어 이해하면 행동 그 자체를 복제하는 것이 모방이기 때문이다.

① 원숭이가 고구마를 물로 씻는 행동을 선천적으로 할 줄 안다면 새로운 행동을 배운 것은 아니겠군.

선천적 행동은 새로운 행동을 배운 것에 해당하지 않는다.

② 미미가 혼자서 고구마를 물가에서 씻어 먹는 것을 즐겼다면 주어진 환경에 적응하여 특정 행동을 학습한 것이겠군.

미미가 혼자서 고구마를 물가에서 씻어 먹는 것을 즐겼다는 것은 개인적 학습에 해당한다. 개인적 학습은 개체가 환경과의 상호 작용을 통해 특정 반응이나 행동을 하는 것인데, 관찰이 포함되어 있지 않다.

③ 관찰을 통해 적절한 보상을 받는 환경에 대한 학습이 이루어져 미미의 친척 원숭이들이 미미를 따라 행동하게 되었겠군.

자극에 따른 반응이 적절한 보상을 받는 환경에 대해 학습이 이루어진 것에 해당하므로 비모방적인 사회적 학습으로 설명하는 것이 적절하다.

④ 물로 씻어 먹기 좋게 된 고구마가 보상으로 작용해 두 세대 만에 그 지역 대부분의 원숭이들이 고구마 씻는 행동을 할 수 있게 되었겠군.

자극에 따른 반응이 적절한 보상을 받는 환경에 대해 학습이 이루어진 것에 해당하므로 비모방적인 사회적 학습으로 설명하는 것이 적절하다.

04

답 | ④

(나)의 밈 이론을 바탕으로 <보기>를 이해한 내용으로 가장 적절한 것은?

보기

자손 갖기를 거부하는 독신주의는 현대 사회에서 하나의 밈으로 번지고 있다. 이 밈을 적극적으로 수용하는 사람들은 자손을 통해 유전자를 전달하지 않는다.

④ 자손을 통해 유전자를 전달하려는 유전자의 전략과 자손 갖기를 거부하는 독신주의 밈의 전략은 충돌할 수 있다.

자손을 통해 자신의 복사본을 더 많이 퍼뜨리려는 유전자의 전략과 자손 갖기를 거부하는 독신주의를 더 많이 퍼뜨리려는 밈의 전략은 서로 대립적인 관계에 있다.

① 독신주의 밈을 적극적으로 수용한 사람은 밈의 복제자이자 행위자이다.

밈 이론에서 복제자이자 행위자는 밈이다. 인간 개체가 행위자가 아니라고 본다.

② 밈은 자손 갖기를 거부하는 독신주의를 사람들에게 전달하는 매개체이다.

밈 이론에서 밈은 매개체가 아니다. 밈은 문화와 관련된 복제의 기본 단위이다.

③ 밈은 유전자 전달과 마찬가지로 복제될 수 있으므로 독신주의 밈이 자손에게 유전된다.

밈은 복제될 수 있다. 하지만 유전되는 것은 아니다.

⑤ 현대 사회에서 독신주의 밈이 널리 퍼지는 이유는 밈을 적극적으로 수용할수록 유전자 전달이 유리해지기 때문이다.

밈을 적극적으로 수용할수록 유전자 전달이 유리해지기 때문에 독신주의 밈이 널리 퍼지는 것은 아니다.

05

답 | ①

㉠에 근거하여 ㉢이 ㉡을 반박할 수 있는 말로 가장 적절한 것은?

① 밈은 거울 뉴런 활성화를 통해 설명될 수 있으므로 물리적 실체가 분명하다고 할 수 있다.

㉠은 거울 뉴런이 인간의 모방 과정에 관여한다는 설명이다. ㉡은 밈의 존재나 기능에 대해 회의적인 입장을 보이는 사람이고, ㉢은 밈 이론 지지자들이다. ㉠에 근거하여 ㉢이 ㉡을 반박할 수 있는 말이어야 하므로 밈의 존재나 기능을 옹호하는 것이 적절하다. ㉠에 근거하여 밈은 모방의 과정을 통해 전달되는데, 모방의 과정에서 거울 뉴런의 활성화라는 물리적 실체를 확인할 수 있다.

오답 선지 분석

② 거울 뉴런이 인간의 주체적 의지로 활성화되므로 밈은 문화 전달의 기능을 수행할 수 있다.

거울 뉴런이 인간의 주체적 의지로 활성화되는 것은 아니다.

③ 모방에 의해 전파되는 밈의 복제 원리가 불명확하더라도 밈은 문화 확산을 설명하는 도구라고 할 수 있다.

밈의 복제 원리가 불명확하다는 것을 인정하는 것은 ⓒ이 ⓛ을 반박할 수 있는 말로 보기 어렵다.

④ 거울 뉴런의 활성화가 영장류에서 폭넓게 관찰되기 때문에 밈은 인간 외 영장류에서도 그 존재를 확인할 수 있다.

밈이 인간 외 영장류에서 그 존재를 확인할 수 있다는 내용을 ㉠에 근거하여 도출하기 어렵다.

⑤ 거울 뉴런은 관찰 없이 활성화되므로 인간 뇌에서 뇌로 건너 다닐 수 있다는 것을 밈의 복제 원리로 제시할 수 있다.

밈은 모방의 과정을 통해 전달되는데, 모방은 관찰을 필수적으로 포함한다.

06

답 | ④

문맥상 ⓐ~ⓔ와 바꾸어 쓰기에 적절하지 않은 것은?

정답 선지 분석

④ ⓓ: 이르지 못한다고

'불과하다'의 사전적 의미는 '그 수준을 넘지 못한 상태이다.'이다. '이르지 못한다고'는 문맥상 '불과하다고'와 바꾸어 쓰기에 적절하지 않다. '지나지 않는다고' 정도가 바꾸어 쓰기에 적절하다.

오답 선지 분석

① ⓐ: 써서

'이용하다'의 사전적 의미는 '대상을 필요에 따라 이롭게 쓰다.'이다. 따라서 '이용해서'는 문맥상 '써서'와 바꾸어 쓰기에 적절하다.

② ⓑ: 얻었다

'획득하다'의 사전적 의미는 '얻어 내거나 얻어 가지다.'이다. 따라서 '획득했다'는 문맥상 '얻었다'와 바꾸어 쓰기에 적절하다.

③ ⓒ: 서로 다르다

'상이하다'의 사전적 의미는 '서로 다르다.'이므로 문맥상 바꾸어 쓰기에 적절하다.

⑤ ⓔ: 거듭하여

'반복하다'의 사전적 의미는 '같은 일을 되풀이하다.'이고, '거듭하다'의 사전적 의미는 '같은 일을 되풀이하다.'이다. 따라서 '반복하여'는 문맥상 '거듭하여'와 바꾸어 쓰기에 적절하다.

DAY 5 〈맹세〉_조지훈 / 〈봄〉_오규원

빠른 정답 체크

01 ④   02 ②   03 ⑤   04 ③

가

「만년(萬年)을 싸늘한 바위를 안고도
「」: 불가능한 상황을 설정하여 임에 대한 화자의 사랑 강조 ①
뜨거운 가슴을 어찌하리야」
임에 대한 화자의 사랑

어둠에 창백한 꽃송이마다
부정적 상황에 처한 나약한 존재
깨물어 피터진 입을 맞추어

마지막 한방울 피마저 불어 넣고
생명력을 불어 넣음-희생적 태도
해돋는 아침에 죽어가리야
죽음을 불사할 정도로 절실한 화자의 사랑

사랑하는 것 사랑하는 모든 것 다 잃고라도
반복을 통한 시어 강조
「흰뼈가 되는 먼 훗날까지
「」: 불가능한 상황을 설정하여 임에 대한 화자의 사랑 강조 ②
그 뼈가 부활하여 다시 죽을 날까지」

거룩한 일월(日月)의 눈부신 모습
절대적 존재인 임의 모습
임의 손길 앞에 나는 울어라.
벅찬 감정의 표출

마음 가난하거니 임을 위해서
내 무슨 자랑과 선물을 지니랴
임을 위해 할 수 있는 일이 별로 없다는 한탄

의로운 사람들이 피흘린 곳에
솟아 오른 대나무로 만든 피리뿐
지조와 절개

흐느끼는 이 피리의 아픈 가락이
구천(九天)에 사모침을 임은 듣는가.
임이 자신의 마음을 알아주기 바람

미워하는 것 미워하는 모든 것 다 잊고라도
반복을 통한 시어 강조
「붉은 마음이 숯이 되는 날까지
죽음의 이미지   「」: 불가능한 상황을 설정하여
그 숯이 되살아 다시 재 될 때까지」   임에 대한 화자의 사랑 강조 ③
부활의 이미지

못 잊힐 모습을 어이 하리야
거룩한 이름 부르며 나는 울어라.

- 조지훈, 〈맹세〉 -

나

저기 저 담벽, 저기 저 라일락, 저기 저 별, 그리고 저기 저 우리 집
<u>반복적인 표현, 쉼표 사용으로 운율 형성</u>
개의 똥 하나, 그래 모두 이리 와 ㉠ 내 언어 속에 서라. 담벽은 내
<u>자신만의 언어로 표현하겠다는 화자의 의지, 각 대상이 지닌 개별성 표현</u>
언어의 담벽이 되고, 라일락은 내 언어의 꽃이 되고, 별은 반짝이

고, 개똥은 내 언어의 뜰에서 굴러라. ㉡ 내가 내 언어에게 자유를

주었으니 너희들도 자유롭게 서고, 앉고, 반짝이고, 굴러라. 그래
<u>화자의 지향점-자유로운 언어를 통해 대상을 구속에서 벗어나 자유롭게 함</u>
봄이다.
㉢: 시어 반복-1연의 의미를 2연으로 연결

봄은 자유다. 자 봐라, 꽃피고 싶은 놈 꽃피고, 잎 달고 싶은 놈 잎

달고, 반짝이고 싶은 놈은 반짝이고, 아지랑이고 싶은 놈은 아지랑

이가 되었다. ㉢ 봄이 자유가 아니라면 꽃피는 지옥이라고 하자.
<u>자유를 얻기 위해서는 대상을 언어로 구속하는 기존 관습에서 벗어나야 함</u>
그래 봄은 지옥이다. 이름이 지옥이라고 해서 필 꽃이 안 피고,
㉣ <u>언어에 구애받지 않는 대상의 본질</u>
반짝일 게 안 반짝이던가. 내 말이 옳으면 자, ㉤ 자유다 마음대로
<u>언어와 대상이 기존의 관습에서 벗어났을 때 획득한 자유의 상태-새로운 언어 사용의 가능성</u>
뛰어라.

- 오규원, 〈봄〉 -

01

답 | ④

(가), (나)에 대한 설명으로 적절하지 <u>않은</u> 것은?

정답 선지 분석

④ (가)는 대비되는 시어를 활용하여 대상의 양면성을 드러내고, (나)는 반복되
는 행위를 제시하여 대상의 효용성을 드러낸다.

(가)는 '싸늘한 바위'와 '뜨거운 가슴', '어둠'과 '해돋는 아침'처럼 촉각적 이미지나 시각적 이
미지가 대비되는 시어를 활용하고 있다. 그런데 이런 대비는 임에 대한 화자의 마음을 부각
하기 위해 활용한 것일 뿐, 대상의 양면성을 드러내는 데 활용하지 않았다. (나)는 흔히 우
리 주변에서 볼 수 있는 존재를 대상으로 삼고 있는데, 이 대상들의 행위가 표현되어 있기는
하지만, 이는 대상의 효용성을 드러내기 위해서가 아니라 봄을 맞은 대상들의 자유로움을 드
러내는 데 활용되었다.

오답 선지 분석

① (가)는 1연과 6연에서 물음의 형식을 활용하여 화자의 상황 인식을 보여 준다.

(가)는 1연에서 '~ 어찌하리라'와 같은 물음의 형식을 활용하여 어떤 시련에도 임에 대한 뜨
거운 사랑이 변치 않는다는 화자의 상황 인식을 드러내고, 6연에서 '~ 지니랴'와 같은 물음의
형식을 활용하여 거룩한 임을 맞이할 준비가 부족하다는 화자의 상황 인식을 드러낸다.

② (가)는 4연과 9연에서 상황을 가정하는 표현을 활용하여 화자의 의지를 강
조한다.

(가)는 4연에서 '사랑하는 것'을 모두 잃는 가정의 상황을 통해, 9연에서는 '미워하는 것'을
모두 잃는 가정의 상황을 통해 임을 영원히 사랑하겠다는 화자의 의지를 강조한다.

③ (나)는 반복적인 표현을 제시하면서 쉼표를 사용하여 리듬감을 형성한다.

(나)는 '저기 저 ~, 저기 저', '~은 내 언어의 ~고, ~은 내 언어의 ~고', '~고 싶은 놈 ~고, ~고
싶은 놈 ~고'처럼 같은 표현을 반복하며 쉼표를 사용하여 독자에게 운율을 느끼도록 한다.

⑤ (가)는 같은 시구를 5연, 10연의 마지막에서 반복하여 화자의 정서를 강조
하고, (나)는 1연 끝 문장의 시어를 2연 첫 문장으로 연결하며 그 의미를 드
러내고 있다.

(가)는 5연과 10연에 '나는 울어라'를 반복하여 부재하는 임을 만나고 싶은 간절함을 드러낸
다. 그리고 (나)는 1연의 끝 문장인 '그래 봄이다'와 2연의 첫 문장인 '봄은 자유다'에 공통적
으로 '봄'이라는 시어를 넣어 '봄'이 곧 자유라는 의미를 지니고 있음을 드러낸다.

02

답 | ②

아픈 가락에 대한 이해로 가장 적절한 것은?

정답 선지 분석

② 의로운 사람들이 보여 준 희생과 설움을 담고 있다.

'아픈 가락'은 화자가 임에게 전달되기를 간절히 바라는 피리 가락이다. 그런데 이 노랫가락
을 내는 피리는 '의로운 사람들이 피흘린 곳'에서 난 대나무로 만든 것이므로, 이 가락에는
의로운 사람들의 희생이 포함되어 있다고 할 수 있다. 또 이 가락에 '아프'고 '사모침'이 담겨
있다는 것에서 가락에 설움이 담겨 있으리라고 짐작할 수 있다.

오답 선지 분석

① 임에게 자랑스레 내보일 화자의 자부심을 포함한다.

6연에서 화자는 임에게 자랑과 선물을 지니지 못한다고 하였다. 따라서 '아픈 가락'에 임에
게 자랑스럽게 내보일 화자의 자부심이 담겨 있다고 볼 수 없다.

③ 대나무에 서린 임의 뜻을 잊으려는 화자를 질책한다.

대나무에는 의로운 사람의 피가 스며 있는데, 이는 임의 뜻이 아니라 화자의 뜻이 대나무에
서려 있음을 나타내며 화자를 질책한다고도 볼 수 없다.

④ 피리의 흐느낌에 호응하여 화자의 억울함을 해소한다.

화자는 흐느끼는 피리의 아픈 가락에 임이 호응해 주기를 바랄 뿐, 임이 이 가락에 호응해 화
자의 억울함을 해소하고 있지는 않다.

⑤ 구천에 사무친 원망을 살아남은 사람들에게 전달한다.

화자는 살아남은 사람들이 아니라 임이 구천에 사무친 피리 소리를 듣기 바란다.

03

답 | ⑤

다음에 따라 (가), (나)를 감상한 내용으로 적절하지 <u>않은</u> 것은?

> 선생님: (가)는 부재하는 임을 기다리며 더 나은 세상에 대한 바람을 드러
> 내고, (나)는 봄과 같은 세계에서, 대상들과 함께 자유를 누리려는 바람
> 을 드러냅니다. 그러나 (가)는 대상에게 의미를 부여하는 화자의 시선
> 이 두드러짐에 비해, (나)는 화자가 주목하는 대상들의 모습이 두드러
> 진다는 차이를 보여요. 이 차이가 주변 존재들을 대하는 태도나 바람
> 을 실현하는 방식에 반영되기도 해요.

정답 선지 분석

⑤ (가)의 화자는 '붉은 마음'을 바쳐 부재하는 '임'을 기다리고, (나)의 화자는
'담벽' 안에서 '봄'과 같은 세계를 대상들과 공유하려 하고 있어.

(가)의 9연에 나오는 '붉은 마음'은 부재하는 임에 대한 뜨거운 사랑을 의미하는 것으로, 이
마음이 숯이 되었다가 되살아 다시 재가 될 때까지 못 잊겠다는 것은 영원히 임을 기다리겠
다는 강한 의지를 드러낸 것이다. 그런데 (나)에서 봄날의 '담벽'은 '라일락, 별, 우리 집 개의
똥'처럼 화자가 언어로 표현하려는 주변 사물 중 하나일 뿐이다. 따라서 (나)의 화자가 '담벽'
안에서 '봄'과 같은 세계를 대상들과 공유하려 하고 있다는 진술은 적절하지 않다.

오답 선지 분석

① (가)의 화자가 바라는 세상은 '해 돋는 아침'과 같이 '어둠'을 벗어나 밝음을
회복한 세상일 거야.

(가)의 화자는 지금 세상이 '어둠'에 놓여 있지만 죽음을 각오하며 마침내 '어둠'에서 벗어나
'해돋는 아침'과 같은 밝은 세상을 맞이하겠다고 다짐하고 있다.

② (나)의 화자가 지향하는 세계에서 대상들은 '자유롭게 서고, 앉고, 반짝이
고,' 구를 거야.

(나)의 화자는 봄을 맞아 자신과 모든 대상들이 자유를 누리기를 바란다. 그 대상은 자신의
언어를 통해 자유를 얻은 '담벽, 라일락, 별, 개똥'이다. 따라서 '자유롭게 서고, 앉고, 반짝이
고' 구르는 것은 화자가 지향하는 자유로운 세계의 대상의 모습이라 할 수 있다.

③ (가)의 화자는 '꽃송이'를 '창백한' 대상으로 바라보고, (나)의 화자는 대상들 각각의 모습에 주목하여 그 개별성을 드러내고 있어.

(가)의 화자는 '꽃송이'를 창백하다고 여겨 자신의 입을 맞추려 하고 있다. (나)의 화자는 '저 담벽'이 '서고', '저 라일락'이 '꽃이 되고', '저 별'이 '반짝이고', '저 우리 집 개의 똥'이 구르는 모습에 주목해 각각의 대상이 지닌 개별성을 나타내고 있다.

④ (가)의 화자는 '피마저 불어 넣'는 희생적 태도를 보이고, (나)의 화자는 대상들이 원하는 바를 실현하게 하여 '자유'를 함께 누리려는 태도를 보이고 있어.

(가)의 화자가 '창백한 꽃송이'를 위해 '한방울 피마저 불어 넣'겠다는 것은 꽃송이를 회복시키기 위해 자신을 희생하겠다는 뜻을 나타낸 것이다. (나)의 화자는 '꽃피고 싶은 놈 꽃피고 ~ 아지랑이고 싶은 놈은 아지랑이가 되'는 것처럼 대상이 원하는 바를 실현하도록 하여 마침내 이들과 더불어 '마음대로 뛰'며 자유를 누리려 하고 있다.

04
답 | ③

<보기>를 참고하여 ㉠~㉤의 의미를 설명한 것으로 가장 적절한 것은?

보기

(나)는 언어의 한계와 가능성에 대한 시인의 탐구를 보여 준다. 언어를 사용함으로써 대상을 파악할 수 있지만 그 결과는 다시 언어에 구속된다는 필연적 한계를 갖는다. 그래서 시인은 기존의 언어 사용 방식을 벗어나려는 시도를 한다. 이를 통해 언어와 대상이 기존의 관습에서 벗어나 자유를 향해 나아갈 수 있는 가능성을 모색한다.

정답 선지 분석

③ ㉢은 새로운 표현을 시도하여 언어와 대상이 자유를 얻을 가능성을 모색하는 과정을 나타낸다.

이 작품을 언어의 한계와 가능성을 탐구한 작품이라고 본다면, 2연의 처음에 나오는 '봄은 자유다'라고 한 후 ㉢에서 봄을 '지옥이라고 하자.'는 것은 '봄'을 하나의 언어만이 아니라 또 다른 새로운 언어로도 표현할 수 있음을 보여 준 것이다. 이처럼 ㉢은 언어에 의해 대상이 구속되는 기존의 언어 관습에서 벗어나 언어와 대상 모두 자유를 얻을 수 있는 방안을 모색하기 위한 탐구 과정의 하나로 볼 수 있다.

오답 선지 분석

① ㉠은 자신의 언어 속에서도 기존의 언어 사용 방식이 유지된다는 생각을 의미한다.

㉠은 '담벽, 라일락, 별, 우리 집 개의 똥 하나'라는 대상을 자신만의 자유로운 언어로 표현하겠다는 생각을 드러낸 것으로, 자신의 언어 사용 방식이 언어에 대상이 구속되는 기존의 언어 사용 방식을 따르지 않음을 드러낸 것이다.

② ㉡은 대상을 파악하는 행위까지 포기하면서 자유를 얻고자 하는 의도를 나타낸다.

㉡은 표현할 대상에 자유를 주기 위해 이를 표현할 언어에도 자유를 부여하겠다는 뜻을 드러낸 것으로, 언어를 통해 대상을 파악하는 행위까지 포기하겠다는 의지를 나타낸 것은 아니다.

④ ㉣은 대상들을 구속에서 벗어나게 하기 위해 외부 상황에 변화를 주었음을 의미한다.

㉣은 언어와 상관없이 대상은 변하지 않으므로 언어로 대상을 규정하는 데에는 한계가 있음을 드러낸 것으로, 새로운 언어 사용 방식의 필요성을 드러낸 것이다.

⑤ ㉤은 언어의 새로운 가능성을 실현하여 자신이 제한한 의미에 따라 대상들이 움직임을 의미한다.

㉤은 언어와 대상이 기존의 관습에서 벗어났을 때 획득한 자유의 상태를 표현한 것으로, 새로운 언어 사용 방식의 가능성을 보여준 것일 뿐, 자신이 규정한 의미에 따라 대상이 통제되고 있음을 나타낸 것은 아니다.

DAY 6 〈상사동기〉_작자 미상

빠른 정답 체크

01 ①　　**02** ②　　**03** ④　　**04** ⑤

십여 일이 지날 무렵 노비 막동이 눈물을 흘리며 물었다.
　　　　　　　　　　　　　　시간적 배경　　조력자 ①
"낭군께선 늘 언행이 호방하시고 재주가 무리 중에 탁월해 거침
　　　　　　　　막동이 생각하는 김생의 원래 모습
없으시더니, 요즘에는 울적해 하시니 말 못할 근심이 있는 듯하
　　　　　　　　　　　　　김생의 요즘 모습
옵니다. 사모하는 이라도 있으신지요?"
　　　　　　생의 근심의 이유를 추측하는 막동
김생이 슬퍼하며 느낀 바를 사실대로 말하니 막동이 한참 생각

하고 말했다.

「소인이 낭군을 위해 마륵의 ㉠ 계책을 올릴 테니, 낭군께선 애
　　　　　　　　　당나라 최생의 노복으로, 계책을 통해 최생의 근심을 해결함
태울 일이 없으십니다.」
「」: 생의 사정을 알게 된 막동이 계책을 제시하여 문제를 해결하려 함
"그게 무엇이더냐?"

"낭군께선 급히 주효(酒肴)를 성대히 마련하시고 바로 미인이
　　　　　　　　술과 안주
머문 집으로 가서 손님을 전별(餞別)하려는 듯 하십시오. 방
　　　　　　　　　　　　생과 영영을 연결해 줄 수 있는 노파와 자연스럽게 만날 수 있게 함
하나를 빌려 잔치를 벌이고 이놈을 불러 손님을 모셔 오라 하
　　　　　　　　　　　　막동
시면, 제가 명을 받들어 나갔다가 한 식경 후에 돌아와 '손님이

오십니다.'라 하지요. 낭군께서 다시 명하시면 제가 또 명을 받

고 날이 저물 때쯤 돌아와, '손님께서 오늘은 송별객이 많아 심

히 취해 갈 수 없으니 내일 꼭 가겠노라 하셨습니다.'라 하지요.

이때 낭군께선 주인을 불러 앉으라 하시고 그 주효를 먹게 하
　　　　　　　　　　손님을 배웅하는 척하며 술상을 들여 노파의 얼굴을 익히게 함
고, 기색을 드러내지 말고 물러나십시오. 다음 날도 그렇게 하

고 그다음 날도 그렇게 하시면, 처음엔 고맙게 여길 것이요, 두

번째는 은혜에 감격할 것이며, 세 번째는 필히 의문을 품을 것

입니다. 은혜를 느끼면 보답을 생각할 것이고, 은혜에 감격하면

죽음으로써 보답하고자 생각할 것이며, 의문이 생기면 하시고

싶은 바를 물어볼 것입니다. 이때 흉금을 털고 말하신다면 일은
　　　　　　　　　　　마음 속 깊이 품은 생각-영영을 만나고자 하는 마음
거의 다 된 것입지요."
「」: 막동이 제시한 계책의 내용
생은 진정 그럴듯하다 여기고 기뻐하며 말했다.

"내 일이 잘 되겠구나!"

생은 그 계책에 따라 즉시 주효를 갖추어서 곧바로 그 집에 가
　　　　　　　　　　　　　　　　영영이 들어간 집이자 노파가 사는 집
전별 자리를 마련하였다.

　　　　　　　　　　(중략)

생이 사모하는 이가 필시 이곳에 없는 줄 알고 낯빛을 바꾸며

말했다.

"이 몸이 할멈에게 후의(厚意)를 입었으니 어찌 사실대로 말하지
　　　　　　　남에게 인정을 베푸는 마음
않겠나?「과연 모월 모일 모처에서 오다가 길에서 마침 한 낭자
　　　　　　　구체적이지 않은 배경 설정　　　　　　영영
를 보았다네. 나이는 대략 십오륙 세에 푸른 적삼에 붉은 치마를
　　　　　　　　　　　　　　　　영영의 외양
입었고, 백릉버선에 자색 신을 신었지. 진주 비녀를 꽂고 새하얀

옥 반지를 끼고, 홍화문 앞길을 지나가고 있었다네. 내 마음이 화사해지고 춘정을 이기지 못해 뒤따랐는데, 마지막에 이른 곳이 곧 할멈의 집이었네. 그날 이후로 마음이 혼미하여 만사가 흐릿하며, 오로지 그 낭자만 생각했다네. 맑은 눈동자와 하얀 이가 자나 깨나 잊히지 않아 상심하며 애태우길 하루 이틀이 아니었네. 할멈이 나를 보고 낯빛이 파리하다 했는데 왜 그랬겠나? 그래서 손님을 전별한다며 할멈을 번거롭게 한 것이네."

⌐ ⌐ : 사건의 요약적 제시

노파가 이 말을 듣고 몹시 애처로워 했으나 생이 마음에 둔 사람이 누군지 몰랐다. 한동안 깊이 생각하다가 문득 깨닫고서 말했다.

조력자 ② / 김생을 도와주게 되는 이유

"그런 애가 있습죠. 바로 죽은 제 언니의 딸이에요. 이름은 영영이고 자(字)는 난향이죠. 만약에 정말 그렇다면 참으로 어려운 일입니다. 참 어려운 일이에요!"

영영은 노파의 조카임

"왜 그러한가?"

"이 애는 회산군 댁 시비예요. 궁에서 나고 자라 문 앞길도 밟지 못한지 오래랍니다. 자색(姿色)이 고운 것은 낭군께서 이미 보셨으니 굳이 말할 것 없지만 고운 마음이며 얌전한 몸가짐은 양반집 규수와 다를 게 없지요. 게다가 음률과 문장을 알아 나리께서 어여삐 여기시고 장차 소실(小室)로 맞으려 하셨지만, 부인의 시샘이 하동의 사자후보다 심하여 그렇게 못 하고 있을 뿐이옵니다. 지난번 그 애가 올 수 있었던 것은 한식 때를 맞아 그 애가 어미의 제사를 이곳에서 지내려고 부인께 말미를 얻었기 때문이지요. 그리고 때마침 나리께서 외출하신 터에 올 수 있었지 그렇지 않았던들 낭군께서 어찌 얼굴을 볼 수 있었겠습니까? 아이고! 낭군께서 다시 만나시기는 참으로 어렵습죠. 참으로 어려워요!"

김생과 영영의 만남이 어려운 이유 - 신분의 격차 / 당시 궁녀들의 폐쇄적인 생활상 / ⌐ ⌐ : 영영에 대한 노파의 평가 / 회산군 / 하동 땅의 사자가 울부짖는다는 뜻으로, 성질이 사나운 부인을 의미 / 영영이 노파의 집에 올 수 있었던 이유

생이 하늘을 우러러 탄식하며 말했다.

"아, 끝난 것이로구나! 나는 필시 죽겠구나!"

자신이 영영과 이루어질 수 없어 상사병으로 죽을 것이라 예상함

노파가 안타까워 멍하니 서 있다가 다시 말했다.

"딱 한 가지 ⓒ 방법이 있습죠. 단오가 꼭 한 달 남았습니다. 그때 이 몸이 죽은 언니를 위해 제사상을 차리고 부인께 영영에게 반나절의 말미를 주도록 청한다면, 만에 하나 낭군의 뜻을 이룰 수 있을 것입니다. 낭군께선 돌아가시어 때를 기다렸다가 오시지요."

구체적인 시간 배경 / 생과 영영이 만날 수 있는 방법 / ⌐ ⌐ : 노파의 조력

생이 기뻐하며 말했다.

"할멈 말대로 된다면야 인간의 5월 5일이 천상의 7월 7일이 되겠소!"

5월 5일이 견우와 직녀가 만나는 칠석날만큼 기쁜 날이 될 것임을 강조함

생과 노파는 각각 만복을 기원하며 헤어졌다.

- 작자 미상, 〈상사동기〉 -

01

답 | ①

윗글의 대화에 대한 설명으로 가장 적절한 것은?

정답 선지 분석

① 시간 표지를 활용하여 사건의 추이를 드러낸다.

막동이 생에게 계책을 말하는 부분에서, '한 식경 후', '날이 저물 때쯤', '오늘', '내일', '다음 날', '그다음 날'과 같은 시간 표지를 사용하여 사건의 추이를 드러내고 있다. 그리고 생이 노파에게 말하는 부분에서 '모월 모일', '그날'과 같은 시간 표지를 사용하여 생이 마음을 상심하며 애태우고 있는 사건의 추이를 드러내고 있다.

오답 선지 분석

② 앞날의 일을 가정하여 인물 간 갈등의 심화를 암시한다.

막동이 생에게 계책을 말하는 부분에서 '~하시면 ~하지요.', '~면 ~것입니다.'와 같은 표현과, 노파가 생에게 방법을 말하는 부분에서 '~한다면, ~있을 것입니다.' 등과 같은 앞날의 일에 대한 가정이 나타난다. 하지만 이것은 인물 간 갈등의 심화를 암시하고 있지는 않다.

③ 인물에 대한 논평을 활용하여 갈등의 해소 방안을 제시한다.

막동의 '낭군께선 늘 언행이~거침없으시더니', 노파의 '자색이 고운 것은~다를 게 없지요.' 등에서 인물에 대한 논평을 활용하고 있음을 확인할 수 있다. 하지만 이것이 갈등의 해소 방안을 제시하고 있지는 않다.

④ 인물의 내력을 요약적으로 제시하여 성격의 변화를 보여 준다.

노파가 '이 애는 회산군~말미를 얻었기 때문이지요.'에서 인물의 내력이 요약적으로 제시되고 있음을 확인할 수 있다. 하지만 이것이 성격의 변화를 보여 주고 있지는 않다.

⑤ 인물의 성격을 고사에 빗대어 사건을 새로운 국면으로 전환한다.

노파의 '하동의 사자후보다 심하여'라는 말에서 회산군 댁 '부인'의 성격을 고사에 빗대어서 나타내고 있음을 확인할 수 있다. 하지만 이것은 인물의 성격에 대한 설명에 그치며 사건을 새로운 국면으로 전환하고 있지는 않다.

02

답 | ②

윗글의 내용에 대한 이해로 적절하지 않은 것은?

정답 선지 분석

② 생이 노파의 집에서 손님을 전별하는 일을 벌인 데 대해 노파는 번거로움을 호소하였다.

"그래서 손님을 전별한다며 할멈을 번거롭게 한 것이네."는 생의 말이며, 노파가 이에 동의를 표하거나 스스로 번거로움을 호소하는 모습은 나타나지 않는다.

오답 선지 분석

① 막동은 생의 근심이 사모하는 마음 때문일 것이라 추측했다.

막동이 생에게 '말 못할 근심이 있는 듯하옵니다. 사모하는 이라도 있으신지요?'라고 말하는 것에서 생의 근심이 사모하는 마음 때문일 것이라고 추측하는 막동의 모습을 확인할 수 있다.

③ 노파는 생이 찾는 자색이 고운 여인이 죽은 언니의 딸인 것을 깨달았다.

생이 자신이 첫눈에 반한 낭자에 대해 노파에게 말하자 노파는 그 '사람이 누군지 몰랐다'가 '문득 깨닫고는' 자색이 고운 여인이 '바로 죽은 제 언니의 딸'이라고 말하였다.

④ 노파는 생의 사연을 애처롭게 여기고 자신이 영영에 대해 아는 바를 알려 주었다.

노파는 생의 사연을 듣고 '몹시 애처로워했으며', 영영에 대해 '바로 죽은 제~자는 난향이죠.', '이 애는 회산군 댁~말미를 얻었기 때문이지요.'와 같이 자신이 아는 바를 생에게 알려 주었다.

⑤ 생은 천상의 일에 빗대어 영영을 만나는 일의 기쁨을 표현하였다.

생이 '할멈 말대로 된다면야~천상의 7월 7일이 되겠소'라고 말한다. 이로부터 영영을 만나는 일의 기쁨을 천상의 일에 빗대어 표현하고 있음을 알 수 있다.

03

답 | ④

㉠과 ㉡에 대한 설명으로 가장 적절한 것은?

정답 선지 분석

④ ㉠이 이루어지면 생은 노파에게 속내를 드러낼 기회를 얻게 되고, ㉡이 이루어지면 생이 영영과 만날 기회를 얻게 된다.

㉠을 실행하는 과정에서 생은 '흉금을 털고 말하'게 되므로 ㉠이 이루어지면 생은 노파에게 속내를 드러낼 기회를 얻게 된다. 한편, ㉡이 이루어지면 생은 영영과 만나려는 '낭군의 뜻'을 이루는 기회를 얻게 된다.

오답 선지 분석

① ㉠과 ㉡은 모두 생에게 실현 가능성에 의구심을 갖게 한다.

생은 ㉠에 대해 '진정 그럴듯하다 여기고 기뻐하며', '내 일이 잘 되겠구나'라고 반응한다. 그리고 ㉡에 대해서는 '기뻐하며', '할멈 말대로 된다면야~천상의 7월 7일이 되겠소'라고 반응한다. 따라서 생은 ㉠과 ㉡에 대해 실현 가능성에 의구심을 품는 것이 아니라 큰 기대감을 드러내고 있다.

② ㉠과 ㉡은 모두 생의 의도를 숨기기 위해 상황의 급박함을 부각하는 방식을 취한다.

㉠과 ㉡은 모두 생의 의도를 숨기고 있기는 하나, 그것은 도모하는 일의 성공을 위한 것이다. ㉠은 생의 의도를 숨기기 위해 상황의 급박함을 부각하는 방식을 취한 것이라 볼 수 없다. 그리고 ㉡을 실행하며 노파는 생에게 '때를 기다렸다가 오시지요.'라고 말하는데 마찬가지로 급박함을 부각하는 방식에 해당하지 않는다.

③ ㉠은 막동의 제안을 생이 실행함으로써 이루어지고, ㉡은 생의 제안을 노파가 실행함으로써 이루어질 수 있다.

㉠은 생을 위해 막동이 제안한 것이며, 생이 이를 실행함으로써 이루어지게 된다. ㉡은 생의 제안이 아니라 노파가 제안한 것이다.

⑤ ㉠에서 생은 노파에게 접근하기 위해 가상의 존재를 내세우고, ㉡에서 생은 영영과의 만남을 위해 권력자의 위세를 내세운다.

㉠에서 생은 '미인이 머문 집'의 주인인 노파에게 접근하기 위해 '손님'이라는 가상의 존재를 내세운다. 그러나 ㉡에서 생은 영영과의 만남을 위해, 노파가 죽은 언니의 제사상을 차리고 영영이 그곳에 오도록 하는 일에 동조하고 있을 뿐 권력자의 위세를 내세우고 있지는 않다.

04

답 | ⑤

<보기>를 참고하여 윗글을 감상한 내용으로 적절하지 않은 것은?

보기

〈상사동기〉는 남녀가 결연의 어려움을 극복하고 애정을 추구하는 서사라는 점에서, 애정 전기 소설의 전통을 따르면서도 전대 소설보다 현실성이 강화되었다. 감정에 충실하여 애정을 우선시하는 주인공의 성격, 서사 진행에 적극 개입하는 보조적 인물의 등장, 환상성을 벗어나 일상에 밀착된 배경의 설정 등에서 이를 확인할 수 있다. 또한 신분적 한계를 지닌 여성과의 결연 과정에서 애정 성취를 가로막는 사회적 관습으로 인한 갈등이 드러난다는 점에서 소설사적 의의가 있다.

정답 선지 분석

⑤ 회산군 부인의 허락을 구하려는 노파에게 생이 동조하는 것에서, 사회적 관습 안에서 현실적인 애정 성취 방법을 찾는 인물의 내적 갈등을 확인할 수 있군.

노파는 〈보기〉에서 설명하고 있는 '서사 진행에 적극 개입하는 보조적 인물'에 해당한다. 노파는 생과 영영의 만남을 돕기 위해 '단오' 때, 죽은 언니의 제사상을 차려 영영이 제사에 올 수 있도록 회산군 부인의 허락을 구하려는 계획을 세운다. 이 계획을 듣고 생은 "인간의 5월 5일이 천상의 7월 7일이 되겠소!"라고 기뻐하며 동조하고 있다. 이런 상황을 통해 인물의 내적 갈등을 확인할 수 있다는 감상 내용은 적절하지 않다.

오답 선지 분석

① 생이 첫눈에 반한 영영과의 애정 추구에 적극적으로 나서는 점에서, 감정에 충실한 인물의 성격을 확인할 수 있군.

생은 첫눈에 반한 영영과의 애정을 추구하면서 영영을 만나기 위해 막동과 노파의 제안에 화답하며 적극적으로 나서는 태도를 보인다. 그러므로 이에 대해 생이 감정에 매우 충실한 성격을 가진 인물임을 확인할 수 있다고 감상하는 것은 적절하다.

② 막동과 노파가 생의 애정 성취를 돕기 위해 나서는 점에서, 사건에 적극 개입하는 보조적 인물의 등장을 확인할 수 있군.

보조적 인물인 막동과 노파는 주인공 생과 영영이 애정을 성취할 수 있게 하려고 적극적으로 돕기 위해 나서고 있다. 따라서 이에 대해 사건에 적극 개입하는 보조적 인물의 등장을 확인할 수 있다고 감상하는 것은 적절하다.

③ 생이 길을 가다 우연히 영영을 마주치고 노파의 집까지 뒤따르는 것에서, 사건 전개가 일상적 공간 속에서 이루어짐을 확인할 수 있군.

생은 '길에서' 우연히 영영을 마주치고 '할멈의 집'까지 뒤따르는데, 이러한 공간은 모두 일상에 밀착된 배경이라 할 수 있다. 따라서 이에 대해 사건 전개가 일상적 공간 속에서 이루어짐을 확인할 수 있다고 감상하는 것은 적절하다.

④ 영영이 회산군 댁 시비인 까닭에 두 인물의 만남이 어려운 점에서, 여성 주인공의 신분적 한계로 인해 애정 성취에 곤란을 겪는 것을 확인할 수 있군.

영영은 회산군 댁 시비로서 '궁에서 나고 자라 문 앞길도 밟지 못한 지 오래'되었으며, 노파는 생이 그녀를 만나는 것은 '참으로 어려운' 일이라고 말한다. 따라서 두 인물의 만남이 어려운 원인을 여성 주인공의 신분적 한계에서 찾아 애정 성취에 곤란을 겪는 것을 확인할 수 있다고 감상하는 것은 적절하다.

WEEK 2

본문 | 36

DAY 1 화법과 작문

빠른 정답 체크

❶ ③   ❷ ④   ❸ ④   ❹ ①   ❺ ①

가

❶ 우리 학교에서는 학생이 주도하는 교육 여행을 권장하고 있는데, 그 일환으로 학생회에서 치유 농업을 주제로 하는 여행을 진행하였다. 이 '치유 농업 여행'은 농장 체험을 통해 학업에 지친 학생들의 마음을 치유하기 위해 마련되었다. 치유 농업에 대한 안내가 부족하여 참가를 망설이는 학생들이 있었지만 나는 '건강하고 행복한 삶을 위한 치유 농업 여행에 함께해요'라는 홍보 문구를 보고 호기심이 생겼다. 그래서 지난달에 1박 2일 동안 진행된 치유 농업 여행에 참가하게 되었다.
<small>중심 소재 / 치유 농업 여행의 목적 / 『』: 글쓴이가 치유 농업 여행에 참가하게 된 배경</small>

❷ 토요일 오전, 참가자 20여 명이 버스를 타고 학교에서 1시간 정도 떨어진 농장으로 향했다. 농장 입구에 들어서니 농장을 운영하시는 분이 우리를 반갑게 맞아 주셨다. 첫 번째 프로그램은 농장 주변을 산책하는 것이었다. 농장 주변에는 큰 나무들이 많아서 맑은 공기를 마시며 상쾌한 기분을 느낄 수 있었는데, 산책에 주어진 시간이 너무 짧아 아쉬움이 컸다. 그다음에는 농장에서 키운 채소들을 우리 손으로 수확해 보는 체험을 했다. 몸을 쓰는 농장 일에 집중하다 보니 잡념이 사라지고 활기가 생겼다. 저녁을 먹은 후에는 농장 마당에 모여 앉아 별을 보았다. 밤하늘의 별빛들이 토닥토닥, 지쳐 있는 내 마음을 위로해 주었다. 비가 올 때를 대비한 프로그램이 준비되어 있지 않아 비가 오면 시간을 허비할 수도 있었는데, 날씨가 좋아 별을 볼 수 있어서 다행이었다. 다음날 아침에는 농장을 둘러싼 나무들을 바라보며 명상하는 시간을 가졌는데, 학업에 지친 마음을 회복하는 데 도움이 되었다. 마지막 프로그램은 농장의 동물들에게 먹이를 주는 체험이었다. 동물들과 마음을 나누며 즐거움을 느낄 수 있었다. 마지막 프로그램을 마치며 다른 친구들을 보니 모두들 행복한 표정이었다. 이 여행에 함께했던 다른 학생들과 소감을 나눌 수 있는 장이 마련되면 좋겠다는 생각을 했다.
<small>농장 체험 프로그램 ① / 프로그램 ①에 대한 글쓴이의 감상 / 치유 농업 여행의 개선점 ① / 농장 체험 프로그램 ② / 프로그램 ②에 대한 글쓴이의 감상 / 농장 체험 프로그램 ③ / 프로그램 ③에 대한 글쓴이의 감상 / 치유 농업 여행의 개선점 ② / 농장 체험 프로그램 ④ / 프로그램 ④에 대한 글쓴이의 감상 / 농장 체험 프로그램 ⑤ / 프로그램 ⑤에 대한 글쓴이의 감상 / 치유 농업 여행의 개선점 ③</small>

❸ 짧은 시간이었지만 치유 농업 여행은 나에게 유익한 체험이었다. 학생회가 준비해 준 이번 여행 덕분에 힘든 학업으로 답답했던 마음이 시원하게 뚫린 기분이었다. 좋은 프로그램을 준비해 줘서 고마웠다. 이번 교육 여행을 계기로 치유 농업에 관한 자료를 찾아보고 더 깊이 이해해 봐야겠다는 계획을 세웠는데 꼭 실천해야겠다.
<small>『』: 행사를 주최한 학생회에 대한 감사를 전함 / 『』: 프로그램과 관련된 향후 계획을 실천할 것을 다짐함</small>

나

학생 1: 두 번째 치유 농업 여행을 홍보하는 글을 쓰기로 했는데, 어떻게 쓰면 좋을지 이야기해 보자.
<small>대화의 목적을 상기하며 대화를 시작함</small>

학생 2: 지난번 여행을 홍보하는 글에서는 프로그램을 소개하는 데 주안점을 두었잖아. 이번에는 치유 농업 여행을 통해 얻을 수 있는 효과를 강조해서 더 많은 학생들이 참가할 수 있도록 하면 좋지 않을까?
<small>『』: 과거 작문 경험을 제시하며 의견을 주장함 / 홍보글 작문 방향</small>

학생 3: 그래, 맞아. 학생회 게시판에 올라온 소감문 읽어 봤지? 그 소감문에는 치유 농업 여행이 준 만족감이 잘 표현되어 있잖아. 그 내용이 좋아 보이더라.
<small>『』: 구체적 사례를 언급하며 '학생 2'의 의견을 긍정함</small>

학생 1: 여행을 통해 학업에 지친 마음을 치유할 수 있었다고 한 내용을 홍보하는 글에 포함하자는 말이지?
<small>물음을 통해 '학생 3'의 발화를 적절히 이해한 것인지 확인함</small>

학생 3: 맞아. 그 내용이 들어가게 하자. 그리고 우리 학생회가 여행을 준비하는 데 많은 노력을 기울였다는 점과 여행이 끝나고 실시한 설문 조사에서도 만족도가 높게 나온 점을 모두 언급해 주면 좋겠어. [A]
<small>글 내용에 대한 '학생 3'의 의견 ① / 글 내용에 대한 '학생 3'의 의견 ②</small>

학생 2: 우리가 노력한 것은 맞지만 그 내용을 홍보하는 글에까지 넣을 필요는 없을 것 같아. 그렇지만 설문 조사의 문항과 결과를 수치로 보여 주는 건 여행에 대한 관심도를 높일 수 있다는 면에서 좋네.
<small>『』: '학생 3'의 의견 ①은 반대하고, ②는 찬성함</small>

학생 1: 설문 조사의 문항과 결과를 수치로 보여 주는 것은 우리가 쓰려는 글의 성격에 맞지 않아. 만족도가 높았다는 내용만 간단히 언급하는 게 좋지 않을까?
<small>『』: '학생 2'의 의견에 대한 문제점을 지적하면서 대안을 제시함</small>

학생 2: 그렇게 하자. 그리고 지난번에는 학생들이 홍보하는 글을 읽고 나서 학생회로 문의를 많이 했잖아. 이번에는 그런 점도 고려할 필요가 있어.

학생 1: 좀 더 자세한 여행 관련 정보를 안내받을 수 있는 별도의 방법을 홍보하는 글에 제시해 주자는 거구나. 그렇지?
<small>물음을 통해 '학생 2'의 발화를 적절하게 이해한 것인지 확인함</small>

학생 2: 맞아. 그리고 지난번 여행에서 동물들 먹이 주기 체험에 대한 호응이 진짜 좋았잖아? 이에 대해 꼭 언급하자. [B]
<small>글의 내용에 관한 '학생 2'의 의견</small>

학생 3: 좋아. 그리고 지난번 여행에서 학생들이 즐거워하는 모습을 찍은 사진들이 많이 있잖아. 그 사진 중 하나를 제시하면 어때?
<small>글의 내용에 관한 '학생 3'의 의견 ③</small>

학생 1: 나는 소감문에서 밤하늘의 별을 보고 얻은 위로를 '토닥토닥'이라고 한 표현이 인상적이었는데, 그것과 관련된 사진을 넣고 그 사진을 설명하는 데 이 표현을 사용하자.
<small>『』: 소감문에 대한 감상을 바탕으로 의견을 제시</small>

학생 3: 그래, 좋아. 나도 그 표현이 참 좋더라.

학생 2: 내가 너희들의 의견을 반영해서 초고를 작성해 볼게.

학생 1: 응, 고마워. 그리고 지난번 여행에서 부족한 점이나 다시
<small>다음 대화 주제 제시</small>

생각해 봐야 할 점도 있었잖아. 다음번 모임에서는 그 부분에 대해 이야기해 보자.

학생 3: 우리가 앞에서 살펴봤던 소감문에도 그런 내용이 있었잖아. 내가 그 내용을 정리해서 우리가 논의해야 할 사항을 메모 해 올게.

학생 1, 2: 그래, 좋아.

01

답 | ③

(가)의 학생이 사용한 글쓰기 방법에 대한 설명으로 가장 적절한 것은?

정답 선지 분석

③ 치유 농업 여행의 세부 프로그램 내용과 소감을 시간적 순서에 따라 제시한다.
　2문단에서 치유 농업 여행의 세부 프로그램 내용과 소감을 시간적 순서에 따라 제시하고 있다.

오답 선지 분석

① 치유 농업 여행에 참가하면서 겪은 어려움을 사례를 들어 제시한다.
　치유 농업 여행에 참가해서 경험한 사례들이 제시되어 있지만, 그 사례에서 겪은 어려움은 제시되어 있지 않다.

② 치유 농업 여행에 참가한 경험을 다른 참가자의 경험과 비교하여 설명한다.
　치유 농업 여행에 참가한 경험을 다른 참가자의 경험과 비교하고 있지 않다.

④ 치유 농업에 대한 전문가의 견해를 직접 인용하여 치유 농업 여행의 목적을 설명한다.
　치유 농업에 대한 전문가의 견해를 직접 인용하고 있는 부분은 없다.

⑤ 치유 농업 여행의 프로그램이 지닌 장점을 다른 교육 여행 프로그램과 대조하여 제시한다.
　치유 농업 여행에 대한 만족감을 표현하고 있지만 프로그램이 지닌 장점을 다른 교육 여행 프로그램과 대조하고 있지는 않다.

02

답 | ④

<보기>는 (가)의 마지막 문단 초고이다. <보기>를 고쳐 쓰기 위한 친구들의 조언 중 반영되지 <u>않은</u> 것은?

보기

　짧은 시간이었지만 치유 농업 여행은 나에게 도움이 되는 유익한 체험이었다. 학생회가 준비해 준 이번 여행 탓에 힘든 학업으로 답답했던 마음이 시원하게 뚫린 기분이었다. 학업에 집중하기 위해서는 공부하는 환경이 중요하다는 생각이 들었다. 좋은 프로그램을 준비해 준 학생회 학생들이 고맙다는 말을 전하고 싶다. 이번 교육 여행을 계기로 생긴 앞으로의 계획도 잘 실천해 봐야겠다.

정답 선지 분석

④ 네 번째 문장은 행위가 미치는 대상인 객체를 분명하게 표현하는 게 어때?
　<보기>의 네 번째 문장에서 고맙다는 말을 전하는 행위가 미치는 객체를 분명하게 표현하라는 조언을 반영하지 않고, 해당 문장을 수정하였다.

오답 선지 분석

① 첫 번째 문장에서 의미가 중복된 표현은 수정하는 게 어때?
　<보기>의 첫 번째 문장에서 중복되는 의미인 '도움이 되는'과 '유익한' 중 '도움이 되는'을 삭제하였으므로, 의미가 중복되는 표현을 수정하라는 조언을 반영하였다.

---

② 두 번째 문장에서 부적절하게 사용된 어휘는 바꾸는 게 어때?
　<보기>의 두 번째 문장에서 부적절하게 사용된 '탓'을 대신하여 '덕분'으로 어휘를 바꾸었으므로, 부적절하게 사용된 어휘를 바꾸라는 조언을 반영하였다.

③ 세 번째 문장은 글의 통일성을 고려하여 삭제하는 게 어때?
　글의 내용과 관계없는 <보기>의 세 번째 문장을 삭제하였으므로, 글의 통일성을 고려해 해당 문장을 삭제하라는 조언을 반영하였다.

⑤ 다섯 번째 문장의 내용은 더 구체적으로 제시해 주는 게 어때?
　<보기>의 다섯 번째 문장을 치유 농업에 관한 자료를 찾아보고 더 깊이 이해해 보겠다는 계획을 세웠다고 구체화하였으므로, 해당 문장의 내용을 더 구체적으로 제시해 달라는 조언을 반영하였다.

03

답 | ④

[A], [B]에 대한 이해로 가장 적절한 것은?

정답 선지 분석

④ [A]와 [B] 모두에서 학생 1은 첫 번째 발화에서 상대의 발화 의도를 파악하여 자신이 이해한 내용이 맞는지 확인하고 있다.
　[A]의 대화에서 학생 1의 첫 번째 발화는 학생 3의 발화를 자신이 이해한 바에 따라, 여행을 통해 학업에 지친 마음을 치유할 수 있었다는 소감문의 내용을 홍보하는 글에 포함하자는 의미인지 학생 3에게 확인하고 있다. [B]의 대화에서 학생 1의 첫 번째 발화는 학생 2의 발화를 자신이 이해한 바에 따라, 여행 관련 정보를 좀 더 자세하게 안내받을 수 있는 별도의 방법을 홍보하는 글에 제시하자는 의미인지 학생 2에게 확인하고 있다.

오답 선지 분석

① [A]에서 학생 3은 첫 번째 발화에서 학생 2의 의견 중 자신의 의견과 부합하는 부분과 그렇지 않은 부분을 구별하고 있다.
　[A]에서 학생 3은 첫 번째 발화에서 구체적인 사례를 언급하며 학생 2의 의견을 긍정하고 있을 뿐, 자신의 의견과 부합하는 부분과 그렇지 않은 부분을 구별하고 있지 않다.

② [A]에서 학생 1은 두 번째 발화에서 학생 2와 학생 3의 발화 내용의 일부를 재진술하면서 그 발화 내용을 뒷받침할 근거 자료를 요청하고 있다.
　[A]에서 학생 1은 두 번째 발화에서 학생 3의 의견에 대한 문제점을 지적하며 새로운 대안을 제시하고 있을 뿐, 학생 2와 학생 3의 발화 내용의 일부를 재진술하면서 그 발화 내용을 뒷받침할 근거 자료를 요청하고 있지 않다.

③ [B]에서 학생 3은 첫 번째 발화에서 학생 2의 제안에 대한 공감을 표현한 후 두 번째 발화에서 그 제안과 학생 1의 제안을 절충하고 있다.
　[B]에서 학생 3은 첫 번째 발화에서 학생 2의 제안에 대해 공감을 표현하고 있으나, 두 번째 발화에서 그 제안과 학생 1의 제안을 절충하고 있지 않다.

⑤ [A]와 [B] 모두에서 학생 2는 두 번째 발화에서 상대의 발화 내용이 대화 맥락에 어긋나 있음을 고려하여 대화의 흐름을 조정하고 있다.
　[A]와 [B] 모두에서 학생 2는 두 번째 발화에서 대화의 흐름을 조정하고 있지 않다.

04

답 | ①

(가)와 (나)를 고려할 때, '학생 3'이 작성한 <u>메모</u>의 내용으로 적절하지 <u>않은</u> 것은?

정답 선지 분석

[우리가 논의해야 할 사항]

◦ 참가자 안전 교육의 효율적인 진행을 위해 필요한 사항 검토 …… ①

(나)에서 학생 3은 다음번 모임을 위해, 학생회 게시판에 올라온 소감문에서 지난번 치유 농업 여행의 부족한 점이나 다시 생각해 봐야 할 점과 관련된 내용을 정리해 논의할 사항을 메모해 오겠다고 하였다. 소감문에는 안전 교육에 대한 언급이 없으므로, 참가자 안전 교육과 관련한 검토는 학생 3이 작성한 메모의 내용으로 적절하지 않다.

오답 선지 분석

◦ 여행 참가자들 사이에 소감을 공유할 수 있는 구체적인 방안 검토 … ②

소감문에서 '이 여행에 함께했던 다른 학생들과 소감을 나눌 수 있는 장이 마련'되지 않은 것에 대해 아쉬움을 드러내고 있으므로 다음번 모임에서 논의할 사항으로 적절하다.

◦ 일부 프로그램에 배정된 활동 시간을 조정할 필요성에 대한 검토……
…………………………………………………………………… ③

소감문에서 '산책에 주어진 시간이 너무 짧아 아쉬움'을 느꼈다고 하였으므로 다음번 모임에서 논의할 사항으로 적절하다.

◦ 우천 시 진행하기 어려운 프로그램을 대체할 수 있는 프로그램 검토 …
…………………………………………………………………… ④

소감문에서 '비가 올 때를 대비한 프로그램이 준비되어 있지 않'은 점에 대해 언급하고 있으므로 다음번 모임에서 논의할 사항으로 적절하다.

◦ 참가자 모집 과정에서 부족했던 치유 농업에 대한 안내를 보완할 수 있는 방안 검토 …………………………………………………… ⑤

소감문에서 '치유 농업에 대한 안내가 부족'했다는 점을 언급하고 있으므로 다음번 모임에서 논의할 사항으로 적절하다.

정답 선지 분석

① 새로 추가된 프로그램의 내용과 효과를 부각하자는 의견이 반영되었군.

학생 2가 작성한 초고에는 소 껴안기 프로그램을 추가하였다고 했는데, (나)의 학생들 대화에서는 이에 대한 언급이 없다.

오답 선지 분석

② 치유 농업 여행이 준 만족감에 대한 소감문의 내용을 포함하자는 의견이 반영되었군.

치유 농업 여행에서 학업에 지친 마음을 치유할 수 있었다는 소감문의 내용을 학생 2의 초고에서 확인할 수 있으므로, 치유 농업 여행이 준 만족감을 표현한 소감문의 내용을 홍보하는 글에 포함하자는 의견이 반영되었다고 볼 수 있다.

③ 치유 농업 여행 후 진행된 설문 조사의 만족도 결과를 간단하게 언급하자는 의견이 반영되었군.

치유 농업 여행 후 진행된 설문 조사에서 만족도가 매우 높았다는 내용을 학생 2의 초고에서 확인할 수 있으므로, 설문 조사의 만족도 결과를 홍보하는 글에 간단하게 언급하자는 의견이 반영되었다고 볼 수 있다.

④ 치유 농업 여행에 관한 추가 정보를 얻을 수 있는 별도의 방법을 안내하자는 의견이 반영되었군.

치유 농업 여행에 대한 구체적인 프로그램 일정과 내용, 신청 방법 등을 학생회 게시판에서 확인할 수 있다는 내용을 학생 2의 초고에서 확인할 수 있으므로, 치유 농업 여행에 관한 추가 정보를 얻을 수 있는 별도의 방법을 안내하자는 의견이 반영되었다고 볼 수 있다.

⑤ 학생들의 활동 모습이 담긴 사진과 소감문에서 인상적이었던 표현을 함께 제시하자는 의견이 반영되었군.

치유 농업에 다녀온 학생들의 활동 모습이 담긴 사진과 소감문에서 인상적이었던 표현인 '쓰담쓰담'을 학생 2의 초고에서 함께 제시하고 있으므로, 학생들의 학생 활동 모습이 담긴 사진과 소감문에서 인상적이었던 표현을 함께 제시하자는 의견이 반영되었다고 볼 수 있다.

DAY 2 | 매체

빠른 정답 체크

1 ②   **2 ⑤**   **3 ④**

진행자: 계속해서 전문가와 함께 다음 화제인 쇼트폼(short-form)에 대해 이야기를 나눠 보겠습니다. 필요하신 분은 자막 기능을 켜 주세요. _{자막을 통해 소리 없이도 내용을 이해할 수 있음} 쇼트폼은 무엇인가요?

전문가: 쇼트폼은 짧게는 15초에서 60초, ⓐ <u>길어도 최대 10분을 넘지 않는</u> 짧은 영상 콘텐츠를 말합니다. 쇼트폼을 하나 준비했는데, _{주제와 관련된 시각 자료를 제시하여 시청자의 이해를 높임} 함께 보시죠.

진행자: (시청 후) 현재 기준으로 무려 조회 수가 100만 회 가까이 되는데, ⓑ <u>지금도 조회 수가 올라가고 있군요</u>. 이렇게 쇼트폼이 인기인 이유가 무엇일까요?

전문가: ⓒ <u>쇼트폼은 짧고 재미있고 부담이 없습니다.</u> 그게 이유 _{쇼트폼이 인기가 있는 이유} 지요. 이는 콘텐츠를 효율적으로 소비하려는 현대인의 성향에 잘 부합한다고 생각합니다.

진행자: '실시간 채팅'에 '샛별' 님이 '1분짜리 요리 과정 영상을 _{「」: 실시간 채팅 기능을 통해 시청자의 궁금증을 바로 해결할 수 있음} 자주 보는데, 이것도 쇼트폼인가요?'라는 질문을 방금 올려 주

05

답 | ①

다음은 '학생 2'가 작성한 초고이다. 이에 대한 반응으로 적절하지 <u>않은</u> 것은?

보기

건강하고 행복한 삶을 위한 치유 농업 여행에 함께해요

학생회에서 두 번째 치유 농업 여행에 참가할 학생을 모집합니다. 첫 번째 치유 농업 여행에 참가했던 학생들의 반응이 얼마나 좋았는지 아시나요? 치유 농업 여행을 통해 학업으로 지친 마음을 치유할 수 있어서 좋았다는 학생의 반응이 있었어요. 여행 후 진행된 설문 조사 결과에서도 만족도가 매우 높게 나왔답니다. 그리고 이번에는 특별히 주목할 만한 프로그램이 하나 더 생겼어요. 지난번 여행에서 동물들 먹이 주기 체험에 대한 호응이 매우 좋았는데, 이번에는 소 껴안기 프로그램을 추가하여 지난번보다 동물들과 더 가깝게 교감할 수 있도록 했어요. 치유 농업 여행에 참가를 원하는 학생들은 학생회 게시판을 통해 구체적인 프로그램 일정과 내용, 신청 방법 등을 확인해 주세요.

<사진: 토닥토닥 위로해 준 별빛들>

셨네요.」

전문가: 예, 쇼트폼입니다. 쇼트폼을 통해 요리뿐 아니라 패션,
경제, 과학 등 각종 분야의 정보를 얻을 수 있죠. 기존 미디어
를 대신하는 경우도 있는데, <u>한 설문에서 쇼트폼을 통해 뉴스</u>
<u>를 시청한다고 28%나 응답했습니다.</u>
<small>설문 결과를 인용하여 쇼트폼에 관한 정보를 제시</small>

진행자: 최근 기업들이 쇼트폼을 마케팅 수단으로 적극 활용하
고 있다고 들었습니다. 이에 대해 설명해 주시겠어요?

전문가: 쇼트폼을 활용하면 사람들의 참여를 자연스럽게 유도
할 수도 있습니다. 그래서 <u>비교적 비용이 적게 들면서도 파급</u>
<u>력이 있고 소비자 반응을 빠르게 확인할 수 있어</u> 기업들이 쇼
<small>기업들이 쇼트폼을 마케팅에 활용하는 이유</small>
트폼을 마케팅에 적극적으로 이용하는 것이지요. 제 블로그에
쇼트폼 마케팅 사례를 정리한 글이 있습니다. 화면 아래의 '더
보기'를 클릭하면 블로그에 접속할 수 있는 링크가 보일 테니
<small>시청자들이 추가적인 정보를 얻을 수 있는 방법 ①</small>
필요하시면 참고해 주세요.

진행자: ⓓ 쇼트폼을 시청할 때 유의할 점은 무엇인가요?

전문가: 아무래도 짧은 시간 내 사람들의 이목을 끌어 조회 수를
높이려다 보니, 쇼트폼에는 자극적인 장면이나 과장된 정보가
포함된 경우가 많습니다. 이런 점에서 「쇼트폼의 장면을 선불
리 따라하거나 정보를 맹목적으로 수용하기보다 비판적 시각
<small>「 」: 쇼트폼을 시청할 때 유의할 점</small>
으로 판단하려는 태도를 가져야 합니다.」'실시간 채팅' 아래에
관련 영상이 있는데, 필요하신 분은 시청해 보셔도 좋겠네요.
<small>시청자들이 추가적인 정보를 얻을 수 있는 방법 ②</small>

진행자: 말씀 감사합니다. 오늘 영상은 누구나 시청하실 수 있도
록 공개해 두겠습니다. 혹시 의견이 있으신 분은 ⓔ 영상 게시
물에 댓글을 남겨 주시면 답변을 드리겠습니다.

01
답 | ②

㉠~㉫에 대한 이해로 적절하지 <u>않은</u> 것은?

<u>정답 선지 분석</u>

② ㉡: 전문가의 발언에 비판적 의문을 제기하는 시청자의 의견을 실시간으로
보여 주고 있군.

'실시간 채팅'은 방송 참여자들이 실시간으로 소통할 수 있도록 하는 기능을 한다. 따라서 시
청자의 의견을 실시간으로 보여 준다고 할 수 있지만, '실시간 채팅'에서 '샛별'이 전문가의
발언에 대해 비판적 의문을 제기하는 내용은 드러나 있지 않으므로 적절하지 않다.

<u>오답 선지 분석</u>

① ㉠: 글자의 크기와 글꼴을 달리하여 방송에서 다루는 중심 화제를 부각하고
있군.

방송에서 다루고 있는 중심 화제인 '쇼트폼'을 다른 글자보다 크기를 크게 하고, 글꼴을 달리
함으로써 부각하고 있으므로 적절하다.

③ ㉢: 방송에서 다룬 내용과 관련 있는 영상을 제시하고 있군.

전문가의 다섯 번째 발화에서 쇼트폼을 시청할 때의 유의할 점에 대해 언급하며 ''실시간 채
팅' 아래에 관련 영상이 있는데, 필요하신 분은 시청해 보셔도 좋겠네요.'라고 말하였으므로
적절하다.

④ ㉣: 방송 중 언급된 블로그에 필요에 따라 선택적으로 접근할 수 있도록 하
고 있군.

전문가는 네 번째 발화에서 '화면 아래의 '더 보기'를 클릭하면~참고해 주세요.'라고 말하였
다. 따라서 방송 중 언급된 블로그에 필요에 따라 선택적으로 접근할 수 있도록 하고 있으므
로 적절하다.

⑤ ㉤: 방송에서 송출되는 음성 언어를 문자 언어로 보여 주는 기능을 제공하
고 있군.

진행자는 첫 번째 발화에서 '필요하신 분은 자막 기능을 켜 주세요.'라고 말하였다. 이는 방
송에서 송출되는 음성 언어를 문자 언어로 보여 주는 기능을 제공하는 것이므로 적절하다.

02
답 | ⑤

ⓐ~ⓔ에 대한 설명으로 적절하지 <u>않은</u> 것은?

<u>정답 선지 분석</u>

⑤ ⓔ: 간접 인용을 나타내는 조사를 활용해 쇼트폼에 대한 의견을 제시하는
방법을 안내하고 있다.

간접 인용을 나타내는 조사에는 '고'가 있다. '영상 게시물에 댓글을 남겨 주시면'에는 간접
인용을 나타내는 조사가 활용되고 있지 않다.

<u>오답 선지 분석</u>

① ⓐ: 부정 표현을 활용해 쇼트폼의 재생 시간의 특징을 언급하고 있다.

'넘지 않는'이라는 부정 표현을 활용하여 쇼트폼의 재생 시간의 특징을 언급하고 있다.

② ⓑ: 진행상을 활용해 현재 쇼트폼의 조회 수가 계속해서 증가하는 중임을
드러내고 있다.

'지금도~있군요.'라고 하며 진행상을 활용해 현재 쇼트폼의 조회 수가 계속해서 증가하는 중
임을 드러내고 있다.

③ ⓒ: 대등적 연결 어미를 연속적으로 활용해 쇼트폼이 인기인 이유를 설명하
고 있다.

쇼트폼이 인기인 이유를 연결 어미 '-고'를 활용하여 연속적으로 설명하고 있다.

④ ⓓ: 설명 의문문을 활용해 쇼트폼 시청 시 유의할 점에 대한 정보를 요구하
고 있다.

'쇼트폼을~무엇인가요?'라고 하며 설명 의문문을 활용해 쇼트폼 시청 시 유의할 점에 대한
정보를 전문가에게 요구하고 있다.

03

답 | ④

다음은 시청자들이 올린 댓글의 일부이다. 시청자의 수용 태도에 대한 설명으로 가장 적절한 것은?

영상 게시물 댓글

 시청자 1: 쇼트폼에 대한 설문의 출처도 제시되지 않았고, 내용도 확실한지 의문이네요. 게다가 쇼트폼에 과장된 내용이 포함된 사례가 제시되지 않아 아쉬워요.

 시청자 2: 쇼트폼에 대한 글쓰기 과제를 해야 하는데, 방송에서 필요한 내용을 얻을 수 있어서 좋았어요. 하지만 쇼트폼 제작자의 입장에서 유의할 점은 다루지 않아 아쉽습니다.

 시청자 3: 비판 의식 없이 쇼트폼을 소비하던 사람들에게 도움이 되는 방송 같아요. 쇼트폼을 즐기는 사람들이 많아지고 있는 이때, 유의할 점을 알려 주셔서 의미 있었습니다.

[정답 선지 분석]

④ 시청자 1과 달리, 시청자 3은 방송에 제시된 정보의 유용성에 대해 긍정적으로 판단하였다.

시청자 1은 설문의 출처와 내용의 정확성에 대해 의문을 제기하였으며, 과장된 내용이 포함된 쇼트폼의 사례가 방송에서 제시되지 않은 점을 아쉽다고 언급하였다. 이로 볼 때, 시청자 1은 방송에 제시된 정보의 유용성에 대해 긍정적으로 판단하였다고 볼 수 없다. 한편, 시청자 3은 방송이 비판 의식 없이 쇼트폼을 소비하던 사람들에게 도움이 된다고 하였으며, 유의할 점을 알려 주어 의미가 있었다고 언급하였다. 따라서 시청자 1과 달리, 시청자 3은 방송에 제시된 정보의 유용성에 대해 긍정적으로 판단하였다고 볼 수 있다.

[오답 선지 분석]

① 시청자 1과 시청자 2는 모두 방송에 제시된 정보의 정확성에 대해 긍정적으로 판단하였다.

시청자 1은 설문의 출처와 내용의 정확성에 대해 의문을 제기하고 있으므로 방송에 제시된 정보의 정확성에 대해 긍정적으로 판단하였다고 볼 수 없다.

② 시청자 1과 시청자 3은 모두 방송에 제시된 정보의 신뢰성에 대해 부정적으로 판단하였다.

시청자 1은 설문의 출처에 대해 의문을 제기하였으므로 방송에 제시된 정보의 신뢰성에 대해 부정적으로 판단하였다. 반면, 시청자 3은 정보의 신뢰성에 대해 부정적으로 판단하지 않았다.

③ 시청자 1과 달리, 시청자 2는 방송에 제시된 정보의 충분성에 대해 부정적으로 판단하였다.

시청자 1은 쇼트폼에 과장된 내용이 포함된 사례가 제시되지 않았다는 점에서 아쉬움을 드러내며 정보의 충분성에 대해 부정적으로 판단하였다고 볼 수 있다. 시청자 2 역시 쇼트폼 제작자의 입장에서 유의할 점을 다루지 않았다는 점에서 아쉬움을 드러내며 정보의 충분성에 대해 부정적으로 판단하였다고 볼 수 있다.

⑤ 시청자 2와 달리, 시청자 3은 방송에 제시된 정보의 시의성에 대해 부정적으로 판단하였다.

시청자 2는 쇼트폼에 대한 글쓰기 과제를 해야 하는데, 방송에서 필요한 내용을 얻을 수 있었다는 점에서 정보의 시의성에 대해 긍정적으로 판단하였다고 볼 수 있다. 시청자 3 역시 쇼트폼을 즐기는 사람들이 많아지고 있는 이때, 유의할 점을 알려주어서 의미가 있었다고 하였으므로 정보의 시의성에 긍정적으로 판단하였다고 볼 수 있다.

DAY 3 **유류분권**

[빠른 정답 체크]

01 ② **02** ④ **03** ② **04** ④

❶ 사유 재산 제도하에서는 누구나 자신의 재산을 자유롭게 처분할 수 있다. 그러나 기부와 같이 어떤 재산이 대가 없이 넘어가는 *무상 처분 행위의 예시* 무상 처분 행위가 행해졌을 때는 그 당사자인 무상 처분자와 무상 취득자의 의사와 무관하게 *상속이 개시되면 상속인들이 유류분권을 행사할 수 있기 때문* 그 결과가 번복될 수 있다. 무상 처분자가 사망하면 상속이 개시되고, 그의 상속인들이 *무상 취득자에게 제공된 재산을 반환해야 할 수 있음* 유류분을 반환받을 수 있는 권리인 유류분권을 행사할 수 있기 때문이다. 이 *유류분권의 개념* 때 무상 처분자는 피상속인이 되고 그의 권리와 의무는 상속인에게 이전된다.

❷ 유류분은 「피상속인의 무상 처분 행위가 없었다고 가정할 때 상속인들이 상속받을 수 있었을 이익 중 법으로 보장된 부분」이 『』: 유류분의 개념 다. 만약 상속인이 피상속인의 자녀 한 명뿐이면, 상속받을 수 있었을 이익의 $\frac{1}{2}$만 보장된다. 상속인들이 상속받을 수 있었을 이익은 「상속 개시 당시에 피상속인이 가졌던 재산의 가치에 이미 『』: 상속받을 수 있었을 이익의 계산 방법 무상 취득자에게 넘어간 재산의 가치를 더하여 산정한다.」 유류분은 상속인들이 기대했던 이익을 보호하기 위한 것이기 때문이다. *유류분의 목적*

❸ 「피상속인이 상속 개시 당시에 가졌던 재산으로부터 상속받은 『』: 상속액을 받은 상속인 이익이 있는 상속인은 유류분에 해당하는 이익의 일부만 반환받을 수 있다.」 *유류분 부족액* 유류분에 해당하는 이익에서 이미 상속받은 이익을 *유류분 부족액의 개념* 뺀 값인 유류분 부족액만 반환받을 수 있기 때문이다. 유류분 부족액의 가치는 금액으로 계산되지만 항상 돈으로 반환되는 것은 아니다. 만약 「무상 처분된 재산이 돈이 아니라 물건이나 주식처럼 돈 이외의 재산이라면, 처분된 재산 자체가 반환 대상」이 되는 『』: 유류분 부족액을 반환할 때의 원칙 것이 원칙이다. 다만 그 재산 자체를 반환하는 것이 불가능한 때 *무상 처분된 재산이 돈 이외의 재산임에도 돈으로 반환하는 경우 ①* 에는 무상 취득자는 돈으로 반환해야 한다. 또한 재산 자체의 반환이 가능해도 유류분권자와 무상 취득자의 합의에 의해 돈으로 *무상 처분된 재산이 돈 이외의 재산임에도 돈으로 반환하는 경우 ②* 반환될 수도 있다.

❹ 무상 처분된 재산이 물건이라면 유류분 반환은 어떤 형태로 이루어질까? 무상 취득자가 반환해야 할 유류분 부족액이 무상 *무상 취득자가 무상 처분된 물건으로 유류분 부족액을 지급할 수 있음* 처분된 물건의 가치보다 적다면 유류분권자는 그 물건의 가치에 *유류분권자가 무상 취득자로부터 반환받는 금액* 상당하는 금액에서 유류분 부족액이 차지하는 비율만큼 무상 취득자로부터 반환받을 수 있다. 이로 인해 하나의 물건에 대한 소 *지분의 개념* 유권이 여러 명에게 나눠지는데, 이때 각자의 몫을 지분이라고 한다.

❺ 무상 처분된 물건의 시가가 변동하면 유류분 부족액을 계산할 때는 언제의 시가를 기준으로 삼아야 할까? ㉠ 유류분의 취지 *무상 처분된 물건의 시가가 변동했을 때의 유류분 부족액 계산 기준*

에 비추어 상속 개시 당시의 시가를 기준으로 해야 한다. 다만 그 물건의 시가 상승이 무상 취득자의 노력에서 비롯되었으면 이때는 무상 취득 당시의 시가를 기준으로 계산해야 한다. 이렇게 정
무상 취득자의 노력으로 시가가 상승했을 때의 유류분 부족액 계산 기준
해진 유류분 부족액을 근거로 반환 대상인 지분을 계산할 때는, 시가 상승의 원인이 무엇이든 상속 개시 당시의 시가를 기준으로
지분 계산 기준
해야 한다.

01

답 | ②

윗글의 내용과 일치하지 않는 것은?

정답 선지 분석

② 유류분권이 보장되는 범위는 유류분 부족액의 일부에 한정된다.

　3문단에 따르면 유류분 부족액은 유류분에 해당하는 이익에서 이미 상속받은 이익을 뺀 값이다. 유류분 부족액의 전부가 유류분권이 보장되는 범위에 포함된다. 따라서 유류분권의 보장 범위가 유류분 부족액의 일부에 한정된다는 것은 적절하지 않다.

오답 선지 분석

① 유류분권은 상속인이 아닌 사람에게는 인정되지 않는다.

　1문단에서 유류분권은 '상속인들이 유류분을 반환받을 수 있는 권리'라고 하였다. 이에 따르면 상속인이 아닌 사람에게는 유류분권이 인정되지 않는다.

③ 상속인은 상속 개시 전에는 무상 취득자에게 유류분권을 행사할 수 없다.

　1문단에 따르면 무상 처분자가 사망하면 상속이 개시되고, 그의 상속인들이 유류분권을 행사할 수 있게 된다. 따라서 상속 개시 전에는 상속인이 무상 취득자에게 유류분권을 행사할 수 없다.

④ 피상속인이 생전에 다른 사람에게 판 재산은 유류분권의 대상이 될 수 없다.

　2문단에는 유류분을 '피상속인의 무상 처분 행위가 없었다고 가정할 때 상속인들이 상속받을 수 있었을 이익 중 법으로 보장된 부분'이라고 정의하고 있다. 이에 따르면 유류분권의 대상이 되는 재산은 무상 처분된 재산이지 다른 사람에게 판 재산은 아니다.

⑤ 무상으로 취득한 재산에 대한 권리는 무상 취득자 자신의 의사에 반하여 제한될 수 있다.

　1문단에 따르면 무상 처분 행위가 행해졌을 때에는 무상 처분자와 무상 취득자의 의사와 무관하게 그 결과가 번복될 수 있다. 즉 무상으로 취득한 재산에 대한 권리는 무상 취득자 자신의 의사에 반하여 제한될 수 있다.

02

답 | ④

윗글에 대한 이해로 가장 적절한 것은?

정답 선지 분석

④ 유류분권자가 유류분 부족액을 물건 대신 돈으로 반환하라고 요구하더라도 무상 취득자는 무상 취득한 물건으로 반환할 수 있다.

　3문단에 따르면 무상 처분된 재산이 돈 이외의 재산이라면 처분된 재산 자체가 반환 대상이 되는 것이 원칙이다. 다만 그 재산 자체를 반환하는 것이 불가능할 때에나, 재산 자체의 반환이 가능하더라도 무상 취득자와 유류분권자가 합의를 하였을 때에는 돈으로 반환하는 것이 가능하다. 바꾸어 말하면 재산 자체를 반환할 수 있는 경우에는 원칙대로 재산 자체를 반환하면 되고, 무상 취득자와 유류분권자가 합의를 하지 않은 경우 물건 대신 돈으로 반환할 필요가 없다. 따라서 유류분권자가 유류분 부족액을 물건 대신 돈으로 반환하라고 요구하더라도 무상 취득자는 무상 취득한 물건으로 반환할 수 있다.

오답 선지 분석

① 무상 처분된 재산이 물건 한 개이면 유류분권자는 그 물건 전부를 반환받는다.

　4문단에 따르면 무상 취득자가 반환해야 할 유류분 부족액이 무상 처분된 물건의 가치보다 적다면 유류분권자는 그 물건의 가치에 상당하는 금액에서 유류분 부족액이 차지하는 비율만큼 무상 취득자로부터 반환받을 수 있다. 이로 인해 하나의 물건에 대한 소유권이 여러 명에게 나눠지게 된다. 그러므로 유류분권자는 물건이 한 개일 때, 그 물건 전부를 반환받는 것이 아니라 자신의 몫인 지분을 반환받을 수 있다.

② 무상 처분된 물건이 반환되는 경우 유류분 부족액이 클수록 무상 취득자의 지분이 더 커진다.

　4문단에 따르면 '지분'은 하나의 물건(무상 처분된 재산)에 대해 소유권이 여러 명에게 나눠진 경우, 각자의 몫을 뜻한다. 유류분 부족액이 커지면 물건에 대한 유류분권자의 지분도 커지게 된다. 이때 무상 취득자는 유류분권자에게 더 많은 몫을 돌려주어야 하므로 지분이 작아진다.

③ 무상 취득자가 무상 취득한 물건을 반환할 수 없게 되면 유류분 부족액을 지분으로 반환해야 한다.

　3문단에 따르면 무상 처분된 재산 자체를 반환하는 것이 불가능할 때 무상 취득자는 돈으로 반환해야 한다.

⑤ 무상 처분된 물건의 일부가 반환되면 무상 취득자는 그 물건의 소유권을 가지고 유류분권자는 유류분 부족액만큼의 돈을 반환받게 된다.

　4문단에 따르면 유류분 부족액이 무상 처분된 물건의 가치보다 적을 때 유류분권자는 지분을 반환받을 수 있으며, 하나의 물건에 대한 소유권이 여러 명에게 나눠진다. 양자 간의 합의를 통해 유류분권자가 무상 처분된 물건 대신 돈을 반환받을 수는 있으나, 무상 처분된 물건의 일부가 반환되면 무상 취득자가 소유권을 가지고 유류분권자가 유류분 부족액만큼의 돈을 반환받는다는 진술은 적절하지 않다.

03

답 | ②

윗글을 통해 알 수 있는 ㉠의 이유로 가장 적절한 것은?

정답 선지 분석

② 유류분은 피상속인이 재산을 무상 처분하지 않은 것으로 가정하여 산정되기 때문이다.

　2문단에 따르면 유류분의 정의는 '피상속인의 무상 처분 행위가 없었다고 가정할 때 상속인들이 상속받을 수 있었을 이익 중 법으로 보장된 부분'이다. 피상속인의 무상 처분 행위가 없었다고 가정한다면 무상 처분된 재산도 상속 개시 시점에 피상속인의 재산에 포함되었을 것이다. 따라서 유류분 계산을 할 때는 상속 개시 당시에 피상속인이 가졌던 재산 가치에 이미 무상 취득자에게 넘어간 재산의 가치를 더하여 상속인들이 상속받을 수 있었을 이익을 산정한다. 즉 유류분 부족액을 계산할 때 상속 개시 당시의 시가를 기준으로 해야 하는 이유는 무상 처분 행위가 없었다는 가정 때문이라고 할 수 있다.

오답 선지 분석

① 유류분은 피상속인이 자유롭게 처분한 재산의 일부이어야 하기 때문이다.

　유류분이 피상속인이 자유롭게 처분한 재산의 일부이어야 한다는 것은 유류분의 취지나 유류분 부족액을 산정하는 기준과 관련이 없다.

③ 유류분은 재산의 가치를 증가시킨 무상 취득자의 노력에 대한 보상으로 인정되는 것이기 때문이다.

　유류분의 취지는 피상속자의 무상 처분 행위가 없었다는 것을 가정하는 것이지 무상 취득자의 노력에 대한 보상과는 관련이 없다.

④ 유류분은 피상속인의 재산에 대해 소유권을 나눠 가진 사람들 각자의 몫을 반영해야 하기 때문이다.

　피상속인의 재산에 대해 소유권을 나눠 가진 사람들의 몫이 지분으로 반영되는 것은 유류분의 취지나 유류분 부족액을 산정하는 기준과 직접적인 관련이 없다.

⑤ 유류분에 해당하는 이익의 가치가 상속 개시 전후에 걸쳐 변동되는 것을 반영해야 하기 때문이다.

　유류분은 상속인이 상속받을 수 있었을 이익에 관련된 것이다. 따라서 상속 개시 후의 가치 변동까지 반영해야 하는 것은 아니다.

04
답 | ④

윗글을 바탕으로 <보기>를 이해한 내용으로 적절하지 <u>않은</u> 것은?

보기

갑의 재산으로는 A 물건과 B 물건이 있었으며 그 외의 재산이나 채무는 없었다. 갑은 을에게 A 물건을 무상으로 넘겨주었고 그로부터 6개월 후 사망했다. 갑의 상속인으로는 갑의 자녀인 병만 있다. A 물건의 시가는 을이 A 물건을 소유하게 되었을 때는 300, 갑이 사망했을 때는 700이었다. 병은 갑이 사망한 날로부터 3개월 후에 을에게 유류분권을 행사했다. B 물건의 시가는 병이 상속받았을 때부터 병이 을에게 유류분 반환을 요구했을 때까지 100으로 동일하다.

(단, 세금, 이자 및 기타 비용은 고려하지 않음.)

정답 선지 분석

④ A 물건의 시가가 을의 노력으로 상승한 경우 유류분 반환의 대상은 A 물건의 $\frac{1}{3}$ 지분이다.

A 물건의 시가가 을의 노력으로 상승한 경우에는 무상 취득 당시의 시가를 기준으로 유류분 부족액을 계산해야 한다. 이때 유류분은 (A 물건의 가치+B 물건의 가치)×1/2, 즉 (300+100)/2=200이 되므로 여기에서 이미 상속받은 재산 100을 뺀 유류분 부족액은 100이 된다. 지분을 계산할 때는 시가 상승의 원인이 무엇이든 상속 개시 당시의 시가를 기준으로 삼아야 하므로 A 물건에 대한 병의 지분은 100/700이다. 따라서 유류분 반환의 대상은 A 물건의 1/3이 아니라 1/7이다.

오답 선지 분석

① A 물건의 시가 상승이 을의 노력과 무관한 경우 유류분 부족액은 300이다.

A 물건의 시가 상승이 을의 노력과 무관한 경우라면 상속 개시 시점을 기준으로 유류분 부족액을 계산해야 한다. 이때 유류분은 (700+100)/2가 되므로, 여기에서 이미 상속받은 이익 100을 뺀 유류분 부족액은 300이 된다.

② A 물건의 시가 상승이 을의 노력과 무관한 경우 유류분 반환의 대상은 A 물건의 $\frac{3}{7}$ 지분이다.

A 물건의 시가 상승이 을의 노력과 무관한 경우 유류분 부족액은 300이다. 유류분 반환 대상이 되는 물건의 상속 개시 당시의 시가가 700이므로 병이 반환받을 수 있는 지분은 300/700, 즉 3/7이다.

③ A 물건의 시가가 을의 노력으로 상승한 경우 유류분 부족액은 100이다.

A 물건의 시가가 을의 노력으로 상승한 경우라면 무상 취득 시점을 기준으로 유류분 부족액을 계산해야 한다. 이때 유류분은 (300+100)/2이므로, 여기에서 이미 상속받은 이익 100을 뺀 유류분 부족액은 100이다.

⑤ A 물건의 시가가 을의 노력으로 상승한 경우와 을의 노력과 무관하게 상승한 경우 모두, 갑이 상속 개시 당시 소유했던 재산으로부터 병이 취득할 수 있는 이익은 동일하다.

갑이 상속 개시 당시 소유했던 재산인 B 물건의 시가는 100이다. A 물건의 시가가 을의 노력으로 상승한 경우 유류분은 200이고, 을의 노력과 무관한 경우는 400이다. 갑의 재산 100은 두 경우 모두 병이 취득할 수 있다. 따라서 갑으로부터 병이 얻을 수 있는 이익은 동일하다.

빠른 정답 체크

❶ ④ ❷ ① ❸ ④ ❹ ①

❶ 일반적으로 거리는 「두 개의 지점이 공간적으로 ⓐ 떨어진 정도를 나타내는 물리적 개념이다.」 _{└ : 거리의 개념} 「2차원 평면에 두 지점이 (0, 0)과 (1, 1)에 있다면 두 지점 사이의 최단 거리는 두 점을 잇는 직선의 길이 $\sqrt{2}$ 가 된다.」 _{└ : 거리의 계산 예시} 한편 거리는 추상적인 성질이나 가치에 대한 차이를 나타내는 척도로도 사용될 수 있다. 이럴 경우 떨어진 정도를 나타내는 기능은 유지되지만, 기준이나 관점에 따라 거리를 계산하는 방법이 달라진다.

❷ 거리의 개념은 디지털 데이터에도 적용될 수 있다. 데이터 간의 거리는 추상적 거리의 개념으로, 데이터가 표현하려는 정보에 따라 측정 방법이 다르다. 00, 11과 같은 2비트의 데이터가 2진수로 표현된 수치를 가리킨다면 00과 11의 거리는 두 수치의 차인 $|(0 \times 2^1 + 0 \times 2^0) - (1 \times 2^1 + 1 \times 2^0)| = 3$ 이 된다. _{2진수로 표현된 데이터 00, 11의 거리} 그런데 2비트의 데이터 00이나 11이 어떤 상태를 나타내는 부호라면 거리는 두 부호가 구별되는 정도라 할 수 있다. 해밍 거리는 부호의 _{데이터가 상태를 나타내는 부호일 때의 거리} 관점에서 부호들 간의 거리를 표현하는 방법 중 하나이다. 「해밍 _{해밍 거리의 개념} 거리는 길이가 같은 두 부호를 비교하였을 때 두 부호의 같은 자 _{└ : 해밍 거리를 나타내는 방법} 리에 있는 서로 다른 문자의 개수로 나타낸다.」 예를 들어 세 개의 부호 00, 01, 11이 있다면 「00과 01의 해밍 거리는 1이고, 00과 _{└ : 00과 01, 00과 11의 해밍 거리} 11의 해밍 거리는 2이다.」 이때 부호들 간의 최소 해밍 거리는 1이고, 최대 해밍 거리는 2이다.

❸ 부호들 간의 최소 해밍 거리를 충분히 멀게 한다면 통신이나 저장 과정에서 발생하는 오류를 검출하여 수정할 수 있다. 예를 _{최소 해밍 거리를 충분히 멀게 할 때의 효과} 들어 전송하려는 1비트의 원시 부호 0과 1이 있고 부호 단위로 _{오류를 검출할 수 없는 경우} 송수신한다고 가정해 보자. 송신자가 1을 보낸다면 수신자는 0이나 1 중 하나를 받게 될 것이고, 송신자가 어떤 데이터를 보냈 _{0을 받았다면 통신 과정에서 오류가 생긴 것임} 는지 알 수 없기 때문에 오류가 발생하더라도 오류가 있는지 알 수 없다. 이 경우 부호들 간의 최소 해밍 거리는 1이다. 0이나 1 _{송신자가 0과 1 중 무엇을 보냈는지 알 수 없음} 을 송수신하는 대신 원시 부호(x) 뒤에 확인 부호(p)를 덧붙여 xp _{최소 해밍 거리가 충분히 멀지 않음} 에 해당하는 2비트 단위의 전송 부호를 만들어 보자. ㉠ 전송 부 _{확인 부호를 활용함} 호는 고정된 원시 부호에 확인 부호를 덧붙이고, 확인 부호는 원 시 부호에 대한 1의 개수가 짝수가 되도록 만든다는 규칙을 정한 _{확인 부호를 덧붙일 때의 규칙} 다면 전송 부호는 00과 11이 된다. 만일 수신자가 01이나 10 중 _{오류를 수정할 수 없는 경우} _{1의 개수가 홀수인 경우} 하나를 받은 경우 전송 부호에 오류가 있음을 알 수 있다. 하지만 어느 자리에서 오류가 났는지 알 수 없기 때문에 오류를 수정할 _{1의 자리와 2의 자리 중 어디에서 오류가 났는지 알 수 없음} 수는 없다.

❹ 00이나 11을 송수신하는 대신 p와 동일한 규칙의 확인 부
호(q)를 한 번 더 덧붙여 xpq에 해당하는 3비트 단위의 전
송 부호 000과 111 중 하나를 송수신한다고 가정해 보자. 한
　　　　　　　　　　오류를 검출하여 수정할 수 있는 경우
자리의 오류만 있다고 가정하면 수신자가 001, 010, 100,
011, 101, 110 중 하나를 받은 경우 오류 발생 자리를 검출
[A] 하여 수정할 수 있다. 예를 들어 110의 경우 x인 1에 대해 p
와 q는 각각 1이 되어야 1의 개수가 짝수가 되지만 q가 0이
　원시 부호에 대한 1의 개수가 짝수가 되도록 만들기로 함
므로 1의 개수가 홀수이다. 따라서 오류 발생 자리를 검출하
q가 오류 발생 자리임을 알 수 있음
여 110을 111로 수정할 수 있다. 이 경우 전송 부호 간의 최
　　　　　　　　　　　　　　최소 해밍 거리가 충분히 멂
소 해밍 거리가 3이어서 한 자리의 오류를 검출하여 수정할
수 있는 것이다.

❺ 원시 부호에 확인 부호를 충분히 덧붙이면 전송 부호의 길이
는 길어지지만 전송 부호들 간의 최소 해밍 거리도 함께 멀어져
오류가 많이 발생하더라도 오류를 검출하여 수정하는 것이 가능
　　전송 부호의 길이가 길 경우의 장점
하다. 하지만 동일한 정보를 보낼 때 덧붙이는 확인 부호의 개수
가 늘어나면 보내야 하는 데이터의 양이 늘어나 전송 효율이 낮
　　　　　　　전송 부호의 길이가 길 경우의 단점
아진다.

01

답 | ④

윗글을 통해 알 수 있는 내용으로 적절하지 않은 것은?

정답 선지 분석

④ 00과 11의 2진수 수치의 차이와 해밍 거리는 같은 값으로 측정된다.
　2문단에서 00, 11과 같은 2비트의 데이터가 2진수로 표현된 수치를 가리킨다면 00과 11의
　거리는 두 수의 차인 3이라고 하였다. 또 부호의 관점에서 00과 11의 해밍 거리는 2라고 하
　였다. 따라서 00과 11의 2진수 수치 차이와 해밍 거리는 다르다.

오답 선지 분석

① 2진수로 표현된 수치를 가리키는 데이터들 간의 거리는 수치 간의 차로 표
　현될 수 있다.
　2문단에서 데이터가 2진수로 표현된 수치를 가리킨다면 거리는 두 수치의 차라고 하였다.

② 추상적인 성질이나 가치의 차이를 나타내는 척도로 거리의 개념이 사용될
　수 있다.
　1문단에서 거리는 추상적인 성질이나 가치에 대한 차이를 나타내는 척도로도 사용될 수 있
　다고 하였다.

③ 물리적 개념에서의 거리는 두 지점이 공간적으로 떨어져 있는 정도를 나타
　낸다.
　1문단에서 거리는 두 개의 지점이 공간적으로 떨어진 정도를 나타내는 물리적 개념이라고
　하였다.

⑤ 데이터가 표현하려는 정보에 따라 거리를 측정하는 방법이 다르다.
　2문단에서 데이터가 표현하려는 정보에 따라 측정 방법이 다르다고 하였다.

02

답 | ①

㉠에 대한 이해로 가장 적절한 것은?

정답 선지 분석

① 전송 부호들 간의 최소 해밍 거리를 멀게 하면 전송하는 데이터의 양은 늘
　어난다.
　전송 부호는 원시 부호에 확인 부호가 덧붙어 만들어진다. 고정된 원시 부호에 확인 부호가
　많이 덧붙을수록 최소 해밍 거리는 멀어질 수 있지만 전송하는 데이터의 양이 늘어난다.

오답 선지 분석

② 전송 부호들 간의 최소 해밍 거리가 1이면 전송 과정에서의 오류 검출이 가
　능하다.
　부호 간의 최소 해밍 거리가 1이면 오류가 있는지 알 수 없다.

③ 두 전송 부호의 같은 자리에 같은 문자의 개수가 많을수록 해밍 거리는 멀
　어진다.
　해밍 거리는 길이가 같은 두 부호를 비교하였을 때 두 부호의 같은 자리에 있는 서로 다른 문
　자의 개수로 나타낸다. 따라서 두 전송 부호의 같은 자리에 같은 문자의 개수가 많을수록 해
　밍 거리는 가까워진다.

④ 덧붙이는 확인 부호가 많아지면 전송 부호들 간의 최대 해밍 거리는 가까워
　진다.
　덧붙이는 부호가 많아지면 전송 부호의 길이가 길어지므로 전송 부호들 간의 최대 해밍 거리
　는 멀어진다.

⑤ 전송 부호들 간의 최소 해밍 거리가 가까워질수록 전송 효율은 낮아진다.
　전송 부호들 간의 최소 해밍 거리가 가까워질수록 확인 부호가 줄어든다. 따라서 보내야 하
　는 데이터의 양이 줄어들어 전송 효율은 높아질 수 있다.

03

답 | ④

[A]와 <보기>를 이해한 내용으로 적절하지 않은 것은?

보기

　확인 부호가 오류 발생 자리에 대한 정보가 되도록 규칙을 정하면 전송
부호에서 한 자리 오류가 발생했을 때 수정이 가능하다. 확인 부호를 검
사하여 p에 오류가 있으면 p자리 를 1로, 오류가 없으면 0으로 표현한
다. 같은 방식으로 q에 오류가 있으면 q자리 를 1로, 오류가 없으면 0으
로 표현한다. 0과 1로 표현된 p자리 q자리 를 계산하면 한 자리의 오류
가 발생했을 때 그 자리를 알아낼 수 있다.

송신	수신	규칙			오류 발생 자리
		오류		계산	
		p자리	q자리		
000	000	0	0	$0 \times 2^1 + 0 \times 2^0$	☐☐☐
	010		0	$1 \times 2^1 + 0 \times 2^0$	☐☑☐
	110	0	1	$0 \times 2^1 + 1 \times 2^0$	
	011	1	1	$1 \times 2^1 + 1 \times 2^0$	
⋮	⋮	⋮	⋮	⋮	⋮

정답 선지 분석

④ 수신자가 011을 받았다면 p자리 와 q자리 모두에 오류가 있는 경우이므로 두 자리의 오류를 수정하겠군.

[A]에서는 최소 해밍 거리가 3이고 한 자리의 오류만 있다고 가정하였으므로 두 자리의 오류를 수정한다는 진술은 적절하지 않다. 011을 수신한 경우 [A]에서 제시된 규칙에 따라 p와 q 모두가 틀리다는 것을 알 수 있다. 따라서 p자리 와 q자리 에는 각각 1이 표시된다. 그런데 한 자리의 오류만 있다고 가정하였으므로 p자리 와 q자리 에 각각 1이 표시되는 경우 xpq 중 x가 틀렸다고 추론할 수 있다.

오답 선지 분석

① 송신자는 전송 부호 간의 해밍 거리가 3이 될 수 있도록 0은 000으로, 1은 111로 보내는 것이겠군.

해밍 거리는 길이가 같은 두 부호를 비교하였을 때 두 부호의 같은 자리에 있는 서로 다른 문자의 개수로 나타내는 것이므로 000과 111의 해밍 거리는 3이 된다.

② 수신자가 010을 받았다면 p자리 의 오류를 1로 표현하여 000으로 판단하겠군.

수신자가 010을 받았다면 x인 1에 대해 p가 0이 되어야 하지만 p가 1이므로 p자리 의 오류를 1로 표현하여 000으로 판단할 것이다.

③ 수신자가 110이나 101을 받았다면 수신한 부호에 있는 0을 1로 수정하여 모두 111로 판단하겠군.

수신자가 110을 받았다면 x인 1에 대해 q가 1이 되어야 하지만 q가 0이므로 1로 수정해야 하고, 101을 받았다면 x인 1에 대해 p가 1이 되어야 하지만 p가 0이므로 마찬가지로 1로 수정해야 한다. 따라서 수신한 부호에 있는 0을 1로 수정하여 모두 111로 판단할 것이다.

⑤ 수신자가 111을 받았다면 p자리 와 q자리 의 오류를 모두 0으로 표현하여 오류가 없는 것으로 판단하겠군.

수신자가 111을 받았다면 x인 1에 대해 p가 1이고, q가 1이므로 오류를 모두 0으로 표현하여 오류가 없는 것으로 판단할 것이다.

04
답 | ①

ⓐ의 문맥적 의미와 가장 유사한 것은?

정답 선지 분석

① 식당은 본관과 조금 떨어져 있는 별관이다.
ⓐ의 '떨어진'은 '일정한 거리를 두고 있다.'의 의미로 쓰였다.

오답 선지 분석

② 해가 떨어지자 새는 보금자리로 돌아갔다.
'해나 달이 서쪽으로 지다.'의 의미로 쓰였다.

③ 그들의 실력은 평균보다 떨어지는 편이다.
'다른 것보다 수준이 처지거나 못하다.'의 의미로 쓰였다.

④ 상처가 나서 생긴 딱지가 아물어 떨어졌다.
'갈라지거나 떼어지다.'의 의미로 쓰였다.

⑤ 물건을 팔면 본전을 빼고 만 원이 떨어진다.
'이익이 남다.'의 의미로 쓰였다.

빠른 정답 체크

01 ①   02 ④   03 ③   04 ②   05 ⑤

가

청강(淸江) 녹초변(綠草邊)의 소 먹이는 아이들이
　　　　　　푸른 풀이 우거진 강변
석양에 흥이 겨워 피리를 비껴 부니

「물 아래 잠긴 용이 잠을 깨어 일어날 듯
「」: 신비롭고 아름다운 경치
안개 기운에 나온 학이 제 집을 버리고

반공(半空)에 솟아 뜰 듯」

[A]

「소선(蘇仙) 적벽(赤壁)*은 가을 칠월(秋七月)이 좋다 하되
「」: 팔월 보름달 또한 소선이 예찬한 칠월 보름달만큼 아름다움
팔월 보름달을 모두 어찌 칭찬하는고」
　　　　　한가위
고운 구름 흩어지고 물결이 잔잔할 때

하늘에 돋은 달이 솔 위에 걸렸거든

달을 잡으려다 물에 빠진 적이 있는 적선(謫仙)이 야단스럽
아름다운 경치를 보니 강에 비친 달을 건지다 죽은 이태백의 마음을 이해함
구나

[B]

공산(空山)에 쌓인 잎을 삭풍(朔風)이 거둬 불어
　아무도 없는 산　　　　　북풍 - 계절적 시어 ①
떼구름 거느리고 눈조차 몰아오니
　　　　　계절적 시어 ②
「천공(天空)이 호사로워 옥으로 꽃을 지어
「」: 눈 내린 풍경의 아름다움 예찬
만수(萬樹) 천림(千林)을 꾸며 내는구나」

[C]

앞 여울 가려 얼어 독목교(獨木橋) 비꼈는데
　　　　　　　　　　외나무다리
막대 멘 늙은 중이 어느 절로 가는 건가

산옹(山翁)의 이 ㉠ 부귀(富貴)를 남에게 전하지 마오
　　　　　아름다운 자연을 벗하여 즐기는 마음의 부귀
경요굴(瓊瑤窟) 은세계(隱世界)를 찾을 이 있을세라
　　　　성산의 아름다운 경치를 혼자서만 즐기고 싶은 마음

[D]

산중에 벗이 없어 한기(漢紀)*를 쌓아 두고
　　　　화자의 외로운 처지
만고 인물을 거슬러 헤아리니
서책을 보며 옛 인물들을 생각함
성현도 많거니와 호걸도 많고 많다
지혜와 용기가 뛰어나고 기개와 풍모가 있는 사람
하늘 삼기실 제 곧 무심할까마는

어찌하여 시운(時運)이 일락배락* 하였는가
　　　　　변화가 심한 인간사
모를 일도 많거니와 애달픔도 그지없다

기산(箕山)의 늙은 고불 귀는 어찌 씻었던가*

박 소리 핑계하고* 조장(操狀)*이 가장 높다
표주박마저 버린 허유 - 무욕과 탈세속적 가치관 예찬
인심이 낯 같아서 볼수록 새롭거늘

세사(世事)는 구름이라 험하기도 험하구나
　　　　　　　　　　인간사에 대한 비판적 태도
엊그제 빚은 술이 얼마큼 익었나니
화자의 흥취를 심화하면서 시름을 해소하는 소재
잡거니 밀거니 실컷 기울이니

마음에 맺힌 시름 적게나 하리로다

[E]

- 정철, 〈성산별곡(星山別曲)〉 -

* 소선 적벽: 송나라 문인 소동파가 지은 적벽부.
* 한기: 책.
* 일락배락: 흥했다가 망했다가.
* 기산의~씻었던가: 기산에 숨어 살던 허유가 임금의 자리를 제안받았을 때, 이를 거절하면서 그 말을 들은 자신의 귀를 씻었다는 고사.
* 박 소리 핑계하고: 표주박 하나도 귀찮다면서 허유가 핑계하고.
* 조장: 기개 있는 품행.

나

ⓛ「부귀(富貴)라 구(求)치 말고 빈천(貧賤)이라 염(厭)치 마라」
　　세속적인 삶　　　　　　　　가난과 천함-세속을 벗어난 삶　「」: 대조법, 대구법
인생 백 년(百年)이 한가(閑暇)할사 이내 것이
　　자연 속에 묻혀 사는 여유로움
「백구(白鷗)야 날지 마라 너와 망기(忘機)」*하오리라.
흰 갈매기(자연친화적)　　　　「」: 자연 친화적 태도
<제1곡>

서산(西山)에 해 져 간다 고깃배 떴단 말가
죽간(竹竿)을 둘러메고 십 리 장사(十里長沙) 내려가니
대나무 낚싯대　　　　　　　모래밭
연화(煙花) 수삼(數三) 어촌(漁村)이 무릉(武陵)인가 하노라
연기 피어오르는　　　화자가 안빈낙도하는 공간　무릉도원-이상향
<제6곡>

- 권구, 〈병산육곡(屏山六曲)〉 -

* 망기: 속세의 일이나 욕심을 잊음.

다

윤상군이 처음에 곤강 남쪽에 집터를 마련했다. 집터 동편과 서편에 밤나무 숲이 울창하였으므로 거기에다가 정자를 짓고 율정
　　　　　　　　윤상군이 정자 이름을 '율정'이라 지은 이유
(栗亭)이라고 이름했다. 그 후에 또 조금 서편으로 가서 새로 집을 샀는데 밤나무 숲이 더욱 무성했다. 성안에 있는 집에서는 밤나무를 심는 사람이 적은데, 윤공은 집을 구할 때마다 밤나무 있
　　　　　윤상군의 정자와 대조되는 공간
는 곳을 선택했다.

그는 일찍이 나에게 말했다.
윤상군
"봄에는 잎이 무성하지 않아 가지 사이가 성글어서 그 사이로
　　　　　　　　윤상군이 밤나무를 좋아하는 이유 ①-봄
꽃이 서로 비치고, 여름이면 잎이 우거져서 그늘에서 놀 수가
　　　　　윤상군이 밤나무를 좋아하는 이유 ②-여름
있으며, 가을에는 밤이 먹을 만하며, 겨울이면 밤송이를 모아
　　　　윤상군이 밤나무를 좋아하는 이유 ③-가을
아궁이에 불을 땔 수가 있다. 그래서 나는 밤나무를 좋아한다."
윤상군이 밤나무를 좋아하는 이유 ④-겨울
나는 말한다. 불이 마른 것에 잘 붙고 물이 축축한 곳으로 흐르는 것은, 성질이 같은 것끼리 서로 찾아가는 것이니 이치에 있어
　　　　　　　　불과 물의 이치
서 반드시 그러한 것이다. 대개 그 숭상하는 것이 같으면 물건이
나 내가 다를 것이 없는 것은 어쩔 수 없는 일이다. 왜 그런가 하
윤상군　　　　　　　　　　밤나무에 있어 밤나무
면 하늘과 땅 사이에 나는 풀이나 나무가 모두 한 기운이기 때문
　자연의 이치
이다. 그러나 그 뿌리와 싹과 꽃과 열매가 어려운 것, 쉬운 것, 일찍 되는 것, 늦게 되는 것 등 가지각색인데, 오직 이 밤나무는 모든 나무 가운데서 가장 늦게 나며, 재배하기도 어렵고 기르는 데
　　　　　밤나무의 특징 ①　　　　　　밤나무의 특징 ②
시간도 오래 걸린다.

그러나 「자라기만 하면 쉽게 튼튼해지며, 잎이 매우 늦게 돋지
　　　　　　　　　　　「」: 밤나무의 특징과 가치

만, 돋기만 하면 곧 그늘을 쉽게 만들어 준다. 꽃이 매우 늦게 피지만 피기만 하면 곧 흐드러지며, 열매가 매우 늦게 맺히지만 맺히기만 하면 곧 수확할 수 있다.」그러니 이 밤나무는 모든 사물에
　　　　　　　　　　　　　　　밤나무가 지닌 이치
공통되는 차고 이지러지고 줄어들고 보태는 이치를 함께 가지고 있는 것이다.

윤공은 나와 같은 해에 과거에 합격했는데 그때의 나이가 30여 세였다. 그러다가 나이가 40세가 넘어서야 비로소 처음으로 벼
　　　　　　　　　　　　윤상군의 면모
슬에 나아갔으므로 사람들은 모두가 늦었다고 하였으나, 공은 직무에 더욱 조심하며 충실히 했다. 그러다가 임금의 인정을 받아 등용되었는데, 하루 동안에 아홉 번 자리를 옮겨 대신의 지위에
　　　　　　　　　　　윤상군과 밤나무의 유사성 ①
이르게 되었으니, 이것은 별로 손질을 하지 않았는데도 무성하게 뻗어 나간 밤나무와 같다. 그 기틀을 세우는 것이 처음에는 어려
　　　　　　　　　　　　　　　윤상군과 밤나무의 유사성 ②
웠으나 그 성취하는 것이 뒤에는 쉬웠으니, 이것은 밤나무의 꽃과 열매의 성질과 같은 바가 있다.

나는 그것을 이치로 설명하려 한다. 대개 식물의 씨앗이 흙에서
윤상군과 밤나무의 유사성
싹틀 때 깊으면 싹이 더디 터진다. 꼬투리가 터지면 곧 눈이 트고, 눈이 트면 가지가 생겨서 반드시 줄기를 이룬다. 샘물이 웅덩이에 차게 되면 그것이 조금씩 흘러나오게 된다. 그 흐르는 것이 멈추게 되면 물이 고이고, 고이면 못이 되었다가 반드시 바다에까지 도달한다. 그러므로 그 느린 것은 장차 빨리 되려는 것이요,
　　　　　　　　　　　　　　느린 것의 가치
멈추는 것은 장차 끝까지 도달하려는 것이니, 곧 모자란 것은 채
　　　　　　멈추는 것의 가치
울 수 있으며 부족한 것은 보탤 수 있는 것과 무엇이 다르겠는가.
　　　　설의법-상황에 따라 각자의 속성이 다르므로 포기하지 않는 자세가 중요함
한 가지 사물에 대해서도 이것을 실증할 수 있는 것이다.

또한 여기에서 사람이 숭상하는 바를 관찰하건대, 곧 불을 숭상
　　　　　　　　　　　　　　윤상군의 밤나무
하면 불을 닮고 물을 숭상하면 물을 닮으니 나와 숭상하는 사물과 차이가 없다. 따라서 그대가 출세하여 영화롭게 된 것은 밤나
　　　　　　　　　　　　윤상군과 밤나무의 유사성 ③
무의 생장함과 같으며, 밤을 수확하여 간직함은 그대의 은퇴하는
　　　　　　　　　윤상군과 밤나무의 유사성 ④
것과 같다. 그 생장함에는 세상을 유익하게 하는 바가 있으며, 그 간직함에는 자신의 양생의 작용이 있다. 이에 나는 이 정자에 대
　　　　　　　　　　　　　　글을 쓰게 된 이유를 제시하며 글을 마무리함
하여 그 이치를 들어 글을 짓는다.

- 백문보, 〈율정설(栗亭說)〉 -

01

답 | ①

(가)~(다)에 대한 설명으로 가장 적절한 것은?

`정답 선지 분석`

① (가)와 (나)는 시간적 배경이 드러나는 표현을 사용하여 시적 분위기를 형성하고 있다.

(가)는 '석양', '달' 등을 통해, (나)는 '서산에 해 저 간다'는 표현을 통해 시적 분위기를 형성하고 있다.

`오답 선지 분석`

② (가)와 (다)는 반어적 표현을 통해 현실에 대응하는 태도를 드러내고 있다.

(가)와 (다)에는 반어적 표현이 사용되지 않았다.

③ (나)와 (다)는 근경에서 원경으로 시선을 이동하며 대상의 특성을 포착하고 있다.

(나)와 (다)는 근경에서 원경으로 시선이 이동하고 있지 않다.

④ (가), (나), (다) 모두 색채어를 활용하여 대상을 생동감 있게 묘사하고 있다.

(가)의 '녹초변'과 (나)의 '백구'는 색채어라 할 수 있으나, (다)에는 색채어가 사용되지 않았다.

⑤ (가), (나), (다) 모두 공간의 이동을 통해 대상이 변화하는 모습을 나타내고 있다.

(가), (나), (다) 모두 공간의 이동을 통한 대상의 변화는 드러나지 않았다.

02

답 | ④

[A]~[E]에 대한 이해로 적절하지 않은 것은?

`정답 선지 분석`

④ [D]: '늙은 중'이 가 버린 것에 아쉬워하며 '은세계'를 찾는 사람들이 많아지기를 바라고 있다.

[D]에서 화자는 자신이 있는 공간을 '경요굴 은세계'라고 표현하며, 자연의 아름다움과 이에 대한 만족감을 드러내고 있다. 그러면서 이 곳을 찾을 사람이 있을까 걱정되니 이 상황을 '남에게 전하지' 말라고 하고 있으므로, '은세계'를 찾는 사람들이 많아지기를 바라고 있다는 설명은 적절하지 않다.

`오답 선지 분석`

① [A]: '소 먹이는 아이들'의 피리 소리를 듣고 '용'과 '학'을 떠올리며 강변에서의 흥취를 노래하고 있다.

화자는 '소 먹이는 아이들'이 '흥이 겨워 피리' 부는 것을 듣고, '물 아래 잠겨 있다가 '잠 깨어 일어날 듯'한 '용'과 '제 집을 버리고 반공에 솟아 뜰 듯'한 '학'을 떠올리면서 강변에서의 흥취를 표현하고 있다.

② [D]: '팔월 보름달'을 '소선 적벽'의 내용과 비교하며 달과 소나무가 어우러진 풍경에서 느끼는 감흥을 드러내고 있다.

'소선 적벽'에서는 '가을 칠월'이 좋다고 했으나 '팔월 보름달'을 모두 칭찬한다고 말하면서, 달의 아름다움에 취해 달을 잡으려다 물에 빠진 '적선(이태백)'의 이야기를 떠올리며 '달'이 '솔' 위에 걸린 풍경에서 느끼는 감흥을 드러내고 있다.

③ [C]: '천공'이 '옥'으로 꽃을 만들어 '만수 천림'을 꾸민 것 같다고 표현하며 눈 내린 산의 아름다움을 예찬하고 있다.

'공산'에 '삭풍'이 불고 '눈'이 오니, 마치 조물주인 '천공'이 '옥'으로 꽃을 만들어 '만수 천림'을 꾸며낸 것 같다며 산의 아름다운 겨울 풍경을 예찬하고 있다.

⑤ [E]: '성현'과 '호걸'을 생각하며 '시운'이 '일락배락'하는 것에 대해 안타까움을 느끼고 있다.

책을 읽고 있던 화자가 책 속의 '성현'과 '호걸'에 대해 생각하면서 '시운'이 흥했다가 망했다가 하는 것이 애달프다며 안타까움을 느끼고 있다.

03

답 | ③

다음은 (다)에 대한 <학습 활동>이다. ⓐ~ⓔ에 들어갈 내용으로 적절하지 않은 것은?

`학습 활동`

[활동 과제]

'나'가 말한 내용이 윤상군의 삶과 어떻게 연관될 수 있는지 생각해 봅시다.

'나'가 말한 내용		활동 결과
불이 마른 것에 잘 붙고 물이 축축한 곳으로 흐르는 것.	➡	ⓐ
밤나무는 늦게 나고, 기르는 데도 시간이 오래 걸리는 것.	➡	ⓑ
잎이 매우 늦게 돋지만, 돋기만 하면 그늘을 쉽게 만들어 주는 것.	➡	ⓒ
별로 손질을 하지 않았는데도 무성하게 뻗어 나가는 것.	➡	ⓓ
밤나무의 생장함과 밤을 수확하여 간직하는 것.	➡	ⓔ

`정답 선지 분석`

③ ⓒ: 늦게 벼슬에 오르기까지 윤상군이 직무에 더욱 조심하며 충실히 임했다는 것에 연관 지어 볼 수 있겠군.

'잎이 매우 늦게 돋지만, 돋기만 하면 곧 그늘을 쉽게 만들어 주는 것'은 윤상군이 등용은 늦게 되었지만 큰 성취를 이루었다는 내용과는 연결할 수 있으나, 벼슬에 오르기까지 직무에 조심하면서 충실히 임했다고는 볼 수 없다.

`오답 선지 분석`

① ⓐ: 윤상군이 집을 구할 때마다 밤나무가 있는 곳을 선택한 것과 연관 지어 볼 수 있겠군.

'불이 마른 것에 잘 붙고 물이 축축한 곳으로 흐르는 것'은 성질이 같은 것끼리 서로 찾아가는 이치를 설명하고 있는 것이므로 밤나무와 같은 성질을 가지고 있는 윤상군이 밤나무가 있는 곳을 선택하여 집을 구한 것과 연관 지어 볼 수 있다.

② ⓑ: 윤상군이 나이가 40세가 넘어서야 처음으로 벼슬에 나아간 것과 연관 지어 볼 수 있겠군.

'밤나무는 늦게 나고 기르는 데 시간도 오래 걸리는 것'은 사람들이 모두 늦었다고 할 정도로 늦게 벼슬에 나아간 윤상군의 삶과 연관 지어 볼 수 있다.

④ ⓓ: 등용된 윤상군이 하루 동안에 아홉 번 자리를 옮겨 대신의 지위에 이르게 되었다는 것과 연관 지어 볼 수 있겠군.

'별로 손질을 하지 않았는데도 무성하게 뻗어 나간 것'은 '그 기틀을 세우는 것이 처음에는 어려웠으나 그 성취하는 것이 뒤에는 쉬'운 밤나무의 성질로, 등용까지는 오래 걸렸지만 일단 등용이 되고 나서는 하루 동안에 아홉 번이나 자리를 옮겨 대신의 지위에까지 이르게 되었던 윤상군의 삶과 연관 지어 볼 수 있다.

⑤ ⓔ: 윤상군이 출세하여 영화롭게 된 것과 은퇴하는 것에 연관 지어 볼 수 있겠군.

'밤나무의 생장함'은 윤상군이 출세하여 영화롭게 된 것과, '밤을 수확하여 간직하는 것'은 윤상군이 은퇴하는 것과 연관 지어 볼 수 있다.

04

답 | ②

⊙과 ⓒ에 대한 설명으로 가장 적절한 것은?

정답 선지 분석

② ⓒ은 ⊙과 달리 화자가 추구하는 가치와 거리가 먼 대상이다.

⊙은 자연 속 생활의 만족감이 드러나 있는 소재이며, ⓒ은 버려야 할 세속적 가치를 표현하고 있는 소재이다. 따라서 ⊙과 달리 ⓒ은 화자가 추구하는 가치와 거리가 먼 대상이다.

오답 선지 분석

① ⊙은 ⓒ과 달리 과거를 극복하게 하는 대상이다.

화자가 ⊙을 통해 과거를 극복하는지는 알 수 없다.

③ ⊙은 갈등을 해소하는 계기가, ⓒ은 갈등을 심화하는 계기가 되는 대상이다.

⊙, ⓒ 모두 갈등과 관련된 소재로 볼 수 없다.

④ ⊙은 화자의 체념적 태도를, ⓒ은 화자의 달관적 태도를 드러내는 대상이다.

세속적 가치를 의미하는 ⓒ을 추구하지 않는다는 점에서 화자의 달관적 태도를 드러낸다고 볼 수 있으나, ⊙은 자연에 대한 화자의 만족과 예찬적 태도를 드러내므로 적절하지 않다.

⑤ ⊙과 ⓒ은 모두 화자에게 인생의 무상함을 느끼게 하는 대상이다.

⊙, ⓒ 모두 화자에게 인생의 무상함을 느끼게 하는 대상이 아니다.

05

답 | ⑤

<보기>를 참고하여 (가)~(다)를 감상한 내용으로 적절하지 않은 것은?

보기

작가는 화자나 인물을 통해 인간과 세계를 바라보는 자신의 생각을 언어로 형상화하여 표현하기 때문에 문학 작품을 읽는 것은 곧 작가의 생각을 이해하는 것이라고도 할 수 있다. 따라서 작가가 화자나 인물을 어떻게 그리고 있는지 파악하는 것은 문학 작품 속에 담겨 있는 작가의 생각을 이해하는 방법이 된다.

정답 선지 분석

⑤ (다)에서 정자의 이름을 '율정'이라 짓고 늘 자신의 행동을 경계하였음에도 등용이 늦었던 인물을 통해 당시의 현실에 대한 비판적 인식을 드러내고 있군.

(다)에서 정자의 이름을 '율정'이라고 지은 것은 윤상군이 밤나무를 좋아해서이고, 작가는 등용이 늦었지만 큰 성취를 이룬 윤상군이라는 인물을 통해 '차고 이지러지고 줄어들고 보태는' 모든 사물에 공통되는 이치를 말하고 있지만, 당시 현실을 비판하려는 시각을 드러내고 있는 것은 아니다.

오답 선지 분석

① (가)에서 고사를 인용하며 '늙은 고불'을 '조장'이 높은 인물로 보고 있는 화자를 통해 바람직한 삶의 자세에 대한 인식을 드러내고 있군.

(가)에서 화자는 기산에 숨어 살던 허유가 귀를 씻었다는 고사를 인용하며 그의 기개와 품행이 높다고 평가하고 있다. 이를 통해 바람직한 삶의 자세에 대한 화자의 시각을 알 수 있다.

② (가)에서 세상의 일이 '구름'처럼 험하다면서 '술'로 '시름'을 잊겠다고 말하는 화자를 통해 속세를 부정적 대상으로 인식하고 있음을 드러내고 있군.

(가)에서 화자는 '세사'가 구름처럼 험하다고 하면서 '술'을 마시며 '마음에 맺힌 시름'을 적게 만들고 싶어 한다. 이를 통해 화자는 속세를 부정적 대상으로 인식하고 있음을 알 수 있다.

③ (나)에서 '백구'에게 날지 말라고 말하며 함께 '망기'하고 싶다는 화자를 통해 자연물을 물아일체의 대상으로 인식하고 있음을 드러내고 있군.

(나)에서 화자는 자연물인 '백구'를 자신과 동일시하며 날지 말고 자신과 함께 속세의 일을 잊자고 말하고 있다. 이를 통해 자연물을 물아일체의 대상으로 인식하고 있음을 알 수 있다.

④ (나)에서 삶의 터전인 '어촌'을 '무릉'에 비유하며 생활에 대한 만족감을 느끼고 있는 화자를 통해 일상의 공간에 대한 긍정적인 인식을 드러내고 있군.

(나)에서 화자는 고깃배가 떠 있는 삶의 터전인 '어촌'이 마치 이상향의 세계인 '무릉'과도 같다고 말하며 생활에 대한 만족감을 비유적으로 표현하고 있다. 이를 통해 일상의 공간을 긍정적으로 바라보고 있는 화자의 인식을 알 수 있다.

DAY 6 〈원미동 시인〉_양귀자

빠른 정답 체크

01 ①   **02** ④   **03** ⑤   **04** ④

몽달 씨 나이가 스물일곱이라니까 나보다 스무 살이나 많지만
_{'나'는 일곱 살이지만 스물일곱 살인 몽달 씨와 친구로 지냄}
우리는 엄연히 친구다. 믿지 않겠지만 내게는 스물일곱짜리 남자
친구가 또 하나 있다. 우리 집 옆, 형제슈퍼의 김 반장이 바로 또
하나의 내 친구인데 그는 원미동 23통 5반의 반장으로 누구보다
_{김 반장에 대한 '나'의 긍정적인 인식}
도 씩씩하고 재미있는 사람이었다. 「나는 매일같이 슈퍼 앞의 비
_{「」: '나'를 대하는 김 반장의 태도 변화}
치파라솔 의자에 앉아 그와 함께 낄낄거리는 재미로 하루를 보내
다시피 하였는데 요즘은 내가 의자에 앉아 있어도 전처럼 웃기는
소리를 해 주거나 쭈쭈바 따위를 건네주는 법 없이 다소 퉁명스
러워졌다.」 ⊙ 그 까닭도 나는 환히 알고 있지만 모르는 척하는 수
_{김 반장이 퉁명스러워진 이유}
밖에. 우리 집 셋째 딸 선옥이 언니가 지난달에 서울 이모 집으로
훌쩍 떠나 버렸기 때문인 것이다. 김 반장이 선옥이 언니랑 좋아
지내는 것은 온 동네가 다 아는 일이지만 선옥이 언니 마음이 요
새 좀 싱숭생숭하더니 기어이는 이모네가 하는 옷 가게를 도와준
_{선옥이 언니가 서울로 떠난 이유}
다고 서울로 가 버렸다. 선옥이 언니는 얼굴이 아주 예뻤다. 남들
말대로 개천에서 용이 났다고 해도 과언이 아닐 만큼 지지리 궁
_{집안 상황에 대한 '나'의 부정적 인식}
상인 우리 집에 두고 보기로는 아까운 편인데, 그 지지리 궁상이
지겨워 맨날 뚱하던 언니였다.

(중략)

집으로 가다 말고 문득 형제슈퍼 쪽을 돌아보니 음료수 박스들
을 차곡차곡 쟁여 놓는 일에 땀을 뻘뻘 흘리고 있는 몽달 씨가 보
_{김 반장네 형제슈퍼 일을 하는 몽달 씨의 모습}
였다. ⓒ 실컷 두들겨 맞고 열흘간이나 누워 있었던 사람이라 안
색이 차마 마주보기 어려울 만큼 핼쑥했다. 그런데도 뭐가 좋은
지 히죽히죽 웃어 가면서 열심히 박스들을 나르고 있는 게 아닌
가. 그것도 김 반장네 가게에서. 아무리 눈을 크게 뜨고 보아도
_{김 반장과 몽달 씨 사이에 일이 있었고, 그것을 '나'가 알고 있음}
몽달 씨가 분명했다. 저럴 수가. ⓒ 어쨌든 제정신이 아닌 작자임
이 틀림없었다. 아무리 정신이 좀 헷갈린 사람이래도 그렇지, 그
_{그날 밤 = 김 반장이 불량배들에게 맞은 몽달 씨의 도움 요청을 거절한 날 밤}
날 밤의 김 반장 행동을 깡그리 잊어버리지 않고서야 저럴 수가
없다는 게 내 생각이었다.

잊었을까. 그날 밤 머리의 어딘가를 세게 다쳐서 김 반장이 자
_{형제슈퍼에서 일하는 몽달 씨의 모습이 의아한 '나'}

기를 내쫓은 부분만큼만 감쪽같이 지워진 것은 아닐까. 전혀 엉뚱한 이야기만도 아니었다. 텔레비전에서도 보면 기억 상실증인가 뭔가로 자기 아들도 못 알아보는 연속극이 있었다. 그런 쪽의 상상이라면 나를 따라올 만한 아이가 없는 형편이었다. 내 머릿속은 기기괴괴한 온갖 상상들로 늘 모래주머니처럼 **빽빽**했으니까. 나는 청소부 아버지의 딸이 아니라 사실은 어느 부잣집의 버려진 딸이다, 라는 식의 유치한 상상은 작년도 못 되어 이미 졸업
<u>'나'가 생각하는 유치한 상상</u>
했었다. 요즘의 내 상상이란 외계인 아버지와 지구인 엄마와의
<u>'나'가 생각하는 의젓한 상상</u>
사랑, 뭐 그런 쪽의 의젓한 것이었다. ㉣ 아무튼 나의 기막힌 상
상력으로 인해 몽달 씨는 부분적인 기억 상실증 환자로 결정되
<u>몽달 씨가 기억 상실증이 분명하다고 확신함</u>
었다. 그렇다면 이제는 확인할 일만 남은 셈이었다. 오래 기다릴
<u>몽달 씨가 기억 상실증 환자임을 확인하려 함</u>
필요도 없었다. 나는 김 반장네 가게 일을 거들어 주고 난 뒤 비
치파라솔 밑의 **의자**에 앉아 **뭔가**를 읽고 있는 몽달 씨에게로 갔
다. 보나 마나 주머니 속에 잔뜩 들어 있는 종잇조각 중의 하나일
<u>'나'는 그 종잇조각에 시가 적혀 있음을 알고 있음</u>
것이었다. ㉤ 멀쩡한 정신도 아닌 주제에 이번엔 기억 상실증이
<u>몽달 씨에 대한 '나'의 판단</u>
란 병까지 얻어 놓고도 여태 시 따위나 읽고 있는 몽달 씨 꼴이
한심했다.

"ⓐ 이거, 또 시예요?"

"ⓑ 그래. 슬픈 시야. 아주 슬픈……."

몽달 씨가 핼쑥한 얼굴을 쳐들며 행복하게 웃었다. 슬픈 시라고
<u>몽달 씨의 순박한 성격</u>
해 놓고선 웃다니. 나는 이맛살을 찡그리며 몽달 씨 옆에 앉았다.
그리고 아주 낮은 목소리로 물었다.

"ⓒ 이제 다 나았어요?"

"ⓓ 응. 시를 읽으면서 누워 있었더니 금방 나았지."

금방은 무슨 금방. 열흘이나 되었는데. 또 한 번 나는 몽달 씨의
<u>'그날 밤' 일로부터 열흘이 지남</u>
형편없는 정신 상태에 실망했다.

"**그날** 밤에 난 **여기**에 앉아서 다 봤어요."

"무얼?"

"ⓔ 김 반장이 아저씨를 쫓아내는 것……."
<u>'나'가 '그날 밤'에 본 것. 김 반장에 대한 인식이 바뀐 계기</u>
순간 몽달 씨가 정색을 하고 내 얼굴을 쳐다보았다. 예전의 그
풀려 있던 눈동자가 아니었다. 까맣고 반짝이는 눈이었다. 그러
<u>몽달 씨가 정신이 온전한 인물임을 외양 묘사로 나타냄</u>
나 잠깐이었다. 다시는 내 얼굴을 보지 않을 작정인지 괜스레 팔
뚝에 엉겨 붙은 상처 딱지를 떼어 내려고 애쓰는 척했다. 나는 더
<u>'그날 밤' 일에 대해 말하지 않으려고 함</u>
욱 바짝 다가앉았다.

"ⓕ 김 반장은 나쁜 사람이야. 그렇지요?"
<u>몽달 씨를 내쫓은 김 반장을 나쁜 사람이라고 생각하게 됨</u>
몽달 씨가 팔뚝을 탁 치면서 "아니야"라고 응수했는데도 나는
<u>김 반장의 잘못을 감싸 줌</u>
계속 다그쳤다.

"ⓖ 그렇지요? 맞죠?"

그래도 몽달 씨는 못 들은 척 팔뚝만 문지르고 있었다. 바보같
이. 기억 상실도 아니면서……. 나는 자꾸만 약이 올라 견딜 수
<u>김 반장을 원망하지 않는 몽달 씨에 대한 연민과 안타까움</u>

없는데도 몽달 씨는 마냥 딴전만 피우고 있었다.

- 양귀자, 〈원미동 시인〉 -

01
답 | ①

윗글에 대한 이해로 가장 적절한 것은?

[정답 선지 분석]

① 몽달 씨는 김 반장이 자기를 매정하게 대했으나, 김 반장네 가게 일을 해 주고 있다.
'나'는 김 반장이 '그날 밤' 몽달 씨를 쫓아내는 행동을 했다고 언급하고 있으므로, 김 반장이 몽달 씨를 매정하게 대하였음을 알 수 있다. 또 '나'는 몽달 씨가 히죽히죽 웃으며 김 반장네 가게의 음료수 박스들을 쟁여 놓는 일을 하는 모습을 매우 의아하게 생각하고 있음을 알 수 있으며, 이러한 내용을 통해 몽달 씨가 김 반장네 가게 일을 해 주고 있었다는 사실을 확인할 수 있다.

[오답 선지 분석]

② 김 반장은 선옥을 좋아했으나, 선옥이 서울로 가자 '나'를 통해 선옥과의 관계를 회복해 나갔다.
선옥이 언니가 서울로 떠난 후, '나'를 대하는 김 반장의 태도에 변화가 나타난 것은 맞지만 김 반장이 '나'를 통해 선옥과의 관계를 회복해 나가는 모습은 제시되어 있지 않다.

③ '나'는 김 반장을 좋은 친구라고 생각했으나, 김 반장이 빈둥거리며 실없는 행동을 해서 당황했다.
'나'는 김 반장을 자신보다 스무 살이나 많지만 친구라고 언급하고 있으며, 매일같이 그와 함께 낄낄거리는 재미로 하루를 보내다시피 하였다고 언급하고 있다. 그러므로 '나'는 김 반장을 좋은 친구라고 생각하였음을 알 수 있다. 한편 김 반장은 선옥이 언니가 떠난 후 '나'를 다소 퉁명스럽게 대하였지만 빈둥거리며 실없는 행동을 하지는 않았다.

④ 선옥은 자신의 집안 형편에 대해 부정적으로 생각하고 있지만, '나'는 집안 형편을 그렇게 생각하지 않는다.
'나'는 선옥이 언니의 예쁜 얼굴에 대해 평가하며, 개천에서 용이 났다고 해도 과연이 아니라고 언급하고 있으며 자신의 집을 지지리 궁상이라고 표현하고 있으므로, '나'가 집안 형편을 부정적으로 생각하지 않았다는 진술은 적절하지 않다.

⑤ '나'는 몽달 씨를 친구라 여겼으나, 몽달 씨가 김 반장 가게에 다시 나온 것을 보고 그렇게 생각한 것을 후회했다.
'나'는 몽달 씨가 자신보다 스무 살이나 많지만 엄연히 친구라고 언급하고 있다. 또 '나'는 김 반장의 행동에도 불구하고 김 반장네 가게 일을 하고 있는 몽달 씨를 기억 상실증 환자라고 생각하고 있지만, 몽달 씨를 친구로 생각한 것을 후회하고 있지는 않다.

02
답 | ④

ⓐ~ⓖ에 대한 이해로 적절하지 않은 것은?

[정답 선지 분석]

④ ⓕ는 ⓔ에 대한 상대의 반응이 예상을 벗어났지만, 상대가 보여 준 판단을 수용하기 위한 질문이라고 할 수 있다.
몽달 씨는 '나'가 ⓔ를 말하자 애써 외면하고 모르는 척하려는 행동을 보이고 있다. 그리고 '나'는 김 반장의 행동으로 인해 어려움을 겪어야만 했던 몽달 씨의 처지를 이해하고 위로한다는 의미에서 ⓕ와 같은 말을 건네고 있다. 그러므로 ⓕ는 김 반장이 나쁜 사람이 아니라는 몽달 씨의 판단을 수용하기 위한 질문이라고 볼 수 없다.

[오답 선지 분석]

① ⓐ는 상대를 못마땅해하는 발언이지만, ⓒ를 고려하면 상대의 상태에 대한 관심에서 비롯된 것이라고 할 수 있다.
ⓐ는 몽달 씨가 그동안 시를 자주 읽곤 하였는데, 기억 상실증에 걸린 상황에서도 예전과 같이 시를 읽고 있는 것에 대한 '나'의 못마땅함이 투영된 표현이라고 볼 수 있다. 또 ⓒ를 고려할 때, ⓐ는 실컷 두들겨 맞고 열흘간이나 누워 있다가 일상으로 복귀한 몽달 씨의 상태에 대한 '나'의 관심에서 비롯된 질문으로 볼 수 있다.

WEEK 2

② ⓑ와 ⓓ의 시에 대한 인물의 태도를 고려하면, 인물이 시를 통해 위안을 얻었음을 알 수 있다.

몽달 씨는 ⓑ와 같은 말을 건네며, 행복하게 웃고 있었음을 알 수 있다. 또 몽달 씨는 ⓓ에서 자신이 시를 읽으며 누워 있었기 때문에 건강을 회복할 수 있었다고 말하고 있다. 그러므로 몽달 씨는 시를 통해 위안을 얻었음을 알 수 있다.

③ ⓔ는 ⓓ를 듣고 실망하여, 상대의 새로운 반응을 기대하며 한 발언이라고 할 수 있다.

'나'는 김 반장의 행동으로 인해 어려움을 겪어야만 했던 몽달 씨가 ⓓ와 같은 말을 한 것을 듣고 그의 정신 상태에 실망했다고 언급하고 있다. 그리고 '나'는 그날 밤의 일에 대한 기억을 상실한 것으로 생각되는 몽달 씨가 진실을 알게 되면 새로운 반응을 보일 것이라는 기대를 가지고 ⓔ와 같은 말을 건넨 것으로 볼 수 있다.

⑤ ⓖ는 ⓕ의 주장을 확인하는 질문으로, 상대의 태도를 탐탁지 않게 여기는 마음이 반영된 발언이라고 할 수 있다.

몽달 씨는 '나'가 ⓕ와 같은 말을 건네자 김 반장은 나쁜 사람이 아니라는 반응을 보이고 있다. 하지만 '나'는 이러한 몽달 씨의 반응에 대해 ⓖ와 같은 말을 하며 다그침으로써 몽달 씨의 태도를 탐탁지 않게 여기는 마음을 드러내고 있다.

03
답 | ⑤

형제슈퍼를 중심으로 확인할 수 있는 인물의 행위에 대한 설명으로 가장 적절한 것은?

정답 선지 분석

⑤ '여기'에서 목격된 '그날' 김 반장의 행위는 '요즘'보다 이후의 시간대에 이루어지며, '나'가 김 반장을 이전과 다르게 평가하는 원인으로 기능하고 있다.

'여기'는 김 반장네 가게 앞에 있는 비치파라솔로, '나'는 '여기'에서 '그날' 김 반장이 몽달 씨를 쫓아내는 것을 목격하였다고 말하고 있다. '요즘'은 '나'와 김 반장이 재미있게 지내다가 선옥이 언니가 서울로 떠나며 김 반장의 태도가 다소 퉁명스러워졌던 시점으로, '나'가 김 반장을 친구라고 여기던 시간대라고 볼 수 있다. 그런데 '나'가 몽달 씨에게 건넨 말에 따르면, '나'는 '그날', 김 반장이 몽달 씨를 쫓아내는 행동을 보고 김 반장을 나쁜 사람으로 인식하게 되었음을 알 수 있다. 그러므로 '그날' 김 반장의 행위는 김 반장을 친구로 생각하던 '요즘' 이후에 벌어진 것이며, 김 반장에 대한 '나'의 평가가 달라지게 된 원인으로 작용하고 있음을 알 수 있다.

오답 선지 분석

① '나'가 '매일같이' 김 반장과 재미있게 낄낄거렸던 행위는 '그날'보다 앞선 시간대에 이루어지며, '그날'의 일을 지켜보기만 한 '나'의 부정적 자기 인식으로 이어지고 있다.

'나'는 김 반장을 친구로 여기고, '매일같이' 재미있게 낄낄거리는 행동을 했었지만, '그날' 김 반장이 몽달 씨를 쫓아내는 행동을 보고 그를 '나쁜 사람'으로 인식하게 되었음을 알 수 있다. 그러므로 '나'가 '매일같이' 김 반장과 재미있게 낄낄거리던 행위는 '그날'보다 앞선 시간대에 이루어진 것임을 알 수 있다. 하지만 이 글에서 '그날'의 일을 지켜보기만 한 자신에 대한 '나'의 부정적 자기 인식이 드러난 부분은 찾아볼 수 없다.

② 김 반장이 '나'를 퉁명스럽게 대하는 행위는 '요즘'보다 앞선 시간대에 이루어지며, '나'에게 반성을 유도하고 있다.

'나'는 김 반장이 '요즘' 자신을 대하는 태도가 다소 퉁명스러워졌다고 언급하고 있다. 그러므로 김 반장이 '나'를 퉁명스럽게 대하는 행위가 '요즘'보다 앞선 시간대에 이루어졌다는 진술은 적절하지 않다. 또 이 글에서 김 반장이 '나'에게 반성을 유도한 부분은 찾아볼 수 없다.

③ 몽달 씨가 '히죽히죽' 웃는 행위는 현재 '여기'에서 '나'에게 속내를 감추는 행위보다 앞선 시간대에 이루어지며, '나'에게 진심을 드러내어 보여 주고 있다.

몽달 씨가 '히죽히죽' 웃는 행위를 한 것은 김 반장네 가게의 음료수 박스들을 나를 때이며, 이는 '여기'에서 '나'에게 속내를 감추는 것보다 앞선 시간대에 이루어졌다고 볼 수 있다. 그러나 이는 '나'에게 진심을 드러내어 보여 주는 행위는 아니다.

④ '의자'에서 '뭔가'를 읽는 몽달 씨의 행위는 '여기'에서 환기된 '그날'의 경험보다 앞선 시간대에 이루어지며, '나'가 '그날' 느꼈을 긴박감과 대비되는 이완된 상황을 보여 주고 있다.

'나'는 실컷 두들겨 맞고 열흘간이나 누워 있던 몽달 씨가 일상으로 돌아와, '의자'에서 시를 읽고 있는 모습을 마주하게 된다. 그리고 '나'는 이러한 몽달 씨의 행위가 '그날' 김 반장의 행동에 대한 기억을 상실했기 때문이라고 여기고 있다. 그러므로 몽달 씨가 '의자'에서 시를 읽는 행위가 '그날'의 경험보다 앞선 시간대에 이루어진 것이라는 진술은 적절하지 않다.

04
답 | ④

<보기>를 바탕으로 ㉠~㉤을 이해한 내용으로 적절하지 않은 것은?

보기

미성숙한 어린아이 서술자라도 합리적 정보를 제공하면 독자는 서술자를 신뢰하게 된다. 그러나 작가는 때로 합리성이 부족한 어린아이의 특성을 강화하여 독자가 서술자를 의심하게 한다. 이때 독자는 서술자가 제공하는 정보가 틀릴 수 있다고 생각하면서 서술자와 다른 각도에서 작품이 전하려는 의미를 탐색하게 된다. 이 경우에도 독자는 서술자가 제공하는 제한된 정보에 의존할 수밖에 없으므로, 서술적 상황과 작품이 전하려는 의미가 서로 달라져 작품을 더욱 집중해서 읽게 된다.

정답 선지 분석

④ ㉣: 인물에 대해 적극적으로 탐색하고, 인물의 상태를 스스로 진단하여 그 정보를 제공하는 모습을 통해 독자가 서술자를 신뢰하도록 유도하고 있군.

㉣에서 서술자인 '나'는 미숙한 어린아이의 상상력을 통해 몽달 씨가 부분적인 기억 상실증 환자라고 결정하고 있다. 그리고 이러한 '나'의 판단은 독자들로 하여금 미성숙한 어린아이의 상상력에서 드러나는 비합리성을 인식하도록 함으로써 서술자인 '나'를 의심하게 한다고 볼 수 있다.

오답 선지 분석

① ㉠: 문제적 상황의 원인을 파악하여 이에 대응하고, 인물의 태도 변화를 설명할 수 있는 정보를 제시한다는 점에서 독자가 서술자를 신뢰하도록 유도하고 있군.

선옥이 언니와 좋아했던 김 반장이 선옥이 언니가 서울로 떠나자 동생인 '나'에게 다소 퉁명스러운 태도를 보이고 있다는 ㉠의 내용은 개연성과 합리성이 높아, 독자가 서술자를 신뢰하도록 유도하는 기능을 한다고 볼 수 있다.

② ㉡: 인물이 처한 부정적 상황을 보여 주고, 인물의 안색과 그 이유에 대해 여러 정보를 제공한다는 점에서 독자가 서술자를 신뢰하도록 유도하고 있군.

㉡에는 차마 마주보기 어려울 만큼 핼쑥한 몽달 씨의 안색과, 그러한 안색을 갖게 된 이유로 실컷 두들겨 맞아 열흘간이나 누워 있었다는 정보가 제시되어 있다. 그리고 이러한 ㉡의 내용은 인물이 처한 부정적 상황을 드러내기 위한 합리적이고 객관적인 정보에 해당하므로 독자가 서술자를 신뢰하도록 유도하는 기능을 한다고 볼 수 있다.

③ ㉢: 논리적 연관을 무시하고, 추측에 근거하여 인물의 의식 상태를 단정하는 모습을 통해 독자가 작품에 더욱 집중하면서, 서술자와 다른 각도로 생각하도록 유도하고 있군.

㉢에는 미성숙한 어린아이인 '나', 즉 서술자가 논리적, 사실적 관계를 따져 보지 않고 단순한 추측에 근거해 몽달 씨의 의식 상태를 단정하는 내용이 제시되어 있다. 그리고 <보기>에서는 이처럼 합리성이 부족한 어린아이의 특성이 강화되어 독자가 서술자를 의심하게 되면, 독자는 서술자와 다른 각도에서 작품이 전하려는 의미를 탐색하고 작품을 더욱 집중하여 읽게 된다고 언급하고 있다.

⑤ ㉤: 시에 대한 이해가 부족하고, 합당한 이유 없이 인물의 취향을 비난하는 모습을 통해 독자가 작품에 더욱 집중하면서, 서술자와 다른 각도로 생각하도록 유도하고 있군.

㉤에서는 미성숙한 어린아이인 '나'가 시에 대한 이해가 부족하고 합당한 이유가 없음에도, 몽달 씨가 시를 읽는 행위를 비난하며 못마땅해하고 있다. 그런데 이러한 '나'의 태도와 행동은 <보기>에서 언급한 합리성이 부족한 미성숙한 어린아이 서술자의 특성이 강화되어 나타난 것으로, 독자가 작품에 더욱 집중하면서 서술자와 다른 각도로 생각하도록 유도하는 기능을 한다고 볼 수 있다.

WEEK 3

DAY 1 작문

빠른 정답 체크

1 ①　　2 ②　　3 ④

[작문 상황]

○○ 지역 신문의 독자 기고란에 캠핑장에서의 안전사고에 관한 글을 쓰려 함.
　　　　　　　　　　　　　　　　　중심 소재

[초고]

❶ 여가 활동으로 캠핑을 즐기는 사람들이 늘어나면서 캠핑장에
　　　　　작문 배경
서의 안전사고도 증가하고 있다. 캠핑장에서의 안전사고 중 가장 많이 발생하는 사고는 미끄러짐, 넘어짐, 부딪힘 등 물리적 충격으로 발생하는 사고이지만, 생명에 미치는 위해의 심각성은 물리적 충격으로 발생하는 사고보다 화재와 일산화 탄소 중독 사고가
　　　　　　　　화재와 일산화 탄소 중독 사고에 유의해야 하는 이유
더 크다. 이에 따라 안전한 캠핑을 위해 캠핑장에서 일어나는 화재와 일산화 탄소 중독 사고에 유의하는 것이 중요하다.

❷ 캠핑 중 화재는 주로 캠핑장 이용객들이 캠핑 용품을 올바르게
　　　　　　　　　　　　캠핑 중 화재 발생 원인 ①
사용하지 않아 발생한다. 캠핑장 이용객들이 가스버너나 가스난
로의 사용 방법을 지키지 않거나 모닥불을 부주의하게 관리하여
　　　　　　　캠핑 중 화재 발생 원인 ①의 구체적 사례
화재가 발생하는 경우가 많다. 그로 인해 캠핑 용품 관련 안전사고에서 화재 관련 사고가 차지하는 비율이 가장 높다. 또한 캠핑 중 화재는「캠핑장 사업자가 소방 시설을 제대로 갖추지 않거나 관
계 당국이 소방 시설에 대한 관리 감독을 소홀히 하여 발생하기도
　「」: 캠핑 중 화재 발생 원인 ②
한다. 소방 시설의 미비와 관리 감독의 소홀은 화재의 조기 진화를 어렵게 하여 인명 피해를 키운다.

❸ 캠핑 중 일산화 탄소 중독 사고는 이용객들이 밀폐된 텐트에
서 부주의하게 난방 기기를 사용하다가 주로 발생한다. 일산화
　　　　　　캠핑 중 일산화 탄소 중독 발생 원인
탄소는 무색, 무취여서 중독되기 전까지는 누출 여부를 알 수가
없기 때문에 더 위험하다. 일산화 탄소에 중독되면 구토, 어지럼
　　　　일산화 탄소의 특징
증 외에 심정지까지 발생할 수 있다.「일산화 탄소 중독 사고는 인
　　　일산화 탄소 중독의 위험성
명 피해율이 높아서 각별한 주의가 필요함에도 불구하고 캠핑 중
　　　　　　　　　　　　　　　　　　「」: 문제 상황이 개선되지 않고 있음
일산화 탄소 중독 사고는 줄지 않고 있다.」

❹ 캠핑장에서의 화재와 일산화 탄소 중독 사고를 예방하기 위해
캠핑장 이용객들은 안전 수칙에 따라 캠핑 용품을 사용하고 난방
　　　　　　캠핑장 안전사고 예방법 ①
기기 사용 시에는 환기구를 확보해야 한다. 이와 함께, 캠핑장 사
업자들은 소방 시설과 일산화 탄소 경보기 등의 안전 용품 등을
　　　　　캠핑장 안전사고 예방법 ②
구비해야 하며, 관계 당국은 이에 대한 관리와 감독을 철저하게
　　　　　　　　캠핑장 안전사고 예방법 ③
해야 한다. 다시 말해, _____[A]_____

01

답 | ①

'초고'에 대한 설명으로 가장 적절한 것은?

정답 선지 분석

① 문제의 심각성을 제기하고 문제의 원인을 밝혔다.

1문단에서 캠핑장에서의 화재와 일산화 탄소 중독 사고가 생명에 미치는 위해의 심각성이 크다고 문제의 심각성을 제기했다. 그리고 2문단, 3문단에서 문제의 원인을 이용객의 캠핑 용품 사용 안전 수칙 미준수, 캠핑장 사업자의 소방 시설 미비, 관계 당국의 감독 소홀, 부주의한 난방 기기 사용 등으로 밝히고 있다.

오답 선지 분석

② 특정 주장을 소개하고 예상되는 반론을 반박하였다.

주장에 대해 예상되는 반론이나, 그에 대한 반박을 한 내용은 찾을 수 없다.

③ 다양한 문제 해결 방안을 설명하고 그 장단점을 비교하였다.

4문단에서 캠핑장에서의 화재와 일산화 탄소 중독 사고를 예방하기 위한 방법을 설명하고 있으나 장단점을 비교하고 있지 않다.

④ 일반적 통념을 제시하고 그 통념이 지닌 모순을 지적하였다.

일반적인 통념을 제시하거나 그 통념이 지닌 모순을 지적하고 있지 않다.

⑤ 문제 상황을 분석하고 그에 대한 대책 마련의 어려움을 제시했다.

캠핑장에서의 화재와 일산화 탄소 중독 사고가 심각하다는 문제 상황이 있지만 이 문제 상황을 해결하기 위한 대책을 마련하기 어렵다는 내용은 제시하지 않았다.

02

답 | ②

선생님의 조언을 반영하여 [A]를 작성한 내용으로 가장 적절한 것은?

선생님: 글을 마무리할 때, 핵심 내용을 문제 해결의 모든 주체와 관련지어 요약하고 예상되는 효과를 언급하자.

정답 선지 분석

② 캠핑장 화재와 일산화 탄소 중독 사고를 예방하기 위해 이용객, 사업자, 관계 당국 모두가 주의와 노력을 기울여야 한다. 이를 통해 사고 없는 안전한 캠핑이 이루어질 수 있다.

캠핑장에서의 화재와 일산화 탄소 중독 사고를 예방을 위해 노력해야 한다는 핵심 내용을 캠핑장 이용객, 사업자, 관계 당국이라는 문제 해결의 주체와 관련지어 요약하고 있다. 그리고 이렇게 문제가 해결될 때 사고 없는 안전한 캠핑이 이뤄진다는 효과를 언급하고 있다.

오답 선지 분석

① 안전한 캠핑은 캠핑장의 안전시설을 확인하는 것부터 시작된다. 캠핑장 사업자와 관계 당국은 캠핑장 이용객이 안전시설을 수월하게 확인할 수 있는 환경을 조성해 주어야 한다.

선생님은 캠핑장 화재와 일산화 탄소 중독 사고를 예방하기 위한 방법을 모든 주체와 관련지어 요약할 것과 이에 따른 예상되는 효과를 언급할 것을 조언하고 있다. 문제 해결의 주체로는 이용객, 사업자, 관계 당국이 있는데, 그 중 이용객을 언급하지 않았으며 예상되는 효과 또한 언급하지 않았다.

③ 빈틈없는 안전시설 관리를 위해 캠핑장 사업자의 노력이 가장 중요하다. 캠핑장 화재와 일산화 탄소 중독 사고를 예방할 때 이용객들은 즐거운 캠핑을 할 수 있다.

선생님은 캠핑장 화재와 일산화 탄소 중독 사고를 예방하기 위한 방법을 모든 주체와 관련지어 요약할 것을 제안하고 있다. 따라서 캠핑장 사업자의 노력만을 강조한 것은 적절하지 않다.

④ 여가 활동으로 캠핑을 즐기는 사람들이 늘어나고 있다. 반면에 안전시설을 규정에 맞게 모두 갖춘 캠핑장은 늘지 않고 있어 이에 대한 대책이 필요하다.

선생님은 캠핑장 화재와 일산화 탄소 중독 사고를 예방하기 위한 방법을 모든 주체와 관련지어 요약할 것과 이에 따른 예상되는 효과를 언급할 것을 조언하고 있다. 그러나 여가 활동으로 캠핑을 즐기는 사람이 늘어나고 있으나, 안전시설을 규정에 맞게 모두 갖춘 캠핑장은 늘지 않고 있다는 것은 문제 상황에 대한 것이므로 적절하지 않다.

⑤ 캠핑을 하면 자연과 함께하는 휴식을 통해 몸과 마음을 건강하게 만들 수 있다. 안전한 환경을 조성하여 캠핑을 즐기는 사람들이 늘어나게 해야 한다.

선생님은 캠핑장 화재와 일산화 탄소 중독 사고를 예방하기 위한 방법을 모든 주체와 관련지어 요약할 것과 이에 따른 예상되는 효과를 언급할 것을 조언하고 있다. 안전한 환경을 조성하여 캠핑을 즐기는 사람들이 늘어나게 해야 한다는 것은 예상되는 효과라고 볼 수 있으나 캠핑을 하면 몸과 마음을 건강하게 만들 수 있는 것은 캠핑의 효과이므로 안전사고를 예방하기 위한 방법이 포함되어 있지 않다.

03
답 | ④

<보기>는 '초고'를 보완하기 위해 추가로 수집한 자료이다. 자료 활용 방안으로 적절하지 않은 것은?

보기

(가) △△ 연구소 통계 자료

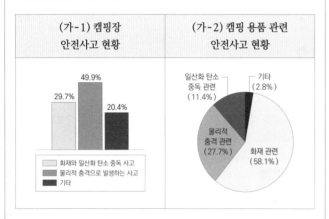

(나) 신문 기사

◇◇ 자료에 따르면, 최근 연평균 캠핑장 안전사고가 두 배 가까이 증가했다. 더욱이 생명에 미치는 위해의 심각성이 큰 사고의 발생 비율도 높아졌다. 일산화 탄소 중독 사고의 경우 캠핑 중 발생하는 사고가 예년보다 증가해 전체 사고에서 캠핑 중 발생한 비율이 26%에 이르렀다. 화재 사고의 경우 다수의 사상자가 발생한 □□ 캠핑장 사고가 그 피해의 심각성을 보여 준다. 이 사고는 소방 시설의 미비와 관계 당국의 관리 소홀로 조기 진화에 실패해 일어난 참사였다.

(다) 전문가 인터뷰

일산화 탄소 중독 사고는 생명에 미치는 위해가 매우 심각합니다. 이는 사고 발생 건수 대비 사상자 수의 비율인 인명 피해율을 통해 알 수 있습니다. 일반적으로 재난 사고의 인명 피해율은 1을 넘지 않습니다. 그러나 일산화 탄소 중독 사고의 인명 피해율은 2.65로 매우 높습니다.

④ (가-2)와 (나)를 활용하여, 일산화 탄소 중독 사고와 화재 사고가 물리적 충격으로 발생하는 사고보다 많다는 1문단의 내용을 구체화한다.

(가-2)는 캠핑 용품 관련 안전사고에 대한 통계 자료로, 화재, 물리적 충격, 일산화 탄소 중독 관련 사고가 차지하는 비율을 제시하고 있다. (나)는 신문 기사로 캠핑 중 발생하는 일산화 탄소 중독 사고가 증가한다는 점과 소방 시설의 미비로 다수의 사상자가 발생한 캠핑장 사고 사례를 보여 준다. (가-2)와 (나)를 활용하여 일산화 탄소 중독 사고와 화재 사고가 물리적 충격으로 발생하는 사고보다 많다는 1문단의 내용을 뒷받침할 수 없다. 또한 1문단에서는 캠핑장에서의 화재나 일산화 탄소 중독 사고가 생명에 미치는 위해의 심각성이 크지만, 캠핑장 안전 사고 발생 건수 자체는 화재, 일산화 탄소 중독 사고보다 물리적 충격으로 발생하는 사고가 더 많다고 제시하고 있다. 그렇기 때문에 일산화 탄소 중독 사고와 화재 사고가 물리적 충격으로 발생한 사고보다 많다는 내용은 적절하지 않다.

① (가-1)을 활용하여, 물리적 충격으로 발생하는 사고가 캠핑장에서의 안전사고 중 발생 빈도가 가장 높다는 1문단의 내용을 뒷받침한다.

(가-1)은 통계 자료로 캠핑장 안전사고 중 물리적 충격으로 발생하는 사고가 49.9%로 가장 높은 비율을 차지하고 있음을 보여 주고 있다. 이를 활용하여 물리적 충격으로 발생하는 사고가 캠핑장에서의 안전사고 중 발생 빈도가 가장 높다는 1문단의 내용을 구체화할 수 있다.

② (가-2)를 활용하여, 캠핑 용품 관련 안전사고 중 화재 관련 사고의 발생 비율이 가장 높다는 2문단의 내용에 구체적인 수치를 추가한다.

(가-2)는 통계 자료로 캠핑 용품 관련 안전사고 중 화재와 관련한 사고가 58.1%로 가장 높음을 알 수 있다. 이를 활용하여 캠핑 용품 관련 안전사고 중 화재 관련 사고의 발생 비율이 가장 높다는 2문단의 내용에 58.1%라는 구체적인 수치를 추가할 수 있다.

③ (나)를 활용하여, 소방 시설의 미비와 관리 감독의 소홀은 화재의 조기 진화를 어렵게 하여 인명 피해를 키운다는 2문단의 내용에 사례를 추가한다.

(나)는 소방 시설의 미비와 관리 소홀로 인하여 다수의 사상자가 발생한 캠핑장 사고 사례를 보여 주는 신문 기사이다. 이를 소방 시설의 미비와 관리 감독의 소홀은 화재의 조기 진화를 어렵게 하여 인명 피해를 키운다는 2문단의 사례로 추가할 수 있다.

⑤ (나)와 (다)를 활용하여, 일산화 탄소 중독 사고는 인명 피해율이 높아서 주의가 필요함에도 캠핑 중 일산화 탄소 중독 사고는 줄지 않고 있다는 3문단의 내용을 구체화한다.

(나)의 신문 기사에는 캠핑장에서 발생하는 안전사고 중 생명에 심각한 위해를 미치는 일산화 탄소 중독 사고가 예년보다 증가했다는 내용이 있다. (다)의 전문가 인터뷰에는 일산화 탄소 중독 사고의 경우 다른 사고보다 인명 피해율이 높다는 내용이 있다. 그러므로 (나)와 (다)를 활용하여 일산화 탄소 중독 사고는 인명 피해율이 높아서 주의가 필요함에도 캠핑 중 일산화 탄소 중독 사고가 줄지 않고 있다는 3문단의 내용을 구체화할 수 있다.

DAY 2 매체

빠른 정답 체크

01 ① 　　02 ② 　　03 ③

가

위에 있는 사진과 같이 우리 학교에 친환경 정원이 조성
_{사진을 제시하여 독자의 주의를 환기함}
되었습니다! 정원의 벤치, 테이블, 화단 틀 등을 보셨나요?
그것들은 모두 폐현수막과 폐의류를 재활용한 자재로 만들
어졌습니다. 학생회에서는 친환경 정원 조성의 취지를 알
리고 친환경 의식을 높이기 위한 체험 행사를 개최합니다.
_{게시물의 목적}
친환경의 의미를 담은 시화 관람, 물품 나눔, 친환경 생활
을 위한 한 줄 다짐 쓰기, 재활용품으로 물품 만들기 등 다
채로운 활동이 준비되어 있으니 많이 참여해 주세요. 자세
한 내용은 링크를 눌러 확인해 주세요!

☞ https://○○○.hs.kr/66193/subMenu.do
_{하이퍼링크를 제시하여 학생들의 참여를 도움}

★ 참여 신청 및 문의 사항은 학생회 계정으로 메시지를
보내 주세요.

👍 좋아요　　💬 댓글 읽기　　✉ 메시지 보내기

●◐● □□_art 님 외 67명이 좋아합니다.
17시간 전

☺ 댓글 달기...　　　　　　　　　　　　게시

나

보민: 지난 회의에서 친환경 체험 행사의 다양한 활동을 학생들
_{지난 회의의 내용을 언급하며 회의를 시작함}
에게 효과적으로 홍보하기 위해 행사 안내도를 만들기로 했잖
아. 회의를 시작해 볼까?

아준: 정원의 조감도를 이용해 안내도 초안을 만들면서 활동에
따라 공간을 구획해 봤어. 화면을 봐 줘.
_{온라인 화상 회의의 특징 ① - 화면 공유를 통해 참여자의 이해를 도움}

| 채팅 | 아준 님이 화면 공유를 시작합니다. |

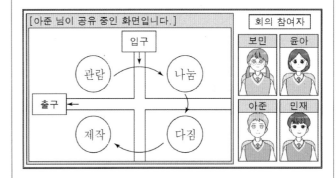

윤아: 화면에서는 시화 관람, 물품 나눔, 한 줄 다짐 쓰기, 재활용
품으로 물품 만들기 순으로 체험 순서를 제시했는데, 체험 순
서를 정하면 학생들의 활동 참여에 제약이 있겠어.
_{아준의 공간 구획에 대한 문제점}

민재: 「관람', '나눔', '제작'에서의 활동은 학생들이 자유롭게 참
_{「」: 안내도와 관련된 민재의 의견}
여하게 하고, '다짐'은 최대한 많은 학생들이 참여할 수 있게
안내하면 좋겠어.」 아준이가 안내도 초안을 만들기로 했잖아.
그걸 보면서 얘기해 볼까?

아준: 모두 첨부 파일을 확인해 줘.
_{온라인 화상 회의의 특징 ② - 파일을 첨부하여 대화 참여자 간 자유로운 정보 공유가 가능함}

| 채팅 | 아준 님이 파일을 전송했습니다.
파일명 : ㉠ 학교 체험 행사 안내도.pdf |

민재: 안내도 초안에도 화살표가 있네. 체험 순서와 출입 방향을
_{공간 구획 관련 수정 사항 ①}
나타내는 화살표는 모두 지우면 좋겠어.

보민: 한 줄 다짐 쓰기에 학생들이 많이 참여하도록 하려면 '제
작'과 '다짐'의 활동 공간을 서로 바꾸면 좋겠어. 이에 대한 의
_{공간 구획 관련 수정 사항 ②}
견 줘.

아준: '다짐'의 활동 공간을 출구 가까이에 배치해 학생들이 그
활동에 참여한 후 나가도록 하기 위한 것이구나.

윤아: 나도 그게 좋아. 그런데 '제작'이 활동의 의미를 제대로 드
_{공간 구획 관련 수정 사항 ③}
러내지 못하는 것 같아. '재생'으로 바꾸면 어떨까? 동의하는
사람들은 손을 들어 줘.
_{화면을 통해 회의 참여자들의 모습을 볼 수 있음}

보민: 모두 동의하는구나. 그럼 이제는 환경 단체에서 주최한 체
험 행사 안내도를 참고해서 안내도의 구성에 대해서 이야기해
_{다음 안건 제시}
보자. 파일을 전송할게.

| 채팅 | 보민 님이 파일을 전송했습니다.
파일명 : ㉡ 환경 단체 체험 행사 안내도.pdf |

민재: 「환경 단체의 안내도에서는 조감도에 각 공간의 이름을 번
_{「」: 환경 단체 안내도의 구성}
호와 함께 표시하고 그에 대한 범례를 따로 두어 활동을 안내

WEEK 3

했네., 이에 비해 우리 초안은 조감도에 글자가 많아 복잡해 보이는 것 같아.
　　　　　　　　　　　안내도 초안 수정 사항 ①-글자 수 조절

아준: 우리도 범례를 환경 단체의 안내도처럼 따로 두는 것이 좋겠어. 그리고 행사 일시와 장소도 추가하는 것이 어때?
　　　　　안내도 초안 수정 사항 ②-범례 수정　　　　안내도 초안 수정 사항 ③-내용 추가

윤아: 행사명도 추가하는 것이 좋겠어. 행사명을 안내도 상단에
　　　　　안내도 초안 수정 사항 ④-내용 추가 및 위치 수정
제시하고 그 아래 행사 일시와 장소를 안내하자.

보민: 좋은 의견들을 줘서 고마워. 오늘 회의 내용을 모두 반영하여 함께 안내도를 완성해 보자.

01
답 | ①

(가), (나)에 대한 이해로 가장 적절한 것은?

▶ 정답 선지 분석

① (가)는 수용자의 반응을 숫자로 제시하여 매체 자료에 대한 수용자의 선호 정도를 드러내고 있다.

(가)에서 게시물 내용에 대해 긍정적으로 평가하는 수용자의 수가 제시되었고, 이를 통해 수용자의 선호 정도를 파악할 수 있으므로 적절하다.

▶ 오답 선지 분석

② (나)는 정보의 생산자와 수용자가 분리되어 정보 전달이 한 방향으로 이루어지고 있다.

(나)의 정보 생산자와 수용자가 분리되어 정보 전달이 한 방향으로 이루어진다는 내용은 적절하지 않다.

③ (가)와 달리, (나)는 하이퍼링크 기능을 통해 추가적인 정보를 제공하고 있다.

(가)에서는 하이퍼링크를 사용하고 있다.

④ (나)와 달리, (가)는 정보를 전달할 수 있는 시간의 제약을 고려하여 정보의 양을 조절하고 있다.

(가), (나) 모두에서 시간 제한을 생각해서 정보량을 조절하는 내용은 없으므로 적절하지 않다.

⑤ (가)와 (나)는 모두 음성 언어와 시각 자료를 결합한 복합 양식을 활용하여 정보를 생산하고 있다.

(가)에서는 시각 자료를 사용하고 있지만 음성 언어는 사용되지 않고 있다.

02
답 | ②

㉠, ㉡과 관련하여 (나)에 대해 설명한 내용으로 가장 적절한 것은?

▶ 정답 선지 분석

② ㉡의 구성 방식을 참고하여 ㉠을 개선하기 위한 방안을 마련했다.

민재는 환경 단체 체험 행사 안내도가 어떻게 구성되어 있는지 확인하고, 그 내용을 학교 체험 행사 안내도 초안과 비교했다. 이어서 아준은 환경 단체 체험 행사 안내도를 참고하여 범례를 따로 구성하자고 하였다. 이러한 내용을 고려할 때, ㉡의 구성이 어떤 식으로 되었는지 참고해서 ㉠을 개선할 방안을 마련했다는 진술은 적절하다.

▶ 오답 선지 분석

① ㉠의 안내 효과를 바탕으로 ㉡의 장점을 극대화하기 위한 방법을 모색했다.

㉠의 장점을 극대화하기 위해 ㉡을 참고하였다.

③ ㉡의 구성 요소를 고려하여 ㉠의 불필요한 구성 요소를 삭제했다.

㉡의 구성 요소를 고려하여 ㉠의 구성 요소의 수정 사항을 제시하고 있을 뿐, 불필요한 구성 요소를 삭제하고 있지는 않다.

④ ㉠과 ㉡의 차이점을 근거로 ㉡의 구성상의 문제점을 비판했다.

㉡의 구성 요소를 ㉠에 반영하고 있으므로, ㉡의 구성상의 문제점을 비판하였다고 볼 수 없다.

⑤ ㉠과 ㉡을 비교하여 안내 효과 측면에서 각각의 장단점을 분석했다.

㉠과 ㉡을 비교하여 ㉠의 수정 사항에 대해 얘기하고 있으나, 둘의 장단점을 분석하고 있지는 않다.

03
답 | ③

(나)를 바탕으로 다음과 같은 '안내도'를 만들었다고 할 때, 이에 대해 이해한 내용으로 적절하지 않은 것은?

△△ 고등학교 친환경 체험 행사 안내도

° 일시: 20××년 3월 23일 14:00
° 장소: 친환경 정원

<범례>

① 관람: 친환경의 의미를 담은 시화 관람하기
② 나눔: 물품 서로 나누기
③ 재생: 재활용품으로 물품 만들기
④ 다짐: 친환경 생활을 위한 한 줄 다짐 쓰기

▶ 정답 선지 분석

③ 민재의 의견을 바탕으로, 입구와 출구에 출입 방향을 화살표로 표시했다.

민재는 두 번째 말에서 체험의 순서를 나타내는 화살표와 출입 방향을 나타내는 화살표를 모두 삭제하자는 의견을 냈다.

▶ 오답 선지 분석

① 윤아의 의견을 바탕으로, 안내도 상단에 행사명을 제시했다.

윤아의 마지막 말에 행사 이름과 위치에 대한 언급이 있으므로 적절하다.

② 보민의 의견을 바탕으로, '다짐'의 활동 공간을 출구 가까이 배치했다.

보민은 '제작'과 '다짐'의 공간 위치를 서로 바꿀 것을 제안했으므로 적절하다.

④ 아준의 의견을 바탕으로, 각 공간에서 이루어지는 활동 내용을 범례로 안내했다.

아준은 마지막 말에서 환경 단체 안내도에서 범례를 따로 둔 것처럼 학교 체험 행사 안내도에서도 범례를 따로 두자고 하였으므로 적절하다.

⑤ 윤아의 의견을 바탕으로, 재활용품으로 물품을 만드는 활동 공간의 이름을 '재생'으로 정했다.

윤아는 두 번째 말에서 '제작'이 활동 의미를 온전히 구현하지 못하기 때문에 '재생'으로 이름을 바꾸자고 하였으므로 적절하다.

DAY 3 공손룡과 후기 묵가의 정명론 비교 연구

빠른 정답 체크

01 ⑤　　**02** ④　　**03** ④　　**04** ④

❶ 명(名)과 실(實), 즉 이름과 실재의 상관관계를 다루는 명실(名實)의 문제는 정치, 윤리적인 차원에서만 다루어지다가 전국 시_{명실의 문제에서 다루는 것}
대 중엽 이후에 하나의 독립적인 영역을 가진 철학적 주제로 정_{전국 시대 중엽 이전의 명실의 문제}
립되었다. 이 시기에 이렇게 명실 문제를 전문적으로 다룬 대표_{전국 시대 중엽 이후의 명실의 문제}
적인 사상가와 학파가 공손룡과 후기 묵가(墨家)로, 이들 사이에_{전국 시대 중엽 이후에 명실의 문제를 다룬 사상가와 학파}
서는 철학적 논쟁의 국면이 펼쳐졌다.

❷ 명가(名家) 사상가인 공손룡은 '실'이 '물(物)'로부터 파생된 것
이라고 하였다. 이때 '물'은 아직 분화되지 않은 상태의 천지 만_{공손룡의 '물' 개념}
물을 뜻한다. '실'은 '물'에서 분화된 각각의 개체이고, 이를 지시_{공손룡의 '실' 개념}　　　　　_{공손룡의 '명' 개념}
하는 역할을 하는 것이 '명'이다. 인간이 붙이는 '명'은, 「인간과
무관하게 분화되어 있는 '실'들 사이의 다름을 인간의 입장에서_{「」: 인간이 붙이는 '명'의 역할}
구별하여 확정하고, 인간이 사상과 감정을 주고받게 하는 역할을
한다. 그는 「어떤 '실'은 그것을 가리키는 어떤 '명'에 의해서만 유
일하게 지시되어야 한다는 것과, 어떤 명은 유일하게 어떤 실만_{「」: 공손룡의 주장 – 명과 실의 엄격한 일대일 대응 관계}
을 지시하여야 한다는 것을 주장하였다. 공손룡에 따르면 서로
다른 실인 이것[此]과 저것[彼]이 똑같이 '이것'이라는 명으로 지
시된다면 서로 구별되지 않게 되고, 그 결과 「어떤 사람은 '이것'
이라는 명으로 이것이라는 실을, 다른 사람은 '이것'이라는 명으_{「」: 서로 다른 실이 동일한 명으로 지시될 때의 문제점}
로 저것이라는 실을 지시하는 혼란이 나타나게 된다.」 그는 명과
실의 엄격한 일대일 대응 관계를 통해, 명이 그 역할을 할 때 오
해나 문제가 생기지 않게 하려 하였다.

❸ 그는 '흰 말[白馬]은 말[馬]이 아니다.'라는 일반인의 상식으로_{'흰 말'과 '말'을 구분함}
는 이해하기 어려운 주장을 앞세워 논의를 폈다. 그런 주장의 근
거로, 우선 그는 '말[馬]'은 형체를 부르는 데 쓰는 단어이고 '희
다[白]'는 색을 부르는 데 쓰는 단어인데, 흰 말은 말에 '희다'라_{'말'은 형체만을, '흰 말'은 형체와 속성을 부르는 단어이므로 서로 다름}
는 속성이 함께하는 것이므로 말과 다르다고 하였다. 또한 그는
「말을 구할 때는 노란 말이든 검은 말이든 데리고 올 수 있지만 흰_{「」: 예시를 통해 주장을 뒷받침함}
말을 구할 때는 노란 말이나 검은 말을 데리고 올 수 없으니,」 이
를 통해 말과 흰 말이 다름을 알 수 있다고 하였다. 이렇게 일상
에서 흰 말이 있을 때 '말이 있다.'라고 하며 특정 속성이 지정되
지 않은 '말'이라는 단어로 흰 말처럼 특정 속성을 가진 말[馬]을
지시하는 것에 대해, 공손룡은 '말'이라는 명과 '흰 말'이라는 명_{'말'이라는 명은 '말'의 형체를, '흰 말'이라는 명은 형체와 속성을 지시함}
은 지시하는 실이 다르므로 그 용법을 구분해야 한다고 하였다.

❹ 반면 후기 묵가는 '흰 말은 말이다. 흰 말을 타는 것은 말을 타_{후기 묵가의 반박 ① – '흰 말은 말이 아니다.'라는 주장 반대}
는 것이다.'라고 하면서, '흰 말은 말이 아니다.'라는 주장에 반대

하였다. 후기 묵가는 「어떤 실은 '이것'이라는 명에 의해 지시되면_{「」: 후기 묵가의 반박 ② – 하나의 '실'은 하나의 '명'으로만 지시되어야 한다는 주장 반대}
서 동시에 '저것'이라는 명에 의해서도 지시될 수 있다」고 보았다.
흰 말은 흰 말이고 검은 말은 검은 말이지만 흰 말도 말이고 검은
말도 말이므로, 흰 말은 흰 말이면서 말이고 검은 말은 검은 말이
면서 말이라는 것이다. 즉, 「흰 말은 흰 말이라는 명과 말이라는
명으로, 검은 말은 검은 말이라는 명과 말이라는 명으로 지시될_{「」: 하나의 '실'이 여러 개의 '명'으로 지시될 수 있음}
수 있다.」 또한 후기 묵가는 하나의 명이 지시하는 실은 오직 하나
뿐이라는 주장에도 반대하였다. 하나의 명이 서로 다른 사물을_{후기 묵가의 반박 ③ – 하나의 '명'은 하나의 '실'로만 지시되어야 한다는 주장 반대}
지시할 수 있다고 하면서, ⊙ 이것과 저것, 두 마리의 새가 모두
학이라면 이것과 저것을 모두 '학'이라고 부를 수 있다는 예시를
들었다.

❺ 후기 묵가가 명과 실의 엄격한 일대일 관계를 이렇게 부정한
것은 그들의 명에 대한 논의와도 관계가 있다. 후기 묵가는 명을
그것이 지시하는 실에 따라 달명(達名), 유명(類名), 사명(私名)으_{후기 묵가의 명 구분}
로 나누었는데, 이 세 가지 명은 외연의 크기가 서로 다르다. 달
명은 천지 만물을 총괄하여 지시하는 것으로, 공손룡이 말하는
'물(物)'에 해당하는 대상을 가리키는 이름이다. 유명은 수많은_{달명의 개념}
사물 가운데 어느 하나의 속성을 공유하는 것들을 지시하는 이름_{유명의 개념}
으로, 후기 묵가는 그 예로 '말[馬]'이라는 명을 제시했다. 사명은
가리키는 대상이 오직 하나인 명을 말한다. 사명에는 두 가지가_{사명의 개념}
있는데, 그중 하나는 고유명사이다. 다른 하나는 '새[鳥]'라는 유_{사명의 종류 ①}
명을 어떤 한 마리의 특정한 새를 가리킬 때 사용하는 경우처럼
유명을 단 하나의 개체에만 대응하게 함으로써 만들어지는 명이_{사명의 종류 ②}
다. 결국 '새[鳥]'라는 명이 유명인가 사명인가 하는 것은 그것에
대응하는 대상이 하나인가 둘 이상인가에 의해 상황에 따라 정해_{대응하는 대상이 하나이면 '사명', 둘 이상이면 '유명'}
지는 것이다.

01

답 | ⑤

윗글에 대한 이해로 적절하지 <u>않은</u> 것은?

정답 선지 분석

⑤ 공손룡과 후기 묵가는 수많은 사물 가운데 오직 하나만 있는 대상에는 이름
을 붙일 수 없다고 하였다.
　5문단에서 후기 묵가가 '가리키는 대상이 오직 하나'일 때 붙이는 이름을 사명이라고 한다고
하였으므로 적절하지 않다.

오답 선지 분석

① 후기 묵가는 고유명사가 사명에 속한다고 보았다.
　5문단에서 후기 묵가에 따르면 '사명에는 두 가지가 있는데, 그중 하나는 고유명사'라고 하
였으므로 적절하다.

② 후기 묵가는 천지 만물 전체를 가리키는 이름을 달명이라고 하였다.
　5문단에 따르면 후기 묵가는 '천지 만물을 총괄하여 지시하는' 이름이 달명이라고 하였으므
로 적절하다.

③ 공손룡은 분화되지 않은 천지 만물이 각각의 개체로 분화된 것을 실이라고 하였다.

2문단에 따르면 공손룡은 '아직 분화되지 않은 상태의 천지 만물'이 '물'이고 ''물'에서 분화된 각각의 개체'가 '실'이라고 하였으므로 적절하다.

④ 공손룡과 후기 묵가는 전국시대 중엽 이후에 명실 문제를 전문적으로 논의하였다.

1문단에서 명실의 문제가 '전국시대 중엽 이후에 하나의 독립적인 영역을 가진 철학적 주제로 정립되었다'라고 하였고, 공손룡과 후기 묵가가 '이 시기에 이렇게 명실 문제를 전문적으로 다'뤘다고 하였으므로 적절하다.

02

답 | ④

㉠에 대한 '공손룡'의 견해와 부합하는 내용으로 가장 적절한 것은?

정답 선지 분석

④ 학이라는 하나의 명으로 이것과 저것을 모두 지시한다면 이것과 저것이라는 실이 서로 구별되지 않을 것이다.

2문단에서 공손룡은 '서로 다른 실인 이것[此]과 저것[彼]이 똑같이 '이것'이라는 명으로 지시된다면 서로 구별되지 않게' 된다고 하였다. 이를 바탕으로 보면 각기 다른 실인 이것과 저것을 똑같이 학이라는 명으로 지시한다면 이것과 저것은 서로 구별되지 않을 것이므로 이 진술은 적절하다.

오답 선지 분석

① 학 두 마리를 모두 학이라는 명으로 부르면, 명이 제 역할을 하여 혼란이 나타나지 않게 될 것이다.

공손룡은 어떤 '실'은 그것을 가리키는 어떤 '명'에 의해서만 유일하게 지시되어야 하며 명과 실의 엄격한 일대일 대응 관계를 통해, 명이 그 역할을 할 때 오해나 문제가 발생하지 않는다고 주장하였다. 즉, 공손룡의 입장에서 학 두 마리를 모두 학이라는 명으로 부른다면, 명은 제 역할을 하지 못해 혼란이 발생할 것이므로 이 진술은 적절하지 않다.

② 학이라는 명은 형체를 가리키는 단어가 아니므로, 그 명으로는 이것과 저것이라는 실을 부를 수 없다.

공손룡은 '말[馬]'은 형체를 부르는 데 쓰는 단어라고 하였으므로 '학'이라는 명 역시 형체를 가리키는 단어라고 하였을 것이다.

③ 학을 각각 '이것'과 '저것'이라는 명으로 부른다면 그 두 학은 동일한 실이 서로 다른 명으로 불린 것이다.

공손룡은 명과 실의 엄격한 일대일 대응 관계를 추구하였다. 즉, 공손룡은 '이것'이라는 명으로 이것이라는 실을, '저것'이라는 명으로 저것이라는 실을 지시한다고 볼 것이므로 이 진술은 적절하지 않다.

⑤ 학이라는 실을, 색을 부르는 데 쓰는 단어 없이 학이라는 명으로 부르는 것은 말[馬]이라는 실을 '흰 말'이라는 명으로 부르는 것과 같은 올바른 용법이다.

공손룡은 '말'이라는 명과 '흰 말'이라는 명은 지시하는 실이 다르므로 그 용법을 구분해야 한다고 하였다.

03

답 | ④

윗글을 읽은 학생이 <보기>의 대화에 보인 반응으로 적절하지 않은 것은?

보기

갑: (옷을 하나 들고 옷장을 보면서 한숨을 쉬고) ⓐ 옷이 없어.

을: 지금 네가 들고 있는 ⓑ 옷은 뭐니? 옷장 안에 옷이 이렇게 많은데 무슨 ⓒ 옷이 없어?

갑: 내 말은 ⓓ 옷이 정말 없다는 게 아니라, ⓔ 빨간 옷이 필요한데 없다는 말이었어.

을: 아, 그런 뜻이었구나.

정답 선지 분석

④ ⓓ라는 명과 ⓔ라는 명이 같은 대상을 지시하고 있으므로, 공손룡은 특정 속성이 지정되지 않은 단어로 특정 속성을 가진 대상을 지시하는 문제가 나타나고 있다고 보겠군.

ⓓ라는 명은 일반적인 옷을 지시하므로, 곧 3문단에서 언급하는 '특정 속성이 지정되지 않은' 단어이고, ⓔ라는 명은 빨간 옷을 지시하므로, 곧 3문단에서 언급하는 '특정 속성을 가진' 대상을 지시하는 단어이다. 3문단에 따르면 공손룡은 위의 '특정 속성이 지정되지 않은' 단어와 '특정 속성을 가진' 대상을 지시하는 단어가 '지시하는 실이 다르다'고 하였으므로 ⓓ라는 명과 ⓔ라는 명이 지시하는 대상이 같다는 진술은 적절하지 않다.

오답 선지 분석

① ⓐ라는 명으로 지시한 실과 ⓑ라는 명으로 지시한 실이 서로 다르므로 공손룡은 명과 실의 일대일 대응 관계가 지켜지지 않고 있다고 보겠군.

2문단에 따르면 공손룡은 '명과 실의 엄격한 일대일 대응 관계'를 주장하였다. 그런데 ⓐ와 ⓑ는 '옷'이라는 같은 명이지만, ⓐ라는 명은 빨간 옷을 지시하고 있고, ⓑ라는 명은 갑이 들고 있는 옷을 지시하고 있으므로 두 '명'은 지시하는 실이 서로 다르다. 그러므로 이 진술은 적절하다.

② ⓐ라는 명과 ⓓ라는 명이 서로 다른 대상을 지시하고 있는 것을, 후기 묵가는 하나의 명이 두 가지 이상의 서로 다른 실을 지시할 수도 있다는 자신들의 주장을 뒷받침하는 예로 보겠군.

4문단에 따르면 후기 묵가는 '하나의 명이 지시하는 실은 오직 하나뿐이라는 주장'에 반대하고 '하나의 명이 서로 다른 사물을 지시할 수 있다'고 하였다. 그런데 ⓐ라는 명과 ⓓ라는 명은 '옷'이라는 같은 명이지만, ⓐ라는 명은 빨간 옷을 지시하고 있고, ⓓ라는 명은 일반적인 옷을 지시하고 있어 서로 지시하는 실이 다르므로 이 진술은 적절하다.

③ 후기 묵가는 ⓑ라는 명은 유명을 하나의 개체에만 대응하여 사명으로 사용한 것으로 보겠군.

5문단에 따르면 후기 묵가는 '수많은 사물 가운데 어느 하나의 속성을 공유하는 것들을 지시하는 이름'을 유명이라 하였고, '유명을 단 하나의 개체에만 대응하게 함으로써 만들어지는 명'을 사명이라고 하였다. ⓑ라는 명은 갑이 들고 있는 하나의 옷을 지시하는 명인데, 일반적인 옷을 의미하는 '옷'이라는 명은 5문단의 '새[鳥]'와 같은 유명이고 ⓑ라는 명은 옷이라는 유명을 갑이 들고 있는 단 하나의 옷에 대응하게 한 '명'으로 볼 수 있다. 그러므로 이 진술은 적절하다.

⑤ 공손룡은 ⓔ는 ⓒ에 또 다른 속성이 함께하는 것이므로 ⓔ를 ⓒ라는 명으로 불러서는 안 된다고 보겠군.

3문단에서 공손룡은 흰 말이 '말에 '희다'는 속성이 함께하는 것이므로 말과 다르다'고 하였으므로, 그의 관점에서 ⓔ라는 명이 지시하는 빨간 옷은 ⓒ라는 명이 지시하는 일반적인 '옷'에 빨갛다는 또 다른 속성이 함께하는 것이어서, ⓒ라는 명이 지시하는 '옷'과 다르다. 그리고 2문단에 따르면 공손룡은 '명과 실의 엄격한 일대일 대응 관계'를 주장하였다. 따라서 공손룡의 견해에 따르면 서로 다른 실은 서로 다른 명으로 불러야 하므로 이 진술은 적절하다.

04

답 | ④

<보기>는 윗글을 읽은 학생이 수행한 학습지의 일부이다. ㉮와 ㉯에 들어갈 말로 가장 적절한 것은?

보기

[학습 과제]

다음에서 설명하는 주요 개념을 활용하여 윗글의 내용을 이해해 보자.

언어 기호가 기표와 기의의 결합체라고 할 때, 기표는 소리를 뜻하고 기의는 언어 기호에 의해 의미되는 개념을 뜻한다. 즉 기표는 언어 기호의 형태이고 기의는 언어 기호가 지시하는 내용이라고 할 수 있다.

[수행 결과]

공손룡의 입장에서는 (　　㉮　　)고 볼 것이고, 후기 묵가의 입장에서는 (　　㉯　　)고 볼 것이다.

정답 선지 분석

④ ┌ ㉮: 기표가 서로 다르면서 기의가 같을 수는 없다
　 └ ㉯: 기표가 서로 달라도 기의는 같을 수 있다

<보기>에 따르면 '기표'는 소리, 즉 '언어 기호의 형태'를 의미하고 '기의'는 '언어 기호에 의해 의미되는 개념', 즉 '언어 기호가 지시하는 내용'을 의미한다. 그리고 2문단과 5문단을 통해 공손룡과 후기 묵가가 공통적으로 이름이 '명'이 '실'을 지시하는 역할을 한다고 하였으므로, 이를 통해 '기의'가 '실'에, '기표'가 '명'에 각각 대응된다고 할 수 있음을 알 수 있다. 2문단에 따르면 공손룡은 하나의 실이 단 하나의 명에 의해서만 지시되어야 한다고 주장하였다. 즉 하나의 기의를 여러 가지 기표가 지시할 수는 없다. 따라서 공손룡의 입장에서는 '기표가 서로 다르면서 기의가 같을 수는 없다'고 볼 것이라는 진술은 적절하다. 그리고 4문단에 따르면 후기 묵가는 하나의 실이 여러 가지 명에 의해 지시될 수 있다고 주장하였다. 즉 하나의 기의를 여러 가지 기표가 지시할 수 있다. 따라서 후기 묵가의 입장에서는 '기표가 서로 달라도 기의는 같을 수 있다'고 볼 것이라는 진술은 적절하다.

DAY 4　센서공학

빠른 정답 체크

01 ②　　02 ③　　03 ④　　04 ②

---

❶ <u>전기화학식 가스 센서</u>는 화학 반응을 통해 발생하는 전류를
　　　　　　　　　　전기화학식 가스 센서의 개념
이용해 특정 가스를 검지*하기 위한 장치이다. 이 센서는「ⓐ 유입
　　　　　　　　　　　　　　　　　　　「」: 전기화학식 가스 센서의 작동원리
된 가스가 센서의 전극들과 작용하여 산화 환원 반응을 하는 과정에서 생성되는 전류의 양을 측정하여 가스 누출을 검지하고 농도를 측정한다.」

❷ 전기화학식 가스 센서는 일반적으로 유입부, 감지부, 후방부로 구성된다. 먼저, 유입부는「가스가 센서로 들어오면 검지하고
　　　　　　　　　　　　　　　　　　「」: 유입부의 기능
자 하는 가스 이외의 불순물을 걸러주는 기능을 담당하며 먼지
필터, 간섭 가스 필터, 분리막으로 구성되어 있다.「공기 중에 가
　　　유입부의 구성　　　　　　　　　　「」: 유입부의 작동 과정
스가 누출되어 센서의 유입부로 들어오면, 우선 먼지나 물 등 기

체가 아닌 불순물들은 먼지 필터에 의해 걸러지고, 기체 상태인 가스만 간섭 가스 필터로 보내진다. 이후 간섭 가스 필터에서는 특정 가스를 검지하는 데 방해가 되는 가스들은 필터에 흡착시키고, 검지하려는 가스만 통과시켜 분리막으로 보내게 된다. 분리막은 유입부와 감지부를 분리하는 장치로, 간섭 가스 필터로부터
보내진 가스는 정확한 측정을 위해 분리막을 통해 감지부로 유입
　검지하려는 가스
된다.」

❸ 감지부는 가스가 유입되면 산화 환원 반응을 통해 전류를 생
　　　　　감지부의 기능
성하는 기능을 담당하며 작용 전극, 대응 전극, 기준 전극으로 구
　　　　　　　　　　　　감지부의 구성
성되어 있다. 감지부는 평상시에도 기준 전극에서 생성되는 전류가 일정하게 흐르고 있고, 감지부의 전극들은 전해질이 녹아 있는 물속에 담겨 있다. 전해질은 물에 녹였을 때 전자의 이동을 가
능하게 하여 전류를 생성하는 매개체의 역할을 한다.「분리막을
　　　　　　　전해질의 역할　　　　　　　　　　　　「」: 감지부의 작동 과정
통과하여 감지부에 ⓑ 도달한 가스는 먼저 작용 전극에서 물과 반응하여 수소 이온과 전자를 생성하는 산화 반응을 한다. 이러
　　　　　　　　　　　　　　　가스+물 → 수소 이온, 전자
한 산화 반응을 활발히 ⓒ 유도하기 위해 작용 전극은 여러 개의 구멍으로 이루어진 다공성 막의 형태를 띠고 있으며, 산화 반응
　산화 반응을 활발히 유도하기 위함
의 속도를 증가시키기 위해 백금과 같은 촉매로 코팅되어 있다.
　산화 반응의 속도를 증가시키기 위함
산화 반응을 거쳐 발생한 수소 이온과 전자는 전해질을 매개체로
　　　　　　　　전해질은 전자의 이동을 가능하게 함
하여 대응 전극으로 이동하고, 대응 전극에서는 수소 이온과 전자가 후방부의 산소 유입구에서 공급된 산소와 결합하여 물이 되
는 환원 반응이 일어나게 된다.」이 과정에서 작용 전극과 대응 전
수소 이온, 전자 + 산소 → 물
극 사이의 전자의 이동량만큼 전류가 발생하고, 발생하는 전류의
　　　　　　　　　　　　　　　　전류의 발생량 ∝ 유입된 가스의 농도
양은 유입된 가스의 농도에 비례한다.

❹ 마지막으로 후방부는「감지부에서 발생한 전류를 통해 가스 누
　　　　　　　　　　「」: 후방부의 기능
출 여부를 확인하고 누출된 가스의 농도를 측정하는 기능을 주로 담당하며 집전장치와 센서 핀, 산소 유입구로 구성되어 있다.「감
　　　　　　　　　　　　　후방부의 구성　　　　　　　「
지부에서 새롭게 ⓓ 생성된 전류는 집전장치를 통해 한곳으로 모아져 센서 핀으로 이동된다. 센서 핀에서는 새롭게 생성된 전류의 양과 평상시 흐르는 전류의 양을 비교하여 새롭게 생성된 전
　　　　　　　　　　　　　　　　　　　유입된 가스의 농도에 비례함
류의 양이 더 많다면 가스 누출을 검지하고 가스의 농도를 측정
하게 된다.」「」: 후방부의 작동 과정

❺ 한편 가스 센서를 통해 검지된 가스가 기준 농도 이상일 때 센서와 연결된 경보기에서는 이를 알리기 위한 경보를 내게 된다. 경보를 내는 방식으로는 ㉠ 즉시 경보형과 ㉡ 지연 경보형 등이 있다. 즉시 경보형은「가스 농도가 센서에 ⓔ 설정된 경보설정치
　　　　　　　　　　「」: 즉시 경보형의 경보 방식
이상이 되면 바로 경보를 내는 방식이다. 이 방식은 독성 가스와
　　　　　　　　　　　　　　　즉시 경보형이 주로 사용되는 경우
같이 가스의 발생 자체가 위험한 경우에 주로 사용된다. 지연 경보형은「검지된 가스의 농도가 경보설정치를 넘었더라도 바로 경
　　　　　「」: 지연 경보형의 경보 방식

보를 내지 않고, 일정한 시간으로 설정된 지연 시간 동안 가스의 농도가 경보설정치 이상으로 유지될 경우에 경보하는 방식이다. 이는 가스레인지 점화 오작동처럼 순간적으로 높은 농도의 가스가 검지되었을 경우와 같이 일시적인 가스 누출 상황에서는 경보를 내지 않는 특징이 있다.
<u>지연 경보형의 특징</u>

＊검지: 검사하여 알아냄.

01

답 | ②

윗글의 내용과 일치하지 <u>않는</u> 것은?

정답 선지 분석

② 센서 핀을 통해 한곳으로 모아진 전류는 집전장치로 이동한다.
  4문단에서 '감지부에서 새롭게 생성된 전류는 집전장치를 통해 한곳으로 모아져 센서 핀으로 이동된다'라고 하였으므로 적절하지 않다.

오답 선지 분석

① 백금을 촉매로 사용하면 산화 반응의 속도는 증가한다.
  3문단에서 '산화 반응의 속도를 증가시키기 위해 백금과 같은 촉매로 코팅되어 있다'라고 하였으므로 적절하다.

③ 센서의 감지부에는 가스가 유입되기 전에도 일정량의 전류가 흐르고 있다.
  3문단에서 '감지부는 평상시에도 기준 전극에서 생성되는 전류가 일정하게 흐르고 있'다고 하였으므로 적절하다.

④ 전자와 수소 이온은 전해질을 매개로 작용 전극에서 대응 전극으로 이동한다.
  3문단에서 작용 전극에서 산화 반응을 한다고 했고, 산화 반응을 거쳐 발생한 수소 이온과 전자는 전해질을 매개체로 하여 대응 전극으로 이동한다고 하였으므로 적절하다.

⑤ 즉시 경보형은 독성 가스와 같이 가스 발생 자체가 위험한 경우에 주로 사용된다.
  5문단에서 즉시 경보형은 '독성 가스와 같이 가스의 발생 자체가 위험한 경우에 주로 사용된다'라고 하였으므로 적절하다.

02

답 | ③

<보기>는 전기화학식 가스 센서의 주요 장치를 도식화한 것이다. 윗글을 바탕으로 <보기>에 대해 보인1 학생의 반응으로 적절하지 <u>않은</u> 것은?

보기

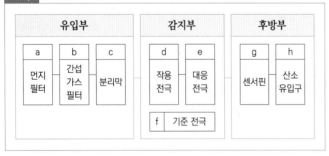

정답 선지 분석

③ d가 다공성 막의 형태를 띠고 있는 이유는 c로부터 유입되는 가스의 양을 조절하기 위해서겠군.
  3문단에서 작용 전극이 여러 개의 구멍으로 이루어진 다공성 막의 형태를 띠고 있는 이유는 작용 전극에서의 산화 반응을 활발히 유도하기 위해서라고 했을 뿐 유입되는 가스의 양을 조절하기 위해서라고는 하지 않았으므로 적절하지 않다.

오답 선지 분석

① a에서는 기체는 모두 통과되고, b에서는 기체가 흡착되거나 통과되겠군.
  2문단에서 먼지 필터는 기체가 아닌 불순물들을 거른다고 했고, 간섭 가스 필터는 특정 가스를 검지하는 데 방해가 되는 가스들은 필터에서 흡착시키고, 검지하려는 가스만 통과시킨다고 하였으므로 적절하다.

② b에서 c로 보내진 가스의 양이 증가한다면 d에서 e로 이동하는 수소 이온과 전자의 양이 증가하겠군.
  2문단과 3문단에서 센서의 유입부로 들어온 가스는 간섭 가스 필터에서 검지하려는 가스만 분리막으로 이동하고, 이 가스는 감지부로 이동하여 작용 전극에서 산화 반응을 통해 수소 이온과 전자를 생성하여 전해질을 매개로 대응 전극으로 이동한다고 하였다. 이 과정에서 전류가 발생하고, 이 전류는 유입된 가스의 농도에 비례한다고 하였으므로 적절하다.

④ g에서 가스 누출이 검지되었다면 d와 e 사이에서 생성된 전류의 양이 f에서 생성된 전류의 양보다 많겠군.
  3문단에서 감지부에서는 평상시에도 기준 전극에서 생성되는 전류가 일정하게 흐르고 있다고 했고, 4문단에서 센서 핀에서는 새롭게 생성된 전류의 양과 평상시 흐르는 전류의 양을 비교하여 새롭게 생성된 전류의 양이 더 많다면 가스 누출을 검지한다고 하였으므로 적절하다.

⑤ e에서 수소 이온과 전자가, 물이 되는 반응을 위해 필요한 산소는 h를 통해 공급되겠군.
  3문단에서 대응 전극에서는 수소 이온과 전자가 후방부의 산소 유입구에서 공급된 산소와 결합하여 물이 되는 환원 반응이 일어난다고 하였으므로 적절하다.

03

답 | ④

<보기>는 시간의 경과에 따른 검지된 가스 농도의 변화를 나타낸 그래프이다. 이를 참고하여 ㉠, ㉡에 대해 이해한 내용으로 적절하지 <u>않은</u> 것은?

보기

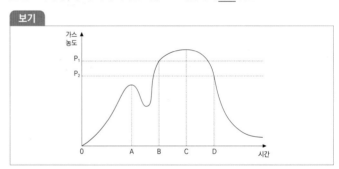

정답 선지 분석

④ 경보설정치가 P_1으로 설정되어 있고, ㉡이 C에서 경보를 냈다면, 경보 지연 시간은 D만큼 설정되어 있겠군.
  5문단에서 지연 경보형은 일정한 시간으로 설정된 지연 시간 동안 가스의 농도가 경보설정치 이상으로 유지될 경우에 경보하는 방식이라고 했다. 그래프에서 ㉡이 C에서 경보를 냈다면 경보설정치인 P_1 이상으로 유지되는 시간은 B와 C 사이 동안이고 이 시간이 지연 시간이다. 따라서 경보 지연 시간이 D만큼 설정되어 있겠다는 진술은 적절하지 않다.

오답 선지 분석

① 경보설정치가 P_1으로 설정되어 있다면, A에서 ㉠과 ㉡ 중 어떤 것도 경보를 내지 않겠군.
  5문단에서 가스 센서를 통해 검지된 가스가 경보설정치인 기준 농도 이상일 때 경보기에서는 이를 알리기 위한 경보를 낸다고 했다. 그래프에서는 A에서의 가스 농도가 경보설정치 P_1보다 낮으므로 A에서 ㉠과 ㉡ 중 어떤 것도 경보를 내지 않겠다는 진술은 적절하다.

② 경보설정치가 P_1으로 설정되어 있다면, B에서 ㉠은 경보를 내지만 ㉡은 경보를 내지 않겠군.
  5문단에서 즉시 경보형은 가스 농도가 경보설정치 이상이 되면 바로 경보를 내고, 지연 경보형은 경보를 내기 위해서는 지연 시간 동안 가스의 농도가 경보설정치 이상으로 유지되어야 한다고 했다. 그래프의 B에서의 가스 농도는 경보설정치에 해당하는 지점에 있으므로 ㉠은 즉시 경보를 내게 되고, ㉡이 경보를 내기 위해서는 지연 시간 동안 가스의 농도가 경보설정치 이상으로 유지되어야 하므로 경보를 내지 않는다. 따라서 B에서 ㉠은 경보를 내지만 ㉡은 경보를 내지 않는다는 진술은 적절하다.

③ 경보설정치를 P₁에서 P₂로 변경하면, ⊙은 경보를 내는 시점이 더 빨라지겠군.

5문단에서 즉시 경보형은 가스 농도가 경보설정치 이상이 되면 바로 경보를 낸다고 했다. 그래프에서 경보설정치가 P₁일 경우에는 B에서 경보를 내고, 경보설정치가 P₂일 경우에는 설정 농도가 낮아지므로 B보다 앞선 지점에서 경보를 낼 것이다. 따라서 ⊙이 경보를 내는 시점이 더 빨라지겠다는 진술은 적절하다.

⑤ 경보설정치가 P₂로 설정되어 있고 ⊙이 경보를 냈다면, 경보 지연 시간 동안은 가스 농도가 P₂ 이상이었겠군.

5문단에서 지연 경보형은 일정한 시간으로 설정된 지연 시간 동안 가스의 농도가 경보설정치 이상으로 유지될 경우에 경보하는 방식이라고 했다. 따라서 ⊙이 경보를 냈다면, 경보 지연 시간 동안은 가스 농도가 P₂ 이상이었겠다는 진술은 적절하다.

04   답 | ②

ⓐ~ⓔ의 사전적 의미로 적절하지 않은 것은?

정답 선지 분석

② ⓑ: 어떤 곳이나 때를 거쳐서 지나감.

'도달'의 사전적 의미는 '목적한 곳이나 수준에 다다름.'이므로 적절하지 않다. '어떤 곳이나 때를 거쳐서 지나감.'은 '통과'의 사전적 의미이다.

오답 선지 분석

① ⓐ: 액체나 기체, 열 따위가 어떤 곳으로 흘러듦.

'유입'의 사전적 의미는 '액체나 기체, 열 따위가 어떤 곳으로 흘러듦.'이다.

③ ⓒ: 사물이나 물건을 목적한 장소나 방향으로 이끎.

'유도'의 사전적 의미는 '사물이나 물건을 목적한 장소나 방향으로 이끎.'이다.

④ ⓓ: 사물이 생겨남. 또는 사물이 생겨 이루어지게 함.

'생성'의 사전적 의미는 '사물이 생겨남. 또는 사물이 생겨 이루어지게 함.'이다.

⑤ ⓔ: 새로 만들어 정해 둠.

'설정'의 사전적 의미는 '새로 만들어 정해 둠.'이다.

DAY 5   〈채전〉_유치환 / 〈음지의 꽃〉_나희덕

빠른 정답 체크

⓵ ①   ⓶ ④   ⓷ ②   ⓸ ③

가

한여름 채전으로 ⊙ 가 보아라
    채소를 심어 가꾸는 밭   ⊙: 명령형 어미 '-아라', '-라'를 통한 운율 형성
『수염을 드리운 몇 그루 옥수수에 가지, 고추, 오이, 토란, 그리
『」: 채소들이 조화를 이루는 채전의 모습을 감각적으로 제시
고 **울타리**엔 덤불을 이룬 **넌출** 사이로 반질반질 윤기 도는 크고
                            길게 뻗어 나가 늘어진 식물의 줄기
작은 박이며 호박들!』

이 ⊙ 지극히 범속한 것들은 제각기 타고난 바탕과 생김새로 주
          평범한   채전을 구성하는 채소들의 특징
어서 아낌없고 받아서 아쉼 없는 황금의 햇빛 속에 일심으로 자
라고 영글기에 숨소리도 들릴세라 적적히 여념 없나니
               고요하지만 자기완성을 위해 성심을 다하는 채소들의 모습
ⓒ과분하지 말라 의혹하지 말라 주어진 대로를 정성껏 충만시
               의심하여 수상히 여김
킴으로써 스스로를 족할 줄을 알라 오직 여기에 목숨의 유열과
           『」: 주어진 운명에 순응하며 자족할 줄 알아야 함을 강조
천지와의 화합에 있거니

한여름 채전으로 가 보아라

『나비가 심방 오고 풍뎅이가 찾아오고 잠자리가 왔다 가고, 바
      방문하여 찾아봄   『」: 한여름의 채전을 방문한 곤충들
람결에 스쳐 가고 **그늘**이 지나가고 **비**가 내리고 **햇볕**이 다시 나
                             채전의 기후 환경
고…… 이같이 ② 많은 손님들의 극진한 축복과 은혜 속에
          나비, 풍뎅이, 잠자리, 바람, 그늘, 비, 햇볕   '많은 손님들'에 대한 긍정적 인식
이 지극히 범속한 것들의 지극히 **충족**한 ⑩ 빛나는 생명의 양상
                      채전을 구성하는 채소와, 채전을 찾은 곤충과 자연의 충만한 생명력
을 한여름 채전으로 와서 보아라

                           - 유치환, 〈채전(菜田)〉 -

나

우리는 썩어 가는 참나무 떼,   [A]
    화자는 생명력을 잃어가는 참나무임
벌목의 슬픔으로 서 있는 이 땅
    인간에 의한 자연 파괴에 대한 비판적 인식
패역의 **골짜기**에서
    생명력이 상실된 장소
서로에게 기댄 채 **겨울**을 난다
    벌목된 참나무 떼가 서로 의지하는 모습
함께 썩어 갈수록   [B]
    절망적 상황이 계속될수록
바람은 더 높은 곳에서 우리를 흔들고
    잠자던 홀씨를 깨우는 존재
이윽고 잠자던 **홀씨**들 일어나   [C]
           버섯을 피어나게 하는 존재
우리 몸에 뚫렸던 상처마다 버섯이 피어난다
    참나무가 겪은 고난   강인한 생명력을 지닌 존재
황홀한 **음지**의 꽃이여
    버섯
우리는 서서히 썩어 가지만
    참나무의 절망적인 상황
너는 **소나기**처럼 후드득 피어나   [D]
    버섯
그 고통을 순간에 멈추게 하는구나
    버섯의 생명력은 참나무의 죽음의 고통도 잊게 함
오, 버섯이여

산비탈에 구르는 낙엽으로도   [E]
    참나무의 시련을 위로하지 못하는 존재 ①
골짜기를 떠도는 바람으로도
    참나무의 시련을 위로하지 못하는 존재 ②
덮을 길 없는 우리의 몸을
                              [F]
뿌리 없는 너의 독기로 채우는구나
    버섯의 강한 생명력

                           - 나희덕, 〈음지의 꽃〉 -

WEEK 3

01   답 | ①

(가)와 (나)의 공통점으로 가장 적절한 것은?

정답 선지 분석

① 사물의 모습에 대한 긍정적 인식을 바탕으로 중심 제재에 대한 예찬적 태도를 드러내고 있다.

(가)의 중심 제재는 '한여름'의 '채전'이라 할 수 있다. 그곳은 '황금의 햇빛' 속에서 가지, 고추, 오이, 토란, 박, 호박 등의 채소들이 '제각기 타고난 바탕과 생김새로' 자라고 영글어 '주어진 대로를 정성껏 충만시'키는, '목숨의 유열과 천지와의 화합'이 있는 공간이다. 또한 나비, 풍뎅이, 잠자리, 바람, 그늘, 비, 햇볕 등의 '극진한 축복과 은혜' 속에 채소들이 '지극히 충족한 빛나는 생명의 양상'을 보여 주는 곳이다. 한편 작품의 제목에서 보듯이 (나)의 중심 제재는 '버섯'이라 할 수 있다. 그것은 '벌목의 슬픔'으로 서서 '썩어 가는 참나무 떼'의 '몸에 뚫렸던 상처'에서 피어난다. 그것은 '소나기처럼 후드득 피어나' 서서히 썩어 가는 참나무의 고통과 상처를 멈추게 하기에 화자는 '버섯'을 '음지의 꽃'으로 부른다. 따라서 (가)와 (나)는 모두 사물에 대한 긍정적 인식을 바탕으로 하고 있으며, 화자가 중심 제재에 대해 예찬적 태도를 드러내고 있다는 점에서 공통적이다.

오답 선지 분석

② 주어진 현실에 순응하는 모습을 통해 중심 제재를 바라보는 비관적 태도를 암시하고 있다.

(가)의 '제각기 타고난 바탕과 생김새로', '주어진 대로를 정성껏 충만시킴으로써 스스로를 족할 줄 알라' 등에서 주어진 현실에 순응하는 모습으로 볼 수는 있으나, 화자는 채소들의 이러한 모습을 긍정적으로 바라보고 있다. (나)의 '썩어가는 참나무 떼'는 '벌목의 슬픔'으로 서서 썩어 간다. 그렇지만 그들의 상처에서 버섯이 피어나므로, 주어진 현실에 순응하는 모습이나 비관적 태도를 찾아보기 어렵다.

③ 풍경을 관조적으로 응시하는 시선으로 중심 제재의 외적 아름다움을 표현하고 있다.

(가)는 한여름의 '채전'을 통해 만물의 조화와 충만한 생명력을 보여 주고 있으며, (나)는 생명의 파괴와 그로 인한 썩음, 상처, 고통을 딛고 일어나는 생명의 강인함을 '버섯'을 통해 보여주고 있다. 그러므로 (나)는 중심 제재의 외적 아름다움을 표현하고 있다고 보기 어려우며, 고요한 마음으로 사물이나 현상을 관찰하는 관조적 시선을 취하고 있다고 보기도 어렵다.

④ 인간의 행위에 대한 우호적 관점을 토대로 중심 제재의 심미적 속성을 강조하고 있다.

(나)의 '벌목의 슬픔', '패역의 골짜기' 등에서 인간의 행위에 대한 비판적 관점을 읽어낼 수 있기에 우호적 관점을 토대로 중심 제재의 심미적 속성을 강조하고 있다고 볼 수 없다.

⑤ 장소에 대한 부정적 인식을 심화하여 중심 제재와의 정서적 거리를 부각하고 있다.

(나)의 '벌목의 슬픔으로 서 있는 이 땅', '패역의 골짜기' 등에는 장소에 대한 부정적 인식이 투영되어 있다고 볼 수 있다. 그러나 (가)의 '채전'은 긍정적 인식과 예찬적 태도가 담겨 있는 장소라 할 수 있다.

02

답 | ④

㉠~㉤의 시적 기능에 대한 설명으로 적절하지 않은 것은?

정답 선지 분석

④ ㉣에서 사물을 인격화하여 '극진한 축복과 은혜'와 대비되는 화자의 시선을 반영하고 있다.

시상의 흐름으로 보아 (가)의 '많은 손님들'은 나비, 풍뎅이, 잠자리, 바람, 그늘, 비, 햇볕 등을 가리킨다는 점에서 이들 사물을 인격화한 표현이라 할 수 있다. 이 '손님들'은 '채전'의 '지극히 범속한 것들'이 '목숨의 유열과 천지와의 화합', '빛나는 생명의 양상'을 이루는 데에 '극진한 축복과 은혜'를 주는 존재들이다.

오답 선지 분석

① ㉠을 반복하고 변주하여 '채전'에서 겪을 수 있는 경험의 소중함을 느끼게 하려는 화자의 의도를 드러내고 있다.

(가)의 1연과 2연은 모두 '한여름 채전으로 가 보아라'로 시작하고 있다. 여기서 '가 보아라'가 반복되고 있다. 2연의 마지막 행은 '한여름 채전으로 와서 보아라'로 끝난다. 여기에서 '가 보아라'는 '와서 보아라'로 변주되고 있다. 이러한 반복과 변주를 통해 '한여름'의 '채전'에서 겪을 수 있는 경험의 소중함, '목숨의 유열과 천지와의 화합'과 '지극히 충족한 빛나는 생명의 양상'을 경험하는 소중함을 느끼게 하려는 화자의 의도를 엿볼 수 있다.

② ㉡을 수식어로 반복하여 '범속한 것들'로부터 '충족한' 느낌을 받는 화자의 정서를 강조하고 있다.

(가)에서 '지극히'는 '범속한 것들' 앞에서 반복되고 있으며 '충족한 빛나는 생명의 양상' 앞에서도 수식어로 반복되고 있다. 이는 한여름 채전의 채소들에서 느끼는 화자의 충족한 느낌을 강조하려는 것으로 볼 수 있다.

③ ㉢에서 부정 명령형을 사용하여 '주어진 대로' '족할 줄 알'아야 한다는 화자의 인식을 제시하고 있다.

'과분하지 말라'는 부정 명령형 '말라'를 사용하고 있으며, 이러한 부정 명령형은 '주어진 대로', '스스로를 족할 줄 알'아야 한다는 화자의 인식을 드러낸다고 볼 수 있다.

⑤ ㉤에서 관념을 시각화하여 '목숨의 유열과 천지와의 화합'이 이루어진 대상에 대한 화자의 생각을 표현하고 있다.

'빛나는 생명의 양상'은 '생명의 양상'이라는 관념을 시각화한 표현으로 볼 수 있다. 그것은 '목숨의 유열과 천지와의 화합'이 이루어진 '채전'의 '지극히 범속한 것들'에 대한 화자의 생각을 표현하고 있다.

03

답 | ②

[A]~[F]에 대한 이해로 가장 적절한 것은?

정답 선지 분석

② [B]에서 참나무의 상태에 변화를 가져온 움직임은, [C]에서 버섯이 피어나는 상황과 순차적 관계를 형성한다.

[B]에서 보듯이 '우리'가 함께 썩어 갈수록 '바람'은 '더 높은 곳'에서 '우리'를 흔든다. 그 '바람'은 [C]에서 보듯이 '잠자던 홀씨들'을 일어나게 하고, 이러한 '홀씨들'의 일어남은 '우리 몸에 뚫렸던 상처마다' '버섯'이 피어남으로 이어진다. 그러므로 [B]에서 참나무의 상태에 변화를 가져온 움직임은, [C]에서 버섯이 피어나는 상황과 순차적 관계를 형성한다고 할 수 있다.

오답 선지 분석

① [A]에서 참나무가 벌목으로 썩어 가는 모습은, [B]에서 바람에 흔들리는 나무의 모습과 순환적 관계를 형성한다.

'순환'은 주기적으로 되풀이되는 과정을 의미하기에 [A]에서 참나무가 벌목으로 썩어 가는 모습이, [B]에서 바람에 흔들리는 나무의 모습과 순환적 관계를 이룬다고 할 수 없다.

③ [C]에서 참나무의 상처에 생명이 생성되는 순간은, [D]에서 나무의 고통이 멈추는 과정과 대립적 관계를 형성한다.

[C]에서는 참나무의 상처에서 생명이 생성되는 순간을 말하고 있고, [D]에서 그로 인해 나무의 고통이 멈추게 됨을 말하고 있다. 그러므로 이러한 생명 생성의 순간과 고통이 멈추는 과정을 대립적 관계로 볼 수 없다.

④ [D]에서 참나무의 모습에 일어난 변화는, [E]에서 낙엽이나 바람이 처한 상황과 인과적 관계를 형성한다.

[D]에서는 버섯의 피어남으로 인해 참나무의 고통이 멈추게 됨을 말하고 있다. [E]에서 낙엽은 산비탈을 구르고, 바람은 골짜기를 떠돈다. 그러므로 참나무 모습에 일어난 변화와, 낙엽이나 바람이 처한 상황을 인과적 관계로 설명할 수 없다.

⑤ [E]에서 참나무의 주변에 존재하는 사물들은, [F]에서 나무를 채워 주는 존재로 제시된 대상과 동질적 관계를 형성한다.

[E]에서 참나무 주변에 존재하는 낙엽, 바람 등은 [F]에서 나무를 채워 주는 존재로 제시된 대상 즉 '버섯'과 동질적 존재가 아니다.

04
답 | ③

<보기>를 바탕으로 (가)와 (나)를 감상한 내용으로 적절하지 않은 것은?

정답 선지 분석

③ (가)의 '넌출'은 어우러진 생명체들이 현실의 삶에 자족하게 되는, (나)의 '홀씨'는 공존하던 생명체들이 흩어지게 되는 계기를 드러내고 있군.

'넌출'은 길게 뻗어 나가 늘어진 식물의 줄기로 (가)에서 '넌출'은 채전 울타리에 덤불을 이뤄 자라는 작은 박과 호박을 감각적으로 묘사하는 구절의 일부이다. 이 '넌출'은 어우러진 생명체와는 관련이 있지만 현실의 삶에 자족하게 되는 계기와 바로 연결하기는 어렵다. (나)의 '홀씨'는 참나무 몸에 뚫렸던 상처에서 피어나는 버섯의 홀씨이다. 그러므로 썩어 가는 참나무의 몸에서 피어나는 버섯은 <보기>에서 말한 생명체들이 어우러져 살아가는 모습으로 해석할 수 있다.

오답 선지 분석

① (가)의 '한여름'은 생명체들의 풍요로움을 감각적으로 드러내는, (나)의 '겨울'은 생명 파괴의 현실을 이겨 내는 시간적 배경으로 설정되어 있군.

(가)는 '한여름'을 시간적 배경으로 '채전'에서 자라고 영글어 가는 생명체들의 풍요로움을 감각적으로 형상화하고 있다. (나)는 '벌목'으로 썩어 가는 '참나무 떼'가 '겨울'을 나는 장면으로 시작하여, 참나무 상처에서 '버섯'이 피어나는 순간을 그리고 있다. 그러므로 여기서 '겨울'은 생명 파괴의 현실과 아울러 그 현실을 이겨내는 시간적 배경이라 할 수 있다.

② (가)의 '울타리'는 만물이 함께 살아가는 공간을 드러내는 경계로, (나)의 '골짜기'는 인간의 욕망이 투영된 장소로 제시되어 있군.

<보기>에서처럼 (가)가 만물의 조화로운 성장과 충만한 생명력을 그리고 있는 작품이라면 (가)의 '채전'은 '지극히 범속한 것들'이 함께 조화를 이루며 살아가는 공간이고, '울타리'는 그 경계를 의미한다고 할 수 있다. (나)의 '패역의 골짜기'는 벌목된 참나무들이 슬픔으로 서 있는 공간이다. <보기>에 따르면 이 공간은 '벌목'으로 표현된 인간의 욕망이 투영된 장소로 해석할 수 있다.

④ (가)의 '그늘'은 만물이 성장을 이루어 가는 배경으로서의, (나)의 '음지'는 현실의 고통을 극복하는 장소로서의 의미를 함축하고 있군.

(가)에서 '그늘'은 나비, 풍뎅이, 잠자리, 바람, 비, 햇볕 등과 함께 만물의 조화로운 성장을 이루어 가는 하나의 배경으로 해석할 수 있다. (나)의 '음지'는 참나무가 썩어 가는 '패역의 골짜기'와 비교해 볼 수 있다. <보기>에 따르면 '패역의 골짜기'는 상처와 고통으로 황폐화된 현실로 해석할 수 있다. '음지' 역시 그러한 공간으로 볼 수 있지만 그 '음지'에서 왕성하게 피어나는 '꽃'이 '버섯'이다. 그러므로 '음지'에서는, 황폐화된 현실이 강인한 생명력이 피어나는 공간으로 바뀌는 변화를 찾을 수 있다.

⑤ (가)의 '비'는 생명의 충만함과 조화로움을 갖게 하는, (나)의 '소나기'는 황폐화된 현실에 생명력을 환기하는 대상으로 표상되어 있군.

(가)의 '비'는 나비, 풍뎅이, 잠자리, 바람, 그늘, 햇볕 등과 함께 생명의 충만함과 조화로움을 갖게 하는 표상으로 볼 수 있다. (나)의 '소나기'는 '서서히' 썩어 가는 참나무들과 대비되어 '후드득' 피어나는 버섯의 의미에 연결되어 있으므로, 황폐화된 현실에 생명력을 환기하는 대상으로 해석할 수 있다.

빠른 정답 체크

01 ③　　**02** ④　　**03** ②　　**04** ③

장 원수가 본진에서 군사를 쉬게 하더니, 이윽고 ㉠ 일색이

_{여주인공 장애황―남장하여 대원수가 됨}

저물께 이르러 원수가 장대에서 **몽사(夢事)**를 생각하고 군사

_{꿈에서 본 것과 같은 일이 일어남}

를 지휘하더니, 과연 **세찬 물결**이 진중으로 달려들거늘, 촉날

의 흉계인 줄 알고 물을 피하여 동으로 가는 체하다가 가만히

_{촉날의 군사들이 원수가 동쪽으로 갔다고 생각하게 됨}

ⓐ 운곡에 들어가 군사를 쉬게 하고 동정을 살피니, 촉날이

과연 기병을 거느려 원수의 뒤를 따라 운곡을 지나거늘, 원수

가 재촉하여 촉날의 추격 병을 급습해 죽이고 급히 ⓑ 반운산

_{촉날의 군사들은 원수가 반운산에 매복했음을 알지 못함}

에 들어가 매복하니라.

이때 촉날이 원수를 따라 동편에 이르니, 굴막대의 복병이

일시에 일어나 고각함성이 진동하며 화살이 비 오듯 하니, 촉

날의 군사가 복병인 줄 알고 접전치 아니하고 스스로 요란하

_{촉날의 군사들이 굴막대의 복병에 습격당함}

[A] 여 죽는 자가 태반이요, 촉날도 또한 가슴을 맞고 외쳐 왈,

"굴막대는 나를 모르난다?"

_{굴막대는 촉날의 아군임}

하되, 함성 소리에 듣지 못하고 급습해 죽이니, 촉날의 군사

_{굴막대는 상대가 아군인 촉날의 군사임을 모름}

가 십분 위태한지라. 촉날이 견디지 못하여 황망히 남은 군사

를 거느려 평구로 달아나다가 석용달의 복병을 만나 남은 군

사를 다 죽이고 겨우 십여 명 군사를 데리고 돌아가려 하다

가, 운곡에 장 원수의 군사가 매복하였다 하여 협로로 들어

_{원수는 이미 반운산에 들어가 매복해 있음}

반운산 좌편으로 향하여 가더니, 원수의 복병이 내달아 적장

촉날을 에워싸고 원수가 참사검을 들고 대호 왈,

"촉날 적자(賊子)*야! 간계로 나를 해하려다가 네 꾀에 너의

군사가 패몰하였으니, 무삼 면목으로 너의 왕을 보려 하난

다? 차라리 이곳에서 죽어 네 죄를 속(贖)하라."

말이 끝남에 참사검을 들어 버히려 하니, 촉날이 급히 철궁

을 들어 칼을 막다가 오른팔이 맞아 철궁과 함께 떨어지거늘, 『다시

칼을 들어 **촉날의 머리를 버혀** 들고 말을 몰아 적진에 돌입하여

_{『 』: 원수의 무용을 묘사함}

좌우충돌하여 적진 장졸을 풀 버히듯 하니, 선우의 군중(軍中)이

대란하여 항오를 차리지 못하고 사방으로 흩어져 달아나거늘,』원

수가 **크게 외쳐 왈,**

"촉날이 이미 죽었으니, 반적 선우는 빨리 나와 나의 칼을 받으라."

하고 사면으로 짓치다가 ㉡ 날이 밝기에 본진으로 돌아오니라.

_{시간의 흐름이 나타남}

이때 선우가 장대에 올라 바라보니, 『촉날 명장(明將)을 따라가

다가 진중이 대란하며 명진 장졸에게 대패하여 촉날이 명 원수의

_{『 』: 선우는 원수가 촉날을 죽이는 것을 목격함}

손에 죽고 남은 장졸은 흩어져 달아나거늘, **대경실색하여** 성주

_{원수를 피해 달아남}

남문을 열고 군사를 거느려 달아나거늘, 원수가 선우의 달아남을 보고 기병을 거느려 따를새 선우가 밤낮으로 쉬지 않고 가서 남해에 다다라 배를 타고 **교지국**으로 달아나거늘, 원수가 제장과 의논 왈,

"이제 선우가 교지로 달아나니 만일 죽이지 않으면 후환이 되리라."

하고 승첩한 사연을 천자께 아뢰고, 남해 태수에게 전령하여 선척을 준비하여 타고 선우를 쫓아가니라.
_{후환을 없애기 위해 선우를 쫓아감}

[중략 부분의 줄거리] 장 원수가 남쪽의 선우와 싸우는 틈을 타 북쪽의 흉노가 중원을 침범해 천자가 금릉으로 피한다. 이때 이대봉이 백운암에서의 수련을 마치고 금릉으로 와 참전한다.

흉노왕이 장대에 높이 앉아 황제의 항복하러 나옴을 보고 대희하여 진을 굳게 하지 아니하였더니, 뜻밖에 진중이 대란하며 일원 소년 대장이 번개같이 달려들며 한칼로 묵특남을 베어 들고
_{이대봉 / 대봉이 홀몸으로 흉노왕의 군사를 공격함}
진중에 횡행함을 보고 대경하여 중군장 동돌수로 접전하라 하니, 동돌수가 그에 응하여 「말을 타고 나갈새 좌수에 패룡검을 들고 우수에 철퇴를 쥐고 능운마를 채쳐 진중에 달려드니, 사납게 흘
_{「」: 동돌수가 흉노왕의 명령을 받고 대봉에게 대적함}
겨보고 머리카락이 위로 뻗쳐 소리를 벽력같이 질러, 왈,

"네 천하 장군 동돌수를 모르난다? 하늘이 나 같은 영웅을 내심은 너를 사로잡아 우리 황제가 통일지공을 이루게 하심이거늘,
_{흉노왕}
너는 무삼 재주 있관대 천의를 거슬러 혼자 말을 타고 진중에 들어와 감히 충돌한다? 너의 머리를 버혀 우리 선봉의 원수를 갚으리니 빨리 나와 나의 칼을 받으라."
_{묵특남}

말이 마치지 못하여서 대봉이 청룡도를 들어 동돌수의 패룡검을 두 조각에 내어 진 밖에 던지니, 동돌수가 더욱 분노하여 철퇴를 들어 대봉을 바라고 던지니, 대봉의 눈이 밝은지라 몸을 기울여 피하고 다시 싸워 십여 합에 승부를 결치 못하더니, 동돌수가
_{대봉과 동돌수의 승부가 쉽게 결정되지 않음}
군사를 재촉하여 깃발을 두루니, 진이 홀연 변하여 팔문금사진
_{동돌수가 진중에 대봉을 가두려 함}
이 되니, 대봉이 **진중에 싸여** 벗어나지 못할지라. 대봉이 냉소하고 「진언을 염하여 후토신장과 기백뇌공*을 부르니, 문득 ㉢ 음산
_{동돌수의 수를 하찮게 여김}
_{「」: 대봉의 신이한 능력}
한 구름이 자욱하며 천지 어둡고 캄캄하고 대풍이 일어나며, 급한 비 크게 오며 뇌성이 진동하여 산천이 무너지는 듯하니, 적진 장졸이 황겁하여 능히 항오를 차리지 못하고 정신을 진정치 못하여 금사진이 변하여 추풍낙엽같이 사방으로 흩어지거늘, 「대봉이
_{대봉을 가두고 있던 진이 흩어짐}
정신을 가다듬어 오추마를 채를 치며 청룡도를 높이 들고 남으로 향하여 주작장군을 파하고, 말을 돌리어 북으로 향하여 현무장군을 버히니, 앞의 군사는 뒤의 군사 죽는 줄 모르고, 서편 장수는
_{「」: 대봉의 무용을 묘사함}
동편 장수 죽는 줄 모르더라.」 대봉의 칼이 번듯하며 **동돌수의 머**
_{동돌수와의 대결에서 대봉이 승리함}

리를 버혀 칼끝에 꿰어 들고 장대에 달아 **크게 외쳐** 왈,

"반적 흉노왕은 빨리 나와 항복하라. 만일 더디면 동돌수와 같이 머리를 버히리라."

하고 진문 밖에 나와 의기양양하더라.

㉣ 이윽고 운무가 흩어지며 천지 명랑하거늘, 흉노왕이 군사를
_{날씨가 다시 맑아짐}
살펴보니 백만지중에 주검이 산처럼 쌓여 있어서 남은 군사가 불
_{천지가 어두워졌기 때문에 흉노왕은 자세한 상황을 알지 못했음}
과 오 천여 명이라 사방으로 다 도망하는지라. 흉노왕이 **대겁하여** 달아나거늘, 대봉 공자 말을 채쳐 흉노왕을 따라 **앵무주에** 다다르니 ㉤ 중천에 있던 해가 거의 서산에 걸리더라.
_{시간의 경과}

– 작자 미상, 〈이대봉전〉 –

* 적자: 불충한 사람.
* 후토신장과 기백뇌공: 토지, 바람, 천둥, 번개 등을 관장하는 신들.

01
답 | ③

윗글의 인물에 대한 이해로 적절하지 않은 것은?

정답 선지 분석

③ 흉노왕은 황제가 항복하려 할 때 대봉이 공격할 것을 미리 짐작했군.
흉노왕은 황제가 항복하러 나옴을 보고 크게 기뻐하여 진을 굳게 하지 않았다가 뜻밖에 진중이 대란한 것을 경험하였다. 이는 흉노왕이 대봉의 공격을 미리 짐작하지 못했음을 나타낸다.

오답 선지 분석

① 선우는 촉날이 대패하고 죽자 장 원수와 계속 싸워 이길 수 없다고 판단했군.
선우는 장대에 올라 촉날이 명나라 군에 대패하고 죽는 것을 보고 크게 놀라 도망쳤다. 이를 통해 선우가 장 원수와 계속 싸워 이길 수 없다고 판단했음을 알 수 있다.

② 장 원수는 선우가 달아나게 되면 뒷날의 근심거리가 될 수 있다고 보았군.
장 원수는 선우를 죽이지 않으면 후환이 될 것이라고 말하였다.

④ 동돌수는 자신의 진중으로 혼자 공격하러 들어온 대봉에 대해 분개했군.
동돌수는 자신의 진중으로 공격하러 들어오는 대봉을 보고 사납게 흘겨보고 머리카락이 위로 뻗친 채 소리를 벽력같이 지르고 있다. 이는 동돌수가 대봉에 대해 분개했음을 나타낸다.

⑤ 대봉은 자신의 위용을 드러내며 흉노왕에게 항복하라고 말했군.
대봉은 주작장군을 파하고 현무장군을 베고 동돌수의 머리를 베어 칼끝에 꿰어 들고 큰소리로 흉노왕에게 항복하라고 말하였다. 이를 통해 대봉이 자신의 위용을 드러내며 흉노왕에게 항복하라고 말했음을 알 수 있다.

02
답 | ④

㉠~㉤에 대한 설명으로 가장 적절한 것은?

정답 선지 분석

④ ㉢으로 드러난 인물의 역량이 전투에서 발휘된 결과가 ㉣ 이후에 확인되고 있다.
대봉은 진언을 염하여 후토신장과 기백뇌공을 불러 ㉢을 일으켰다. 이로 인해 급한 비가 크게 오고 뇌성이 진동하여 산천이 무너지는 듯하자 적진 장졸들이 겁을 먹고 대오를 지키지 못해 금사진이 무너진다. 그러자 대봉이 이리저리 다니며 여러 명의 적군 장수들과 수많은 군사들을 죽인다. 이와 같은 활약상은 대봉의 뛰어난 능력을 보여 준다. 이렇게 활약한 대봉은 흉노왕에게 항복을 요구하는데, ㉣의 변화가 일어난다. 천지가 밝아진 것인데, 이를 통해 대봉에 의해 흉노의 수많은 군사들이 죽은 모습이 드러난다. ㉢으로 드러난 인물의 역량이 전투에서 발휘된 결과가 ㉣ 이후에 확인되고 있는 것이다.

오답 선지 분석

① ㉠에서 ㉡에 이르기까지의 시간은 인물들 간의 관계를 개선하는 계기로 작용하고 있다.

㉠에서 ㉡ 사이에 장 원수는 반운산에서 매복하여 적장 촉날을 죽였으므로 인물들 간의 관계를 개선하는 계기로 볼 수 없다.

② ㉠과 ㉢에서 배경이 어두워지는 것은 각각 내적 갈등의 시작과 종결을 의미한다는 점에서 대립적 성격을 나타내고 있다.

㉠에서 배경이 어두워지는 것은 시간의 경과를, ㉢에서 배경이 어두워지는 것은 대봉의 신이한 능력을 통해 적장을 죽이는 것을 암시하고 있으므로 대립적 성격을 나타내고 있지 않다.

③ ㉡과 ㉣에서 하늘이 밝아지는 것은 사건의 반전을 예고하고 있다.

㉡와 ㉣에서 하늘이 밝아지는 것은 시간의 흐름을 가리키는 것으로, 사건의 반전과 관련 없다.

⑤ ㉣의 변화가 인물에 의해 인위적으로 일어난 것임이 ㉤에서 해의 위치가 바뀐 것을 통해 드러나고 있다.

㉣은 대봉이 동돌수를 포함한 흉노의 군사들을 죽인 모습을 목격한 흉노왕의 모습이, ㉤은 달아난 흉노왕을 쫓아 앵무주에 도착한 대봉의 모습이 드러난다. 이때 ㉣, ㉤은 시간의 흐름에 따른 것이므로 인물에 의해 인위적으로 일어난 것이라 볼 수 없으므로 적절하지 않다.

03   답 | ②

ⓐ, ⓑ에 주목하여 [A]를 이해한 내용으로 가장 적절한 것은?

정답 선지 분석

② 장 원수의 군사들이 ⓐ에 있다가 ⓑ로 간 것을 촉날이 모름으로써 전황이 장 원수에게 유리하게 되었다.

장 원수는 장대에서 몽사를 생각하고 군사를 지휘하는데, 세찬 물결이 진중으로 달려드는 것을 확인한다. 장 원수는 이것이 촉날의 흉계인 줄 알고 물을 피하여 동으로 가는 체하다가 ⓐ에 들어가 군사를 쉬게 한다. 수공에 의해 수세에 몰렸던 장 원수는 수공을 피해 ⓐ로 가서 군사를 쉬게 한 것이다. 그리고 이어 원수는 자신의 군대를 뒤쫓아 온 촉날의 추격 병을 급습해 죽임으로써 자신의 군대가 ⓑ로 가서 매복하는 것을 촉날의 군사들이 못 보게 한다. 장 원수의 군대가 ⓑ로 간 것을 모르는 촉날의 군대는 결국 같은 편인 굴막대의 복병에 의해 공격을 당해 많은 군사들이 죽게 된다. 그리고 촉날은 평구로 달아나다가 석용달의 복병을 만나 남은 군사들마저 거의 다 잃고 도망간다. 촉날은 장 원수 군사가 ⓐ에 매복해 있다고 생각하고 ⓑ의 좌편으로 갔다가 그곳에서 장 원수를 만나 결국 죽게 된다. 이와 같은 일련의 과정은 장 원수의 군사들이 ⓐ에 있다가 ⓑ로 간 것을 촉날이 모름으로써 전황이 장 원수에게 유리하게 되었음을 보여 준다.

오답 선지 분석

① 장 원수는 ⓐ에 이르러서야 촉날의 간계를 간파했지만 ⓑ에서 촉날과 싸워 우월한 지위를 점했다.

ⓑ에서 장 원수는 촉날을 죽임으로써 선우와의 대결에서 우월한 지위를 점했다고 볼 수 있으나, ⓐ는 몽사를 생각하고 군사를 지휘하던 장 원수가 촉날의 흉계를 간파하여 동으로 가는 체하다 수공을 피해 도착한 곳이므로 적절하지 않다.

③ 장 원수는 ⓐ에서 촉날의 기병들이 자신을 공격한 행동들을 ⓑ에서 촉날의 잘못을 꾸짖는 근거로 언급했다.

장 원수는 ⓐ에서 촉날의 기병들의 공격이 아닌, 촉날의 흉계를 파악하게 된다. 이는 ⓑ에서 촉날의 잘못을 꾸짖는 근거로 언급되었다.

④ 장 원수는 ⓐ로 촉날의 군사들을 유인하여 ⓑ로 촉날의 군사들이 가지 못하게 함으로써 전쟁의 승기를 잡았다.

장 원수는 ⓐ로 촉날의 군사들을 유인한 것이 아니라, 동으로 가는 체 하여 ⓐ를 지나던 촉날의 군사들을 급습하여 죽이고, 자신의 군대가 ⓑ로 가서 매복하는 것을 모르게 한다.

⑤ 장 원수의 군사들을 촉날의 군사들이 ⓐ에서 ⓑ로 뒤쫓아옴으로써 촉날의 군사들이 굴막대의 복병을 만나게 되었다.

촉날의 군사들은 동으로 가는 체한 장 원수를 따라 동편으로 이동하였고, 여기서 굴막대의 복병을 만나게 되었다.

04   답 | ③

<보기>를 참고하여 윗글을 감상한 내용으로 적절하지 않은 것은?

보기

〈이대봉전〉에는 여자 주인공인 장애황과 남자 주인공인 이대봉의 서사가 각각 전개되는 부분이 있다. 두 서사는 유사한 구조를 띠고 있는데, 세부 요소의 측면에서 보면 서로 구별되는 요소를 지니고 있기도 하다. 이러한 특징은 장애황이 선우의 군사들을 물리치는 군담과 이대봉이 흉노왕의 군사들을 물리치는 군담을 통해 잘 드러난다. 두 군담의 서사는 별개의 공간에서 전개되면서 남녀 주인공의 특성을 나타내어 두 주인공의 대등한 면모를 유추할 수 있게 하고 있다.

정답 선지 분석

③ 장 원수가 선우에게 '크게 외쳐' 한 말과 대봉이 흉노왕에게 '크게 외쳐' 한 말은 각각 장 원수가 예지 능력을 지니고 있고 대봉이 술법에 능한 인물임을 나타낸다고 할 수 있어.

장 원수는 선우에게 크게 외쳐 촉날이 이미 죽었으니 빨리 나와서 자신의 칼을 받으라고 한다. 이 말은 장 원수의 위용과 용맹함을 보여 주는데, 장 원수가 예지력을 지니고 있음을 나타내고 있지는 않다. 그리고 대봉은 흉노왕에게 빨리 나와 항복하지 않으면 죽음을 면치 못하게 될 것이라고 말하고 있다. 이를 통해 대봉의 위용과 용맹함이 드러나고 있다.

오답 선지 분석

① 장 원수는 '세찬 물결'로, 대봉은 '진중에 싸'여 위기에 처한 것은 인물을 위기 상황에 처하게 한 세부 요소의 측면에서 두 군담에 서로 구별되는 요소가 있음을 나타낸다고 할 수 있어.

세찬 물결과 진중에 싸이는 것은 인물들 위험에 처하게 하는 것이라는 점에서 유사한 구조를 띠고 있다고 할 수 있지만, 세부 요소의 측면에서 보면 수공에 의한 것과 적군에 의해 포위당하는 것이라는 점에서 구별되고 있다고 볼 수 있다.

② 장 원수가 '촉날의 머리를 버'히는 것과 대봉이 '동돌수의 머리를 버'히는 것은 무용을 떨치는 측면에서 두 인물이 대등한 면모를 지니고 있음을 나타낸다고 할 수 있어.

장 원수가 촉날의 머리를 베고, 대봉이 동돌수의 머리를 베는 것은 모두 두 인물의 무용이 뛰어남을 나타낸다. 이렇게 두 인물 모두 무용이 뛰어난 것은 두 인물의 대등한 면모를 보여 준다고 할 수 있다.

④ 장 원수에게 패하여 선우가 '대경실색하여' 도망치는 것과 대봉에게 패하여 흉노왕이 '대겁하여' 도망치는 것은 두 군담의 서사 구조가 유사함을 나타낸다고 할 수 있어.

선우가 장 원수에게 패한 것에 놀라서 도망을 치고, 흉노왕이 대봉에게 패한 것에 놀라서 도망을 치는 것은 서사의 유사함을 보여 준다고 할 수 있다.

⑤ 장 원수는 선우와 싸우다가 '교지국'으로, 대봉은 흉노왕과 싸우다가 '앵무주'로 이동하는 것은 두 군담이 별개의 공간을 배경으로 펼쳐지고 있음을 나타낸다고 할 수 있어.

장 원수는 선우를 쫓아 교지국으로, 대봉은 흉노왕을 쫓아 앵무주로 각각 향하는 것은 장 원수와 대봉의 이야기가 서로 다른 공간을 배경으로 하고 있음을 나타낸다고 할 수 있다.

DAY 1 화법

빠른 정답 체크

01 ⑤ 02 ④ 03 ③

❶ 안녕하세요, 발표를 맡은 ○○○입니다. ㉠ 여러분, 지난주 현장 체험 학습 때 공작을 보셨나요? 제가 그때 직접 촬영한 영상을 보여 드리겠습니다. (동영상 제시) 이 새는 인도공작 수컷인데요, 여기 공작 꼬리가 무슨 색으로 보이시나요? (청중의 대답을 듣고) 많은 분들이 파란색과 녹색으로 보인다고 하시네요. 그런데 사실 공작은 파란색이나 녹색 깃털이 없다고 합니다. 신기하시죠? 오늘 발표에서는 실제 공작 깃털의 색이 우리 눈에 보이는 색과 다른 이유에 대해 알려드리겠습니다.

발표자와 청중이 공유하는 경험 ①
공작을 촬영한 영상
청중의 대답과 반대되는 사실을 언급하며 흥미를 유발함
발표 주제

❷ ㉡ 과학 시간에 멜라닌 색소에 대해 배운 내용이 기억나시나요? (자신의 머리카락을 가리키며) 이 머리카락이 검은색인 것은 멜라닌 색소 때문입니다. 사람이나 공작처럼 대부분의 척추동물은 멜라닌 색소를 가지고 있는데요. 이 색소의 양에 따라 피부나 머리카락, 깃털 등의 색깔이 붉은 갈색이나 검은색 등으로 결정됩니다. 이처럼 화학 물질인 색소에 의해 나타나는 색을 화학색이라고 부르는데요. 그런데 공작 깃털에는 멜라닌 색소는 있지만 파란색이나 녹색의 색소는 없습니다.

발표자와 청중이 공유하는 경험 ②
비언어적 표현을 사용하여 예시를 제시함
멜라닌 색소의 양에 따라 화학색이 결정됨
화학색의 개념

❸ ㉢ 그렇다면 공작의 깃털이 파란색과 녹색으로 보이는 이유는 무엇일까요? (사진 제시) 공작의 깃털을 전자현미경으로 촬영한 사진을 보면서 말씀드리겠습니다. 그 비밀은 구조색에 있습니다. 구조색이란 색소의 영향이 아닌 물리적 구조의 영향으로 인해 나타나는 색을 말하는데요. ㉣ 뒤에 앉으신 분들도 잘 보이시나요? (사진을 확대하며) 잘 안 보이시는 것 같으니 확대해 드리겠습니다. 보시는 것처럼 공작의 깃털은 아주 작은 구슬 모양의 결정들이 뭉쳐져 만들어진 오팔 구조로 되어 있습니다. ㉤ 오팔 구조가 무엇인지 이해하기 어려우시죠? (그림 제시) 이해가 어려우신 분들을 위해 오팔 구조를 도식화한 그림을 보여 드리겠습니다. 그림에서 보시는 것처럼, 오팔 구조는 구슬과 구슬 사이에 빈 공간이 있습니다. 「오팔 구조를 갖는 물체에 빛이 들어오게 되면 빛은 구슬과 빈 공간을 통과하며 파장이 변합니다. 물체는 빛의 파장의 길이에 따라 다양한 색을 내는데요.」 공작의 깃털은 오팔 구조에 의해 빛의 파장이 짧아져 파란색 계열로 우리 눈에 보이게 됩니다.

공작의 깃털을 전자현미경으로 촬영한 사진
구조색의 개념
모든 청중에게 사진이 잘 보이는지 확인함
공작의 깃털 구조
오팔 구조를 도식화한 그림
「」: 빛의 파장의 길이에 따라 구조색이 달라짐
공작의 깃털이 파란색이나 녹색으로 보이는 이유

❹ 지금부터는 주제와 관련해서 여러분의 질문을 받겠습니다. (청중의 질문을 듣고) 네, 공작 이외에도 카멜레온, 모르포나비와

이어지는 답변을 통해 질문 내용을 추측할 수 있음 *구조색이 나타나는 공작 이외의 동물*

같은 동물들에도 나타납니다. 또한 실생활에서도 이러한 구조색의 원리를 활용한 기술이 많이 개발되고 있는데요. 위조지폐 방지 기술에도 활용되고 있습니다. 오늘 제가 준비한 내용은 여기까지입니다. 감사합니다.

구조색의 원리를 활용하는 분야

01
답 | ⑤

위 발표에 대한 설명으로 가장 적절한 것은?

정답 선지 분석

⑤ 정의의 방식을 사용하여 핵심 개념에 대해 설명하고 있다.
  3문단의 '구조색이란 색소의 영향이 아닌 물리적 구조의 영향으로 인해 나타나는 색을 말하는데요.'에서 정의의 방식을 사용하여 구조색이라는 핵심 개념에 대해 설명하고 있으므로 적절하다.

오답 선지 분석

① 통계 자료를 사용하여 구체적인 수치를 밝히고 있다.
  통계 자료를 사용하고 있지 않다.

② 발표할 내용의 순서를 안내하며 발표를 시작하고 있다.
  발표할 내용의 순서를 안내하고 있지 않다.

③ 발표 제재의 역사적 유래와 변천 과정을 제시하고 있다.
  발표 제재의 역사적 유래와 변천 과정을 제시하고 있지 않다.

④ 발표 내용과 관련하여 전문가의 말을 직접 인용하고 있다.
  발표 내용과 관련하여 전문가의 말을 직접 인용하고 있지 않다.

02
답 | ④

다음은 발표자가 위 발표를 준비하면서 작성한 메모이다. 이를 바탕으로 발표자가 발표에서 사용한 전략으로 적절하지 않은 것은?

> [청중 분석]
>
> • 발표자와 청중이 공유하는 경험이 있음. ··················· ⓐ
> • 청중이 이해하기에 발표 내용이 어려울 수 있음. ··········· ⓑ
> • 발표 내용에 대한 청중의 배경지식을 활성화할 필요가 있음. ··············· ⓒ
> • 발표를 통해 실생활에 필요한 지식을 얻고자 하는 청중이 있음. ··············· ⓓ
> • 공간의 특성상 발표 자료가 잘 보이지 않는 청중이 있을 수 있음. ··············· ⓔ

정답 선지 분석

④ ⓓ를 고려하여, ㉢의 질문과 함께 사진 자료를 제시해야겠어.
  공작의 깃털이 파란색과 녹색으로 보이는 이유에 대한 ㉢의 질문과 함께 공작의 깃털을 전자현미경으로 촬영한 사진 자료를 제시하고 있지만, ㉢의 질문은 발표 대상에 대한 설명을 하기 위한 질문일 뿐 발표를 통해 실생활에 필요한 지식을 얻고자 하는 청중이 있음을 고려한 것은 아니므로 적절하지 않다.

① ⓐ를 고려하여, ㉠의 질문과 함께 동영상 자료를 제시해야겠어.

발표자와 청중이 현장 체험 학습 때의 경험을 공유하고 있음을 고려하여, 현장 체험 학습 때 본 공작에 대한 ㉠의 질문과 함께 직접 촬영한 동영상 자료를 제시하고 있으므로 적절하다.

② ⓑ를 고려하여, ㉢의 질문과 함께 그림 자료를 제시해야겠어.

오팔 구조에 대한 내용이 청중이 이해하기에 어려울 수 있음을 고려하여, 오팔 구조에 대한 이해 정도를 확인하는 ㉢의 질문과 함께 오팔 구조를 도식화한 그림 자료를 제시하고 있으므로 적절하다.

③ ⓒ를 고려하여, ㉡의 질문과 함께 관련된 예시를 비언어적 표현을 사용하여 제시해야겠어.

멜라닌 색소에 대한 청중의 배경지식을 활성화할 필요가 있음을 고려하여, 과학 시간에 배운 멜라닌 색소에 대한 ㉡의 질문과 함께 자신의 머리카락을 가리키는 비언어적 표현을 사용하여 관련된 예시인 머리카락을 제시하고 있으므로 적절하다.

⑤ ⓔ를 고려하여, ㉣의 질문과 함께 자료를 확대하여 제시해야겠어.

공간의 특성상 뒤에 앉은 청중에게 발표 자료가 잘 보이지 않을 수 있음을 고려하여, 뒤에 앉은 청중에게 발표 자료가 잘 보이는지 확인하는 ㉣의 질문과 함께 공작의 깃털을 전자현미경으로 촬영한 사진 자료를 확대하여 제시하고 있으므로 적절하다.

03
답 | ③

<보기>는 위 발표를 들은 학생들의 반응이다. 학생의 반응을 이해한 내용으로 적절하지 않은 것은?

보기

- 학생 1: 평소에 공작의 깃털에 대해 궁금한 점이 많았는데, 유익한 정보를 많이 얻을 수 있었어. 그리고 보니까 다른 새들의 화려한 깃털 색도 공작처럼 구조색일 수 있겠구나.
- 학생 2: 구조색을 만들어 내는 다양한 구조가 있다고 들은 적이 있는데, 오팔 구조에 의한 구조색만 이야기해 주어서 아쉬웠어. 구조색을 만들어 내는 다양한 구조의 종류와 사례에 대해 조사해 봐야겠어.
- 학생 3: 구조색의 원리를 활용한 기술이 실생활에서도 쓰이고 있다는 사실이 흥미로웠어. 다만, 구조색의 원리를 설명할 때 조금 천천히 설명했으면 더 좋았을 것 같아. 말이 빨라서 발표 내용을 메모하기가 어려웠어.

③ 학생 3은 발표 내용에 대한 자신이 듣기 태도를 반성하고 있군.

'학생 3'은 '말이 빨라서 발표 내용을 메모하기가 어려웠'다고 말한 것으로 볼 때, 발표자의 말하기 속도에 대해 평가하며 듣고 있지만 발표 내용에 대한 자신의 듣기 태도를 반성하고 있는 것은 아니므로 적절하지 않다.

① 학생 1은 발표에서 직접 언급하지 않은 내용을 추론하고 있군.

'학생 1'은 '다른 새들의 화려한 깃털 색도 공작처럼 구조색일 수 있'다고 말한 것으로 볼 때, 발표에서 직접 언급하지 않은 내용을 추론하고 있으므로 적절하다.

② 학생 2는 발표 내용을 바탕으로 추가적인 활동을 계획하고 있군.

'학생 2'는 '구조색을 만들어 내는 다양한 구조의 종류와 사례에 대해 조사해 봐야겠'다고 말한 것으로 볼 때, 발표 내용을 바탕으로 추가적인 활동을 계획하고 있으므로 적절하다.

④ 학생 1과 학생 3은 모두 발표를 통해 얻은 정보를 긍정적으로 받아들이고 있군.

'학생 1'은 '평소에 공작의 깃털에 대해 궁금한 점이 많았는데, 유익한 정보를 많이 얻을 수 있었'다고 말했고, '학생 3'은 '구조색의 원리를 활용한 기술이 실생활에서도 쓰이고 있다는 사실이 흥미로웠'다고 말한 것으로 볼 때, 두 학생 모두 발표를 통해 얻은 정보를 긍정적으로 받아들이고 있으므로 적절하다.

⑤ 학생 2와 학생 3은 모두 발표에서 만족스럽지 않은 부분을 언급하며 아쉬움을 드러내고 있군.

'학생 2'는 '오팔 구조에 의한 구조색만 이야기해 주어서 아쉬웠'다고 말했고, '학생 3'은 '구조색의 원리를 설명할 때 조금 천천히 설명했으면 더 좋았을 것 같'다고 말한 것으로 볼 때, 두 학생 모두 발표에서 만족스럽지 않은 부분을 언급하며 아쉬움을 드러내고 있으므로 적절하다.

DAY 2 언어

빠른 정답 체크

01 ② **02** ① **03** ③ **04** ⑤ **05** ④

소리는 같으나 의미에 연관성이 없는 단어의 관계를 동음이의 관계라 하고, 이러한 관계를 가진 단어를 동음이의어라고 부른다. 동음이의어는 소리와 표기가 모두 같은 것이 일반적이지만 소리는 같고 표기가 다른 것도 있다. 전자를 동형 동음이의어, 후자를 이형 동음이의어라고 한다. 예를 들어 '신을 벗다.'의 '신'과 '신이 나다.'의 '신'은 동형 동음이의어이고 '걸음'과 '거름'은 이형 동음이의어이다.

한편, 동음이의어를 절대 동음이의어와 부분 동음이의어로 구분하기도 한다. 절대 동음이의어는 품사 등의 문법적 성질이 동일하면서 단어의 형태가 언제나 동일한 것이다. 이때 형태가 언제나 동일하다는 것은 동음이의어가 형태 변화가 없는 불변어이거나 활용하는 양상이 서로 동일한 용언에 해당한다는 의미이다. '모자를 쓰다.'의 '쓰다'와 '편지를 쓰다.'의 '쓰다'는 품사가 동사로 동일하고, '쓰고, 써, 쓰니' 등과 같이 활용하는 양상이 언제나 서로 동일하므로 절대 동음이의어이다.

부분 동음이의어는 문법적 성질이 동일한가, 형태가 언제나 동일한가의 두 가지 기준을 하나라도 만족하지 못하는 것이다. 가령 '날아가는 새'의 '새'와 '새 신발'의 '새'는 형태가 언제나 동일하지만 각각 명사와 관형사로, 문법적 성질은 동일하지 않다. 그리고 '김칫독을 땅에 묻다.'의 '묻다'와 '길을 묻다.'의 '묻다'는 둘 다 동사이지만 각각 '묻고, 묻어, 묻으니', '묻고, 물어, 물으니'와 같이 활용하는 양상이 언제나 동일하지는 않다. 앞에서 말한 ㉠ 두 가지 기준을 모두 만족하지 못하는 부분 동음이의어도 존재하는데, 이는 동음이의어가 각각 동사와 형용사이면서 활용하는 양상이 언제나 동일하지는 않은 경우이다.

01

답 | ②

윗글을 바탕으로 추론한 내용으로 적절하지 <u>않은</u> 것은?

정답 선지 분석

② '그 책을 줘.'의 '그'와 '그는 여기 있다.'의 '그'는 모두 대명사이고 형태 변화가 없는 불변어이므로 절대 동음이의어에 해당하겠군.

'그 책을 줘.'의 '그'는 관형사이고 '그는 여기 있다.'의 '그'는 대명사로, 두 단어는 모두 형태 변화가 없는 불변어이지만 품사가 동일하지 않으므로 적절하지 않다.

오답 선지 분석

① '반드시 약속을 지켜라.'의 '반드시'와 '반듯이 앉아 있다.'의 '반듯이'는 소리는 같고 표기가 다르므로 이형 동음이의어에 해당하겠군.

'반드시'와 '반듯이'는 모두 [반드시]로 발음되어 소리가 같지만 표기가 다르므로 적절하다.

③ '전등을 갈다.'의 '갈다'와 '칼을 갈다.'의 '갈다'는 모두 동사이고 활용하는 양상이 언제나 동일하므로 절대 동음이의어에 해당하겠군.

'전등을 갈다.'의 '갈다'와 '칼을 갈다.'의 '갈다'는 모두 동사로 품사가 동일하고, 모두 '갈고, 갈아, 가니, 가오'와 같이 활용하여 활용하는 양상이 언제나 동일하므로 적절하다.

④ '커튼을 걷다.'의 '걷다'와 '비를 맞으며 걷다.'의 '걷다'는 활용하는 양상이 언제나 동일하지는 않으므로 부분 동음이의어에 해당하겠군.

'커튼을 걷다.'의 '걷다'는 '걷고, 걷어, 걷으니'와 같이 활용하고 '비를 맞으며 걷다.'의 '걷다'는 '걷고, 걸어, 걸으니'와 같이 활용하여, 활용하는 양상이 언제나 동일하지는 않으므로 적절하다.

⑤ '한 사람이 왔다.'의 '한'과 '힘이 닿는 한 돕겠다.'의 '한'은 각각 관형사와 명사로 품사가 동일하지 않으므로 부분 동음이의어에 해당하겠군.

'한 사람이 왔다.'의 '한'은 관형사이고, '힘이 닿는 한 돕겠다.'의 '한'은 명사로 품사가 동일하지 않으므로 적절하다.

02

답 | ①

<보기>에서 ㉠에 해당하는 예를 옳게 짝지은 것은?

보기

누르다	1	우리 팀이 상대 팀을 누르고 우승했다.
	2	먼 산에 누르고 붉게 든 단풍이 아름답다.
이르다	1	약속 장소에 이르니 그의 모습이 보였다.
	2	아직 포기하기엔 이르니 다시 도전하자.
	3	그에게 조심하라고 이르니 고개를 끄덕였다.
바르다	1	생선 가시를 바르고 살을 아이에게 주었다.
	2	방에 벽지를 바르고 마를 때까지 기다렸다.

정답 선지 분석

① 누르다 1과 2, 이르다 1과 2

'누르다 1'은 동사이고 '누르니, 눌러'와 같이 활용하며, '누르다 2'는 형용사이고 '누르니, 누르러'와 같이 활용하여, 두 단어는 품사가 다르고 활용 양상이 언제나 동일하지는 않다. 또 '이르다 1'은 동사이고 '이르니, 이르러'와 같이 활용하며, '이르다 2'는 형용사이고 '이르니, 일러'와 같이 활용하므로 두 단어는 품사가 다르고 활용 양상이 언제나 동일하지는 않다. 그러나 '이르다 1'과 '이르다 3'은 모두 동사이고 '이르니, 일러'와 같이 활용하여 활용 양상이 동일하며, '바르다 1'과 '바르다 2' 또한 모두 동사이고 '바르니, 발라'와 같이 활용하여 활용 양상이 동일하다. 따라서 ㉠에 해당하는 예는 '누르다 1과 2, 이르다 1과 2'이다.

03

답 | ③

다음은 음운의 변동과 관련된 활동에 대한 설명이다. 이를 적용한 내용으로 적절한 것은?

〈음운의 변동 이해하기 활동〉

- 카드에는 한 개의 단어와 그 단어의 표준 발음이 적혀 있다.
- 카드에 적힌 단어에서 일어나는 음운 변동의 유형과 유형별 횟수가 같은 카드끼리는 짝을 이룬다.
- 단, 음운 변동 유형은 교체, 축약, 탈락, 첨가로만 구분하고, 음운 변동의 순서는 고려하지 않는다. 예를 들어, '흙빛[흑삗]'이 적힌 카드는 교체가 두 번, 탈락이 한 번 일어나는 단어가 적힌 카드와 짝을 이룬다.

국화꽃 [구콰꼳]	옆집 [엽찝]	칡넝쿨 [칭넝쿨]	삯일 [상닐]	호박엿 [호:방녇]
ⓐ	ⓑ	ⓒ	ⓓ	ⓔ

정답 선지 분석

③ '값없이[가법씨]'가 적힌 카드는 교체와 탈락이 한 번씩 일어나는 단어가 적힌 ⓒ와 짝을 이룬다.

'값없이[가법씨]'는 자음군 단순화와 된소리되기가, ⓒ의 '칡넝쿨[칭넝쿨]'은 자음군 단순화와 비음화가 일어나 모두 탈락과 교체가 각 한 번씩 일어나므로 적절하다.

오답 선지 분석

① '백합화[배카퐈]'가 적힌 카드는 축약이 두 번 일어나는 단어가 적힌 ⓐ와 짝을 이룬다.

'백합화[배카퐈]'는 거센소리되기가 두 번 일어나 축약이 두 번, ⓐ의 '국화꽃[구콰꼳]'은 음절의 끝소리 규칙과 거센소리되기가 일어나 교체와 축약이 각 한 번씩 일어나므로 적절하지 않다.

② '샅샅이[삳싸치]'가 적힌 카드는 교체가 두 번 일어나는 단어가 적힌 ⓑ와 짝을 이룬다.

'샅샅이[삳싸치]'는 음절의 끝소리 규칙, 된소리되기, 구개음화가 일어나 교체가 세 번, ⓑ의 '옆집[엽찝]'은 음절의 끝소리 규칙과 된소리되기가 일어나 교체가 두 번 일어나므로 적절하지 않다.

④ '몫몫이[몽목씨]'가 적힌 카드는 교체가 두 번, 탈락이 한 번 일어나는 단어가 적힌 ⓓ와 짝을 이룬다.

'몫몫이[몽목씨]'는 자음군 단순화, 비음화, 된소리되기가 일어나 탈락이 한 번, 교체가 두 번 일어나고, ⓓ의 '삯일[상닐]'은 자음군 단순화, 'ㄴ'첨가, 비음화가 일어나 탈락, 첨가, 교체가 각 한 번씩 일어나므로 적절하지 않다.

⑤ '백분율[백뿐뉼]'이 적힌 카드는 교체가 두 번, 첨가가 한 번 일어나는 단어가 적힌 ⓔ와 짝을 이룬다.

'백분율[백뿐뉼]'은 된소리되기와 'ㄴ'첨가가 일어나 교체와 첨가가 각 한 번씩 일어나고, ⓔ의 '호박엿[호:방녇]'은 비음화, 음절의 끝소리 규칙, 'ㄴ'첨가가 일어나 교체가 두 번, 첨가가 한 번 일어나므로 적절하지 않다.

04

답 | ⑤

<보기>의 ㉠이 사용된 문장으로 적절한 것은?

보기

주어와 서술어를 갖추었으나 독립하여 쓰이지 못하고 다른 문장의 성분으로 쓰이는 의미 단위를 절이라 한다. 문장에서 부속 성분으로 쓰인 절은 수식의 기능을 하여 생략될 수 있지만, ㉠ 부속 성분이면서도 서술어가 필수적으로 요구하는 성분으로 쓰여 생략될 수 없는 절도 있다.

정답 선지 분석

⑤ 저기 서 있는 아이가 특히 재주가 있게 생겼다.

부사절 '재주가 있게'는 서술어 '생겼다'가 필수적으로 요구하는 성분으로 쓰인 것이므로 적절하다.

오답 선지 분석

① 우리는 밤이 새도록 토론을 하였다.

부사절 '밤이 새도록'은 서술어 '하였다'가 필수적으로 요구하는 성분으로 쓰인 것이 아니므로 적절하지 않다.

② 나는 그가 있는 가게로 저녁에 갔다.

관형절 '그가 있는'은 서술어 '갔다'가 필수적으로 요구하는 성분으로 쓰인 것이 아니므로 적절하지 않다.

③ 그는 어느 날 갑자기 말도 없이 떠나 버렸다.

부사절 '말도 없이'는 서술어 '떠나 버렸다'가 필수적으로 요구하는 성분으로 쓰인 것이 아니므로 적절하지 않다.

④ 부지런한 동생은 나와는 달리 일찍 일어난다.

관형절 '부지런한'과 부사절 '나와는 달리'는 서술어 '일어난다'가 필수적으로 요구하는 성분으로 쓰인 것이 아니므로 적절하지 않다.

05

답 | ④

<보기>의 자료에 나타나는 중세 국어의 특징을 탐구한 내용으로 적절하지 않은 것은?

보기

[중세 국어] 부텻 뎡바깃뼈 노ᄑᆞ샤 똔머리 ᄀᆞ투실씨

[현대어 풀이] 부처님의 정수리뼈가 높으시어 튼 머리 같으시므로

[중세 국어] 大臣이 이 藥 밍ᄀᆞ라 大王ᄭᅴ 받ᄌᆞᄫᆞᆫ대 王이 좌시고

[현대어 풀이] 대신이 이 약을 만들어 대왕께 바치니 왕이 드시고

정답 선지 분석

④ '받ᄌᆞᄫᆞᆫ대'를 보니, 목적어가 지시하는 대상을 높이기 위한 객체 높임 선어말 어미가 쓰였음을 알 수 있군.

'받ᄌᆞᄫᆞᆫ대'는 부사어가 지시하는 대상인 '대왕'을 높이기 위한 객체 높임 선어말 어미가 결합한 것이므로 적절하지 않다.

오답 선지 분석

① '부텻'을 보니, 높임의 대상에 관형격 조사 'ㅅ'이 결합하였음을 알 수 있군.

'부텻'은 높임의 대상인 '부텨'에 관형격 조사 'ㅅ'이 결합한 형태이므로 적절하다.

② '노ᄑᆞ샤'를 보니, 대상의 신체 일부를 높이는 간접 높임이 실현되었음을 알 수 있군.

'노ᄑᆞ샤'는 '부텨'의 신체 일부인 '뎡바깃뼈'를 높이는 간접 높임이 실현된 것이므로 적절하다.

③ 'ᄀᆞ투실씨'를 보니, 현대 국어와 같은 형태의 주체 높임 선어말 어미가 쓰였음을 알 수 있군.

'ᄀᆞ투실씨'는 현대 국어와 같은 형태의 주체 높임 선어말 어미 '-시-'가 결합한 형태이므로 적절하다.

⑤ '좌시고'를 보니, 높임의 의미를 갖는 특수 어휘를 통해 주체를 높이고 있음을 알 수 있군.

'좌시다'는 높임의 의미를 갖는 특수 어휘로서 주체인 '왕'을 높이는 것이므로 적절하다.

DAY 3 독서 교육론

빠른 정답 체크

01 ③ 02 ⑤ 03 ④

❶ 상위 인지는 어떤 과업의 성취를 보장하는 자기 규제 기제를 (상위 인지에 포함되는 것) 이용할 수 있는 능력을 포함한다. 자기 규제 기제를 이용한다는 것은 문제 해결에 대해 스스로 점검한다든지, 자신이 시도한 행 ('자기 규제 기제를 이용한다는 것'의 의미 ①) 위에 대해 스스로 평가하는 것 등을 의미한다. 이러한 자기 규제 ('자기 규제 기제를 이용한다는 것'의 의미 ②) 기제를 이용하는 지적 행위로 상위 인지 중 하나인 인지 조정이 (자기 규제 기제를 이용하는 지적 행위) 있다. 독해 과정 조정은 인지 조정의 일종으로 독해 과정 조정을 (독서 능력이 우수한 독자의 조건) 잘하는 사람은 독서 능력이 우수한 독자이다.

❷ 성공적인 독서를 위한 ㉮ 독해 과정 조정 작용으로「독서 목적 「」: 성공적인 독서를 위한 독해 과정 조정 작용 에 따른 독서 행위의 조정, 배경지식의 활성화, 문맥 정보와 논리적 구조의 활용, 이해의 정확성 점검과 이해 실패에 대한 대처」등이 있다. 우수한 독자는 목적에 따라 독서 속도를 적절하게 조절 (독서 목적에 따른 독서 행위의 조정) 하는 등 독서 목적에 적합한 독서 행동을 취한다. 우수한 독자는 독서 능력이 부족한 독자와 동일한 수준의 배경지식을 가졌다 하더라도 그것을 독서 과정에 활용하는 능력이 다르다. 의미 구성체인 텍스트의 내용을 독자 자신의 배경지식과 결부하지 않으면 (배경지식의 활성화) 정교한 이해를 기대하기는 어렵다. 문맥 정보와 논리적 구조의 활용도 텍스트의 내용 이해에 영향을 미친다. 우수한 독자는 독서 과정에서 문맥 정보를 이용하여 단어나 문장의 의미를 추론하 (문맥 정보의 활용) 고 텍스트의 논리적 구조를 바탕으로 내용을 심층적으로 이해한 (논리적 구조의 활용) 다. 우수한 독자는 자신의 내용 이해 정도를 점검할 때도 독서 목적에 따라 점검 기준을 달리 적용한다. 점검 결과 내용 이해에 실 (이해의 정확성 점검) 패했다고 판단한 경우 우수한 독자는 문제 해결을 위해 다른 적 (이해 실패에 대한 대처) 절한 전략을 사용한다.

❸「독서의 목적이 텍스트 전체에 관한 의미를 구성하는 것이 「」: 독서의 목적에 맞게 독서 행위가 조정되어야 함 라면 이에 따라 독서가 이루어져야 한다.」그런데 독서 능력이 부족한 독자는 독서를 문자 해독의 과정으로 인식하여 문자 (독서 능력이 부족한 독자의 독서 행위) 해독에 집중하는 등 독서 목적과 상관없는 독서를 행하며, 그

[A] 에 따라 독서 과정에서 인지 조정을 제대로 수행하지 못한다.
독서 목적과 상관없는 독서를 행할 때의 문제
독서 목적에 맞는 독서 전략을 선택한다는 것은 상위 인지를
'독서 목적에 맞는 독서 전략을 선택한다'의 의미
활용한 독서 능력이 뛰어나다는 것을 의미한다. 따라서 독서
목적을 고려하여 독해 과정을 조정해 나가는 경험을 많이 쌓
상위 인지를 활용한 독서 능력을 기르는 방법
는다면 상위 인지를 활용한 독서 능력을 기를 수 있을 것이다.

01

답 | ③

윗글의 내용과 일치하지 않는 것은?

정답 선지 분석

③ 자기 규제 기제를 이용하는 인지 조정은 독해 과정 조정에 포함되는 개념이다.

1문단에 의하면 자기 규제 기제를 이용하면 문제 해결에 대해 스스로 점검하고 자신의 행위를 평가할 수 있다. 이러한 자기 규제 기제를 이용하는 지적 행위로 인지 조정을 들 수 있으며, 인지 조정은 상위 인지 중 하나로 독해 조정 과정을 포함한다.

오답 선지 분석

① 자기 규제 기제를 이용할 수 있는 능력은 상위 인지에 해당한다.

1문단에 의하면 상위 인지는 어떤 과업의 성취를 보장하는 자기 규제 기제를 이용할 수 있는 능력을 포함한다.

② 자신이 시도한 행위를 스스로 평가하는 것은 자기 규제 기제를 이용한 것이다.

1문단에 의하면 문제 해결에 대해 스스로 점검하거나 자신이 시도한 행위에 대해 스스로 평가하는 것 등은 자기 규제 기제를 이용하는 것에 해당한다.

④ 우수한 독자가 되기 위해서는 내용 이해 정도를 점검할 때 독서 목적에 따라 점검 기준이 달라져야 한다.

2문단에 의하면 우수한 독자는 독서 목적에 따라 점검 기준을 달리 적용하면서 자신의 내용 이해 정도를 점검한다.

⑤ 독서 능력이 우수한 독자와 부족한 독자는 독서 과정에서 동일한 수준의 배경지식을 활용하는 양상이 서로 다를 수 있다.

2문단에 의하면 동일한 수준의 배경지식을 가진 독자라 하더라도 독서 능력에 따라 배경지식을 독서 과정에 활용하는 능력이 다르다.

02

답 | ⑤

다음은 학생이 자신의 읽기 과정을 기록한 글이다. 윗글의 ㉮를 참고하여 다음 ⓐ~ⓔ에 대해 이해한 내용으로 적절하지 않은 것은?

진로 독서 활동으로 임상 심리사에 대해 설명하는 책을 선정해서 읽기 시작했다. ⓐ 임상 심리사 수련 과정에서 '수련'이라는 말의 의미를 몰랐는데, 관련 부분을 읽으면서 그 의미를 유추할 수 있었다. 이 책에서는 임상 심리사가 되기 위해 공부해야 하는 심리학 내용도 소개하고 있는데, ⓑ 진로 시간에 배웠던 것이 이 내용을 이해하는데 많은 도움이 되었다. 대학원에서 공부하는 것들을 설명하는 부분을 읽을 때는 전문 용어가 많아 이해하지 못한 내용들도 있었다. 그래서 ⓒ 이에 해당하는 부분들을 표시해 놓고 관련 자료를 찾아 이해했다. ⓓ 이 책을 읽은 중요한 목적이 임상 심리사의 실무를 구체적으로 알기 위한 것이었기 때문에 해당 부분을 읽을 때는 다른 부분보다 시간을 많이 들여 꼼꼼히 읽었다. 이 책은 임상 심리사가 되기 위해 알아야 할 것들을 잘 설명하고 있지만 ⓔ 임상 심리사의 직업 전망은 다루지 않아 아쉬웠다.

정답 선지 분석

⑤ ⓔ는 글의 논리적 구조를 바탕으로 세부 내용을 심층적으로 이해했음을 보여 주는군.

독자가 독서 과정 조정 작용을 적절하게 활용하는 것은 성공적인 독서를 위해 중요하다. 따라서 실제 독서 과정에서 학생이 독해 과정을 조정하고 자신의 독서 과정을 점검, 평가, 조정하는 것이 필요하다. 〈보기〉는 임상 심리사가 되고 싶은 학생이 진로 독서 활동 상황에서 수행한 독서 과정을 제시하고 있다. ⓔ는 책의 내용에서 다루지 않은 아쉬움을 드러낸 부분이다. 따라서 글의 논리적 구조를 바탕으로 세부 내용을 심층적으로 이해했다는 것은 적절하지 않다.

오답 선지 분석

① ⓐ는 문맥 정보를 활용해 단어의 의미를 추론했음을 보여 주는군.

학생은 책을 읽으면서 모르는 어휘의 의미를 문맥 정보를 활용해 유추하여 그 의미를 파악하고 있다.

② ⓑ는 책의 내용을 자신의 배경지식과 관련지어 이해했음을 보여 주는군.

학생은 책의 내용을 이해하기 위해 진로 시간에 배운 내용을 배경지식으로 활용하고 있다.

③ ⓒ는 내용 이해에 실패한 문제를 해결하기 위한 전략을 사용했음을 보여 주는군.

학생은 책을 읽으면서 자신이 이해하지 못한 부분을 확인하여 이해에 실패했다고 판단하고, 이를 해결하기 위해 관련 자료를 찾는 전략을 사용하여 문제를 해결하고 있다.

④ ⓓ는 독서 목적을 고려해 독서 행위를 조정했음을 보여 주는군.

학생은 독서 목적을 고려하여 구체적으로 파악하고 싶은 부분을 천천히 읽고 있다. 이를 바탕으로 자신이 원하는 부분을 꼼꼼히 읽는 방식으로 독서 행위를 조정하고 있다.

03

답 | ④

[A]에 근거하여 〈보기〉를 이해한 내용으로 가장 적절한 것은?

보기

특정 역사적 사건의 다양한 의미를 다룬 글을 학생 갑, 을에게 제시하고 글의 주제를 파악하라고 하였다. 그리고 갑, 을에게 이 글을 어떻게 읽을 것인지 물어보았다. 갑은 사전을 참고해 낯선 용어의 뜻을 알아가는 데 주목하면서 읽겠다고 답하였고, 을은 관점별로 사건의 의미를 정리하여 비교하면서 읽겠다고 답하였다. 그 후 학생의 실제 독서 결과, 갑은 주제 파악에 실패했지만 을은 주제 파악을 쉽게 했다.

정답 선지 분석

④ 글의 주제에 관한 의미 구성과 관련해 상위 인지를 활용한 독서 능력은 을이 갑보다 우수하다고 할 수 있겠군.

〈보기〉에서 을은 독서 목적에 맞는 전략을 적절하게 선택하여 글의 주제를 잘 파악했지만, 갑은 독서 목적에 맞는 전략을 적절하게 선택하지 못하여 주제 파악에 실패한다. 한편, 3문단에서 독서 목적에 맞는 독서 전략을 선택한다는 것은 상위 인지를 활용한 독서 능력이 뛰어나다는 것을 의미한다고 하였다. 따라서 3문단에 근거하면 〈보기〉에서 주제 파악이라는 독서 목적에 맞는 독서 전략을 선택하여 주제 파악에 성공한 을이, 그렇지 못한 갑보다 상위 인지를 활용한 독서 능력이 우수하다고 할 수 있다.

오답 선지 분석

① 갑과 달리, 을은 독서를 문자 해독의 과정으로 인식하는 경향을 보여 준다고 할 수 있겠군.

을보다 갑이 독서를 문자 해독의 과정으로 인식하는 경향이 있다고 할 수 있다.

② 을과 달리, 갑은 텍스트 전체에 관한 의미 구성이라는 독서 목적을 고려하여 독해 과정을 조정하는 능력이 있겠군.

을은 독서 목적에 맞는 독서 전략을 선택하고 주제 파악도 쉽게 했기 때문에 독서 목적을 고려하여 독해 과정을 조정할 수 있는 능력이 있다고 할 수 있다.

③ 글의 주제에 관한 의미를 구성하는 인지 조정을 갑이 을보다 더 수월하게 수행하는 능력이 있겠군.

갑은 독서 목적과 상관없는 독서를 행하여 주제 파악에 실패한 것으로 보아 독서 과정에서 인지 조정을 수행하는 능력이 을보다 부족하다고 할 수 있다.

⑤ 독서 전략을 비교해 볼 때 갑이 을에 비해 독해 과정을 조정해 나가는 경험을 더 많이 쌓아 왔다고 할 수 있겠군.

을은 독서 목적을 고려하여 독해 과정을 조정해 나가는 경험을 갑보다 많이 쌓아 왔다고 할 수 있다.

DAY 4 범죄 및 형사정책에 대한 법경제학적 접근 / 법경제학 입문

빠른 정답 체크

01 ③　　**02** ②　　**03** ①　　**04** ③　　**05** ②　　**06** ①

가

❶ 어떠한 법 제도가 사회적으로 바람직한지에 대해 ㉠ 논의하기 위해서는 먼저 바람직함의 판단 기준이 필요하다. 법경제학은 효율을 그 잣대로 사용한다. 효율이란 사회 전체 후생의 크기가 증가
　　　　　법경제학에서 법 제도의 바람직함을 판단하는 기준
하느냐의 여부인데, 후생은 어떤 행동의 결과로 얻는 주관적인
　　　　　　　　　후생의 개념
기쁨이나 만족감을 의미한다.

❷ 효율은 사후적 효율과 사전적 효율로 나눌 수 있다. 사후적 효율은 현재 주어진 상황에서 최소 비용으로 최대 산출을 얻는다는
　　　　　　　　사후적 효율의 개념
의미이고, 사전적 효율은 당사자의 사전적 유인책까지 고려한 개
　　　　　　　　　　사전적 효율의 개념
념이다. 절도를 예로 들어 보자. 갑과 을로만 이루어진 사회에서
갑의 물건을 을이 아무 허락도 받지 않고 훔쳐서 사용했다. 물건
　　　　절도 행위가 일어남
은 갑으로부터 을로 이전되어, 사회 전체 후생의 크기가 달라지
지 않았다고 생각할 수 있겠지만 사실은 그렇지 않다. 해당 물건
에 대한 갑과 을의 후생이 서로 다를 수 있기 때문이다. 「갑의 후
　　　　　　　　　　「 」: 물건이 갑으로부터 을로 이전되었기 때문에 후생의 감소가 생김
생이 100원이고 을의 후생이 80원이라면 사회 전체적으로는 20
원의 후생 감소가 생긴다.」이것이 바로 사후적 효율 측면에서 법
　　　　　　　　　　　　　　　사회 전체의 후생이 감소할 수 있기 때문
이 절도를 금지하는 이유이다. 절도의 문제점은 사전적 효율 측
면에서도 설명할 수 있다. 법적으로 절도가 허용된다면 다음과
같은 점들이 예측된다. 먼저 을의 근로 의욕이 떨어질 것이다. 일
을 하지 않더라도 필요한 물건을 구할 수 있기 때문이다. 갑의 입
장에서는 절도 방지 비용을 지출할 것이다. 이러한 근로 의욕의
　　　　　　　　　　　　법적으로 절도가 허용되었을 때 예측되는 결과
저하와 절도 방지 비용 지출은 사회적 후생 증가에 ㉡ 기여하지
못한다. 즉 사전적 효율 관점에서 볼 때, 절도가 허용되면 사회적
　　　　　　　　　　　　　　　　　사전적 효율 측면에서 법이 절도를 금지하는 이유
후생을 감소시키는 유인책이 생긴다.

❸ 사후적 효율의 관점에서 법 제도가 형성된 대표적인 사례로
도산법이 있다. 채무자의 재산이 부채를 변제하기에 부족하여「도
사후적 효율의 관점에서 형성된 법 제도

산 절차가 시작되면 개별적 채권 추심*은 모두 금지되고 채권자
는 오직 도산 절차 내에서만 변제를 받을 수 있다.」개별적 채권
　　　　　　　　　　　　　　　　　　　「 」: 도산법의 내용
추심이 허용된다면 누구나 먼저 채권 추심을 하려 할 것이다. 이
　　　　　　　　　　개별적 채권 추심이 허용되었을 때 예측되는 결과
과정에서 채무자의 재산이 손상되거나 헐값에 매각되는 등 사회
전체 후생의 감소가 발생한다. 법 제도가 사전적 효율의 관점에
사후적 효율의 관점에서 도산법이 필요한 이유
기초하여 성립된 경우도 있다. 지식 재산권 관련 법에 의하면 소
　　　　　　　　　　　사전적 효율의 관점에서 형성된 법 제도
설이나 노래를 표절하거나 무단으로 이용하는 것은 금지된다. 그
　　　　　　　　　지식 재산권 관련 법의 내용
런데 복제하더라도 원본이 없어지는 것은 아니며 복제 비용이 매
우 저렴하다면 복제를 할수록 사회적으로는 후생이 증가한다고
볼 수도 있다. 하지만 창작과 관련하여 지식 재산권을 인정하지
않는다면「당사자의 창작 유인책이 ㉢ 저하되어 애초에 창작이 일
　　　　　「 」: 지식 재산권을 인정하지 않았을 때 예측되는 결과
어나지 않을 수 있다.」따라서 지식 재산권 관련 법은 사전적 효율
　　　　　　　　　　　　　　사전적 효율의 관점에서 지식 재산권 관련 법이 필요한 이유
의 증진을 위해 창작자에게 독점적 권리를 부여한다.

＊채권 추심: 채권자를 대신하여 채무자에게서 빚을 받아 내는 일.

나

❶ 통계학에서 제1종 오류란 올바른 가설이 기각되는 것이고, 제
　　　　　　　　　　　　　제1종 오류의 개념
2종 오류란 잘못된 가설이 받아들여지는 것을 말한다. 불법 행위
　　　　　　제2종 오류의 개념
와 관련하여 법원이 심리하는 가설이 '가해자가 법이 정한 기준
을 준수하지 않았다.'라고 한다면 법원의 과실 판단에 오류가 있
는 경우 가해자의 유인책에 영향을 끼친다. 예를 들어 사고 발생
으로 인한 손해액이 1,000원이고 각 사고 방지 주의 수준에 따른
주의 비용, 사고 확률 등이 다음과 같이 주어졌다고 하자. 여기서
총 사고 비용은 주의 비용과 기대 사고 비용을 더한 값이다.
　　　　　　　　　　총 사고 비용의 개념

사고 방지 주의 (수준)	주의 비용 (원)	사고 확률 (%)	기대 사고 비용 (원)	총 사고 비용 (원)
0	0	6	60	60
1	30	2	20	50
2	60	1	10	70

❷ 법은 사고 방지를 위한 적정 주의를 1수준으로 정하고 있으며
법원은 제1종 오류와 제2종 오류를 각각 20%의 확률로 범할 수
있는데, 이러한 것을 가해자도 알고 있다고 하자. 이 경우 가해자
는 어느 수준의 주의를 선택할까? 가해자가 0수준의 주의를 선택
하면 가해자는 80% 확률로 기대 사고 비용 60원을 부담하게 되
　　　　　　　　　　　　　법원이 오류를 범하지 않을 확률은 80%임
므로 총 기대 손실 비용은 이 둘을 곱한 값인 48원이다. 가해자가
　　　　　　　　　　　　　　　　0.8%×60원 = 48원
주의를 1수준으로 높이면, 추가적으로 주의 비용 30원이 들지만,
기대 사고 비용 20원을 부담할 확률이 20%에 불과하므로 4원만
　　　　　　　　　　법원이 오류를 범할 확률은 20%임
부담하면 된다. 그러므로 총 기대 손실 비용은 34원이다. 2수준
　　　　　　　　　　　30원(주의 비용)+0.2×20원 = 34원

의 주의의 경우, 주의 비용 60원에 20% 확률로 기대 사고 비용 10원을 부담하게 되므로 총 기대 손실 비용은 62원이다. 결국 법원의 오류 가능성에도 불구하고 가해자는 효율적인 1수준의 주의를 한다. 그러나 이러한 결과가 항상 ㉣ 성립하는 것은 아니다. 예를 들어 제1종 오류와 제2종 오류의 확률이 모두 40%라고 한다면, 이 경우에 가해자로서는 0수준의 주의를 선택하는 것이 이익이다.

> 60원(주의 비용)+0.2×10원 = 62원
> 1수준의 주의를 선택했을 때의 총 기대 손실 비용이 제일 적음

> 0수준의 주의를 선택했을 때의 총 기대 손실 비용이 제일 적음

❸ 위 사례에서 ㉤ 주목할 점은 가해자에게 사고 방지 주의 수준에 관한 적정한 유인책을 제공하기 위해서는 제1종 오류를 줄이는 것이 더 중요한가 아니면 제2종 오류를 줄이는 것이 더 중요한가 하는 점이다. ⓐ 위 계산 과정을 따르면, 제1종 오류와 제2종 오류의 확률을 줄이는 비용이 동일할 경우 제1종 오류의 확률을 줄이는 것이 법경제학의 측면에서는 더 효과적이다. 따라서 법은 사람들에게 미치는 유인책을 고려하여 설계될 필요가 있다.

01

답 | ③

(가), (나)에 대한 설명으로 가장 적절한 것은?

정답 선지 분석

③ (가), (나) 모두 경제학적 측면에서 법이 사람들에게 미칠 수 있는 효과를 설명하고 있다.

> (가)는 경제학적 측면에서 절도가 허용될 경우 사람들에게 어떠한 유인책이 작용할 수 있는지 설명하고 있다. 또한 도산법에서 개별적 채권 추심이 허용될 경우나 지식 재산권 관련 법에서 표절이 허용될 경우 경제학적 측면에서 사람들에게 어떠한 유인책이 작용할 수 있는지 설명하고 있다. (나)는 불법 행위와 관련하여 법원의 과실 판단에 오류가 있는 경우 가해자에게 어떠한 유인책이 작용할 수 있는지를 경제학적 측면에서 설명하고 있다. 따라서 (가), (나) 모두 경제학적 측면에서 법이 사람들에게 미칠 수 있는 효과를 설명하고 있다.

오답 선지 분석

① (가)는 법 제도가 불법 행위를 방조하는 실태를, (나)는 불법 행위를 엄단하기 위한 방법을 설명하고 있다.

> (가)는 법 제도가 불법 행위를 방조하는 실태를 설명하고 있지 않다. (나)는 불법 행위를 엄단하기 위한 방법을 설명하고 있지 않다.

② (가)는 법 제도가 바람직하게 제정되지 못하는 이유를, (나)는 법원의 과실 판단에 오류가 있는 이유를 설명하고 있다.

> (가)는 법 제도가 바람직하게 제정되지 못하는 이유를 설명하고 있지 않다. (나)는 법원의 과실 판단에 오류가 있는 이유를 설명하고 있는 것은 아니다.

④ (가), (나) 모두 사회 전체의 후생을 고르게 배분하기 위한 경제학적 대책을 설명하고 있다.

> (가), (나) 모두 사회 전체의 후생을 고르게 배분하기 위한 대책을 설명하고 있지 않다.

⑤ (가), (나) 모두 바람직한 법 제도가 실제 현실에서 효과적으로 작동되지 않는 이유를 설명하고 있다.

> (가), (나) 모두 바람직한 법 제도가 실제 현실에서 효과적으로 작동되지 않는 이유를 설명하고 있지 않다.

02

답 | ②

(가), (나)에 대한 이해로 가장 적절한 것은?

정답 선지 분석

② (가): 물건을 훔친 을이 갑보다 높은 후생을 누린다는 보장이 없다는 점은 법이 절도를 금하는 이유에 해당한다.

> (가)의 2문단을 보면, 물건을 훔친 을의 후생은 80원이고 갑의 후생은 100원이다. 물건은 갑으로부터 을로 이전되었지만 사회 전체적으로는 20원의 후생 감소가 생긴다. 이것이 바로 사후적 효율 측면에서 법이 절도를 금지하는 이유이다. 따라서 물건을 훔친 을이 갑보다 높은 후생을 누린다는 보장이 없다는 점은 법이 절도를 금하는 이유에 해당한다.

오답 선지 분석

① (가): 도산법에서 개별적 채권 추심을 인정하면 채무자의 재산 가치가 증가하게 된다.

> (가)의 3문단에서 도산법에서 개별적 채권 추심이 인정되면 채무자의 재산이 손상되거나 헐값에 매각되는 등 사회 전체 후생의 감소가 발생함을 알 수 있다.

③ (가): 법이 표절을 금지하는 이유는 창작자의 지식 재산권을 인정하지 않으면 사회 전체의 후생이 증가하기 때문이다.

> (가)의 3문단에서 법이 표절을 금지하는 이유는 창작 유인책이 저하되어 애초에 창작이 일어나지 않을 수 있기 때문임을 알 수 있다.

④ (나): 법원의 과실 판단 오류는 가해자의 사고 방지 주의 수준을 적정하게 유도하기 위한 장치이다.

> (나)의 2문단에서 법원의 과실 판단 오류 확률이 20%라면 가해자는 1수준의 사고 방지 주의를 선택한다는 것을 알 수 있다. 하지만 법원의 과실 판단 오류 자체가 가해자의 사고 방지 주의 수준을 적정하게 유도하기 위한 장치인 것은 아니다.

⑤ (나): 법원이 심리하는 가설이 맞음에도 불구하고 이를 기각하여 과실 없음을 판결하는 것은 제2종 오류이다.

> (나)의 1문단에서 법원이 심리하는 가설이 맞음에도 불구하고 이를 기각하여 과실 없음을 판결하는 것은 제1종 오류임을 알 수 있다.

03

답 | ①

(가)를 바탕으로 할 때, <보기>에 대한 반응으로 적절하지 않은 것은?

보기

> A와 B로만 이루어진 사회가 있다. A가 B와 체결한 계약을 지키지 않았다. 그 결과 A는 0원의 이익을 얻었고, B는 100원의 손해를 입었다. 계약법은 A가 B에게 손해 배상 책임을 지게 할 수도 있고 그렇게 하지 않을 수도 있다. 전자의 경우 100원의 손해는 A가 부담하고, 후자의 경우에는 B가 부담한다. 만약 A가 손해의 일부만 배상한다면 100원의 손해를 서로 나누어 부담한다. 단, A와 B는 동일한 금액에 대해 동일한 후생을 갖는다.

정답 선지 분석

① 100원의 손해를 A가 일부라도 부담하도록 계약법이 정해지면 사후적 효율 측면에서 계약 불이행으로 인한 사회 전체의 손실은 100원보다 적어지겠군.

> 100원의 손해를 A가 일부라도 부담하더라도 사회 전체의 후생 손실 100원 그 자체를 줄이거나 제거하지 못한다. 계약을 지키지 않아 100원의 손해가 발생한 이상 사회 전체의 후생은 변화하지 않는 것이다. A가 B에게 손해 배상으로 50원을 지급하면 A는 50원의 손해를 입고, B는 50원의 손해를 입는다. 따라서 손해 배상을 일부라도 한 경우와 그렇지 않은 경우를 비교하면 계약 불이행으로 인한 사회 전체의 손실은 여전히 100원이다.

② 100원의 손해를 A가 전적으로 부담하도록 계약법이 정해지면 사전적 효율 측면에서 A에게는 계약을 덜 파기하려는 유인책이 생기겠군.

　　계약법이 A가 손해를 전적으로 부담하도록 정해지면 A는 100원의 손해를 입는다. 사전적 효율은 당사자의 사전적 유인책을 고려한 개념이므로 A에게 손해를 회피하기 위해 계약을 덜 파기하려는 유인책이 생길 수 있다.

③ 계약법이 어떻게 정해지든 A가 계약을 지키지 않은 사건이 발생한다면 사회 전체의 후생은 계약법의 영향을 받지 않겠군.

　　A가 계약을 지키지 않은 사건이 발생한 이상 계약법이 어떻게 정해지더라도 사회 전체의 후생은 여전히 100원이다. 따라서 사회 전체의 후생은 계약법의 영향을 받지 않을 것이다.

④ 계약법이 A의 의사 결정에 영향을 끼쳐 계약이 이행됐다면 계약법은 사회 전체의 후생 감소를 막는 방법이 될 수 있겠군.

　　계약법이 어떻게 적용될지가 A의 의사 결정에 영향을 끼쳐 만약 계약이 이행됐다면 100원의 손해가 발생하지 않으므로 사회 전체의 후생 감소를 계약법이 막을 수 있다.

⑤ 계약법이 A의 의사 결정에 영향을 끼치지 못한다면 계약법은 계약 미이행 사건 자체를 방지하지 못하는군.

　　계약법이 A의 의사 결정에 영향을 끼치지 못한다면 계약법은 A의 계약 미이행을 방지하는 기능을 한다고 볼 수 없을 것이다.

04

답 | ③

(가)의 '사전적 효율' 측면에서 (나)를 이해한 내용으로 적절하지 않은 것은?

③ 법원의 제1종 오류, 제2종 오류 확률이 모두 20% 미만이라면 가해자에게는 주의 비용 60원을 부담하려는 유인책이 발생할 수 있다.

　　법원의 제1종 오류, 제2종 오류 확률이 모두 0%라고 가정해 보자. 가해자가 0수준의 사고 방지 주의를 선택하면 100% 확률로 기대 사고 비용 60원을 부담하므로 총 기대 손실 비용은 60원이다. 1수준의 주의를 선택하면 총 기대 손실 비용은 30원이다. 기대 사고 비용 20원을 부담할 확률이 0%이기 때문에 주의 비용만 부담하면 된다. 2수준의 주의를 선택하면 총 기대 손실 비용은 60원이다. 기대 사고 비용 10원을 부담할 확률이 0%이기 때문에 주의 비용만 부담하면 된다. 이러한 과정을 바탕으로 추론하면 법원의 제1종 오류, 제2종 오류 확률이 모두 20% 이하라면 가해자에게는 주의 비용 60원을 부담하려는 유인책이 발생한다고 볼 수 없다.

① 법원의 과실 판단에 오류가 있더라도 가해자에게 적정한 사고 방지 주의 수준에 관한 유인책이 발생할 수 있다.

　　1수준의 주의의 경우, 가해자는 4원만 부담하면 되지만 2수준의 주의의 경우, 가해자의 총 기대 손실 비용은 62원이다. 따라서 법원의 오류 가능성에도 불구하고 가해자는 효율적인 1수준의 주의를 할 것이므로 가해자에게 적정한 사고 방지 주의 수준에 관한 유인책이 발생할 수 있다.

② 법원의 제1종 오류, 제2종 오류 확률이 모두 20%라면 가해자에게는 주의 비용 30원을 부담하려는 유인책이 발생한다.

　　법원이 제1종 오류와 제2종 오류를 각각 20%의 확률로 범할 수 있다면 가해자는 효율적인 1수준의 주의를 하는데, 이때의 주의 비용은 30원이다.

④ 법원의 제1종 오류, 제2종 오류 확률이 모두 40%라면 가해자에게는 주의 비용을 들여서 사고 확률을 낮추려는 유인책이 발생하지 않는다.

　　법원이 제1종 오류와 제2종 오류를 범할 확률이 모두 40%라고 한다면, 이 경우에 가해자로서는 0수준의 주의를 선택하는 것이 이익이다. 0수준에서의 주의 비용은 0원이다.

⑤ 법원의 제1종 오류, 제2종 오류 확률이 모두 20%에서 40%로 높아지게 된다면 가해자에게는 법원이 정한 적정 주의 수준에 따라 행동할 유인책이 발생하지 않는다.

　　법원의 제1종 오류, 제2종 오류 확률이 모두 20%에서 40%로 높아지게 된다면 가해자에게 가장 효율적인 주의 수준은 0수준이다. 따라서 가해자에게는 법원이 정한 적정 주의 수준에 따라 행동할 유인책이 발생하지 않는다.

05

답 | ②

ⓐ를 <보기>처럼 설명할 때, <보기>의 ㉮~㉰에 들어갈 말을 바르게 짝지은 것은?

　　가해자의 사고 방지 주의 수준을 　㉮　 으로 유도하기 위해서는 0수준의 기대 사고 비용인 60원에 곱해지는 확률을 높이든가 1수준의 기대 사고 비용인 20원에 곱해지는 확률을 낮추면 된다. 60원에 곱해지는 확률은 　㉯　 를 범하지 않을 확률이고, 20원에 곱해지는 확률은 　㉰　 를 범할 확률이다. 당연히 큰 금액에 곱해지는 확률의 영향이 더 크므로 오류 확률 감소 비용이 동일하다면 제1종 오류 확률을 줄이는 것이 효율적이다.

	㉮	㉯	㉰
②	1수준	제1종 오류	제2종 오류

　　ⓐ에서 '위 계산 과정'을 따른다고 했다. 또한 법원은 사고 방지를 위한 적정 주의를 1수준으로 정하고 있다. 그러므로 ㉮에는 1수준이 들어가야 한다. 제시된 표를 바탕으로 계산 과정을 따르면 기대 사고 비용인 60원에 곱해지는 확률은 제1종 오류를 범하지 않을 확률이고, 기대 사고 비용 20원에 곱해지는 확률은 제2종 오류를 범할 확률이다.

06

답 | ①

㉠~㉢의 사전적 의미로 적절하지 않은 것은?

① ㉠: 여러 사람이 마음을 한데 합함.

　　㉠에 해당하는 '논의'의 사전적 의미는 '어떤 문제에 대하여 서로 의견을 내어 토의함. 또는 그런 토의.'이다. '여러 사람이 마음을 한데 합함.'이라는 사전적 의미를 갖는 단어는 '합심'이다.

② ㉡: 도움이 되도록 이바지함.

　　'기여'의 사전적 의미는 '도움이 되도록 이바지함.'이다.

③ ㉢: 정도, 수준, 능률 따위가 떨어져 낮아짐.

　　'저하'의 사전적 의미는 '정도, 수준, 능률 따위가 떨어져 낮아짐.'이다.

④ ㉣: 일이나 관계 따위가 제대로 이루어짐.

　　'성립'의 사전적 의미는 '일이나 관계 따위가 제대로 이루어짐.'이다.

⑤ ㉤: 관심을 가지고 주의 깊게 살핌. 또는 그 시선.

　　'주목'의 사전적 의미는 '관심을 가지고 주의 깊게 살핌. 또는 그 시선.'이다.

DAY 5 〈명월음〉_최현 / 〈입암이십구곡〉_박인로 / 〈염소〉_윤오영

빠른 정답 체크

01 ③   02 ③   03 ④   04 ③   05 ④   06 ②

가

하룻밤 ⓐ 찬바람에 눈이 왔나 서리 왔나
　　　　옥황상제가 지내는 곳
어찌하여 온 세상이 백옥경이 되었는가
　눈이 내린 모습을 이상향의 모습으로 표현함
동창이 다 밝거늘 수정렴을 걷어 놓고
　달빛　　　　　수정을 꿰어 꾸민 발
거문고 비껴 안아 ⓑ 봉황곡을 연주하니
　　　　　당나라 현종이 즐겼다는 악곡　　　그윽한 달빛이 거문고
「소리마다 그윽이 맑아 태공에 들어가니　소리와 어우러져 아름다운
「」: 거문고의 맑은 소리가 하늘로 울려 퍼짐 → 먼 하늘　풍경을 만들어 냄
파사 ⓒ 계수나무 아래 옥토끼도 돌아본다」
너울너울 춤추는 모양
「유리 호박주를 가득 부어 권하니
유정한 항아도 잔 밑에 비치었다」
　달 속에 산다는 전설 속의 선녀(달을 비유)
청광을 머금으니 폐부에 흘러들어
　맑은 빛-유리 호박주의 빛
호호한 흥중이 아니 비친 데가 없다
　넓고 넓은
옷가슴 헤쳐 내어 광한전에 돌아앉아
　　　　　　　임금이 계신 궁궐
마음에 먹은 뜻을 다 아뢰려 하였더니
　　△: 달빛(명월)을 가리는 존재-왜적
심술궂은 뜬구름이 어디서 와 가리는가
　　　　　　　　가려지는 대상-달빛
천지가 깜깜하여 백물을 다 못 보니

상하 사방에 갈 길을 모르겠네
　　왜적의 침입으로 인한 혼란
먼 봉우리 반쪽 끝에 옛 빛이 비치는 듯
　　　　　　본래의 밝은 달빛
구름 사이로 나왔더니 떼구름 미쳐 나니
　　　　　　　　　　　　달빛(임금)
「희미한 한 빛이 점점 아득하여 온다」
「」: 왜적의 침략으로 피란길에 오른 임금의 상황 상징
중문을 닫아 놓고 뜰가에 따로 서서

매화 한 가지 계수나무 그림자인가 돌아보니
　　　　　동병상련의 대상
처량한 암향이 나를 좇아 시름한다
　　　　　화자의 우국지정 표상
성긴 발을 드리우고 동방에 혼자 앉아

ⓓ 금작경* 닦아 내어 벽 위에 걸어 두니
화자가 '달'과 같은 역할을 기대한 것-신하들 의미
제 몸만 밝히고 남 비출 줄 모르도다
　'달'과 달리 온 세상을 비추지 못함-비판적 인식
비단 부채로 긴 바람 부쳐 내어 이 구름 다 걷고자
　　　달을 가리는 존재(부정적 대상)를 제거하고 싶은 화자의 소망 ①
푸른 대나무로 천 길의 비를 매어 저 구름 다 쓸고자
　　　달을 가리는 존재(부정적 대상)를 제거하고 싶은 화자의 소망 ②
ⓔ 장공은 만 리요 이 몸은 진토니
「」: 화자의 소망이 실현되기 어려운 이유　티끌과 흙-보잘것없는 존재
쓸쓸한 이내 뜻이 생각하니 허사로다
　소망이 실현되지 못할 것임을 인식
가뜩이나 시름 많은데 긴 밤은 어떠한가
　　　　　　나라에 대한 걱정
전전반측하여 다시금 생각하니

영허 소장*이 천지에 무궁하니
　달은 영허 소장을 지속적으로 반복하는 속성을 지님
「풍운이 변화한들 ⑦ 본색이 어디 가리」
「」: 시련에도 달의 본질(밝은 빛)은 변하지 않음
우리도 단심(丹心)을 지키어 명월 볼 날 기다리노라
달(임금)에 대한 사랑-우국지정　다시 명월을 볼 것이라는(과거의 영광이 돌아올 것이라는) 기대감
　　　　　　　　　　　　　　- 최현, 〈명월음〉 -

* 금작경: 황금 까치를 조각한 거울.
* 영허 소장: 달이 찼다가 기울고, 없어졌다가 다시 생김.

나

무정히 서 있는 바위 유정하여 보이는구나
　　　　　　　　　감정이 있어
「최령한 오인도 직립 불의* 어렵거늘
「」: 변함없이 곧고 굳은 바위의 태도 예찬
만고에 곧게 선 저 얼굴이 고칠 적이 없구나」
　　　　　　　　　　바위의 모습(의인법)
　　　　　　　　　　　　　　　　　　　　〈제1수〉
「」: 안회의 '공자의 가르침은 우러러볼수록 높고, 뚫으려 할 수록 견고하다' 구절 변용

「강가에 우뚝 서니 쳐다볼수록 더욱 높다
　높이 솟은 바위의 모습 예찬
바람 서리에 불변하니 뚫을수록 더욱 굳다」
　시련에 굴하지 않는 바위의 불변성 예찬
사람도 이 바위 같으면 대장부인가 하노라
　　　　　　　　　　　　　　　　　〈제2수〉

한마디 말도 없는 바위 사귈 일도 없지마는

고모 진태*를 벗 삼아 앉았으니
　변함없는 바위의 품성
세상에 이익되는 세 벗을 사귈 줄 모르노라
　정직한 자, 친구의 도리를 지키는 자, 지식이 많은 자-세속적 가치(논어 구절 인용)
　　　　　　　　　　　　　　　　　〈제3수〉

먹줄 없이 생긴 바위 어느 법도를 알랴마는
　기준, 근본　　　　　　　　　　도리
높고도 곧으니 귀하게 보이는구나
　근본과 법도 없이 자연히 만들어진 바위가 높고 곧음
「애닯다 가히 사람이면서 이 돌만도 못하랴」
　　　　근본, 법도를 알면서도　의문의 형식-주제 의식 강조
「」: 법도를 몰라도 높고 곧은 바위보다 못한 사람에 대한 안타까움
　　　　　　　　　　　　　　　　　〈제4수〉

탁연 직립*하니 본받음 직하다마는
탁연 직립한 바위의 속성을 속세 사람들이 본받도록 하고 싶어 함
구름 깊은 골짜기에 알 사람 있어 찾아오랴
　바위가 자리한 곳　　　바위를 찾아 오지 않는 사람들에 대한 안타까움
힘을 다해 오르면 기이한 구경거리 많으니라
　바위를 많은 사람들에게 보이고 싶은 소망을 드러냄
　　　　　　　　　　　　　　　　　〈제5수〉
　　　　　　　　　　　　　- 박인로, 〈입암이십구곡〉 -

* 최령한 오인도 직립 불의: 가장 신령스런 우리도 의지하지 않고 꼿꼿이 서기.
* 고모 진태: 옛 그대로의 모습.
* 탁연 직립: 높이 곧게 섬.

다

어린 염소 세 마리가 달달거리며 보도 위로 주인을 따라간다.
　중심 소재, 관찰의 대상
염소는 다리가 짧다. 주인이 느릿느릿 놀 양으로 쇠 걸음을 걸
　　　　　　　　　　주인과 염소의 걸음을 대조하여 염소의 느린 걸음을 드러냄
으면 염소는 종종걸음으로 빨리 따라가야 한다. 「두 마리는 긴 줄
　　　　　　　　　　　　　　　　　　　「」: 부지런히 주인을 따라가는 염소 묘사
로 목을 매어 주인의 뒷짐 진 손에 쥐여 가고 한 마리는 목도 안
매고 따로 떨어져 있건만 서로 떨어질세라 열심히 따라간다.」마
치 어린애들이 엄마를 놓칠까 봐, 혹은 길을 잃을까 봐 부지런히
　　　　　　　　　　　　　　글쓴이의 추측
따라가듯.

　　　　　　　　　　　　　(중략)

　주인의 뒤를 따라 석양에 보도 위를 걸어가는 어린 염소의 검은
모습은 슬프다. 「짧은 다리에 뒤뚝거리는, 굽이 높아 전족한 청녀*의
　　　　　　　　　　어린 염소에 대한 화자의 정서　　□: 염소의 모습을 비유한 대상
쫓기는 종종걸음이다. 조그만 몸집이 달달거려 추위 타는 어린애

모습이다. 이상스럽게도 위로 들린 짧은 꼬리 밑에 감추지 못한

연하고 검푸른 항문이 가엾다. 수염이라기에는 너무나 앙징한 **턱**

밑의 귀여운 수염, 그리고 게다가 이따금씩 어린애 목소리로 우

는 **그 울음**, 조물주는 동물을 점지할 때, 이런 슬픈 우형도 만들

『 』: 어린 염소의 슬픈 모습   염소의 슬픔은 조물주가 창조한 것임-운명론적 태도

어 놓았던 것이다.

『 』: 페이터의 말을 인용하여 운명에 순응해야 한다는 글쓴이의 주장에 대한 정당성을 확보함

페이터는 일찍이 사람들에게 "무한한 물상 가운데 네가 향수

영국의 비평가

한 부분이 어떻게 작고, 무한한 시간 가운데 네게 허여된 시간

인간은 보잘것없는 존재이므로 운명을 거스를 수 없음

이 어떻게 짧고, **운명** 앞에 네 존재가 어떻게 미소(微小)한 것인

가를 생각하라. 그리고 기꺼이 운명의 직녀, 클로우도우의 베틀

모든 것을 운명에 맡기고 순응하라

에 몸을 맡기고, 여신이 너를 실 삼아 어떤 베를 짜든 마음을 쓰

지 말라." 했다. 이 염소는 충실한 페이터의 사도다. 그리고 그는

글쓴이는 염소가 운명을 받아들이는 존재라고 봄

또 "네 **생명이 속절없**고, 너의 **직무**, 너의 **경영**이 허무하다 할지

라도, 적어도 **치열한** 불길이 열과 빛으로 변화시키듯 하잘것없는

속사(俗事)나마 그것을 네 ⓛ **본성**에 맞도록 동화시키기까지는

일상의 잡다한 일

머물러 있으라." 했다.『염소가 그 주인의 뒤를 총총히 따르듯, 그

리고 주인이 저를 흥정하고 있는 동안은 주인 옆에 온순하게 충

『 』: 주어진 상황에 순응하는 염소의 모습 나열

실히 기다리고 서 있듯, 그리고 **길가**에 버려 있는 무청 시래기 옆

비극적인 운명도 그대로 수용함

에 세워 두면 **다투어 푸른 잎을 뜯어 먹듯**, 그리고 다시 끌고 가

면 먹던 것을 놓고 총총히 따라가듯,』

『이 세 마리의 어린 염소는 오늘 저녁에 다 같이 돌아가다가, **내**

『 』: 염소 세 마리의 운명은 알 수 없음

일 아침에 다시 나오게 될 것인가, 혹은 그중의 한 마리는 솥 속

으로 들어가고, 두 마리만이 가게 될 것인가, 또는 어느 것이 팔

려 가다가 팔려서 껍질을 벗기고, 어느 것이 남아서 외롭게 황혼

의 거리를 타달거리고 갈 것인가, 그것은 아무도 모른다. 염소 자

신도, 끌고 가는 주인도, 아무도 모른다.』염소를 끌고 팔러 다니

염소의 주인조차 자신의 길(운명)을 알지 못함

는 **저 주인**은 또 지금 자기가 **걸어가는 그 길**은 알고 있는 것인

가. **나**는 이런 생각을 하며 **염소가 지나간 그 보도 위로 걸어오는**

글쓴이 또한 운명을 알지 못하므로 글쓴이와 염소가 다르지 않음을 깨달음

것이다.

– 윤오영, 〈염소〉 –

* 전족한 청녀: 발을 작게 하려고 발가락을 감은 청나라 여인.

01

답 | ③

(가)와 (나)의 공통점으로 가장 적절한 것은?

정답 선지 분석

③ 의문의 형식을 활용하여 대상에 대한 화자의 인식을 부각하고 있다.

(가)의 '풍운이 변화한들 본색이 어디 가리' 등에서, (나)의 '가히 사람이면서 이 돌만도 못하
랴' 등에서 의문의 형식을 활용하여 대상에 대한 화자의 인식을 부각하고 있음을 확인할 수
있다.

오답 선지 분석

① 역설과 반어를 활용하여 주제 의식을 나타내고 있다.

(가)와 (나) 모두 역설과 반어를 활용하고 있지 않다.

② 동일한 색채어를 반복하여 대상의 특성을 구체적으로 드러내고 있다.

(가)와 (나) 모두 동일한 색채어를 반복하고 있지 않다.

④ 명령형 문장을 사용하여 대상에 대한 화자의 거리감을 강조하고 있다.

(가)와 (나) 모두 명령형 문장을 통해 대상에 대한 화자의 거리감을 강조하고 있지 않다.

⑤ 계절의 변화를 제시하여 대상의 순차적인 변모 양상을 보여 주고 있다.

(가)와 (나) 모두 계절의 변화를 제시하고 있지 않다.

02

답 | ③

⊙, ⓛ을 중심으로 (가), (다)에 대해 이해한 내용으로 가장 적절한 것은?

정답 선지 분석

③ (가)에서는 ⊙을 화자의 태도와 연결하여 '단심'을 지킬 것을 강조하고 있
고, (다)에서는 ⓛ을 '염소'의 태도와 연결하여 '운명'을 따를 것을 강조하고
있다.

(가)의 '본색'은 달이 가진 본래의 성질, 즉 달의 밝고 환함, 광명을 가리킨다. (가)에서 화자는
'풍운'이 변화하더라도 달의 '본색'이 달라지는 것은 아니므로 '단심'을 지켜 밝은 달을 볼 수
있기를 기다린다고 말하고 있다. (가)에서는 달에 대한 화자의 태도와 '본색'을 연결하여 '단
심'을 지킬 것을 강조하고 있다고 할 수 있다. (다)에서는 운명과 본성에 따를 것을 강조하는
페이터의 말을 인용하고 있다. 글쓴이는 염소가 자신의 본성에 따라 주인의 뒤를 총총 따르
고 주인이 저를 흥정하고 있는 동안 주인 옆에 온순하게 충실히 기다리며 서 있는 것처럼, 운
명을 따르며 살아갈 것을 강조하고 있다고 할 수 있다.

오답 선지 분석

① (가)에서는 ⊙을 화자의 정서와 연결하여 '시름 많'음을 드러내고 있고, (다)
에서는 ⓛ을 글쓴이의 정서와 연결하여 '생명이 속절없'음을 드러내고 있다.

(가)의 '본색'은 화자가 본받고자 하는 달의 '영허 소장'한 속성, 즉 긍정적 가치와 관련 있으
므로 화자의 '시름'을 드러내지 않는다. (다)의 '본성'은 '생명이 속절없'음을 드러내는 것이
아닌, 보잘것없는 존재더라도 자신에게 주어진 운명을 따르며 살아가야 함을 드러내고 있으
므로 적절하지 않다.

② (가)에서는 ⊙을 자연물과 연결하여 '풍운'의 영속적 속성을 드러내고 있고,
(다)에서는 ⓛ을 자연 현상과 연결하여 '치열한' 삶의 태도를 강조하고 있다.

(가)에서 영속적 속성을 드러내는 시어는 '풍운'이 아닌 '영허 소장'이다. 또한 (다)의 '본성'은
불길이 열과 빛으로 변화하는 현상을 들어 설명하고 있으나, 이를 통해 치열한 삶의 태도를
강조하고 있지는 않다.

④ (가)에서는 ⊙을 시간적 배경과 연결하여 '긴 밤'의 절망감을 드러내고 있
고, (다)에서는 ⓛ을 공간적 배경과 연결하여 '길가'에서의 외로움을 드러내
고 있다.

(가)의 '본색'은 '긴 밤'의 절망감을 드러내는 것이 아닌, 달의 '본색'을 바탕으로 다시 명월을
볼 날을 기다리겠다는 화자의 의지와 소망을 드러내고 있고, (나)의 '본성'은 '길가'와 연결지
이 이해된다면, 주어진 운명에 순응하는 속성을 의미하므로 외로움을 드러낸다고 볼 수 없다.

⑤ (가)에서는 ⊙을 화자의 상황과 연결하여 '영허 소장'의 한계를 강조하고 있
고, (다)에서는 ⓛ을 '염소'의 상황과 연결하여 '직무'와 '경영'에 대한 거부
감을 강조하고 있다.

(가)의 '본색'은 '영허 소장'의 한계가 아닌, 시간이 지나도 처음과 같이 '영허 소장'한 달의 긍
정적 속성을 드러내고 있다. (나)의 '본성'은 '염소'의 상황과 연결하고는 있으나, '직무'와 '경
영'에 대한 거부감이 아닌, '직무'와 '경영'이 허무할지라도 운명을 따르며 살아갈 것을 강조
하고 있으므로 적절하지 않다.

정답 및 해설 | 51

03

답 | ④

(가)의 ⓐ~ⓔ에 대해 이해한 내용으로 가장 적절한 것은?

정답 선지 분석

④ ⓓ는 화자가 비판적으로 인식하고 있는 대상이다.

(가)의 화자는 달의 빛이 희미하고 아득하여 '금작경'을 닦아 내어 벽 위에 걸어 두었다. 그런데 화자는 이 '금작경'이 '명월'과 달리, '제 몸만 밝히고 남 비출 줄' 모른다고 말하고 있다. 화자는 '금작경'이 '제 몸만'을 비추고 있는 것에 대해 비판적으로 인식하고 있는 것이다.

오답 선지 분석

① ⓐ는 화자가 자연을 완상하는 것을 가로막는 대상이다.

ⓐ는 화자가 자연을 완상하는 것을 가로막는 것이 아닌, 온 세상이 '백옥경'이 되는 데 일조한 대상이다.

② ⓑ는 화자가 자신의 과오를 인정하도록 이끄는 기능을 한다.

ⓑ는 화자가 자신의 과오를 인정하는 것이 아닌, 아름다운 경치를 바라보며 풍류를 즐기게 하는 기능을 한다.

③ ⓒ는 화자가 처해 있는 비참한 모습을 나타낸다.

ⓒ는 화자가 처해 있는 비참한 모습이 아닌, 아름다운 경치를 강조한다.

⑤ ⓔ는 화자가 동병상련의 심정을 나눌 수 있는 대상이다.

ⓔ는 동병상련의 대상이 아닌, 화자의 소망이 이루어질 수 없는 이유와 관련된 대상으로 봐야 한다.

04

답 | ③

(나)에 대한 설명으로 가장 적절한 것은?

정답 선지 분석

③ <제3수> : 중장에 드러난 화자의 행위는 종장의 화자의 태도로 이어진다.

(나)의 <제3수>의 중장과 종장에서 화자는 변함없이 옛 그대로의 모습으로 있는 바위를 벗 삼아 앉아 있어 세상에 이익되는 세 벗을 사귈 줄 모른다고 말하고 있다. 바위를 벗으로 삼고 앉아 있는 화자의 행위가 세상에 이익되는 세 벗을 사귈 필요를 못 느끼고 있는 화자의 태도로 이어지고 있는 것이다.

오답 선지 분석

① <제1수> : 초장에 드러난 화자의 감흥은 중장의 화자의 만족감으로 심화된다.

<제1수>의 중장에서는 화자의 만족감이 드러나지 않는다.

② <제2수> : 초장에 드러난 화자의 깨달음은 중장의 화자의 결심을 강화한다.

<제2수>의 중장에서는 화자의 결심이 드러나지 않는다.

④ <제4수> : 초장에 드러난 화자의 의문은 중장의 화자의 회의감을 유발한다.

<제4수>의 중장에서는 화자의 회의감이 드러나지 않는다.

⑤ <제5수> : 중장에 드러난 화자의 판단은 종장의 화자의 자기반성의 계기로 작용한다.

<제5수>의 종장에서는 화자의 자기반성이 드러나지 않는다.

05

답 | ④

<보기>를 바탕으로 (가), (나)를 감상한 내용으로 적절하지 않은 것은?

보기

전란의 경험이 바탕이 된 (가)와 (나)는 부정적 현실에 대한 안타까움이 형상화된 작품이다. (가)는 임금이 피란길에 오른 참담한 현실을 달이 구름에 가려진 상황에 비유하여 임금에 대한 그리움과 선정에 대한 소망을 드러내고 있다. 그리고 (나)는 인간이 본받을 만한 속성을 지닌 대상으로 바위를 인격화함으로써 바람직한 가치 회복을 희구하는 마음을 드러내고 있다.

정답 선지 분석

④ (가)의 '심술궂은 뜬구름'이 '가리'고 '떼구름 미쳐' 난다고 한 것과 (나)의 '구름 깊은 골짜기'에 '구경거리 많'다고 한 것을 통해 전란으로 인한 참담한 현실을 드러냈다고 볼 수 있겠군.

<보기>에서는 (가)와 (나)가 전란의 경험을 바탕으로 하여 창작되었으며 부정적 현실에 대한 안타까움을 형상화한 작품이라고 설명하고 있다. (가)에서 '심술궂은 뜬구름'이 '가리'고 '떼구름 미쳐' 난다고 한 것은 구름이 달을 가리는 상황을 표현한 것으로, 부정적인 현실을 드러낸 것이라고 할 수 있다. (나)에서 '구름 깊은 골짜기'는 높이 곧게 서 있는 바위들이 자리한 곳으로, '구름 깊은 골짜기'에 '구경거리 많'다고 한 것이 전란으로 인한 참담한 현실을 드러낸 것은 아니다.

오답 선지 분석

① (가)의 '긴 바람 부쳐 내어 이 구름 다 걷고자' 한다고 한 것을 통해 전란으로 인한 현실을 극복할 수 있기를 바라는 마음을 드러냈다고 볼 수 있겠군.

(가)에서 '긴 바람 부쳐 내어 이 구름 다 걷고자' 한다는 것은 전란으로 인한 부정적 현실, 임금이 피란길에 오른 참담한 현실을 극복할 수 있기를 바라는 마음을 표현한 것이라고 할 수 있다. 여기서 '구름'은 전란의 현실과 관련된 부정적 세력을 의미한다고 할 수 있다.

② (가)의 '명월 볼 날 기다리노라'라고 한 것을 통해 임금에 대한 그리움과 임금이 선정을 베풀 수 있기를 바라는 마음을 드러냈다고 볼 수 있겠군.

<보기>를 참고한다면 (가)의 '명월'은 임금을 의미하므로, '명월 볼 날 기다리노라'라고 한 것은 임금에 대한 그리움과 선정에 대한 소망을 드러내고 있다고 할 수 있다.

③ (나)의 '곧게 선 저 얼굴이 고칠 적이 없'고 '탁연 직립하'다고 한 것을 통해 인간이 본받아야 할 바람직한 품성을 드러냈다고 볼 수 있겠군.

(나)에서 '곧게 선 저 얼굴이 고칠 적이 없'고 '탁연 직립하'다고 한 것은 바위의 곧고도 변함없는 모습, 높고도 곧은 모습을 나타낸 것이다. 바위를 인격을 지닌 존재로 표현함으로써 인간이 본받아야 할 바람직한 품성을 드러낸 것이라고 할 수 있다.

⑤ (가)의 '희미한 한 빛이 점점 아득하여 온다'라고 한 것과 (나)의 '사람이면서 이 돌만도 못하랴'라고 한 것을 통해 부정적 현실 상황에 대한 안타까움을 드러냈다고 볼 수 있겠군.

(가)의 '희미한 한 빛이 점점 아득하여 온다'라고 한 것은 임금의 부정적 상황이 심화된다는 것을 의미하고, (나)의 '사람이면서 이 돌만도 못하랴'라고 한 것은 돌만도 못한 사람이 많은 부정적 세태에 대한 화자의 안타까움을 의미하므로 적절하다.

06

답 | ②

<보기>의 ㉮~㉰와 관련하여 (다)를 이해한 내용으로 적절하지 않은 것은?

정답 선지 분석

② ㉮: 염소가 '다투어 푸른 잎을 뜯어 먹듯' 한다고 표현한 것에서 작가가 염소와 자신을 동일시하여 존재에 대한 연민을 드러냈음을 알 수 있다.

염소가 '다투어 푸른 잎을 뜯어 먹듯' 한다고 표현한 것이 작가가 염소와 자신을 동일시하여 존재에 대한 연민을 드러낸 것은 아니다. 염소가 '다투어 푸른 잎을 뜯어 먹듯' 한다고 표현한 것은 염소가 자신의 본성에 따라 행동하고 있음을 드러낸 것이다. 또한 <보기>에서 설명한 글의 구성을 고려하였을 때 작가가 염소와 자신을 동일시한 부분은 ㉮가 아니라 ㉰이다.

오답 선지 분석

① ㉮: 염소의 '종종걸음', '턱 밑의 귀여운 수염', '그 울음' 등을 서술한 것에서 작가가 염소의 모습을 묘사하였음을 알 수 있다.

'종종걸음', '턱 밑의 귀여운 수염', '그 울음'은 염소를 묘사한 것이므로 적절하다.

③ ㉯: 염소의 '내일 아침'에 대해 서술한 것에서 작가가 염소에게 일어날 일에 대해 상상하였음을 알 수 있다.

작가는 '내일 아침' 염소에게 일어날 여러 가지 일을 나열하고 있으므로 적절하다.

④ ㉯: '저 주인'의 '걸어가는 그 길'에 대해 언급한 것에서 작가가 염소 주인의 운명도 염소의 운명처럼 알 수 없는 것이라고 생각하였음을 알 수 있다.

'팔러 다니는 저 주인은~그 길은 알고 있는 것인가'를 통해 작가가 염소 주인의 운명 또한 염소의 운명처럼 알 수 없는 것이라고 생각하였음을 알 수 있다.

⑤ ㉰: '나'가 '염소가 지나간 그 보도 위로 걸어'온다고 한 것에서 작가가 염소와 그 주인에 대해 사색한 내용을 자신과 결부시켰음을 알 수 있다.

윗글에서 작가는 운명에 순응할 수밖에 없는 염소의 가엾은 처지를 생각하고, 그러한 '염소가 지나간 그 보도 위로' 작가 또한 '걸어'온다고 하였으므로 염소와 주인에 대한 사색을 자신과 결부시켰다고 볼 수 있다.

DAY 6 〈쓰러지는 빛〉_최명희

빠른 정답 체크

◻1 ①　　◻2 ⑤　　◻3 ①　　◻4 ②

밤이 깊어지면, **시장 안의 가게들**은 하나씩 문을 닫고, 길가에
〔작품의 시간적 배경〕
리어카를 놓고 팔던 상인들은 제각기 과일이나 생선, 채소들을
끌고 다리 위로 올라오는 것이었다.
　　　　　　　　　　　매곡교
[A] 「그 모양을 이만큼에 서서 흔들리는 버드나무 가지 사이로
　　　　　　　　'나'는 시장과 떨어진 곳에서 시장의 풍경을 바라보고 있음
　　바라보면, 리어카마다 켜져 있는 카바이드 불빛이, 마치 난간
　　에 무슨 꽃 등불을 달아 놓은 것처럼 요요하였다.」
　　돈이 없어도 염려가 안 되는 곳.　「」: 천변의 풍경에 대해 긍정적으로 인식하고 있음
　　천변에서의 삶은 가난하더라도 여유가 있음

그 사람들은 대부분 어머니를 알았다.
　　　이웃들끼리 서로 친밀한 사이임
모르는 사람들도 곧 알게 되었다.

[B] ┌ 벽오동집 아주머니.
　　│ 이웃들이 '나'의 어머니를 부르는 말 ①
　　└ 오동나무 아주머니.
　　　이웃들이 '나'의 어머니를 부르는 말 ②
그렇게 어머니를 불렀다.

「어느새 나무는 그렇게도 하늘 높이 자라서 저기만큼 걸린 매곡
　　　　　　　　　　　　　　　　　　　오동나무
교 다릿목에서도 그 무성한 가지와 잎사귀를 올려다볼 만큼 되었
던 것이다.」「」: 어머니의 별명은 '나'의 집에 심어져 있던 오동나무가
　　　　　　　다릿목에서도 보일 정도로 높이 자란 것과 관련됨

[C] ┌ 거기다가, 「우리 집에서 날아간 오동나무 씨앗이 앞뒷집에
　　│ 떨어져 싹이 나고, 어느 해 바람에 불려 갔는지 그보다 더 먼
　　│ 「」: '나'의 집에서 날아간 오동나무 씨앗 때문에 마을 곳곳에 자라게 됨
　　└ 건넛집에도, 심지 않은 오동나무가 저절로 자라나게 되었다.」

　　┌ 그래서 나는 속으로 우리 동네를 벽오동촌이라고 별명 지었다.
　　│ '나'가 우리 동네를 '벽오동촌'이라 별명 지은 것　우리 동네의 특징을 고려한 별명
　　└ 그것은 어쩌면 이 가난한 동네의 한 호사였는지도 모른다.
　　　　　　　　　　　　　　가난한 동네에 걸맞지 않은 근사한 별명을 갖게 되었음
「아버지가 어머니와 혼인하시고, 작천의 친정 어머니를 남겨 두
「」: 천변은 우리 가족이 처음 터를 잡은 곳이자, 안정된 삶을 영위할 수 있는 안식처의 가치를 지님
신 채, 신행 후에 전주로 돌아와 맨 처음 터를 잡은 곳이 바로 이
천변이었다.」

[D] ┌ 「동네 뒤쪽으로는 산줄기가 병풍처럼 둘러쳐져 있고, 앞쪽으
　　│ 「」: 천변의 풍경
　　│ 로는 흰모래 둥근 자갈밭을 데불은 시냇물이 흐르며 거기다
　　│ 시장까지 가까운, 이곳은, 삼십 년 전 그때만 하여도, 부성 밖
　　│ 　　　　　　　　　　　아버지와 어머니가 처음 자리잡았을 당시
　　└ 의 한적하고 빈한한 동네였을 것이다.」
　　　　　　과거 천변 풍경에 대한 '나'의 짐작 ①
물론 우리도 중간에 **집을 고치고**, 이어 내고, 울타리를 바꾸었
으나, 그저 움막처럼 나뭇가지를 얼기설기 얽은 뒤, 풍우나 피하
　　　　　　　　　　　　　　　과거 천변 풍경에 대한 '나'의 짐작 ②
자는 시늉으로 지은 집들도 많았을 것이다.

이 울타리 안에서 해마다 더욱더 무성하게 자라는 오동나무가
유월이면, 아련한 유백색의 비단 무늬 같은 꽃을 피웠다. 그윽한
꽃이었다.

그 나무는 나보다 더 나이가 많았다.
「나를 낳으시던 해, 지팡이만 한 나무를 구해다가 앞마당에 심으
「」: '나'에게 오동나무가 더욱 특별한 의미임을 알 수 있음
시며

"기념."

이라고 웃으셨다는 아버지.」

"처음에는 저게 자랄까 싶었단다. 그러던 게 이듬해는 키를 넘
드라."

「해마다 이른 봄이면, 어린아이 손바닥만 하던 잎사귀가 어느 결
「」: 세월의 흐름에 따라 성장하는 오동나무의 모습
에 손수건만 해지고, 그러다가 초여름에는 부채처럼 나부낀다.

그리고 가을에는 종이우산만큼이나 넓어지는 것 같았다.」

하늘을 덮는 잎사귀, 그 무성한 잎사귀들……

그 잎사귀 **서걱거리는 소리**가 골목 어귀 천변까지 들리는 성
싶었다.

어머니는 물끄러미 냇물만 바라보고 계시더니, 문득 고개를 돌려,

"영익이 언제 다녀갔지?"

⌐'나'의 동생

하고 물으셨다.

[E] ⌐ "사흘 됐나? 그저께 아니었어요?"

어머니는 어둠 속에서 고개를 끄덕이셨다.

└ 어머니의 고개는 무거워 보였다.

영익에 대한 어머니의 우려

「참, 어머니 지금 저기, 불빛 뵈는 저 산마루에 절, 저기가 영익

⌐」:영익이 절에 머물며 공부하고 있음을 알 수 있음

이 있는 데예요?"

나는 동편 산마루의 깜박이는 불빛을 가리키며 무심한 듯 물었다.

"아니다. 그건 승암사라구 중바위산 아니냐. 그 애 공부하는 덴

이 오른쪽이지…… 기린봉 중턱에 있는 절이야. 여기서는 잘 뵈

지도 않는구나."」

그러면서 어머니는 눈을 들어, 어두운 밤하늘에 뚜렷한 금을 긋

고 있는 산줄기를 바라보셨다. 산은 검고 깊었다.

영익에 대한 '나'의 심리 암시

동생 영익이는 벌써 이 년째 그 산속의 절에서 사법 고시 준비

영익이 절에 머물고 있는 이유

를 하고 있었다.

그는 말이 없고 우울한 때가 많았다.

그리고 그저께 집에 내려와, 이사 날짜가 결정되었다는 말을 듣

고는 아무 말도 없이 고개를 떨어뜨리더니

「"내가……."

「」:영익은 이사에 대한 자신의 생각을 드러내지 않음

하고 무슨 말을 이으려 말고 그냥 산으로 올라갔었다.」

그때 영익이의 말끝에 맺힌 숨소리는 '흠' 하고 내 가슴에 얹혀

아직도 내려가지 않은 것만 같았다.

우리가 이사하기로 된 집의 **구조**는 지극히 **천박**하였다.

이사 갈 곳에 대한 '나'의 부정적 인식

우선 대문이 번화한 도로변으로 나 있는 데다가 오래되고 낡아

이사 갈 집의 천박한 구조 ①-대문

서 녹이 슨 철제였다. 그것은 잘 닫히지도 않아 비긋하니 틀어진

채 열려 있었다.

그리고 마당은 거의 없다는 편이 옳았다. 그나마 손바닥만 한 것

이사 갈 집의 천박한 구조 ②-마당

을 시멘트로 빈틈없이 발라 놓았고, 방들은 오밀조밀 붙어 있어

이사 갈 집의 천박한 구조 ③-방

개수만 여럿일 뿐, 좁고 어두웠다.

그중에 한 방은 아예 전혀 **채광 통풍조차**도 되지 않았다.

그것도 원래는 **창문**이었는데, 아마 바로 옆에 가게를 이어내느

라고 **막아 버린** 모양이었다. 그 가게란 양품점으로, 레이스가 많

이 달린 네글리제와 여자용 속옷, 스타킹 따위를 고무 인형에 입

얇은 천으로 원피스처럼 만든 여성용 잠옷

혀 세워 놓은 곳이었다.

뿐만 아니라 그 가게를 중심으로 앞뒤에 같은 양품점들이 늘어

서 있고 그 옆에는 양장점, 제과소, 음식점, 식료품 잡화상들이

있었다.

「여기저기서 들려오는 **불규칙한 마찰음**, 무엇이 부딪쳐 떨어지

「」:청각적 이미지를 통해 이사 갈 곳에 대한 부정적 인상 표현

는 소리, 어느 악기점에선가 쿵, 쿵, 울려 오는 스피커 소리……

끼익, 하며 숨넘어가는 자동차 소리.」

한마디로 그 집은, <u>아스팔트의 바둑판, 환락과 유행과 흥정의</u>

이사 갈 집에 대한 '나'의 느낌

경박한 거리에 금방이라도 쓸려 버릴 것처럼 위태해 보였다.

그리고 우리가 이제 이사 올 집이라고, 그 집 문간에 응숭그리

고 서서 철제 대문 사이로 안을 기웃거리며 들여다보는 **우리들**은

어쩐지 **잘못 날아든 참새들** 같기만 하였다.

살던 집을 떠나 새로운 곳으로 이사가는 것을 낯설어 하는 심리를 비유

- 최명희, 〈쓰러지는 빛〉 -

01 답 | ①

윗글에 대한 이해로 가장 적절한 것은?

정답 선지 분석

① '영익'은 가족의 상황을 알고서도 제 생각을 분명히 드러내지 않는다.

영익은 이사 날짜가 결정되었다는 말을 듣고는 아무 말도 없이 고개를 떨어뜨리더니 "내가……."라고 말할 뿐 다른 말을 하고 있지 않다. 이는 이사를 가야 하는 가족의 상황을 알고서도 자신의 생각을 분명히 드러내지 않는 것으로 볼 수 있다.

오답 선지 분석

② '어머니'는 아들이 출가하여 소식이 끊긴 뒤 그의 근황을 궁금해 한다.

"사흘 됐나? 그저께 아니었어요?"라는 말을 통해 영익이 이삼일 전 집에 다녀갔음을 알 수 있다. 따라서 아들이 출가하여 소식이 끊겼다는 말은 적절하지 않다. 또한 어머니는 아들이 언제 다녀갔는지를 물어볼 뿐 아들의 근황을 궁금해하고 있지 않다.

③ '나'는 동생의 말을 듣고서 그가 현재 어디에 머무르고 있는지 알게 된다.

'나'는 동생의 말을 듣고 그가 현재 어디에 머무르는지 알게 된 것이 아니라 어머니의 말을 듣고, 동생이 현재 머무르고 있는 기린봉 중턱에 있는 절이 '나'가 가리킨 동편 산마루의 깜박이는 불빛의 승암사가 아니라는 것을 인식하게 된다.

④ '시장 안의 가게들'은 밤늦게 물건을 사기 위해 사람들이 모여드는 곳이다.

시장 안의 가게들은 밤이 깊어지면 하나씩 문을 닫는다고 서술되어 있으므로 밤늦게 물건을 사기 위해 사람들이 모여드는 곳이라고 말하는 것은 적절하지 않다.

⑤ '천변'은 아버지와 어머니가 결혼할 때부터 사람들이 북적였던 번화한 동네이다.

천변은 '삼십 년 전 그때만 하여도, 부성 밖의 한적하고 빈한한 동네였을 것'이라 말하고 있으므로 아버지와 어머니가 결혼할 때부터 사람들이 북적였던 번화한 동네라고 말하는 것은 적절하지 않다.

02 답 | ⑤

[A]~[E]의 서술 방식에 대한 설명으로 적절하지 않은 것은?

정답 선지 분석

⑤ [E]: 누가 한 말인지 명시하지 않은 것을 보면, 대화 상황에서 말하는 이와 서술자가 다르다는 사실을 알 수 있다.

[E]에서 "사흘 됐나? 그저께 아니었어요?"라고 말하는 사람은 서술자인 '나'이다. 따라서 대화 상황에서 말하는 이와 서술자는 모두 '나'이므로 말하는 이와 서술자가 다르지 않다.

오답 선지 분석

① [A]: '이만큼에 서서'와 '바라보면'을 보면, 서술자가 대상을 지각할 수 있는 위치에서 서술하고 있음을 알 수 있다.

서술자는 '이만큼에 서서 흔들리는 버드나무 가지 사이로 바라보면, 리어카마다 켜져 있는 카바이드 불빛'을 바라보고 있다고 하였으므로 대상을 지각할 수 있는 위치에서 서술하고 있다는 것을 알 수 있다.

② [B]: 호명하는 말을 각각 하나의 문단에 서술하여, 그 호칭이 두드러져 보이는 효과가 나타난다.

'벽오동집 아주머니'와 '오동나무 아주머니'는 모두 자신의 어머니를 호명하는 말로 이를 각각 하나의 문단에 서술하고 있다. 이는 호칭의 대상이 되는 어머니가 두드러져 보이게 하는 효과를 낸다고 할 수 있다.

③ [C]: '나'와 '우리' 같은 표현을 사용하여, 서술자가 자기 경험을 바탕으로 하는 이야기를 서술하면서 자신의 내면을 드러낸다.

일인칭 대명사 '나'와 '우리'를 사용함으로써 서술자가 자신의 경험을 바탕으로 하는 이야기를 서술하고 있음을 알 수 있다. 또한 '그래서 나는 속으로 우리 동네를 벽오동촌이라고 별명 지었다. 그것은 어쩌면 이 가난한 동네의 한 호사였는지도 모른다.'라고 말하고 있는데, 이는 자신의 내면을 드러낸 서술이라고 할 수 있다.

④ [D]: '동네였을 것이다'를 보면, 서술자가 과거 상황에 대해 확정적으로 진술하지 않고 추측의 의미를 담아 서술하고 있음을 알 수 있다.

자신이 태어나기 전에 부모님이 자리를 잡은 곳인 천변에 대해 '삼십 년 전 그때만 하여도, 부성 밖의 한적하고 빈한한 동네였을 것이다.'라고 말하고 있다. '동네였을 것이다.'는 추측의 의미를 담고 있는 서술이므로 서술자가 동네의 과거 상황에 대해 확정적으로 진술하지 않고 있다는 것을 알 수 있다.

03
답 | ①

윗글의 '오동나무'에 대한 이해로 가장 적절한 것은?

정답 선지 분석

① '나'가 계절의 자연스러운 변화와 세월의 흐름을 느끼게 되는 경험적 대상이다.

오동나무는 유월이면 아련한 유백색의 비단 무늬 같은 꽃을 피웠으며, 이른 봄이면 어린아이 손바닥만 하던 잎사귀가 어느 결에 손수건만 해지고, 초여름에는 부채처럼 나부끼며, 가을에는 종이우산만큼이나 넓어진다고 말하고 있으므로 '나'가 계절의 자연스러운 변화를 느끼게 되는 경험적 대상이라 할 수 있다. 또한 오동나무는 서술자인 '나'보다 나이가 많았다고 말하고 있으므로 세월의 흐름을 느끼게 되는 경험적 대상이라고도 말할 수 있다.

오답 선지 분석

② 가난한 마을이지만 사람들로 하여금 호사를 누릴 수 있게 하는 경제적 기반이다.

오동나무로 인해 마을 사람들이 경제적인 호사를 누리고 있는 모습을 확인할 수 없다.

③ '어머니'가 결혼 후에 심고 정성을 다해 키워 내어 무성해진 애착의 결실이다.

아버지가 '나를 낳으시던 해, 지팡이만 한 나무를 구해다가 앞마당에 심으시며 '기념'이라고 웃으셨다'고 말하고 있으므로 오동나무를 심은 사람은 어머니가 아니라 아버지라는 것을 알 수 있다.

④ 동네 사람들이 마을의 특징에 부합하는 별명을 자기 마을에 붙일 때 적용한 단서이다.

'나'는 마음속으로 자신의 동네를 벽오동촌이라고 별명 지었다는 내용이 제시되어 있다. 따라서 마을의 특징에 부합하는 별명을 지은 것은 동네 사람들이 아니라 서술자인 '나'이다.

⑤ '아버지'가 자식을 얻은 기쁨을 이웃과 나눌 생각에 마을 곳곳에 심은 상징적 기념물이다.

오동나무는 내가 태어난 해 아버지가 기념으로 심은 것이므로 자식을 얻은 기쁨으로 인해 심은 나무라고 볼 수 있다. 하지만 이 나무는 앞마당에 심은 것이므로 마을 곳곳에 심었다고 말하는 것은 적절하지 않다. 마을 곳곳에 오동나무가 자라게 된 것은 서술자의 집에서 날아간 오동나무 씨앗이 마을 곳곳에 떨어지면서 저절로 자라나게 된 것이다.

04
답 | ②

<보기>를 바탕으로 윗글을 감상한 내용으로 적절하지 않은 것은?

보기

집에 대한 정서적 반응은 집의 구조, 주변 환경, 거주 기간 등의 요인에 따라 다를 수 있다. 자신이 거주하는 집의 내·외부와 관계를 맺으며 충분한 시간 동안 쌓은 경험들은 현재 살고 있는 집에 대한 정서를 형성하는 데 영향을 주며, 다른 낯선 공간에 대한 정서적 반응에 영향을 주기도 한다. 〈쓰러지는 빛〉은 이사할 처지에 놓인 한 가족의 이야기를 통해 집에 대한 '나'의 정서적 반응을 보여 준다.

정답 선지 분석

② '집을 고치'던 경험을 바탕으로 '구조'가 '천박'한 집의 여건을 살펴보는 것에서, 거주 환경의 변화에 적응하여 낯선 공간에 친숙해지고자 하는 '나'의 생각을 확인할 수 있겠군.

'나'는 '구조'가 '천박'한 집의 여건을 살펴보기는 하지만 이것이 '집을 고치'던 경험을 바탕으로 하고 있는 것은 아니다. 또한 서술자인 '나'는 새로 이사 갈 집에 대해 부정적 심리를 보이고 있을 뿐 거주 환경의 변화에 적응하여 낯선 공간에 친숙해지고자 하는 생각을 보여 주고 있지 않다.

오답 선지 분석

① '나'가 '천변' 집에 살면서 추억을 형성해 온 시간들은, 이사할 처지에 놓인 현재의 상황을 불편하게 여기는 요인이 될 수 있겠군.

'나'는 '천변' 집에 살면서 이웃들과, 그리고 집 앞마당에 자라는 오동나무와 함께 한 시간을 아름다운 추억으로 간직하고 있다는 것을 알 수 있다. 따라서 '나'가 천변에서 보낸 시간들은 이사할 처지에 놓인 현재의 상황을 불편하게 여기는 요인으로 볼 수 있다.

③ '서걱거리는 소리'와 '불규칙한 마찰음'에서 드러나는 집 주변 환경의 차이는, 두 집에 대해 '나'가 느끼는 친밀감의 차이를 유발할 수 있음을 예상할 수 있겠군.

'서걱거리는 소리'는 앞마당에 있는 오동나무의 무성한 잎사귀에 의해 만들어지는 소리이고, '불규칙한 마찰음'은 새로 이사를 간 집 주변에서 나는 소리이다. 오동나무 잎사귀가 하늘을 뒤덮는 앞마당이라는 환경에 대해서 '나'는 친밀감을 느끼고 있다고 말할 수 있다. 하지만 '불규칙한 마찰음'이 들려오는 곳은 '환락과 유행과 흥정의 경박한 거리'라고 말하고 있으므로 이에 대해서는 친밀감을 느끼고 있지 않다는 것을 알 수 있다.

④ '창문'을 '막아 버린' 방은 '채광 통풍조차' 되지 않는 속성으로 인해, 지금 살고 있는 집에 대한 '나'의 정서적 반응과는 다른 정서적 반응을 일으키는 요인이 될 수 있겠군.

'창문'을 '막아 버린' 방은 '채광 통풍조차' 되지 않는 곳으로 묘사되고 있다. 채광이나 통풍은 주거의 공간이 갖추어야 할 요소라고 볼 때 '나'는 새로 이사 갈 집에 대해 지금 살고 있는 집에 느끼는 애착과는 다른 정서적 반응을 가지고 있다는 것을 알 수 있다.

⑤ '우리들'의 상황이 '잘못 날아든 참새들 같'다고 한 것은, 변화될 거주 여건을 낯설어하는 심리를 비유적으로 드러낸 것이라 할 수 있겠군.

'잘못 날아든 참새들 같'다는 것은 새로 이사 갈 집에 대해 서술자가 느끼는 부정적 심리를 표현한 것으로 볼 수 있다. 이는 서술자인 '나'가 변화될 거주 여건을 낯설게 느끼는 심리를 비유적으로 드러낸 것으로 볼 수 있다.

WEEK 4

빠른 정답 체크

01 ② 　 02 ⑤ 　 03 ⑤ 　 04 ② 　 05 ④

가

학생 1: 지난 시간에 '기술 발전으로 사라지는 것들' 중 공중전화에 대해 비평하는 글을 작성하기로 정했잖아. 먼저 각자 조사한 내용을 공유해 보자. 공중전화 현황에 대해 누가 찾아보기로 했지?

학생 2: 내가 찾아봤는데 현재 공중전화는 전국에 2만 8천여 대가 있대. 1999년까지만 해도 15만 3천여 대 정도 있었다고 하니 그동안 정말 많이 줄었지?
공중전화 현황 - 과거에 비해 공중전화 수가 줄어듦

학생 1: 생각했던 것보다 많이 줄었네. 그 이유가 뭘까?

학생 3: 통신 환경이 달라져서 그럴 수밖에 없었다고 생각해. 내가 찾아본 자료에 따르면 현재 국내 휴대전화 보급률이 99%에 달한대. 그렇다 보니 공중전화의 하루 이용 횟수가 전화기 한 대당 평균 4건도 안 되더라고.
공중전화를 사용할 필요성이 줄어듦

학생 2: 나도 기사에서 봤는데 다른 나라도 우리와 상황이 비슷해. 그래서 공중전화를 폐지하거나 그 수를 줄여 나가는 경우가 많대. 우리나라에서도 공중전화를 폐지해야 한다는 목소리가 나오고 있어.
다른 나라의 공중전화 현황

학생 1: 그렇구나. 정리해 보면 휴대전화 보급이 확대되면서 공중전화 이용이 많이 줄어 공중전화 폐지 여부가 현안이 되고 있다는 거네. 그럼 너희는 공중전화 폐지에 대해 어떤 입장이야?
비평문을 작성하기 위해 학생들의 입장을 물음

학생 3: 나는 공중전화를 지금처럼 계속 유지하는 건 경제적인 측면에서 비효율적이라고 생각해. 요즘에는 공중전화를 유지하는 데 1년에 100억 원 이상의 손실이 생기고 있다고 해. 앞으로 손실이 계속 생길 텐데 유지할 필요가 없지. [A]
'학생 3'의 주장 - 공중전화 폐지 찬성
구체적인 수치를 들어 주장을 뒷받침함

학생 2: 경제적인 관점에서만 본다면 그런 주장을 할 수 있겠지만, 통신 복지 차원에서 본다면 공중전화는 유지되어야 한다고 생각해. 공중전화는 보편적 서비스거든.
'학생 2'의 주장 - 공중전화 폐지 반대

학생 1: 공중전화가 보편적 서비스라는 것이 무슨 뜻이야? 자세히 설명해 줄래?
'학생 2'에게 추가적인 정보를 요구함

학생 2: 보편적 서비스는 취약 계층을 포함하여 누구에게나 평등하게 제공되는 서비스를 말하는데 공중전화도 여기에 해당해. 만약 공중전화가 없어진다면 공중전화에 의존해 통신 서비스를 이용하던 사람들은 불편을 겪지 않을까? [B]
보편적 서비스의 개념
'학생 2'가 제시하는 공중전화 폐지 시 문제점

학생 3: 공중전화가 없어지면 불편을 겪는 사람들이 생길 수

있겠지. 하지만 그런 사람들의 경우에는 통신비를 지원하거나 통신 기기를 대신 대여해 주면 된다고 생각해.
'학생 2'가 제시한 문제점에 대한 해결 방안

학생 2: 물론 그런 방법도 가능하겠지. 하지만 공중전화를 폐지하고 다른 방법으로 서비스를 제공하더라도 이러한 결정을 할 때는 사회 구성원들의 충분한 논의가 먼저 이루어져야 한다고 생각해.

학생 1: 지금까지는 공중전화가 없어지면 불편한 사람들에 대한 이야기를 한 것 같으니, 지금부터는 휴대전화가 있는 사람들에게도 공중전화가 필요한 이유가 있는지에 대해 말해 볼까?
대화의 화제를 바꿈

학생 3: 휴대전화가 있으면 공중전화를 쓸 일이 없는 것 아닐까?

학생 2: 그렇지 않아. 개인이나 사회의 안전을 위해서도 공중전화는 필요해. 휴대전화 배터리가 없거나 휴대전화를 분실했을 때 위급한 일이 생기면 공중전화가 큰 도움이 될 수 있어. 그리고 더 중요하게는 재난 등의 비상 상황이 발생해 무선 통신망이 마비될 경우에도 공중전화는 꼭 필요해.
휴대전화가 있는 사람들에게도 공중전화는 필요함
휴대전화가 있는 사람들에게도 공중전화가 필요한 이유 ①
휴대전화가 있는 사람들에게도 공중전화가 필요한 이유 ②

학생 3: 그렇구나. 비상 상황에도 이용할 수 있겠구나. 지금까지 몰랐는데 공중전화는 유지할 만한 가치가 있네.
'학생 2'의 주장에 설득됨

학생 1: 그럼 결론적으로 공중전화는 유지되어야 한다는 것이지? 내가 오늘 나온 이야기들을 바탕으로 초고를 써 볼게. 나중에 같이 검토해 보자.
대화의 결론을 정리함

나

❶ 기술이 발전하면서 우리가 꼭 필요하다고 생각했던 것들이 주변에서 하나둘 사라지고 있다. 공중전화도 그런 것들 중 하나이다. 휴대전화 보급의 확대로 공중전화 이용량이 급감하면서 최근에는 공중전화를 폐지해야 한다는 목소리가 나오고 있다. 하지만 공중전화는 여전히 중요한 가치를 지니고 있으므로 앞으로도 유지되어야 한다.
공중전화 현황을 언급
비평문의 주장

❷ 우선 공중전화는 개인이나 사회의 안전을 위해서 필요하다. 휴대전화 사용이 어려운 상황에서 위급한 일이 발생할 때는 물론, 재난 등으로 무선망이 마비된 비상 상황에서도 공중전화를 이용해 도움을 받을 수 있다. 또한 공중전화는 국민 복지의 차원에서 가치가 있다. 휴대전화를 구입하지 않은 이들이나 휴대전화 사용이 어려운 취약 계층에게 공중전화는 유용한 통신 수단이다. 전기 통신 사업법에서는 누구나 기본적인 전기 통신 서비스를 언제 어디서든 적절한 요금으로 제공받을 수 있도록 제도로 규정하고 있다. 여기에는 장애인·저소득층 등에 대한 요금 감면 서비스, 긴급 통신 서비스, 섬 지역 통신 등과 함께 공중전화도 포함되어 있다.
공중전화를 유지해야 한다는 주장의 근거 ①
공중전화를 유지해야 한다는 주장의 근거 ②
법률을 근거로 들어 주장의 설득력을 높임
전기 통신 사업법의 구체적인 내용

❸ 경제적인 관점으로 접근하는 사람들은 공중전화 유지에 따른
<u>손실 등을 이유로 공중전화 폐지를 주장한다.</u> 이들 중에는 공중
　　　　　　　　　반대 주장을 언급함
전화 폐지로 불편을 겪을 사람들에게는 휴대전화를 대여해 주거
나 통신비를 지원해 주면 된다고 말하는 이들도 있다. 그러나 국
　　'학생 3'의 기존 의견
민 복지의 문제를 경제 논리로만 접근해서는 안 되며, 공중전화
대신 다른 방법으로 통신 서비스를 제공할지를 결정할 때에는 사
회 구성원들의 충분한 논의가 선행되어야 할 것이다. 그렇지 않
으면 사회적 혼란이 야기될 수 있다. 이를 보여 주는 사례로 간이
　　　　　　　　　　충분한 논의 없이 서비스를 폐지하여 사회적 혼란이 생긴 예시
역을 들 수 있다. 경제적 효율성이 떨어진다는 이유로 간이역 대
부분이 없어졌는데, 이로 인해 교통 서비스를 이용하기 어려워진
이들이 생겨났고, 어떤 지자체에서는 없어진 간이역을 되살리기
위해 주민들이 힘을 모으기도 했다.

❹ 이처럼 경제적인 효율성이 우선시되어 이루어지는 변화는 사
　　　　　　　　　공중전화를 유지해야 하는 이유
회에서 불편을 일으킬 수도 있다는 것을 염두에 두고, 기술 발전
으로 인해 사라지는 것들에 대해 다시 한번 생각해 볼 필요가 있
다. 공중전화가 폐지되어야 한다고 주장하는 사람들도 공중전화
의 가치에 대해 새롭게 인식해야 한다.

01

답 | ②

(가)의 '학생 1'의 역할에 대한 설명으로 적절하지 않은 것은?

정답 선지 분석

② 대화 참여자들이 제시한 근거의 출처를 요구하고 있다.
　'학생 1'의 발화에서 대화 참여자들이 제시한 근거의 출처를 요구하는 부분을 확인할 수 없
　으므로 적절하지 않다.

오답 선지 분석

① 대화의 흐름을 전환하며 논의를 이끌어 나가고 있다.
　'학생 1'의 다섯 번째 발화에서 공중전화가 없어지면 불편한 사람들에 대한 이야기에서 휴대
　전화가 있는 사람들에게도 공중전화가 필요한 이유로 대화의 흐름을 전환하며 논의를 이끌
　어 나가고 있으므로 적절하다.

③ 지난 시간에 논의한 사항을 환기하며 대화를 시작하고 있다.
　'학생 1'의 첫 번째 발화에서 지난 시간에 '기술 발전으로 사라지는 것' 중 공중전화에 대해
　비평하는 글을 작성하기로 정한 사항을 환기하며 대화를 시작하고 있으므로 적절하다.

④ 주제와 관련하여 대화 참여자들의 입장이 무엇인지 묻고 있다.
　'학생 1'의 세 번째 발화에서 대화 주제인 '공중전화 폐지'와 관련하여 대화 참여자들의 입장
　이 무엇인지 묻고 있으므로 적절하다.

⑤ 대화 참여자들의 발언과 관련하여 추가 설명을 요청하고 있다.
　'학생 1'의 네 번째 발화에서 공중전화가 보편적 서비스라는 '학생 2'의 발화에 대해 추가 설
　명을 요청하고 있으므로 적절하다.

02

답 | ⑤

[A]와 [B]에 대한 설명으로 가장 적절한 것은?

정답 선지 분석

⑤ [B]에서 '학생 3'은 '학생 2'가 예측한 문제 상황을 인정하며 이를 해결하기
　위한 방안을 제시하고 있다.
　[B]의 '학생 3'은 '학생 2'가 공중전화가 없어진다면 불편을 겪을 사람들이 생길 것이라고 예
　측한 문제 상황을 인정하며, 이에 대해 통신비 지원과 통신 기기 대여를 해결방안으로 제시
　하고 있으므로 적절하다.

오답 선지 분석

① [A]에서 '학생 2'는 '학생 3'의 의견을 인정하면서 자신의 의견과 절충할 수
　있는 방안을 밝히고 있다.
　[A]에서 '학생 2'는 공중전화 폐지를 찬성하는 '학생 3'의 의견에 반박하며 공중전화 폐지 반
　대에 대한 의견을 제시하고 있다.

② [A]에서 '학생 2'는 '학생 3'의 발화 중 일부를 재진술하며 자신이 이해한 내
　용이 정확한지 확인하고 있다.
　[A]에서 '학생 2'는 '학생 3'의 주장에 반박하고 있을 뿐 자신이 이해한 내용을 확인하고 있지
　않다.

③ [A]에서 '학생 2'는 '학생 3'의 의견을 뒷받침할 수 있는 근거를 덧붙이며 상
　대의 의견에 공감을 드러내고 있다.
　[A]에서 '학생 2'는 '학생 3'의 의견에 공감하고 있지 않다.

④ [B]에서 '학생 3'은 '학생 2'의 질문에 대답하며 상대의 질문에 논리적 오류
　가 있음을 지적하고 있다.
　[B]에서 '학생 3'은 '학생 2'가 제시한 문제점에 대해 인정하며 이를 해결하기 위한 방안을 제
　시하고 있을 뿐 논리적 오류를 지적하고 있지 않다.

03

답 | ⑤

(가)를 바탕으로 (나)를 설명한 내용으로 적절하지 않은 것은?

정답 선지 분석

⑤ 4문단에서는 (가)에서 언급된 공중전화의 가치를 새롭게 인식하게 되었다는
　내용을 사라지는 것들의 경제적 효율성을 강조하는 이유로 제시하고 있다.
　(가)의 공중전화의 가치를 알게 되었다는 내용을 활용하여 (나)의 4문단에서 공중전화를 포
　함하여 '기술 발전으로 인해 사라지는 것들'에 대한 가치를 설명하고 있지만 경제적 효율
　성을 강조하는 이유로 제시되고 있지 않으므로 적절하지 않다.

오답 선지 분석

① 1문단에서는 (가)에서 언급된 공중전화 이용량에 대한 내용을 공중전화 폐
　지라는 현안의 배경으로 제시하고 있다.
　(가)의 공중전화 이용량이 줄었다는 내용을 (나)의 1문단에서 공중전화 이용량이 급감하면서
　공중전화 폐지라는 현안이 등장하게 되었음을 제시하고 있으므로 적절하다.

② 2문단에서는 (가)에서 언급된 공중전화가 비상 상황에서 활용될 수 있다는
　내용을 공중전화가 개인이나 사회의 안전을 위해 유지되어야 하는 이유로
　제시하고 있다.
　재난 등의 비상 상황에서 공중전화를 이용할 수 있다는 (가)의 내용을 (나)의 2문단에서 공중
　전화가 개인이나 사회의 안전을 위해서 필요한 이유로 제시하고 있으므로 적절하다.

③ 2문단에서는 (가)에서 언급되지 않았던 법 규정을 공중전화가 국민 복지 차
　원에서 가치가 있음을 드러내는 근거로 제시하고 있다.
　(가)에서 언급되지 않았던 법 규정인 전기 통신 사업법에 대한 내용을 (나)의 3문단에서 공중
　전화의 국민 복지 차원의 가치를 드러내는 근거로 제시하고 있으므로 적절하다.

WEEK 5

④ 3문단에서는 (가)에서 언급되지 않았던 사례를 공중전화 유지 여부를 경제적인 관점에서만 판단해서는 안 된다는 내용의 근거로 제시하고 있다.

(가)에서 언급되지 않았던 간이역 사례를 (나)의 4문단에서 공중전화의 유지에 대해 경제적 관점으로만 판단해서는 안 된다는 내용의 근거로 제시하고 있으므로 적절하다.

04

답 | ②

(나)를 쓰기 위해 세운 글쓰기 계획 중 글에 반영되지 않은 것은?

정답 선지 분석

② 화제에 대해 나의 입장이 변한 이유와 과정을 함께 밝혀야겠어.

(나)의 1문단에 자신의 입장은 밝혔지만 입장이 변한 이유와 과정을 밝힌 부분이 없으므로 적절하지 않다.

오답 선지 분석

① 글의 도입부에 화제에 대한 나의 입장을 분명히 밝혀야겠어.

(나)의 도입부에 공중전화는 유지되어야 한다며 화제에 대한 자신의 입장을 밝히고 있으므로 적절하다.

③ 핵심 쟁점에 대해 내세울 의견과 대립하는 주장의 내용도 구체적으로 밝혀야겠어.

(나)의 3문단에 핵심 쟁점인 '공중전화의 폐지'에 대해 글쓴이가 내세우고 있는 의견과 대립하는 주장인 경제적인 관점에서 공중전화 폐지를 주장하는 내용도 구체적으로 밝히고 있으므로 적절하다.

④ 전문적 지식의 내용을 제시하며 그 내용에 포함되는 대상을 구체적으로 열거해야겠어.

(나)의 2문단에 전기 통신 사업법의 내용과 그 내용에 포함되는 대상인 장애인·저소득층 등에 대한 요금 감면 서비스, 긴급 통신 서비스, 섬 지역 통신 등을 구체적으로 열거하고 있으므로 적절하다.

⑤ 화제에 대한 인식 변화를 촉구하며 글을 마무리해야겠어.

(나)의 4문단에서 공중전화가 폐지되어야 한다고 주장하는 사람들도 공중전화의 가치에 대해 새롭게 인식해야 한다고 촉구하며 글을 마무리하고 있으므로 적절하다.

05

답 | ④

<보기>에 제시된 학생들의 조언에 따라 (나)의 제목을 작성한 것으로 가장 적절한 것은?

보기

학생 2: 핵심 단어인 공중전화를 포함해서 글의 주제가 드러나게 제목을 붙여보자.

학생 3: 비유적인 표현을 사용하면 더 좋을 것 같아.

정답 선지 분석

④ 안전과 복지를 지키는 우산과 같은 공중전화, 계속 우리와 함께

핵심 단어인 공중전화를 포함하고 있고, 공중전화의 가치를 우산에 비유하고 있으며 공중전화를 유지하자는 글의 주제를 '계속 우리와 함께'라는 구절에 드러내고 있으므로 적절하다.

오답 선지 분석

① 급격한 경제 성장의 역습, 공중전화의 한계

핵심 단어인 공중전화를 포함하고 있으나, 글의 주제와 반대되고 있다.

② 공중전화를 떠나보내며 기술 혁신의 바다로

핵심 단어인 공중전화를 포함하고 있으나, 글의 주제와 반대되고 있다.

③ 공중전화의 가치를 인식할 때 안전과 복지도 유지된다

핵심 단어인 공중전화를 포함하고 있고, 공중전화의 가치를 언급하고 있으나 비유적인 표현을 사용하고 있지 않다.

⑤ 사라져 가는 것의 가치를 찾는 보물찾기, 통신 수단의 새로운 세계가 열리다

핵심 단어인 공중전화를 포함하고 있지 않다.

DAY 2 매체

빠른 정답 체크

01 ② **02** ② **03** ② **04** ④

가

○○군 공식 블로그 ✕ ＋

< > C Q https://blog.○○.go.kr/12345 ☆ ≡

○○군 홍보 연재 3탄! 〈치유농업을 아시나요?〉

❶ ㉠ 오늘은 일상에 지친 여러분께 도움을 드리려고 치유농업에 대한 정보를 준비했어요. 치유농업은 농촌의 자원을 활용해 사람들의 건강 증진을 도모하는 활동이나 산업을 의미합니다. [치유농업의 개념] ㉡ 농업 활동은 참여자들의 자존감을 향상시켜 주면서 운동 능력을 강화해 줄 수 있어요. [치유농업의 장점 ①] 더 나아가 치유농업이 활성화되면 농촌에 많은 사람들이 유입되어서 지역이 개발되고 일자리가 창출되어 지역 경제가 활성화될 수 있습니다. [치유농업의 장점 ②]

❷ 우리 지역에서도 다양한 치유농업 프로그램을 운영하고 있어요. [○○군에서 운영하는 치유농업 프로그램 소개] ㉢ 그중 원예 체험 행사는 지역 초등학교에서 열리고 있습니다. ㉣ 이 행사에 참여한 A씨는 "가족들과 더 가까워져서 만족스러워요. [치유농업 프로그램에 참여한 A씨의 소감을 인용함] 딸도 좋아하는 모습을 보니 뿌듯했어요."라고 소감을 밝혔습니다.

❸ 한편, ㉤ 많은 사람들이 치유농업에 대해 잘 몰라서 프로그램에 참여하지 못하는데요, [치유농업 프로그램 참여가 저조한 이유] 우리 군에서는 치유농업에 대한 관심을 높이기 위해 '치유농업 홍보 영상 공모전'을 개최합니다. [치유농업 프로그램 참여를 유도하기 위한 ○○군의 노력] 자세한 내용은 다음 첨부 파일을 참고하세요.

첨부 파일: 치유농업 홍보 영상 공모전 안내.hwp

👤 댓글
댓글을 통해 매체 수용자와 소통할 수 있음

┗ 서연 : 치유농업에 대해 처음 접하게 되어 흥미롭게 읽었습니다. 저는 영상 제작 동아리에서 활동 중인 고등학생인데, 팀으로 영상 공모전에 참가할 수 있나요?

┗ 블로그 관리자 : 네, 팀별 참가도 가능합니다. 영상 공모전에 관심 가져 주셔서 감사해요.^^

[   ] 댓글 등록

나

―――― 2023년 4월 ○○일 수요일 ――――

서연
학교에서 말한 영상 공모전에 대해 회의하려고 우리 모둠 대화방 열었어. 우선 내가 본 ○○군 블로그 글 공유할게.
https://blog.○○.go.kr/12345
하이퍼링크를 활용하여 블로그 링크를 전송함
모둠 대화방을 연 이유

수진
서연이 이야기를 듣고 나도 치유농업을 다룬 뉴스를 찾아 봤어. 이 영상 한번 봐 봐. 치유농업이 인지적 기능까지도 향상시켜 준다고 하더라고.
치유농업의 효과

https://△△△news.com/7890
치유농업과 관련된 기사 링크를 전송함

태준
추가적인 것까지 알 수 있어서 참 좋은 자료네.
👍
이모티콘을 활용하여 상대를 칭찬함

서연
다들 이제 치유농업이 뭔지, 어떤 효과가 있는지 알게 됐을 것 같아. 그럼 영상 제작 계획에 대해 이야기해 보자.
_회의 주제 ①_

내가 미리 간단한 영상 제작 계획서를 작성해 봤어.

파일 전송: 치유농업 홍보 영상 제작 계획서.hwp(7.0MB)
영상 제작 계획서를 파일로 전송함

이 계획서를 바탕으로 의견을 제시해 줘.

지훈
서연에게 답장
특정 발화에 답장 기능을 활용하여 답글함
내가 미리 간단한 영상 제작 계획서를 작성해 봤어.

언제 이런 걸 다 만들었어? 대단하다!
역시 철저한 준비성!

태준
'치유농업의 개념 - 개인에게 미치는 효과 - 지역 사회에 미치는 효과' 세 부분으로 나누었네. 다들 어떻게 생각해?
서연이 작성한 영상 제작 계획서의 내용

수진
좋아. 그런데 참여를 권유하는 내용까지 포함되면 더 좋을 것 같아.
계획서에 추가할 사항을 제시

태준
그럼 개인과 지역 사회에 미치는 효과를 한 장면에 배치하고 마지막 장면에 참여를 권유하는 내용을 제시하자.
수진의 의견을 반영하여 영상 제작 계획서의 수정 방안 제시

서연
좋은 생각이야. 그럼 영상 전달 효과를 높일 수 있는 방법을 생각해 보자. 첫 장면은 농촌 풍경을 보여 주면서 치유농업의 개념을 내레이션으로 처리했는데 어때?
_회의 주제 ②_

지훈
「높은 곳에서 멀리 내려다보는 각도로 마을을 촬영해서 고즈넉한 농촌 풍경을 담아냈으면 좋겠어. 그리고 이런 풍경과 어울리는 배경 음악도 삽입하자.」
「」: 영상 전달 효과를 높이기 위해 수정 방안 제시 ①

수진
그런데 개념을 내레이션으로만 제시하기보다 자막으로 요약해서 함께 제시해 주면 더 좋을 것 같아.
영상 전달 효과를 높이기 위해 수정 방안 제시 ②

태준
찬성. 「그다음 장면으로 두 종류의 열매 이미지 안에 치유농업이 개인과 지역 사회에 미치는 효과를 각각 넣어서 제시하면 시각적인 전달력이 높아질 거야.」
「」: 영상 전달 효과를 높이기 위해 수정 방안 제시 ③

지훈
그래. 열매가 하나씩 나올 때마다 효과음을 함께 제시하자. 「그다음에 열매를 수확하는 모습을 보여 주면 치유농업을 통해 결실을 얻는다는 의미도 살릴 수 있어.」
「」: 영상 전달 효과를 높이기 위해 수정 방안 제시 ④

수진
마지막 장면은 참여를 권유하는 말을 다양한 사람들이 외치게 하여 참여 대상에 제한이 없음을 드러내자.
영상 전달 효과를 높이기 위해 수정 방안 제시 ⑤

서연
의견 제시해 줘서 고마워. 너희 의견 반영해서 영상 제작 계획서 수정해 볼게.

WEEK 5

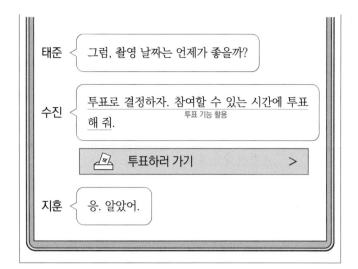

태준　그럼, 촬영 날짜는 언제가 좋을까?

수진　투표로 결정하자. 참여할 수 있는 시간에 투표해 줘.
　　　투표 기능 활용

　　　🗳 투표하러 가기　　　>

지훈　응. 알았어.

01

답 | ②

(가)와 (나)에 드러나는 매체의 특성을 이해한 것으로 적절한 것은?

정답 선지 분석

② (가)에서는 (나)와 달리 정보 생산자가 불특정한 다수의 정보 수용자를 대상으로 정보를 제공하고 있다.

　(가)는 ○○군 공식 블로그로 정보 생산자가 불특정 다수의 정보 수용자를 대상으로 정보를 제공하고 있고, (나)는 휴대 전화 메신저로 정보 생산자가 '우리 모둠 대화방' 참여자를 대상으로 정보를 제공하고 있으므로 적절하다.

오답 선지 분석

① (가)에서는 (나)와 달리 정보 생산자와 정보 수용자가 실시간으로 상호작용하고 있다.

　(가)는 정보 생산자와 정보 수용자가 댓글 기능을 통해 상호작용할 수 있으나, 실시간으로 상호작용하고 있지 않다. 반면 (나)는 정보 수용자와 정보 생산자가 인터넷만 연결되면 실시간으로 여러 사람들과 손쉽게 의사소통이 가능하다.

③ (나)에서는 (가)와 달리 정보 생산자와 정보 수용자가 물리적으로 떨어진 공간에서 소통하고 있다.

　(가)와 (나) 모두 정보 생산자와 정보 수용자가 물리적으로 떨어진 공간에서 소통하고 있다.

④ (가)와 (나)에서는 모두 정보 생산자가 생산한 정보의 내용을 정보 수용자가 직접 수정하고 있다.

　(가)와 (나) 모두 정보 생산자가 생산한 정보의 내용을 정보 수용자가 직접 수정하고 있지 않다.

⑤ (가)와 (나)에서는 모두 정보 생산자가 문자 언어와 음성 언어를 결합한 형태로 정보 수용자에게 정보를 전달하고 있다.

　(가)는 정보 생산자가 문자 언어만을 사용하여 정보 수용자에게 정보를 전달하고 있다.

02

답 | ②

(나)의 대화에 대한 설명으로 적절하지 않은 것은?

정답 선지 분석

② '수진'은 동영상 링크를 공유하며 상대방이 제시한 정보에 대한 이의를 제기하고 있다.

　'수진'은 치유농업을 다룬 뉴스 동영상 링크를 공유하며 '치유농업이 인지적 기능까지도 향상시켜 준다'는 추가 정보를 제공하고 있으므로 상대방이 제시한 정보에 대한 이의를 제기하고 있다는 것은 적절하지 않다.

오답 선지 분석

① '서연'은 문서 파일을 공유하며 대화 참여자들에게 논의의 방향을 제시하고 있다.

　'서연'은 '치유농업 홍보 영상 제작 계획서.hwp'를 공유하며 '이 계획서를 바탕으로 의견을 제시해' 달라고 하고 있으므로 대화 참여자들에게 논의의 방향을 제시하고 있다는 것은 적절하다.

③ '지훈'은 답장 기능을 활용하여 상대방의 자료 준비 태도에 대한 평가를 드러내고 있다.

　'지훈'은 답장 기능을 활용하여 '서연'에게 '언제 이런 걸~철저한 준비성!'이라고 하며 상대방의 자료 준비 태도에 대한 평가를 드러내고 있으므로 적절하다.

④ '태준'은 이모티콘을 활용하여 상대방이 준비한 새로운 정보에 대한 반응을 드러내고 있다.

　'태준'은 '추가적인 것까지~좋은 자료네.'라고 하며 이모티콘을 활용하여 자신의 반응을 '수진'에게 드러내고 있으므로 적절하다.

⑤ '수진'은 의견을 취합할 수 있는 기능을 활용하여 대화 참여자들에게 의사 결정에 참여할 것을 요청하고 있다.

　'수진'은 투표 기능을 활용하여 '참여할 수 있는 시간에 투표해 줘.'라고 하며 대화 참여자들에게 의사 결정에 참여할 것을 요청하고 있으므로 적절하다.

03

답 | ②

㉠~㉤에 대한 설명으로 적절하지 않은 것은?

정답 선지 분석

② ㉡: 연결 어미 '-면서'를 사용하여 운동 능력 강화의 조건을 드러내고 있다.

　㉡에서 '주면서'의 '-면서'는 두 가지 이상의 움직임이나 사태가 동시에 일어나고 있음을 나타내는 연결 어미이므로 적절하지 않다.

오답 선지 분석

① ㉠: 연결 어미 '-려고'를 사용하여 치유농업에 대한 정보를 준비한 의도를 드러내고 있다.

　㉠에서 '드리려고'의 '-려고'는 어떤 행동을 할 의도를 가지고 있음을 나타내는 연결 어미로, 치유농업에 대한 정보를 준비한 의도를 드러내고 있으므로 적절하다.

③ ㉢: 격 조사 '에서'를 사용하여 원예 체험 행사가 열리는 장소를 드러내고 있다.

　㉢에서 '지역 초등학교에서'의 '에서'는 앞말의 행동이 이루어지고 있는 처소를 나타내는 격 조사로, 원예 체험 행사가 열리는 장소를 드러내고 있으므로 적절하다.

④ ㉣: 격 조사 '라고'를 사용하여 행사 참여자의 말을 직접적으로 인용하고 있다.

　㉣에서 '라고'는 직접 인용을 나타내는 격 조사로, 행사 참여자의 말을 직접적으로 인용하고 있으므로 적절하다.

⑤ ㉤: 연결 어미 '-아서'를 사용하여 많은 사람들이 프로그램에 참여하지 못하는 이유를 드러내고 있다.

　㉤에서 '몰라서'의 '-아서'는 이유나 근거를 나타내는 연결 어미로, 많은 사람들이 프로그램에 참여하지 못하는 이유를 드러내고 있으므로 적절하다.

04
답 | ④

(나)의 대화 내용을 바탕으로 '서연'이 수정한 '영상 제작 계획'으로 적절하지 <u>않은</u> 것은?

영상 제작 계획	
장면 구상	장면 스케치
① 산 위에서 촬영한 마을의 정경과 잔잔한 배경 음악을 함께 제시하여 평화로운 농촌의 분위기가 느껴지도록 연출해야겠어.	
② 치유농업의 개념을 구체적으로 설명하는 내레이션과 함께 핵심 내용으로 구성된 자막을 제시하여 전달 효과를 높여야겠어.	
③ 사과와 포도 모양의 이미지 안에 개인과 지역 사회에 미치는 효과를 각각 기록하여 치유농업의 효과를 한눈에 구별할 수 있도록 연출해야겠어.	지역 개발 / 운동 능력 강화 / 자존감 향상 / 일자리 창출
④ 농부가 열매를 하나씩 수확할 때마다 효과음을 삽입하여 치유농업을 통해 얻는 결실의 의미를 시각뿐 아니라 청각적으로도 강조해야겠어.	
⑤ '치유농업 함께해요'를 외치는 인물들의 성별과 연령을 다양하게 구성하여 치유농업에 누구나 참여할 수 있다는 것을 강조하도록 연출해야겠어.	

정답 선지 분석

④ 농부가 열매를 하나씩 수확할 때마다 효과음을 삽입하여 치유농업을 통해 얻는 결실의 의미를 시각뿐 아니라 청각적으로도 강조해야겠어.

'지훈'의 세 번째 말을 보면 '열매가 하나씩 나올 때마다 효과음을 함께 제시하자.'라고 하였으므로 적절하지 않다.

오답 선지 분석

① 산 위에서 촬영한 마을의 정경과 잔잔한 배경 음악을 함께 제시하여 평화로운 농촌의 분위기가 느껴지도록 연출해야겠어.

'지훈'의 두 번째 말을 보면 '높은 곳에서~배경 음악도 삽입하자.'라고 하였으므로 적절하다.

② 치유농업의 개념을 구체적으로 설명하는 내레이션과 함께 핵심 내용으로 구성된 자막을 제시하여 전달 효과를 높여야겠어.

'수진'의 세 번째 말을 보면 '그런데 개념을~좋을 것 같아.'라고 하였으므로 적절하다.

③ 사과와 포도 모양의 이미지 안에 개인과 지역 사회에 미치는 효과를 각각 기록하여 치유농업의 효과를 한눈에 구별할 수 있도록 연출해야겠어.

'태준'의 네 번째 말을 보면 '그다음 장면으로~높아질 거야.'라고 하였으므로 적절하다.

⑤ '치유농업 함께해요'를 외치는 인물들의 성별과 연령을 다양하게 구성하여 치유농업에 누구나 참여할 수 있다는 것을 강조하도록 연출해야겠어.

'수진'의 네 번째 말을 보면 '마지막 장면은~없음을 드러내자.'라고 하였으므로 적절하다.

DAY 3 과학이란 무엇인가?

빠른 정답 체크

01 ②　　02 ⑤　　03 ⑤　　04 ④

❶ 논리 실증주의에서는「어떠한 언명이 기존 이론의 영향을 받지
　　　　　　　　　　　　　　　　「」: 논리 실증주의의 주장 ①
않고 오로지 객관적 관찰을 통해 참과 거짓으로 확실히 결정될 수

있으면 과학적으로 유의미하다」고 보았다. 그리고 보편 언명이 단
　　　　　　　　　　　　　　　　　　논리 실증주의의 주장 ②
칭 언명의 누적을 통해 성립된다고 주장했다. 단칭 언명은 ⓐ 특

정 시공간에서 발생한 특정 사건을 언급한 것이고, 보편 언명은
논리 실증주의에서 단칭 언명의 개념
단칭 언명들을 일반화한 것으로 과학 이론으로 성립될 수 있는
　　　　　　　　　　　　　논리 실증주의에서 보편 언명의 개념
것을 말한다. 예컨대 '이 리트머스 시험지가 산에 담기면 붉어진
　　　　　　　　　　　　　　　　단칭 언명의 예시
다.'라는 단칭 언명이 예외 없이 관찰된다면 '모든 리트머스 시험
　　　　　　　　　　　　　단칭 언명이 누적됨
지는 산에 담기면 붉어진다.'라는 보편 언명이 과학 이론으로 성
보편 언명의 예시 → 과학 이론으로 성립됨
립될 수 있다고 보았다.

❷ 그런데 ⓑ 이러한 생각은「어떤 과학 이론이 지금까지 누적된
　　　　　　　　　　　　　　「」: 논리 실증주의에 대한 비판
단칭 언명들을 통해 참으로 보장될지라도, 앞으로 보편 언명으로

서 확실히 참이 될 수는 없다는 비판에 직면했다. 예컨대 지금까

지 리트머스 시험지가 산에 담겼을 때 항상 붉어졌다는 관찰이,
　　　　　　　　　　누적된 단칭 언명들이 존재함
앞으로 어떤 리트머스 시험지가 산에 담기면 붉어질 것임을 보장
　　　　　　　　앞으로 보편 언명으로서 확실히 참이 될 수는 없음
하지 않기 때문이다. 이 난점을 극복하기 위해 일부의 논리 실증

주의자들은「단칭 언명이 누적될수록 과학 이론이 참으로 결정될
　　　　　　「」: 난점을 극복하기 위한 일부 논리 실증주의자들의 입장
가능성이 점차 증가할 것이라는 ⓒ 완화된 입장으로 바뀌었다.

하지만「지금까지의 단칭 언명들로 일반화된 언명이 ⓓ 계속 참으
　　　　「」: 논리 실증주의의 완화된 입장의 한계
로 남을 것인지는 알 수 없다는 문제를 해결할 수 없었다.」

❸ 비판적 합리주의는 논리 실증주의와 달리「단칭 언명이 기존
　　　　　　　　　　　　　　　　　　　　「」: 비판적 합리주의의 주장 ①
과학 이론과의 연관 속에서 형성된다고 보고, 현상을 있는 그대

로 관찰하는 것은 거의 불가능하다고 주장했다. 그리고「참인 단
　　　　　　　　　　　　　　　　　　　　「」: 비판적 합리주의의 주장 ②
칭 언명을 통해 가설이나 과학 이론이 참임을 확실히 알 수는 없

지만 참인 단칭 언명을 통해 그것이 거짓임을 밝히는 것은 가능

하다고 했다. 예컨대 '어떤 리트머스 시험지가 산에 담기면 그 시

험지가 붉어지지 않는다.'라는 단칭 언명으로부터 '모든 리트머
　　　　　　　　　　참인 단칭 언명의 예시　　　　　거짓인 보편 언명의 예시
스 시험지는 산에 담기면 붉어진다.'라는 보편 언명이 거짓임을

확실히 알 수 있다. 이를 바탕으로 비판적 합리주의에서는 과학

과 과학이 아닌 것을 구분하는 기준으로 반증 가능성을 제시하
　　　　　　　　　　　　과학과 과학이 아닌 것을 구분하는 기준
고, 관찰에 의해 반증될 수 있는 언명만을 과학적으로 의미 있는
　　　　　　　　　　　　　　　　　　　관찰에 의해 반증될 수 있는 언명
언명으로 인정해야 한다고 보았다.

❹ 비판적 합리주의는 기존 과학 이론으로 설명할 수 없는 사실

의 관찰로부터 새로운 과학 이론이 비롯된다고 보았다. 이때 기

WEEK 5

존 과학 이론은 즉시 버려지고 기존 과학 이론을 수정하여 쓸 수
<u>새로운 과학 이론이 등장하면 기존 과학 이론은 버려져야 함</u>
는 없다. 과학자들은 기존 과학 이론으로 설명할 수 없는 사실이
발견된 문제 상황을 해결하기 위한 가설을 새로 수립하고, 가설
을 ⓒ 시험할 수 있는 사례를 떠올린다. 만약 그러한 사례가 관찰
<u>새로 수립된 가설을 시험할 수 있는 사례</u>
되지 않는다면 그 가설은 잠정적 과학 이론의 지위를 부여받는
<u>사례가 관찰되지 않기 때문에 잠정적인 과학 이론임</u>
다. 비판적 합리주의는 과학이 참된 진리에 도달할 수는 없으나
점진적으로 다가갈 수 있다고 주장했다. 모든 과학 이론은 잠정
<u>모든 과학 이론은 잠정적임</u>
적이라는 것이다. 과학 이론은 거듭된 반증의 시도로부터 꾸준히
살아남을 수 있으나 언제라도 반증될 수 있기 때문이다. 하지만
<u>과학이 참된 진리에 도달할 수는 없는 이유</u>
실제 과학 현실에서는 그러한 사례가 발견되어 기존 과학 이론이
폐기되어야 함에도 기존 과학 이론을 폐기하지 않고 보완하려는
시도가 빈번하다는 점에서, ㉠ 비판적 합리주의는 실제 과학 현
<u>비판적 합리주의의 한계</u>
실을 정확하게 설명하고 있지 못하다는 문제가 있다.

01

답 | ②

윗글을 통해 해결할 수 있는 의문이 아닌 것은?

정답 선지 분석

② 논리 실증주의에서는 비판적 합리주의가 가지고 있는 문제점을 무엇으로
보았는가?

4문단을 통해 비판적 합리주의가 문제점을 안고 있음을 알 수 있다. 하지만 이 문제점은 논
리 실증주의자들이 비판적 합리주의에 대해 제기한 것이 아니다.

오답 선지 분석

① 비판적 합리주의에서는 과학과 과학이 아닌 것을 구분하는 기준을 무엇으
로 보았는가?

3문단을 통해 비판적 합리주의에서는 과학과 과학이 아닌 것을 구분하는 기준으로 반증 가
능성을 제시했음을 알 수 있다.

③ 비판적 합리주의에서는 과학이 어떻게 참된 진리에 다가갈 수 있다고 보았
는가?

4문단을 통해 비판적 합리주의에서는 과학이 참된 진리에 도달할 수는 없지만 점진적으로
다가갈 수 있다고 주장했음을 알 수 있다. 그들은 과학 이론이 거듭된 반증을 거치며 더 나은
과학 이론으로 나아간다고 보았다.

④ 비판적 합리주의에서는 새로운 과학 이론이 무엇으로부터 출발한다고 보았
는가?

4문단을 통해 비판적 합리주의에서는 기존 과학 이론으로 설명할 수 없는 사실의 관찰로부
터 새로운 과학 이론이 비롯된다고 보았음을 알 수 있다.

⑤ 논리 실증주의에서는 과학적으로 유의미한 언명의 조건을 무엇으로 보았
는가?

1문단을 통해 논리 실증주의에서는 객관적 관찰을 통해 참과 거짓으로 확실히 결정될 수 있
는 언명이 과학적으로 유의미하다고 생각했음을 알 수 있다.

02

답 | ⑤

윗글의 비판적 합리주의의 입장에서 <보기>를 이해한 내용으로 가장 적절한 것은?

보기

물질의 존재와 무관하게 공간은 항상 같은 상태라는 과학 이론이 그 지
위를 확고히 하고 있던 시기에 아인슈타인은 이 과학 이론으로 설명할 수
없는 현상을 새로운 가설로 설명하고자 했다. 그래서 아인슈타인은 태양
처럼 질량이 큰 물체는 주변의 공간을 왜곡한다는 가설을 세웠다. 이후
에딩턴은 일식이 진행되는 동안 어떤 별의 사진을 찍었다. 이 사진들을
분석한 결과, 일식 때의 별빛 위치가 일식이 아닐 때의 별빛 위치와 다르
다는 것을 알게 되었다. 이를 토대로 에딩턴은 이 별빛은 태양에 의해 왜
곡된 공간을 따라 휘며 진행한 것이라고 보았다.

정답 선지 분석

⑤ 에딩턴의 사진 분석은 아인슈타인의 가설이 참된 진리에 도달했음을 알게
할 수는 없지만 기존 과학 이론이 성립하지 않는다는 것을 확실히 알 수 있
게 하겠군.

비판적 합리주의에 따르면 에딩턴의 사진 분석은 아인슈타인의 가설이 참된 진리에 도달했
음을 알게 할 수는 없다. 반증 가능성이 있기 때문이다. 다만 에딩턴의 사진 분석을 통해 물
질의 존재와 무관하게 공간이 항상 같은 상태라는 기존의 과학 이론이 성립하지 않는다는 것
을 확실히 알 수 있다.

오답 선지 분석

① 아인슈타인의 가설은 거듭된 반증의 시도로부터 꾸준히 살아남는다면 참된
진리에 도달하겠군.

비판적 합리주의에서는 과학이 참된 진리에 점차 가까워질 수는 있으나 참된 진리에 도달할
수는 없다고 보았다.

② 태양처럼 질량이 큰 물체에 의해 공간이 왜곡된다는 아인슈타인의 가설이
제시되자마자 기존 과학 이론은 즉시 버려졌겠군.

비판적 합리주의에 따르면 기존 과학 이론은 이 이론으로 설명할 수 없는 사실이 관찰될 때
폐기된다.

③ 일식 때 별빛이 휘지 않고 진행함을 보여 주는 현상이 또 발견되어야 아인
슈타인의 가설은 잠정적 과학 이론의 지위를 부여받겠군.

비판적 합리주의에 따르면 아인슈타인의 가설은 반증할 수 있는 사례를 제시하고 그 사례가
관찰되지 않았을 때 잠정적 과학 이론의 지위를 부여받는다.

④ 물질의 존재와 무관하게 공간은 항상 같은 상태라는 과학 이론은 에딩턴에
의해 확실히 반증되었기에 과학적으로 유의미한 이론이라고 할 수 없겠군.

비판적 합리주의에 따르면 에딩턴의 사진 분석에 의해 반증된 기존의 과학 이론은 반증 가능
한 것이므로 과학적으로 유의미하다.

03
답 | ⑤

ⓐ~ⓔ에 대한 설명으로 적절하지 않은 것은?

정답 선지 분석

⑤ ⓔ: 문제 상황을 해결하기 위해 세운 가설을 지지하는 사례이다.

ⓔ는 어떤 가설을 반증할 수 있는 사례이다. 이러한 사례가 관찰되지 않으면 이 가설은 잠정적 과학 이론의 지위를 부여받는다.

오답 선지 분석

① ⓐ: 객관적 관찰을 통해 참과 거짓을 결정할 수 있는 사건을 언급한 것이다.

ⓐ는 단칭 언명에 대한 설명이다. 단칭 언명은 기존 이론과 무관한 객관적 관찰을 통해 참과 거짓을 결정할 수 있는 사건에 대한 언급이다.

② ⓑ: 단칭 언명들을 일반화한 보편 언명이 과학 이론으로 성립될 수 있다는 생각이다.

ⓑ는 논리 실증주의자들의 생각이다. 그들은 단칭 언명을 통해 일반화한 보편 언명이 미래의 단칭 언명에 적용된다고 보았다.

③ ⓒ: 참인 단칭 언명이 누적될수록 보편 언명이 참이 될 확률이 커진다는 입장이다.

ⓒ의 입장은 단칭 언명이 누적될수록 보편 언명이 참이 될 확률이 될 가능성이 점차 증가한다고 본 일부 논리 실증주의자들의 입장이다.

④ ⓓ: 지금의 과학 이론이 미래의 관찰에도 그대로 적용될 수 있을지는 알 수 없다는 문제이다.

ⓓ는 단칭 언명을 통해 일반화한 보편 언명이 앞으로의 단칭 언명에 적용될 수 있을지는 알 수 없다는 문제이다.

04
답 | ④

㉠에 대한 이해로 가장 적절한 것은?

정답 선지 분석

④ 과학자들은 기존 과학 이론으로 풀이될 수 없는 현상이 관찰되더라도 기존 이론을 폐기하지 않고 수정하려 한다.

비판적 합리주의의 생각과 달리 실제 과학 현실에서 과학자들은 기존 과학 이론으로 풀이될 수 없는 반증 사례가 발견되어도 기존 과학 이론을 버리지 않고 보완하려는 시도를 빈번히 한다. 기존 이론을 폐기하지 않고 수정하여 유지하고자 하는 것이다.

오답 선지 분석

① 과학자들은 정확한 관찰이 선행되지 않더라도 새로운 가설을 과학 이론으로 인정하려 한다.

비판적 합리주의에서는 현상을 있는 그대로 관찰하는 것은 거의 불가능하다고 주장했다.

② 과학자들은 어떤 가설이 새로운 과학 이론으로 제시되면 해당 가설의 옳고 그름을 하나하나 점검하려 한다.

과학자들이 어떤 가설이 새로운 과학 이론으로 제시되면 해당 가설의 옳고 그름을 하나하나 점검하려 한다는 내용은 언급되지 않았다.

③ 과학자들은 기존 과학 이론에 기대어 가설을 세우기보다는 직접 관찰한 사실을 바탕으로 가설을 세우려 한다.

과학자들은 기존 과학 이론으로 설명할 수 없는 사실이 발견된 문제 상황을 해결하기 위한 가설을 새로 수립하고, 가설을 시험할 수 있는 사례를 떠올린다고 하였다.

⑤ 과학자들은 어떤 가설이 새로운 과학 이론의 지위를 부여받았을지라도 그것은 잠정적인 것이기 때문에 언제든 대체될 수 있다고 본다.

어떤 가설이 새로운 과학 이론의 지위를 부여받았을지라도 그것은 잠정적인 것이기 때문에 언제든 대체될 수 있다고 보는 것은 실제 과학자들이 아닌 비판적 합리주의의 입장이다.

---

❶ 법 해석은 법 규칙의 내용을 분명히 파악하고 그 적용 범위를
_{법 해석의 의미}
확정하는 것을 의미한다. 그런데 많은 사례에 법 규칙이 문제없이 작용한다고 할지라도, 일부 사례에서는 적용 가능 여부가 분
_{법 해석에 대해 논의해야 하는 이유}
명하지 않아서 문제가 될 수 있다. 이에 주목하여 법 해석에 대해 논의한 인물이 법학자 ㉠ 하트이다.

❷ 하트의 주장을 이해하기 위해서는 우선 법의 개방적 구조를 알 필요가 있다. 개방적 구조란「법 규칙이 명백하게 적용되는 핵심
_{「」: 개방적 구조의 의미}
적인 사례에 있어서는 언어의 의미가 확정되어 있지만, 그렇지 않은 경계에 있는 사례에서는 언어의 의미가 불확정적이라는 것을 의미한다. 하트는 법 규칙처럼 언어로 만들어진 규칙이라면 대부
_{하트는 법의 개방적 구조가 불가피력인 것이라고 생각함}
분 이러한 개방적 구조를 가질 수밖에 없다고 보았다.「언어의 본
_{「」: 법 규칙이 개방적 구조를 가질 수밖에 없는 이유}
성이 개방적이며, 미래에 일어날 수 있는 가능한 모든 사태를 알 수 없어서 규칙의 적용 여부가 미리 완벽하게 확정될 수 없기 때문이다.」예를 들어, 공원 안의 조용함과 평화를 위해 '공원에 탈 것의 출입 금지'라는 규칙을 만든다고 할 때, 이 맥락에서 사용
_{법 규칙의 개방적 구조를 보여 주는 사례}
되는 언어는 그 규칙이 적용되는 범위에 어떤 사례가 ⓐ 들어가기 위해 충족해야 할 조건을 결정한다. 이때 작성자의 머릿속에는 그 범위 내에 있는 자동차나 버스와 같은 명백한 사례가 떠오
_{'공원에 탈 것의 출입 금지'라는 규칙에서 작성자가 생각한 '탈 것'}
를 것이다. 그러나 장난감 자동차가 거기에 포함되는지는 미리
_{'탈 것'에 장난감 자동차를 포함해야 하는지는 생각하지 않음}
구상하기 어려울 것이다. 그래서 공원의 조용함과 평화가 장난감 자동차를 사용하여 즐거워하는 아이들과의 관계에서 우선시해야
_{법 규칙의 개방적 구조로 인해 발생할 수 있는 문제}
하는가에 대한 문제 역시 예견하지 못했을 수 있기 때문에 앞의 규칙만으로는 그것이 허용되는지를 판단하기 어렵다.
_{'공원에 탈 것의 출입 금지'라는 규칙만으로는 장난감 자동차의 허용 여부를 판단할 수 없음}
❸ 하트는 법 규칙의 의미가 확정적일 때 다른 요소를 특별히 고
_{법 해석에 대한 하트의 주장 ①}
려할 필요가 없다고 생각했다. 그리고 법 규칙은 대부분 확정적
_{법 해석에 대한 하트의 주장 ②}
인 의미의 규칙이라고 보았다. 하지만「법 규칙이 명백하게 적용
_{「」: 법 해석에 대한 하트의 주장 ③}
되지 않는 사례가 발생했을 경우, 판사는 법에 근거한 논리적인 판단으로 문제를 해결할 수 없고 사회적 목적, 정책 등과 같은 법 외적인 요소를 고려한 재량을 행사하여 판결할 수 있다고 주장하였다. 그리고「판사는 경계에 있는 사례에 대해서 의미를 확정하는
_{「」: 법 해석에 대한 하트의 주장 ④}
선례를 남기기 때문에 규칙을 제정하는 기능을 수행하고 있다」고 보았다.

❹ ㉡ 풀러는 하트의 법 해석에 대한 접근이 개별 단어들에 지나
_{하트의 법 해석에 대한 풀러의 비판}
치게 집중한다고 비판하면서 법을 해석할 때는 기본적으로 법 규
_{법 해석에 대한 풀러의 주장}
칙의 맥락과 법 규칙으로 실현하고자 하는 목적이 중요하다고 주

장하였다. 즉 판사는 탈 것을 금지하는 규칙의 맥락과 목적을 해
「'공원에 탈 것의 출입 금지' 규칙의 문제에 대한 풀러의 생각」
석 과정 전반에서 고려하여 판결해야 하는 것이지 탈 것의 의미

가 불확정적일 때만 비로소 목적을 고려하는 것이 아니라는 의미

이다. 풀러는 「아이들에게 놀이를 가르치라고 어떤 사람이 다른
「」: 법 해석에 대한 풀러의 주장을 설명하기 위한 사례
사람에게 말했는데, 아이들에게 돈을 걸고 내기를 하는 주사위

노름을 가르친 상황」을 예로 들어 이를 설명한다. 아이들에게 놀

이를 가르치라는 발화자의 당초 목적이 구체적으로 확정되지 않

더라도, 놀이가 가리키는 대상에 주사위 노름이 포함되지 않는다
'아이들에게 놀이를 가르쳐라'에서 '놀이'에 주사위 노름은 포함되지 않음
고 해석할 수 있는 것은 인류가 가진 보편적인 목적들을 구현하
놀이가 가리키는 대상에 주사위 노름이 포함되지 않는 이유
는 방향으로 해석해야 하기 때문이라는 것이다. 한편 풀러는 하

트가 법 규칙의 언어를 중시하여 법을 해석해야 한다는 이론을

제시한 것은 법 규칙의 목적을 중시하는 해석을 과도하게 하면
하트의 이론에 대한 풀러의 해석
생길 수 있는 위험을 경계한 것이라고 이해하였다. 법으로 금지

되고 허용되는 행위를 미리 분명하게 확정할 수 없다면 법치주의
법 규칙의 목적을 중시하는 해석을 과도하게 하면 안 되는 이유
가 불가능하기 때문이다.

02

답 | ②

개방적 구조에 대한 이해로 가장 적절한 것은?

정답 선지 분석

② 대부분의 법 규칙은 언어로 구성되므로 개방적 구조를 가진다.

하트는 법 규칙처럼 언어로 만들어진 규칙이라면 대부분 개방적 구조를 가진다고 보았다.

오답 선지 분석

① 법 규칙은 언어의 의미가 확정적일 때 개방적 구조를 가진다.

개방적 구조는 법 규칙이 명백하게 적용되는 핵심적인 사례에 있어서는 언어의 의미가 확정되어 있지만, 그렇지 않은 경계 선상의 사례에서는 언어의 의미가 불확정적이라는 것을 의미한다.

③ 개방적 구조는 법에 근거한 논리적 판단으로 모든 문제를 해결할 수 있게 한다.

법 규칙이 명백하게 적용되지 않는 사례가 발생했을 경우에는 법에 근거한 논리적 판단으로 문제를 해결할 수 없다.

④ 개방적 구조는 미래에 일어날 수 있는 모든 사태를 미리 구상할 수 있게 한다.

개방적 구조에서는 미래에 일어날 수 있는 가능한 모든 사태를 미리 알 수 없다.

⑤ 법 규칙은 핵심적인 사례에서 언어의 의미가 불확정적이어서 개방적 구조를 가진다.

법 규칙은 핵심적인 사례에 있어서는 언어의 의미가 확정되어 있다. 경계에 있는 사례에서 법 규칙은 언어의 의미가 불확정적이어서 개방적 구조를 가진다.

01

답 | ⑤

윗글의 내용과 일치하지 <u>않는</u> 것은?

정답 선지 분석

⑤ 하트는 법 규칙의 맥락과 목적이 법 해석에서 언제나 고려된다고 보았다.

3문단에서 하트는 법 규칙의 의미가 확정적일 때 다른 요소를 특별히 고려할 필요가 없다고 생각했다.

오답 선지 분석

① 법을 해석할 때 법 규칙의 적용 가능 여부가 분명하지 않아 문제가 되는 사례가 발생할 수 있다.

1문단에서 법을 해석할 때 법 규칙의 적용 가능 여부가 분명하지 않아 문제가 되는 일부 사례가 있을 수 있다고 하였다.

② 풀러는 하트의 법 해석에 대한 접근이 개별 단어들에 지나치게 집중한다고 보았다.

4문단에서 풀러는 하트의 법 해석에 대한 접근이 개별 단어들에 지나치게 집중한다고 보았다.

③ 하트는 판사가 판결을 통해 법 규칙의 의미를 확정하는 기능도 수행한다고 보았다.

3문단에서 하트는 판사가 경계에 있는 사례에 대해서 판결을 통해 법 규칙의 의미를 확정하는 기능도 수행한다고 보았다.

④ 법 해석은 법 규칙의 내용을 파악하고 그 적용 범위를 확정하는 행위이다.

1문단에서 법 해석은 법 규칙의 내용을 파악하고 그 적용 범위를 확정하는 것이라고 보았다.

03

답 | ⑤

㉠, ㉡이 <보기>에 대해 보인 반응으로 적절하지 <u>않은</u> 것은?

보기

K국에는 "박물관에서 먹을 것 섭취를 금지한다."라는 규칙이 있다. 어느 날 A는 박물관에서 약을 먹다가 적발되자, 약은 금지되는 먹을 것이 아니라고 판사에게 주장하였다.

정답 선지 분석

⑤ ㉠은 규칙에 의해 약이 금지되는 '먹을 것'에 해당되는지를 우선 살펴야 한다고 볼 수 있겠고, ㉡은 약이 금지되는 '먹을 것'에 해당되는지를 판사가 규칙의 언어에 근거하여 확정했다면 목적을 중시하는 해석을 과도하게 한다고 볼 수 있겠군.

㉠은 규칙에 의해 약이 금지되는 '먹을 것'에 해당하는지를 우선 살피고, 법 규칙이 명백하게 적용되지 않는 사례라면, 판사는 사회적 목적, 정책 등과 같은 법 외적인 요소를 고려한 재량을 행사하여 판결할 수 있다고 볼 것이다. ㉡은 약이 금지되는 '먹을 것'에 해당하는지를 판사가 규칙의 언어에 근거하여 확정했다면, 규칙의 목적을 고려하기보다 규칙을 구성하는 단어의 의미에 집중해서 규칙을 해석한다고 볼 것이다.

오답 선지 분석

① ㉠은 규칙으로 금지되는 '먹을 것'에 해당하는 사례가 있다고 볼 수 있겠군.

㉠은 "박물관에서 먹을 것 섭취를 금지한다."라는 규칙을 만든다고 할 때, 이 맥락에서 사용되는 언어는 그 규칙이 적용되는 범위에 어떤 사례가 들어가기 위해 충족해야 할 조건을 결정하며, 이때 작성자의 머릿속에는 '먹을 것'의 범위 내에 있는 명백한 사례가 떠올랐다고 볼 것이다.

② ㉠은 약이 금지되는 '먹을 것'으로 규칙에 명백하게 적용되지 않는다면 경계에 있는 사례가 발생했다고 볼 수 있겠군.

㉠은 법 규칙이 명백하게 적용되지 않는 사례는 경계에 있는 사례라고 하였으며, 따라서 약이 금지되는 '먹을 것'으로 규칙에 명백하게 적용되지 않는다면 경계에 있는 사례가 발생했다고 볼 것이다.

③ ⓛ은 약이 금지되는 '먹을 것'에 해당하는 사례라고 하더라도 판사는 규칙의 맥락과 목적을 고려해야 한다고 볼 수 있겠군.

ⓛ은 법을 해석할 때 규칙의 맥락과 목적을 해석 과정 전반에서 고려하여 판결해야 한다고 보았으므로, 약이 금지되는 '먹을 것'에 해당하는 핵심적인 사례라고 하더라도 판사는 규칙의 맥락과 목적을 고려해야 한다고 볼 것이다.

④ ⊙은 규칙을 만들 때 약의 섭취 문제를 예견하지 못했기 때문에 판사가 재량을 행사할 수 있다고 볼 수 있겠고, ⓛ은 금지되는 '먹을 것'에 약이 포함되는지를 그 규칙의 목적을 고려해서 판단해야 한다고 볼 수 있겠군.

⊙은 규칙을 만들 때 작성자는 약이 '먹을 것'에 포함되는지는 미리 구상하기 어려울 것이며, 이에 따른 문제 역시 예견하지 못했을 수 있으므로 판사가 법 외적인 요소를 고려한 재량을 행사하여 판결할 수 있다고 볼 것이다. ⓛ은 법을 해석할 때는 기본적으로 법 규칙의 맥락과 법 규칙으로 실현하고자 하는 목적이 중요하므로, 금지되는 '먹을 것'에 약이 포함되는지를 그 규칙의 맥락과 목적을 고려해야 판단해야 한다고 볼 것이다.

04
답 | ⑤

ⓐ의 문맥적 의미와 가장 유사한 것은?

정답 선지 분석

⑤ 고래는 포유류에 들어간다.

ⓐ의 '어떤 사례가 들어가기'의 '들어가다'는 '일정한 범위나 기준 안에 속하거나 포함되다.'의 의미로 쓰인 것이다.

오답 선지 분석

① 고생을 많이 했는지 눈이 쑥 들어갔다.

'들어가다'는 '물체의 표면이 우묵하게 되다.'의 의미로 쓰였다.

② 수업 종이 울려서 교실에 들어갔다.

'들어가다'는 '밖에서 안으로 향하여 가다.'의 의미로 쓰였다.

③ 오래된 신발이 안 들어간다.

'들어가다'는 '옷이나 신 따위의 치수가 몸에 맞다.'의 의미로 쓰였다.

④ 내일부터 방학에 들어간다.

'들어가다'는 '새로운 상태나 시기가 시작되다.'의 의미로 쓰였다.

DAY 5 〈노정기〉_이육사 / 〈발효〉_최승호 / 〈몰인설〉_김진규

빠른 정답 체크

01 ③　　02 ④　　03 ①　　04 ④　　05 ④

가

목숨이란 마치 **깨어진 배 조각**
　　　부정적인 화자의 처지, 비주체적인 삶
여기저기 흩어져 마을이 구죽죽한 어촌보담 어설프고
　　　　　　구죽죽한 어촌보다 어설픈 화자의 삶(목숨)
삶의 티끌만 오래 묵은 포범(布帆)처럼 달아 매었다
　　　고달픈 삶　　　　　베로 만든 돛

남들은 기뻤다는 젊은 날이었건만
　　　화자의 젊은 날은 남들처럼 기쁘지 않았음
밤마다 내 꿈은 서해를 밀항하는 쩡크*와 같아
　　　　　　일제의 눈을 피해 숨어다녀야만 했던 삶
소금에 절고 조수(潮水)에 부풀어 올랐다
　　　고통스러운 삶의 모습

항상 흐렷한 밤 **암초를 벗어나면 태풍과 싸워** 가고
　　　　　　시련을 이겨내도 또 다른 시련이 닥침
전설에 읽어 본 **산호도(珊瑚島)는 구경도 못 하는**
　　　　　이상적 공간　　　　이상이 실현될 기미조차 보이지 않음
그곳은 남십자성이 비쳐 주도 않았다
　　　희망, 삶의 좌표　　　삶의 희망이 없음

쫓기는 마음 지친 몸이길래
괴로운 현실을 살아가는 화자의 몸과 마음
그리운 지평선을 한숨에 기오르면
이상, 희망 → 화자가 다다르려는 곳
시궁치*는 열대 식물처럼 **발목을 오여**쌌다
　　　지평선에 다다르려는 화자를 붙잡는 고통스러운 현실

새벽 밀물에 밀려온 거미이냐
　　　비주체적인 삶의 모습
다 **삭아 빠진 소라 껍질**에 [나]는 붙어 왔다
　　　　　　기생적 삶의 모습
면 항구의 노정(路程)*에 흘러간 생활을 들여다보며
　　　상처와 아픔뿐인 과거의 삶을 돌아봄 - 물의 이미지에 인생을 투영
　　　　　　　　　　　　　　　　　- 이육사, 〈노정기〉 -

* 쩡크: 정크(Junk). 중국 연해나 하천에서 사람과 짐을 실어 나르는 배.
* 시궁치: 더러운 물이 잘 빠지지 않고 썩어서 질척질척하게 된 도랑의 근처.
* 노정: 거쳐 지나가는 길이나 과정.

나

┌ 부패해가는 **마음 안의 거대한 저수지**를
[A] │　　　　　　　　　　　　　화자의 내면
└ 나는 발효시키려 한다
　　　부패한 내면을 변화시키려는 의지

┌ 나는 충분히 썩으면서 살아왔다
│　　떳떳하게 살아오지 못한 과거의 삶
│ 묵은 관료들은 숙변을 내게 들이부었고
│　　　　　　1960년대 독재 권력
[B]│ 나는 낮은 자로서
│　권력을 쥐지 못한 자, 일반 시민
└ **치욕을 나의 것으로 받아들였다**
　　　마음 안의 거대한 저수지가 부패한 이유
이 땅에서 냄새나지 않는 자가 누구인가
　　　설의법 - 이 땅의 누구나 부패하여 냄새남
┌「수렁 바닥에서 멍든 얼굴이 썩고 있을 때나
「」: 독재 정권의 부정을 규탄하다가 죽음을 맞은 이들

[C] 흐린 물 위로 떠오를 때에도 ,

　　나는 **침묵**했고
　　　부정적 현실에 적극적으로 대응하지 않음
　　그 **슬픔**을 나의 것으로 받아들였다
　　　　수동적인 태도
　　나는 한때 이미 죽었거나

[D] **독약 먹이는 세월**에 쓸개가 **병든 자**로서
　　　마음 안의 저수지를 부패하게 만든 세월
　　울부짖음 대신 쓴 거품을 내뿜었을 뿐이다
　　현실에 대한 적극적 대응 부정적 현실을 받아들인 결과 - 아픔, 피해
문제는 「스스로 **마음**에 뚜껑을 덮고 오물을 거부할수록
　　　　　　「」: 현실을 외면할수록 부정적 상황이 더욱 심화됨
오물들이 더 불어났다는 사실이다 」

뒤늦게 나는 그 **뚜껑**이 성긴 그물이었음을 깨닫는다
　　　　　　부정적 현실을 더 이상 외면할 수 없음을 깨달음
　　물왕저수지라는 팻말이 내 마음의 한 변두리에 꽂혀 있다
　　　생명력이 넘치는 공간
　　나는 그 저수지를 **본 적이 없다**
[E]　물왕저수지를 실제로는 알지 못함
　　긴 가문 날 흙먼지투성이가 버스 유리창을 통해

　　물왕저수지로 가는 길가의 팻말을 얼핏 보았을 뿐이다

그 저수지에
　물이 순환하기를 기대하는 공간
물의 법이 물왕의 도가
　생명력을 환기하는 이미지
아직도 순환하고 있기를 바란다

「그 저수지에 왕골을 헤치며 다니는 **물뱀들**이
「」: 화자가 기대하는 역동적 이미지 ①
춤처럼 살아있기를 바란다 」

그리고 **물과 진흙**의 거대한 반죽에서 흰 **갈대꽃**이 피고
　　　　　　생명력 있는 삶에 대한 지향
　　잉어들은 첨첨거리고 물오리떼는 날아올라
　　　　　　화자가 기대하는 역동적 이미지 ②
[F]　발효하는 숨결이 힘차게 움직이고 있음을

　　내 마음에도 전해주기 바란다
　　부패해가고 있으나 이제는 발효시키고자 마음먹은 화자의 내면

　　　　　　　　　　　　　　　　- 최승호, 〈발효〉 -

다

포구의 사람 중에 **전복**을 팔려고 오는 사람이 있어 내가 묻기를,
　　　　　　바다에서 전복을 직접 따서 파는 사람
"당신이 하는 일의 이득은 과연 어느 정도냐?"
　　글쓴이의 질문 ①-전복 채취와 판매로 얻는 이득
하고 물었더니, 말하기를,

"이것은 천한 일이온데, 어찌 물을 일입니까? 대저 바다는 죽음
　　잠수
의 땅이고「전복은 반드시 바다 깊은 곳에 있습니다. 또 그물이
　　　　「」: 전복 채취의 어려움
아닌 갈고리를 들어야 잡을 수 있으며, 반드시 바닥에까지 잠겨
야 하며, 숨을 멈추고 잠깐 동안 머무르면서 찾기를 다하여야
얻을 수 있습니다. 또 반드시 작살로 빠르게 찔러야 이내 잡을
수 있습니다. 만약 잠깐이라도 느리게 하면 전복이 칼날을 물어
비록 힘을 다하더라도 칼을 뺄 수도 없으며, 전복은 꿈쩍도 하
지 않아 서로 버티다가 시간이 늦으면 물에서 빠져나오지 못하
는 사람도 있습니다. 」또 「바다에는 사람을 잘 무는 **나쁜 고기들**
　　　　　　　　　「」: 열악한 잠수부의 노동 환경
도 많으며, **바다 밑**은 또 매우 차가워 비록 무더위에 잠수하는
사람들도 항상 추워서 오들오들 떠니 잠수하기가 어렵습니다. 」

그러므로 자기 나이 십여 세가 넘으면서 얕은 데서 익히다가 조
금씩 익혀 깊은 데로 갑니다. 이십 세에 이르러서야 전복 잡이
　　　　　　　　　　　　전복 채취가 힘들고 어려운 일임을 알 수 있음
는 가능하며, 사십이 넘으면 그만둡니다. 또 「잠수하는 사람은
　　　　　　　　　　　　　　　　　　　　「」: 오랜 세월의 잠수로 인해 외양과 태도가 변한 모습
항상 바다에 있으니 머리털이 타고 마르며, 그 살갗은 거칠고
얼룩얼룩하며, 일어나고 기거하는 모습도 일반인과 다릅니다. 」
그러므로 사람은 편안지도 다치지도 않아야 하는데, 이 일의
괴롭고 천함이 이와 같으며, **관청**에 **바치는** 것도 그 **양을 다 채**
　　　　　　　　　　　　　　관청에 바쳐야 하는 전복의 양이 많음
우지 못하는데 어찌 이득이 있겠습니까?"
라고 하였다. 내가 말하기를,

"그러면 병이라도 들지 않겠는가. 어찌 이 일을 버리고 다른 일
　　　　　　　　　　　　　　　글쓴이의 질문 ②-잠수가 아닌 다른 일을 하지 않는 이유
에 힘쓰지 못하는 것인가?"
하니, 그 잠수부가 입을 딱 벌리고 웃으면서 말하기를,

"무슨 일이 잠수부에게 편한 것이 있겠습니까? 소인이 할 수 있
는 일은 농사와 상업뿐입니다. 농부도 가뭄이나 장마에 굶주리
고, 상인도 남과 북으로 뛰어다녀 그 괴로움이 나와 더불어 같
　　　　　　　　　농부의 어려움　　　　　　상인의 어려움　　　잠수 못지않게 농사와 장사도 고된 일임
을 것입니다. 만약 군자의 일인 벼슬을 할 것 같으면「편히 앉아
　　　　　　　　　　　　　　　　　　　　　　　　　　　　「」: 벼슬아치의 즐거움과 영화
서 녹을 먹고, 수레에 올라앉으면 따르는 무리가 있고, 금빛 붉
은 빛에 아름답게 꾸민 관이 우뚝 높고, 조정에 들어가면 부(府)
나 성(省)을 받들고 지방으로 나아가도 주(州)나 부(部)에 임하
니, 」이것은 지극한 즐거움과 영화라 이를 만합니다. 그러나 또
한 일찍이 들으니, 「아침이면 국록을 먹으나 저녁이면 책망을 당
　　　　　　　　　　　「」: 벼슬아치의 어려움
하니, 어제는 한양 땅 부성(府省)에 있으나 지금은 좌천되어 영
해(嶺海)에 있습니다. 」

　　　　　　　　　　　　(중략)

저 농사와 장사도 어려우니, 참으로 반드시 이 일을 버리고 힘
　　　　　　　　　　　　　　　　　　　　　　　　　　잠수
쓰지 않을 수 없으며, 지극한 즐거움과 영화로움에 나아감에 견
주어 보면, 사람들이 먹여 주는 것을 먹는 것과 내 힘으로 먹는
　　　　　　　벼슬아치의 일 ①　　　　　　　　잠수부의 일 ①
것 중 어느 것이 더 나으며, 사람을 다스리는 것과 또 내 일을 다
　　　　　　　　벼슬아치의 일 ②　　　　　　　　　잠수부의 일 ②
스리는 것 중 어느 것이 더 나으며, **부귀영화를 귀하게 여기는**
　　　　　　　　　　　　　　　　　　　　　벼슬아치의 일 ③
것과 나의 **천한 일** 중에 **욕됨이 없는 것** 중 어느 것이 더 낫습니
　　　　　　　　　　잠수부의 일 ③
까? 하물며 안으로 막히고 밖으로 죄에 걸려 죽어 가는 것과 때
　　　　　　　　　　　　　　벼슬아치의 일 ④
를 기다려 서로 힘을 합하여 물에 빠지는 위태로움에서 벗어나
　　잠수부의 일 ④
수면에 나타나니 어느 것이 더 낫습니까? 내가 또 무엇을 미워
　　잠수부는 벼슬살이보다 잠수가 더 낫다고 여김
하겠습니까? 비록 내가 고을에서 보건대, 우리 무리들은 그 즐
　　　　　　　　　　　　　　　　　　잠수부들
거움에 항상 편안하며, 벼슬하는 사람들이 꾸짖으며 와서 몸을
　　　　　　　　　　　　　　벼슬아치의 꾸짖음은 크게 신경 쓸 바가 아님
묶더라도 그 사람 또한 그 하나일 뿐이니, 일에 있어 어느 것이
위태롭고 어느 것이 편안하겠습니까? 당신은 이미 구별을 했을
　　　　　　　　　　　　　　　　벼슬살이보다 잠수가 더 나음을 알게 되었을 것이니
것이니 어찌 그대의 일을 후회하지 않으면서 이에 나보고 도리
　　　　　　벼슬살이
어 이 일을 버리라고 깨우쳐 주니, 슬픕니다. 이제 그만둡시다."

라고 하였다. 내가 그 소리를 듣고 부끄러워 땀에 젖고 놀라서 입
이 벌어져 오랫동안 대답할 수 없었다. _{자신은 잠수보다 더 위태롭고 편하지 않은 일에 몸담고 있었기 때문}

　오호라, **옛사람**이 **벼슬길**을 바다에 비유했으나 나는 믿지 않았
더니, _{벼슬길이 바다만큼 위험하다는 의미} 지금 잠수부의 말로써 시험하니 벼슬길의 위태로움이 바다
보다도 심하구나. _{잠수부가 잠수가 벼슬살이보다 낫다고 여긴 이유} 그러므로 **그 말을 기록하여** 일을 **택함의 잘못**
된 것을 슬퍼하고, _{자신이 일을 잘못 택했다고 표현함} 이로 인하여 훗날 **벼슬길에 오르기를 탐하는**
사람들에게 경계하고자 한다. _{잠수부의 말을 글로 남긴 이유}

- 김진규, 〈몰인설(沒人說)〉 -

01

답 | ③

(가)~(다)에 대한 설명으로 가장 적절한 것은?

> **정답 선지 분석**

③ (나)와 (다) 모두 설의적 표현을 활용하여 의미를 부각하고 있다.

(나)는 '이 땅에서 냄새나지 않는 자가 누구인가'에서, (다)는 '그러므로 사람은~어찌 이득이 있겠습니까?', '무슨 일이 잠수부에게 편한 것이 있겠습니까?' 등에서 설의적 표현을 활용해 의미를 부각하고 있으므로 적절하다.

> **오답 선지 분석**

① (가)와 (나) 모두 청유형 어미를 활용하여 친근감을 드러내고 있다.

(가)와 (나) 모두 청유형 어미를 활용하고 있지 않다.

② (가)와 (나) 모두 반어적 표현을 활용하여 현실을 비판하고 있다.

(가)와 (나) 모두 반어적 표현을 활용하고 있지 않다.

④ (가)~(다) 모두 색채의 대비를 활용하여 분위기를 형성하고 있다.

(나)에서 '흰 갈대꽃'이라는 색채어가 등장하고 있으나, 색채의 대비가 나타나지 않으며, (가), (다)에서는 색채어가 등장하고 있지 않다.

⑤ (가)~(다) 모두 청각의 시각화를 활용하여 생동감을 자아내고 있다.

(나)의 '잉어들은 쩝쩝거리고'에서 청각적 이미지가 등장하였으나, 시각적 이미지로 변화하지 않았으며, (가)와 (다)에서 청각의 시각화가 활용되지 않았다.

02

답 | ④

<보기>를 참고하여 (가)와 (나)를 감상한 내용으로 적절하지 않은 것은?

> **보기**

　시에서는 물의 이미지를 활용하여 다양한 방식으로 화자의 삶이 형상화되는 경우가 있다. (가)는 물의 흐름에 따라 흘러가는 배의 이미지를 통해 안식을 소망했던 고달픈 삶을 형상화하며 비극적 운명에 대한 화자의 인식을 드러낸다. (나)는 부정적 상황을 인식하고 순환하는 물의 이미지를 통해 생명력 있는 삶을 지향하는 화자의 태도를 드러낸다.

> **정답 선지 분석**

④ (가)에서 '발목을 오여'싼 '시궁치'는 화자가 꿈꾸던 안식의 공간을, (나)에서 '물뱀들'이 살아있길 바라는 '그 저수지'는 화자가 물이 순환하기를 기대하는 공간을 나타낸 것이겠군.

(나)에서 '물뱀들'이 살아있길 바라는 '그 저수지'는 화자가 물이 순환하기를 기대하는 공간을 나타낸 것이므로 적절하다. 하지만 (가)에서 '발목을 오여'싼 '시궁치'는 화자가 꿈꾸던 안식의 공간을 나타낸 것이 아니므로 적절하지 않다.

> **오답 선지 분석**

① (가)에서 '암초를 벗어나면 태풍과 싸'우고 '산호도는 구경도 못 하는' 것은 화자의 고달픈 삶을 나타낸 것이겠군.

(가)에서 '암초를 벗어나면 태풍과 싸'우고 '산호도는 구경도 못 하는' 것은 화자의 고달픈 삶을 나타낸 것이므로 적절하다.

② (가)에서 '목숨'이 '깨어진 배 조각'처럼 흩어지고 '내 꿈'이 '밀항하는 쩡크와 같'다는 것은 흘러가는 배의 노정에 화자의 삶을 관련지어 나타낸 것이겠군.

(가)에서 '목숨'이 '깨어진 배 조각'처럼 흩어지고 '내 꿈'이 '밀항하는 쩡크와 같'다는 것은 흘러가는 배의 노정에 화자의 삶을 관련지어 나타낸 것이므로 적절하다.

③ (나)에서 '마음'에 덮은 '뚜껑이 성긴 그물이었음'을 깨닫는 것은 부정적 상황에 대한 화자의 인식을 나타낸 것이겠군.

(나)에서 '마음'에 덮은 '뚜껑이 성긴 그물이었음'을 깨닫는 것은 부정적 상황에 대한 화자의 인식을 나타낸 것이므로 적절하다.

⑤ (가)에서 '삭아 빠진 소라 껍질'에 붙어 왔다는 것은 비극적 운명에 대한 화자의 인식을, (나)에서 '물과 진흙의 거대한 반죽'에서 '갈대꽃'이 피길 바라는 것은 생명력 있는 삶에 대한 화자의 지향을 나타낸 것이겠군.

(가)에서 '삭아 빠진 소라 껍질'에 붙어온 것은 비극적 운명에 대한 화자의 인식을, (나)에서 '물과 진흙의 거대한 반죽'에서 '갈대꽃'이 피길 바라는 것은 생명력 있는 삶에 대한 화자의 지향을 나타낸 것이므로 적절하다.

03

답 | ①

(가)의 [나]와 (다)의 [잠수부]에 대한 설명으로 가장 적절한 것은?

> **정답 선지 분석**

① (가)의 '나'와 (다)의 '잠수부'는 모두 타인과는 다른 처지에 대한 주관적 인식을 드러내고 있다.

(가)는 '남들은 기뻤다는 젊은 날이었건만~조수에 부풀어 올랐다'에서 남들과는 다른 처지에 대한 '나'의 주관적 인식을, (다)는 '지극한 즐거움과 영화로움에 나아감에 견주어 보면~또 내 일을 다스리는 것 중 어느 것'이 더 낫냐고 묻는 것에서 벼슬하는 사람과는 다른 처지에 대한 '잠수부'의 주관적 인식을 드러내고 있으므로 적절하다.

> **오답 선지 분석**

② (가)의 '나'와 (다)의 '잠수부'는 모두 이전과 달라진 타인의 마음에 대한 정서를 드러내고 있다.

(가)의 '나'와 (다)의 '잠수부' 모두 이전과 달라진 타인의 마음에 대한 정서를 드러내지 않는다.

③ (가)의 '나'와 (다)의 '잠수부'는 모두 시간의 흐름에 따라 변화하는 타인의 외양에 대한 객관적 평가를 드러내고 있다.

(다)의 '잠수부'는 잠수하는 사람에 대해, '머리털이 타고 마르며, 그 살같이 거칠고 얼룩얼룩'하다고 말하며 오랜 세월 잠수로 변한 외양을 묘사하고 있다. 그러나 이것이 타인의 외양에 대한 평가라고 볼 수 없다. (가)의 '나' 또한 타인의 외양에 대한 객관적 평가를 드러내지 않는다.

④ (가)의 '나'는 타인이 겪을 일에 대한, (다)의 '잠수부'는 자신이 겪을 일에 대한 추측을 드러내고 있다.

(가)의 '나'는 타인이 겪을 일에 대한 추측을 드러내지 않으며, (다)의 '잠수부' 또한 자신이 겪을 일에 대한 추측을 드러내지 않는다.

⑤ (가)의 '나'는 타인에게 받은 상처에 대한, (다)의 '잠수부'는 타인이 자신에게 하는 행동에 대한 부정적 반응을 드러내고 있다.

(다)에서 '나'는 '잠수부'에게 잠수부 일을 '버리고 다른일에 힘쓰'라고 권하고, '잠수부'는 이에 대해 부정적 반응을 드러내고 있으므로 적절하다. 그러나 (가)의 '나'는 타인에게 받은 상처에 대한 부정적 반응을 드러내지 않는다.

04

답 | ④

[A]~[F]에 대한 이해로 적절하지 않은 것은?

④ [D]에서 '독약 먹이는 세월'에 '병든 자'로 살아온 원인은 [E]에서 확인할 수 있다.

[D]에서 '독약 먹이는 세월'에 '병든 자'로 살아온 원인은 [E]에서 확인할 수 없으므로 적절하지 않다.

① [A]에서 '마음 안의 거대한 저수지'가 부패해 가는 이유를 [B]에서 찾을 수 있다.

[A]에서 '마음 안의 거대한 저수지'가 부패해 가는 이유는 [B]에서 '나'가 '묵은 관료들'이 '숙변'을 들이붓는 것과 같은 '치욕'을 받아들인 것에서 찾을 수 있으므로 적절하다.

② [B]에서 '치욕을 나의 것으로 받아들'인 상황은 [C]에서 지속되고 있다.

[B]에서 '치욕을 나의 것으로 받아들'인 상황은 [C]에서 '나'가 '침묵'하고 '슬픔'을 '나의 것'으로 받아들이며 지속되고 있으므로 적절하다.

③ [C]에서 '침묵'하고 '슬픔'을 받아들인 행위는 [D]에서 나타난 문제로 이어지고 있다.

[C]에서 '침묵'하고 '슬픔'을 받아들였다는 행위는 [D]에서 '나'가 '독약 먹이는 세월에 쓸개가' 병드는 문제로 이어지고 있으므로 적절하다.

⑤ [E]에서 '본 적이 없다'는 '물왕저수지'에 대한 상상은 [F]에서 구체화되고 있다.

[E]에서 '본 적이 없다'는 '물왕저수지'에 대한 상상은 [F]에서 '잉어들은 쩝쩝거리고 물오리 떼는 날아올라'를 통해 구체화되고 있으므로 적절하다.

05

답 | ④

<보기>를 참고하여 (다)를 감상한 내용으로 적절하지 않은 것은?

설(說)의 표현 방법 중에는 글쓴이가 하고자 하는 말을 다른 인물과의 대화를 통해 간접적으로 드러내는 방법이 있다. 〈몰인설〉의 글쓴이는 대화 상대가 갖고 있는 직업적 고충과 제도 내에서의 어려움을 파악하게 되고, 대화 상대의 가치관이나 소신을 알게 된다. 이를 통해 글쓴이는 자신의 상황에 대해 깨달음을 얻게 되고 이를 다른 사람들에게 알리려는 목적을 드러낸다.

④ '벼슬길'에 대한 '옛사람'의 말이 '잘못된 것을 슬퍼'하는 것에서 글쓴이가 자신의 상황에 대해 깨달았음을 확인할 수 있군.

글쓴이는 '일을 택함의 잘못된 것을 슬퍼'하고 있을 뿐 '벼슬길'에 대한 '옛사람'의 말이 잘못된 것을 슬퍼하는 것이 아니므로 적절하지 않다.

① '나쁜 고기들'이 많고 '바다 밑'이 매우 차갑다는 것을 통해 잠수부라는 직업의 고충을 확인할 수 있군.

'나쁜 고기들'이 많고 '바다 밑'이 매우 차갑다는 것을 통해 잠수부라는 직업의 고충을 확인할 수 있으므로 적절하다.

② '관청'에 전복을 '바치는' '양을 다 채우지' 못한다는 것을 통해 잠수부가 겪는 제도 내에서의 어려움을 확인할 수 있군.

'관청'에 전복을 '바치는' '양을 다 채우지' 못한다는 것을 통해 잠수부가 겪는 제도 내에서의 어려움을 확인할 수 있으므로 적절하다.

③ '부귀영화를 귀하게 여기는 것'보다 '천한 일 중에 욕됨이 없는 것'이 낫다는 것에서 잠수부가 지닌 가치관을 확인할 수 있군.

'부귀영화를 귀하게 여기는 것'보다 '천한 일 중에 욕됨이 없는 것'이 낫다는 것을 통해 잠수부가 지닌 가치관을 확인할 수 있으므로 적절하다.

⑤ '그 말을 기록하여' '벼슬길에 오르기를 탐하는 사람들에게 경계하고자' 하는 것을 통해 다른 사람들에게 깨달음을 알리려는 글쓴이의 목적을 확인할 수 있군.

'그 말을 기록하여' '벼슬길에 오르기를 탐하는 사람들에게 경계하고자' 하는 것을 통해 다른 사람들에게 깨달음을 알리려는 글쓴이의 목적을 확인할 수 있으므로 적절하다.

DAY 6 〈조웅전〉_작자 미상

01 ①　　**02** ⑤　　**03** ③　　**04** ④

이때는 ㉠ <u>정묘년 정월 십오 일이라.</u> 온 조정의 신하들이 다 하례할 때에 황제께서 말씀하시기를,

「"연전(年前)에 짐이 조웅을 보니 인재가 거룩하고 충효가 거룩하매 본보기가 될 만하니 태자를 위하여 데려다가 짐의 곁에 두고 서동(書童)을 삼아 국사를 익히게 하고자 하나니 경들의 소견은 어떠한가?"
└ 글방에서 글을 배우는 아이

「」: 조웅의 비상함을 알고 태자를 위해 글을 배우고 국사를 익히게 하고자 함

여러 신하가 다 묵묵하되 <u>이두병</u>이 아뢰기를,
　　　　　　　　　└ 반동 인물

"나라의 법이 각별히 엄하오니 벼슬 없는 여염집 아이를 이유 없이 조정에 둠은 잘못된 줄로 아옵니다."
└ 황제의 말에 대한 이두병의 의견-평민 신분의 아이를 이유 없이 조정에 두는 것은 법도에 어긋남

황제께서 말씀하시기를,

"충효의 인재를 취함이라. 어찌 아무런 이유 없이 취하려 하겠는가."
└ 이두병의 말에 대한 황제의 반박-인재를 취하기 위해 두는 것임

두병이 다시 아뢰기를,

「"인재를 보려 하시면 장안을 두고 이르더라도 조웅보다 열 배나 더한 충효의 인재가 백여 인이요, 조웅 같은 이는 수레에 싣고 말[斗]로 그 양을 헤아릴 정도로 많습니다."
「」: 황제의 말에 대한 이두병의 반박-조웅 같은 인재는 이미 장안에 많음

황제께서 윤허하지 않으시고 다시는 회답이 없는지라. 승상이 시종대(侍從臺)에 나와 관원들과 의논하여 말하기를,
└ 이두병의 의견으로 황제의 결정이 보류됨　　　　└ 이두병
　　　　└ 어떤 일을 맡아 할 수 있는 사람을 그 자리에 쓰도록 소개하거나 추천함

"이후에 만일 조웅을 위하여 천거하는 자가 있으면 **죄를 받으리라.**"
└ 백관들을 겁박하여 조웅이 조정에 발을 들이지 못하게 함

하니, 백관이 누군들 겁내지 아니하리오.

이즈음에 왕 부인과 조웅이 이 말을 듣고 부인은 못내 두려워하고 웅은 분기등등하더라.
└ 조웅의 어머니
　　　　└ 분한 마음이 몹시 치밀어 오름

천운이 불행하여 황제께서 우연히 건강이 편하지 않으시더니

㉡ <u>열흘이 지나도 조금도 차도가 없고 점점 병이 깊어지니, 나라</u>

의 백성들이 다 하늘에 빌어 병이 나아 건강이 회복되기를 바랐
지만 소인배들의 조정이라 회복을 어찌 기대하리오.
편집자적 논평

ⓒ 정묘년 삼월 삼 일에 황제께서 붕어(崩御)하시니 태자의 애
황제의 죽음으로 조웅 모자는 더욱 어려움을 겪게 됨
통하심과 만인의 곡성이 천지에 사무치고 왕 부인 모자는 더욱
망극하더라. 어느 사이에 국법과 권세가 이두병의 말대로 돌아가
백성들은 권력을 쥐게 된 이두병을 피해 피란함
니, 백성이 망국의 행동을 일삼고 산중으로 피란하더라.

이때에 관원들이 엄히 예의를 갖추어 ② 사월 사 일에 황제를
서릉(西陵)에 안장하였다.

하루는 관원들이 노소 없이 시종대에 모여 국사를 의논할 때 이
두병이 **역모에 뜻을 두고 옥새를 도모코자** 하니 조정 백관 중에
조정 백관들은 실세인 이두병의 역모를 묵인할 수밖에 없음
그 말을 좇지 아니할 사람이 없는지라. ⑩ 시월 십삼 일은 황제의
생일이라. 모든 관원이 종일토록 국사를 의논할 때 이두병이 물
어 말하기를,

「이제 태자의 나이는 팔 세라. 국사는 매우 중요한데, 팔 세 태
「」: 태자의 나이가 어림을 근거로 역모를 꾸미고자 함
자의 즉위는 일이 매우 위태한지라. 법령이 점점 쇠하고 나라가
위태할 지경이면 그대들은 어찌하려 하느뇨?」

여러 신하가 일시에 대답하여 말하기를,

「천하는 누구 한 사람의 천하가 아니며, 조정은 십대(十代)
의 조정이 아니라. 이제 어찌 팔 세 태자에게 제위를 전하리
[A] 오. 또한 황제 붕어하실 때 승상과 협정하라 하신 유언이 있
었지만 나라에는 두 임금이 없고 백성에게는 두 하늘이 없
다 하였으니 어찌 또 다른 왕을 두리이까?」
「」: 태자의 나이를 근거로, 황제의 유언에도 불구하고 이두병이 황제의 자리에 오름이 합당하다고 주장함
여러 신하의 말이 모두 한 입에서 나온 듯하더라.

「이제 국사를 폐한 지가 여러 날이라. 엎드려 빌건대 승상은 전
「」: 이두병이 제위에 오르게 됨
일의 과업을 전수하여 옥새를 받으시고 제위를 이으셔서, 조정
과 민간의 모든 사람이 실망하며 탄식하는 일이 없게 하옵소서.」
하며, 모든 대소 관원이 일시에 당 아래 땅에 엎드려 사배하니 그
이두병의 권세에 아무도 반대 의견을 내지 못함
위엄이 서릿발 같은지라.」

[중략 부분의 줄거리] 조웅은 송나라를 떠난 후 여러 도사를 만나 무예를 닦고
조웅의 조력자들
힘을 기른다. 이후, 조웅은 의병 대원수가 되어 이두병의 군사를 무찌르고, 이
두병에게 항복하라는 격서를 보낸 뒤 그를 찾아간다.

조웅
이때에 황성 백성들이 조 원수가 온단 말을 듣고 즐거하여 마중
황성 백성들은 조웅의 활약을 지지함
나오니 그 수를 가히 세지 못할지라. 또 이두병을 잡아 온다는 말
을 듣고 장안의 백성들이 노소 없이 다 즐거 말하기를,

「극악한 이두병이 형세만 믿고 자칭 천자라 하여 천지가 무궁하
「」: 이두병의 통치에 고통받고 있던 백성들은 조웅의 등장에 기쁨을 드러냄
기를 바라더니 일시를 보존하지 못하고 어이 그리 단명하는고?
하늘이 통찰하여 네 죄를 아시고, 무지한 백성들도 네 육신을
원하거니 착하고 빛나도다. 일월 같은 조 원수를 보니 도탄 중

에 든 백성들이 단비를 만나도다. 사방으로 흩어진 충신들도 소
식을 알았던가. 백발 노소 장안 백성들아, 구경 가자스라!」
하고 무수한 백성들이 다투어 구경하더라.

원수가 팔십만 대병을 몰아 황성을 짓쳐 들어오니 황성 백성들
이 **남녀노소 없이 길을 막고 나와 원수께 치하**하며 말하기를,

「장하고 장하도다. 어디를 가셨다가 이제야 오십니까? 천우신
하늘이 돕고 신령이 도움
조로 대송이 회복되도다.」
하고 무수히 하례하거늘 원수가 위로하기를,

「살아서 너희를 다시 보니 반갑기 헤아릴 수 없도다.」
하시며 행군을 재촉하여 수일 만에 황자강에 이르니 강산 풍경
이 예와 같은지라. 문득 옛일을 생각하니 슬픈 생각을 금하지 못
이두병의 참소로 아버지가 죽게 되고, 자신과 어머니가 피란했던 일
하고 사공을 재촉하여 강을 건넜더니 황성관 어귀에 조정 백관이
이두병과 이관 등을 수레 위에 높이 싣고 원수의 군행을 기다리
조정 백관들이 이미 이두병 일파를 사로잡아 놓았음
다가 원수가 오심을 보고 나아 와 땅에 엎드려 말하기를,

「소인 등은 임금을 속였음이라. 죽어 마땅하나 그때를 당하
「」: 조정 백관들은 과거 자신들의 행동을 반성하고 조웅의 복수를 도움
여서 도망치지 못하였고 또 두병의 형세를 당하지 못하여
참여했으나 매일 송 태자를 생각하니 가슴 속이 막혀 한
이두병에 의해 귀양보내짐
[B] 순간인들 온전하리오. 천행으로 원수가 이리 오신다 하옴에
범죄 불고하고 두병의 부자를 결박하여 바치니 엎드려 바라
건대 원수께서는 불쌍히 여기셔서 널리 용서해 주소서. 소
인들의 잔명을 보전하여 주옵심을 바라나이다.」
하며 애걸하거늘 원수가 이두병을 보니 분기충천한지라. 진을 머
무르게 하고 군사를 호령하여 두병을 붙잡아 오라 하시니, 군사
가 일시에 달려들어 두병을 포승으로 묶어 진중에 꿇리니 원수가
호령하여 말하기를,

「두병아, 네 낯을 들어 나를 보라. 네 죄를 생각하니 죽여도 아
깝지 않음이라. **태자를 귀양살이 보**내고 사약을 내리니 그 죄가
과거 이두병의 악행
어떠하며, 또 나를 잡으려고 장졸을 보내어 시절을 요란케 하니
무슨 일이뇨? 사실대로 똑바로 아뢰어라」
하시니 좌우의 무사가 달려들어 창검으로 찌르며 바삐 아뢰라 하
는 소리 천지를 진동하는지라.

이두병이 겨우 진정하여 아뢰되,

「나의 조정의 신하들은 성품이 비길 바 없이 음험하고 흉악한
죽음이 임박한 상황에서도 반성하지 않고 조정의 신하들을 탓함
신하들이라. 죄를 알고 나의 부자를 잡아 이 지경이 되었으니
이제 무슨 말을 하리오. 원수의 처분대로 하라.」
하니 원수가 더욱 크게 성내어 무사를 호령하여 문초하라 하니
조웅이 이두병에게 복수함으로써 개인적 원한과 국가적 원한을 해소함
무사들이 일시에 소리하고 달려들어 창검으로 찌르니 두병이 견
디지 못하더라.

– 작자 미상, 〈조웅전(趙雄傳)〉 –

01

답 | ①

윗글에 대한 이해로 적절하지 않은 것은?

정답 선지 분석

① 왕 부인은 황제가 죽은 후 태자를 산중으로 피신시켰다.

황제가 죽자 왕 부인 모자는 망극하다고 했으므로 왕 부인은 아들 조웅과 함께 황제의 죽음을 매우 슬퍼했을 뿐, 태자를 산으로 피신시킨 것은 아니다. 황제의 죽음으로 인해 백성들이 산중으로 피란했다는 진술은 있지만 태자와 관련하여 왕 부인이 행한 일은 드러나지 않는다.

오답 선지 분석

② 관원들은 엄중하게 예의를 갖추어 황제의 장례를 치렀다.

사월 사 일에 황제의 장례를 치를 때 '관원들이 엄히 예의를 갖추어' 황제를 서릉에 안장했다고 진술하고 있다.

③ 황제는 조웅의 인물됨을 알아보고 그를 등용하고자 했다.

황제는 조웅에 대해 '인재가 거룩하고 충효가 거룩하매 본보기가 될 만하'다고 언급하며 조웅을 태자의 서동으로 삼아 조정에 등용하려 한다.

④ 조웅은 이두병의 죄목을 나열하며 그의 잘못을 심문했다.

조웅은 대원수가 되어 이두병을 붙잡은 뒤, 태자를 귀양살이 보내고 사약을 내린 것과 자신을 잡으려고 장졸을 보내 시절을 요란케 한 것에 대해 심문하고 있다.

⑤ 이두병은 어린 태자의 즉위에 대해 반대의 입장을 취했다.

이두병은 태자의 나이가 어리다는 점을 들어 태자의 즉위가 매우 위태로운 일이라고 말하며 태자의 즉위에 대한 반대의 입장을 취하고 있다.

02

답 | ⑤

㉠~㉤에 대한 이해로 가장 적절한 것은?

정답 선지 분석

⑤ ㉢의 황제의 죽음 이후, 제위에 대한 논의가 ㉤에 마무리된다.

㉢의 황제의 죽음 이후, 비어 있는 제위를 이을 자에 대한 논의가 ㉤에서 신하들이 이두병을 황제로 추대하며 마무리된다.

오답 선지 분석

① ㉠의 사건으로 인해 ㉡ 동안 황제의 신상에 변화가 생긴다.

황제가 우연히 병을 얻어 병세가 열흘 동안 깊어지지만 이러한 황제의 신상에 변화를 가져온 사건이 무엇인지는 ㉠에 드러나지 않는다.

② ㉠과 ㉢ 사이에 대립하던 신하들이 ㉣의 사건을 통해 화합하게 된다.

㉠에 신하들은 이두병을 두려워하고 있을 뿐, 신하들끼리 대립하고 있지는 않다.

③ ㉠에 황제가 결정을 보류했던 일이 ㉤에 다수의 의견에 따라 결정된다.

㉠에, 이두병의 반대로 조웅을 서동으로 등용하지 못하고, 조웅 아닌 다른 이의 등용도 윤허하지 않아 서동을 뽑으려던 황제의 뜻은 보류되었다. ㉤에는 서동을 뽑는 일과 관련하여 신하들이 의논한 것이 드러나지 않는다.

④ ㉡ 동안 드러난 백성들의 소망이 ㉢의 사건으로 실현된다.

㉡ 동안 백성들은 황제의 건강을 걱정하며 회복을 기원했지만 결국 황제는 ㉢에 죽게 되어 그들의 소망은 좌절된다.

03

답 | ③

[A]와 [B]에 대한 설명으로 가장 적절한 것은?

정답 선지 분석

③ [A]는 현재의 상황을 명분으로 들어, [B]는 과거의 상황을 해명하며 자신의 입장을 전하고 있다.

[A]는 태자의 나이가 어려 제위를 전하기 어렵다는 현재의 상황을 명분으로 들어 이두병과 협정을 하라는 황제의 유언에도 불구하고 또 다른 왕을 둘 수 없다는 입장을 상대에게 전하고 있다. [B]는 과거에 자신들이 저질렀던 잘못에 대해 여러 이유를 들어 해명하며 상대에게 자신들의 목숨을 보전해 달라는 입장을 전하고 있다.

오답 선지 분석

① [A]는 상대에 대한 원망을, [B]는 상대에 대한 기대를 물음의 방식을 통해 드러내고 있다.

[A]에는 물음의 방식이 드러나지만 원망은 드러나지 않는다.

② [A]는 다른 이의 조언을 바탕으로, [B]는 자신의 경험을 바탕으로 상대의 의견에 반대하고 있다.

[A]와 [B] 모두 상대의 의견에 반대하고 있지 않다.

④ [A]와 [B]는 모두 도덕적 가치를 내세워 상대의 부당한 처사를 비판하고 있다.

[A]와 [B] 모두 상대의 부당한 처사를 비판하는 내용은 드러나지 않는다.

⑤ [A]와 [B]는 모두 고사를 인용하여 상대가 동일한 실수를 반복하지 않도록 조언하고 있다.

[A]와 [B] 모두 고사를 인용하여 상대에게 동일한 실수를 반복하지 않도록 조언하고 있지 않다.

04

답 | ④

<보기>를 바탕으로 윗글을 감상한 내용으로 적절하지 않은 것은?

보기

일반적으로 영웅 소설에서 악인은 주인공에게 시련을 가하고 반란을 도모해 권력을 쟁취한다. 악인에게 원한을 갖게 된 주인공은 시련을 극복하며 성장하게 되고 결국 악인의 목숨을 빼앗음으로써 복수를 완성한다. 이 과정에서 악인의 권력에 움츠려 있던 백성들 또한 주인공을 지지하며 악인에게 맞서게 되고, 주인공의 개인적 원한에 대한 복수는 집단의 고통을 해결하고 대의명분을 실현한다는 점에서 정당성을 갖게 된다.

정답 선지 분석

④ '이두병과 이관 등을 수레 위에 높이 싣고' 조웅을 기다리는 신하들의 행동은 주인공을 대신해 원한을 해결한다는 점에서 악인에 대한 개인적 복수를 완성한 것으로 볼 수 있겠군.

〈보기〉에 따르면 '복수'란 악인의 목숨을 빼앗음으로써 완성되는 것이므로 조정의 신하들이 이두병과 이관을 붙잡고 조웅을 기다리는 것만으로는 복수가 완성되었다고 볼 수 없고, 조웅의 원한을 대신 해결했다고도 볼 수 없다.

오답 선지 분석

① '조웅을 위하여 천거하는 자'는 '죄를 받'을 것이라고 위협하는 이두병은 조웅의 천거를 방해한다는 점에서 주인공에게 시련을 가하는 악인으로 볼 수 있겠군.

승상이라는 자신의 지위를 이용하여 황제에게 조웅을 천거하지 못하도록 다른 신하들을 위협하는 이두병의 모습은 조웅의 조정 진출을 막아 시련을 가하는 악인의 모습에 해당한다.

② '역모에 뜻을 두고 옥새를 도모코자' 하는 이두병의 모습은 황제가 되려는 야망을 드러낸다는 점에서 권력을 잡기 위해 정치적 반란을 도모하는 것으로 볼 수 있겠군.

이두병은 황제의 죽음 이후 어린 태자를 대신해 황제가 되려는 야망을 갖고 역모를 꾀하고 있는데, 이는 정치적 반란을 도모하는 것에 해당한다.

③ '남녀노소 없이 길을 막고 나와 원수께 치하' 하는 모습은 이두병의 통치에 고통을 받던 백성들이 조웅의 등장을 반긴다는 점에서 주인공의 행위를 지지하는 것으로 볼 수 있겠군.

대원수가 되어 팔십만 대병을 이끌고 황성에 찾아 온 조웅을 보며 모두 길에 나와 고마워하며 기뻐하는 백성들의 모습은 조웅이 이두병을 벌하는 것에 대해 지지하는 뜻을 드러내는 모습에 해당한다.

⑤ 조웅이 '태자를 귀양살이 보'낸 이두병을 심문하는 행위는 왕권을 찬탈한 이두병을 심판한다는 점에서 대의명분을 실현하여 복수의 정당성을 획득한 것으로 볼 수 있겠군.

이두병을 심문하면서 태자에게 행한 일을 꾸짖으며 그를 벌하려는 조웅의 행위는 왕권 찬탈을 통해 부당하게 천자 행세를 한 그의 행위를 심판하여 대의명분을 실현한다는 점에서 정당성을 획득한 것에 해당한다.

DAY 1 작문

빠른 정답 체크

01 ①   02 ③   03 ④

[작문 상황]

도시 낙엽으로 인해 발생하는 문제와 이에 대한 해결 방안을 다룬 글을 ○○시 지역 신문 독자 기고란에 실으려 함.
　　　　　　　　　　작문의 주제
　　　　　작문의 대상

[학생의 글]

[A] ❶ 가을철 낙엽은 우리에게 아름다운 정취를 느끼게 한다. 그런데 특별한 처리 과정을 거치지 않아도 자연 순환되는 숲속 낙엽과 달리 도시 가로수들이 만들어 내는 도시 낙엽은 처리 과정에서 여러 가지 문제를 발생시킨다.
　　　　　　문제 상황 제시

❷ 먼저, 도시 낙엽이 쌓이면 도로 위 보행자들이 미끄러지는 안전사고를 유발하거나 우천 시 하수구를 막아 침수 피해를 발생시키기도 한다. 그래서 지자체에서는 사람들이 많이 다니는 장소 위주로 도시 낙엽을 치우고 있지만, 처리 인력과 시간 등이 부족하여 제때 치우지 못한 낙엽이 발생하고 있는 실정이다. 다음으로, 수거된 도시 낙엽을 소각 처리하는 과정에서 추가 비용과 환경 오염 문제가 발생한다. 수거된 도시 낙엽은 다른 일반 쓰레기와 달리 폐기할 때 대부분 소각 처리를 하기 때문에 소각 비용이 추가로 들고, 대기 오염을 유발하는 유해 물질을 발생시킨다. 마지막으로, 도시 낙엽의 경제적 가치에 대한 인식이 부족하여, 수거된 도시 낙엽을 경제적 자원으로 활용하지 못하고 있는 실정이다. 지자체들이 수거된 도시 낙엽의 가치를 인식하고 활용 방안을 마련하기보다는 주로 폐기하는 방법으로 처리하고 있어 도시 낙엽의 문제가 더욱 심각해지고 있다.

❸ 도시 낙엽으로 인해 발생하는 문제점을 해결하기 위해서는 다음과 같은 노력이 필요하다. 첫째, 지자체의 손길이 닿지 못하는 곳에 남은 도시 낙엽을 치우기 위해 시민들의 협조가 필요하다. 지자체에서는 도시 낙엽을 치워야 하는 이유를 캠페인 활동을 통해 시민들에게 알려 자발적인 참여를 유도해야 한다. 둘째, 「도시 낙엽을 소각 처리하는 과정에서 발생하는 비용과 유해 물질을 줄이기 위해 낙엽 수거 전용 봉투의 사용을 확대할 필요가 있다.」일반 쓰레기가 섞이지 않게 낙엽 수거 전용 봉투를 사용하면 낙엽을 축사 바닥 깔개나 보온재로 농가에서 사용하는 등의 다양한 용도로 재사용할 수 있어 소각되는 도시 낙엽의 양을 줄일 수 있기 때문이다. 셋째, 지자체에서는 도시 낙엽을 경제적 자원으로
　　　　　　도시 낙엽으로 인해 발생하는 문제 ❸의 해결 방안

인식하고 재활용을 통해 가치를 창출할 수 있는 방안을 모색해야 한다. 도시 낙엽을 퇴비로 가공한 뒤 판매하는 것은 좋은 예가 될
　　　　　도시 낙엽을 재활용해 가치를 창출하기 위한 구체적인 방안 ①
수 있다. 더 나아가 도시 가로수의 주된 수종과 특성을 파악하여
　　　　　도시 낙엽을 재활용해 가치를 창출하기 위한 구체적인 방안 ②
낙엽을 경제적 자원으로 재활용하는 적합하고 효율적인 방안에 대한 연구도 활성화되어야 할 것이다.

01

답 | ①

'학생의 글'에 대한 설명으로 가장 적절한 것은?

정답 선지 분석

① 해결 방안에 대한 구체적 예시를 제시하고 있다.

'학생의 글'은 도시 낙엽으로 인해 발생하는 문제점의 해결 방안에 대해 지자체가 해야 하는 캠페인 활동, 도시 낙엽을 퇴비로 가공한 뒤 판매하는 것과 같이 구체적 예를 들어 제시하고 있으므로 적절하다.

오답 선지 분석

② 자문자답의 방식으로 문제의 심각성을 드러내고 있다.

'학생의 글'에서는 자문자답의 방식을 사용하고 있지 않다.

③ 글쓴이의 주장에 대해 예상되는 반론을 반박하고 있다.

'학생의 글'에서는 예상되는 반론을 반박하고 있지 않다.

④ 문제 상황의 시의성을 드러내는 속담을 사용하고 있다.

'학생의 글'에서는 시의성을 드러내는 속담을 사용하고 있지 않다.

⑤ 문제 상황과 관련하여 인용한 자료의 출처를 밝히고 있다.

'학생의 글'에서는 문제 상황과 관련하여 인용한 자료의 출처를 밝히고 있지 않다.

02

답 | ③

<보기>는 [A]의 초고이다. <보기>를 고쳐 쓰기 위해 친구들이 조언한 내용 중 [A]에 반영되지 않은 것은?

보기

가을철 낙엽은 우리에게 아름다운 정취를 느껴지게 한다. 특별한 처리 과정을 거치지 않아도 자연 순환되는 숲속 낙엽과 달리 도시 낙엽은 처리 과정에서 여러 가지 문제가 발생시킨다. 그래서 숲속 낙엽과 도시 낙엽을 구분하지 않고 처리해야 할 필요가 있다.

정답 선지 분석

③ 두 번째 문장에서 문장 성분의 호응이 맞지 않는 부분이 있으니 서술어를 다른 단어로 수정하는 건 어때?

친구들의 조언에 따르면 두 번째 문장에서 문장의 호응이 맞지 않는 부분인 '도시 낙엽은 처리 과정에서 여러 가지 문제가 발생시킨다'의 서술어인 '발생시킨다'를 수정해야 하지만 글쓴이는 [A]에서 '여러 가지 문제가'를 '여러 가지 문제를'로 수정하였다. 따라서 조언을 반영한 것은 아니므로 적절하지 않다.

오답 선지 분석

① 첫 번째 문장에서 피동 표현이 알맞지 않게 사용된 단어가 있으니 바꿔 보는 건 어때?

<보기>의 첫 번째 문장에서 '~느껴지게 한다.'라고 피동 표현이 알맞지 않게 사용된 것을 [A]의 첫 번째 문장에서 '~느끼게 한다.'로 바꾸었기 때문에 조언을 반영한 것이므로 적절하다.

② 첫 번째 문장과 두 번째 문장을 긴밀하게 연결하기 위한 표현을 사용해 보는 건 어때?

〈보기〉의 첫 번째 문장과 두 번째 문장을 긴밀하게 연결하기 위해 [A]에서 첫 번째 문장과 두 번째 문장을 접속 표현 '그런데'를 사용하여 연결했기 때문에 조언을 반영한 것이므로 적절하다.

④ 두 번째 문장에서 핵심어의 의미가 분명하지 않으니 꾸며 주는 말을 통해 구체적으로 규정해 주는 건 어때?

〈보기〉의 두 번째 문장에서 '도시 낙엽'의 의미를 [A]의 두 번째 문장에서 '도시 가로수들이 만들어 내는 도시 낙엽'이라고 꾸며 주는 말을 통해 구체적으로 규정한 것은 조언을 반영한 것이므로 적절하다.

⑤ 세 번째 문장의 내용이 글의 흐름에서 벗어나니까 해당 문장을 삭제하는 건 어때?

〈보기〉의 세 번째 문장은 글의 흐름에서 벗어나 있어 [A]에서 삭제했기 때문에 조언을 반영한 것이므로 적절하다.

03

답 | ④

다음은 학생이 쓴 글을 보완하기 위해 수집한 자료이다. 자료의 활용 방안으로 적절하지 <u>않은</u> 것은?

[자료 1] 통계 자료

㉮ ○○시 낙엽 처리 현황

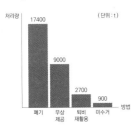

㉯ ○○시 가로수 수종 현황

가로수 수종	비율(%)
은행나무	40.3
플라타너스	25.7
느티나무	11.3
벗나무	9.2
기타	13.5

[자료 2] 신문 기사

　지자체들이 낙엽 수거와 수거한 낙엽 활용에 적극적으로 나서고 있다. △△시는 거리의 낙엽을 빠르고 깨끗하게 수거하기 위해 시민들의 참여를 독려하는 행사를 진행하고 있다. 시민들은 낙엽 청소를 한 거리 사진을 SNS에 공유하면서 지자체의 낙엽 수거에 적극적으로 협조하고 있다. 또한 □□시는 수거한 낙엽을 관광 자원으로 재사용할 수 있도록 테마 공원에 무상 제공하고 있다. 시 관계자는 "낙엽을 공원에 제공하면서 낙엽 폐기량이 줄어 톤(t)당 20만 원의 소각 비용이 절감되었다."라고 말했다.

[자료 3] 전문가 인터뷰

　낙엽이나 장작 등을 태우는 생물성 연소는 불완전 연소를 일으켜 일산화탄소, 포름알데하이드 등과 같은 위해성 오염 물질을 배출하게 됩니다. 이런 이유로 최근에는 생물적 자원을 가급적 소각하지 않고 재활용하는 방안이 주목받고 있습니다. 예를 들어 천연 살충 성분인 플라보노이드 성분이 함유된 은행나무 낙엽은 모기 퇴치제로, 플라타너스 낙엽은 황토 분말과 혼합하여 단열 효과가 있는 건축 자재로 재활용되고 있습니다.

④ [자료 1-㉮]와 [자료 2]를 활용하여, 수거되지 못한 도시 낙엽이 일으키는 사고의 위험성을 알리기 위한 캠페인의 사례를 제시해야겠어.

[자료 1-㉮]에서 미수거된 낙엽이 900t이라는 것을 확인할 수 있고, [자료 2]에서 △△시가 시민들의 낙엽 수거 참여 독려 행사를 진행하고 있음을 확인할 수 있다. '학생의 글'에는 도시 낙엽을 치워야 하는 이유를 캠페인 활동을 통해 시민들에게 알려 자발적 참여를 유도해야 한다는 내용은 제시되어 있으나, [자료 1-㉮]와 [자료 2]에서 사고의 위험성을 알리기 위한 캠페인의 사례를 찾을 수 없으므로 적절하지 않다.

① [자료 1-㉮]를 활용하여, 수거된 도시 낙엽이 주로 폐기되고 있다는 내용의 근거를 제시해야겠어.

[자료 1-㉮]에서 폐기되는 낙엽의 양이 17400t으로 다른 처리 방식에 비해 가장 많은 비율로 처리되고 있음을 확인할 수 있고, '학생의 글' 2문단에서 지자체들이 수거된 도시 낙엽을 주로 폐기하는 방법으로 처리하고 있다고 제시되어 있으므로 적절하다.

② [자료 2]를 활용하여, 도시 낙엽을 재사용할 수 있는 방안을 추가로 제시해야겠어.

[자료 2]에서 □□시가 수거한 낙엽을 테마 공원에 무상 제공하여 관광 자원으로 재사용하고 있음을 확인할 수 있고, '학생의 글' 3문단에서 도시 낙엽을 수거하여 축사 바닥 깔개나 보온재로 사용하는 등 다양한 용도로 재사용하는 방안이 제시되어 있으므로 적절하다.

③ [자료 3]을 활용하여, 도시 낙엽을 수거한 뒤 소각하는 과정에서 유해 물질이 발생하는 이유를 제시해야겠어.

[자료 3]에서 낙엽이나 장작 등을 태우는 생물성 연소가 불완전 연소로 인해 일산화탄소, 포름알데하이드 등과 같은 위해성 오염 물질을 배출한다는 것을 확인할 수 있고, '학생의 글' 2문단에서 도시 낙엽은 일반 쓰레기와 달리 소각 처리하며 대기 오염을 유발하는 유해 물질을 발생시킨다고 제시되어 있으므로 적절하다.

⑤ [자료 1-㉯]와 [자료 3]을 활용하여, 도시 가로수의 주된 수종과 특성을 파악하여 낙엽을 경제적 자원으로 적합하게 재활용할 수 있다는 내용의 사례를 제시해야겠어.

[자료 1-㉯]에서 ○○시 전체 가로수 중 은행나무와 플라타너스의 비율이 66%라는 것을 통해 은행나무와 플라타너스가 ○○시 가로수의 주된 수종임을 확인할 수 있고, [자료 3]에서 천연 살충 성분을 지닌 은행나무 낙엽을 모기 퇴치제로, 플라타너스 낙엽을 건축 자재로 재활용하고 있음을 확인할 수 있다. [자료 1-㉯]와 [자료 3]을 활용하여, 도시 가로수의 주된 수종과 특성을 파악하여 낙엽을 경제적 자원으로 적합하게 재활용할 수 있다는 내용의 사례를 제시하는 것은 적절하다.

WEEK 6

DAY 2 매체

빠른 정답 체크

01 ⑤   02 ④

[화면 1] ('□□시 청소년 정책 참여 마당' 애플리케이션 실행 화면)

[화면 2] ([화면 1]에서 87번 게시물을 클릭한 화면)

제목

청소년을 위한 □□시 문화 예술 프로그램 활성화
중심 주제

제안 이유

요즘 청소년의 삶에 긍정적인 영향을 주는 요인으로 문화
□□시 문화 예술 프로그램 활성화를 제안하는 이유
예술에 대한 사회적 관심이 증대되고 있습니다. □□시에서
도 청소년을 위한 문화 예술 프로그램이 활성화되면 좋겠습
니다.

현황 및 문제점

첫 번째, 우리 지역에서 문화 예술 프로그램을 운영하는 장
□□시 문화 예술 프로그램의 문제점
소의 접근성이 떨어집니다. 이용할 수 있는 시내버스 노선도
□□시 문화 예술 프로그램에 청소년들의 참여율이 낮은 이유
적은 편이어서 방문이 불편하다 보니 청소년들의 참여가 어
렵습니다.

두 번째, 문화 예술 프로그램이 전시나 공연 관람 위주로 구
□□시 문화 예술 프로그램의 현황
성되어 있습니다. 우리 지역 청소년을 대상으로 한 프로그램
만족도 조사에 따르면, 전체적으로 만족도가 낮게 나타났는
데 그 이유로 수동적 체험 위주의 프로그램 구성을 가장 많이
□□시 문화 예술 프로그램 만족도가 낮은 이유
꼽았습니다.

정책 제안 및 기대 효과

먼저, 스마트 기기를 활용해 비대면으로 참여할 수 있는 문
□□시 문화 예술 프로그램 활성화를 위한 방안 ①

화 예술 프로그램을 만들어 주세요. 그러면 특정 장소에 직접
가지 않아도 우리 지역 청소년들이 문화 예술 프로그램에 참
방안 ①의 기대 효과
여할 수 있을 것입니다.

다음으로, 청소년이 주체적으로 참여할 수 있는 성격의 문화
□□시 문화 예술 프로그램 활성화를 위한 방안 ②
예술 프로그램을 만들어 주세요. 이를 통해 청소년들이 주체
방안 ②의 기대 효과
성을 기를 수 있고 프로그램에 대해 만족할 수 있을 것입니다.

01
답 | ⑤

[화면 1]을 이해한 내용으로 적절하지 않은 것은?

정답 선지 분석

⑤ ⓜ을 보니, 이용자가 자신의 선택에 따라 화면에 나타나는 게시물의 개수를
조정할 수 있도록 게시물의 정렬 기준을 제시하였군.

ⓜ에는 이용자가 자신의 선택에 따라 '최신 등록 순, 공감 순, 조회 순'으로 화면에 나타나는
게시물의 순서를 조정하는 것이지 게시물의 개수를 조정하는 것은 아니므로 적절하지 않다.

오답 선지 분석

① ㉠을 보니, 이용자가 자신의 목적에 따라 이용할 수 있도록 게시판을 분류
하여 제시하였군.

㉠에는 이용자가 자신의 목적에 따라 이용할 수 있도록 '정책 제안하기, 내 글 확인하기, 공
지 확인하기, 자주 묻는 질문 보기'로 게시판을 분류하여 제시하고 있으므로 적절하다.

② ㉡을 보니, 이용자가 찾고 싶은 내용을 입력하여 정보를 검색할 수 있도록
검색창을 제시하였군.

㉡에는 이용자가 찾고 싶은 내용을 입력하여 정보를 검색할 수 있는 검색창을 제시하고 있으
므로 적절하다.

③ ㉢을 보니, 이용자가 애플리케이션 사용 중에 지정된 누리집에 접속할 수
있도록 링크를 제시하였군.

㉢에는 이용자가 '□□시 청소년 정책 참여 마당' 애플리케이션 사용 중에 지정된 누리집에
접속할 수 있는 '□□시 누리집 바로 가기' 링크를 제시하고 있으므로 적절하다.

④ ㉣을 보니, 이용자들의 관심도가 높은 화제를 알 수 있도록 인기 검색어를
열거하여 제시하였군.

㉣에는 '예술, 탄소, 진로'와 같이 이용자들의 관심도가 높은 화제를 알 수 있는 인기 검색어
를 열거하고 있으므로 적절하다.

02
답 | ④

**다음은 [화면 2]에 대한 학생들의 댓글이다. 학생들의 수용 태도에 대한 설명으로
적절하지 않은 것은?**

학생 1 최근 문화 예술 경험이 청소년의 삶에 큰 영향을 미친
다는 점에 많은 공감대가 형성되어 있는 만큼 시기적절
한 제안이라고 생각합니다.

학생 2 문화 예술 프로그램을 운영하는 장소까지 시내버스 말
고도 셔틀버스가 운영돼서 쉽게 방문할 수 있으니 접근
성이 떨어지지 않는 것 같아요.

학생3 프로그램 만족도 조사에서 수동적인 체험 방식 때문에 만족도가 낮았다고 하셨는데, 출처가 없어서 정확한 자료라고 보기 어렵습니다.

학생4 스마트 기기를 가지고 있는 청소년들이 많이 있으니까 비대면 프로그램을 만들면 실제로 청소년들의 문화 예술 프로그램 참여율을 높이는 데 효과가 있을 것입니다.

학생5 청소년이 프로그램에 능동적으로 참여할 수 있다면 자기 주도적인 능력을 기르고 싶은 친구들에게 도움이 될 것 같아요.

정답 선지 분석

④ '학생 4'는 '정책 제안 및 기대 효과'에서 제안한 비대면 프로그램의 개설에 주목하여, 스마트 기기의 기능이 향상되었다는 점에서 정책의 실효성을 긍정적으로 판단하였다.

'학생 4'는 [화면 2]의 '정책 제안 및 기대 효과'에서 '스마트 기기를~만들어 주세요'에 주목하여 댓글에서 '스마트 기기를~많이 있'다는 점에서 '실제로 청소년들의~효과가 있을 것입니다'라고 하여 정책의 실효성을 긍정적으로 판단한 것이지 스마트 기기의 기능이 향상되었다는 점에서 판단한 것이 아니므로 적절하지 않다.

오답 선지 분석

① '학생 1'은 '제안 이유'에서 언급한 사회적 관심에 주목하여, 최근 문화 예술 경험의 영향에 대한 공감대가 형성되었다는 점에서 정책 제안의 시의성을 긍정적으로 판단하였다.

'학생 1'은 [화면 2]의 '제안 이유'에서 '요즘 청소년의~증대되고 있습니다.'에 주목하여 댓글에서 '최근 문화 예술 경험이~형성되'었다는 점에서 '시기적절한 제안이라고 생각합니다'라고 하여 정책 제안의 시의성을 긍정적으로 판단한 것이므로 적절하다.

② '학생 2'는 '현황 및 문제점'에서 언급한 접근성 문제에 주목하여, 실제로는 다른 교통편이 있다는 점에서 문제 제기의 타당성을 부정적으로 판단하였다.

'학생 2'는 [화면 2]의 '현황 및 문제점'에서 '우리 지역에서~접근성이 떨어집니다'에 주목하여 댓글에서 '시내버스 말고도 셔틀버스가 운영'되고 있다는 점에서 '접근성이 떨어지지 않는 것 같'다고 하여 문제 제기의 타당성을 부정적으로 판단한 것이므로 적절하다.

③ '학생 3'은 '현황 및 문제점'에서 제시한 만족도 조사 자료에 주목하여, 자료의 출처가 제시되지 않았다는 점에서 정보의 신뢰성을 부정적으로 판단하였다.

'학생 3'은 [화면 2]의 '현황 및 문제점'에서 '우리 지역~많이 꼽았습니다.'에 주목하여 댓글에서 '출처가 없'다는 점에서 '정확한 자료라고 보기 어렵'다고 하여 정보의 신뢰성을 부정적으로 판단한 것이므로 적절하다.

⑤ '학생 5'는 '정책 제안 및 기대 효과'에서 제안한 프로그램의 성격에 주목하여, 청소년의 자기 주도성 신장에 도움이 될 수 있다는 점에서 정책의 유용성을 긍정적으로 판단하였다.

'학생 5'는 [화면 2]의 '정책 제안 및 기대 효과'에서 '청소년이 주체적으로~만들어 주세요'에 주목하여 댓글에서 '자기 주도적인~도움이 될 것 같'다고 하여 정책의 유용성을 긍정적으로 판단한 것이므로 적절하다.

DAY 3 데이터 소유권과 데이터 이동권

빠른 정답 체크

01 ③ 02 ⑤ 03 ④ 04 ①

❶ 교통 이용 내역과 같은 기록은 개인의 데이터이며, 그 개인이
〈개인의 데이터의 예시〉
'정보 주체'이다. 데이터는 물리적 형체가 없고, 복제와 재사용이
〈데이터의 특징〉
수월하다. 이 데이터가 대량으로 집적·처리되면 빅 데이터가 되
〈빅 데이터의 개념〉
고, 이것의 정보 처리자인 기업 등이 '빅 데이터 보유자'이다. 산
〈빅 데이터 보유자〉
업 분야의 빅 데이터는 특정한 목적으로 활용될 수 있다는 점에
〈빅 데이터가 경제적 가치를 지니는 이유〉
서 경제적 가치를 지닌다.

❷ 데이터를 재화로 보아 소유권이 누구에게 귀속되어야 하는지
에 대한 논의가 있다. 소유권의 주체를 빅 데이터 보유자로 보는
〈데이터의 소유권의 주체에 대한 견해 ①〉
견해와 정보 주체로 보는 견해가 있다. 전자는「빅 데이터 보유자
〈데이터의 소유권의 주체에 대한 견해 ②〉
에게 소유권을 부여하면 빅 데이터의 생성 및 유통이 ⓐ 쉬워져
데이터 관련 산업이 활성화된다고 주장한다. 후자는「정보 생산
「」: 소유권의 주체를 빅 데이터 보유자로 보는 측의 주장
주체는 개인인데, 빅 데이터 보유자에게 부가 집중되는 것은 부
당하므로, 정보 주체에게도 대가가 주어져야 한다고 본다.
「」: 소유권의 주체를 정보 주체로 보는 측의 주장
❸ 최근에는 논의의 중심이 데이터의 소유권 주체에서 데이터에
접근하기 위한 방안으로서의 데이터 이동권으로 바뀌고 있다. 우
〈최근의 데이터 관련 논의의 중심〉
리나라는 데이터에 대해 소유권이 아닌 이동권을 법으로 명문화
〈우리나라의 데이터 이동권 명문화〉
하여 정보 주체의 개인 정보 자기 결정권을 강화하였다. 데이터
이동권이란「정보 주체가 본인의 데이터를 보유한 자에게 데이터
「」: 데이터 이동권의 개념
이동을 요청하면, 그 데이터를 본인 혹은 지정한 제3자에게 무상
으로 전송하게 하는 권리이다. 다만, 본인의 데이터라도「빅 데이
「」: 정보 주체가 데이터 이동권을 주장할 수 없는 것
터 보유자가 수집하여, 분석·가공하는 개발 과정을 거쳐 새로운
가치가 생성된 것은 이에 해당되지 않는다. 법제화 이전에도 은
행 간에 계좌 자동 이체 항목을 이동할 수 있는 서비스는 있었다.
〈데이터 이동권 법제화 이전 은행 간 약정에 따라 시행함〉
이는 은행 간 약정에 ⓑ 따라 부분적으로 시행한 조치였다. 데이
터 이동권의 도입으로 쇼핑몰 상품 소비 이력 등 정보 주체의 행
동 양상과 관련된 부분까지 정보 주체가 자율적으로 통제·관리
〈데이터 이동권 도입의 영향〉
할 수 있는 범위가 확대되었다.

[A]
❹ 데이터 이동권의 법제화로 기업은 데이터의 생성 비용과
〈데이터 이동권 법제화에 따른 기업의 이익〉
거래 비용을 줄일 수 있다. 생성 비용은 기업 내에서 데이터
〈생성 비용의 개념〉
를 개발할 때 발생하는 비용으로, 기업이 스스로 데이터를 수
집할 때보다 전송받은 데이터를 복제 및 재사용하게 되면 절
〈데이터 이동권의 법제화로 생성 비용을 줄일 수 있음〉
감할 수 있다. 거래 비용은 경제 주체 간 거래 시 발생하는 비
〈거래 비용의 개념〉
용으로, 계약 체결이나 분쟁 해결 등의 과정에서 생긴다. 그
런데 데이터 이동권의 법제화로,㉠ 정보 주체가 지정하여 데
「」: 데이터 이동권의 법제화로 거래 비용을 줄일 수 있음
이터를 전송받게 된 기업은 ㉡ 정보 주체의 데이터를 보유했

던 기업으로부터 데이터를 받으면 비용을 절감할 수 있다. 이
에 따라 기업 간 공유나 유통이 촉진되고, 관련 산업이 활성
화된다.
데이터 이동권 법제화의 긍정적 효과

❺ 한편, 「정보 주체가 보안의 신뢰성이 높고 데이터 제공에
「」: 데이터 이동권 법제화에 대한 우려
따른 혜택이 많은 기업으로 데이터를 이동하면, 데이터가 집
중되어 데이터의 공유나 유통이 위축될 수 있다」는 우려도 있

[B] 다. ㉮ 데이터 보유량이 적은 신규 기업은 기존 기업과 거래
를 통해 데이터를 수집하는 것이 데이터 생성 비용 절감에
도 효율적이다. 그런데 ㉯ 데이터가 집중된 기존 기업이 집
적·처리된 데이터를 공유하려 하지 않으면, 신규 기업의 시
데이터가 집중된 기존 기업이 데이터를 공유하지 않을 때의 문제점
장 진입이 어려워져 독점화가 강화될 수 있다.

01
답 | ③

윗글의 내용과 일치하지 않는 것은?

정답 선지 분석

③ 우리나라 현행법에는 정보 주체에게 데이터의 소유권을 인정하는 규정이
있다.
3문단에서 '우리나라는 데이터에 대해 소유권이 아닌 이동권을 법으로 명문화하여 정보 주
체의 개인 정보 자기 결정권을 강화하였다.'라고 하였다. 이에 근거할 때, 우리나라 현행법에
명문화되어 있는 것은 데이터의 소유권이 아니라 데이터의 이동권임을 알 수 있다.

오답 선지 분석

① 데이터는 재사용할 수 있으며 물리적 형체가 없다.
1문단에서 '데이터는 물리적 형체가 없고, 복제와 재사용이 수월하다.'라고 하였다.

② 교통 이용 내역이 집적·처리되면 경제적 가치를 지닌 데이터가 될 수 있다.
1문단에서 '교통 이용 내역'과 같은 기록이 '개인의 데이터'이고 이러한 데이터가 대량으로
집적·처리되면 '빅 데이터'가 되며, 빅 데이터는 '경제적 가치'를 지닌다고 했다.

④ 정보 주체의 데이터로 발생한 이득이 빅 데이터 보유자에게 집중되는 것은
부당하다는 견해가 있다.
2문단에서 '후자(소유권의 주체를 정보 주체로 보는 견해)는 정보 생산 주체는 개인인데, 빅
데이터 보유자에게 부가 집중되는 것은 부당하므로, 정보 주체에게도 대가가 주어져야 한다
고 본다.'라고 했다.

⑤ 데이터 이동권의 도입으로 정보 주체의 데이터 통제 범위가 본인의 행동 양
상과 관련된 부분으로 확대되었다.
3문단에서 '데이터 이동권의 도입으로 쇼핑몰 상품 소비 이력 등 정보 주체의 행동 양상과
관련된 부분까지 정보 주체가 자율적으로 통제·관리할 수 있는 범위가 확대되었다.'라고 하
였다.

02
답 | ⑤

[A], [B]의 입장에서 ㉮~㉱에 대해 이해한 내용으로 적절하지 않은 것은?

정답 선지 분석

⑤ [B]와 달리 [A]의 입장에서, ㉯는 ㉮로 데이터를 이동하여 경제적 이득을 취
할 수 있으므로 데이터의 공유나 유통의 활성화에 기여할 수 있다고 보겠군.
[A]에는 데이터 이동권의 법제화로 데이터 생성 비용과 거래 비용을 줄일 수 있다는 견해가,
[B]에는 데이터가 특정 기업에 집중되어 데이터의 공유나 유통이 위축될 수 있다고 우려하는
견해가 나타나 있다. 3문단에서 '데이터 이동권이란 정보 주체가 본인의 데이터를 보유한 자
에게 데이터 이동을 요청하면, 그 데이터를 본인 혹은 지정한 제3자에게 무상으로 전송하게
하는 권리이다.'라고 하였다. 이에 근거할 때, 데이터 이동권에 따른 데이터 전송은 무상으로
이루어지는 것이므로, ㉯는 ㉮로 데이터를 이동하여 경제적 이득을 취할 수 없다.

오답 선지 분석

① [A]의 입장에서, ㉮는 데이터 이동권 도입을 통해 ㉯의 데이터를 재사용할
수 있게 되었으므로 데이터 생성 비용을 줄일 수 있다고 보겠군.
[A]에서는 '데이터 이동권의 법제화로 기업은 데이터의 생성 비용과 거래 비용을 줄일 수 있
다. 생성 비용은 기업 내에서 데이터를 개발할 때 발생하는 비용으로, 기업이 스스로 데이터
를 수집할 때보다 전송받은 데이터를 복제 및 재사용하게 되면 절감할 수 있다.'라고 하였다.
따라서 [A]의 입장에서, ㉮는 데이터 이동권 도입을 통해 ㉯의 데이터를 재사용할 수 있게 되
었으므로 데이터 생성 비용을 줄일 수 있다고 볼 것이다.

② [A]의 입장에서, 정보 주체가 데이터 이동을 요청하여 데이터를 전송받는
제3자가 ㉯라면, ㉯는 분쟁 없이 정보 주체의 데이터를 받게 되어 거래 비
용을 줄일 수 있다고 보겠군.
[A]에서는 '데이터 이동권의 법제화로 기업은 데이터의 생성 비용과 거래 비용을 줄일 수 있
다.'라고 하였고, '거래 비용은 경제 주체 간 거래 시 발생하는 비용으로, 계약 체결이나 분쟁
해결 등의 과정에서 생긴다.'라고 하였다. 따라서 [A]의 입장에서, 정보 주체가 데이터 이동
을 요청하여 데이터를 전송받는 제3자가 ㉯라면, ㉯는 분쟁 없이 정보 주체의 데이터를 받게
되어 거래 비용을 줄일 수 있다고 볼 것이다.

③ [B]의 입장에서, ㉮가 ㉱와의 거래에 실패해 데이터를 수집하지 못하여 ㉮에
데이터 생성 비용이 발생하면, 데이터 관련 산업의 시장에 진입하기 어려워
질 수 있다고 보겠군.
[B]에서는 '데이터가 집중된 기존 기업이 집적·처리된 데이터를 공유하려 하지 않으면, 신규
기업의 시장 진입이 어려워져 독점화가 강화될 수 있다.'라고 하였다. 따라서 [B]의 입장에
서, ㉮가 ㉱와의 거래에 실패해 데이터를 수집하지 못하여 ㉮에 데이터 생성 비용이 발생하
면, 데이터 관련 산업의 시장에 진입하기 어려워질 수 있다고 볼 것이다.

④ [A]와 달리 [B]의 입장에서, 정보 주체의 데이터가 ㉯에서 ㉱로 이동하여 집
적·처리될수록 기업 간 공유나 유통이 위축될 수 있다고 보겠군.
[A]에서는 데이터 이동권의 법제화로 '기업 간 공유나 유통이 촉진되고, 관련 산업이 활성화
된다.'라고 하였다. 이와 달리 [B]에서는 '정보 주체가 보안의 신뢰성이 높고 데이터 제공에
따른 혜택이 많은 기업으로 데이터를 이동하면, 데이터가 집중되어 데이터의 공유나 유통이
위축될 수 있다는 우려도 있다.'라고 하였다. 따라서 [A]와 달리 [B]의 입장에서, 정보 주체의
데이터가 ㉯에서 ㉱로 이동하여 집적·처리될수록 기업 간 공유나 유통이 위축될 수 있다고
볼 것이다.

03

답 | ④

윗글을 바탕으로 <보기>를 이해한 내용으로 적절하지 <u>않은</u> 것은?

> **보기**
>
> A 은행은 고객들의 데이터를 수집하고 이를 분석·가공하여 자산 관리
> 데이터 서비스인 연령별·직업군별 등 고객 맞춤형 금융 상품 추천 서비
> 스를 제공했다. 갑은 본인의 데이터 제공에 동의하여 A 은행으로부터 소
> 정의 포인트를 받았다. 데이터 이동권이 법제화된 이후 갑은 B 은행 체
> 크 카드를 발급받은 뒤, A 은행에 '계좌 자동 이체 항목', '체크 카드 사용
> 내역', '연령별 맞춤형 금융 상품 추천 서비스 내역'을 B 은행으로 이동할
> 것을 요청했다.

정답 선지 분석

④ 갑이 본인의 데이터를 보유한 A 은행을 상대로 요청한 '연령별 맞춤형 금융
상품 추천 서비스 내역'은 데이터 이동권 행사의 대상이다.

3문단에서 '본인의 데이터라도 빅 데이터 보유자가 수집하여, 분석·가공하는 개발 과정을 거
쳐 새로운 가치가 생성된 것은 이(데이터 이동권 행사의 대상)에 해당되지 않는다.'라고 하였
다. <보기>의 '연령별 맞춤형 금융 상품 추천 서비스 내역'은 빅 데이터 보유자가 수집하여,
분석·가공하는 개발 과정을 거쳐 새로운 가치가 생성된 것이므로 데이터 이동권 행사의 대
상이 아니다.

오답 선지 분석

① 갑이 본인의 데이터를 이동 요청하면 A 은행은 갑의 '체크 카드 사용 내역'
을 B 은행으로 전송해야 한다.

'체크 카드 사용 내역'은 데이터 보유자가 수집하여, 분석·가공하는 개발 과정을 거쳐 새로운
가치가 생성된 것이 아니다. 따라서 데이터 이동권 행사의 대상이며, 갑이 본인의 데이터를
이동 요청하면 A 은행은 갑의 '체크 카드 사용 내역'을 B 은행으로 전송해야 한다.

② A 은행에 대한 갑의 데이터 이동 요청은 정보 주체의 자율적 관리이므로 강
화된 개인 정보 자기 결정권의 행사이다.

3문단에서 '우리나라는 데이터에 대해 소유권이 아닌 이동권을 법으로 명문화하여 정보 주
체의 개인 정보 자기 결정권을 강화하였다.'라고 하였으며, '데이터 이동권의 도입으로 쇼핑
몰 상품 소비 이력 등 정보 주체의 행동 양상과 관련된 부분까지 정보 주체가 자율적으로 통
제·관리할 수 있는 범위가 확대되었다.'라고 하였다. 이에 근거할 때, A 은행에 대한 갑의 데
이터 이동 요청은 정보 주체의 자율적 관리에 해당하는 것이며, 이는 데이터 이용권의 도입
에 따라 강화된 개인 정보 자기 결정권을 행사하는 것이라고 볼 수 있다.

③ 데이터의 소유권 주체가 정보 주체라고 본다면, 갑이 A 은행으로부터 받은
포인트는 본인의 데이터 제공에 대한 대가이다.

2문단에서 '후자(데이터 소유권의 주체를 정보 주체로 보는 견해)는 정보 생산 주체는 개인
인데, 빅 데이터 보유자에게 부가 집중되는 것은 부당하므로, 정보 주체에게도 대가가 주어
져야 한다고 본다.'라고 하였다. 이에 근거할 때 갑이 A 은행으로부터 받은 포인트는 본인의
데이터 제공에 대한 대가라고 볼 수 있다

⑤ 데이터 이동권의 법제화 이전에도 갑이 A 은행에서 B 은행으로 이동을 요
청한 정보 중에서 '계좌 자동 이체 항목'은 이동이 가능했다.

3문단에서 '법제화 이전에도 은행 간에 계좌 자동 이체 항목을 이동할 수 있는 서비스는 있
었다.'라고 하였다.

04

답 | ①

문맥상 ⓐ, ⓑ와 바꾸어 쓰기에 가장 적절한 것은?

정답 선지 분석

	ⓐ	ⓑ
①	용이(容易)해져	근거(根據)하여

ⓐ(쉬워져)는 '하기가 까다롭거나 힘들지 않다.'의 의미로 쓰였으며, ⓑ(따라)는 '어떤 경우,
사실이나 기준 따위에 의거하다.'의 의미로 쓰였다. '용이(容易)하다'는 '어렵지 아니하고 매
우 쉽다.'라는 의미를 가지고 있고, '근거(根據)하다'는 '어떤 일이나 판단, 주장 따위가 어떤
현상이나 사실에 바탕을 두다.'라는 의미를 가지고 있다. 따라서 ⓐ는 '용이(容易)해져'로 바
꾸어 쓸 수 있고, ⓑ는 '근거(根據)하여'로 바꾸어 쓸 수 있다.

오답 선지 분석

②	유력(有力)해져	근거(根據)하여

'유력(有力)하다'는 '세력이나 재산이 있다.' 또는 '가능성이 많다.'라는 의미를 가지고 있다.
따라서 ⓐ는 '유력(有力)해져'로 바꾸어 쓸 수 없다.

③	용이(容易)해져	의탁(依託)하여

'의탁(依託)하다'는 '어떤 것에 몸이나 마음을 의지하여 맡기다.'라는 의미를 가지고 있으므
로, ⓑ는 '의탁(依託)하여'로 바꾸어 쓸 수 없다.

④	원활(圓滑)해져	의탁(依託)하여

'원활(圓滑)하다'는 '모난 데가 없고 원만하다.'와 '거침이 없이 잘 나가는 상태에 있다.'라는
의미를 가지고 있으므로, ⓐ는 '원활(圓滑)해져'로 바꾸어 쓸 수 있다. 그러나 ⓑ는 '의탁(依
託)하여'로 바꾸어 쓸 수 없다.

⑤	유력(有力)해져	기초(基礎)하여

ⓐ는 '유력(有力)해져'로 바꾸어 쓸 수 없다. 그러나 '기초(基礎)하다'는 '근거를 두다.'라는
의미를 가지고 있으므로, ⓑ는 '기초(基礎)하여'로 바꾸어 쓸 수 있다.

DAY 4 **검색 엔진의 웹 페이지 순서 결정**

빠른 정답 체크

1 ② **2** ⑤ **3** ⑤ **4** ①

❶ 인터넷 검색 엔진은 검색어를 포함하는 웹 페이지를 찾아 화
면에 보여 준다. 웹 페이지가 화면에 나타나는 순서를 정하기 위
해 검색 엔진은 수백 개가 ⓐ <u>넘는</u> 항목을 고려한 다양한 방식을
사용한다. 대표적인 항목으로 중요도와 적합도가 있다.
『검색 엔진이 중요도와 적합도를 고려하는 이유』

❷ 검색 엔진은 빠른 시간 내에 검색 결과를 보여 주기 위해 웹
페이지들의 데이터를 수집하여 인덱스를 미리 작성해 놓는다. 인
덱스란 단어를 알파벳순으로 정리한 목록으로, 여기에는 『각 단어
『검색 엔진이 고려하는 대표적인 항목』 『인덱스의 개념』 『」: 인덱스에 저장되는 항목
가 등장하는 웹 페이지와 단어의 빈도수 등이 저장된다. 이때 각
웹 페이지의 중요도가 함께 기록된다.』

❸ ㉠중요도는 웹 페이지의 중요성을 값으로 나타낸 것으로 링
『중요도의 개념』
크 분석 기법으로 측정할 수 있다. 기본적인 링크 분석 기법에서
『웹 페이지 A의 값은 A를 링크한 각 웹 페이지들로부터 받는 값의
『」: 링크 분석 기법을 통한 중요도 측정

WEEK 6

합이다. 이렇게 받은 A의 값은 A가 링크한 다른 웹 페이지들에 균등하게 나눠진다. 즉 A의 값이 4이고 A가 두 개의 링크를 통해 다른 웹 페이지로 연결된다면, A의 값은 유지되면서 두 웹 페이지에는 각각 2가 보내진다.

❹ 하지만 두 웹 페이지가 실제로 받는 값은 2에 댐핑 인자를 곱한 값이다.
<u>웹 페이지가 실제로 받는 값 = (A에서 받은 값)×(댐핑 인자)</u>
댐핑 인자는 「사용자들이 웹 페이지를 읽다가 링크를 통해 다른 웹 페이지로 이동하지 않는 비율을 반영한 값으로 1
「 」: 댐핑 인자의 개념
미만의 값을 가진다.」댐핑 인자는 모든 링크에 동일하게 적용된
<u>웹 페이지가 실제로 받는 값은 보내진 값보다 작음</u>
다. 가령 그 비율이 20%이면 댐핑 인자는 0.8이고 두 웹 페이지는 A로부터 각각 1.6을 받는다. 웹 페이지로 연결된 링크를 통해
2(A에서 받은 값)×0.8(댐핑 인자) = 1.6
받는 값을 모두 반영했을 때의 값이 각 웹 페이지의 중요도이다. 웹 페이지들을 연결하는 링크들은 변할 수 있기 때문에 검색 엔진은 주기적으로 웹 페이지의 중요도를 갱신한다.

❺ 사용자가 검색어를 입력하면 검색 엔진은 인덱스에서 검색어에 적합한 웹 페이지를 찾는다. ⓛ 적합도는 단어의 빈도, 단어가
<u>적합도에 반영되는 요소</u>
포함된 웹 페이지의 수, 웹 페이지의 글자 수를 반영한 식을 통해 값이 정해진다. 「해당 검색어가 많이 나올수록, 그 검색어를 포함
「 」: 적합도가 높아지는 조건
하는 다른 웹 페이지의 수가 적을수록, 현재 웹 페이지의 글자 수가 전체 웹 페이지의 평균 글자 수에 비해 적을수록」적합도가 높아진다. 검색 엔진은 중요도와 적합도, 기타 항목들을 적절한 비율로 합산하여 화면에 나열되는 웹 페이지의 순서를 결정한다.

01
답 | ②

윗글을 통해 알 수 있는 내용으로 가장 적절한 것은?

정답 선지 분석

② 사용자가 링크를 따라 다른 웹 페이지로 이동하는 비율이 높을수록 댐핑 인자가 커진다.

4문단에 따르면, 댐핑 인자는 사용자가 링크를 따라 다른 웹 페이지로 이동하지 않을 확률을 반영한 값이다. 그 비율이 20%이면 댐핑 인자가 0.8이라고 하였으므로, 이동하지 않는 비율이 높을수록 댐핑 인자는 작아짐을 알 수 있다. 반대로, 사용자가 링크를 따라 다른 웹 페이지로 이동하는 비율이 높을수록 댐핑 인자는 커진다.

오답 선지 분석

① 인덱스는 사용자가 검색어를 입력한 직후에 작성된다.

2문단에 따르면, 검색 엔진은 웹 페이지의 데이터를 수집하여 인덱스를 미리 작성해 놓는다. 그러므로 검색어를 입력한 직후에 작성되는 것이 아니다.

③ 링크 분석 기법은 웹 페이지 사이의 링크를 분석하여 웹페이지의 적합도를 값으로 나타낸다.

2, 3문단에 따르면 링크 분석 기법은 적합도를 값으로 나타내기 위한 방법이 아니라 중요도를 측정하기 위한 방법이다.

④ 웹 페이지의 중요도는 다른 웹 페이지에서 받는 값과 다른 웹 페이지에 나눠 주는 값의 합이다.

3문단에 따르면, 특정 웹 페이지의 중요도는 해당 웹 페이지를 링크한 각 웹 페이지들로부터 받은 값의 합이다. 여기에 다른 웹 페이지에 나눠 주는 값을 더해서 구하는 것이 아니다.

⑤ 사용자가 검색어를 입력하면 검색 엔진은 검색한 결과를 인덱스에 정렬된 순서대로 화면에 나타낸다.

2문단에 따르면 인덱스는 단어를 알파벳 순서로 정리한 목록이다. 검색 엔진이 검색 결과를 제시하는 순서는 중요도와 적합도를 비롯한 다양한 항목을 고려하여 결정되므로, 인덱스에 정렬된 것처럼 알파벳 순서로 나타나는 것이 아니다.

02
답 | ⑤

㉠, ㉡을 고려하여 검색 결과에서 웹 페이지의 순위를 높이기 위한 방안으로 가장 적절한 것은?

정답 선지 분석

⑤ 다른 웹 페이지에서 흔히 다루지 않는 주제를 간략하게 설명하되 주제와 관련된 단어를 자주 사용하여 ㉡을 높인다.

5문단에 따르면 해당 검색어가 많이 나올수록, 그 검색어를 포함하는 다른 웹 페이지의 수가 적을수록, 현재 웹 페이지의 글자 수가 전체 웹 페이지의 평균 글자 수에 비해 적을수록 적합도가 높아진다. 그러므로 흔히 다루지 않는 주제(해당 주제를 포함하는 다른 웹 페이지의 수가 적음)를 간략하게 설명(전체 웹 페이지의 평균 글자 수에 비해 글자 수가 적음)하되 주제와 관련된 단어를 자주 사용(해당 검색어가 많이 나옴)하면 ㉡이 높아진다.

오답 선지 분석

① 화제가 되고 있는 검색어들을 웹 페이지에 최대한 많이 나열하여 ㉠을 높인다.

㉠을 높이려면 다른 많은 웹 페이지가 ㉠을 높이고자 하는 웹 페이지를 링크해야 한다. 화제가 되고 있는 검색어들을 웹 페이지에 나열하는 것은 ㉠을 높이는 방법으로는 적절하지 않다.

② 사람들이 많이 접속하는 유명 검색 사이트로 연결하는 링크를 웹 페이지에 많이 포함시켜 ㉠을 높인다.

㉠을 높이려면 다른 많은 웹 페이지가 ㉠을 높이고자 하는 웹 페이지를 링크해야 한다. 유명 검색 사이트에 링크를 하는 것은 ㉠을 높이는 방법으로는 적절하지 않다.

③ 알파벳순으로 앞 순서에 있는 단어들을 웹 페이지 첫 부분에 많이 포함시켜 ㉡을 높인다.

웹 페이지에 포함된 단어가 알파벳 앞 순서에 있는 것과 ㉡은 관련이 없다.

④ 다른 많은 웹 페이지들이 링크하도록 웹 페이지에서 여러 주제를 다루고 전체 글자 수를 많게 하여 ㉡을 높인다.

다른 많은 웹 페이지들이 링크하도록 하는 것은 ㉠을 높일 수 있는 방법이지만, ㉡을 높이는 것과는 관련이 없다. 전체 글자 수를 전체 웹 페이지의 평균 글자 수에 비해 많게 하면 ㉡은 오히려 낮아진다.

03
답 | ⑤

<보기>는 웹 페이지들의 관계를 도식화한 것이다. 윗글을 바탕으로 <보기>를 이해한 내용으로 적절한 것은?

보기

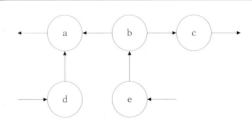

원은 웹 페이지이고, 화살표는 웹 페이지에서 링크를 통해 화살표 방향의 다른 웹 페이지로 연결됨을 뜻한다. 댐핑 인자는 0.5이고, d와 e의 중요도는 16으로 고정된 값이다.
(단, 링크와 댐핑 인자 외에 웹 페이지의 중요도에 영향을 주는 다른 요소는 고려하지 않음.)

정답 선지 분석

⑤ e에서 c로의 링크가 추가되면 c의 중요도는 5이다.

e에서 c로 링크가 추가되면 c의 중요도는 b와 e로부터 받은 값의 합이 된다. e의 중요도는 16이고, 이를 b와 c에 8씩 균등하게 나누어 주게 된다. 여기에 댐핑 인자 0.5를 곱하면 b와 c가 e로부터 받는 값은 각각 4이다. 한편 b는 이렇게 받은 값을 a와 c에 2씩 균등하게 나누어 주는데, 댐핑 인자 0.5를 곱하면 b로부터 c가 받는 값은 1이 된다. c가 b와 e로부터 받은 값은 각각 1과 4이므로 이를 합한 중요도는 5이다.

오답 선지 분석

① a의 중요도는 16이다.

a의 중요도는 d와 b로부터 받은 값의 합이다. d로부터는 16에 댐핑 인자 0.5를 곱한 8을 받는다. b는 e로부터 16에 댐핑 인자 0.5를 곱한 8을 받아 이것을 a와 c에 균등하게 나누어 주므로, b에서 a로 가는 값은 4에 0.5를 곱한 2가 된다. 따라서 a의 중요도는 8과 2의 합인 10이 된다.

② a가 b와 d로부터 각각 받는 값은 같다.

a가 d로부터 받는 값은 8이고, b로부터 받는 값은 2이다. 따라서 두 값은 다르다.

③ b에서 a로의 링크가 끊어지면 b와 c의 중요도는 같다.

b에서 a로의 링크가 끊어지면 c는 b로부터 8×0.5의 값을 받게 된다. b의 중요도는 e로부터 받은 16×0.5이기 때문에 두 값은 다르다.

④ e에서 a로의 링크가 추가되면 b의 중요도는 6이다.

e에서 a로의 링크가 추가되면 e의 중요도 16은 a와 b에 균등하게 나눠진다. 8에 댐핑 인자를 곱하면 b의 중요도는 4가 된다.

04
답 | ①

문맥상 ⓐ의 의미와 가장 가까운 것은?

정답 선지 분석

① 공부를 하다 보니 시간은 자정이 넘었다.

ⓐ는 '일정한 시간, 시기, 범위 따위에서 벗어나 지나다.'의 의미를 가지고 있다. '자정이 넘었다.'에서 '넘다'는 문맥상 자정이라는 일정한 시간의 범위를 벗어난 것을 의미하기 때문에 ⓐ와 가장 가깝다.

오답 선지 분석

② 그들은 큰 산을 넘어서 마을에 도착했다.

'높은 부분의 위를 지나다.'의 의미이다.

③ 철새들이 국경선을 넘어서 훨훨 날아갔다.

'경계를 건너 지나다.'의 의미이다.

④ 선수들은 가까스로 어려운 고비를 넘었다.

'어려움이나 고비 따위를 겪어 지나다.'의 의미이다.

⑤ 갑자기 냄비에서 물이 넘어서 좀 당황했다.

'일정한 곳에 가득 차고 나머지가 밖으로 나오다.'의 의미이다.

DAY 5 〈속사미인곡〉_이진유 / 〈오련가〉_이복길 / 〈답홍덕보서 제이〉_박지원

빠른 정답 체크

01 ⑤   **02** ②   **03** ③   **04** ④   **05** ③   **06** ④

가

삼 년을 임을 떠나 해도(海島)에 유배되니
　　　　　　　　　　　　　　　　　화자의 처지
㉠ 내 언제 무심하여 임에게 득죄했나
　대구적 표현 - 운율감 형성, 자신의 처지를 비관함
임이 언제 박정(薄情)하여 날 대접 소홀히 했나

내 얼굴 고왔던지 질투하는 건 뭇 여자로다
　반대파의 모함을 받아 유배되었음을 여성의 목소리를 빌려 표현함
유한한* 이내 몸을 음란하다 이르로세

(중략)

긴 소매 들고 앉아 옛 잘못을 헤아리니

「우직하기 본성이오 망령됨도 내 죄로되
「」: 자신의 잘못이 임(=임금)을 향한 충정에서 비롯되었다고 생각함
근본을 생각하면 임 위한 정성일세」

일월 같은 우리 임이 거의 아니 굽어볼까
　　　　　　임이 자신의 무고함과 충정을 알아주리라는 기대감
날 살리신 이 은혜를 결초(結草)하기 생각하나
　　　　　　자신을 유배 보낸 임의 은혜에 보답하고자 함
광주리의 가을 부채 어느 날 다시 날꼬
　은혜를 갚고자 하지만 그럴 수 없는 현실적 여건을 비관함
황금을 못 얻으니 장문부*를 어이 사리

마름과 연(蓮)으로 옷을 짓고 부용(芙蓉)으로 치마 지어
　임에 대한 화자의 애정 ①　　　임에 대한 화자의 애정 ②
상자 안에 두어신들 눌 위하여 단장할꼬
　임에 대한 화자의 연정이 전해지지 못하는 상황에 대한 안타까움
고향에 돌아갈 꿈 벽해(碧海)를 밟아 건너
　임과의 재회라는 화자의 소망이 일시적으로 이루어지는 매개체
옥루(玉樓) 높은 곳에 밤마다 임을 모셔
　화자와 임의 만남이 이루어지는 공간
일당우불에 수답이 여향하니*

가까이 다가앉아 귀신을 묻던 가태부 이러한가*

멀리서 들려오는 어촌의 닭 울음에 긴 잠을 깨어나니
　　　　　　　　　　화자와 임의 만남을 방해하는 존재
㉡ 우리 임 금옥(金玉) 같은 음성이 귓가에 의연하고
　감각적(청각, 후각) 심상을 활용하여 화자의 그리움을 강조함
우리 임 어로향*이 옷과 소매에 품었어라

어느 날 이내 꿈을 진짜로 삼을 건가

두어라 임금께서 행여 고치시기를 날마다 고대하노라
　　　　자신의 상황이 임금에 의해 변화되기를 바람
　　　　　　　　　　　　　　　- 이진유, 〈속사미인곡〉 -

* 유한한: 조용하고 그윽한. 여성의 훌륭한 인품을 뜻함.
* 장문부: 한나라 진 황후가 황제의 총애를 되찾기 위해 황금 백 근을 주고 얻었다는 글.
* 일당우불에~여향하니: 한 방에서 서로 많은 이야기를 나누는 모습을 나타낸 표현.
* 가까이~이러한가: 모함을 받아 좌천되었던 가태부를 한나라 문제가 불러 밤새 가까이 마주 앉아 귀신에 대해 논했던 일을 말함.
* 어로향: 임금의 향로에서 나는 향기.

나

임 그려 생각하고 푸른 요 짚고 꿈을 꾸니
　　　　　　　　　　임과의 만남이 이루어지는 매개체
외로운 영혼이 임에게 가 있더니

살뜰히 원수의 **꾀꼬리**로 말 못하고 깨었네
　　　　　화자와 임의 만남을 방해하는 존재
　　　　　　　　　　　　　　　　　　　　　　<제1수>
　　　　　꼬리 따기식 창작 기법 – 시조 종장의 마지막 어휘가 다음
깨어 일어나 앉아 꿈 일을 생각하니 　시조의 초장 첫 어휘나 어구로 고
　꾀꼬리로 임과의 만남이 무산됨　　 리처럼 연결해 진행됨
끊임없는 눈물이 두 볼에 진주로다
　임에 대한 화자의 애정과 그리움 ①
이 진주 **진짜 진주**와 저 임의 집에 보내고져
　눈물　　임에 대한 화자의 애정과 그리움 ②
　　　　　　　　　　　　　　　　　　　　　　<제2수>

보내거든 아실까 내 정성 아실까
　임이 자신의 사랑을 알아줄 것이라고 확신하지 못함
임도 나 같으면 일정 내 뜻 아시려니
만일에 내 뜻과 다르면 분명 대소(大笑) 하리라
　　　상황을 가정하여 임의 행동을 추측함
　　　　　　　　　　　　　　　　　　　　　　<제3수>

대소 마시고 내 정성 아소서
　제3수에서 가정한 상황이 발생하지 않기를 바람
무슨 장부로 이리도록 이러커니
얼굴은 옛 얼굴 있어도 일촌간장은 썩은 지 오래거다
　화자의 육신　　　　　　　화자의 마음
　　　　　　　　　　　　　　　　　　　　　　<제4수>

간장이 다 썩으니 목숨이 없게 되게
ⓒ **죽어 진토(塵土)가 되다 이 마음 썩을손가**
　임을 향한 자신의 사랑이 변치 않을 것이라는 화자의 의지적 태도
두어라 정성이 감천하야* 지하에 가 보새이다
　　　　　　　　　　　　　　　　　　　　　　<제5수>
　　　　　　　　　　　　　　　　　　　　- 이복길, 〈오련가〉 -

* 감천하야: 하늘을 감동하게 하여.

다

젊은 시절에는 과연 나도 **허황된 명성을 연모**하여, 문장을 표절
　　　　　　　　　　　과거 자신의 행위에 대한 반성적 의식을 드러냄
하고 화려하게 꾸며서 잠시 예찬을 받은 적이 있지요. 그렇게 해
서 얻은 ⓓ **명성이란 겨우 송곳 끝과 한데 쌓인 비방은 산더미 같**
　　　　　　　문장을 표절하고 화려하게 꾸며서 얻은 명성은 허황된 것이었음
았으니, 매양 한밤중에 스스로 반성하면 입에서 신물이 날 지경
이었지요. 명성과 실정의 사이에서 스스로 깎아내리기에도 겨를
이 없거늘, 더구나 감히 다시 명성을 가까이 하겠습니까. 그러니
명성을 위한 벗은 이미 나의 안중에서 떠나 버린 지 오래입니다.
　명성은 참된 벗을 사귀는 데에 기준이 될 수 없다는 인식
　이른바 **이익과 권세**라는 것도, 일찍이 그 길에 발을 들여놓아
보았지요. 대개 사람들은 **모두 남의 것을 가져다 제 것으로 만들**
생각만 하지, 제 것을 덜어 내서 남에게 보태 주는 일은 본 적이
　사람들은 자신의 이익과 권세를 나누려 하지 않음-당대 세태에 대한 비판적 인식
없습니다. 명성이란 본시 허무한 것이요 사람들이 값을 지불하는
　　　　　　　　　명성은 빼앗거나 돈이 필요한 것이 아니므로 서로 나눌 수 있음
것도 아니어서, 혹은 쉽게 서로 주어 버리는 수도 있지요. 하지만
실질적인 이익과 실질적인 권세에 이르면 어찌 선뜻 자기 것을
양보해서 남에게 주려 하겠습니까.
　그 길로 바삐 달려가는 자들은 흔히 앞으로 엎어지고 뒤로 자빠
지는 꼴을 보기 마련이니, ⓔ **한갓 스스로 기름을 가까이 했다가**
　　　　　　　　　이익과 권세를 쫓는 사람들에 대한 비판적 인식
옷만 더럽힌 셈입니다. 이 역시 이익과 손해를 따지는 비열한 논

의라 하겠지만, 실상은 분명 이와 같습니다. 또한 진작 형에게서
　　　　　일찍이 홍대용에게 이익과 권세를 멀리하라는 충고를 들은 적이 있음
이런 충고를 받은 바 있어, 이익과 권세의 이 두 길을 피한 지가
벌써 십 년이나 됩니다.
　「내가 명성·이익·권세를 좇는 이 세 부류의 벗들을 버리고 나서,
　「」: 자신의 경험을 바탕으로 참다운 벗을 사귀는 것에 대한 어려움을 드러냄
비로소 눈을 밝게 뜨고 이른바 참다운 벗을 찾아보았더니, 대개
　　　　　　　　　　명성·이익·권세를 좇지 않는 벗
한 사람도 없습디다. **벗 사귀는 도리를 다하고자 하면, 벗을 사귀**
기란 확실히 어려운가 봅니다.」
　하지만 어찌 정말 과연 한 사람도 없기야 하겠습니까.「어떤 일을
당했을 때 잘 깨우쳐 준다면 비록 돼지 치는 종놈이라도 진실로
　　　　　　참된 벗의 도리 ①
나의 어진 벗이요, 의로운 일을 보고 충고해 준다면 비록 나무하
　　　　　　　　참된 벗의 도리 ②
는 아이라도 역시 나의 좋은 벗일 겁니다.」이렇게 생각하면 과연
　「」: 참된 벗의 도리를 다하는 자라면 신분에 상관없이 모두 벗이 될 수 있음
이 세상에서 내게 벗이 부족한 것은 아니지요. 그러나 돼지 치는
벗은 경서를 논하는 자리에 함께 참여하기 어렵고, 나무하는 벗은
　　　　　　돼지 치는 벗이 참된 벗이 될 수 없는 이유
손님과 주인이 읍양하는* 대열에 둘 수 없습니다. 그러니 고금을
　　　　　　나무하는 벗이 참된 벗이 될 수 없는 이유
더듬어 보면서 **어찌 마음이 답답하지 않을 수가 있겠습니까.**

（중략）

　혹시 우리나라 안에서 한 번 만나 보아 **서로 거리낌 없이 회포**
　　　　　　　참된 벗을 사귀는 것에 대한 글쓴이의 간절한 바람
를 털어놓을 수 있는 사람이 있다면 천 리를 멀다 아니하고 찾아
가고 말겠습니다만, 형도 이런 벗을 아직 만나 본 적이 없는 게
아닌지요? 아니면 영영 이런 생각을 가슴속에서 끊어 버렸는지
요? 지난날 서로 끊임없이 이야기를 나눌 때에도 그런 이야기까
지는 한 적이 없었기에, 지금 마침 한 가닥 울적한 마음이 들어
우선 여쭈어 보는 것입니다.
　　　　　　　　　　　　　　- 박지원, 〈답홍덕보서 제이〉 -

* 읍양하는: 예를 갖추어 공손하게 인사하는.

01
답 | ⑤

(가)~(다)의 공통점으로 가장 적절한 것은?

정답 선지 분석

⑤ 만나고 싶은 대상을 만나기 어려운 상황을 제시하며 그에 대한 안타까움을
나타내고 있다.
　(가), (나)는 임을 만나고 싶은 마음, (다)는 참된 벗을 만나고 싶은 마음을 다루고 있다. (가)는
연군의 마음을 바탕으로 쓴 유배 가사이므로 여기서 임은 임금을 상징하는 말로 이해된다.
(가), (나)의 임과 (다)의 참된 벗은 모두 만나고 싶지만 만나기 힘든 대상이며 그러한 상황에
대해 (가), (나)의 화자와 (다)의 글쓴이가 안타까움을 나타내고 있다는 점에서 세 작품은 공
통점을 갖는다.

오답 선지 분석

① 초월적 공간을 제시하여 이상적인 세계에 대한 동경을 드러내고 있다.
　(가), (나)에서 꿈이라는 공간을 제시하고 있으나 이를 통해 이상적인 세계에 대한 동경을 드
러내고 있지는 않다.

② 현실에 대한 인식을 바탕으로 과거로 회귀하려는 소망을 나타내고 있다.
　(가)~(다) 모두 현실에 대한 인식을 바탕으로 과거로 회귀하려는 소망을 나타내고 있지 않다.

③ 대상을 보는 여러 관점을 제시하여 대상의 특성을 입체적으로 드러내고 있다.
(가)~(다) 모두 대상에 대한 여러 관점이 나타나 있지 않다.

④ 계절감이 드러나는 소재를 제시하여 자연 풍경의 변화에 대한 감상을 드러내고 있다.
(가)~(다) 모두 계절감이 드러내는 소재를 제시하고 있지 않다.

02

답 | ②

<보기>를 바탕으로 (가)를 감상한 내용으로 적절하지 않은 것은?

보기

〈속미인곡〉은 사대부인 작가가 유배지인 추자도에서 쓴 작품이다. 작품에서 작가는 연군(戀君)의 정서를 바탕으로 자신이 겪는 시련과 그에 대한 생각을 서술하고 있는데, 작가의 간절함을 나타내고자 장면에 따라 여성 화자의 목소리를 빌려 표현하기도 한다. 특히 당쟁 속에서 반대파의 모함을 받아 유배된 일에 대한 억울함과 유배된 작가 자신의 상황을 변화시킬 수 있는 주체가 임금이라는 생각을 드러내고 있다.

정답 선지 분석

② '이내 몸을' '일월 같은 우리 임이 거의 아니 굽어볼까'라고 한 것은 작가가 유배지에서 생활하고 있는 자신의 일상에 관심을 보이는 임금에 대한 감사함을 드러낸 것이겠군.
〈보기〉에 제시된 자료를 참고할 때 '일월 같은~굽어볼까'는 해와 달처럼 밝은 지혜를 지닌 임금이 자신의 죄 없음과 충정의 마음을 알아주리라는 작가의 믿음과 기대감을 나타낸 것으로 이해된다. 따라서 유배지에서 생활하는 자신의 일상에 임금이 관심을 보여 준 것을 감사해하는 마음에서 작가가 그와 같이 표현했다는 설명은 적절하지 않다.

오답 선지 분석

① '뭇 여자'가 '질투하'여 '음란하다 이르'었다고 한 것은 작가가 반대파의 모함을 받아 유배되었다고 생각하고 있음을 나타낸 것이겠군.
작가가 당쟁 속에서 반대파의 모함을 받아 유배되었다는 〈보기〉의 내용을 고려한다면 '뭇 여자'의 '질투'는 반대파의 모함으로, 작가는 이들이 임에게 자신을 '음란하다 이르'어 임과 이별, 즉 유배되었다고 생각하고 있다.

③ '옛 잘못'에 대해 '근본을 생각하면 임 위한 정성일세'라고 한 것은 작가가 자신의 시련이 임금을 위한 충정에서 비롯되었다고 생각하고 있음을 나타낸 것이겠군.
작가가 자신이 유배된 계기인 '옛 잘못'을 '임 위한 정성'이라 한 것은 자신의 시련이 본래 임금을 위한 충정에서 비롯된 것이라고 생각하였기 때문이다.

④ '눌 위하여 단장할꼬'라고 한 것은 작가가 지닌 연군의 마음이 임금에게 전해지지 못하는 상황에 대한 안타까움을 여성 화자의 목소리를 빌려 드러낸 것이겠군.
'눌 위해 단장할꼬'에서 '단장'은 임에 대한 정성을 나타내는 행위로, 작가의 연군지정을 뜻하며 '내 얼굴 고왔던지', '유한한', '치마' 등의 표현과 함께 화자가 여성임을 짐작하게 하는 말이다. 이 구절에서 작가는 의문의 형식을 사용해 아름답게 단장해도 보아 줄 임이 없는 상황을 강조함으로써 자신의 연군지정이 임금에게 전해지기 힘든 상황을 부각했다.

⑤ '행여 고치시기를 날마다 고대하노라'라고 한 것은 유배된 작가의 상황을 바꿀 수 있는 주체가 임금이라는 작가의 생각을 나타낸 것이겠군.
'행여 고치시기를 날마다 고대하노라'에는 유배된 자신의 상황을 고칠 수 있는 주체가 임금이므로, 자신의 상황이 임금에 의해 변화되기를 바라는 작가의 심정이 담겨 있다.

03

답 | ③

(나)의 시상 전개에 대한 설명으로 적절하지 않은 것은?

정답 선지 분석

③ 〈제3수〉의 초장에서는 〈제2수〉의 종장에 제시된 소망이 실현될 것이라는 화자의 믿음이 드러난다.
〈제2수〉의 종장에서는 화자의 슬픈 마음('진주')과 임을 향한 정성이 담긴 물건('진짜 진주')을 임에게 보내고 싶은 소망이 나타나 있다. 그러나 〈제3수〉의 초장에서 화자는 '아실까'라고 물으며 소망 실현에 대한 확신 없음을 드러내고 있다. 따라서 소망 실현에 대한 화자의 믿음이 드러난다는 설명은 적절하지 않다.

오답 선지 분석

① 〈제1수〉에서는 화자에게 일어난 일이 시간의 순서에 따라 제시된다.
〈제1수〉에서는 '임 생각 → 꿈을 꿈 → 꿈속에서 임과 만남 → 잠에서 깨어남'의 순서로 시상이 전개된다. 이는 화자에게 일어난 일이 시간 순으로 제시된 것이다.

② 〈제2수〉의 중장에서는 초장에 제시된 상황과 관련된 화자의 정서가 드러난다.
〈제2수〉의 초장에서 화자는 '꿈 일을 생각하'고, 중장에서는 이로 인해 '끊임없는 눈물'을 흘리며 애절한 정서를 드러내고 있다.

④ 〈제4수〉의 초장에서는 〈제3수〉의 종장에서 가정한 상황이 발생하지 않기를 바라는 화자의 마음이 드러난다.
〈제3수〉의 종장에서 화자는 임의 뜻이 자신과 다를 경우 자신을 향해 크게 웃을 것이라며 특정 상황을 가정하고 있다. 〈제4수〉의 초장에서는 '대소 마시고'라고 하며 〈제3수〉의 종장에서 가정한 상황이 발생하지 않기를 바라는 화자의 마음이 나타나 있다.

⑤ 〈제5수〉의 초장에서는 〈제4수〉의 종장에 드러난 화자의 고통이 심화되어 나타난다.
〈제4수〉의 종장에서는 '일촌간장'이 썩을 정도로 임에 대한 간절한 그리움을 드러내고, 〈제5수〉의 초장에서는 '간장이 다 썩'어 '목숨이 없'어질 정도라며 화자의 고통을 심화하고 있다.

04

답 | ④

(가)와 (나)의 시어에 대한 이해로 가장 적절한 것은?

정답 선지 분석

④ (가)와 (나)의 '꿈'에는 모두 현재 상황에서 화자가 갖는 소망이 투영되어 있다.
(가)와 (나)의 화자는 모두 현재 상황에서 만나기 힘든 임을 꿈속에서 만나고 있다. 임을 만나고 싶은 현실의 소망이 꿈속에서나마 잠시 이루어지는 것이다. 그러므로 현재 상황에서 이루기 힘든 화자의 소망이 '꿈'에 투영되어 있다는 설명은 적절하다.

오답 선지 분석

① (가)의 '닭'은 (나)의 '꾀꼬리'와 달리 꿈속에서의 임과의 만남을 방해하는 존재이다.
(가)의 '닭'과 (나)의 '꾀꼬리' 모두 화자의 꿈을 깨워, 꿈속에서 화자와 임이 만나는 것을 방해하는 존재이다.

② (나)의 '진짜 진주'에는 (가)의 '치마'와 달리 임에 대한 화자의 애정이 담겨 있다.
(가)의 '치마'는 임을 위해 단장하려고 화자가 지은 것이다. (나)의 '진짜 진주'는 임에게 보내고자 하는 화자의 정표이다. '치마'와 '진짜 진주' 모두 임에 대한 화자의 애정을 담고 있는 소재라는 점에서 성격이 같다.

③ (가)와 (나)의 '얼굴'은 모두 화자의 처지가 시간의 흐름에 따라 변하였음을 보여 주는 소재이다.
(가)와 (나)의 '얼굴'은 시간의 흐름에 따라 변화한 화자의 처지와는 관계가 없다. (가)의 '얼굴'은 '뭇 여자'의 '질투'를 불러일으켰다는 점에서 화자의 훌륭함을 뜻하는 것으로 해석할 수 있다. (나)의 '얼굴'은 그다음에 나오는 '일촌간장'과 대비되는 시어로 '일촌간장'은 화자의 마음을, '얼굴'은 육신을 뜻하는 말로 이해된다.

⑤ (가)의 '옥루'와 (나)의 '지하'는 죽음 이후에 임과의 재회가 이루어질 것이라는 화자의 기대가 담겨 있는 공간이다.

(가)의 '옥루'는 화자와 임의 만남이 이루어지는 꿈속의 공간이므로, 죽음 이후에 임과의 재회가 이루어지는 공간이라는 설명은 적절하지 않다.

05
답 | ③

⑤~⑩의 표현상의 특징으로 적절하지 않은 것은?

정답 선지 분석

③ ⓒ: 과장법을 사용하여 임을 향한 사랑을 포기해야 하는 것에 대한 화자의 절망감을 강조하고 있다.

ⓒ에서 '죽어 진토가 되다'(죽어 먼지가 된다 한들)는 상황을 가정한 표현이다. 이 표현은 그 다음에 나오는 '이 마음 썩을손가'와 연결되어, '내 육신은 죽어 먼지가 되어도 임을 향한 내 마음에는 변함이 없을 것'이라는 화자의 의지적 태도를 부각한다. 따라서 ⓒ이 임을 향한 사랑을 포기해야 하는 것에 대한 절망감을 강조하고 있다는 설명은 적절하지 않다.

오답 선지 분석

① ⓐ: 대구적 표현을 사용하여 운율감을 조성하고 있다.

ⓐ에서는 '내 언제 무심하여 임에게 득죄했나 / 임이 언제 박정하여 날 대접 소홀히 했나'의 대구적 표현을 통해 운율감을 조성하고 있다.

② ⓑ: 감각적 심상을 활용하여 화자의 그리움을 부각하고 있다.

ⓑ에서는 '금옥 같은 음성', '어로향'과 같은 청각적, 후각적 심상을 활용하여 임에 대한 화자의 그리움을 부각하고 있다.

④ ⓓ: 대조법을 사용하여 자신이 과거에 추구했던 것이 초래한 상황에 대한 글쓴이의 생각을 드러내고 있다.

ⓓ에는 '명성'과 '비방', '송곳 끝'과 '산더미'가 대조되어 있다. 이를 통해 글쓴이는 허황된 명성을 추구했던 젊은 시절 자신의 삶에 대해 명성은 보잘것없는 데 비해 그것이 초래한 사람들의 비방은 매우 심했다고 말하고 있다.

⑤ ⓔ: 비유적 표현을 사용하여 특정한 가치를 좇는 사람들에 대한 글쓴이의 생각을 나타내고 있다.

ⓔ은 사람들이 이익과 권세를 좇다가 낭패를 보는 상황을 기름을 가까이했다가 옷만 더럽히는 상황에 비유하고 있다. 이를 통해 글쓴이는 이익과 권세라는 세속적 가치를 좇는 사람들에 대한 비판적 생각을 나타내고 있다.

06
답 | ④

<보기>를 참고하여 (다)를 감상한 내용으로 적절하지 않은 것은?

보기

(다)는 박지원이 벗 사귐을 소재로 하여 홍대용에게 쓴 서간문이다. 글쓴이는 자신의 경험과 당대 세태에 대한 비판적 의식을 바탕으로 참된 벗 사귐에 대한 생각을 드러내고 있다.

정답 선지 분석

④ '어찌 마음이 답답하지 않을 수가 있겠습니까'라고 한 것은 신분이 낮은 이들조차 자신과 참된 벗 사귐을 하지 않으려고 하는 상황에 대한 글쓴이의 비판적 의식을 드러낸 것이겠군.

(다)에서 글쓴이는 종놈이나 나무하는 아이와 같이 신분이 낮은 사람들 가운데에서 참된 벗을 찾으려 했으나 그들에게 부족한 점이 있어 결국 참된 벗을 찾지 못한다. 그 결과로 글쓴이가 느낀 안타까운 마음이 '어찌 마음이 답답하지 않을 수 있겠습니까'라는 표현에 담겨 있다. 신분이 낮은 이들조차 글쓴이와 참된 벗 사귐을 하지 않으려고 하는 상황은 작품에 나와 있지 않다.

오답 선지 분석

① '문장을 표절하고 화려하게 꾸며서 잠시 예찬을 받은' 경험을 '허황된 명성을 연모'했기 때문이라 한 것은 '젊은 시절'에 자신이 한 행위에 대한 글쓴이의 반성을 드러낸 것이겠군.

글쓴이는 '젊은 시절' '문장을 표절하고 화려하게 꾸며서 잠시 예찬을 받'았으나 '명성이란 겨우 송곳 끝만 한데 쌓인 비방은 산더미 같았'다고 말하며 과거의 행위에 대한 반성을 드러내고 있다.

② '모두 남의 것을 가져다 제 것으로 만들 생각만' 한다고 한 것은 '이익과 권세'를 중시하는 당대 세태에 대한 글쓴이의 비판적 의식을 드러낸 것이겠군.

글쓴이는 '이익과 권세'에 대해, '모두 남의 것을 가져다 제 것으로 만들 생각만 하지, 제 것을 덜어내어 남에게 보태 주는 일은 본 적이 없다'고 하며, 이를 중시하는 자들에 대해 '한갓 스스로 기름을 가까이 했다가 옷만 더럽히는 셈'이라며 비판적 의식을 드러내고 있다.

③ '벗 사귀는 도리를 다하고자 하면, 벗을 사귀기란 확실히 어려운가 봅니다'라고 한 것은 글쓴이가 자신의 경험을 바탕으로 참된 벗 사귐에 관한 생각을 드러낸 것이겠군.

글쓴이는 '명성·이익·권세를 좇는' 자들을 버리고 '참다운 벗'을 찾으려 하였으나 '한 사람도 없었다'는 자신의 경험을 언급하며, '벗 사귀는 도리를 다하고자 하면, 벗을 사귀기란 확실히 어려운가 봅니다'라며 참된 벗 사귐에 관한 생각을 드러내고 있다.

⑤ '서로 거리낌 없이 회포를 털어놓을 수 있는 사람이 있다면 천 리를 멀다 아니 하고 찾아가'겠다고 한 것은 참된 벗 사귐에 대한 글쓴이의 간절한 바람을 드러낸 것이겠군.

글쓴이는 '참다운 벗'을 찾을 수만 있다면 '천 리를 멀다 아니 하고 찾아가'겠다면서, 참된 벗 사귐에 대한 간절한 바람을 드러내고 있다.

DAY 6 〈홍소〉_이동하

빠른 정답 체크

01 ④　　**02** ①　　**03** ①　　**04** ⑤

「2424 혹은 5454번의 전화번호를 보디에 커다랗게 써 붙인
「」: 아파트의 입주가 시작되어 대규모로 이사가 진행되고 있음
삼륜차 또는 픽업이 대충 비슷비슷한 내용물들을 실은 채 속
아파트의 획일적 요소 ①
속들이 닿고 있었고, 감색 유니폼의 관리인들이 요소요소마
아파트의 획일적 요소 ②
다 늘어선 채 똑같은 말들을 외쳐 대고 있었다. 일테면,

"차는 현관 옆으로 바짝 붙여 주십시오!"

[A] "호실 키는 임시 관리 사무소에서 입주증과 교환해 드리고

있습니다. 관리 사무소는 217동과 219동 사이에 위치하고

있습니다……."

"계단이 혼잡하오니 도착순대로 짐을 올리시고, 화장실 및

주방의 부착물은 248동과 249동 간에 위치하고 있는……",

삼륜차 위에서 나는 한동안 멍청하게 흔들리고만 있었다. 수백
수천의 **똑같은 5층짜리 콘크리트 건물군**과 그리고 그 협곡 사이
사이마다 출렁이고 있는 입주자들의 행렬……. 그것은 실로 기이
한 대조였다. 나는 **무거운 압박감과 마음 붙일 곳 없는 황량함**을
대조적인 감각적 인식
동시에 의식하지 않을 수 없었다. **차가움, 견고함, 메마름, 쇳내**
'나'가 느낀 무거운 압박감의 정체
따위를 나는 그 엄청난 규모의 기하학적 공간에서 **무겁게 의식했**

고, 또 한편으로는 흡사 피난 행렬과도 같은 입주자들의 행렬에서 우리들의 저 은밀하고 곰팡내 나는 개인적 삶의 모습이 백일하에 드러나 버린 듯한 황량함을 현기증 나게 맛보아야만 했던 것이다. 냉엄한 질서와 유약한 삶—결코 동질적일 수 없는 이 양자의 만남이 무언가 엄청난 현상을 불러일으키리라는 것을 나는 무섭게 예감했다.

'나'가 느낀 마음 붙일 곳 없는 황량함의 정체

압박감과 황량함

[B] 나는 실없는 웃음을 비실비실 흘리기 시작했다. 입구를 들어서면서부터 내 마음속에 달라붙었던 저 여릿한 감정이 일종의 형언키 어려운 계면쩍음으로, 그것이 다시 모호한 부끄러움으로 내 전신을 휘감아 들었기 때문이다.

'나'의 복잡한 내면 변화

그러나 아내의 즐거움은 컸다. 비록 월세를 물고 사는 임대 아파트이기는 할망정 저 일반 독립가옥에서의 셋방살이와는 사정이 한결 달랐기 때문이었다. 두 개의 방과 좁은 마루와 그리고 부엌과 다용도실과 수세식 변소 하나가 전부인 열서너 평의 공간이기는 했다. 하지만 바깥 계단 쪽의 문만 닫아걸면 실로 자유스러운 생활 공간이었던 것이다.

일반 독립가옥과 구별되는 아파트의 특징

"주인댁에 인사치레를 하지 않는 것만도 마음 편해 좋겠다야."

이삿짐을 날라 준 친구가 잘도 지적했듯이 그 열서너 평의 공간 안에서는 그 누구의 눈치를 볼 필요가 없었다. 이사를 들 때마다 주인에게 깍듯이 인사를 닦아야만 하던 고역으로부터 나는 풀려났고, 부잡스러운 내 아이들도 이제는 더 이상 억울한 제재를 당할 위험이 없어졌다. 그러므로 이런 이유들까지 몽땅 포함하여 아내의 즐거움은 참으로 커다란 것이었다. 옆에서 보고 있기가 민망스러울 만큼 아내는 우리가 차지한 그 열서너 평의 공간에 감격해 있었던 것이다. 나는 부풀어 오른 아내의 마음을 터뜨리지 않기 위해서라도 당연히 나의 저 모호한 감정—쑥스러움이라 할지, 부끄러움이라 할지, 또 혹은 일말의 수치심이라고나 할지, 명확히 종잡을 수 없는 그 감정을 은밀히 숨겨 둘 수밖에 달리 도리가 없었다.

개인의 자유로운 생활 공간이 확보되는 아파트의 독립성

일반 독립가옥의 셋방살이 생활의 문제점 ①

일반 독립가옥의 셋방살이 생활의 문제점 ②

더 이상 주인의 눈치를 볼 필요가 없다는 것에 대한 해방감

(중략)

그런대로 아내는 서서히 새로운 생활 환경에 적응해 가는 듯했다. 1주일에 한 번씩 물걸레로 계단을 닦고 공휴일 아침에는 화단의 휴지들을 주워 내며, 매월 1일엔 새마을 청소를 위해 같은 현관 안에 사는 열 세대의 주부들과 함께 합동 작업을 벌이곤 했다. 공동생활에 필요한 수칙들은 이미 가가호호의 출입문 안쪽에 나붙어 있었고, 그 밖의 공지 사항들은 반상회나 대형 스피커를 통해 수시로 시달되었다. 어머니회가 만들어지고 어머니 배구팀이 창단되고 어머니 합창단도 조직되었다. 폐쇄된 버스 정류소 부활을 위한 연판장 운동이나 불우 이웃 돕기를 위한 자선 요

「」: 아파트에서의 공동생활

리 강습회 또는 쓰레기통 공동 소독을 위한 회합 등 각종 모임도 빈번해졌다., 모든 정보들—일테면 부동산 시세며, 새로운 가전제품이며, 의상과 헤어스타일, 하다못해 당일 슈퍼마켓의 찬거리 종류와 값에 이르기까지 신속하게 전달되었다. 토요일 저녁엔 꽁치 통조림이 동나고, 일요일 낮엔 돼지갈비가 불티났다. 앞의 경우는 다음날 야외로 행락 갈 사람들 탓이고, 뒤의 경우는 휴일에도 방구석에서만 죽치고 앉아 있는 사람들 때문이다. 월요일 아침은 단지가 죽은 듯 조용한 대신, 화요일 오전은 원거리 시장에 나서는 아낙네들이 삼삼오오 떼 지어 단지를 빠져나간다. 그래서 처음 한동안 나는 실로 기이한 눈길로 그런 현상들을 지켜보았다. 그러나 내 아내 역시 예외일 수가 없어서 종당엔 그 동일한 가락 속으로 거침없이 살랑살랑 헤치고 다니는 모습을 보고는 또한 번 실없는 웃음을 흘리지 않을 수가 없었다.

소비(욕망)의 획일화 ①

현대인의 아파트 생활에 대한 자조적 인식

그런 유의 아파트촌이 지니고 있는 속성을, 내가 어느 정도 무서운 것으로 의식하기 시작한 것은 대체로 그 무렵부터였다. 이제 국민학교 1학년짜리인 첫째 녀석이 언젠가, 막 귀가한 나를 잡고 떼를 썼던 것이다.

"홈런왕 사 줘 아빠. 나두 홈런왕 사 줘."

녀석이 하두 다급하게 졸라 대는 통에 나는 어안이 벙벙해졌다. 우선 구두라도 좀 벗고 보자고 해도 영 막무가내였다. 아내는 말 없이 웃고만 있는 것으로 보아 녀석과는 이미 담합이 된 모양이었다.

"도대체 그 홈런왕이라는 게 뭐 하는 거냐?"

내가 묻기가 무섭게 녀석은 밖으로 튀어 나갔다. 그리고는 금세 대여섯 명이나 되는 조무래기들을 이끌고 당당하게 나타났는데, 놀랍게도 그들의 손에는 똑같은 플라스틱 완구가 들려 있는 것이었다. 꼼짝없이 나는 항복하고 말았다.

소비(욕망)의 획일화 ②

"야, 나도 홈런왕이다!"

나로부터 천 원권 한 장을 전리품으로 얻은 녀석은 다시 떼거리들을 몰고 계단을 쿵쾅거리며 내려가 버렸다. 다음날 출퇴근길에서 나는 한결같이 홈런왕을 휘두르며 내닫고 있는 아이들의 모습을 얼마든지 구경할 수가 있었다. 말하자면 이것이 우리 아파트촌의 분위기이자 속성이었던 셈인데 그 후에도 녀석은 1주일이 멀다 하고 매번 새로운 것을 요구해 왔고, 나는 또 그때마다 속수무책으로 약탈을 당해야만 했다.

아이들마저 유행에 휩쓸리게 하는 아파트 문화

"아빠, 태극호 사 줘. 봐, 얘들두 다 가졌잖어? 나도 갖구 싶단 말야, 응 아빠……."

녀석의 이 당당한 요구를 거절할 만큼 나는 마음이 독하지 못하다. 거절은커녕, 때때로는 품절이 되어서 녀석이 시무룩하게 빈

손으로 돌아올 때면 나는 녀석의 상심을 달래느라 전전긍긍하곤 했던 것이다. 그런 날이면 나는 영락없이 녀석의 놀이 상대가 돼야만 하는데, 왜냐하면 어느 패거리도 녀석을 끼워 주지 않기 때문이었다. (똑같은 장난감을 갖고 있지 않으면 같이 놀 수 없음)

아파트가(街) 특유의 속성에 대해 내가 은연중에 ㉠ 두려움을 의식하기 시작한 것도 바로 그 점에 있는 것이었다. (무리에 속하지 못하는 이들을 소외시키는 것)

— 이동하, 〈홍소〉 —

01

답 | ④

윗글의 내용에 대한 이해로 적절하지 않은 것은?

정답 선지 분석

④ 아파트 사람들은 주말이 되면 특정한 식품을 소비하면서도 그런 현상을 기이하게 여겼다.

아파트 사람들이 토요일 저녁에 꽁치 통조림을 주로 소비하고, 일요일 낮에 돼지갈비를 주로 소비하는 모습을 기이하게 여긴 것은 '나'이다.

오답 선지 분석

① '나'는 이사 오면서 생긴 모호하고 알 수 없는 감정을 아내에게 드러내지 않았다.

'나'는 부풀어 오른 아내의 마음을 터뜨리지 않기 위해서 명확히 종잡을 수 없는 모호한 감정을 은밀히 숨겨 둘 수밖에 달리 도리가 없었다고 했다. 이를 통해 '나'가 이사 오면서 생긴 모호하고 알 수 없는 감정을 아내에게 드러내지 않았음을 알 수 있다.

② '나'는 아내의 표정을 통해 아내가 첫째 녀석의 요구를 미리 알고 있었음을 짐작하였다.

첫째 녀석이 홈런왕을 사달라고 조를 때, '나'는 아내가 말없이 웃고만 있는 것을 보고 첫째 녀석과 이미 담합이 된 모양이라고 여겼다. 이를 통해 '나'는 아내의 표정을 통해 아내가 첫째 녀석의 요구를 묵인하고 있음을 짐작하였음을 알 수 있다.

③ 첫째 녀석은 아이들을 동원하여 자신의 요구가 당당하다는 것을 '나'에게 보여 주었다.

홈런왕이 무엇인지 묻는 '나'의 물음에 첫째 녀석은 똑같은 플라스틱 완구를 들고 있는 대여섯 명의 조무래기들을 이끌고 당당하게 나타났다. 이를 통해 첫째 녀석은 아이들을 동원하여 자신의 요구가 당당하다는 것을 '나'에게 보여 주었음을 알 수 있다.

⑤ 아내는 독립가옥의 셋방살이보다 월세를 물고 사는 임대 아파트의 삶이 더 낫다고 여겼다.

아내는 월세를 물고 사는 임대 아파트이기는 하지만 독립가옥의 셋방살이와 달리 바깥 계단 쪽의 문만 닫으면 자유스러운 생활 공간이 확보되는 것에 크게 즐거워했다. 이를 통해 아내가 독립가옥의 셋방살이보다 월세를 물고 사는 임대 아파트의 삶이 더 낫다고 여겼음을 알 수 있다.

02

답 | ①

[A]와 [B]의 서술상 특징으로 가장 적절한 것은?

정답 선지 분석

① [A]는 장면에 대한 관찰을 중심으로, [B]는 인물의 복잡한 내면을 중심으로 서술하고 있다.

[A]는 입주자들이 이사 오는 장면에 대한 관찰을 중심으로 서술하고 있고, [B]는 '나'가 느끼는 여릿한 감정, 형언키 어려운 계면쩍음, 모호한 부끄러움 등의 복잡한 내면을 중심으로 서술하고 있다.

오답 선지 분석

② [A]는 사건 해결의 실마리를 중심으로, [B]는 인물의 행위에 담긴 의미를 중심으로 서술하고 있다.

[A]에서 사건 해결의 실마리는 나타나지 않는다.

③ [A]는 인물들 간에 심화되는 갈등을 중심으로, [B]는 인물이 겪는 내적 갈등을 중심으로 서술하고 있다.

[A]에서 인물 간에 심화되는 갈등은 나타나지 않는다.

④ [A]는 인물들 간의 대화에 담긴 의미를 중심으로, [B]는 인물이 특정 행동을 한 의도를 중심으로 서술하고 있다.

[B]에서 인물이 특정 행동을 한 의도는 나타나지 않는다.

⑤ [A]는 공간의 이동에 따른 심리 변화를 중심으로, [B]는 시간의 흐름에 따른 심리 변화를 중심으로 서술하고 있다.

[A]에서 공간의 이동에 따른 심리 변화는 나타나지 않는다.

03

답 | ①

㉠의 이유로 가장 적절한 것은?

정답 선지 분석

① 무리에 속하지 못하는 이를 소외시키는 배타적 분위기를 의식했기 때문이다.

'나'는 유행에 따라 아이들이 같은 장난감을 가지고 노는 모습을 아파트가(街) 특유의 속성으로 간주하고 있고, 첫째 녀석이 다른 친구들이 가진 장난감을 갖지 못하면 어느 패거리도 첫째 녀석을 끼워 주지 않는 상황을 겪으며 ㉠을 의식하기 시작했음을 밝히고 있다. 이를 통해 '나'가 ㉠을 느끼는 이유는 무리에 속하지 못하는 이를 소외시키는 배타적 분위기를 의식했기 때문이라고 볼 수 있다.

오답 선지 분석

② 패거리를 지어 다니며 타인을 따돌리는 첫째 녀석의 폭력성을 의식했기 때문이다.

윗글에서 첫째가 패거리를 지어 다니며 타인을 따돌린다는 내용은 나타나지 않는다.

③ 거절하지 못하는 사람에게 매번 새로운 것을 요구하는 이기적 분위기를 의식했기 때문이다.

'나'는 다른 친구들이 가진 장난감을 갖지 못하면 어느 패거리도 첫째 녀석을 끼워 주지 않는 상황을 겪으며 ㉠을 의식하고 있다. 거절하지 못하는 사람에게 매번 새로운 것을 요구하는 이기적 분위기를 의식했기 때문은 아니다.

④ 갖고 싶은 것을 갖지 못할 때마다 크게 상심하는 첫째 녀석의 유약함을 의식했기 때문이다.

'나'는 다른 친구들이 가진 장난감을 갖지 못하면 어느 패거리도 첫째 녀석을 끼워 주지 않는 상황을 겪으며 ㉠을 의식하고 있다. 첫째의 유약함을 의식하기 때문은 아니다.

⑤ 첫째 녀석의 무리한 요구를 물리칠 만큼 독하지 못한 자신의 우유부단함을 의식했기 때문이다.

'나'는 다른 친구들이 가진 장난감을 갖지 못하면 어느 패거리도 첫째 녀석을 끼워 주지 않는 상황을 겪으며 ㉠을 의식하고 있다. '나'가 자신의 우유부단함을 의식했기 때문은 아니다.

04

<보기>를 바탕으로 윗글을 감상한 내용으로 적절하지 않은 것은?

보기

　1970년대에 등장한 규격화된 아파트는 새로운 주거 문화를 형성하여 그곳에 사는 사람들의 삶에 영향을 미쳤다. 아파트는 독립성과 편의성을 주기도 하였지만, 집단화된 생활과 유행에 휩쓸리는 문화를 형성하기도 하였다. 〈홍소〉에는 이런 아파트의 속성과 낯선 주거 환경에 맞닥뜨린 인물들의 반응이 나타나 있다.

정답 선지 분석

⑤ 다른 '아낙네들'처럼 '화요일 오전은 원거리 시장에 나서는' 아내를 보며 '실없는 웃음을 흘리'는 것에서 '나'가 아파트의 편의성을 수용한 자신을 못마땅해하고 있음을 알 수 있겠군.

아내가 다른 사람들처럼 행동하는 것을 보며 '나'가 실없는 웃음을 흘리고 있으므로, '나'가 실없는 웃음을 흘리는 것을 아파트의 편의성을 수용한 자신을 못마땅해하는 것으로 보는 것은 적절하지 않다.

오답 선지 분석

① '그 누구의 눈치를 볼 필요가 없'고 '내 아이들'이 '억울한 제재를 당할 위험이 없어'진 것에서 아내는 아파트가 주는 독립성에 흡족해하고 있음을 알 수 있겠군.

그 누구의 눈치를 볼 필요가 없고, 자신의 아이들이 억울한 제재를 당할 위험이 없어진 것에 대해 아내의 즐거움은 매우 크다고 한 것에서, 아내는 아파트가 주는 독립성에 흡족해하고 있음을 알 수 있다.

② '공동생활에 필요한 수칙들'이 집마다 붙어 있고, '어머니회', '어머니 배구팀', '어머니 합창단' 등이 만들어지는 것에서 집단화되어 가는 아파트 생활을 엿볼 수 있겠군.

공동생활에 필요한 수칙들이 집마다 붙어 있고, 어머니회 등과 같은 단체들이 만들어진다고 한 것에서, 집단화되어 가는 아파트의 생활을 엿볼 수 있다.

③ '똑같은 5층짜리 콘크리트 건물군'을 보며 '차가움, 견고함, 메마름, 쇳내 따위'를 '무겁게 의식'하는 것에서 규격화된 아파트에 대한 '나'의 정서적 반응을 엿볼 수 있겠군.

수백 수천의 똑같은 5층짜리 아파트를 보며 차가움, 견고함 등을 의식하는 '나'의 모습에서, 규격화된 아파트에 대한 '나'의 정서적 반응을 엿볼 수 있다.

④ '아이들'이 '한결같이 홈런왕을 휘두르'고 첫째 녀석이 '1주일이 멀다 하고 매번 새로운 것을 요구'하는 것에서 아이들조차 유행에 휩쓸리는 아파트 문화의 일면을 엿볼 수 있겠군.

아이들이 모두 같은 장난감을 가지고 놀고 있고, 첫째 녀석이 매번 새로운 것을 사달라고 요구했다는 것에서, 아이들조차 유행에 휩쓸리는 아파트 문화의 일면을 엿볼 수 있다.

빠른 정답 체크

01 ①   02 ⑤   03 ②

---

❶ 안녕하세요? ○○고 학생 여러분, 문화 해설사 □□□입니다.
_{청중} / _{강연자}
한글 창제 이야기는 이미 잘 알고 계실 테니, 오늘은 한글 대중화
_{청중의 배경지식을 고려하여 강연 주제를 선정함}
에 힘쓴 두 인물에 대해 말씀드리죠. (목소리를 높여) 바로 주시
_{강연의 주제 소개}
경, 최현배 선생입니다. 역사적으로 암울했던 시기에 한글을 교

육하고 연구하는 데 앞장선 두 분은 특별한 관계이기도 한데요.

어떤 관계일까요? 강연 내용에 힌트가 있으니 끝까지 잘 들어 주
_{질문을 통해 궁금증을 유발하고 청중의 주의를 환기함}
시길 바랍니다.

❷ (한 손을 올렸다 내리며) "말이 오르면 나라도 오르고, 말이 내
_{해당 인물의 말을 직접 인용}
리면 나라도 내리나니라." 나라와 민족을 지키기 위해 한글 교육

과 연구에 매진했던 주시경 선생이 남긴 말씀입니다. 선생은 한

글을 가르칠 수 있다면 어디든 마다하지 않고 책 보따리를 들고
_{주시경이 '주 보따리'로 불린 이유}
다녔기에 '주 보따리'로 불렸다고 합니다. 이런 열정으로 국어 강
_{주시경의 업적 ①}
습소를 개설했고, 여기에서 배출한 제자들과 함께 국어 연구 학
_{주시경의 업적 ②}
회를 설립하였는데 이는 오늘날 한글 학회의 뿌리가 됩니다. 대

표 저서로는 〈국어 문법〉, 〈국어문전음학〉, 〈국문초학〉 등이 있
_{주시경의 대표 저서}
습니다. 그리고 얼마 전 주시경 선생에 대한 다큐멘터리가 방영
_{강연의 내용을 보충할 수 있는 추가 자료 ①}
되었는데, 이 영상을 찾아보는 것도 도움이 될 것입니다.

❸ 다음 소개할 인물은 최현배 선생입니다. 선생은 국어 강습소
_{강연의 흐름을 안내함} / _{주시경}
에 다니며 만난 어떤 인물로부터 큰 영향을 받게 됩니다. 이쯤에

서 주시경 선생과의 관계를 눈치채신 분도 있을 텐데요. (청중의

반응을 살피며) 맞습니다. 두 분은 사제 간입니다. 최현배 선생은
_{강연 초반에 언급한 질문의 답을 제시}
스승의 길을 따라 한글 교육과 연구에 전념합니다. 「조선어 학회
_{최현배의 업적 ①}
사건에 연루되어 옥고를 치르는 중에도 검열을 피해 솜옷 속에
_{「」: 한글 연구에 대한 최현배의 굳은 의지를 보여 주는 일화}
쪽지를 숨겨 놓으며 한글을 연구했다는 이야기는 선생의 굳은 의

지를 잘 보여 주죠.」 대표 저서로는 〈우리말본〉과 〈한글갈〉이 있
_{최현배의 대표 저서}
습니다. 「아, '갈'이 무슨 뜻인지 잘 모르실텐데, 연구를 의미하는
_{「」: 청중의 배경지식을 고려함} / _{'갈'의 의미}
우리말입니다.」 선생은 해방 후에 국어 교재 집필과 교원 양성에
_{최현배의 업적 ②}
힘썼습니다. 최현배 선생에 대한 자료는 △△ 기념관 누리집에서
_{강연의 내용을 보충할 수 있는 추가 자료 ②}
찾으실 수 있습니다.

01
답 | ①

위 강연자의 말하기 방식으로 가장 적절한 것은?

정답 선지 분석

① 인물의 특성을 보여 주는 일화를 제시하고 있다.

   강연자는 주시경 선생이 한글을 가르칠 수 있다면 어디든 마다하지 않고 책 보따리를 들고 다녔기에 '주 보따리'로 불렸다고 이야기하고 있다. 이는 한글을 가르치는 일에 열정이 있었던 주시경 선생의 특성을 보여 주는 일화를 제시한 것이라고 할 수 있다. 또한 최현배 선생이 옥고를 치르는 중에도 검열을 피해 솜옷 속에 쪽지를 숨겨 놓으며 한글을 연구했다는 이야기도 한글 연구에 대해 굳은 의지가 있었던 최현배 선생의 특성을 보여 주는 일화라고 할 수 있다.

오답 선지 분석

② 자신의 경험을 시간 순서에 따라 전달하고 있다.

   강연자가 자신의 경험을 시간 순서에 따라 전달하고 있는 부분은 없다.

③ 대조를 통해 두 인물 간의 차이를 부각하고 있다.

   강연자는 한글 교육과 연구에 힘쓴 주시경, 최현배 선생을 각각 소개하고 있다. 이 과정에서 제자인 최현배 선생이 스승인 주시경 선생의 길을 따랐음을 언급하고 있지만, 두 인물을 대조하여 그 차이를 부각하고 있는 부분은 없다.

④ 준언어적 표현을 조절하여 화제를 전환하고 있다.

   강연자는 강연의 도입 부분에서 목소리를 높여 화제인 주시경, 최현배 선생을 소개하고 있다. 이는 준언어적 표현을 조절하여 화제를 강조하여 제시한 것이지 화제를 다른 것으로 전환한 것은 아니다.

⑤ 강연을 하게 된 소감을 밝히며 강연을 시작하고 있다.

   강연자가 강연을 시작할 때 강연을 하게 된 소감을 밝히는 부분은 없다.

02
답 | ⑤

다음은 강연자의 강연 계획이다. 강연에 반영되지 않은 것은?

- 화제 선정
  - 청중의 배경지식을 고려하여 강연 내용을 한글 대중화에 힘쓴 두 인물로 선정해야겠다. ················ ①
- 청중 분석
  - 청중이 생소하게 느낄 만한 우리말의 의미를 풀이해서 제시해야겠다.
  ··· ②
  - 강연 내용에 관심 있는 청중을 위해 추가 정보를 찾을 수 있도록 안내해야겠다. ······················· ③
- 강연 전략
  - 강연 내용에 집중할 수 있도록 먼저 질문을 던져 궁금증을 유발하고 나중에 답을 제시해야겠다. ·········· ④
  - 강연 내용을 인상적으로 기억할 수 있도록 두 인물이 남긴 말을 각각 인용해야겠다. ···················· ⑤

정답 선지 분석

⑤ 강연 내용을 인상적으로 기억할 수 있도록 두 인물이 남긴 말을 각각 인용해야겠다.

   강연자는 한 손을 올렸다 내리는 비언어적 표현과 함께 주시경 선생이 남긴 "말이 오르면 나라도 오르고, 말이 내리면 나라도 내리나니라."라는 말씀을 인용하여 청중이 강연 내용을 인상적으로 기억할 수 있도록 전달했다. 그러나 강연에서 최현배 선생이 남긴 말을 인용한 부분은 없으므로, 두 인물이 남긴 말을 각각 인용한 것은 아니다.

① 청중의 배경지식을 고려하여 강연 내용을 한글 대중화에 힘쓴 두 인물로 선 정해야겠다.

강연자는 한글 창제 이야기에 대한 청중의 배경지식을 고려하여 한글 대중화에 힘쓴 주시경, 최현배 선생을 강연의 화제로 선정했다.

② 청중이 생소하게 느낄 만한 우리말의 의미를 풀이해서 제시해야겠다.

강연자는 최현배 선생의 대표 저서인 〈한글갈〉을 소개할 때, 청중이 생소하게 느낄 만한 우리말 '갈'의 의미를 풀이해서 제시했다.

③ 강연 내용에 관심 있는 청중을 위해 추가 정보를 찾을 수 있도록 안내해야 겠다.

강연자는 강연 내용에 관심 있는 청중이 추가 정보를 찾을 수 있도록 두 인물의 대표 저서, 주시경 선생에 대한 다큐멘터리, 최현배 선생에 대한 자료가 있는 △△ 기념관 누리집을 안 내했다.

④ 강연 내용에 집중할 수 있도록 먼저 질문을 던져 궁금증을 유발하고 나중에 답을 제시해야겠다.

강연자는 강연의 도입 부분에서 주시경, 최현배 선생이 어떤 관계일지 질문을 던져 궁금증을 유발했다. 그런 뒤 최현배 선생을 소개할 때 두 인물이 사제 간이라는 답을 제시하여 청중이 강연 내용에 집중할 수 있도록 했다.

03

답 | ②

강연 내용을 참고할 때, <보기>에 제시된 청중의 반응을 이해한 내용으로 가장 적 절한 것은?

청중 1: 한글 학회의 출발점이 국어 연구 학회였음을 알게 되었어. 국어 연구 학회는 어떤 활동을 했는지 찾아봐야겠어.
청중 2: 조선어 학회 사건에 대한 발표를 맡았는데 강연 내용이 도움이 될 것 같아. 최현배 선생이 옥중에서도 한글을 연구했다는 내용을 발 표에 추가해야지.
청중 3: 주시경 선생의 저서를 별다른 설명 없이 제목만 알려 줘서 아쉬 웠어. 그 저서들이 어떤 내용인지 찾아봐야겠어.

② 청중 2는 강연을 통해 알게 된 정보를 유용성 측면에서 평가하고 있군.

청중 2는 자신이 조선어 학회 사건에 대한 발표를 맡았음을 밝히며 강연 내용이 발표에 도 움이 될 것 같다고 반응하고 있다. 이는 강연을 통해 알게 된 정보를 유용성 측면에서 평가한 것으로 볼 수 있다.

① 청중 1은 자신이 알고 있던 내용을 강연 내용과 비교하여 평가하고 있군.

청중 1은 강연을 통해 한글 학회의 출발점이 국어 연구 학회였음을 알게 되었다고 밝히고 있 다. 이는 강연에서 새로 알게 된 정보를 언급한 것이지 자신이 알고 있던 내용을 강연 내용과 비교하여 평가하고 있는 것은 아니다.

③ 청중 3은 강연 내용을 바탕으로 강연에서 직접 언급되지 않은 내용을 추론 하고 있군.

청중 3은 강연에서 주시경 선생의 저서를 소개할 때 제목만 알려 주고 별다른 설명이 없었다 는 점을 아쉬워 하고 있다. 이는 강연에서 설명하지 않은 부분에 대한 아쉬움을 드러낸 것이 지, 강연에서 직접 언급되지 않은 내용을 추론한 것은 아니다.

④ 청중 1과 3은 강연에서 새롭게 알게 된 사실에 대해 의구심을 드러내고 있군.

청중 1은 한글 학회의 출발점이 국어 연구 학회였음을 알게 되었다며 강연에서 새롭게 알게 된 사실을 언급하고 있다. 하지만 이 사실에 대해 의구심을 드러내고 있지는 않다. 또한 청중 3도 강연에서 설명하지 않은 부분에 대한 아쉬움을 드러냈을 뿐, 강연에서 새롭게 알게 된 사실에 대해 의구심을 드러내고 있지는 않다.

⑤ 청중 2와 3은 강연에서 언급된 내용과 관련하여 추가 정보를 탐색하려 하고 있군.

청중 3은 강연에서 언급된 주시경 선생의 저서 제목과 관련하여, 저서들이 어떤 내용인지 찾 아봐야겠다는 생각을 드러내고 있다. 이는 강연에서 언급된 내용과 관련하여 추가 정보를 탐 색하려는 것이다. 그러나 청중2는 강연에서 최현배 선생이 조선어 학회 사건에 연루되어 옥 고를 치르며 한글을 연구했다는 내용을 자신의 발표에 활용하려 할 뿐, 강연에 언급된 내 용과 관련한 추가 정보를 탐색하려 하고 있지는 않다.

DAY 2   언어

01 ③   02 ⑤   03 ②   04 ④   05 ④

'나의 살던 고향'은 '내가 살던 고향'과 같은 의미로 '나'에
관형격 조사 '의'가 결합하여 '살던'의 의미상 주어를 나타내
는 특이한 구조이다. 이처럼 관형격 조사 '의'가 주격 조사처
럼 해석되는 경우가 중세 국어에서도 확인된다. 예를 들어,
'聖人의(聖人 + 의) ᄀᆞᄅᆞ치샨 法[성인의 가르치신 법]'의 경
우, '聖人'은 관형격 조사 '의'와 결합하고 있지만 후행하는
[A] 용언인 'ᄀᆞᄅᆞ치샨'의 의미상 주어로 기능하고 있다. 그런데
이러한 '의'는 중세 국어 관형격 조사 결합 원칙의 예외에 해
당한다. 중세 국어의 관형격 조사는 평칭의 유정 체언에는 모
음 조화에 따라 'ᄋᆡ/의'가, 무정 체언 또는 존칭의 유정 체언
에는 'ㅅ'이 결합하는 원칙이 있었는데, 'ㅅ'이 쓰일 자리에
'의'가 쓰였기 때문이다.

중세 국어 격조사 결합 원칙의 또 다른 예외는 부사격 조사에서
도 확인된다. 「시간이나 장소를 나타내는 부사격 조사는 결합하는
선행 체언의 끝음절을 기준으로, 모음 조화에 따라 '나ᄌᆞ애'(나
ᄌᆞ + 애), 'ᄆᆞ레'(ᄆᆞᆯ + 에)에서처럼 'ᄋᆡ/에'가 쓰인다. 단, 끝음절
이 모음 'ㅣ'나 반모음 'ㅣ'로 끝날 때에는 ㉠ '뉘예'(뉘 + 예)에서
처럼 '예'가 쓰였다.」 그런데 'ᄋᆡ/에/예'가 쓰일 위치에 부사격 조
사인 'ᄋᆡ/의'가 쓰이는 경우도 있다. 이러한 예외는 '봄', '나좋'
[저녁], ㉡ '웋'[위], '밑' 등의 일부 특수한 체언들에서 확인된
다. 가령, '나좋'에는 'ᄋᆡ'가 결합하여 ㉢ '나조ᄒᆡ'(나좋 + ᄋᆡ)
로, '밑'에는 '의'가 결합하여 '미틔'(밑 + 의)로 나타났다.

중세 국어의 부사격 조사 가운데 관형격 조사가 그 구성 성분으
로 분석되는 독특한 경우도 있다. 가령, 'ᄋᆡ그에'는 관형격 조사
'ᄋᆡ'에 '그에'가 결합된 형태이고 'ㅅ긔' 역시 관형격 조사 'ㅅ'에
'긔'가 결합된 부사격 조사다. 이들은 ㉣ 'ᄂᆞ미그에'(ᄂᆞᆷ + ᄋᆡ그에)
나 '어마니ᇝ긔'(어마님 + ㅅ긔)와 같이 사용되었는데 평칭의 유정

명사 '놈'에는 '이그에'가, 존칭의 유정 명사 '어마님'에는 'ㅅ긔'
가 쓰인다. 중세 국어의 '이그에'와 'ㅅ긔'는 각각 현대 국어의
'에게'와 ⑩ '께'로 이어진다.
<small>'ㅅ긔'가 결합하는 경우</small>

01

답 | ③

윗글의 ㉠~⑩을 이해한 내용으로 적절하지 <u>않은</u> 것은?

③ ㉢은 현대 국어로 '저녁의'로 해석되어 관형격 조사의 쓰임이 확인된다.

ㄴ ㉢의 '나조히(나조ㅎ + 이)'는 '저녁의'가 아니라 '저녁에'로 해석된다. 이때의 '이'는 일부 특수한 체언과 결합하는 부사격 조사이기 때문이다.

① ㉠은 부사격 조사 '예'와 결합하는 선행 체언의 끝음절에서 반모음 'ㅣ'가 확인된다.

ㄴ ㉠은 '뉘'의 끝음절 'ㅟ'에서 반모음 'ㅣ'가 확인되기 때문에 부사격 조사로 '애/에'가 아닌 '예'가 쓰인 경우이다. 참고로, 중세 국어의 'ㅐ, ㅔ, ㅚ, ㅟ'는 현대 국어와 달리 이중 모음이었다.

② ㉡에 시간이나 장소를 나타내는 부사격 조사가 결합하면 '우희'가 된다.

ㄴ ㉡의 '우ㅎ'는 모음 조화에 따라 부사격 조사 '의'가 결합하여 '우희'가 된다.

④ ㉣의 '이그에'에서는 관형격 조사 '이'가 분석된다.

ㄴ ㉣의 '이그에'는 관형격 조사 '이'에 '그에'가 결합되어 부사격 조사로 쓰인 경우라고 3문단에서 설명하였다.

⑤ ⑩이 현대 국어에서 존칭 체언에 사용되는 것은 중세 국어 관형격 조사 'ㅅ'과 관련된다.

ㄴ ⑩의 '께'는 중세 국어 'ㅅ긔'가 현대 국어로 이어진 것임을 중세 국어에서 존칭의 유정 명사 '어마님'에 'ㅅ긔'가 쓰였다는 예를 통해 설명하였다. 그리고 존칭의 유정 체언에는 관형격 조사 'ㅅ'이 결합하는 원칙이 있었다는 1문단의 설명을 통해서도 '께'가 현대 국어에서 존칭 체언에 사용되는 것은 중세 국어 관형격 조사 'ㅅ'과 관련이 있음을 확인할 수 있다. 이는 평칭의 유정 체언과 결합하는 '이그에(에게)'에서 평칭의 유정 체언과 결합하는 관형격 조사 '이'가 분석되는 것과 비교가 된다.

02

답 | ⑤

[A]를 바탕으로 <자료>를 탐구한 내용으로 적절한 것은?

ⓐ 수픐(수플 + ㅅ) 神靈(신령)이 길헤 나아
> 현대어 풀이 : 수풀의 신령이 길에 나와

ⓑ 누미(놈 + 이) 말 드러아 알 씨라
> 현대어 풀이 : 남의 말 들어야 아는 것이다

ⓒ 世界ㅅ(세계 + ㅅ) 일울 보샤
> 현대어 풀이 : 세계의 일을 보시어

ⓓ 이 사르미 (사롬 + 이) 잇논 方面(방면)을
> 현대어 풀이 : 이 사람의 있는 방면을

ⓔ 孔子의(孔子 + 의) 기티신 글워리라
> 현대어 풀이 : 공자의 남기신 글이다

⑤ ⓔ : '孔子(공자)의'가 '기티신'의 의미상 주어이고, '의'는 예외적 결합이군.

ㄴ '공자의 남기신 글'은 '공자가 남기신 글'이라는 의미이므로 '孔子(공자)의'는 '기티신'의 의미상 주어이다. '孔子(공자)'가 존칭의 유정 체언이기 때문에 원칙적으로는 'ㅅ'이 결합하여야 하지만 '의'가 결합하였다. 따라서 예외적 결합이다.

① ⓐ : '神靈(신령)'이 존칭의 유정 명사이므로 '수플'에 'ㅅ'이 결합한 것이군.

ㄴ '수플'이 무정 체언이기 때문에 'ㅅ'이 결합한 것이다.

② ⓑ : '놈'이 유정 명사이고 끝음절 모음이 음성 모음이므로 '이'가 결합한 것이군.

ㄴ '놈'이 평칭의 유정 체언이고 끝음절 모음(·)이 양성 모음이기 때문에 '이'가 결합한 것이다.

③ ⓒ : '世界(세계)ㅅ'이 '보샤'의 의미상 주어이고, 'ㅅ'은 예외적 결합이군.

ㄴ '世界(세계)ㅅ'를 '보샤'의 의미상 주어로 볼 수 없다. 또한 '世界(세계)'가 무정 체언이기 때문에 'ㅅ'이 결합한 것이어서 예외적 결합으로 볼 수도 없다.

④ ⓓ : '이 사르미'가 '잇논'의 의미상 주어이고, '이'는 예외적 결합이군.

ㄴ '이 사르미'가 '잇논'의 의미상 주어이기는 하지만, '사롬'이 평칭의 유정 체언이고 끝음절 모음(·)이 양성 모음이기 때문에 '이'가 결합한 것이어서 예외적 결합이 아니다.

03

답 | ②

<학습 활동>의 ㉠~㉢에 들어갈 예문으로 적절한 것은?

<보기>의 조건이 실현된 예문을 만들어 보자.

보기

ⓐ 현재 시제만 쓰일 것.
ⓑ 서술어의 자릿수가 둘일 것.
ⓒ 안긴문장이 부사어로 기능할 것.

실현 조건	예문
ⓐ, ⓑ	㉠
ⓐ, ⓒ	㉡
ⓑ, ⓒ	㉢

② ㉠ : 선생님께서는 여전히 학교 근처에 사시는지요?

ㄴ '선생님께서는 여전히 학교 근처에 사시는지요?'는 현재 시제가 쓰인 문장이고, '살다'는 주어와 부사어를 필요로 하는 두 자리 서술어이다. 따라서 ⓐ, ⓑ가 모두 실현되었다.

① ㉠ : 그 집 마당에는 감나무 한 그루가 자란다.

ㄴ '그 집 마당에는 감나무 한 그루가 자란다.'는 '-ㄴ다'를 통해 현재 시제가 쓰였음을 알 수 있다. 그러나 '자라다'는 주어를 필요로 하는 한 자리 서술어이다. 따라서 ⓑ는 실현되지 않았다.

③ ㉡ : 산중에 있으므로 여기는 도시보다 조용합니다.

ㄴ '산중에 있으므로 여기는 도시보다 조용합니다.'는 현재 시제가 쓰인 문장이다. 그러나 연결 어미 '-으므로'가 쓰인 이어진문장으로, 안긴문장은 없다. 따라서 ⓒ는 실현되지 않았다.

④ ㉡ : 오늘부터 아침으로 과일만 먹기로 마음먹었니?

ㄴ '오늘부터 아침으로 과일만 먹기로 마음먹었니?'에서는 안긴문장 '오늘부터 아침으로 과일만 먹기'가 전체 문장의 부사어로 기능한다. 그러나 '-었-'을 통해 이 문장에는 과거 시제가 쓰였음을 알 수 있다. 따라서 ⓐ는 실현되지 않았다.

⑤ ©: 오래전 큰아버지께 받은 책에 곰팡이가 슬었어.

'오래전 큰아버지께 받은 책에 곰팡이가 슬었어.'에서 안은문장 전체의 서술어 '슬다'는 주어와 부사어를 필요로 하는 두 자리 서술어이다. (참고로 안긴문장 '오래전 큰아버지께 받은'의 서술어 '받다'는 주어, 목적어, 부사어를 필요로 하는 세 자리 서술어이다.) 그러나 안긴문장은 전체 문장의 부사어가 아니라 관형어로 기능한다.

04

답 | ④

<보기>의 ㉮, ㉯에 들어갈 수 있는 단어로 적절한 것은?

보기

선생님: 지난 시간에 음운의 변동 가운데 ⓐ <u>음절의 끝소리 규칙</u>, ⓑ <u>자음군 단순화</u>, ⓒ <u>된소리되기</u>를 학습했는데요. 이번 시간에는 음운 변동의 적용 유무를 기준으로 단어를 분류하는 활동을 진행해 볼게요. 그럼, 표준 발음을 고려해서 다음 단어들을 분류해 보죠.

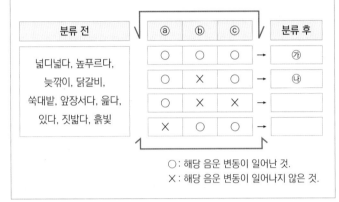

○ : 해당 음운 변동이 일어난 것.
× : 해당 음운 변동이 일어나지 않은 것.

정답 선지 분석

	㉮	㉯
④	흙빛	쑥대밭

ⓐ는 음절의 끝소리 규칙이고, ⓑ는 자음군 단순화이며, ⓒ는 된소리되기이다. 따라서 ⓐ, ⓑ, ⓒ가 모두 일어나는 ㉮로 분류되는 단어는 '읊다[읍따], 짓밟다[진빱따], 흙빛[흑삗]'이고, ⓐ, ⓒ가 일어나는 ㉯로 분류되는 단어는 '쑥대밭[쑥때받], 앞장서다[압짱서다], 있다[읻따]'이다.

05

답 | ④

<보기>의 ㉠~㉩에 대한 이해로 적절한 것은?

보기

(희철, 민수, 기영이 ○○ 서점 근처에서 만난 상황)

희철: 얘들아, 잘 지냈어? 3일 만에 보니 반갑다.

민수: 동해안으로 체험 학습 다녀왔다며? ㉠ 내일은 도서관에 가서 발표 준비하자. 기영이 어떻게 생각해?

기영: ㉡ 네 말대로 하는 게 좋겠다. 그럼 정수도 부를까?

희철: 그러자. ㉢ 저기 저 ○○ 서점에서 오전 10시에 만나서 다 같이 도서관으로 가자. ㉣ 정수한테 전할 때 서점 위치 링크도 보내 줘. 전에도 헤맸잖아.

민수: 이제 아냐. ㉤ 어제 나랑 저기서 만났는데 잘 ㉥ 왔어.

희철: 그렇구나. 어제 잘 ㉦ 왔었구나.

민수: 아, 기영아! ㉧ 우리는 회의 가야 돼. ㉨네가 ㉩ 우리 셋을 대표해서 정수에게 연락을 좀 해 줘.

정답 선지 분석

④ ㉥은 ㉦과 달리 화자가 있던 장소로의 이동을 나타낸다.

㉥의 '왔어'는 정수가 화자인 민수가 있던 장소로 이동했음을 나타내지만 ㉦의 '왔었구나'는 정수가 화자인 희철이 있던 장소로 이동했음을 나타내지 않는다.

오답 선지 분석

① ㉠은 ㉤과 달리 발화 시점과 관계없이 언제인지가 정해진다.

㉠의 '내일'과 ㉤의 '어제'는 둘 다 발화 시점에 따라 언제인지가 결정된다.

② ㉢은 ㉡과 달리 지시 표현이 이전 발화를 직접 가리킨다.

㉡의 '네 말'은 이전 발화를 가리킴에 비해 ㉢의 '저기 저'는 '○○ 서점'을 가리킨다.

③ ㉣은 ㉨과 달리 담화 참여자에 따라 지시 대상이 달라진다.

㉣의 '정수'는 고유 명사이기 때문에 지시 대상이 고정되지만 ㉨의 '네'는 대명사이기 때문에 담화 참여자에 따라 지시 대상이 결정된다.

⑤ ㉧은 ㉩과 달리 담화에 참여한 모든 사람들을 가리킨다.

㉧의 '우리'는 '민수, 희철'을 가리키고 ㉩의 '우리'는 '기영, 민수, 희철'을 가리킨다.

빠른 정답 체크

01 ⑤   02 ①   03 ④   04 ③   05 ④   06 ⑤

가

❶ 노자는 도(道)란 개체들 사이의 조화로운 관계 맺음을 가능하게 하는 최고의 원리로, 개체들 이전에 도(道)가 미리 존재한다고 보았다. 이와 달리 장자는 《제물론》에서 도(道)는 개체들의 활동을 통해 사후적으로 만들어지는 것에 지나지 않는다고 보았다. 그는 사람들이 걷는 길이 무수히 많은 사람들이 그 길로 걸어다녔기 때문에 생겨난 것처럼, 도(道) 역시 미리 정해진 것이 아니라 개체들 사이의 관계의 흔적, 혹은 소통의 결과에 불과하다고 주장하였다.

❷ 장자는 사람들이 사용하는 언어에 대해서도 도(道)를 바라보는 것과 같은 입장을 ⓐ 지녔다. 그는 사람들이 어떤 대상에 이름을 붙이고 이를 통해 대상을 구분할 때, 대상을 구분하는 이름은 대상이 본래부터 가지고 있던 속성에 따라 명명되는 것이 아니라 자의적으로 연결된 것에 불과하다고 보았다. 즉, 대상과 이름 사이의 관계는 특정 공동체의 관습적인 언어 사용에 의해 사람들에게 각인되고, 그 결과 대상들이 마치 실제로 구분되어 있는 것처럼 ⓑ 여겨졌을 뿐이라고 본 것이다. 그런 점에서 장자는 ㉠ 우리가 어떤 대상에 대해 부여한 이름은 본질적으로 그 대상의 속성과 필연적인 관계가 없다고 주장한 것이다.

❸ 도(道)가 사후에 생성된다는 장자의 주장처럼, 왕충은 세계에 존재하는 사물의 의미 역시 사후에 결정되며 '하늘의 뜻'과 같이

자연 세계의 질서를 지배하는 원리는 따로 존재하지 않는다고 보
_{하늘의 뜻이 미리 정해져 있다고 믿은 당시의 인식과는 다름}
았다. 당시 사람들은「하늘의 뜻이 미리 정해져 있기에 인간은 하
「」: 자연재해에 대한 당시 사람들의 인식
늘의 뜻을 따라야 하며, 만약 그렇지 않으면 가뭄과 홍수 등의 자
연재해가 일어난다는 믿음을 가지고 있었다.」그러나 왕충은 《논
형》을 통해 자연재해가 인간을 비롯한 세계에 존재하는 사물에
영향을 미치는 것은 사실이지만, 자연재해는 하늘의 뜻에 따라
발생한 것이 아니라 자연이 순환하는 과정에서 우연히 나타나는
_{자연재해에 대한 왕충의 입장}
현상일 뿐이라고 주장하였다. 그런 점에서 인간이 하늘의 작용에
_{하늘의 작용은 인간에게 영향을 미치지만, 그 반대는 불가능함}
영향을 미치는 것은 불가능하다고 본 것이다.

❹ 왕충은 하늘의 작용이 우연히 나타나는 현상인 것처럼 사람의
_{사람의 삶에 대한 왕충의 입장}
삶도 우연에 의해 결정된다고 보았다. 예를 들어, 벼슬하느냐 못
하느냐는 한 사람의 재능에 ⓒ 달린 것이 아니라,「같은 수준의 재
「」: 사람의 삶이 우연에 의해 결정되는 예시
능을 가진 사람들이라도 만나는 시대에 따라 출세 여부가 달라질
수 있고, 아무리 재능이 뛰어나도 재능을 알아주는 군주를 만나
지 못하면 등용될 수 없다고 생각한 것이다.」

나

❶ 플라톤은 사물보다 사물의 의미가 미리 존재한다고 보았다.
_{플라톤은 사물의 의미가 있고 나서 사물이 존재한다고 주장함}
그래서 그는 사물에는 그것을 만든 '제작자'가 부여한 '필연적 의
미'가 있을 수밖에 없다고 보았기 때문에 우리가 사는 세계 역시
제작자가 필연적 의미에 따라 형성한 것이라고 생각했다. 그러나
_{플라톤은 세계가 필연적으로 형성되었다고 주장함}
루크테리우스는 세계가 원자들로 구성되어 있으며, 세계는 자발
적으로 움직이던 원자들이 우연히 마주쳐 응고되면서 생성되었
_{루크테리우스는 세계가 우연히 형성되었다고 주장함}
을 뿐이라고 주장하였다.

❷ 루크테리우스는 세계가 형성되기 전에는 무수히 많은 원자들
이 원자 그 자체의 무게로 인해 서로 평행하게 떨어지는 상태에
있었다고 생각했다. 이때 수직 낙하하던 원자들 중 하나의 원자
가 평행 상태가 깨져 거의 느껴지지도 않을 것 같은 미세한 편차
_{클리나멘}
로 기울게 되면 결국 옆의 원자와 마주치게 되는데,「이 마주침으
「」: 우연하고 연속적인 마주침으로 인해 세계가 형성됨
로 인해 수많은 원자들이 연속해서 마주치게 되면서 원자들이 응
고되고 그 결과 세계가 형성되었다고 본 것이다. 그는 한 원자에
서 발생한 미세한 편차를 '클리나멘'이라고 명명했는데, 원자들
_{클리나멘의 개념}
이 마주치거나 응고하는 방식은 미리 결정되지 않았다고 주장하
_{원자들이 마주치거나 응고하는 것은 우연적임}
였다. 그런 점에서 우리가 살고 있는 세계는 우연의 산물일 뿐이
라고 본 것이다. 그러나「제작자가 필연적 의미에 따라 세계를 형성
한 것이라는 생각이 서양 철학의 주류를 형성하고 있었기 때문에」
「」: 루크테리우스의 생각이 크게 주목받지 못한 이유
이러한 루크테리우스의 생각은 크게 주목받지 못했다.

❸ 한편 기계 발명 및 기술 혁신을 계기로 발생한 산업 혁명 이후
크게 발달한 자본주의는 빈부 격차 현상을 심화시켰고 이는 자본
_{자본주의 발달의 결과}

가와 노동자 간의 심각한 대립을 초래하였다. 이에 일부 철학자
들은 경제적인 것이 인간 사회의 구조 및 역사 발전 방향을 결정
_{일부 철학자들의 주장 ①-사회의 구조와 역사 발전을 결정하는 원리가 존재함}
하는 유일한 원리라고 주장하며, 자본가와 노동자의 갈등은 이미
_{일부 철학자들의 주장 ②-자본가와 노동자의 갈등은 정해져 있었음}
정해진 역사 발전의 수순을 따르는 것에 불과할 뿐이고 자본주의
는 곧 인류 역사에서 ⓓ 사라질 것이라고 주장하였다. 하지만 알
튀세르는「복잡하고 다양한 사회 구조와 인류의 역사 발전 과정을
「」: 일부 철학자들의 주장 ①에 대한 알튀세르의 반박
한 가지 원리로만 해석할 수 없다고 보았다. 또한 그는 루크테리
_{알튀세르는 루크테리우스의 철학을 따름}
우스의 철학에 영감을 받아「지금까지의 인류 역사의 흐름은 정해
「」: 일부 철학자들의 주장 ②에 대한 알튀세르의 반박
진 역사 발전의 수순을 따른 것이 아니라 단지 우연의 결과에 지
나지 않을 뿐이라고 주장하였다. 그는 18세기의 이탈리아가 자
_{알튀세르의 주장을 뒷받침하는 예시}
본과 기술, 노동력처럼 자본주의가 발생할 수 있는 조건을 ⓔ 갖
추었음에도 자본주의가 발생하지 않은 사례를 통해,「많은 요소들
「」: 자본주의는 우연에 의해 발생함
이 우연히 마주치고 응고되어야 자본주의가 발생하는 것이지 경
제적인 것이 모든 것을 결정하는 것은 아니라고 생각했다.」

❹ 만약 이 세계가 선재된 하나의 원리에 의해 만들어진 것이라
_{루크테리우스와 알튀세르와 반대되는 입장}
면, 인간은 이미 방향이 제시된 역사의 흐름을 따르는 존재에 불
_{인간의 삶은 이미 결정되어 있음}
과할 수 있다. 그런 점에서 세계 형성의 우연성을 주장한 루크테
리우스와 알튀세르의 주장은「우리가 살고 있는 세계에 '새로운
「」: 루크테리우스와 알튀세르 주장의 의의
마주침'을 시도함으로써 다른 세계로 나아갈 수 있다는 점을 시
사했다는 점에서 의의가 있다.

01

답 | ⑤

(가), (나)에 대한 설명으로 가장 적절한 것은?

정답 선지 분석

⑤ (가)와 (나)는 모두 우연성을 중시하는 사상가의 입장과 그 사상을 뒷받침하
기 위해 제시한 근거를 소개하고 있다.

(가)는 자연재해나 인간의 삶이 하늘의 뜻이 아니라 우연히 나타나는 현상이라고 주장한 왕
충의 사상을 소개하고 있다. (나)는 클리나멘을 통해 우리가 살고 있는 세계는 우연의 산물이
라고 주장한 루크테리우스의 사상과 이탈리아의 사례를 통해 자본주의가 우연히 발생한 것이
라는 알튀세르의 사상을 소개하고 있다.

오답 선지 분석

① (가)는 세계 질서를 지배하는 원리에 대한 사상가의 견해를 소개하고 그 견
해가 지닌 한계와 의의를 설명하고 있다.

(가)는 세계 질서를 지배하는 원리, 즉 하늘의 뜻에 대한 왕충의 견해를 소개하고 있지만 그
견해가 지닌 한계와 의의를 설명하고 있지는 않다.

② (나)는 사물의 의미에 대한 대립적 견해를 제시한 후 그 견해들을 절충한 사
상을 소개하고 있다.

(나)는 사물의 의미에 대한 플라톤의 견해가 제시되어 있지만 그 견해들을 절충한 사상을 소
개하고 있지는 않다.

③ (가)는 (나)와 달리 도를 바라보는 사상가들의 논쟁을 소개하며 그 결과를
분석하고 있다.

(가)는 도를 바라보는 노자, 장자의 견해를 소개하고 있을 뿐, 사상가들의 논쟁을 소개하거나
그 결과를 분석하고 있지는 않다.

④ (가)와 (나)는 모두 세계 형성의 근원을 밝힌 사상이 출현하게 된 사회적 배경을 서술하고 있다.

(가)는 세계 형성의 근원을 밝힌 사상이 제시되어 있지 않으며, (나)는 세계 형성의 근원을 밝힌 사상이 제시되었으나, 그 사상이 출현하게 된 사회적 배경을 서술하고 있지는 않다.

02
답 | ①

윗글에 대한 이해로 적절하지 않은 것은?

정답 선지 분석

① 왕충은 자연 세계의 질서와 인간의 삶이 분리되었다는 당시 사람들의 믿음을 비판하였다.

(가)의 3문단에서 '당시 사람들은~주장하였다.'라고 하였으므로, 왕충이 살던 당시의 사람들은 자연 세계의 질서와 인간의 삶이 매우 밀접한 관계라고 보았다는 점과 왕충은 당시 사람들과 다른 생각을 지녔음을 알 수 있다. 따라서 왕충이 자연 세계의 질서와 인간의 삶이 분리되었다는 당시 사람들의 믿음을 비판했다는 진술은 적절하지 않다.

오답 선지 분석

② 서양 철학에서는 제작자나 필연적 의미를 통해 세계의 형성을 설명하려는 사상이 존재하였다.

(나)의 2문단에서 '제작자가 필연적 의미에 따라 세계를 형성한 것이라는 생각이 서양 철학의 주류를 형성하고 있었다'고 하였으므로 적절하다.

③ 장자는 '도'의 생성을 많은 사람들이 걸어서 길이 생기는 것에 비유하며 '도'와 개체와의 관계를 설명하였다.

(가)의 1문단에서 '그는 사람들이 걷는 길이~소통의 결과에 불과하다고 주장하였다.'라고 했으므로 적절하다.

④ 인류 역사에서 자본주의가 사라질 것이라 주장하는 철학자들은 역사의 발전 방향이 이미 정해져 있다고 생각하였다.

(나)의 3문단에서 '일부 철학자들은~곧 인류 역사에서 사라질 것이라고 주장하였다.'라고 했으므로 적절하다.

⑤ 알튀세르의 사상은 인간이 정해진 역사의 흐름에 따르는 것이 아니라 다른 세계로 나아갈 수 있는 존재임을 보여 주었다.

(나)의 4문단에서 '세계 형성의 우연성을 주장한~다른 세계로 나아갈 수 있다는 점을 시사했다'라고 했으므로 적절하다.

03
답 | ④

㉠을 읽은 학생이 <보기>의 내용에 대해 보일 수 있는 반응으로 가장 적절한 것은?

보기

뇌과학자인 라마찬드란과 후바드는 사람들에게 왼쪽 그림의 두 도형을 보여 주며, 각각 '부바'와 '키키'라는 소리와 도형을 짝짓는 실험을 진행하였다. ㉮ 실험 결과 95%의 실험 참가자들이 곡선 형태의 그림을 '부바', 삐죽삐죽한 형태의 그림을 '키키'라고 선택하였다. 추가 연구에 따르면 '부바'와 '키키'라는 소리를 만들 수 있는 모국어를 사용하며, '부바', '키키'라는 명칭이 자신의 모국어에 없는 경우에 ㉯ 성별, 나이와 상관없이 유사한 실험 결과가 나타났다. 이와 달리 실험 참가자들이 사용하는 언어에서 '부바'와 '키키'라는 소리를 만들 수 없으면 ㉰ 이러한 실험 결과가 나타나지 않는다는 점이 밝혀졌다.

---

④ ㉮와 ㉯는 대상의 속성이 대상을 지칭하는 소리의 선택에 영향을 미친다는 점에서 장자의 생각과 부합하지 않는다.

㉮와 ㉯는 도형의 모양이 부바와 키키라는 명칭을 선택하는 데 영향을 미친다는 점에서 대상의 이름과 대상의 속성은 필연적인 관계가 없다고 주장한 장자의 생각과 부합하지 않는다.

오답 선지 분석

① ㉮는 대상에 부여된 이름이 그 대상과 필연적인 관계라는 점에서 장자의 생각과 부합한다.

㉮는 대상의 명칭이 대상의 속성에 영향을 받는다는 점에서, 대상과 대상의 이름은 자의적인 관계라고 바라본 장자의 생각과 부합하지 않는다.

② ㉯는 대상들을 구분하는 언어가 대상이 본래부터 가지고 있는 속성과 관련된다는 점에서 장자의 생각과 부합한다.

㉯는 95%의 실험 참가자들이 도형의 모양과 명칭을 똑같이 짝지은 ㉮와 유사한 결과가 나타났다는 점에서, 대상의 속성과 대상의 이름이 필연적인 관계가 없다고 주장한 장자의 생각에 부합하지 않는다.

③ ㉰는 관습적인 언어 사용에 의해 대상의 의미가 결정된다는 점에서 장자의 생각과 부합하지 않는다.

㉰의 결과는 대상의 속성이 대상을 지칭하는 소리의 선택에 영향을 미치지 못한다는 점을 보여줄 뿐, 관습적인 언어 사용에 의해 대상의 의미가 결정된다는 것과는 관련이 없다.

⑤ ㉯와 ㉰는 실험 참가자가 사용하는 언어에 따라 대상의 형태가 달라진다는 점에서 장자의 생각과 부합하지 않는다.

㉯와 ㉰는 실험 참가자가 사용하는 언어가 대상을 지칭하는 소리의 선택에 영향을 미친다는 점을 보여 줄 뿐, 실험 참가자가 사용하는 언어에 따라 대상의 형태가 달라진다는 결과와는 관련이 없다.

04
답 | ③

루크테리우스 의 주장을 반박하기 위해 '플라톤'이 할 수 있는 말로 가장 적절한 것은?

정답 선지 분석

③ 원자의 운동에 영향을 주는 존재가 없다면 평행하게 떨어지던 원자에서 클리나멘이 발생하는 것은 불가능하다.

플라톤은 사물에는 그것을 만든 제작자가 부여한 필연적 의미가 있으며 우리가 사는 세계 역시 제작자가 필연적 의미에 따라 형성한 것이라고 생각했음을 알 수 있다. 따라서 플라톤은 사물에 필연적 의미를 부여하는 제작자 없이 클리나멘이 그냥 우연하게 발생하는 것은 불가능하다며 루크테리우스의 주장을 반박할 것이라 추론할 수 있다.

오답 선지 분석

① 세계가 원자들로 구성되어 있다 하더라도 그 원자가 낙하하는 이유를 설명하지 않았다.

루크테리우스는 원자 그 자체의 무게로 인해 원자들이 서로 평행하게 떨어지는 상태에 있었다고 주장하였다. 따라서 원자가 낙하하는 이유를 설명하지 않았다는 것은 루크테리우스의 주장을 반박하는 플라톤의 말로 적절하지 않다.

② 세계가 형성되기 전에도 원자들이 존재하려면 원자들의 존재 의미보다 원자가 먼저 형성되어야 한다.

원자들의 존재 의미보다 원자가 먼저 형성되어야 한다는 것은, 사물보다 사물의 의미가 미리 존재해야 한다는 플라톤의 생각과 부합하지 않는다는 점에서 루크테리우스의 주장을 반박하는 플라톤의 말로 적절하지 않다.

④ 원자들이 마주치거나 응고하는 방식이 결정되지 않았다면 우리가 살고 있는 세계는 우연의 산물에 불과할 뿐이다.

우리가 살고 있는 세계는 우연의 산물에 불과하다는 것은, 루크테리우스의 생각과 부합한다는 점에서 루크테리우스의 주장을 반박하는 플라톤의 말로 적절하지 않다.

⑤ 클리나멘에 의해 발생한 최초의 마주침이 다른 마주침으로 이어지려면 수 많은 원자들이 이 세계에 존재해야 한다.

최초의 마주침이 다른 마주침으로 이어지려면 수많은 원자들이 이 세계에 존재해야 한다는 것은, 루크레티우스의 생각과 부합한다는 점에서 루크레티우스의 주장을 반박하는 플라톤의 말로 적절하지 않다.

05

답 | ④

<보기>는 동서양 철학자들의 견해이다. 윗글을 읽은 학생이 <보기>에 대해 보인 반응으로 적절하지 않은 것은?

보기

ㄱ. 사물은 필연적으로 원인이 되는 어떤 것에 의해 생성된다. 어떤 경우에도 사물은 원인이 없이는 생성될 수 없으며, 이는 변하지 않는 사물의 생성 원리이다.

ㄴ. 사람들이 발로 개미를 밟고 지나가서 죽일 수 있다. 물론 사람들의 발에 밟히지 않은 개미는 다치지 않고 온전히 살아남는다. 하지만 이러한 결과의 차이는 단지 사람의 발과 개미가 우연히 마주쳤는지, 혹은 우연히 마주치지 않았는지에 의해 나타날 뿐이다.

ㄷ. 왕이 바르지 않은 정치를 행하려고 하면 하늘이 이상 현상을 일으켜 경고하여 다가올 위험을 알려준다. 경고를 했는데도 고칠 줄을 모르면 사변을 일으켜 사람들을 놀라게 하고 두렵게 만든다. 그럼에도 불구하고 여전히 두려워할 줄 모르면 재앙이 일어난다.

정답 선지 분석

④ ㄴ에 제시된 사건의 발생에 대한 서술은 루크레티우스가 제시한 세계의 형성 과정과 입장이 다르다는 것을 알 수 있군.

'ㄴ'에서 사건은 우연히 마주쳤는지, 혹은 우연히 마주치지 않았는지의 차이에 따라 발생한다고 했고, 루크레티우스도 세계가 우연하게 형성되었다고 보았다. 따라서 'ㄴ'에 제시된 사건의 발생에 대한 시각은, 세계의 형성 과정에 대한 루크레티우스의 입장과 유사하다고 볼 수 있다.

오답 선지 분석

① ㄱ에 제시된 사물의 생성 원리에 대한 인식은 알튀세르가 제시한 인류 역사의 흐름에 대한 시각과 상충되겠군.

'ㄱ'은 어떤 경우에도 사물은 원인이 없이는 생성될 수 없으며, 이는 변하지 않는 사물의 생성 원리라고 바라보는 주장이고, 알튀세르는 인류 역사의 흐름은 정해진 역사 발전의 수순을 따른 것이 아닌 단지 우연의 결과에 지나지 않을 뿐이라고 주장하였다. 따라서 'ㄱ'에 제시된 사물의 생성 원리에 대한 인식은 알튀세르가 제시한 인류 역사의 흐름에 대한 시각과 상충된다고 볼 수 있다.

② ㄱ에 제시된 원인에 관한 시각은 노자가 제시한 '도'가 개체들보다 선재한다는 생각과 유사하다고 볼 수 있겠군.

'ㄱ'은 원인이 없이는 어떤 것도 생성될 수 없다고 바라보는 주장이고, 노자는 도가 개체들보다 선재한다고 보았다. 따라서 'ㄱ'에 제시된 원인에 관한 시각은, 노자가 제시한 도가 개체들보다 선재한다는 생각과 유사하다고 볼 수 있다.

③ ㄴ에 제시된 결과의 차이에 대한 견해는 왕충이 주장한 자연재해가 발생하는 이유와 유사하다고 볼 수 있겠군.

'ㄴ'은 개미가 밟히느냐 밟히지 않느냐는 우연히 발생한다는 주장이고, 왕충도 자연재해가 우연히 발생하는 현상이라고 보았다. 따라서 'ㄴ'에 제시된 결과의 차이에 대한 견해는, 왕충이 주장한 자연재해가 발생하는 이유와 유사하다고 볼 수 있다.

⑤ ㄷ에 제시된 사변의 발생 원인에 대한 시각은 알튀세르가 제시한 인류의 역사 발전 과정에 대한 입장과 다르다는 것을 알 수 있군.

'ㄷ'은 인과적인 시각에서 왕이 바르지 않은 정치를 행하면 사변이 발생된다고 바라보고 있으며, 알튀세르는 인류의 역사 발전 과정은 우연의 결과에 지나지 않을 뿐이라고 보았다. 따라서 'ㄷ'에 제시된 사변의 발생 원인에 대한 시각은, 알튀세르가 제시한 인류의 역사 발전 과정에 대한 입장과 다르다고 볼 수 있다.

06

답 | ⑤

문맥상 ⓐ~ⓔ와 바꾸어 쓰기에 적절하지 않은 것은?

정답 선지 분석

⑤ ⓔ: 구성(構成)했음에도

ⓔ의 '갖추다'는 '있어야 할 것을 가지거나 차리다.'라는 뜻으로, '몇 가지 부분이나 요소들을 모아서 일정한 전체를 짜 이루다.'라는 뜻의 '구성하다'로 바꾸어 쓸 수 없다.

오답 선지 분석

① ⓐ: 견지(堅持)했다

ⓐ의 '지니다'는 '바탕으로 갖추고 있다.'라는 뜻으로, '어떤 견해나 입장 따위를 굳게 지니거나 지키다.'라는 뜻의 '견지하다'로 바꾸어 쓸 수 있다.

② ⓑ: 간주(看做)되었음

'여겨지다'는 '마음 속으로 그러하다고 인정하거나 생각하다.'라는 의미를 지닌 '여기다'의 피동형으로, '상태, 모양, 성질 따위가 그와 같다고 여겨지다.'라는 뜻의 '간주되다'로 바꾸어 쓸 수 있다.

③ ⓒ: 좌우(左右)되는

'달리다'는 '어떤 일이나 상태 따위가 무엇에 의존하다.'라는 뜻으로, '어떤 일에 영향이 주어져 지배되다.'라는 뜻의 '좌우되다'로 바꾸어 쓸 수 있다.

④ ⓓ: 소멸(消滅)될

'사라지다'는 '현상이나 물체의 자취 따위가 없어지다.'라는 뜻으로, '사라져 없어지게 되다.'라는 뜻의 '소멸되다'로 바꾸어 쓸 수 있다.

DAY 4 초정밀 저울의 작동 원리와 그 응용

빠른 정답 체크

01 ⑤   **02** ④   **03** ⑤   **04** ②

---

❶ 저울은 흔히 지렛대의 원리를 이용하거나 전기 저항 변화를 측정하여 질량을 잰다. 그렇다면 초정밀 저울은 기체 분자나 DNA와 같은 미세 물질의 질량을 어떻게 잴까? 이에 답하기 위해서는 압전 효과에 대한 이해가 필요하다.
（질문을 통한 제재 제시 / 초정밀 저울은 압전 효과를 이용하여 질량을 잼）

❷ 압전 효과에는 재료에 기계적 변형이 생기면 재료에 전압이 발생하는 1차 압전 효과와, 재료에 전압을 걸면 재료에 기계적 변형이 생기는 2차 압전 효과가 있다. 두 압전 효과가 모두 생기는 재료를 압전체라 하며, 수정이 주로 쓰인다.
（1차 압전 효과의 개념 / 2차 압전 효과의 개념 / 압전체의 개념）

❸ 압전체로 사용하는 수정은 특정 방향으로 절단 및 가공하여 납작한 원판 모양으로 만든다. 이후 원판의 양면에 전극을 만든 후 (+)와 (−) 극이 교대로 바뀌는 전압을 가하면 수정이 진동한다. 이때 전압의 주파수*를 수정의 고유 주파수와 일치시켜 수정이 큰 폭으로 진동하도록 하여 진동을 측정하기 쉽게 만든 것이 ㉠ 수정 진동자이다. 고유 주파수란 어떤 물체가 갖는 고유한 진동 주파수인데, 같은 재료의 압전체라도 압전체의 모양과 크기에 따라 달라진다. 수정 진동자에 어떤 물질이 달라붙어 질량이 증가하면 고유 주파수에서 진동하던 수정 진동자의 주파수가 감소
（압전체로 사용하는 수정의 가공 / 「」: 수정 진동자의 개념 / 고유 주파수의 개념 / 고유 주파수는 압전체의 모양과 크기에 따라 달라짐 / 질량 변화에 의해 수정 진동자의 주파수가 변화함）

한다. 수정 진동자의 주파수는 매우 작은 질량 변화에 민감하게
<u>수정 진동자의 주파수의 특징 - 질량 민감도가 큼</u>
변하므로 기체 분자나 DNA와 같은 미세한 물질의 질량을 측정
<u>미세한 물질의 질량에도 민감하게 변하기 때문</u>
할 수 있다. 진동자에서 질량 민감도는 주파수의 변화 정도를 측
<u>진동자에서 질량 민감도의 개념</u>
정된 질량으로 나눈 값인데, 수정 진동자의 질량 민감도는 매우
크다.

❹ 수정 진동자로 질량을 측정하는 원리를 응용하면 특정 기체의
농도를 감지할 수 있다. 「수정 진동자를 특정 기체가 붙도록 처리
　　　　　　　　　　　　　　「: 수정 진동자로 특정 기체의 농도를 감지하는 방법
하면, 여기에 특정 기체가 달라붙으며 질량 변화가 생겨 수정 진
동자의 주파수는 감소한다. 일정 시점이 되면 수정 진동자의 주
파수가 더 감소하지 않고 일정한 값을 유지한다.」 이렇게 일정한
값을 유지하는 이유는 특정 기체가 일정량 이상 달라붙지 않기
　　　　　　　　　　　　　　더 이상 질량 변화가 생기지 않음
때문이다. 혼합 기체에서 특정 기체의 농도가 클수록 더 작은 주
　　　　　　　혼합 기체에서 특정 기체의 농도와 수정 진동자의 주파수의 관계
파수에서 주파수가 일정하게 유지된다. 특정 기체가 얼마나 빨리
수정 진동자에 붙어서 주파수가 일정한 값이 되는가의 척도를 반
　　　　　　　　　　　　　　　　　　　반응 시간의 개념
응 시간이라 하는데, 반응 시간이 짧을수록 특정 기체의 농도를
　　　　　　　　　　　주파수가 일정한 값이 되어야 특정 기체의 농도를 잴 수 있음
더 빨리 잴 수 있다.

❺ 그런데 측정 대상이 아닌 기체가 함께 붙으면 측정하려는 대
　　　　　　　　　　수정 진동자로 기체의 농도를 측정할 때의 유의점 ①
상 기체의 정확한 농도 측정이 어렵다. 또한 대상 기체만 붙더라
　　　　　　　　　　　　수정 진동자로 기체의 농도를 측정할 때의 유의점 ②
도 그 기체의 농도를 알 수는 없다. 이 때문에「대상 기체의 농도
　　　　　　　　　　　　　　　　「: 대상 기체의 농도만을 정확하게 측정하는 방법
에 따라 수정 진동자의 주파수 변화를 미리 측정해 놓아야 한다.
그 후 대상 기체의 농도를 모르는 혼합 기체에서 주파수 변화를
측정하면 대상 기체의 농도를 알 수 있다.」 수정 진동자의 주파수
　　　　　(수정 진동자의 주파수 변화 정도) ÷ (농도) = 농도에 대한 민감도
변화 정도를 농도로 나누면 농도에 대한 민감도를 구할 수 있다.

* 주파수: 진동이 1초 동안 반복하는 횟수 또는 전압의 (+)와 (−) 극이 1초 동안,
서로 바뀌고 다시 원래대로 되는 횟수.

③ 압전 효과의 종류를 분류하고 그 분류에 따른 압전체의 구조를 비교하고 있다.
　　2문단에서 압전 효과를 1차 압전 효과와 2차 압전 효과로 분류하여 설명하고 있으나 그 분류
　　에 따른 압전체의 구조를 비교하여 설명한 내용은 없다.

④ 압전체의 유형을 구분하는 기준을 제시하고 초정밀 저울의 작동 과정을 단
계별로 설명하고 있다.
　　2문단에 압전 효과의 종류가 제시되어 있을 뿐 압전체의 유형을 구분하는 기준은 제시되어
　　있지 않다. 한편 3문단에서는 고유 주파수, 질량 민감도 등의 개념을 통해 초정밀 저울의 원
　　리를 설명하고 있다.

02　　　　　　　　　　　　　　　　　　　답 | ④

윗글을 통해 알 수 있는 내용으로 적절하지 않은 것은?

　정답 선지 분석

④ 같은 방향으로 절단한 수정은 크기가 달라도 고유 주파수가 서로 같다.
　　2문단에 따르면, 같은 재료의 압전체라도 모양과 크기에 따라 고유 주파수가 서로 다르다.
　　따라서 같은 방향으로 절단한 수정은 크기가 달라도 고유 주파수가 서로 같다는 설명은 적절
　　하지 않다.

　오답 선지 분석

① 수정 이외에도 압전 효과를 보이는 재료가 존재한다.
　　2문단에서 1, 2차 압전 효과가 모두 생기는 재료를 압전체라 하며 압전체로는 수정이 주로
　　쓰인다고 하였으므로 수정 이외에도 압전 효과를 보이는 재료가 존재함을 알 수 있다.

② 수정을 절단하고 가공하여 미세 질량 측정에 사용한다.
　　3문단에서 수정을 특정 방향으로 절단 및 가공하여 수정 진동자를 만든다고 하였고, 4문단
　　에서 수정 진동자의 주파수 변화를 측정하여 미세 질량을 측정한다고 하였으므로 적절한 진
　　술이다.

③ 전기 저항 변화를 이용하여 물체의 질량을 측정하는 경우가 있다.
　　1문단에서 저울은 흔히 지렛대의 원리를 이용하거나 전기 저항 변화를 측정하여 질량을 잰
　　다고 하였으므로 적절한 진술이다.

⑤ 진동자의 주파수 변화 정도를 측정된 질량으로 나누면 질량에 대한 민감도
를 구할 수 있다.
　　3문단에서 진동자에서 질량 민감도는 주파수 변화 정도를 측정된 질량으로 나눈 값이라고
　　하였으므로 적절한 진술이다.

01　　　　　　　　　　　　　　　　　　　답 | ⑤

윗글에 대한 설명으로 가장 적절한 것은?

　정답 선지 분석

⑤ 압전 효과에 기반한 초정밀 저울의 작동 원리를 설명하고 이 원리가 적용된
기체 농도 측정 방법을 소개하고 있다.
　　2문단에서 압전 효과의 개념을 제시한 후, 3문단에서 압전 효과를 이용한 초정밀 저울의 작
　　동 원리를 설명하고 있다. 이어서 4, 5문단에서는 초정밀 저울의 작동 원리가 적용된 기체 농
　　도 측정 방법을 설명하고 있다.

　오답 선지 분석

① 압전체의 제작 방법을 소개하고 제작 시 유의점을 나열하고 있다.
　　2문단에서 압전체인 수정을 가공하여 수정 진동자를 만드는 방법을 소개하고 있으나 압전
　　효과가 생기는 재료인 압전체 자체를 제작하는 방법은 소개하고 있지 않다. 또한 제작 시 유
　　의점에 대해서도 나열하고 있지 않다.

② 압전 효과의 개념을 정의하고 압전체의 장단점을 분석하고 있다.
　　2문단에서 1차 압전 효과와 2차 압전 효과로 나누어 압전 효과의 개념을 정의하고 있지만 압
　　전체의 장단점을 분석하고 있지는 않다.

03　　　　　　　　　　　　　　　　　　　답 | ⑤

⊙에 대한 이해로 적절하지 않은 것은?

　정답 선지 분석

⑤ ⊙의 전극에 가해지는 특정 주파수의 전압은 압전체의 고유 주파수 값을 더
크게 만든다.
　　3문단에 따르면 수정 진동자의 전극에 (+)와 (−) 극이 교대로 바뀌는 전압을 가하는데 이때
　　전압의 주파수를 수정의 고유 주파수와 일치시켜 수정이 큰 폭으로 진동하게 한다고 하였다.
　　⊙(수정 진동자)의 전극에 가하는 특정 주파수의 전압을 압전체인 수정의 고유 주파수와 일
　　치시키면 압전체의 진동 폭이 커지지만, 고유 주파수는 달라지지 않는다. 주파수는 진동 폭
　　이 아니라 진동 횟수와 관련된 개념이다.

　오답 선지 분석

① ⊙에는 1차 압전 효과를 보일 수 있는 재료가 있다.
　　2문단에서 수정이 1차 압전 효과와 2차 압전 효과가 모두 생기는 재료인 압전체임을 확인할
　　수 있으며, 3문단에서 ⊙에 수정이 쓰인다는 것을 파악할 수 있다. 따라서 ⊙에는 1차 압전
　　효과를 보이는 재료가 존재한다는 진술은 적절하다.

WEEK 7

② ㉠에서는 전압에 의해 압전체의 기계적 변형이 일어난다.

3문단에서 ㉠의 전극에 (+)와 (-) 극이 교대로 바뀌는 전압을 가해 수정이 큰 폭으로 진동하도록 한다고 하였다. 이때, ㉠에서는 전압으로 인해 압전체인 수정의 기계적 변형이 일어나게 되므로 적절한 진술이다.

③ ㉠에는 전극이 양면에 있는 원판 모양의 수정이 사용된다.

3문단에서 수정을 절단 및 가공하여 납작한 원판 모양으로 만들고 이후 원판의 양면에 전극을 만들어 수정 진동자를 만든다고 하였다. 따라서 ㉠에는 전극이 양면에 있는 원판 모양이 수정이 사용된다는 진술은 적절하다.

④ ㉠에서는 전극에 가하는 전압의 주파수를 수정의 고유 주파수에 맞춘다.

3문단에서 원판의 양면에 전극을 만든 후 (+)와 (-) 극이 교대로 바뀌는 전압을 가하는데, 이때 전압의 주파수를 수정의 고유 주파수와 일치시킨다고 하였으므로 적절한 진술이다.

04

답 | ②

윗글을 바탕으로 〈보기〉를 탐구한 내용으로 가장 적절한 것은?

보기

알코올 감지기 A와 B를 이용하여 어떤 밀폐된 공간에 있는 혼합 기체의 알코올 농도를 측정하였다. 이때 A와 B는 모두 진동자에 알코올이 달라붙을 수 있도록 처리되어 있다. A와 B 모두, 시간이 흐름에 따라 주파수가 감소하다가 더 이상 감소하지 않고 일정하게 유지되었다.

(단, 측정하는 동안 밀폐된 공간의 상황은 변동 없음.)

정답 선지 분석

② B에 달라붙은 알코올의 양은 변하지 않고 다른 기체가 함께 달라붙은 후 진동자의 주파수가 일정하게 유지된다면, 이때 주파수의 값은 알코올만 붙었을 때보다 더 작겠군.

3문단에 따르면, 수정 진동자에 어떤 물질이 달라붙으면 고유 주파수에서 진동하던 수정 진동자의 주파수가 감소하는 원리로 질량을 측정한다. 따라서 수정 진동자에 달라붙는 물질의 양에 따라 주파수의 감소 정도가 더 커짐을 알 수 있다. 또한 4문단에 따르면 기체의 농도에 따라 진동자의 주파수는 감소하여 일정한 값을 유지하는데, 감소 정도는 기체의 농도가 클수록 크다. 따라서 〈보기〉에서 B에 달라붙은 알코올의 양은 변하지 않고 다른 기체가 함께 달라붙었다면, 다른 기체가 함께 달라붙지 않았을 때보다 진동자의 주파수가 더 크게 감소해 일정하게 유지된다. 즉 이때 주파수의 값은 알코올만 달라붙었을 때보다 더 작다.

오답 선지 분석

① A의 진동자에 있는 압전체의 고유 주파수를 알코올만 있는 기체에서 미리 측정해 놓으면, 혼합 기체에서의 알코올의 농도를 알 수 있겠군.

5문단에 따르면, 대상 기체의 농도에 따라 수정 진동자의 주파수 변화를 미리 측정해 놓아야 대상 기체의 농도를 모르는 혼합 기체에서 주파수 변화를 측정함으로써 대상 기체의 농도를 알 수 있다. 따라서 A의 진동자에 있는 압전체의 고유 주파수를 측정하는 것만으로는 혼합 기체에서의 알코올의 농도를 알 수 없다.

③ A와 B에서 알코올이 달라붙도록 진동자를 처리한 것은 알코올이 달라붙음에 따라 진동자가 최대한 큰 폭으로 진동할 수 있게 하려는 것이겠군.

4문단과 5문단에 따르면, 수정 진동자에 특정 기체가 붙도록 처리한 것은 수정 진동자의 주파수 변화를 통해 특정 기체의 농도를 알기 위함이다. 〈보기〉에서 A와 B 모두 진동자에 알코올이 달라붙을 수 있도록 한 것은 알코올의 농도를 측정하기 위한 것이지 진동자가 최대한 큰 폭으로 진동할 수 있게 하려는 것이 아니다.

④ A가 B에 비해 동일한 양의 알코올이 달라붙은 후에 생기는 주파수 변화 정도가 크다면, A가 B보다 알코올 농도에 대한 민감도가 더 작다고 할 수 있겠군.

5문단에 따르면 진동자의 주파수 변화 정도를 농도로 나누어 농도의 민감도를 구한다. 따라서 동일한 양의 알코올이 달라붙은 후에 생기는 주파수 변화 정도가 A가 B보다 크다면 A가 B보다 농도에 대한 민감도도 더 크다는 것을 알 수 있다.

⑤ B가 A보다 알코올이 일정량까지 달라붙는 시간이 더 짧더라도 알코올이 달라붙은 양이 서로 같다면, A와 B의 반응 시간은 서로 같겠군.

4문단에 따르면, 특정 기체가 얼마나 빨리 수정 진동자에 붙어서 주파수가 일정한 값이 되는가의 척도는 반응 시간이다. B가 A보다 알코올이 일정량까지 달라붙는 시간이 더 짧다면, A와 B의 반응 시간이 서로 같은 것이 아니라 B의 반응 시간이 A의 반응 시간보다 더 짧다.

DAY 5 〈나무처럼 젊은이들도〉_김광규 / 〈별을 굽다〉_김혜순

빠른 정답 체크

01 ③   02 ⑤   03 ②

가

동짓달에도 날씨가 며칠 푸근하면
추운 겨울-부정적 상황   □: 강인한 생명력을 드러내는 대상
철없는 개나리는 노란 얼굴 내민다
                          시각적 이미지, 의인법
봄이 오면 꽃샘추위 아랑곳없이
꽃이 피는 계절   개화를 방해하는 요소, 시련
진달래는 곳곳에 소담스럽게 피어난다

피어나는 꽃의 마음을

가냘프다고

억누를 수 있느냐

어두운 땅속으로 뻗어나가는 뿌리의 힘을
하강적 이미지
보이지 않는다고
꽃을 피워내는 힘은 겉으로 잘 드러나지 않음
업신여길 수 있느냐

'~을/~고/~냐'의 동일한 문장구조 반복

땅에 깊숙이 뿌리내리고
나무가 향하는 곳
하늘로 피어오르는 꿈을
상승적 이미지
드높은 가지 끝에 품은

나무처럼 젊은이들도

힘차게 위로 솟아오르고

ⓐ 조용히 아래로 깊어지며
내면의 힘을 키워 나가는 모습
밝고 넓게 퍼져 나가기를
꿈을 피워 나가는 모습
그러나 행여 잊지 말기를

ⓑ 아무리 높다란 나뭇가지 끝에서
젊은이들이 도달할 수 있는 가장 높은 곳에서
저 들판 너머를 볼 수 있어도
미지의 공간
뿌리는 언제나 땅속에 있고
나무를 자라나게 하는 힘의 근원(=내면) ①
지하수가 수액이 되어
나무를 자라나게 하는 힘의 근원(=내면) ②
남모르게 줄기 속을 흐르지 않으면

「바람결에 멀리 향냄새 풍기는
「」: 젊은이들이 성장하기 위해서는 내면의 힘이 무엇보다 중요함을 강조
아카시아도 라일락도

절대로 피어날 수 없음을」

- 김광규, 〈나무처럼 젊은이들도〉 -

나

ⓒ 사당역 4호선에서 2호선으로 갈아타려고
　　　지하철을 이용하는 화자의 상황
에스컬레이터에 실려 올라가서
　　　현대 문명
뒤돌아보다 마주친 저 수많은 얼굴들

모두 붉은 흙 가면 같다
　　　무표정한 얼굴
얼마나 많은 불가마들이 저 얼굴들을 구워 냈을까
　　　붉은 흙 가면의 원천

무표정한 저 얼굴 속 어디에
화자가 관찰한 사람들의 표정
ⓓ「아침마다 두 눈을 번쩍 뜨게 하는 힘」숨어 있었을까
　　「」: 삶을 살아가게 하는 원동력 ①
밖에서는 기척도 들리지 않을 이 깊은 **땅속**을
　　　지하철(현대인의 생활 공간)
밀물져 가게 하는 힘 숨어 있었을까
　　　삶을 살아가게 하는 원동력 ②

하늘 한구석 별자리마다 쪼그리고 앉아
「별들을 가마에서 구워 내는 분 계시겠지만
　　　절대자
그분이 점지하는 운명의 별빛 지상에 내리겠지만」
　　　　　　　　　　　　　　　「」: 운명론적 가치관
물이 쏟아진 듯 몰려가는

땅속은 너무나 깊어
　지하철
그 별빛 여기까지 닿기나 할는지
　　　절대자가 점지한 운명

수많은 저 사람들 몸속마다에는
　　　사람들의 힘이 내재된 곳
밖에선 **볼 수 없는** 뜨거움이 일렁거리나 보다
　　　　　　　삶의 열정
저마다 진흙으로 돌아가려는 몸을 **일으켜 세우는**
　　　탄생 이전의 상태
불가마 하나씩 깃들어 있나 보다
생명의 원천, 삶에 대한 열정

ⓔ 저렇듯 십 년 이십 년 오십 년 얼굴을 구워 내고 있었으니
모든 얼굴은 뜨거운 속이 굽는 붉은 흙 가면인가 보다
　　　　　　　　열정　　　삶에 대한 열정이 담긴 얼굴
　　　　　　　　　　　　　　　　- 김혜순, 〈별을 굽다〉 -

01

답 | ③

(가)와 (나)의 공통점으로 가장 적절한 것은?

정답 선지 분석

③ 유사한 문장 구조를 반복하여 대상의 속성을 부각하고 있다.
(가)는 '~면 ~ㄴ다', '~을 ~다고 ~ㄹ 수 있느냐'의 문장 구조를 반복하여, (나)는 '~하는 힘 숨어 있었을까'의 문장 구조를 반복하여 생명력을 지닌 나무와 현대인의 모습을 부각하고 있다.

오답 선지 분석

① 음성 상징어를 활용하여 대상의 역동성을 표현하고 있다.
(나)는 '번쩍'이라는 음성 상징어를 사용하여 사람들이 두 눈을 뜨는 모습을 생생하게 드러내고 있지만 (가)는 음성 상징어를 사용하고 있지 않다.

② 계절적 배경을 묘사하여 대상이 처한 상황을 드러내고 있다.
(가)에는 겨울과 봄이라는 계절의 모습을 통해 추운 날씨에도 꽃을 피우고 있는 나무의 상황이 드러나지만 (나)에는 계절적 배경이 드러나지 않는다.

④ 자연과 인간을 대비하여 대상이 지닌 가치를 강조하고 있다.
(가), (나)는 모두 자연과 인간을 대비하고 있지 않다.

⑤ 공간의 이동에 따라 대상이 변화하는 모습을 나타내고 있다.
(가), (나)는 모두 공간의 이동에 따라 변화하는 대상의 모습을 나타내고 있지 않다.

02

답 | ⑤

ⓐ~ⓔ에 대한 이해로 가장 적절한 것은?

정답 선지 분석

⑤ ⓔ: 수많은 사람들의 삶을 얼굴에 빗대어 각자의 일생을 만들어 가고 있는 현대인의 모습을 보여 주고 있다.
'십 년 이십 년 오십 년 얼굴을 구워 내고' 있는 것은 현대인이 각자의 일생을 자신의 힘으로 만들어 내고 있음을 빗대어 표현한 것으로 볼 수 있다.

오답 선지 분석

① ⓐ: 현실에 대처하는 자세를 드러내어 젊은이들이 힘겨운 현실로 인해 고뇌하는 모습을 강조하고 있다.
ⓐ는 나무가 땅에 깊숙이 뿌리 내리는 것처럼 젊은이들도 내면의 힘을 키워가는 모습으로 볼 수 있다.

② ⓑ: 극단적 상황임을 강조하여 현실에 순응하는 삶을 선택해야만 하는 젊은이들의 좌절감을 드러내고 있다.
ⓑ의 나뭇가지 끝은 젊은이들이 도달할 수 있는 가장 높은 곳을 의미하는 시어일 뿐, 극단적인 상황을 의미하는 시어가 아니다.

③ ⓒ: 변화를 추구하는 모습을 통해 현실에서 벗어나기 위한 현대인의 노력을 그려내고 있다.
ⓒ는 현대인들이 일상을 바쁘게 살아가는 모습으로 볼 수 있다.

④ ⓓ: 삶이 반복되고 있음을 보여 주어 현대인을 일터로 향하게 만드는 원인에 대한 비판적 시각을 드러내고 있다.
ⓓ는 반복되는 일상에서도 현대인을 살아가게 하는 힘이 그들의 내면에 숨어 있음을 의미하는 것으로 볼 수 있다.

03

답 | ②

<보기>를 참고하여 (가)와 (나)를 감상한 내용으로 적절하지 않은 것은?

보기

(가)는 추운 날씨에도 꽃을 피우며 이상적 세계를 향해 가는 나무의 생명력의 근원이 보이지 않는 땅속의 뿌리에 있음을 보여 주며, 젊은이들도 나무처럼 살아가기를 바라는 마음을 드러낸다. (나)는 일상에 지쳐 살아가는 삶을 극복해 낼 수 있는 현대인의 생명력의 근원이 인간 바깥의 초월적 세계가 아니라 인간의 내부에서 기원한다는 사유를 드러낸다.

정답 선지 분석

② (가)의 '보이지 않는'은 나무가 꽃을 피우게 하는 생명력이 사라진 상황을, (나)의 '볼 수 없는'은 현대인이 현실을 이겨내게 하는 생명력이 사라진 상황을 보여 주고 있다.
(가)의 '보이지 않는'과 (나)의 '볼 수 없는'은 나무가 꽃을 피워 내고 현대인이 현실을 이겨 내게 하는 힘이 겉으로 잘 드러나지 않는 속성을 지니고 있음을 보여 주는 것이다.

오답 선지 분석

① (가)의 '노란 얼굴'은 겨울임에도 꽃을 피워내는 나무의 모습을, (나)의 '무표 정한 저 얼굴'은 화자가 지하철역에서 만난 현대인의 모습을 보여 주고 있다.

(가)의 '노란 얼굴'은 동짓달에 꽃을 피운 개나리의 모습을, (나)의 '무표정한 저 얼굴'은 일상에 지친 현대인의 모습을 나타낸 것이다.

③ (가)의 '하늘'은 나무가 희망을 품고 향해 가는 곳임을, (나)의 '땅속'은 현대인이 반복적인 일상을 살아가는 곳임을 보여 주고 있다.

(가)의 '하늘'은 나무가 꿈을 피워내며 향해가는 곳을, (나)의 '땅속'은 현대인이 반복적인 일상을 살아가는 공간을 나타낸 것이다.

④ (가)의 '밝고 넓게 퍼져 나가기'는 젊은이들이 나무처럼 꿈을 피워내기를 바라는 마음을, (나)의 '일으켜 세우는'은 현대인이 삶의 의지를 불러일으키는 모습을 보여 주고 있다.

(가)의 '밝고 넓게 퍼져 나가기'는 나무처럼 젊은이들도 꿈을 피워내기를 바라는 마음을, (나)의 '일으켜 세우는'은 일상에 지쳐가던 현대인이 다시 삶의 의지를 불러일으키는 모습을 드러낸 것이다.

⑤ (가)의 '뿌리'는 나무가 아름다운 향기를 풍기게 하는 힘의 근원임을, (나)의 '불가마'는 현대인이 일상을 극복하는 힘의 근원임을 보여 주고 있다.

(가)의 '뿌리'는 나무가 아름다운 향기를 풍길 수 있게 해 주는 힘의 근원이고, (나)의 '불가마'는 현대인이 각자의 내면에 품고 있어 그들이 반복되는 일상을 극복할 수도 있도록 해 주는 힘의 근원이다.

DAY 6 〈숙녀지기〉_작자 미상

빠른 정답 체크

01 ① **02** ③ **03** ③ **04** ⑤

화 상서 왈,

"내 아해는 행여 나를 속이지 말라."

화 소저 대 왈,

"소녀 어찌 아주 작은 일이라도 조금이나 속이리이까. 과연 「금일에 경물을 구경하고자 누상에 올랐더니, 우연히 화산 속에 약초 캐는 두 아해를 만나매 일만 가지 기이한 일이 있사와 십여 세 된 여자 약초 캐다가 애원히 통곡하니, 듣는 자로 하여금 비
「」: 화 소저와 여 소저가 만나게 된 배경
감할지라.」 제가 듣고 비감하와 불러와 한번 보매, 실성한 병인
여 소저
이로되 용모 자태와 행동거지 결코 천인이 아닌고로 소회를 여
여 소저에 대한 화 소저의 첫인상
러 번 따져 물은즉, 미친 체하여 세상을 알지 못한 듯하오나 오히려 그 본정이 나타나는지라. 소녀 이에 좌우를 물리치고 잘 타일러 묻사온즉 과연 전일 항주 추관 여장의 귀중한 딸이요,
여 소저의 정체
처사 관철의 외손이라.「여 공이 소년 등과하여 벼슬이 청현에
「」: 여 소저가 통곡하던 이유
이르렀더니, 간신이 유 상서의 문생이라 하여 폄하여 항주 추관
여 공
을 하였더니, 도임한 지 오래지 아니하여 참화를 만나 혈혈한 어린 여자가 부친의 시신을 고향에 안장하고자 스스로 제 시랑
여 소저의 현재 신분
집 천비가 되었더니, 용모 태도가 아주 뛰어나기로 제 시랑이 그 미색과 용모를 사랑하여 풍류를 가르쳐 기방에 보내고자 하

니, 달리 벗어날 길이 없는지라. 거짓 미친 체하여 녹발을 흩어
기방에 가지 않으려는 여 소저의 행동
옥 같은 얼굴을 가리고 몸소 약초 캐러 다니며 자기 신세를 생각고 통곡하니, 그 정사를 살피매 소녀가 **슬픔을 이기지 못하여**
화 소저
자연 근심스러운 기색이 얼굴에 나타남이로소이다."
여 소저의 아픔에 공감하는 인의 덕목을 발휘함
화 공 부부가 또한 크게 놀라 왈,

┌ "가히 기특하도다. 내 여아의 어진 마음이여 아름답다. 그
[A] │ 여자의 신세 가련하도다. 알지 못하겠구나. 그 위인이 어떠
여 소저
└ 하더냐."

화 소저 대 왈,

"입으로 다 아뢰기 어려우나 제가 비록 지식이 없사와 일찍 눈에 찬 사람을 보지 못하였삽더니, 이 여자가 만일 예사롭고 인품이 범상하오면 어찌 가까이 지내오리까. **현철한 덕성**이 용모에 나타나고 **추상같은 기질**이 당대에 가장 빼어나며, **천고에 드**
여 소저에 대한 화 소저의 평가
문 정숙하고 유순한 여인이라. **제가 어찌 그릇 보아 부모가 주신 몸을 가벼이 하여 지기를 맺으며,** 형제자매 되어 욕됨을 깨닫지 못하오리이까. 열 번 보고 백 번 헤아려도 이 같은 사람은 다시 못 보았고, 여자의 수행 스승에게 배우지 못하오나 어찌 이 같은 여중 군자와 규중 옥인을 만나 그 법도를 본받지 아니하오리이까. 제 나이 젊으니 즐겨 사제지의를 정치 아니하온지
스승과 제자 사이의 도의
라 부득이 형제지의를 맺고, 소녀는 생일이 여 씨보다 수 월이
여 소저와 화 소저가 의형제의 연을 맺게 됨
더한고로 형이 되매, 관포지교*를 겸하고 또한 천지께 고하였사오니, 소녀가 만일 여 씨를 건지지 못하오면 마침내 세상 영욕
구하지 못한다면
을 홀로 참예하지 아니하오려 하오니, 부디 부께서는 굽어 살펴 주시옵소서."

화 공이 듣기를 마치고 크게 칭찬하여 왈,

┌ "내 아해는 진실로 사람을 잘 알아보는 능력이 범상치 아니
[B] │ 하도다. 여 소저 규중 보옥이요, 네 또한 여중 호걸이라 이
└ 르리로다."

화 소저가 예를 갖추어 일어나며 대 왈,

"소녀가 이야기가 너무 길어서 다 아뢰지 못하나이다. 혹 모친이 도우사 반드시 후일 모일 날이 있사오리니, 부께서 친히 보시면 오늘 제 말이 헛되지 않음을 알으시리이다."

말을 끝내자 여 소저가 쓴 ⊙ 작별시를 받들어 드리며 눈물이
여 소저에 대한 화 공 부부의 긍정적 인식이 강화하게 되는 계기
떨어지니, 공이 부인으로 더불어 바삐 받아 보니「필법이 정묘한
「」: 여 소저의 뛰어난 능력과 재기
지라. 광채 유동하여 비단 위에 금수를 드리운 듯하니, 크게 놀라 다시 본즉, 재기 빼어나고 의사 광활하여 글을 쓰는 재주와 학식이 자기 여아로 더불어 비김에 한층이나 더한 듯하더라.」

[중략 부분의 줄거리] 훗날 여 소저는 화 공 부부의 수양딸이 된다. 여 소저와 화 소저가 상희복과 혼약한 후, 화 소저가 천자의 후궁으로 부당하게 간택된다.

이에 화 공이 상소하나 하옥되고 여 소저가 입궐해 천자에게 항변한다.

상이 또 물어 가라사대,

"네 이제 어버이 삼년상을 마쳤거늘, 오히려 상복을 벗지 않아
<u>선왕의 예법을 어기느뇨.</u>"
여 소저는 아버지의 장례를 마친 뒤에도 내내 상복을 입고 있음

여 소저 슬퍼하며 눈물을 흘리고 엎드려 주 왈,

"부모를 위하는 정성은 상하 귀천이 없나니, 신첩이 아비 참상
『 」: 여 소저가 효를 행실의 근본으로 여김을 알 수 있음
을 만난 후 몸은 남의 집 종이 되고 장례 물품들을 다만 유모
에게 떠나보내니, 한 번도 하늘을 부르며 목 놓아 울지 못하옵
고 변변치 못한 제사마저 지내지 못하였사오니, <u>하늘에 사무치</u>
<u>는 고통과 뼛속까지 사무치는 원한</u>이 언제나 맺혔사오며, 하물
자식 된 도리를 다하지 못했다는 자책감
며 같은 하늘 아래 지낼 수 없는 원수를 갚지 못하였사오니, 큰
죄가 몸에 실렸는지라. 어찌 삼년상이 지났다 하고 몸에 화려
한 의복을 걸치리꼬, 또 상씨 가문에 빙례를 갖춰 행함은 사세
상희복의 가문
부득이 화 모와 부녀지의 있을 뿐 아니라 화 소저와 사생을 같
어머니와 딸 사이의 도리
이하고자 하늘에 맹세하였기 때문이오니, 지금 온갖 형벌로 죽
이실지라도 <u>약속을 어기거나 지조를 깨뜨리는 것은 아니하오</u>
화 모와의 부녀지의, 화 소저와의 형제지의를 깨뜨리는 것
<u>리니</u>, 부디 성상은 문무왕의 성덕을 본받으사 소녀가 품은 한을
아버지가 억울하게 죽게 된 일
돌아보옵시고, 『천하 태평하고 기후가 순조로움을 상서로 아시
『 」: 천자에게 충언함으로써 의의 덕목을 구현함
고 기생과 풍류를 즐기는 연회를 멀리하시면, 사방이 생업을 즐
기고 국가 반석 같아 만세를 누리리이다."

말을 마치고 다시 엎드려 두 번 절하니, 상이 듣기를 마치고 크
게 감동하시고 또한 슬퍼하사 이에 조서를 내리어 화 소저를 후
궁으로 간택한 잘못을 뉘우치심을 일컬으시고, 즉시 화 공을 풀
어 주시어 복직시키고, 또 <u>전임 항주 추관 여장</u>이 본주에서 칼에
여 소저의 아버지
베어 죽었으니, <u>본도 자사로 하여금 바삐 자세히 조사하여 고하</u>
여 소저의 한을 풀 수 있게 됨
라 하시고, 또 상씨 가문에 친지를 내리셔서 두 소저와의 혼약함
을 택일대로 바삐 성례하라 하시니 만조 제신과 백성이 황상의
어진 덕을 일컫고, 두 소저의 의기 충언을 탄복하니, 아름다운 소
문이 원근에 자자하여 모르는 이 없더라.

– 작자 미상, 〈숙녀지기〉 –

*관포지교: 우정이 아주 돈독한 친구 관계를 이르는 말.

01

답 | ①

윗글에 대한 이해로 적절하지 <u>않은</u> 것은?

정답 선지 분석

① 화 소저는 여 소저의 내력을 듣고 그녀가 실성한 병에 걸려 그 병을 앓으며
지내 온 이유를 이해했군.

명문가의 태생인 여 소저는 아버지 시신을 고향에 안장하기 위해 제 시랑 집의 천비가 된다.
제 시랑은 미색과 용모가 뛰어난 여 소저에게 풍류를 가르쳐 기방에 보내고자 한다. 이에 여
소저는 미친 체한다. 병에 걸려 진짜로 실성한 것이 아니다. 화 소저가 여 소저의 내력을 듣
고 여 소저가 고생하며 살아온 것에 대해 이해하는 것은 맞다. 그러나 여 소저가 실성한 병에
걸려 그 병을 앓으며 지내 온 이유를 이해했다고 말하는 것은 적절하지 않다.

오답 선지 분석

② 화 소저는 여 소저로부터 여자로서 수행해야 할 것들에 대해 배울 수 있다
고 여겼군.

화 소저는 여자의 수행을 스승에게 배우지 못하므로 여 소저와 같은 여중 군자로부터 그 법
도를 본받겠다고 말하고 있다. 이를 통해 화 소저가 여 소저로부터 여자로서 수행해야 할 것
들에 대해 배울 수 있다고 여겼음을 알 수 있다.

③ 여 소저는 자식으로서의 도리를 다하지 못했기에 삼년상이 지났음에도 상
복을 입어야 한다고 생각했군.

'하늘에 사무치는 고통과 뼛속까지 사무치는 원한이 언제나 맺혔사오며, 하물며 같은 하늘
아래 지낼 수 없는 원수를 갚지 못하였사오니, 큰 죄가 몸에 실렸는지라. 어찌 삼년상이 지났
다 하고 몸에 화려한 의복을 걸치리꼬'를 통해 아버지의 원수에 대한 원한 때문에 삼년상이
지나도 상복을 벗을 수 없다고 생각했음을 알 수 있다.

④ 여 소저의 말을 듣고 천자는 화 소저를 후궁으로 간택한 일이 옳지 않다고
판단했군.

천자는 조서를 내리어 화 소저를 후궁으로 간택한 잘못을 뉘우치고 있다. 이를 통해 천자가
화 소저를 후궁으로 간택한 일이 옳지 않다고 판단했음을 알 수 있다.

⑤ 천자가 여 소저의 원한을 풀어 주고자 여 소저 부친의 죽음에 대해 조사할
것을 명령했군.

'또 전임 항주 추관 여장이 본주에서 칼에 베어 죽었으니, 본도 자사로 하여금 바삐 자세히
조사하여 고하라 하시고'를 통해 황제가 여 소저 부친의 죽음에 대해 조사할 것을 명령하고
있음을 알 수 있다.

02

답 | ③

[A]와 [B]에 대한 설명으로 가장 적절한 것은?

정답 선지 분석

③ [A]에서 대화 상대에게 요청한 인물 정보와 관련하여, 상대의 답변을 듣고
[B]에서 그 인물에 관한 평을 언급하고 있다.

[A]에서 화 공은 여 소저의 인물됨을 궁금해하고 있다. 이에 대해 화 소저가 답하자, 그 답을
듣고 여 소저가 규중 보옥이라고 말하고 있다. [A]에서 대화 상대에게 요청한 인물 정보와 관
련하여, 상대의 답변을 듣고 [B]에서 그 인물에 관한 평을 언급하고 있는 것이다.

오답 선지 분석

① [A]에서 대화 상대를 안타까워한 것과 관련하여, 상대의 사연을 듣고 [B]에
서 그에 관한 배려심을 발휘하고 있다.

[A]에서 화 공이 여 소저에 대한 안타까움을 드러내고 있으나, [B]에서 여 소저에 관한 배려
심을 발휘하고 있지는 않다.

② [A]에서 대화 상대가 겪은 일을 염려한 것과 관련하여, 상대의 사연을 듣고
[B]에서 안심하는 태도를 드러내고 있다.

[A]에서 화 공이 여 소저에 대해 염려하고 있으나, [B]에서 여 소저에 대해 안심하는 태도를
드러내고 있지는 않다.

④ [A]에서 특정 인물을 예찬한 것과 관련하여, 대화 상대의 답변을 들은 후 [B]에서 그 인물에 대한 태도를 부정적으로 바꾸고 있다.
　[A]에서 화 공이 여 소저를 예찬하였으며, 화 소저의 답변 이후 [B]에서도 여 소저에 대한 태도를 부정적으로 바꾸지 않았다.

⑤ [A]에서 특정 인물에 대해 궁금해한 정보와 관련하여, 대화 상대의 사연을 들은 후 [B]에서 그 인물의 행동에 대해 아쉬운 마음을 나타내고 있다.
　[A]에서 화 공이 여 소저에 대해 궁금해하고 있으나, [B]에서 여 소저에 대해 아쉬운 마음을 나타내고 있지는 않다.

03
답 | ③

㉠에 대한 설명으로 가장 적절한 것은?

정답 선지 분석

③ 화 소저가 소개한 여 소저의 인물됨에 대한 화 공의 생각을 강화해 주고 있다.
　화 공은 화 소저의 말을 듣고 여 소저에 대해 규중 보옥이라고 말한다. 그리고 ㉠을 보고 필법의 정묘함, 글을 쓰는 재주와 학식 등이 뛰어남에 감탄하고 있다. 화 소저의 말을 통해 알게 된 여 소저의 역량에 대한 생각이 ㉠에 의해 강화되고 있는 것이다.

오답 선지 분석

① 여 소저의 성격이 변화한 것에 대한 화 공의 이해를 도와주고 있다.
　여 소저의 성격이 변화한 것에 대한 내용은 윗글에 나타나지 않는다.

② 화 공이 여 소저에 대해 품었던 경계심을 완화하는 계기가 되고 있다.
　화 공은 ㉠ 이전 이미 여 소저에 대한 경계심이 완화되었다.

④ 화 소저가 슬퍼하는 연유와 관련하여 화 공이 품었던 의혹을 해소하는 실마리를 제공하고 있다.
　화 소저는 자신이 슬퍼한 이유가 여 소저의 사연과 관련이 있음을 이미 밝혔으므로 화 공은 더 이상 의혹을 품고 있지 않다.

⑤ 화 공이 기대했던 바와 다른 여 소저의 면모를 제시해 화 공이 당혹스러움을 느끼게 하고 있다.
　화 공은 ㉠을 읽고 당혹스러움을 느끼고 있지 않다.

04
답 | ⑤

<보기>를 참고하여 윗글을 감상한 내용으로 적절하지 않은 것은?

보기

　〈숙녀지기〉는 여 소저와 화 소저가 서로 상대의 가치나 속마음을 참되게 알아주는 '지기'가 되어 신의를 지키는 이야기이다. 두 주인공은 부모를 섬기는 마음인 효를 행실의 근본으로 삼고 인(仁), 의(義)를 구현하며 신의를 지키고 있다. 인은 타인의 불행을 자기 일처럼 여겨 타인의 아픔에 공감하며 타인을 보살핌으로써 구현되고, 의는 올바름에서 벗어난 것을 미워하고 올바른 것을 지향함으로써 구현된다. 두 주인공이 효를 바탕으로 인, 의의 덕목을 발휘하는 것은 유교적 덕목을 갖춘 숙녀로서의 면모를 보여 준다.

정답 선지 분석

⑤ 여 소저가 '만세'를 위해 '약속을 어기거나 지조를 깨뜨리는 것은 아니하오리니'라고 충언한 데서 그녀가 천자는 타인의 아픔에 공감하는 품성을 지녀야 함을 강조하고 있음이 드러나고 있군.
　여 소저는 천자 앞에서 자신이 온갖 형벌로 죽게 될지라도 약속을 어기거나 지조를 깨뜨리는 것은 아니하겠다는 말을 하고 있다. 이는 화 소저와 하늘에 맹세한 바를 반드시 지키겠다는 의지를 보여 주는 것이다. 즉 벗과의 신의를 반드시 지키겠다는 것이다. 이는 벗과의 올바른 도리를 지향하는 것으로 여 소저가 의의 덕목을 지니고 있음을 보여 준다. 천자가 타인의 아픔에 공감하는 품성을 지녀야 함을 강조하고 있는 것이 아니다.

오답 선지 분석

① 화 소저가 '슬픔을 이기지 못하여 자연 근심스러운 기색이 얼굴에 나타'났다고 말한 데서 그녀가 타인의 불행을 자기 일처럼 여기는 인의 덕목을 갖춘 인물임이 드러나고 있군.
　'그 정사를 살피매 소녀가 슬픔을 이기지 못하여 자연 근심스러운 기색이 얼굴에 나타남으로소이다'를 통해 화 소저가 여 소저의 슬픔을 자기 일처럼 여기는 인의 덕목을 갖춘 인물임을 알 수 있다.

② 화 소저가 여 소저의 '현철한 덕성', '추상같은 기질', '천고에 드문 정숙하고 유순'함을 말한 데서 그녀가 여 소저의 참된 가치를 알아본 지기임이 드러나고 있군.
　'현철한 덕성이 용모에 나타나고 추상같은 기질이 당대에 가장 빼어나며, 천고에 드문 정숙하고 유순한 여인이라'를 통해 화 소저가 여 소저의 참된 가치를 알아본 지기임을 알 수 있다.

③ 화 소저가 '제가 어찌 그릇 보아 부모가 주신 몸을 가벼이 하여 지기를 맺으며'라고 말한 데서 그녀가 효를 행실의 근본으로 여기고 있음이 드러나고 있군.
　'제가 어찌 그릇 보아 부모가 주신 몸을 가벼이 하여 지기를 맺으며, 형제자매 되어 욕됨을 깨닫지 못하오리이까'를 통해 화 소저가 효를 행실의 근본으로 여기고 있음을 알 수 있다.

④ 여 소저가 천자에게 '기생과 풍류를 즐기는 연회를 멀리하'면 '사방이 생업을 즐기고 국가 반석 같'게 될 것이라고 충언한 데서 그녀가 의를 지향하는 인물임이 드러나고 있군.
　'기생과 풍류를 즐기는 연회를 멀리하시면, 사방이 생업을 즐기고 국가 반석 같아 만세를 누리리이다'를 통해 여 소저가 올바름에서 벗어난 것을 미워하는 의를 지향하는 인물임을 알 수 있다.

WEEK 8

DAY 1 화법과 작문

빠른 정답 체크

01 ④　　02 ③　　03 ④　　04 ⑤　　05 ①

가

사회자: 오늘 토론의 논제는 '규격화된 초보 운전 표지 부착을 의
　　　　　　　　　　　　　　　　　　토론의 논제
무화해야 한다.'입니다. 먼저 찬성 측 입론해 주십시오.
　　　　　　　　　토론의 진행 순서에 따라 발언권을 부여함

찬성 1: 얼마 전 초보 운전자의 운전 미숙으로 인해 교통사고가
　　　초보 운전 표지 의무화에 대한 논의의 등장 배경
연이어 발생하면서 초보 운전 표지 의무화에 대한 논의가 본격

화되고 있습니다. 현행법에서 초보 운전자는 면허 취득일을 기
　　　　　　　　　현행법상 초보 운전자를 정의하는 기준
준으로 정의하는데 이것으로는 면허 취득자의 실제 운전 여부
　　　　　　　　현행법의 한계
를 파악하기 어렵습니다. 따라서 이번 토론에서는 관련 연구들

을 참고하여 초보 운전자를 '자동차 보험 가입 경력 기준 1년
　　　　초보 운전자를 새롭게 정의하여 논의의 범위를 명확하게 함
미만자'로 정의하여 입론하겠습니다.

　초보 운전자는 운전이 서툴기 때문에 사고 위험이 높을 수밖

에 없습니다. 초보 운전자의 사고율이 전체 운전자의 평균에
　　　　　　　　통계 자료를 바탕으로 구체적인 수치를 제시함
비해 18%p 높다는 통계도 있습니다. 교통사고는 안전과 직결

되는 문제이며 생명을 위협할 수 있으므로 일본에서는 1970년
초보 운전 표시 의무 부착 제도를 시행하고 있는 다른 나라의 사례를 활용하여 자신의 주장을 뒷받침함
대부터 초보 운전 표지 의무 부착 제도를 시행하고 있습니다.

「표지를 의무화하여 초보임을 알리는 것은 초보 운전자를 보호
「」: 찬성 측 주장의 근거 ①
할 뿐 아니라 모두의 안전을 위해 반드시 필요합니다.」

　한편 표지의 내용과 형식을 자율에 맡겨 발생하는 문제도 있
　　　　　찬성 측 주장의 근거 ②
습니다. 저는 최근에 '초보인데 보태 준 거 있어?'라는 표지를
　　　　　자신의 경험을 활용하여 현 상황의 문제점을 지적함
커다랗게 붙인 차를 봤습니다. 이는「다른 운전자의 불쾌감을

유발하고 또 운전자의 후방 시야를 가려 안전 운전에 방해가

되기 때문에 표현의 자유라는 이유로 정당화될 수 없습니다.」
　　　　　　　　　　　　　　　「」: 표지의 내용과 형식을 자율로 두어서는 안 되는 이유
따라서「국가 차원에서 예산을 들여 규격화된 표지를 제작하고
　　　「」: 찬성 측의 핵심 주장
배부해 초보 운전자가 이를 의무적으로 부착하게 해야 합니다.」

사회자: 이어서 반대 측에서 반대 신문해 주십시오.

반대 2: 질문에 앞서 방금 찬성 측이 한 발언은 표지 규격화가 표
　　　　　　　　　　　상대방의 입론 중 쟁점이 될 만한 내용을 지적함
현의 자유를 침해한다는 점을 인정한 것으로 보입니다. 그럼

질문을 드리겠습니다. ⊙ 초보 운전자 사고율에 대한 통계의
　　　　　　　　상대방이 활용한 자료의 출처를 물음 - 내용의 신뢰성을 평가함
정확한 출처를 알 수 있을까요?

찬성 1: 2022년 국회 입법 조사처에서 발표한 자료입니다.

반대 2: ⊙ 그 자료에서처럼 초보 운전자의 운전 미숙이 사고의
　　　　　　　　인과 관계의 적절성을 물음 - 주장의 타당성을 평가함
주요 원인이라면 표지 부착 의무화로 사고가 감소할까요?

찬성 1:「경력 운전자들이 도로 위에서 초보 운전자를 확인하게
　　　　「」: 표지 부착 의무화의 기대 효과
되면 이들을 배려하는 태도로 운전할 수 있습니다. 이를 통해

초보 운전자의 사고 위험을 감소시킬 수 있으리라 생각합니다.」

반대 2: 배려하는 태도, 중요하죠. 그런데 ⓒ 일부 경력 운전자들

이 표지를 부착한 초보 운전자에 대해 위협 운전을 할 수도 있
　　　　　표지 부착 의무화의 부작용을 언급하며 상대방의 주장의 타당성을 지적함, 반대 측 주장의 근거 ①
지 않습니까?

찬성 1:「표지를 보고 위협 운전을 하는 것은 제도로 인한 문제가
　　　　「」: 상대방의 논리에서 인과 관계가 잘못된 부분을 바로잡음
아니라 잘못된 운전 문화로 인해 발생한 문제입니다. 그러나

잘못된 운전 문화 역시 표지 부착 의무화를 통해서 바로 잡을

수 있다고 생각합니다.」

반대 2: 저희도 운전 문화 개선은 필요하다고 생각하지만 의무화

로 해결될 문제는 아니라고 봅니다. 그리고 표지를 규격화해
　　　　　　　　　　　　　　　　　　반대 측 주장의 근거 ②
제작하고 배부하려면 국가의 예산이 소요됩니다. ② 이 제도를

도입할 경우 비용이 발생할 텐데 결국 득보다 실이 더 크지 않
　　　　　　　　　　제도의 효용성을 평가함
을까요?

찬성 1: 안전과 생명은 무엇보다 중요한 가치이기 때문에 비용의

측면으로만 따질 문제는 아니라고 생각합니다.

반대 2: ⑩ 표지 의무화는 제재를 가한다는 뜻인데, 위반자를 적
　　　　　　　　　　　제도의 실현 가능성을 평가함
발하는 등 제도를 운영하는 것이 현실적으로 가능할까요?

찬성 1: (잠시 생각한 후) 구체적인 방법은 아직 생각해 보지 못

했습니다.

사회자: 이어서 반대 측 입론해 주십시오.

나

❶ 이번 토론의 논제를 보고 나도 내년이면 면허를 취득할 수 있는
　　　　　　　　　　　　　　　　　토론에 참여한 이유
나이가 된다는 생각에 관심이 생겨 토론에 참여하기로 했다. 나는

반대 입장을 선택한 후 친구와 한 팀이 되어 토론을 준비했다.

❷ 먼저 쟁점을 분석한 후 주장할 내용을 정리하였다. 다음 날에

는 근거 자료를 마련하려고 인터넷에서 자신의 개성을 자유롭게

표현하고 있는 다양한 초보 운전 표지 사진들을 찾아 저장했다.
　　　　　　　　　　토론을 준비하며 수집한 자료 ①
그리고 '초보 스티커, 되레 난폭 운전자들의 표적'이라는 제목의
　　　　토론을 준비하며 수집한 자료 ②　초보 운전 표지 부착의 부작용을 보여 주는 사례
표지 부착 부작용 사례를 다룬 인터넷 신문 기사를 수집했다. 이

후 관련 기관에 메일로 자료를 요청하여「운전 행태, 교통안전 등
　　　　　　　　　　　　　　　　　「」: 표지 부착 의무화를 하지 않아도 운전 문화를 개선할 수 있음을 보여 줌
을 평가해 수치화한 교통 문화 지수가 운전자의 인식 개선을 위

한 다양한 활동을 통해 매년 꾸준히 상승하고 있다는 보도 자료
　　　　　　　　　　　　　　토론을 준비하며 수집한 자료 ③
를 받았다.」그다음 날에도 자료를 찾으러 친구와 함께 도서관에

갔다. 미국 대다수의 주에서는, 표지 부착은 의무화하지 않으면
　　　　　　　　　초보 운전 표지 부착 의무화에 대한 대안으로 제시할 수 있음
서 임시 면허 기간을 두어 초보 운전자의 운전 숙련도를 높이는

단계적 운전면허 제도를 시행하고 있다는 논문 자료를 찾았다.
　　　　　　　　　　　　　　토론을 준비하며 수집한 자료 ④
그리고 초보 운전자 대부분이 표지를 부착하고 있다는 설문 결과
　　　토론을 준비하며 수집한 자료 ⑤ - 의무화의 필요성이 낮음을 드러냄
도 찾아 스크랩했다.

❸ 막상 토론을 하려니 평소 사람들 앞에서 말할 때 긴장해서 말을 더듬는 편이라 걱정이 되었다. <u>토론을 하기 전 우려했던 점</u> 이를 극복하기 위해 실전처럼 말하는 연습을 반복했고 그 덕분에 토론에서 침착하게 말할 수 있었다. <u>우려했던 점을 극복하기 위한 노력과 결과</u> 한편 토론 후 상호 평가를 해 보니, 「친구는 준비한 자료를 활용해 논리적으로 답변한 반면 나는 찬성 측 반론을 미흡하게 반박한 것 같아 조금 아쉬웠다.」 「」: 토론에서 아쉬웠던 점

┌─ ❹「이번 토론을 준비하며 생각보다 많은 시간과 노력이 든다
│   「」: 토론 후 깨달은 점
[A] 는 것을 알았다. 논제에 대한 찬성과 반대의 자료를 모두 조
└─ 사해야 하기 때문」이다.

01

답 | ④

(가)의 '찬성 1'의 입론에 대한 설명으로 가장 적절한 것은?

정답 선지 분석

④ 최근 발생한 사건을 언급하여 논의의 필요성을 드러내고 있다.

찬성 1은 얼마 전 초보 운전자의 운전 미숙으로 인해 교통사고가 연이어 발생하면서 초보 운전 표지 의무화에 대한 논의가 본격화되고 있다고 언급하고 있다. 이는 초보 운전과 관련해 최근에 발생한 사건을 언급하여 초보 운전 표지 의무화에 대한 논의의 필요성을 드러낸 것이다.

오답 선지 분석

① 핵심 용어를 정의한 후 상대의 동의를 구하고 있다.

찬성 1은 관련 연구들을 참고하여 초보 운전자를 '자동차 보험 가입 경력 기준 1년 미만자'로 정의하고 있지만, 이와 관련해 반대 측의 동의를 구하고 있지는 않다.

② 외국의 사례를 분류하여 논의의 범위를 확장하고 있다.

찬성 1은 초보 운전 표지 의무화를 뒷받침하기 위한 사례로 일본의 초보 운전 표지 의무 부착 제도를 언급하고 있다. 이는 외국의 사례를 언급한 것이지만 사례를 종류별로 분류하여 논의의 범위를 확장하고 있지는 않다.

③ 특정 경험을 활용하여 기존 정책의 목적을 설명하고 있다.

찬성1은 최근 '초보인데 보태 준 거 있어?'라는 표지를 커다랗게 붙인 차를 봤던 특정 경험을 활용하여 표지의 내용과 형식을 자율에 맡겨 발생하는 문제를 제시하고 있을 뿐, 이 경험을 활용해 기존 정책의 목적을 설명하고 있지는 않다.

⑤ 정책이 변화한 과정을 중심으로 논의의 배경을 제시하고 있다.

찬성 1은 논의의 배경으로 초보 운전자의 운전 미숙으로 인한 교통사고가 연이어 발생하여 초보 운전 표지 의무화에 대한 논의가 본격화되고 있다는 점과 현행법상 초보 운전자의 정의만으로는 면허 취득자의 실제 운전 여부를 파악하기 어렵다는 점을 제시하고 있다. 그러나 이를 정책이 변화한 과정을 중심으로 제시하고 있지는 않다.

02

답 | ③

반대 신문의 목적을 고려했을 때, ㉠~㉤에 대한 이해로 적절하지 <u>않은</u> 것은?

정답 선지 분석

③ ㉢은 상대의 주장이 경력 운전자의 입장만 반영하여 공정하지 않음을 지적하고 있다.

반대 신문에서 찬성 측은 초보 운전 표지 부착을 의무화하면 경력 운전자들이 초보 운전자를 배려하는 태도로 운전할 수 있어 초보 운전자의 사고 위험을 감소시킬 수 있으리라 생각한다고 답변했다. 이에 대해 반대 측은 ㉢에서 일부 경력 운전자들이 초보 운전자에 대해 위협 운전을 할 수도 있지 않냐고 묻고 있다. 이는 경력 운전자들의 실제 태도가 상대의 생각과 다를 수 있음을 언급하여 제도의 실효성을 지적하고 있는 것이지, 상대의 주장이 공정하지 않음을 지적하고 있는 것은 아니다.

오답 선지 분석

① ㉠은 상대가 근거로 인용한 자료가 신뢰할 만한 것인지 출처를 확인하고 있다.

입론에서 찬성 측은 초보 운전자가 운전이 서툴기 때문에 사고 위험이 높을 수밖에 없다고 하며, 그 근거로 초보 운전자의 사고율이 전체 운전자의 평균에 비해 18%p 높다는 통계를 인용하였다. 이에 대해 반대 측은 ㉠에서 통계의 정확한 출처가 어디인지를 묻고 있다. 이는 상대가 근거로 인용한 자료가 신뢰할 만한 것인지 출처를 확인하려는 질문이다.

② ㉡은 초보 운전 표지를 의무적으로 부착하면 사고가 감소한다는 상대의 주장이 타당하지 않음을 지적하고 있다.

입론에서 찬성 측은 초보 운전자가 운전이 서툴기 때문에 사고 위험이 높을 수밖에 없다고 하며, 표지 부착 의무화는 초보 운전자를 보호할 뿐 아니라 모두의 안전을 위해 반드시 필요하다고 주장하였다. 이에 대해 반대 측은 ㉡에서 운전 미숙이 사고의 주요 원인이라면 표지 부착 의무화로 사고가 감소할지 의문을 제기하고 있다. 이는 표지 부착 의무화가 운전 미숙을 해결해 주지는 않으므로, 표지 부착 의무화로 사고가 감소한다는 상대의 주장이 타당하지 않음을 지적하려는 질문이다.

④ ㉣은 상대의 주장을 비용의 측면에서 보았을 때 실질적 이익이 있는지 확인하고 있다.

입론에서 찬성 측은 국가 차원에서 예산을 들여 규격화된 표지를 제작하고 배부해 초보 운전자가 이를 의무적으로 부착하게 해야 한다고 주장하였다. 이에 대해 반대 측은 ㉣에서 제도 도입으로 비용이 발생할 텐데 결국 득보다 실이 더 크지 않을지 의문을 제기하고 있다. 이는 비용의 측면에서 상대방의 주장이 실질적 이익이 있는지를 확인하려는 질문이다.

⑤ ㉤은 초보 운전 표지 의무화 제도를 운영하는 일이 실행 가능한지 확인하고 있다.

입론에서 찬성 측은 국가 차원에서 규격화된 초보 운전 표지를 제작하고 배부해 초보 운전자가 의무적으로 부착하게 해야 한다고 주장하였다. 이에 대해 반대 측은 ㉤에서 표지 의무화는 제재를 가한다는 뜻이라는 점을 언급하면서 위반자를 적발하는 등 제도를 운영하는 것이 현실적으로 가능할지 묻고 있다. 이는 현실에서 제도를 운영하는 일이 실행 가능한지를 확인하려는 질문이다.

03

답 | ④

다음은 [A]를 고쳐 쓴 것이다. 그 과정에서 반영된 교사의 조언으로 가장 적절한 것은?

이번 토론을 준비하며 시간과 노력을 들여 자료 조사와 말하기 연습을 한 결과 설득력 있게 주장할 수 있다는 자신감이 생겼다. 또 토론 중 상대의 발언을 잘 들었더니 문제를 깊이 이해할 수 있었고 사회적 쟁점을 바라보는 다양한 시각의 중요성을 알았다.

정답 선지 분석

④ 토론 준비에 대해서만 다루고 있으니, 실제 토론을 하면서 깨달은 점도 함께 제시해 보렴.

[A]에는 토론을 준비하며 많은 시간과 노력이 든다는 점을 깨달은 내용만 제시되었지만, 고쳐 쓴 내용에는 토론 중 상대의 발언을 잘 듣고 문제를 깊이 이해할 수 있었으며 사회적 쟁점을 바라보는 다양한 시각의 중요성을 알았다는 내용이 추가되었다. 이를 통해 실제 토론을 하면서 깨달은 점도 함께 제시해 보라는 조언이 반영되었음을 확인할 수 있다.

오답 선지 분석

① 토론의 경쟁적 속성이 지닌 장점만 다루고 있으니, 단점도 함께 제시해 보렴.

토론의 경쟁적 속성이 지닌 장점에 대한 내용은 [A]에서 확인할 수 없고 고쳐 쓴 글에서도 단점에 대한 내용을 확인할 수 없다.

② 토론에서 배운 점만 다루고 있으니, 시행착오와 이를 보완할 계획을 모두 제시해 보렴.

고쳐 쓴 내용에는 토론을 통해 배운 점이 제시되었을 뿐, 토론에서 겪은 시행착오와 이를 보완할 계획이 제시되지는 않았다.

③ 토론에서 자료 조사의 어려움만 다루고 있으니, 토론 중 겪은 어려움도 함께 제시해 보렴.

고쳐 쓴 내용에는 토론 중 겪은 어려움이 제시되지 않았다.

⑤ 토론 준비 과정에서의 개인적 노력만 다루고 있으니, 협력하며 준비하는 토론의 가치도 함께 제시해 보렴.

고쳐 쓴 내용에는 토론을 준비하며 시간과 노력을 들여 자료 조사와 말하기 연습을 했다는 점이 제시되었을 뿐, 협력하며 준비하는 토론의 가치가 제시되지 않았다.

04 답 | ⑤

(가)의 토론 내용과 (나)의 자료를 바탕으로 반대 측 입론 내용을 추론했다고 할 때, 적절하지 않은 것은?

▶ 정답 선지 분석

▶ **쟁점**: 국가 차원에서 표지를 규격화해야 하는가?

[자료] 초보 운전 표지 부착에 대한 설문 결과
ㄴ 반대 측 입론: 대부분의 초보 운전자가 표지를 부착하고 있음을 볼 때, 기존 표지를 규격화된 표지로 교체하는 비용을 초보 운전자가 부담하게 되므로 규격화는 불필요하다. ······· ⑤

(나)에서는 초보 운전자 대부분이 표지를 부착하고 있다는 설문 결과 자료를 스크랩했음을 밝히고 있다. 그리고 (가)의 반대 2는 네 번째 발화에서 표지를 규격화해 제작하고 배부하려면 국가의 예산이 소요된다고 언급하며, 규격화된 초보 운전 표지 부착 의무화는 비용이 발생하여 득보다 실이 더 클 수 있다는 점을 지적하고 있다. 따라서 반대 측은 설문 결과 자료를 바탕으로 기존 표지를 규격화된 표지로 교체하는 데 국가 예산이 소요되므로 규격화가 불필요하다고 주장할 수 있다. (가)와 (나)에서 반대 측이 표지 교체 비용을 초보 운전자가 부담하게 된다고 보고 있지는 않다.

▶ 오답 선지 분석

▶ **쟁점**: 표지 부탁 의무화는 교통사고 감소를 위해 필요한가?

[자료] 표지 부착 부작용 관련 신문 기사
ㄴ 반대 측 입론: 일부 운전자가 초보 운전 표지를 붙인 차량을 위협하는 경우를 볼 때, 의무화가 오히려 교통사고를 유발할 수 있다. ············ ①

(나)에서는 '초보 스티커, 되레 난폭 운전자들의 표적'이라는 제목의 표지 부착 부작용 사례를 다룬 인터넷 신문 기사를 수집했음을 밝히고 있다. 그리고 (가)의 반대 2는 세 번째 발화에서 일부 경력 운전자들이 표지를 부착한 초보 운전자에 대해 위협 운전을 할 수도 있다고 언급하고 있다. 따라서 반대 측은 인터넷 신문 기사 자료를 바탕으로 표지 부착 의무화가 오히려 교통사고를 유발할 수 있다고 주장할 수 있다.

[자료] 단계적 운전면허 제도 관련 논문
ㄴ 반대 측 입론: 단계적 운전면허 제도를 참고하여 초보 운전자의 운전 숙련도를 높인다면, 표지 부탁을 의무화하지 않고도 초보 운전자의 교통사고를 줄일 수 있다. ······· ②

(나)에서는 미국 대다수의 주에서 임시 면허 기간을 두어 초보 운전자의 운전 숙련도를 높이는 단계적 운전면허 제도를 시행하고 있다는 논문 자료를 찾았음을 밝히고 있다. 그리고 (가)의 반대2는 두 번째 발화에서 초보 운전자의 운전 미숙이 사고의 주요 원인이라면 표지 부착 의무화로 사고가 감소할지 의문을 제기하고 있다. 따라서 반대 측은 논문 자료에 제시된 단계적 운전면허 제도를 바탕으로, 표지 부착을 의무화하지 않고도 초보 운전자의 운전 숙련도를 높여 교통사고를 줄일 수 있다고 주장할 수 있다.

▶ **쟁점**: 표지 부착 의무화는 운전 문화 개선을 위해 필요한가?

[자료] 교통 문화 지수 관련 보도 자료
ㄴ 반대 측 입론: 교통 문화 지수의 상승 추세를 볼 때, 운전 문화는 홍보나 캠페인 등을 통해 개선할 수 있으므로 표지 부착을 의무화할 필요가 없다. ··· ·· ③

(나)에서는 관련 기관에 메일로 자료를 요청하여 교통 문화 지수가 운전자의 인식 개선을 위한 다양한 활동을 통해 매년 꾸준히 상승하고 있다는 내용의 보도 자료를 받았음을 밝히고 있다. 그리고 (가)의 반대 2는 네 번째 발화에서 운전 문화 개선은 필요하다고 생각하지만 표지 부착 의무화로 해결될 문제는 아니라고 본다고 언급하고 있다. 따라서 반대 측은 보도 자료에 제시된 교통 문화 지수의 상승 추세를 바탕으로, 운전 문화는 홍보나 캠페인을 통해 개선할 수 있으므로 표지 부착 의무화가 불필요하다고 주장할 수 있다.

▶ **쟁점**: 국가 차원에서 표지를 규격화해야 하는가?

[자료] 다양한 초보 운전 표지 사진
ㄴ 반대 측 입론: 국가 차원에서 표지를 규격화하면, 개성 있는 표지를 부착하고자 하는 운전자의 자기표현의 자유를 침해할 수 있어 규격화는 불필요하다. ·································· ④

(나)에서는 운전자가 자신의 개성을 자유롭게 표현하고 있는 다양한 초보 운전 표지 사진들을 인터넷에서 찾아 저장했다고 밝히고 있다. 그리고 (가)의 반대 2는 첫 번째 발화에서 찬성 측의 발언에 대해 표지 규격화가 표현의 자유를 침해한다는 점을 인정한 것으로 보인다고 지적하고 있다. 따라서 반대 측은 다양한 초보 운전 표지 사진들을 활용하여, 국가 차원의 표지 규격화가 개성 있는 표지를 부착하고자 하는 운전자의 자기표현의 자유를 침해할 수 있으므로 규격화가 불필요하다고 주장할 수 있다.

05 답 | ①

(나)를 작성할 때 활용한 내용 조직 방법으로 적절하지 않은 것은?

▶ 정답 선지 분석

① 1문단에서는 논제에 대한 입장을 선택하게 된 계기를 원인과 결과에 따라 제시하였다.

1문단에서는 토론의 논제를 보고 자신도 내년이면 면허를 취득할 수 있는 나이가 된다는 생각에 관심이 생겼다며 토론에 참여하게 된 계기를 밝혔다. 하지만 논제에 대해 반대 입장을 선택하게 된 계기는 밝히고 있지 않다.

▶ 오답 선지 분석

② 2문단에서는 토론을 준비하는 과정을 시간 순서에 따라 제시하였다.

2문단에서는 먼저 쟁점을 분석한 후 주장할 내용을 정리한 뒤 다음 날에는 근거 자료를 마련했으며, 그다음 날에는 친구와 도서관에 가서 자료를 찾았음을 제시하였다. 이는 토론을 준비하는 과정을 시간 순서에 따라 제시한 것이다.

③ 2문단에서는 토론에 활용할 자료를 수집한 경로에 따라 나누어 제시하였다.

2문단에서는 인터넷에서 초보 운전 표지 사진들과 신문 기사를 수집했고, 관련 기관에 메일로 요청하여 보도 자료를 받았으며, 도서관에서 논문 자료를 찾고 설문 결과를 스크랩했음을 제시하였다. 이는 토론에 활용할 자료를 수집한 경로에 따라 나누어 제시한 것이다.

④ 3문단에서는 말하기 불안 문제를 인식하고 이를 해결하기 위한 노력을 제시하였다.

3문단에서는 평소 사람들 앞에서 말할 때 긴장해서 말을 더듬는 편이라 걱정이 되었다고 밝히며, 이를 극복하기 위해 실전처럼 말하는 연습을 반복했고 그 덕분에 토론에서 침착하게 말할 수 있었다고 밝혔다. 이는 자신의 말하기 불안 문제를 인식하고 문제를 해결하기 위한 노력을 제시한 것이다.

⑤ 3문단에서는 토론 활동에 대한 평가를 대비의 방식으로 제시하였다.

3문단에서는 토론 후 상호 평가를 해 보니, 친구는 준비한 자료를 활용해 논리적으로 답변한 반면 자신은 찬성 측 반론을 미흡하게 반박한 것 같아 조금 아쉬웠다고 밝혔다. 이는 친구와 자신을 대비하는 방식으로 토론 활동에 대한 평가를 제시한 것이다.

WEEK 8

DAY 2 매체

빠른 정답 체크

01 ②　　02 ①　　03 ⑤　　04 ⑤

가

여행과 함께

보이는 라디오

진행자: ⓐ 매주 수요일, 여행 정보를 제공하는 '여행과 함께'를
　　　　보이는 라디오의 진행 시간 및 프로그램 이름 소개
시작합니다. 앱이나 문자로 언제든 방송에 참여하실 수 있고
요, 보이는 라디오 시청자는 실시간 댓글도 이용하실 수 있습
니다. ⓑ 오늘도 여행가 안○○ 님을 모셨습니다.
　　　　　　　　라디오 대담자 소개

여행가: 안녕하세요. 안○○입니다.

진행자: 「지난주부터 등대 스탬프 여행을 소개하고 있습니다. 저
　　　　「」: 지난 라디오 방송의 주제
번에는 그중 '재미있는 등대'라는 주제를 소개하셨는데요.」 오
늘은 어떤 주제인가요?

여행가: 네, 오늘은 '풍요의 등대'입니다. 서해안에 위치한 16개
　　　　　　　　　　　방송 주제　　　'풍요의 등대' 스탬프 여행 코스 소개
등대와 □□ 생물 자원관을 돌아보면서 풍요로운 해산물도 즐
길 수 있는 여행 코스입니다.

진행자: 이제부터 '풍요의 등대'에 속한 등대들을 알아볼 텐데요,
　　　　　　　　　　　　　　　　　　라디오 방송 순서 안내
그중에서 가장 선호하시는 곳이 있나요?

여행가: 저는 천사의 섬이라는 모티브를 살려 천사의 날개와 선
박을 형상화한 △△ 등대가 가장 좋았습니다. 등대에 설치된
　　　　　　　　　△△ 등대의 특징
LED 조명이 켜지면 주변 경관과 어우러져 이국적인 경관을 연
　　　　　　　　　　　　　　　　　　　　　△△ 등대의 풍경
출하는 곳인데, 그 모습을 바라보면서 먹는 전복 라면은 정말
맛있죠.

진행자: 정말 맛있겠네요. 많은 분들이 실시간 문자로 지난주에
　　　　　　　　　　　　　　　　정보 수용자와 실시간으로 소통함 ①
안내했던 등대 스탬프 여행의 순서를 물으시네요. 예정된 건
아니지만 다시 안내해 주시겠어요?
　　　　미리 계획되지 않은 진행

여행가: ⓒ 우선 모바일 여권과 종이 여권 중 하나를 선택하셔서
　　　　　　　　　　　　　　등대 스탬프 여행의 순서 ①
참가 신청을 해야 하는데요, 모바일 여권은 앱을 이용하시면
되고, 종이 여권은 '등대와 바다' 누리집에서 신청하시면 됩니
다. 그러고 나서 등대들을 돌아다니면서 스탬프를 찍고 사진
을 촬영하시는 겁니다. 사진을 다 모으시면 누리집에서 완주
　　　　　　　　등대 스탬프 여행의 순서 ②
인증을 하시는 거죠.
등대 스탬프 여행의 순서 ③

진행자: ⓓ 실시간 댓글로 6789 님께서 스탬프 여행의 주의 사
　　　　　　　　　　정보 수용자와 실시간으로 소통함 ②
항에 대해 궁금증이 있으시답니다. 함께 알아볼까요?

여행가: ⓔ 네, 앞에서 말씀드린 완주 인증은 날짜가 기록된 사진
　　　　　　　　　　　　　등대 스탬프 여행의 주의 사항 ①
으로만 가능합니다. 처음엔 스탬프로 완주 인증을 했지만 지금
은 그렇게 바뀐 거죠. 하지만 스탬프를 찍기 원하는 여행자들
이 많아 여전히 스탬프를 유지하고 있습니다. 그런데 행복도
등대나 기쁨항 등대처럼 등대 주변에 스탬프가 없는 경우가
　　　　　　　　등대 스탬프 여행의 주의 사항 ②
있으니 미리 확인하시는 것이 좋겠습니다.

진행자: 스탬프가 등대 주변이 아닌 다른 곳에 위치한 경우도 있
　　　　　　　　　　　　　　앞선 여행가의 발화를 정리함
다는 거군요. 잠시만요. 「나머지 등대를 소개하기에는 시간이
　　　　　　　　　　　　　「」: 시간상의 제약으로 방송에서 전달하려는 내용을 선택하여 조절함
부족할 것 같으니 2부에서 계속하고요, 남은 시간 동안 '풍요
의 등대'의 완주 기념품에 대해 이야기해 볼까요?」

여행가: (테이블에 오르골을 올리며) 바로 이 등대 오르골입니다.
　　　　　　　　　　　　　　　　　　　'풍요의 등대'의 완주 기념품

진행자: 실시간 댓글 창에 오르골이 귀엽다는 반응이 많네요. 라
　　　　　　　　　　정보 수용자와 실시간으로 소통함 ③
디오로만 들으시는 분들은 실제 모양이 궁금하시죠? 작고 예
쁜 등대가 나무 상자 안에 있고, 오른쪽에 태엽을 감는 손잡이
　　　　　　　　　　라디오 기능만 이용하는 청자를 위해 등대 오르골의 모습을 묘사함
가 있습니다. 아쉽지만 약속된 시간이 다 되어 1부는 여기서
마치고 2부에서 뵐게요.

나

　　등대 스탬프 여행을 여행 지리 수업 시간에 발표해야겠어. ㉠ 여
행의 순서와 주의 사항에 대한 슬라이드는 여행가의 말을 정리하되
여행의 순서가 잘 나타날 수 있게 표현하고, 시각적 이미지를 활용
해야지. ㉡ '△△ 등대'에 대한 슬라이드는 여행에 유용한 정보를 추
가하고, 슬라이드의 내용을 포괄할 수 있는 제목을 넣어야지.

01
답 | ②

(가)에 나타난 정보 전달 방식으로 적절하지 <u>않은</u> 것은?

정답 선지 분석

② 본방송을 중간부터 청취한 수용자는 흐름을 따라가지 못할 수 있으므로 앞
부분의 정보를 정리해서 전달한다.

　주로 음성 언어로 전달되는 라디오 방송의 특성상 본방송을 중간부터 청취한 수용자는 흐름
을 따라가지 못할 수 있다. 따라서 진행자는 이러한 청취자를 위하여 앞부분의 정보를 정리
해서 전달하기도 한다. 하지만 (가)에서는 이러한 내용이 나타나지 않았다.

오답 선지 분석

① 수용자에게 일정한 주기로 새로운 정보가 제공되므로 지난주 방송과 현재
진행되는 방송의 연관성을 제시한다.

　진행자의 두 번째 발화 '지난주부터~소개하고 있습니다. ~오늘은 어떤 주제인가요?'를 통해
지난주 방송과 현재 진행되는 방송의 연관성을 제시하고 있음을 확인할 수 있다.

③ 수용자에게 정보를 제공할 수 있는 시간상의 제약이 있으므로 방송에서 전달하려는 정보를 선택하여 조절한다.

진행자의 여섯 번째 발화 '나머지 등대를 소개하기에는 시간이 부족할 것 같으니~완주 기념품에 대해 이야기해 볼까요?'를 통해 시간상의 제약으로 방송에서 전달하려는 정보를 선택하여 조절하고 있음을 확인할 수 있다.

④ 청각적 정보만 접할 수 있는 수용자가 있으므로 방송 중에 제공한 시각적 정보를 음성 언어로 풀어서 설명한다.

진행자의 일곱 번째 발화 중 '라디오로만 들으시는 분들은~손잡이가 있습니다.'를 통해 청각적 정보만 접하는 수용자를 위해 시각적 정보를 음성 언어로 풀어서 설명하고 있음을 확인할 수 있다.

⑤ 수용자들이 방송에 실시간으로 참여하는 것이 가능하므로 실시간 댓글과 문자를 바탕으로 이어질 정보를 조정한다.

진행자의 네 번째 발화 중 '많은 분들이 실시간 문자로~물으시네요.~다시 안내해 주시겠어요?'와 다섯 번째 발화 중 '실시간 댓글로~있으시답니다. 함께 알아볼까요?'를 통해 실시간 댓글과 문자를 바탕으로 이어질 정보를 조정하고 있음을 확인할 수 있다.

02   답 | ①

다음은 (가)가 끝난 후의 청취자 게시판이다. 참여자들의 소통 양상으로 가장 적절한 것은?

청취자 게시판   ×   +

새달: 행복도 등대나 기쁨항 등대와 같이 등대 스탬프가 없는 곳도 있다는데요. 그 등대는 스탬프를 찍을 수 없군요.
    └ 알콩: 저는 일반적인 등대와는 달리 등대 주변이 아닌 다른 곳에 스탬프가 있다고 들었는데요.
        └ 사슴: 알콩 님 말씀과 같이 스탬프가 있긴 해요. 행복도 등대는 행복도 역사관 내에, 기쁨항 등대는 선착장 앞에 있어요. 모두 찾기 어렵지 않더라고요.
           └ 새달: 사슴 님 좋은 정보 감사해요.

정답 선지 분석

① 방송 내용에 대한 '새달'의 잘못된 이해가 '알콩'과 '사슴'의 댓글에 의해 수정되고 있다.

여행가의 다섯 번째 발화 중 '그런데 행복도 등대나~미리 확인하시는 것이 좋겠습니다.'를 듣고 진행자는 '스탬프가 등대 주변이 아닌 다른 곳에 위치한 경우도 있다는 거군요.'라고 하였다. 따라서 행복도 등대나 기쁨항 등대에서는 스탬프를 찍을 수 없다는 글을 쓴 '새달'은 방송 내용을 잘못 이해하고 있음을 알 수 있다. '새달'이 이해한 바를 '알콩'은 등대 주변이 아닌 다른 곳에 스탬프가 있다고 들었다는 내용의 댓글로 수정해 주고 있으며, '사슴'은 스탬프가 있는 곳을 구체적으로 알려 주는 내용의 댓글로 수정해 주고 있다.

오답 선지 분석

② 방송 내용에 대하여 가지고 있던 '새달'과 '알콩'의 공통된 생각에 '사슴'이 동조하고 있다.

방송 내용에 대한 '새달'과 '알콩'의 공통된 생각과 '사슴'이 이에 동조하는 내용은 찾아볼 수 없다.

③ 방송을 듣고 '새달'이 느낀 감정을 '알콩' 및 '사슴'과 공유하여 정서적인 공감을 형성하고 있다.

'새달'이 방송 내용을 잘못 이해하고 아쉬운 마음을 담아 글을 썼다고 볼 수도 있겠지만, 이러한 감정에 '알콩'과 '사슴'이 정서적인 공감을 형성하고 있다고 볼 수 없다.

④ 방송 내용에 대해 가지고 있던 '새달'과 '알콩'의 서로 다른 생각이 '사슴'에 의해 절충되고 있다.

'새달'이 방송 내용을 잘못 이해한 것을 '알콩'이 바로 잡아주고 있으며, '사슴'은 '알콩'의 말에 동조하면서 더 구체적인 정보를 제공하고 있다.

⑤ 방송 내용에 대한 '새달'과 '알콩'의 긍정적 감정이 '사슴'의 댓글로 인해 부정적 감정으로 전환되고 있다.

방송 내용에 대한 '새달'과 '알콩'의 긍정적 감정은 드러나지 않으며, 따라서 긍정적 감정이 '사슴'의 댓글로 인해 부정적 감정으로 전환되는 부분도 찾아볼 수 없다.

03   답 | ⑤

ⓐ~ⓔ의 높임 표현에 대한 설명으로 적절하지 않은 것은?

정답 선지 분석

⑤ ⓔ: '말씀'을 사용하여, 화자인 여행가의 말을 높이고 있다.

ⓔ의 '말씀드린'에 쓰인 '말씀'은 화자인 여행가가 자신의 말을 낮추어 이르는 말이다. '선생님의 말씀을 들었습니다.'와 같이 남의 말을 높여 이를 때에도 '말씀'이 쓰이지만 ⓔ의 '말씀'은 이러한 경우가 아니다.

오답 선지 분석

① ⓐ: 종결 어미 '-ㅂ니다'를 사용하여, 방송을 듣고 있는 불특정 다수의 청자를 높이고 있다.

ⓐ의 '시작합니다'에는 하십시오체의 종결 어미 '-ㅂ니다'가 쓰였다. 하십시오체는 상대편을 아주 높이는 상대 높임법이다. 따라서 진행자가 방송을 (보고) 듣는 불특정 다수의 청자를 높이고 있음을 알 수 있다.

② ⓑ: 특수 어휘 '모시다'를 사용하여, 객체인 여행가를 높이고 있다.

ⓑ의 '모셨습니다'에는 특수 어휘 '모시다'가 쓰였는데, 이는 객체인 '여행가 안○○ 님'을 높이기 위한 것이다.

③ ⓒ: 선어말 어미 '-시-'를 사용하여, 여권 선택의 주체인 청자를 높이고 있다.

ⓒ의 '선택하셔서'에는 주체 높임의 선어말 어미 '-시-'가 쓰였는데, 이는 '선택'의 주체가 방송을 보고 듣는 청자들임을 고려한 높임 표현이다.

④ ⓓ: '있으시다'를 사용하여, 궁금증이 있는 주체인 '6789 님'을 간접적으로 높이고 있다.

ⓓ의 '있으시답니다'에는 '있으시다'가 쓰였는데, 이는 높임 대상과 관련되는 '궁금증'을 높임으로써 주체인 '6789 님'을 간접적으로 높이는 표현이다.

04   답 | ⑤

다음은 (나)에 따라 제작한 발표 자료이다. <보기>의 설명을 참고할 때, ㉠을 분석한 내용으로 적절하지 않은 것은?

'풍요의 등대' 스탬프 여행의 순서 및 주의 사항

모바일 여권과 종이 여권 중 택1 하여 참가 신청하기 → 등대를 방문하여 스탬프 찍고 사진 촬영하기 → '등대의 바다' 누리집에서 완주 인증하기

- 인증은 스탬프가 아닌 날짜가 기록된 사진으로만 가능
- 사전에 스탬프 위치 확인

△△ 등대 - 천사의 날개와 선박을 형상화한 등대

- 특징 : LED 조명이 만드는 이국적인 경관
- 주소 : ▽▽도 ◇◇군 △△면
- 스탬프 위치 : 등대 앞
- 볼거리 : ◇◇ 철새 전시관, ◇◇산 전망대
- 먹을거리 : 전복 라면, 복어 튀김, 소금 사탕
- 재밌거리 : 자전거 여행, 조개 잡기 체험

정답 선지 분석

⑤ 내용을 포괄할 수 있는 제목을 넣기로 한 ⓒ은 여행가의 말을 가져와 슬라이드의 내용을 요약할 수 있는 제목을 달자.

ⓒ은 여행가의 말 중에서 '천사의 날개와 선박을 형상화한 △△ 등대'를 가져와 제목을 달았다. 하지만 이 제목은 △△ 등대의 특징과 주소, 스탬프 위치, 볼거리, 먹을거리, 재밌거리를 다룬 ⓒ의 내용을 요약할 수 있는 제목이라고 볼 수 없다.

오답 선지 분석

① 여행가의 말을 정리하기로 한 ⊙은 여행가가 제시한 여행의 순서와 주의 사항을 모아 하나의 슬라이드로 구성하자.

⊙에는 여행가가 말한 여행의 순서와 주의 사항이 모두 담겨 있다. 따라서 여행가가 제시한 여행의 순서와 주의 사항을 모아 하나의 슬라이드로 구성하자는 고려 내용은 적절하다.

② 여행의 순서를 나타내기로 한 ⊙에는 여행가가 제시한 여행 순서를 구분하고 차례가 드러나게 화살표를 사용하자.

⊙에는 여행가가 말한 여행 순서가 화살표를 사용하여 차례대로 표현되어 있다. 따라서 여행가가 제시한 여행 순서를 구분하고 차례가 드러나게 화살표를 사용하자는 고려 내용은 적절하다.

③ 시각적 이미지를 활용하기로 한 ⊙에는 여행가가 소개한 여행의 순서와 관련된 주요 소재를 그림 자료로 보여 주자.

⊙에는 여행의 순서가 글분만 아니라 관련된 그림으로도 제시되어 있다. 따라서 여행가가 소개한 여행의 순서와 관련된 주요 소재를 그림 자료로 보여 주자는 고려 내용은 적절하다.

④ 여행에 유용한 정보를 추가하기로 한 ⓒ에는 여행가가 언급한 먹을거리 이외에도 다양한 정보를 추가하자.

ⓒ에는 △△ 등대의 특징과 주소, 스탬프 위치, 볼거리, 먹을거리, 재밌거리 등 여행에 유용한 정보가 담겨 있다. 따라서 여행가가 언급한 먹을거리 이외에도 다양한 정보를 추가하자는 고려 내용은 적절하다.

DAY 3 　레이더기상학

빠른 정답 체크

01 ⑤ 　 02 ② 　 03 ② 　 04 ⑤

❶ 집중 호우나 우박, 폭설 등과 같은 기상 현상은 재해로 이어질
기상 관측이 필요한 이유
수 있어 강수량을 예측하여 피해에 대비해야 한다. 최근에는 이
중 편파 레이더 관측을 통해 10분마다 강수 정보가 갱신되는 등
최근의 기상 관측과 강수량 예측
보다 신속하고 정확한 기상 관측이 이루어지고 있다.

❷ 그렇다면 이중 편파 레이더는 어떻게 기상 현상을 관측하는
것일까? 기본적으로 기상 관측 레이더는 「대기 중으로 송신된 전
「」: 기상 관측 레이더의 원리
파가 강수 입자에 부딪혀 되돌아오면 수신된 전파를 분석한 후
여러 변수를 산출하여 강수 입자를 분석한다.」 이중 편파 레이더
역시 이 원리를 활용하는데, 먼저 송신된 전파와 수신된 전파의
반사도의 개념
강도를 비교한 값인 반사도를 통해 강수 입자의 대략적인 크기와
개수를 파악한다. 이중 편파 레이더가 송수신하는 전파는 지면과
수평인 방향으로 진동하는 수평 편파와 수직인 방향으로 진동하
수평 편파의 개념　　　　　　　　　수직 편파의 개념
는 수직 편파로 이루어져 있는데, 각 편파의 반사도를 수평 반사
도, 수직 반사도라고 하며 단위로는 데시벨Z(dBZ)를 사용한다.
수평/수직 반사도의 단위
이중 편파 레이더의 산출 변수로 사용되는 ⓐ 반사도는 수평 반
사도를 의미하며, 단위 부피 $1m^3$당 존재하는 강수 입자의 크기
수평 반사도의 특징
와 개수에 비례하여 커진다. 일반적으로 강수 입자가 작고 그 수
수평 반사도의 관측 결과 ①
가 적은 이슬비는 1dBZ 이하의 값을, 강수 입자가 크고 그 수가
수평 반사도의 관측 결과 ②
많은 집중 호우는 20dBZ 이상의 값을 갖는다. 그런데 「우박의 경
「」: 수평 반사도를 활용한 관측의 한계
우 집중 호우와 강수 입자의 크기 및 개수가 달라도 반사도가 집
중 호우와 비슷하게 나타날 수 있기 때문에 반사도만으로는 강수
반사도 외의 산출 변수가 필요한 이유
입자의 종류를 구별하기 어려울 때가 있다.」 그래서 이를 구별하
기 위해서는 다른 산출 변수가 필요하다.

❸ 우선 강수 입자의 크기와 모양을 알기 위해서 ⓑ 차등반사도
차등반사도를 활용하는 이유
를 활용할 수 있다. 차등반사도란 수평 반사도에서 수직 반사도
차등반사도의 개념
를 뺀 값으로, 강수 입자가 수평으로 더 길면 양의 값을, 수직으
차등반사도의 특징
로 더 길면 음의 값을 가지며 단위로는 데시벨(dB)을 사용한다.
차등반사도의 단위
예를 들어 「강수 입자가 큰 집중 호우의 경우, 빗방울이 낙하할 때
「」: 차등반사도의 관측 결과 ①
받는 공기 저항 때문에 강수 입자가 수평으로 퍼지게 되어 차등
강수 입자가 수평으로 길면 차등반사도는 양의 값을 가짐
반사도가 2dB 이상으로 나타난다. 반면 「우박이나 눈이 녹지 않
「」: 차등반사도의 관측 결과 ②
아 순수한 얼음으로 구성된 경우라면 입자의 크기가 커도 수평으
강수 입자가 수평이나 수직으로 길지 않음
로 퍼지지 않으며, 회전 운동을 하면서 낙하하기 때문에 레이더
에서는 거의 구형으로 인식되어 차등반사도 값이 0dB인 경우가
많다. 이를 이용하면 집중 호우와 우박의 반사도 값이 비슷해도
기상 현상을 구별할 수 있다. 하지만 「강수 입자가 0.3mm보다 작
「」: 차등반사도를 활용한 관측의 한계

은 이슬비도 공기 저항을 거의 받지 않아 강수 입자가 구형을 유
〔우박처럼 강수 입자가 수평이나 수직으로 길지 않음〕
지하기 때문에 차등반사도가 주로 0dB로 나타난다. 따라서 ㉠ 강
수 입자의 종류를 구별하려면 반사도와 차등반사도를 종합적으
로 고려하는 것이 필요하다.

❹ 한편「비나 우박과 같은 강수 입자의 종류와 강수 입자의 크기
〔「」: 차등위상차와 비차등위산차를 활용하는 이유〕
를 아는 것만으로는 단위 부피당 강수 입자 개수를 정확히 추정
하는 데 한계가 있다.」그래서 차등위상차와 비차등위상차라는 산
출 변수를 통해 강수 입자의 개수에 대한 정보를 얻는다. 레이더
전파가 강수 입자에 부딪히면 강수 입자의 크기와 모양에 따라 수
평 편파와 수직 편파의 진행 속도가 달라진다. 이에 따라 두 편파
의 위상도 달라지는데, 이 위상의 차이를 누적한 값이 바로 ㉡ 차
등위상차이다. 〔차등위상차의 개념〕 단위로는 도(°)를 사용하며, 수평 편파 위상에서
〔차등위상차의 단위〕 〔차등위상차를 구하는 방식〕
수직 편파 위상을 빼는 방식으로 위상차를 구한다. 전파가 통과
하는 강수 입자의 단면 지름이 길어질수록 위상 값이 커지기 때
문에 차등반사도와 마찬가지로 강수 입자가 수평으로 더 길면 양
의 값을 가지고, 수직으로 더 길면 음의 값을 가지게 된다. 차등
〔차등위상차의 특징〕
위상차는 전파의 진행 방향을 따라 계속 누적되기 때문에 강수
입자가 존재하지 않는 곳에서도 0이 아닌 값이 산출될 수 있다는
〔차등위상차의 한계〕
특징이 있다.

❺ 그리고 특정 관측 범위에서 차등위상차의 변화율을 나타낸 값
〔비차등위상차의 개념〕
을 ㉢ 비차등위상차라고 한다. 만약 레이더로부터 5km 떨어진
지점의 차등위상차가 0°이고 10km 떨어진 지점의 차등위상차
가 10°라면, 이때 5~10km 구간의 비차등위상차는 차등위상차
〔(10°-0°)÷10km = 1°/km〕
변화량 10°를 전파의 왕복 거리 10km로 나눈 1°/km가 된다. 비
차등위상차는 차등위상차와는 달리 강수 입자가 존재하는 곳에
〔비차등위상차의 특징 ①〕
서만 0이 아닌 값으로 산출되기 때문에 관측하고자 하는 특정 구
간의 강수 입자 개수를 보다 정확하게 추정할 수 있다.
〔비차등위상차의 특징 ②〕

❻ 그런데 눈이 녹아 눈과 비가 함께 내리는 경우처럼「두 종류 이
〔「」: 교차상관계수를 활용하는 이유〕
상의 강수 입자들이 혼재되어 있으면 산출 변수 값이 실제 기상
현상보다 크거나 작게 나타나 혼란을 줄 수 있다.」이를 해결하기
위한 산출 변수가 교차상관계수이다. 교차상관계수는 수평 편파
와 수직 편파 신호의 유사도를 나타내는 값으로, 강수 입자들의
〔교차상관계수의 개념〕
크기와 종류가 유사할수록 1에 가까운 값으로 산출된다. 일반적
〔교차상관계수의 특징〕
으로「비나 눈이 내릴 때 관측 범위 내에 종류가 같고 크기가 비슷
〔「」: 교차상관계수의 관측 결과 ①〕
한 강수 입자들이 분포하면 교차상관계수가 0.97 이상으로 높게
나타난다. 하지만「여러 종류의 강수 입자가 혼재된 경우나, 집중
〔「」: 교차상관계수의 관측 결과 ②〕
호우처럼 강수 입자의 종류가 같더라도 그 크기가 다양한 경우에
는 교차상관계수가 0.97 미만으로 나타나기도 한다.」

01

답 | ⑤

윗글에 대한 이해로 가장 적절한 것은?

〖정답 선지 분석〗

⑤ 관측 범위 내에 두 종류 이상의 강수 입자가 혼재할 경우 교차상관계수만으
로는 강수 입자의 종류를 판별할 수 없겠군.
　6문단에서 두 종류 이상의 강수 입자가 혼재하면 교차상관계수가 0.97 미만으로 나타난다고
　하였을 분. 강수 입자의 구체적인 종류는 교차상관계수만으로는 알 수 없다.

〖오답 선지 분석〗

① 기상 관측 레이더는 송신된 전파와 수신된 전파의 강도를 비교하기 위해 여
러 변수를 산출하는군.
　2문단에서 기상 관측 레이더는 대기 중으로 송신된 전파가 강수 입자에 부딪혀 되돌아오면
　수신된 전파를 분석하여 여러 변수를 산출한다고 하였으므로, 송신된 전파와 수신된 전파의
　강도를 비교하기 위해 여러 변수를 산출한다는 설명은 적절하지 않다.

② 이중 편파 레이더가 송신하는 전파의 강도는 관측 범위 내에 존재하는 강수
입자의 개수에 따라 달라지겠군.
　2문단을 통해 이중 편파 레이더가 대기 중으로 전파를 송신한다는 점을 알 수 있을 뿐, 송신
　된 전파의 강도가 관측 범위 내의 강수 입자의 개수에 따라 달라지는 것은 아니다.

③ 순수한 얼음으로 구성된 강수 입자는 낙하하면서 수평 방향으로 퍼지기 때
문에 레이더에서 구형으로 인식하겠군.
　3문단에서 우박이나 눈이 녹지 않아 순수한 얼음으로 구성된 경우 빗방울과 달리 입자의 크
　기가 커도 수평으로 퍼지지 않고 회전 운동을 하면서 낙하한다고 하였으므로, 순수한 얼음인
　강수 입자가 낙하하면서 수평으로 퍼진다는 설명은 적절하지 않다.

④ 이중 편파 레이더는 모든 산출 변수를 구할 때 수직 편파를 이용하므로 보
다 정확한 기상 관측이 가능한 것이겠군.
　2~6문단에서 언급한 이중 편파 레이더의 산출 변수는 반사도, 차등반사도, 차등위상차, 비
　차등위상차, 교차상관계수이다. 이 중에서 반사도는 수평 반사도만 의미하므로 수직 편파를
　이용하지 않는다.

02

답 | ②

㉠의 이유로 가장 적절한 것은?

〖정답 선지 분석〗

② 집중 호우와 우박은 반사도만으로는 구별할 수 없기 때문에
　2문단에서 우박과 집중 호우의 반사도 값이 비슷하게 나타나 반사도만으로는 어떤 강수 입
　자인지 구별하기가 어렵다고 하였다. 하지만 이슬비의 반사도는 1dBZ 이하, 집중 호우의 반
　사도는 20dBZ 이상, 우박의 반사도는 집중 호우와 비슷하다고 하였으므로 반사도로 이슬비
　와 우박, 이슬비와 집중 호우를 구별할 수 있다. 또한 3문단에서 집중 호우의 차등반사도는
　2dB 이상으로, 우박이나 눈이 녹지 않은 경우와 이슬비의 차등반사도는 0dB로 나타난다고
　하였으므로 차등반사도로 집중 호우와 이슬비, 집중 호우와 녹지 않은 눈을 구별할 수 있다.

〖오답 선지 분석〗

① 이슬비와 우박은 반사도만으로는 구별할 수 없기 때문에
　이슬비의 반사도는 일반적으로 1dBZ 이하의 값을 갖고, 우박의 반사도는 집중 호우와 비슷
　하게 20dBZ 이상의 값을 갖는다고 하였다.

③ 이슬비와 집중 호우는 반사도만으로는 구별할 수 없기 때문에
　이슬비의 반사도는 일반적으로 1dBZ 이하의 값을 갖고, 집중 호우는 20dBZ 이상
　의 값을 갖는다고 하였다.

④ 이슬비와 집중 호우는 차등반사도만으로는 구별할 수 없기 때문에
　이슬비의 차등반사도는 주로 0dB로 나타나고, 집중 호우의 차등반사도는 2dB 이상으로 나
　타난다고 하였다.

⑤ 집중 호우와 녹지 않은 눈은 차등반사도만으로는 구별할 수 없기 때문에
　집중 호우의 차등반사도는 2dB 이상으로 나타나고, 녹지 않은 눈의 차등반사도는 0dB인 경
　우가 많다고 하였다.

03

답 | ②

ⓐ~ⓓ에 대한 이해로 적절하지 않은 것은?

정답 선지 분석

② 강수 입자 크기에 영향을 받는 ⓐ와 ⓒ는 서로 비례 관계에 있는 산출 변수이다.

ⓐ는 강수 입자 크기에 의해 결정되는 값이므로 강수 입자가 존재하지 않으면 0dBZ로 산출된다. 하지만 ⓒ는 강수 입자가 존재하지 않는 곳에서도 0이 아닌 값으로 산출될 수 있으므로 두 산출 변수가 비례 관계에 있다는 설명은 적절하지 않다.

오답 선지 분석

① 서로 다른 기상 관측 자료에서 ⓐ의 값이 달라도 ⓑ의 값은 동일할 수 있다.

2문단과 3문단을 통해 이슬비와 순수한 우박은 ⓐ의 값은 다르지만 ⓑ의 값은 모두 0dB로 나타날 수 있음을 알 수 있다.

③ 관측 범위 내 강수 입자들의 크기와 종류가 모두 동일한 경우에 ⓑ가 양의 값을 갖는다면 ⓒ도 양의 값을 갖는다.

4문단에서 ⓒ는 ⓑ와 마찬가지로 강수 입자가 수평으로 더 길면 양의 값을, 수직으로 더 길면 음의 값을 갖는다고 하였다. 따라서 강수 입자들의 크기와 종류가 모두 동일할 때 ⓑ가 양의 값을 갖는다면 ⓒ도 양의 값을 갖는다.

④ 레이더로부터 3km, 6km 떨어진 지점에서 ⓒ의 값이 각각 0°, 12°라면 3~6km 구간에서 ⓓ의 값은 2°/km이다.

5문단에 따라 3~6km 구간에서 ⓓ의 값을 구하면 ⓒ의 변화량 12°를 전파의 왕복 거리 6km로 나눈 2°/km가 된다.

⑤ ⓓ는 ⓒ와 달리 강수 입자가 존재하는 곳에서만 0이 아닌 값으로 산출된다.

4문단에서 ⓒ는 전파의 진행 방향을 따라 계속 누적되기 때문에 강수 입자가 존재하지 않는 곳에서도 0이 아닌 값이 산출될 수 있다고 하였고, 5문단에서 ⓓ는 강수 입자가 존재하는 곳에서만 0이 아닌 값으로 산출된다고 하였다.

04

답 | ⑤

윗글을 바탕으로 <보기>의 '기상 관측 자료'를 이해한 내용으로 적절하지 않은 것은?

보기

◦ 기상 관측 자료

다음은 비가 내리고 있는 A 지역과 기상 현상을 알지 못하는 B 지역을 이중 편파 레이더로 관측한 결과이다.

관측 지역	반사도	차등반사도	교차상관계수
A	45dBZ	2.5dB	0.95
B	45dBZ	0dB	0.98

(단, 강수 입자 특성 외의 다른 관측 조건은 동일하다고 가정한다.)

정답 선지 분석

⑤ B 지역은 차등반사도가 A 지역보다 작고 반사도가 A 지역과 동일하므로 B 지역의 수직 반사도는 A 지역보다 작을 것이다.

3문단에서 차등반사도는 수평 반사도에서 수직 반사도를 뺀 값이라고 하였다. <보기>에서 반사도 값은 A 지역과 B 지역이 동일하므로, 수직 반사도 값은 차등반사도 값이 더 작은 B 지역이 A 지역보다 클 것이다.

오답 선지 분석

① A 지역은 차등반사도가 양의 값을 가지므로 강수 입자의 모양이 수평으로 긴 형태일 것이다.

비가 내리고 있는 A 지역은 반사도가 20dBZ보다 크고, 차등반사도는 2dB보다 크므로 강수 입자의 모양이 수평으로 긴 집중 호우일 가능성이 높다.

② A 지역은 차등반사도가 2dB보다 크고 교차상관계수가 0.97보다 작으므로 집중 호우가 내리고 있을 가능성이 높을 것이다.

비가 내리고 있는 A 지역은 반사도가 20dBZ보다 크고, 차등반사도는 2dB보다 크므로 강수 입자의 모양이 수평으로 긴 집중 호우일 가능성이 높다. 또한 A 지역의 교차상관계수는 0.97 미만으로 나타난다는 점에서, A 지역의 강수 입자의 종류는 빗방울로 같되 강수 입자의 크기가 다양함을 알 수 있다.

③ B 지역의 기상 현상을 우박으로 판단했다면 반사도가 20dBZ 이상이면서 차등반사도가 0dB이기 때문일 것이다.

기상 현상을 알지 못하는 B 지역은 반사도가 집중 호우와 마찬가지로 20dBZ보다 크고, 차등반사도는 0dB이므로 순수한 얼음으로 구성된 우박일 가능성이 높다.

④ B 지역은 교차상관계수가 0.97보다 높게 나타나므로 종류가 같고 크기가 비슷한 강수 입자들이 분포하고 있을 것이다.

기상 현상을 알지 못하는 B 지역은 반사도가 집중 호우와 마찬가지로 20dBZ보다 크고, 차등반사도는 0dB이므로 순수한 얼음으로 구성된 우박일 가능성이 높다. 또한 B 지역의 교차상관계수는 0.97보다 높게 나타난다는 점에서, B 지역에는 종류가 같고 크기가 비슷한 강수 입자가 존재함을 알 수 있다.

DAY 4 | 공포 소구에 대한 연구

빠른 정답 체크

01 ② 　　 02 ④ 　　 03 ⑤ 　　 04 ⑤

❶ 공포 소구는 「그 메시지에 담긴 권고를 따르지 않을 때의 해로운 결과를 강조하여 수용자를 설득하는 것으로,」 1950년대 초부터 설득 전략 연구자들의 연구 대상이 되었다. 초기 연구를 대표하는 재니스는 기존 연구에서 다루어지지 않았던 공포 소구의 설득 효과에 주목하였다. 그는 수용자에게 공포 소구를 세 가지 수준으로 달리 제시하는 실험을 한 결과, 중간 수준의 공포 소구가 가장 큰 설득 효과를 보인다는 것을 발견하였다.
「」: 공포 소구의 개념
재니스의 연구 결과

❷ 공포 소구 연구를 진척시킨 레벤달은 재니스의 연구가 인간의 감정적 측면에만 ㉠ 치우쳤다고 비판하며, 공포 소구의 효과는 수용자의 감정적 반응만이 아니라 인지적 반응과도 관련된다고 하였다. 그는 감정적 반응을 '공포 통제 반응', 인지적 반응을 '위험 통제 반응'이라 ㉡ 불렀다. 그리고 후자가 작동하면 수용자들은 공포 소구의 권고를 따르게 되지만, 전자가 작동하면 공포 소구로 인한 두려움의 감정을 통제하기 위해 오히려 공포 소구에 담긴 위험을 무시하려는 반응을 보이게 된다고 하였다.
레벤달의 주장-재니스의 연구 비판
위험 통제 반응(인지적 반응)이 작동했을 때의 반응
공포 통제 반응(감정적 반응)이 작동했을 때의 반응

❸ 이러한 선행 연구들을 종합한 위티는 우선 공포 소구의 설득 효과를 좌우하는 두 요인으로 '위협'과 '효능감'을 설정하였다. 「수용자가 공포 소구에 담긴 위험을 자신이 ㉢ 겪을 수 있는 것이고 그 위험의 정도가 크다고 느끼면,」 그 공포 소구는 위협의 수준이 높다. 그리고 「공포 소구에 담긴 권고를 이행하면 자신의 위험을 예방할 수 있고 자신에게 그 권고를 이행할 능력이 있다고 느
「」: 공포 소구의 위협의 수준이 높은 경우
「」: 공포 소구의 효능감의 수준이 높은 경우

끼면, 효능감의 수준이 높다. 한 동호회에서 회원들에게 '모임에 꼭 참석해 주세요. 불참 시 회원 자격이 사라집니다.'라는 안내문
을 ㉣ 보냈다고 하자. 회원 자격이 사라진다는 것은 그 동호회 활동에 강한 애착을 가지고 있는 사람에게는 높은 수준의 위협이 된
다. 그리고 그가 동호회 모임에 참석하는 일이 어렵지 않다고 느낄 때, 안내문의 권고는 그에게 높은 수준의 효능감을 주게 된다.

❹ 위티는 이 두 요인을 레벤달이 말한 두 가지 통제 반응과 관련지어 다음과 같은 결론을 도출하였다.「위협과 효능감의 수준이
모두 높을 때에는 위험 통제 반응이 작동하고, 위협의 수준은 높지만 효능감의 수준이 낮을 때에는 공포 통제 반응이 작동한다.」
그러나 위협의 수준이 낮으면, 수용자는 그 위협이 자신에게 아무 영향을 ㉤ 주지 않는다고 느껴 효능감의 수준에 관계없이 공
포 소구에 대한 반응이 없게 된다. 이렇게 정리된 결론은 그간의 공포 소구 이론을 통합한 결과라는 점에서 후속 연구의 중요한
디딤돌이 되었다.

01

답 | ②

윗글의 내용 전개 방식으로 가장 적절한 것은?

정답 선지 분석

② 화제에 대한 연구들을 선행 연구와 연결하여 설명하고 있다.

이 글에서는 공포 소구에 대한 재니스와 레벤달, 그리고 위티의 연구를 설명하고 있다. 재니스는 기존 연구에서 다루어지지 않았던 공포 소구의 설득 효과에 주목하였고, 레벤달은 재니스의 연구가 인간의 감정적 측면에만 치우쳤다고 비판하였으며, 위티는 이러한 선행 연구들을 종합하여 결론을 도출하였다고 하였다. 이를 통해 이 글에서 화제, 즉 공포 소구에 대한 연구들을 선행 연구와 연결하여 설명하고 있음을 알 수 있다.

오답 선지 분석

① 화제에 대한 연구들이 시작된 사회적 배경을 분석하고 있다.

이 글에서는 재니스, 레벤달, 위티의 공포 소구에 대한 연구 내용을 제시하고 있지만, 이 연구들이 시작된 사회적 배경을 분석하고 있지 않다.

③ 화제에 대한 연구들을 분류하는 기준의 문제점을 검토하고 있다.

이 글에서는 공포 소구 연구의 진척을 재니스, 레벤달, 위티의 연구를 바탕으로 설명하고 있을 뿐, 공포 소구 연구들을 분류하는 기준의 문제점을 검토하고 있지 않다.

④ 화제에 대한 연구들을 소개한 후 남겨진 연구 과제를 제시하고 있다.

이 글에서는 위티의 결론이 그간의 공포 소구 이론을 통합한 결과라는 점에서 후속 연구의 중요한 디딤돌이 되었다는 의의를 제시하며 글을 마무리하고 있다. 따라서 공포 소구에 대해 남겨진 연구 과제를 제시하고 있다는 설명은 적절하지 않다.

⑤ 화제에 대한 연구들이 봉착했던 난관과 그 극복 과정을 소개하고 있다.

이 글에서는 공포 소구에 대한 연구들이 봉착했던 난관과 그 극복 과정을 소개하고 있지 않다.

02

답 | ④

윗글을 읽은 학생의 반응으로 적절하지 않은 것은?

정답 선지 분석

④ 위티는 수용자가 공포 소구에 담긴 위험을 느끼지 않아야 공포 소구의 권고를 따르게 된다고 보았겠군.

2문단에 따르면 레벤달은 위험 통제 반응이 작동하면 수용자가 공포 소구의 권고를 따르게 된다고 하였고, 4문단에 따르면 위티는 위협과 효능감의 수준이 모두 높을 때 이러한 위험 통제 반응이 작동한다고 하였다. 그리고 3문단에 따르면 위티는 위협의 수준이 높으려면 수용자가 공포 소구에 담긴 위험이 자신이 겪을 수 있는 것이고 그 정도가 크다고 느껴야 한다고 하였다. 이를 통해 위티는 수용자가 공포 소구에 담긴 위험을 느끼지 않으면 위협의 수준이 낮게 되고, 그러면 위험 통제 반응이 작동하지 않아 수용자가 공포 소구의 권고를 따르지 않게 된다고 보았을 것임을 알 수 있다.

오답 선지 분석

① 재니스는 공포 소구의 효과를 연구하는 실험에서 공포 소구의 수준을 달리하며 수용자의 변화를 살펴보았겠군.

1문단에 따르면 재니스는 수용자에게 공포 소구를 세 가지 수준으로 달리 제시하는 실험을 통해 중간 수준의 공포 소구가 가장 큰 설득 효과를 보인다는 것을 발견하였다. 이를 통해 재니스가 공포 소구의 수준을 달리하며 수용자의 변화를 살펴보았음을 알 수 있다.

② 레벤달은 재니스의 연구 결과에 대하여 수용자의 감정적 반응과 인지적 반응을 모두 고려하여 살펴보았겠군.

2문단에 따르면 레벤달은 공포 소구의 효과가 수용자의 감정적 반응만이 아니라 인지적 반응과도 관련된다고 보고 재니스의 연구가 감정적 측면에만 치우쳤다고 비판하였다. 이를 통해 레벤달이 재니스의 연구 결과에 대하여 수용자의 감정적 반응과 인지적 반응을 모두 고려하여 살펴보았음을 알 수 있다.

③ 레벤달은 공포 소구의 설득 효과가 나타나려면 공포 통제 반응보다 위험 통제 반응이 작동해야 한다고 보았겠군.

2문단에서 위험 통제 반응이 작동하면 수용자들이 공포 소구의 권고를 따르게 되지만, 공포 통제 반응이 작동하면 오히려 두려움의 감정을 통제하기 위해 공포 소구에 담긴 위험을 무시하려는 반응을 보이게 된다고 하였다. 이를 통해 레벤달이 공포 소구의 설득 효과가 나타나려면 위험 통제 반응이 작동해야 한다고 보았음을 알 수 있다.

⑤ 위티는 공포 소구의 위협 수준이 그 공포 소구의 효능감 수준에 따라 달라지는 것은 아니라고 보았겠군.

3문단에서 수용자가 공포 소구에 담긴 위험을 어떻게 느끼느냐에 따라 위협의 수준이 달라지고, 수용자가 공포 소구에 담긴 권고를 어떻게 느끼느냐에 따라 효능감의 수준이 달라진다고 하였다. 이를 통해 위티가 위협과 효능감이라는 두 요인의 수준을 서로 연관하여 설명한 것은 아님을 알 수 있다.

03

답 | ⑤

윗글을 참고할 때, 〈보기〉의 실험에 대해 추론한 내용으로 적절하지 않은 것은?

보기

한 모임에서 공포 소구 실험을 진행한 결과, 수용자들의 반응은 위티의 결론과 부합하였다. 이 실험에서는 위협의 수준 (높음 / 낮음), 효능감의 수준 (높음 / 낮음)의 조합을 달리 하여 피실험자들을 네 집단으로 나누었다. 집단 1과 집단 2는 공포 소구에 대한 반응이 없었고, 집단 3은 위험 통제 반응, 집단 4는 공포 통제 반응이 작동하였다.

정답 선지 분석

⑤ 집단 3과 집단 4는 효능감의 수준이 서로 같았을 것이다.

〈보기〉의 집단 3은 위험 통제 반응이 작동하였고, 집단 4는 공포 통제 반응이 작동하였다. 4문단을 통해 위협과 효능감의 수준이 모두 높으면 위험 통제 반응이 작동하고, 위협의 수준은 높지만 효능감의 수준이 낮으면 공포 통제 반응이 작동함을 알 수 있다. 따라서 집단 3은 효능감의 수준이 높고, 집단 4는 효능감의 수준이 낮았을 것이라고 추론할 수 있다.

오답 선지 분석

① 집단 1은 위협의 수준이 낮았을 것이다.

〈보기〉의 집단 1은 공포 소구에 대한 반응이 없었다. 4문단에서 위협의 수준이 낮으면 공포 소구에 대한 반응이 없게 된다고 하였으므로, 집단 1은 위협의 수준이 낮았음을 알 수 있다.

② 집단 3은 효능감의 수준이 높았을 것이다.

〈보기〉의 집단 3은 위험 통제 반응이 작동하였으므로 위협과 효능감의 수준이 모두 높았음을 알 수 있다.

③ 집단 4는 위협과 효능감의 수준이 서로 달랐을 것이다.

〈보기〉의 집단 4는 공포 통제 반응이 작동하였으므로 위협의 수준은 높지만 효능감의 수준이 낮았음을 알 수 있다.

④ 집단 2와 집단 4는 위협의 수준이 서로 달랐을 것이다.

〈보기〉의 집단 2는 공포 소구에 대한 반응이 없었으므로 위협의 수준이 낮았고, 집단 4는 공포 통제 반응이 작동하였으므로 위협의 수준이 높았음을 알 수 있다.

04   답 | ⑤

문맥상 ㉠~㉤과 바꾸어 쓰기에 적절하지 않은 것은?

정답 선지 분석

⑤ ㉤: 기여(寄與)하지

'기여(寄與)하다'는 '도움이 되도록 이바지하다.'의 뜻을 가지고 있다. '영향을 주다'에서의 '주다'는 '도움'이 되게 한다는 의미를 내포하고 있지 않다. 따라서 '기여하다'는 ㉤과 바꾸어 쓰기에 적절하지 않다.

오답 선지 분석

① ㉠: 편향(偏向)되었다고

'편향(偏向)되다'는 '한쪽으로 치우치게 되다.'라는 뜻으로 ㉠과 바꾸어 쓰기에 적절하다.

② ㉡: 명명(命名)하였다

'명명(命名)하다'는 '사람, 사물, 사건 따위의 대상에 이름을 지어 붙이다.'라는 뜻으로 ㉡과 바꾸어 쓰기에 적절하다.

③ ㉢: 경험(經驗)할

'경험(經驗)하다'는 '자신이 실제로 해 보거나 겪어 보다.'라는 뜻으로 ㉢과 바꾸어 쓰기에 적절하다.

④ ㉣: 발송(發送)했다고

'발송(發送)하다'는 '물건, 편지, 서류 따위를 우편이나 운송 수단을 이용하여 보내다.'라는 뜻으로 ㉣과 바꾸어 쓰기에 적절하다.

DAY 5 〈총석곡〉_구강 / 〈고산별곡〉_장복겸 / 〈동해〉_백석

빠른 정답 체크

01 ①   **02** ③   **03** ③   **04** ②   **05** ①   **06** ③

가

몰아라 어서 보자 총석정 어서 보자
_{강원도 통천군에 있는 정자. 관동 팔경의 하나}
총석정 좋단 말을 일찍이 들었거니
_{아름답기로 소문난 총석정을 보러 가는 화자}
바람 불면 못 보려니 몰아라 어서 보자
_{기상 상황이 좋을 때 총석정을 보기 위해 서두르는 모습}

벽해 위의 높은 집이 저것이 총석정인가
_{당시의 총석정은 동해가 보이는 높은 벼랑 꼭대기에 있었음}
올라 보니 후면이라 전면으로 보오리라
_{총석정에서 바라보는 경치를 후면이라 여기고 바다에서도 경치를 보고자 함}
배 대어라 사공들아 풍랑이 일지 않아

층파로 돌아 저어 총석 전면 보게 하라
_{동해에 배를 띄워 다른 방향에서 경치를 구경하려 함}
배 띄워라 굽이마다 따라 저어 볼 양이면

「영소전 태을궁*을 지으려고 경영턴가
_{「」: 태을궁을 짓기 위해 돌기둥을 깎았으나 배가 없어 바다에 벌여놓았다고 표현함}
돌기둥 천백 개를 육모로 깎아 내어
_{과장법}
개개이 묶어 세워 몇 만 년이 되었던지

황량한 데 벌였으니 배 없어 못 실린가」

(중략)

「하우씨 도끼뿔이 용문을 뚫었으나
_{하나라 우임금이 막힌 강줄기를 도끼로 풀어 물길을 텄다는 전설}
이 돌*을 만났으면 이같이 깎을세며

영장*이 신묘하여 코끝의 것 찍었으나
_{초나라의 장인이 자기 코 끝에 흙을 바르고 장석에게 깎아내게 하여 성공함}
이 돌을 다듬는다고 이같이 곧을쏘냐」
_{「」: 신묘한 솜씨가 있는 이들이라도 돌기둥을 이렇게 깎을 수는 없을 것이라고 표현함}

「어떠한 도끼로 용이히 깎았으며
_{「」: 대구법, 설의법-돌기둥의 아름다움 강조}
어떠한 승묵*으로 천연히 골랐는고」

「끈 없이 묶었으되 틈 없이 묶었으며
_{「」: 대구법-돌기둥이 무리를 지어 바다에 서 있는 모습}
풀 없이 붙였으되 흔적 없이 붙였으니」

공력을 이리 들여 무엇에 쓰려 하고

한 묶음씩 두 묶음씩 세운 듯 누인 듯
_{직유법}
기괴히 꾸몄다가 세인의 노리개 되야
_{세상 사람}
시 짓고 노래하여 기리기만 위한 것인가
_{세상 사람들이 돌기둥의 아름다움을 노래하는 시를 많이 씀}
「통천의 총석정과 고성의 삼일포며
_{「」: 강원도 동해안의 여덟 명승지인 관동 팔경을 열거함}
간성의 청간정과 양양의 낙산사며

강릉의 경포대와 삼척의 죽서루며

울진의 망양대와 평해의 월송정은」

이 이른 관동팔경 자웅을 의논 말라

천하의 두 총석은 응당 다시 없으려니
_{관동 팔경 중 총석정이 가장 아름답다고 여김}
「물로는 동해수요 뫼로는 금강산과
_{「」: 열거법, 대구법-동해와 총석정 주위의 돌들의 아름다움을 드러냄}
폭포로는 구룡이오 돌로는 총석이라」

장관을 다한 후의 다시금 혼자 말이

괴외기걸* 하온 사람 이같은 이 있다 하면
_{총석정의 경치와 비견할 만한 이}
천 리를 멀다 말고 결단코 찾으리라
_{인재를 찾아 나라에 도움을 주겠다는 목민관으로서의 역할}

– 구강, 〈총석곡〉 –

* 태을궁: 옥황상제가 사는 궁궐.
* 이 돌: 총석정 주변의 기암괴석.
* 영장: 영험한 장인.
* 승묵: 먹통에 딸린 실줄.
* 괴외기걸: 빼어나게 뛰어난 인걸.

나

㉠ 청산은 에워싸고 녹수는 돌아가고
<small>대구법 - 공간적 배경. 청산과 녹수가 어우러진 자연</small>
석양이 거들 때에 **신월(新月)**이 솟아난다
<small>시간적 배경</small>
안전(眼前)에 일존주* 가지고 **시름 풀자 하노라**
<small>시름을 푸는 수단</small>

＜제1수＞

내 말도 **남**이 마소 남의 말도 내 않겠네
<small>세상의 시비에 휘말리지 않으려는 태도</small>
고산 불고정*이 좋아 늙는 몸이로되
<small>화자가 생활한 정자의 이름   자연에서의 삶에 만족함</small>
어디서 망령 난 손이 **검다 희다** 하나니
<small>부정적 존재   쉽게 남을 판단하는 잘못된 태도</small>

＜제4수＞

엊그제 빚은 **술**이 다만 세 병뿐이로다
<small>자연과 어울리며 풍류를 즐기는 생활</small>
「한 병은 **물**에 **놀고** 또 한 병 **뫼**에 놀며
<small>「」: 남은 술 세 병을 물, 산, 달에 대응 - 풍류적 삶</small>
이밖에 남은 병 가지고 **달**에 **논들 어떠리」**

＜제6수＞

- 장복겸, 〈고산별곡〉 -

* 일존주: 한 통의 술.
* 고산 불고정: 전북 임실에 있는 정자.

다

이렇게 맥고모자를 쓰고 **삐루***를 마시고 **친구를 생각하기는** 그
<small>반복되는 구절-친숙한 이미지, 가볍고 흥겨운 느낌, 화제 전환   동해</small>
대의 언제나 자랑하는 **털게**에 청포채를 무친 맛나는 안주 탓인데
<small>동해에 대한 생각이 술과 안주에 대한 연상으로 이어짐</small>
나는 정말이지 그대도 잘 아는 함경도 함흥 만세교 다리 밑에 님
<small>해 가리개</small>
이 오는 털게 맛에 헤가우손이를 치고 사는 사람입네. 하기야 또
<small>떠났던 님이 돌아올 만큼 털게 맛이 좋음</small>
내가 친하기로야 가재미가 빠질겝네. 회국수에 들어 일미이고 식
<small>좋아하기로는   가재미는 회국수에 넣어도 맛있고 식해에 넣어도 맛있음</small>
해에 들어 절미지. 하기야 또 버들개통구이가 좀 좋은가. 「횟대 생
<small>버들치 통구이</small>
성 된장지짐이는 어떻고. 명태골국, 해삼탕, 도미회, 은어젓이 다
그대 자랑감이지.」 그리고 한 가지 그대나 나밖에 모를 것이지만
<small>「」: 동해에서 연상된 안주(해산물)를 나열함</small>
꾕메리는 아래 주둥이가 길지 꽁치는 위 주둥이가 길지.
<small>안주에 대한 지식</small>
　이것은 크게 할 말 아니지만 산뜻한 청삿자리 위에서 전복회를
<small>푸른 실이 수놓인 자리</small>
놓고 함소주 잔을 거듭하는 맛은 신선 아니면 모를 일이지.
<small>상자째 두고 마시는 소주   동해의 맛있는 안주에 대한 만족감</small>
　이렇게 맥고모자를 쓰고 삐루를 마시고 전복에 해삼을 생각하
<small>화제 전환</small>
면 또 생각나는 것이 있습네. 칠팔월이면 으레이 오는 노랑 바탕
에 꺼먼 등을 단 제주 배 말입네. 제주 배만 오면 그대네 물가엔
<small>안주에 대한 생각이 제주 배에 대한 연상으로 이어짐</small>
말이 많아지지. 제주 배 아즈맹이 몸집이 절구통 같다는 둥, 제주
<small>아주머니</small>
배 아맹인 조밥에 소금만 먹는다는 둥, 제주 배 아즈맹이 언제 어
<small>아저씨</small>
느 모롱고지 이슥한 바위 뒤에서 혼자 해삼을 따다가 무슨 일이
있었다는…… 참 말이 많지. 제주 배 들면 그대네 마을이 반갑
고 제주 배 나면 서운하지. ㉡ 아이들은 제주 배를 물가를 돌아
<small>아이들이 제주 배의 움직임을 따라가는 모습</small>
따르고 나귀는 산등성이에서 눈을 들어 따르지. 이번 칠월 그대
네로 가선 제주 배에 올라 제주 색시하고 살렵네. 내가 이렇게 맥
고모자를 쓰고 삐루를 마시고 제주 색시를 생각해도 미역 내음새
<small>화제 전환</small>

에 내 마음이 가는 곳이 있습네. 조개껍질이 나이금*을 먹는 물살
<small>제주 배에 대한 생각이 지인들에 대한 연상으로 이어짐</small>
에 낱낱이 키가 자라는 **처녀 하나가 나를 무척 생각하는 일**과 그
<small>그리움의 대상 ①</small>
대 가까이 송진 내음새 나는 집에 **아내를 잃고 슬피 사는 사람 하**
<small>그리움의 대상 ②</small>
나가 있는 것과 그리고 **그 영어를 잘하는 총명한 사년생 금이**가
<small>그리움의 대상 ③</small>
그대네 홍원군 홍원면 동상리에서 난 것도 생각하는 것입네.

- 백석, 〈동해〉 -

* 삐루: 맥주.
* 나이금: 나이를 나타내는 금.

01
답 | ①

(가)~(다)에 대한 설명으로 가장 적절한 것은?

① (가)와 (나)는 대구적 표현을 사용하여 리듬감을 부여하고 있다.
<small>(가)의 '어떠한 도끼로 용이히 깎았으며 / 어떠한 승묵으로 천연히 골랐는고', '끈 없이 묶었으되 틈 없이 묶었으며 / 풀 없이 붙였으되 흔적 없이 붙였으니' 등에서, (나)의 '한 병은 물에 놀고 또 한 병 뫼에 놀며' 등에서 대구적 표현을 사용하여 리듬감을 부여하고 있다.</small>

② (가)와 (다)는 직유적 표현을 사용하여 대상에 대해 성찰하고 있다.
<small>(가)의 '한 묶음씩 두 묶음씩 세운 듯 누인 듯', (다)의 '제주 배 아즈맹이 몸집이 절구통 같다는 둥'에서 직유적 표현을 사용하고 있으나 대상에 대해 성찰하고 있는 것은 아니다.</small>

③ (나)와 (다)는 명령적 어조를 통해 지향하는 가치를 강조하고 있다.
<small>(나)의 '내 말도 남이 마소'를 통해 명령적 어조를 통해 지향하는 가치를 강조하고 있음을 알 수 있으나, (다)에서는 명령적 어조가 드러나지 않는다.</small>

④ (가)~(다)는 모두 다른 사람을 부르는 방식으로 바라는 것을 전달하고 있다.
<small>(가)의 '배 대어라 사공들아'를 통해 화자가 사공을 부르며 바라는 것을 전달하고 있다고 볼 수 있다. 그러나 (나)에서는 다른 사람을 부르는 방식이 나타나지 않으며, (다)에서는 동해바다를 '그대'라고 칭하며 말을 걸고 있으나 바라는 것을 전달하고 있지는 않다.</small>

⑤ (가)~(다)는 모두 스스로 묻고 답하는 방식으로 주제 의식을 부각하고 있다.
<small>(가)의 '벽해 위의 높은 집이 저것이 총석정인가' 등과, (나)의 '이밖에 남은 병 가지고 달에 논들 어떠리'의 경우 스스로에게 묻는 것이라 볼 수는 있으나 묻고 답하는 방식으로 주제 의식을 부각하는 것은 아니다. (다)에서는 스스로 묻고 답하는 방식이 나타나지 않는다.</small>

02
답 | ③

〈보기〉를 활용하여 (가)의 화자를 이해한 내용으로 적절하지 않은 것은?

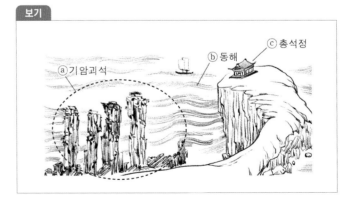

정답 및 해설 | 109

WEEK 8

정답 선지 분석

③ 천상의 인물과 지상의 인물이 협력하여 만든 결과물이 ⓐ라고 인식하고 있군.

(가)에 천상의 인물과 지상의 인물이 협력하여 총석정 주변의 기암괴석을 만들었다는 내용은 나타나지 않는다. '하우씨(하나라 우임금)'나 '영장' 등을 언급한 것은 아무리 솜씨 좋게 돌을 다듬어도 총석정 주위에 자연스럽게 만들어진 기암괴석의 아름다움을 따라갈 수 없음을 강조하기 위한 것이다.

오답 선지 분석

① 기상 상황이 좋을 때 ⓒ를 찾아가기 위해 서두르고 있군.

'바람 불면 못 보려니 몰아라 어서 보자'에서 알 수 있다.

② 배를 타고 ⓑ의 한 곳으로 이동해 다른 방향에서 경치를 구경하고 싶다는 심정을 드러내고 있군.

'올라 보니 후면이라 전면으로 보오리라 / 배 대어라 사공들아 풍랑이 일지 않아 / 층파로 돌아 저어 총석 전면 보게 하라'에서 알 수 있다.

④ 뛰어난 풍경으로 인해 세상 사람들이 ⓐ를 소재로 삼아 시를 창작한다고 생각하고 있군.

'기괴히 꾸몄다가 세인의 노리개 되야 / 시 짓고 노래하여 기리기만 위한 것인가'에서 알 수 있다.

⑤ 돌 중에서는 ⓐ가, 물 중에서는 ⓑ가 가장 뛰어나다고 평가하고 있군.

'물로는 동해수요 뫼로는 금강산과 / 폭포로는 구룡이오 돌로는 총석이라'에서 알 수 있다.

03

답 | ③

(나)에 대한 이해로 가장 적절한 것은?

정답 선지 분석

③ <제6수>의 '술'은 자연과 어울리며 풍류를 즐기는 화자의 생활을 드러내는 것으로 볼 수 있다.

<제6수>에서 '술'은 '물', '뫼', '달'의 자연과 어울리며 풍류를 즐기는 수단으로 볼 수 있다.

오답 선지 분석

① <제1수>의 '신월'은 오래된 것보다는 새로운 것을 더 중시하는 삶의 자세를 강조하는 것으로 볼 수 있다.

<제1수>의 중장은 해가 저물 무렵에 새 달이 뜨는 상황을 제시하고 있다. 따라서 '신월'은 새로운 것을 더 중시하는 삶의 자세가 아닌, 시간의 흐름을 나타내는 소재로 볼 수 있다.

② <제4수>의 '남'은 화자의 삶을 지켜보며 그에 대해 정당한 판단을 내리는 인물로 볼 수 있다.

<제4수>의 화자는 '남'을 '망령 난 손'이라 칭하며, 어디서 '검다 희다 하'느냐고 하는 것으로 보아, 쉽게 남을 판단하는 태도를 지닌 사람을 가리킨다. 따라서 정당한 판단이 아닌, 정당하지 못한 판단을 내리는 인물로 볼 수 있다.

④ <제1수>의 '석양'과 <제6수>의 '뫼'는 모두 학문 수양에 힘쓰도록 깨우침을 주는 존재를 상징하는 것으로 볼 수 있다.

<제1수>의 '석양'과 <제6수>의 '뫼'는 화자의 풍류와 한가로움을 상징하므로 학문 수양에 힘쓰도록 깨우침을 주는 존재라고 볼 수 없다.

⑤ <제4수>의 '검다 희다 하나니'와 <제6수>의 '놀고'는 모두 미래에 대한 낙관적 전망을 보여 주는 것으로 볼 수 있다.

<제4수>의 '검다 희다 하나니'는 화자의 삶에 참견하여 쉽게 판단하는 태도를, <제6수>의 '놀고'는 풍류를 즐기는 화자의 생활을 드러내므로 모두 미래에 대한 낙관적 전망을 보여 주는 것으로 볼 수 없다.

04

답 | ②

(다)에 대한 설명으로 가장 적절한 것은?

정답 선지 분석

② 연상을 통해 다양한 대상을 열거하며 공간에 대한 애정을 드러내고 있다.

(다)는 친구에 대한 생각이 술과 안주에 대한 연상으로 이어지고, 안주에 대한 생각이 제주 배에 대한 연상으로 이어지며, 제주 배에 대한 생각이 여러 지인들에 대한 연상으로 이어지고 있다. 즉 연상을 통해 동해의 다양한 안주와 제주 배를 타고 온 사람들에 대한 이야기, 지인들의 사연을 열거하며 동해에 대한 애정을 드러내고 있다.

오답 선지 분석

① 상황에 따라 의성어를 다채롭게 구사하여 현장감을 부각하고 있다.

(다)에서는 의성어가 다채롭게 구사되고 있지 않다.

③ 말줄임표를 통해 과거의 연인과의 재회에 대한 회의감을 표현하고 있다.

'제주 배 아즈맹이~무슨 일이 있었다는 둥……'에서 말줄임표를 사용하였으나, 이는 제주 배와 관련된 소문들을 나열하기 위해 사용된 것이다.

④ 다른 사람의 말을 직접 인용하여 소외된 사람들에 대한 관심을 드러내고 있다.

'제주 배 아즈맹이 몸집이 절구통 같다는 둥' 등을 통해 다른 사람의 말을 인용하였으나, 간접 인용한 것이며 소외된 사람들에 대한 관심을 드러내고 있지도 않다.

⑤ 지역의 독특한 조리법들을 비교하며 그중에서 가장 좋아하는 방법을 제시하고 있다.

(다)에서 글쓴이는 자신이 좋아하는 동해의 음식들에 대해 말하고 있으나, 지역의 독특한 조리법들을 비교하고 있지는 않다.

05

답 | ①

⊙, ⓛ에 대한 설명으로 가장 적절한 것은?

정답 선지 분석

① ⊙은 화자가 위치한 공간적 배경을 제시하고 있다.

⊙은 화자가 은거하는 곳을 청산과 녹수가 어우러진 공간으로 형상화하는 내용이고, ⓛ은 아이들이 제주 배의 움직임에 따라 열심히 따라가는 모습을 나타낸 것이다.

오답 선지 분석

② ⓛ은 세상과 거리를 두려는 글쓴이의 태도와 관련이 있다.

ⓛ은 세상과 거리를 두려는 것이 아닌, 아이들이 제주 배를 따라가는 모습을 나타낸 것이다.

③ ⓛ은 아이들이 파도를 피해 움직이는 모습을 나타내고 있다.

ⓛ은 아이들이 파도를 피해 움직이는 모습이 아닌, 제주 배를 따라가는 모습을 나타낸 것이다.

④ ⊙은 농촌 생활의 즐거움을, ⓛ은 어촌 생활의 어려움을 나타내고 있다.

⊙은 청산과 녹수가 어우러진 자연을 표현하고 있으므로 농촌 생활의 즐거움을 나타낸다고 볼 수 있으나, ⓛ는 어촌 생활의 어려움과는 거리가 멀다.

⑤ ⊙과 ⓛ은 모두 변화하는 자연의 모습에 주목하도록 하고 있다.

⊙, ⓛ 모두 변화하는 자연의 모습에 주목하도록 하고 있지 않다.

06

답 | ③

<보기>를 참고하여 (가)~(다)를 감상한 내용으로 적절하지 <u>않은</u> 것은?

보기

문학 작품에서는 특정한 장소에 대한 체험을 다룰 때 주로 풍경이나 자연물과 관련한 정서적 반응을 드러내는 경우가 많다. 그리고 특정한 장소에 거주할 때 나타나는 삶의 자세나 자신이 알게 된 사람들에 대해 이야기하는 경우도 있다. (가)는 작가가 총석정 일대를 기행한 감흥을 노래하며 목민관으로서의 역할을 떠올린 것이고, (나)는 임실에 은거하던 작가가 한가롭게 지내는 생활이나 주변 자연물에 대한 친근감을 노래한 것이다. 그리고 (다)는 함흥에 체류하던 작가가 인접한 동해의 매력을 전하며 흥취를 드러낸 것이다.

정답 선지 분석

③ (나)에서 화자는 '시름 풀자 하노라', '고산 불고정이 좋아 늙는'이라며 불고정에서 주위 사람들과 어울리며 한가롭게 지내는 삶의 자세를 나타내고 있군.

(나)에서 화자가 주위 사람들과 어울리며 한가롭게 지내는 내용은 나타나지 않는다. <제1수>는 혼자서 술을 마시며 시름을 푸는 상황이고, <제4수>는 자신의 삶에 대해 손쉽게 평가하는 '남'에 대해 비판적 태도를 드러내고 있는 상황이기에, 주위 사람들과 어울리며 한가롭게 지내는 삶의 자세가 나타난다고 보기 어렵다.

오답 선지 분석

① (가)에서 화자는 '천하의 두 총석은 응당 다시 없으려니'라며 자신이 기행한 총석정 일대의 경치에 대한 경탄을 드러내고 있군.

화자는 앞 구절에서 관동팔경을 나열하면서, '천하의 두 총석은 응당 다시 없으려니'라고 하고 총석정 일대 경치에 대한 경탄을 드러낸다고 볼 수 있다.

② (가)에서 화자는 '천 리를 멀다 말고 결단코 찾으리라'며 총석정 일대의 장관과 관련지어 벼슬을 하는 사람으로서의 역할을 떠올리고 있군.

'장관을 다한 후의 다시income 혼자 말이 / 괴외기걸 하온 사람 이같은 이 있다 하면 / 천 리를 멀다 말고 결단코 찾으리라'는 총석정 일대의 훌륭한 경치와 비견할 만한 인재가 있으면 반드시 찾아서 나라에 도움을 주겠다는 목민관(백성을 다스려 기르는 벼슬아치)으로서의 역할을 떠올리고 있다고 볼 수 있다.

④ (나)에서 화자는 '달에 논들 어떠리'라며 자신이 머무는 곳에서 바라볼 수 있는 자연물에 대한 친근감을 표현하고 있군.

'달에 논들 어떠리'는 달과 어울려(달빛을 감상하며) 풍류를 즐기겠다는 흥취를 드러낸 것으로, 달이라는 자연물에 대한 친근감을 표현한 것으로 볼 수 있다.

⑤ (다)에서 글쓴이는 '처녀 하나가 나를 무척 생각하는 일', '그 영어를 잘하는 총명한 사년생 금이'라며 자신이 알게 된 사람들에 대해 이야기하고 있군.

글쓴이는 제주 배를 떠올리다가 '내 마음이 가는 곳이 있읍네'라며 화제를 전환한 뒤 '낱낱이 키가 자라는 처녀'와 '영어를 잘하는 총명한 사년생 금이'를 떠올리고 있으므로 자신이 알게 된 사람들을 이야기하는 것으로 볼 수 있다.

DAY 6 〈평지〉_김정한

빠른 정답 체크

01 ③   **02** ②   **03** ⑤   **04** ③

술이 알맞게 되었을 때, <u>청년 신사</u>는 노래를 중지시키고, 예의 ┌서울 자본가의 비서
청산유수식 구변을 토하기 시작했다.─┌농촌 경제가 어떠니, 구태
└┌ : '유익한 얘기들'의 구체적 내용 - 현재의 문제 상황을 해결할 수 없음
의연한 영농방법을 버리고 근대화를 해야 되느니, 그러기 위해서
는 먼저 국민들의 비상한 각오가 필요하느니, 또 도시에 주택단지
공업단지가 서듯이 농촌에는 식량단지, 채소단지, 심지어 돼지단
└농민들이 경작하던 하천부지가 농업단지 조성에 사용되게 되었음을 말하기 위한 밑바탕
지까지 있어야 하느니 등,┘그야말로 먼 앞날을 내다보는 ⓐ 유익
┘ 허 생원에게는 유익하지 않음
한 얘기들이 꼬리를 물 듯 계속되었다.

┌ 옛날에는 권업계 서기요 지금은 산업계 서기들이 하는 말을
수타 들어왔기 때문에, 허 생원도 대강 짐작은 갔지만, 결국
'숱하게'의 방언
귀에 남는 것은 무슨 단지 단지 하는 새로운 말뿐이고, 청년이
말하는 〈먼 앞날〉보다 우선 코앞에 다가 있는 〈사는 문제〉가
당장 먹고살기 힘들기 때문에 먼 앞날을 생각할 여유가 없음
더 절박했다.

[A] ┌「허 선생님은 이 고장 출신이시고, 또 누구보다 이곳 사정을
└허 생원이 고장 토박이임을 알 수 있음
잘 아실 뿐 아니라 이해도 깊으실 터인 만큼─.」
「」: 허 생원을 추어올리는 말
드디어 청년 신사는 화제를 슬쩍 딴 데로 돌리려 하였다.

"야?"

허 생원은 난생 처음 듣는 〈선생〉 칭호와 말공대에 잠깐 어
┌
리둥절하였지만, 경계심이 갑자기 얼굴에까지 나타났다.
└ 갑자기 자신을 추어올리는 청년에 대한 경계
"㉠ 예, 직 누구보다도 이해가 많으실 줄 알기 때문에……."
하천부지가 다른 사람에게 넘어간 것을 이해하실 것이라는 의미
청년은 약간 의외인 듯한, 그래서 다소 거북한 듯한 표정을 지
추어올리는 말을 한 의도와 다르게 허 생원이 경계심을 드러냈기 때문
어 보였다.

"그러니 우짜란 말입니꺼?"
청년이 핵심을 말하기를 원함
허 생원은 그 부리부리한 눈으로 청년 신사의 얼굴을 똑바로 쳐
다보았다.

"식, 이곳 하천부지 껀인데 이번 정부 시책에 따라서……."
하천부지가 정부 시책에 따라 다른 사람의 소유가 됨
청년은 〈직〉이란 말을 곧잘 썼다. 〈직〉하고는,─┌정부의 시책에
'즉'의 구어적 표현 └자본가의 명분
따라 그곳에 새로운 농업단지를 조성키 위하여, 그 방면에 연구
청년이 마을 사람들에게 술을 대접하며 했던 말
가 깊으신 서울 모 유력자가 그 일대의 〈휴면법인토지〉를 도통
자본가 └잠시 사용하지 않고 있는 법인 토지 - 실제로는 농민들이 계속 경작해 왔음
쓰게 되었다는 이야기─라기보다 바로 통고 비슷한 말을 했다.
농민의 입장을 고려하지 않은 일방적인 결정과 통보
그리고 능글맞게 덧붙여서,─워낙 이 지방 연고자들의 사정을
잘 짐작하시는 분이 돼서, 섭섭지 않을 정도의 위자료랄까 동정 '서울 모 유력자'를 의미함
금이랄까를 내게끔 돼 있다는 말까지 했다. 말하자면 안 내도 될
농민들이 경작하던 땅을 가로챈 자본가가 농민들을 위해 위자료를 내겠다고 함
걸 그런 선심까지 쓴다는 말투였다.

"머 동정금을 내? 누가 그런 거 달라 캤던강? 그래 이곳 사정을
잘 안다는 양반이 <u>멀쩡한 남의 땅을 맘대로 뺏아</u>?"
허 생원의 입장에서는 자신의 땅을 빼앗긴 것임

허 생원은 참다못해 분통을 터뜨렸다. 말하는 턱이 덜덜 떨 정도였다.
> 허 생원이 크게 분노하고 있음이 드러남

"ⓛ 글쎄요, 휴면 법인 재산이라 안캅니꺼. 그러니까 실지는 국유지였지요!"

청년은 내처 능글능글한 태도를 고치지 않았다.

"머 국유지라?"

허 생원은 한결 사납게 쏘아보더니,

"그래, **국유지면 서울 놈들만 가지라 카는 법도 있나**? 근 **삼십 년이나 논밭을 치고 갈아온 우린 우짜고**? 택도 아닌 소리! 그래,
> 권력자, 자본가

『청년은 젊은 나이에 무슨 할 일이 없어서 그따위 놈들의 비선가
> 오래 경작해 온 땅을 빼앗기게 된 농민들

먼가를 하며, 그런 백성 울리는 심부름만 하고 댕기능가?"』
> 『」: 땅을 빼앗기게 된 울분을 이기지 못하고 청년을 인신공격함

"말조심 하시오!"

청년 신사도 결국 반말에 안색을 달리했다. 약간 치째진 눈초리
> 허 생원이 자신을 공격하자 태도를 바꿈

에 숫제 경멸의 빛까지 담아 보였다.

"ⓒ 말조심—? 그기 누가 할 소린데……?"

허 생원도 데데하게 물러설 눈치는 아니었다. 마주 쏘아보았다.
> 변변하지 못하여 보잘것없게

[중략 부분의 줄거리] 허 생원은 청년과 대치하다가 결국 청년을 때린 일로 파출소로 잡혀 간다.

〈법률〉에 가서는 농민은 약한 것이다. 때로는 평지*의 대궁이보다 더 연약했다. 첫째는 몰라서 그랬고, 둘째는 왜놈 때부터 줄곧 당해 온 경험으로 봐서 그러했다.
> 법률 앞에서 농민이 약한 이유

붙들려만 가면 그만이었다. 고분고분히 지장을 찍지 않으면 당장 호통이고, 버티면 떡이 되게 마련이었다.
> 법률로 보호받지 못하고 오히려 피해를 입는 농민들

"ⓔ 괜히 잘못 건디렀지! 서울에서 왔다문 대강 알아묵우얄낀데……."
> 자본가들이 약자들에게 횡포를 부리는 일이 빈번했음

부락 사람들은 이렇게 걱정들을 했다. 그러한 부락 사람들의 말
> 사람을 잘못 건드렸다는 말

대로 허 생원은 쉬 놓여나오지를 못했다.

파출소에서도 그날 밤 일을 예사스럽게 다룰 수 없다 해서 곧 본서로 넘겼다.

허 생원은 폭행죄로 29일간의 구류를 살고 겨우 놓여나왔다.
> 청년을 때려 코피를 터트린 일로 구류를 살았음

정식 징역감이지만 서울 있는 그 유력자의 특별한 부탁으로 석방
> 땅을 사겠다고 한 자본가

되는 것이니 그렇게 알라는 ⓑ 경찰의 훈계였다.

허 생원도 암말도 안했다. **촌사람들끼리 같으면** 그까짓 코피 정
> 농민이 법률에 있어 약자라고 생각하고 있음

도는 **암것도 아닌데**, **법도 사람 따라 다르**ㄴ가, 그저 야속하고 억울할 따름이었다. 그렇다고 어디 가 하소연할 데도 없는 허 생원이었다.

'용이란 놈만 살아 있더라도…….'
> 허 생원의 아들. 베트남에 파병을 갔다가 전사

허 생원은 아직 유골도 돌아오지 않은 용이를 또 생각하는 것이

었다.

어두운 구룻간을 벗어나도 걸음은 조금도 가벼워지지를 않았다. 먼지가 푹신대는 신작로를 터벅거리면서 그는 내처 먼 월남 쪽 하늘을 넋 없이 바라보곤 하였다. 오봉산 위에서 울어 대는 뻐국새 소리가 어쩜 월남이란 데서 숨진 아들의 넋같이도 생각되었다.
> 아들에 대한 그리움

'ⓜ 그러나 녀석은 애비가 이렇게 된 줄은 모를 끼라…….'

허 생원의 부리부리한 눈에 느닷없이 눈물이 고이기 시작했다. 남이 볼까 몇 번이나 손등으로 닦았다.

[B]
> 그의 집에는 보다 큰 불행이 그를 기다리고 있었다. 아이들
> > 하천부지를 갈아엎고 농업단지 팻말이 꽂혔다는 소식
>
> 의 말을 듣자, 그는 앉을 새도 없이 둑 너머로 갔다.
>
> 평지를 베어낸 자리에는 〈××특수 농작물 단지〉란 흰 팻말
> > 경작하던 토지를 잃게 됨
>
> 이 서 있었다. 하필 두엄이 쌓여져 있는 그의 논 가운데.
>
> 화가 머리끝까지 치민 허 생원은 이내 집으로 돌아와서, 도끼를 찾아 들고 다시 들로 나갔다. 구룻간의 피로 따윈 생각할 때가 아니었다. 단번에 팻말을 쳐 넘긴 그는, 그길로 자기들의 포플라 밭으로 달려갔다. 닥치는 대로 마구 찍어 댔다.

용이가 그걸 하나하나 심을 때 무어라 했는지 생각할 겨를도 없었다. 그저 **누구 좋은 일 시키려고 둘 것인가 하는 생각**뿐이었다.
> 포플라도 자본가에게 넘어갈 것이기 때문에 차라리 모두 잘라버리고 함

그 **빽빽하게 자란 숲**! 웬만한 서까래만큼씩한 이탤리 포플라들
> 부조리한 현실에 대한 농민의 분노와 저항 정신 ①

이 허 생원의 악지 센 **도끼질**에 사정없이 넘어갔다.
> 잘 안 될 일을 무리하게 해내려는 고집

허 생원은 지쳤다. 우선 넘어진 나무들 밑에 삭정이를 모아 놓고 **불**을 질렀다. 불은 곧 다른 나무에도 옮아 붙었다.
> 부조리한 현실에 대한 농민의 분노와 저항 정신 ②

순식간에 강가 허 생원네 포플라 숲은 온통 불바다로 변했다. 새빨간 불기둥이 검은 연기를 뚫고 노을 진 저녁 하늘을 찔렀다.
> 땅을 빼앗긴 허 생원의 분노를 대변함

허 생원은 미친 사람처럼 다시 도끼를 휘둘렀다. 나무를 내리치
> 허 생원의 분노와 울분

는 쩡쩡하는 소리가 불길 속에서 계속 들려왔다.

- 김정한, 〈평지〉 -

* 평지: 십자화과의 두해살이풀. 유채.

01
답 | ③

[A], [B]의 서술상 특징에 대한 설명으로 가장 적절한 것은?

정답 선지 분석

③ [B]는 공간의 이동에 따른 인물의 행위를 제시하고 있다.
   [B]에는 허 생원이 '그의 집'에서 '아이들의 말을 듣'고 '둑 너머'로 가 '논'에서 팻말을 본 뒤 '집'으로 돌아와 '도끼를 찾아 들고' 다시 '자기 들의 포플라 밭'으로 나가 도끼로 '마구 찍'는다는 점에서 공간의 이동에 따른 인물의 행위가 드러나 있으므로 적절하다.

오답 선지 분석

① [A]는 장면을 빈번하게 전환하여 긴박한 분위기를 조성하고 있다.
   [A]에서는 장면의 빈번한 전환이 나타나지 않는다.

② [B]는 내적 독백을 통해 사건의 흐름을 지연시키고 있다.
　[B]에서는 인물의 내적 독백이 나타나지 않는다.

④ [A]와 [B]는 모두 이야기 외부의 서술자가 등장인물의 내력을 소개하고 있다.
　[A]와 [B] 모두 이야기 외부의 서술자가 사건을 서술하고 있으나, 등장인물의 내력을 소개하고 있지는 않다.

⑤ [A]와 [B]는 모두 주변 인물의 말을 통해 갈등 해결의 실마리를 제공하고 있다.
　[A]와 [B] 모두 주변 인물의 말을 통해 갈등 해결의 실마리를 제공하고 있지 않다.

02　답 | ②

서사의 흐름을 고려하여 ㉠~㉤에 대해 이해한 내용으로 적절하지 않은 것은?

② ㉡: 허 생원의 반박에 이전과 다른 태도를 보이며 적극적으로 대응하는 청년의 모습이 나타난다.
　'청년'은 '능글맞'은 태도를 보인 뒤 허 생원의 말에 이어 '내처 능글능글한 태도를 고치지 않'고 ㉡과 같이 말하고 있으므로 허 생원의 반박에 이전과 태도를 바꿨다는 내용은 적절하지 않다.

① ㉠: 허 생원의 반응을 뜻밖이라고 여기며 불편해 하는 청년의 태도가 나타난다.
　'청년'은 '허 생원'이 '경계심'을 보이자 '약간 의외인 듯한, 그래서 다소 거북한 듯한 표정'을 지으며 ㉠과 같이 말하고 있으므로 적절하다.

③ ㉢: 자신을 얕보는 청년에게 날카롭게 반응하고 있는 허 생원의 모습이 나타난다.
　'허 생원'은 '청년'이 '경멸의 빛'을 보이며 자신을 얕보자 '데데하게 물러'서지 않고 '쏘아보'며 ㉢과 같이 말하고 있으므로 적절하다.

④ ㉣: 허 생원이 겪고 있는 상황을 염려하는 부락 사람들의 심리가 드러난다.
　'부락 사람들'은 '이렇게 걱정들을' 하며 ㉣과 같이 말하고 있으므로 적절하다.

⑤ ㉤: 죽은 아들을 떠올리며 자신의 처지를 서러워하는 허 생원의 심리가 드러난다.
　'허 생원'은 '숨진 아들'을 떠올리고 ㉤의 '이렇게 된' 자신의 처지에 '눈물'을 흘리고 있으므로 적절하다.

03　답 | ⑤

ⓐ와 ⓑ에 대한 설명으로 가장 적절한 것은?

⑤ ⓐ는 허 생원이 자신에게 시급한 상황이 아니라고 생각하는 내용이고, ⓑ는 허 생원이 자신이 직면한 상황을 확인하게 하는 내용이다.
　ⓐ는 '먼 앞날을 내다보는' 이야기로, 이 이야기를 들은 허 생원이 '먼 앞날'보다 우선 코앞에 다가 있는 〈사는 문제〉가 더 절박'하다고 생각한다는 점에서 ⓐ는 허 생원이 자신에게 시급한 상황이 아니라고 생각하는 내용임을 알 수 있다. ⓑ는 허 생원에게 '정식 징역감이지만 서울 있는 그 유력자의 특별한 부탁으로 석방되는 것이니 그렇게 알라는' 것으로 허 생원이 자신이 직면한 상황을 확인하게 하는 내용임을 알 수 있다.

① ⓐ와 ⓑ는 모두 허 생원이 주변 사람들과 유대감을 형성하게 하는 내용이다.
　ⓐ는 청년이 허 생원에게 하는 말이고 ⓑ는 허 생원을 향한 경찰의 훈계로, ⓐ, ⓑ 모두 허 생원이 주변 사람들과 유대감을 형성하는 내용이라 볼 수 없다.

② ⓐ와 ⓑ는 모두 허 생원이 자신에게 이미 일어난 일을 수긍하게 하는 기능을 한다.
　ⓐ, ⓑ 모두 허 생원이 자신에게 일어난 일을 수긍하게 하는 기능을 하지 않는다.

③ ⓐ는 허 생원이 다른 인물의 의견에 동조하는 근거이고, ⓑ는 허 생원이 자신의 의견을 제시하는 것을 체념하는 근거이다.
　ⓐ는 허 생원이 다른 인물의 의견에 대한 동조가 아닌, 비난하는 근거이며, ⓑ는 허 생원이 자신의 의견을 제시하는 것을 체념하는 근거로 볼 수 없다.

④ ⓐ는 허 생원이 자신의 미래를 비관적으로 바라보게 하는 내용이고, ⓑ는 허 생원이 자신의 가치관에 자부심을 느끼게 하는 내용이다.
　ⓐ는 허 생원이 자신의 미래를 비관적으로 바라보게 하는 내용이라 볼 수 없고, ⓑ 또한 허 생원이 자신의 가치관에 자부심을 느끼게 하는 내용이라 볼 수 없다.

04　답 | ③

<보기>를 바탕으로 윗글을 감상한 내용으로 적절하지 않은 것은?

〈평지〉는 1960년대 근대화로 인한 농민의 애환을 다루고 있다. 주인공은 정부 정책을 명분으로 삼는 자본가로부터 생활 터전을 빼앗기게 되고 이로 인해 고초를 겪는다. 이러한 과정에서 주인공은 농민이 사회 제도에서 상대적 약자이며 역사적으로 반복된 억압의 대상이었음을 깨닫고 농민의 입장이 배제된 불합리한 현실에 대해 분노를 표출한다.

③ '국유지면 서울 놈들만 가지라 카는 법도 있'냐며 '삼십 년이나 논밭을 치고 갈아' 왔다는 것을 통해 농민이 과거에도 억압적 상황을 겪었음을 짐작할 수 있군.
　'국유지면 서울 놈들만 가지라 카는 법도 있'냐며 '삼십 년이나 논밭을 치고 갈아' 왔다는 것에는 오랜 시간 가꿔온 밭을 '서울 모 유력자'에게 빼앗기는 상황이 드러나 있을 뿐 농민이 과거에도 억압적 상황을 겪었다는 것이 드러나 있지 않으므로 적절하지 않다.

① '새로운 농업단지'를 조성하기 위해 '모 유력자가 그 일대의 〈휴면법인토지〉를 도통 쓰게 되었다'는 것을 통해 정부 정책을 명분으로 삼는 자본가에게 농민이 생활의 터전을 빼앗기게 된 상황을 짐작할 수 있군.
　'정부의 시책에 따라 그곳에 새로운 농업단지를 조성키' 위해 '모 유력자가 그 일대의 〈휴면법인토지〉를 도통 쓰게 되었다'는 것에 정부 정책을 명분으로 삼는 자본가에게 농민이 생활의 터전을 빼앗기게 된 상황이 나타나 있으므로 적절하다.

② '통고 비슷한 말'로 '멀쩡한 남의 땅을 맘대로 뺏'는다고 여기는 것을 통해 근대화 과정에서 농민의 입장이 고려되지 않은 상황을 짐작할 수 있군.
　'통고 비슷한 말'은 허 생원이 농사를 짓는 땅에 '정부의 시책에 따라~도통 쓰게 되었다'는 내용으로, 허 생원이 이를 '멀쩡한 남의 땅을 맘대로 뺏'는다고 여기고 '분통을 터뜨'리는 것에 근대화 과정에서 농민의 입장이 고려되지 않은 상황이 나타나 있으므로 적절하다.

④ '촌사람들끼리 같으면' '암것도 아닌' 일에 '법도 사람 따라 다'르다며 억울해 하는 것을 통해 농민이 사회 제도에서 상대적 약자라고 인식하고 있음을 알 수 있군.
　'촌사람들끼리 같으면' '암것도 아닌' 일에 '구류를 살'게 되면서 '법도 사람 따라 다'라고 억울해 하는 것에 농민이 사회 제도에서 상대적 약자라고 여기는 인식이 드러나 있으므로 적절하다.

⑤ '누구 좋은 일 시키려고 둘 것인가 하는 생각'으로 '도끼질'을 하고 '불'을 지르는 것을 통해 농민이 불합리한 현실에 분노를 드러내고 있음을 알 수 있군.
　'누구 좋은 일 시키려고 둘 것인가 하는 생각'으로 '도끼질'을 하고 '불'을 지르는 것에 땅을 빼앗긴 불합리한 현실에 농민이 분노를 드러내는 모습이 나타나 있으므로 적절하다.

정답 및 해설 | 113

MEMO

MEMO

MEMO

MEMO